AutoCAD 2021

AutoCAD 2021

초판 인쇄일 2020년 9월 15일
초판 발행일 2020년 9월 22일
지은이 이진천
발행인 박정모
등록번호 제9-295호
발행처 도서출판 혜지원
주소 (10881)경기도 파주시 회동길 445-4(문발동 638) 302호
전화 031)955-9221~5   팩스) 031)955-9220
홈페이지 www.hyejiwon.co.kr

기획·진행 박혜지
본문 디자인 구홍림
표지 디자인 조수안
영업 마케팅 황대일, 서지영
ISBN 978-89-8379-508-3
정가 23,000원

이 도서의 국립중앙도서관 출판예정도서목록(CIP)은 서지정보유통지원시스템 홈페이지(http://seoji.nl.go.kr)와
국가자료공동목록시스템(http://www.nl.go.kr/kolisnet)에서 이용하실 수 있습니다(CIP제어번호: CIP2020038115).

기초부터 3차원 모델까지 완벽하게 마스터하는

AutoCAD 2021

혜지원

머리말

AutoCAD는 개인용 컴퓨터(PC) CAD의 대명사가 되었습니다. 후발로 나온 CAD 소프트웨어의 특징을 말할 때 'AutoCAD와 유사한 UI와 기능' 또는 'AutoCAD 도면 파일과 100% 호환'이라는 슬로건을 걸고 판매하고 있을 정도입니다. 그만큼 CAD 시장에서 AutoCAD가 차지하는 비중이 크고 영향력이 큽니다. PC용 CAD의 표준이라 할 정도입니다. AutoCAD는 우리나라뿐 아니라 전 세계에 걸쳐 가장 많은 사용자를 보유하고 있으며 가장 널리 사용되는 CAD 소프트웨어입니다.

이 책은 AutoCAD의 학습을 위한 학습서입니다. 선 그리기부터 3차원 모델링까지 예제 도면과 함께 설명합니다. 초보자부터 중급자들을 위한 기능까지 설명하고 있습니다. 각 기능에 대한 설명과 함께 알아두면 유익한 팁이나 참고 사항을 곁들였습니다. CAD는 도면을 그려 나가면서 학습하기 때문에 다른 공부에 비해 재미있게 학습할 수 있습니다. 이 책에서 제시한 예제 도면뿐 아니라 주변에 있는 사물(책상, 의자, 가구 등)을 그려 보면 더욱 흥미롭게 공부할 수 있습니다. 2차원 도면뿐 아니라 3차원 모델도 도전해 보면 좋겠습니다. 2차원 도면을 그릴 수 있다면 3차원도 쉽게 접근할 수 있습니다. AutoCAD가 발전하면서 3차원 모델링을 위한 기능이 대폭 향상되었습니다. 3차원 모델은 현실감이 있어 보다 흥미를 더할 수 있습니다.

이 책의 구성을 살펴보면,

Part 01은 기초를 잡는 데 중점을 맞췄습니다. 설치에서부터 좌표의 개념, 맛보기 조작과 조작 패턴을 설명하고 화면 제어와 객체의 선택 방법에 대해 다룹니다.

Part 02는 2차원 도면을 작성하기 위한 작성 명령과 편집 명령을 중심으로 설명합니다. Part02를 마치면 웬만한 2차원 도면을 작성할 수 있게 됩니다.

AutoCAD 2021

Part 03은 치수 기입과 출력에 대해 다루고 있습니다. 아무리 잘 그린 도면이라도 도면을 설명하는 치수의 기입과 출력이 깔끔하지 못하면 좋은 도면이 되지 못합니다. 효과적인 치수 기입과 출력에 대해 알아봅니다.

Part 04는 CAD 작업의 향상을 위한 기능입니다. 동적 블록, 외부 참조, 그룹, 테이블 등 효율적인 도면 작업을 위한 기능을 다루고 있습니다.

Part 05는 3차원 모델링입니다. 3차원의 기초부터 솔리드, 표면, 메쉬의 모델링 기능을 이용하여 3차원 모델을 모델링하는 방법을 알아봅니다.

CAD를 입문하는 초보자는 처음부터 차근차근 학습해야 하겠지만 CAD를 다뤄본 사람이라면 '새로워진 기능'과 함께 기존 CAD와 차이점을 익히는데 중점을 두어 학습하는 것이 좋습니다. 이 책이 초보자든 중급자든 도면을 작성할 수 있고 3차원 모델을 작성할 수 있는 길잡이 역할이 되었으면 합니다.

이 책이 나오기까지 도와주신 ㈜디씨에스의 임직원과 도서출판 혜지원의 임직원 모두에게 감사드립니다. 또, 글 쓸 때 옆에서 뜨개질을 하면서 차를 제공해 주는 아내와 국방의 의무를 수행하고 있는 두 아들에게도 감사드립니다. 아울러 일상의 스트레스를 해소시켜 주는 로데오족구단과 까이꺼 골프 모임에도 감사의 뜻을 전합니다.

2020년 가을이 시작되는 어느 날
이진천 씀

이 책에서 다루는 도면입니다. 선 긋기부터 시작하여 3차원 모델링과 렌더링까지 학습할 수 있습니다. AutoCAD는 단순한 2차원 도면만을 그리는 툴이 아닙니다. 3차원 모델링과 이를 표현하는 다양한 기능을 제공하고 있습니다. 처음부터 하나씩 배워가며 3차원 모델링까지 도전해 보시기 바랍니다.

기초 도형

선(LINE) 기능을 이용하여 좌표의 개념을 익히기 위한 기초 도면입니다.

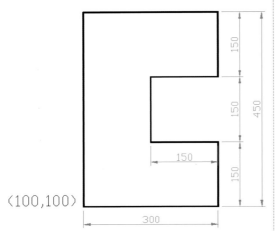

상대 극좌표를 이해하기 위한 기초 도면입니다.

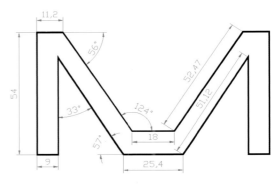

좌표의 개념과 그리기 도구의 직교모드, 극좌표 추적을 학습하기 위한 도면입니다.

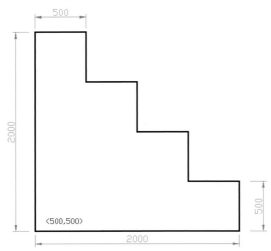

폴리선(PLINE) 기능을 학습하기 위한 도면입니다.

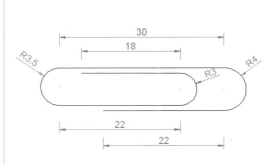

원(CIRCLE) 기능을 학습하기 위한 도면입니다. 원 명령의 다양한 옵션을 이용하여 작도합니다.

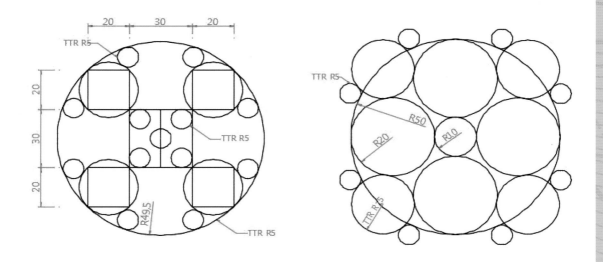

다각형(POLYGON) 학습을 위한 예제입니다. 하지만 다각형 기능 외에 선(LINE), 원(CIRCLE) 등 다양한 기능을 활용해야 합니다.

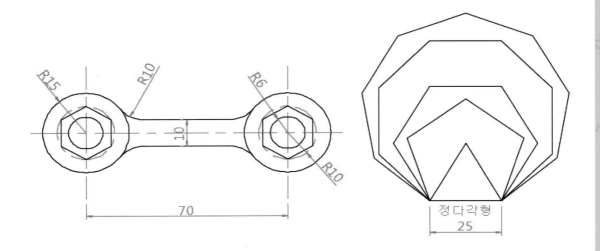

호(ARC) 기능은 다양한 옵션을 제공하고 있습니다. 이들 옵션을 연습하기 위한 예제입니다.

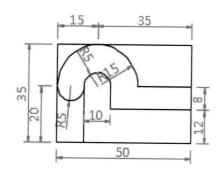

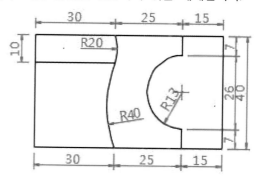

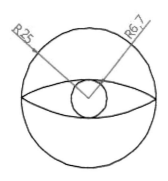

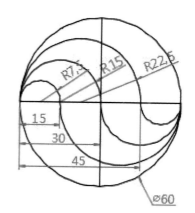

배열(ARRAY)을 학습하기 위한 도면입니다. 배열을 하기 위해 선, 원, 호, 자르기 등 다양한 기능을 이용하여 기초 도형을 작도해야 합니다.

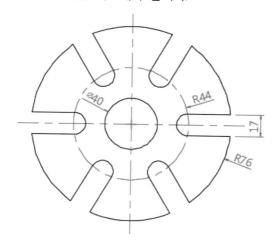

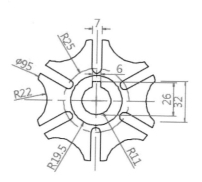

플랜지를 작도하는 도면입니다. 이 도면은 3차원 모델링을 위한 기초 도면으로 활용합니다.

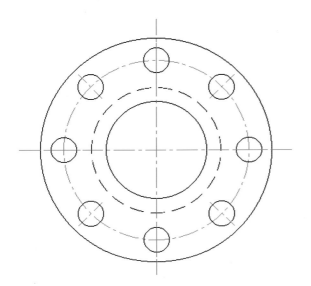

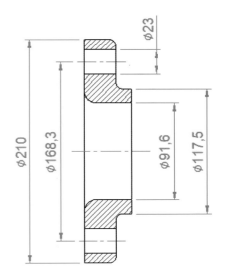

치수 기입을 위한 도면입니다. 도형을 그려서 치수를 기입하는 학습을 합니다.

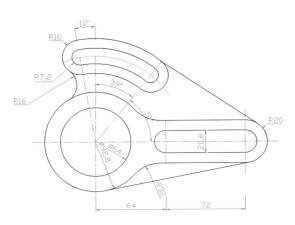

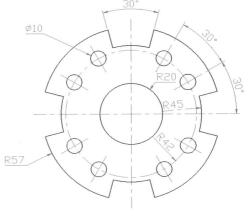

동적 블록(Dynamic Block)을 학습하기 위한 도면입니다. 사용자가 원하는 뷰(평면도, 정면도, 좌측면도)를 펼쳐 보는 실습을 합니다.

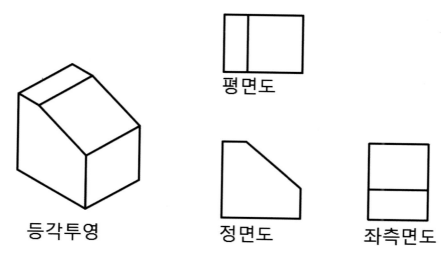

파라메트릭(구속 조건) 실습을 위한 도면입니다. 형상 및 치수의 구속 조건을 이용하여 효율적인 도면 작성을 가능하게 합니다.

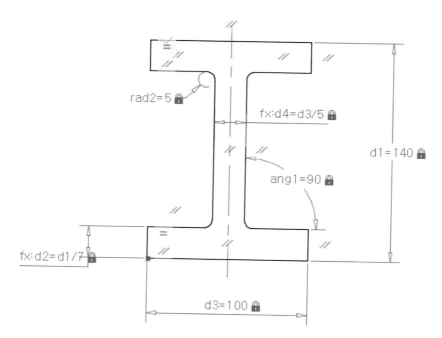

응용 실습으로 파이프의 아이소메트릭도(등각투영도)를 작성합니다.

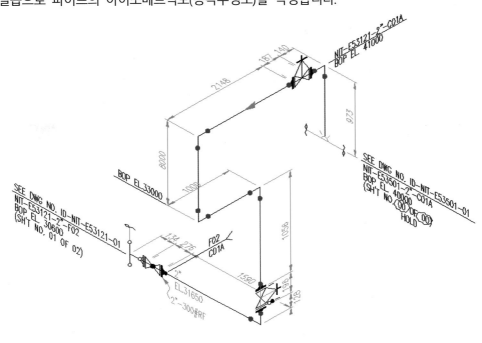

3차원 실습

AutoCAD는 3차원 모델을 다양하게 표현하는 비주얼 스타일을 제공하고 있습니다.

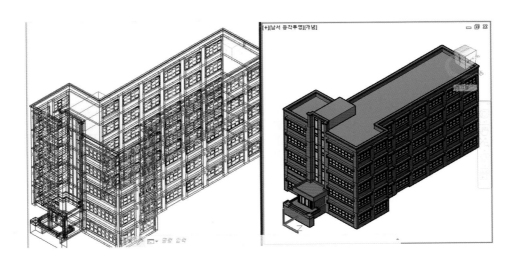

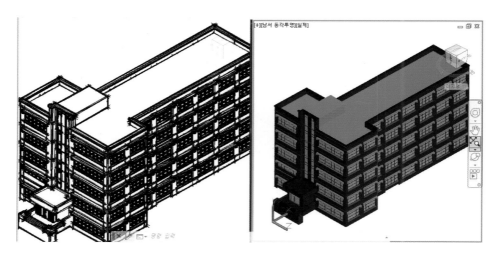

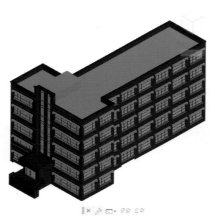

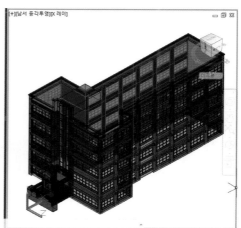

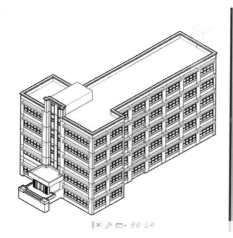

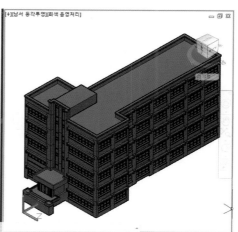

2차원의 투상도를 이용하여 3차원 모델을 작성하는 학습의 도면입니다.

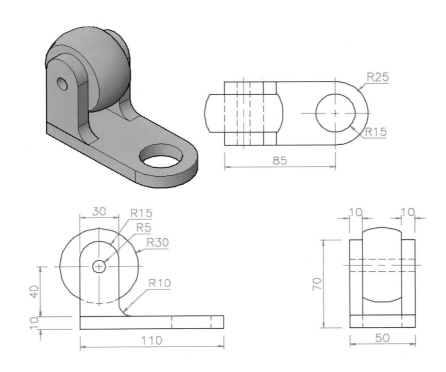

2차원 기능 단원에서 작성한 플랜지 도면을 3차원으로 변환하는 과정과 방법을 학습합니다.

솔리드(SOLID)의 기본체를 이용하여 3차원 모델(밸브)을 작성합니다.

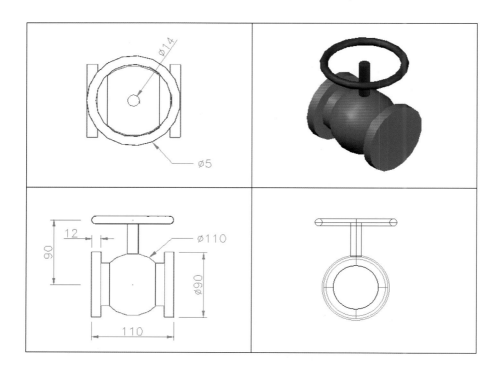

회전(REVOLVE) 기능을 이용하여 작성하는 컵 모델입니다.

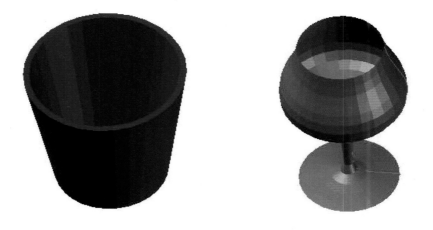

솔리드(SOLID) 기능 학습을 위한 예제로 소파를 모델링합니다.

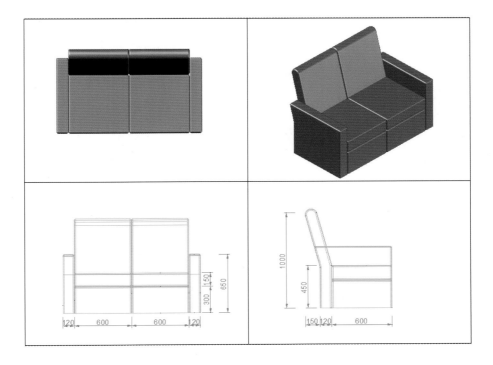

배관산업기사의 실기 도면으로 수검생들의 이해를 돕기 위해 3차원 모델로 표현합니다.

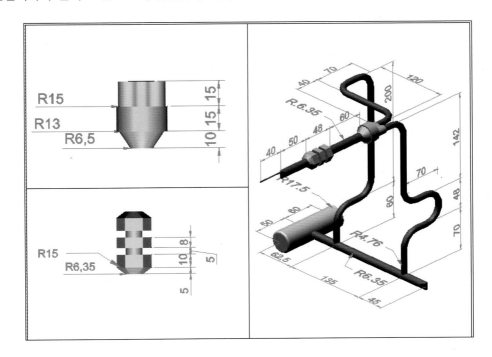

비선형 모델을 작성하는 메쉬(MESH) 기능을 이용하여 베개와 쿠션 의자를 모델링합니다.

3차원 모델에 재료를 부여합니다. 앞에서
작성한 3차원 모델(소파)에 재료를 정의합니다.

작성된 3차원 모델을 실사처럼 표현하는
렌더링을 학습합니다.

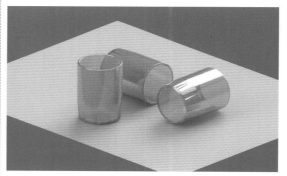

3차원 모델의 효과적인 표현을 위해 조명을 활용할 수 있습니다. 점 조명, 거리 조명, 스폿라이트, 웹 라이트 등 다양한 조명 효과를 낼 수 있습니다.

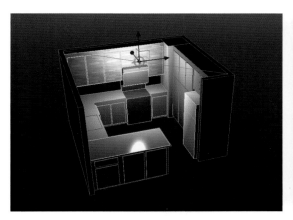 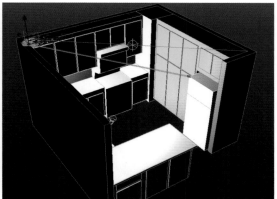

랜더 갤러리

Autodesk의 렌더 갤러리에는 세계 각국의 사용자들이 클라우드에 업로드한 다양한 작품을 접할 수 있습니다.

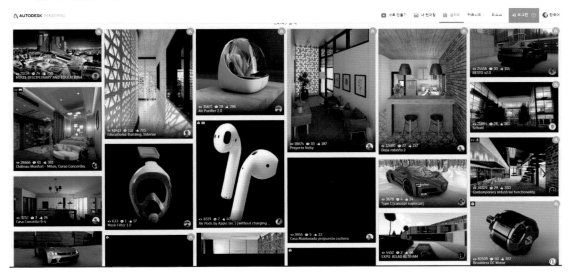

3차원 모델

AutoCAD가 2차원 설계 도구라는 개념을 가진 사람이 있다면 AutoCAD를 잘 모르는 사람입니다. 어느 도구에 뒤지지 않을 정도로 3차원 모델링 기능을 갖고 있습니다. 다음은 AutoCAD로 모델링한 3차원 모델입니다.

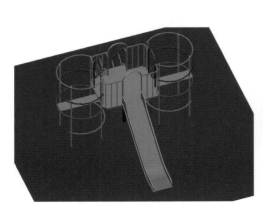

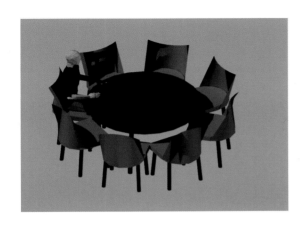

책에 사용된 예제

광원의 설정

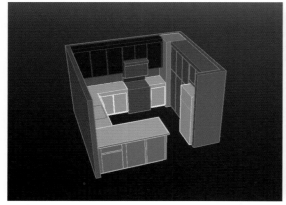
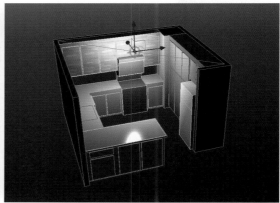

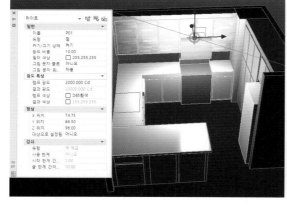
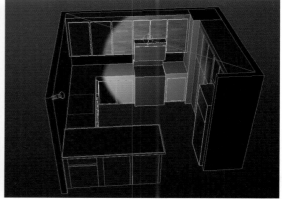

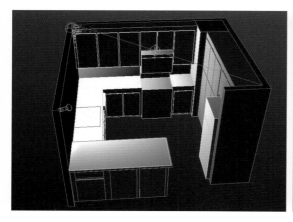
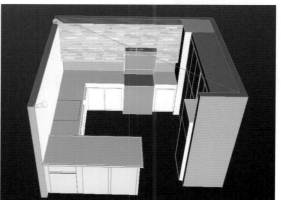

지리적 위치 및 일영

 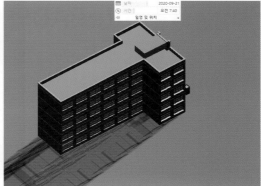

보행 시선(3DWALK) 및 조감뷰(3DFLY)

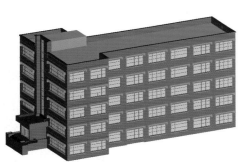 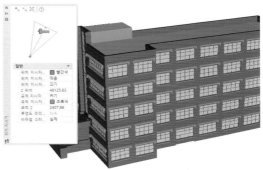

애니메이션

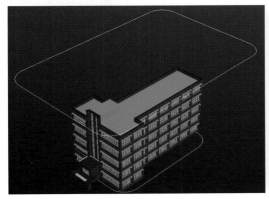 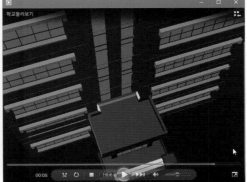

Part 01 AutoCAD의 기본을 익히자

Chapter 01 학습 준비

1 AutoCAD 조작 준비 · 32

   1. CAD란? · 32

   2. AutoCAD란? · 32

   3. AutoCAD 2021의 새로워진 기능 · · · · · · · · · 34

   4. AutoCAD의 설치 · 42

   5. 라이선스 활성화 · 44

   Special Page CAD를 잘 할 수 있는 비결 · · · · 47

2 AutoCAD 2021 화면 구성 · · · · · · · · · · · · · · · 49

   1. 시작 화면 · 49

   2. 도면 작성 화면 · 50

3 명령어 조작 방법 및 용어 · · · · · · · · · · · · · · · 56

   1. 조작 용어와 표현 방법 · · · · · · · · · · · · · · · · 56

   2. 마우스의 조작 · 57

   3. 명령(기능)의 실행 방법 · · · · · · · · · · · · · · · 58

Chapter 02 맛보기 기능과 작도 환경

1 일단 그려 보자 · 61

   1. 선분(LINE) · 62

   2. 원(CIRCLE) · 66

   3. 이동(MOVE) · 68

   4. 복사(COPY) · 70

   5. 지우기(ERASE) · 71

   6. 명령의 취소(UNDO)와 복구(REDO) · · · · · · · 73

   Special Page AutoCAD 명령의 조작 패턴과 메시지 · · · 75

2 작도 범위, 단위와 좌표 · · · · · · · · · · · · · · · · · 77

   1. 도면 한계(LIMITS) · · · · · · · · · · · · · · · · · · 77

2. 도면 틀 작성(MVSETUP)   78

3. 단위(UNITS)   80

4. 좌표와 좌표 지정 방법   81

3 그리기 도구   86

1. 그리기 도구란?   86

2. 스냅(SNAP)과 그리드(GRID), 직교모드(ORTHO)   88

3. 극좌표 추적(POLAR SNAP), 객체스냅(OSNAP)과
   객체스냅 추적(OTRACK)   94

4. 선 가중치(LWT)와 투명도(TRANSPARENCY)   103

5. 선택 순환   106

6. 등각투영 제도(ISODRAFT, ISOPLAN)   109

4 화면의 조작(ZOOM)   112

1. 줌 기능 실행 방법   112

2. 줌(ZOOM)   113

3. 초점 이동(PAN)   115

5 객체의 선택   116

1. 선택 상자에 의한 개별 선택   116

2. 사각형의 범위를 지정해 선택하는 윈도우(W)와 크로싱(C)   117

3. 다각형으로 지정하는 '윈도우 폴리곤(WP)'과 '크로싱 폴리곤(CP)'   118

4. 전체 'ALL'와 제외 'R'   119

5. 울타리 'F'와 올가미 선택   119

6. 이전(P)과 최후(L)   121

7. 기타 선택 옵션   121

8. 신속 선택(QSELECT)   121

9. 유사 선택   123

10. 선택한 객체의 숨기기와 분리   123

11. 선택 순환(SELECTIONCYCLING)   125

6 파일 관리   127

1. 새 도면(NEW)   127

2. 열기(OPEN)   130

3. 도면의 저장(SAVE)과 닫기(CLOSE)   132

Special Page   파일 형식과 교환   134

Part 02 객체의 작성과 수정

Chapter 03 도형의 작성

1 다양한 종류의 선   **138**

  1. 직사각형(RECTANG)   138

  2. 폴리선(PLINE, 3DPOLY)과 폴리선 편집(PEDIT)   139

  3. 다각형(POLYGON)   144

  4. 스플라인(SPLINE)과 스플라인 편집(SPLINEDIT)   145

  5. 구성선(XLINE)과 광선(RAY)   148

2 원과 호   **150**

  1. 원(CIRCLE)   150

  2. 호(ARC)   152

  3. 타원(ELLIPSE)   154

  4. 나선(HELIX)   155

  5. 도넛(DONUT)   156

  6. 구름형 리비전(REVCLOUD)   157

3 문자의 작성과 편집   **159**

  1. 문자 스타일(STYLE)   159

  2. 단일 행 문자(TEXT)   160

  3. 여러 줄 문자(MTEXT)   162

  4. 문자 편집(DDEDIT)   166

4 점과 분할   **167**

  1. 점 스타일(PTYPE)   167

  2. 점(POINT)   167

  3. 등분할(DIVIDE)   168

  4. 길이 분할(MEASURE)   169

5 공간 채우기   **170**

  1. 해치(HATCH)   170

  2. 그러데이션(GRADIENT)   173

  3. 경계(BOUNDARY)   174

  4. 영역(REGION)   175

Special Page 객체 특성   176

Chapter 04 도형의 수정

1 객체의 복사   **187**
  1. 간격띄우기(OFFSET)   187
  2. 대칭(MIRROR)   188
  3. 배열(ARRAY)   189
  4. 회전(ROTATE)   192
  5. 중첩 객체 복사(NCOPY)   193

2 객체의 신축과 모서리 처리   **194**
  1. 자르기와 연장(TRIM, EXTEND)   194
  2. 모서리 처리(FILLET, CHAMFER)   198
  3. 축척   201
  4. 신축(STRETCH)   202
  5. 길이 조정(LENGTHEN)   203

3 끊기와 잇기   **205**
  1. 끊기(BREAK)   205
  2. 점에서 끊기(BREAKATPOINT)   206
  3. 결합(JOIN)   206
  4. 곡선 혼합(BLEND)   207
  5. 반전(REVERSE)   208

4 기타 수정 기능   **209**
  1. 정렬(ALIGN)   209
  2. 분해(EXPLODE)   210
  3. 객체 가리기(WIPEOUT)   211
  4. 중복 객체 삭제(OVERKILL)   212
  5. 객체 순서(DRAWORDER)   213
  Special Page 블록의 활용   215

Part 03 치수 기입과 출력

Chapter 05 치수 기입

1 치수 용어와 스타일   246
   1. 치수 관련 용어 및 기호   246
   2. 치수 스타일(DIMSTYLE)   248
   3. 연관 치수 및 주석 감시   257

2 치수 기입   259
   1. 스마트 치수(DIM)   259
   2. 선형 치수(DIMLINEAR)   261
   3. 정렬 치수(DIMALIGNED)   262
   4. 호 길이(DIMARC)   262
   5. 세로 좌표(DIMORDINATE)   263
   6. 반지름(DIMRADIUS)   263
   7. 지름(DIMDIAMETER)   265
   8. 각도(DIMANGULAR)   265
   9. 기준선(DIMBASELINE)과 계속 치수(DIMCONTINUE)   266
   10. 신속 치수(QDIM)   268
   11. 중심 표식(CENTERMARK)과 중심선(CENTERLINE)   269

3 치수의 수정   271
   1. 공간 조정(DIMSPACE)   271
   2. 치수 끊기(DIMBREAK)   272
   3. 꺾어진 선형(DIMJOGLINE)   272
   4. 치수 편집(DIMEDIT)   273
   5. 치수 문자 편집(DIMTEDIT)   274
   6. 치수 특성   274

4 지시선의 작성과 편집   275
   1. 다중 지시선 스타일(MLEADERSTYLE)   275
   2. 다중 지시선(MLEADER)   278
   3. 지시선 편집(MLEADEREDIT)   278
   4. 다중 지시선 정렬(MLEADERALIGN)   279
   5. 지시선 수집(MLEADERCOLLECT)   280

Special Page 객체 및 도면 정보의 조회   281

Chapter 06 도면의 배치와 출력

1 도면의 배치   291
　1. 도면 배치란?   291
　2. 배치의 작성   293
　3. 뷰포트의 작성   294
　4. 뷰포트 조작 및 모형 공간으로 내보내기   298

2 도면의 출력   301

3 도면 내보내기 및 전송   305
　1. 웹 및 모바일로 저장 및 열기   305
　2. 내보내기   307
　3. 전자 전송 세트   309
　Special Page 작업 환경을 관리하는 옵션(OPTIONS)   311

Part 04 심화 기능

Chapter 07 효율을 높이기 위한 기능

1 동적 블록   322
　1. 동적(다이나믹) 블록이란?   322
　2. 동적 블록 예제 실습   323
　3. 동적 블록 기능   328

2 외부 도면의 참조와 언더레이   337
　1. 외부 참조(External Reference)란?   337
　2. 외부 참조 관리자(XREF)   338
　3. 파일을 첨부하는 부착(ATTACH, XATTACH)   339
　4. 외부 참조의 분리 및 결합   341

3 그룹   343
　1. 그룹이란?   343

2. 그룹의 작성   343

3. 그룹의 편집   344

4. 그룹 해제   345

5. 그룹 관리자   346

4 테이블   347

1. 테이블 스타일(TABLESTYLE)   347

2. 테이블 삽입(TABLE)   349

5 주석 축척   353

1. 주석 축척이란?   353

2. 주석 축척의 정의와 조작   354

3. 주석 축척 기능   355

Special Page   도면 유틸리티 기능   359

Part 05   3D 모델링

Chapter 08   3차원 기초

1 3차원 작업 환경   366

1. 2차원과 3차원   366

2. 3차원 작업 공간   368

3. 객체(모델)의 종류   369

2 좌표 지정과 뷰   371

1. 3차원 좌표계와 좌표 지정 방법   371

2. 오른손 법칙   372

3. UCS 아이콘의 이해   373

4. UCS   375

5. 관측점 사전 설정(DDVPOINT)   378

6. 뷰 관리자(VIEW)   379

7. 평면(PLAN)   381

8. 3D 궤도(3DORBIT)   382

9. 뷰포트(VPORTS)   384

10. 비주얼 스타일   387

Special Page   3차원 모델의 작성과 표현 순서   394

Chapter 09 3차원 모델의 작성과 표현

1 솔리드(SOLID) 모델   **396**
1. 솔리드 기본체   396
2. 프로파일을 이용한 모델링   401
3. 솔리드의 연산   412
4. 솔리드 편집   416
5. 단면의 작성(SECTION)   427
6. 모델의 정렬, 대칭   433
7. 장치(GIZUMO)의 조작   435

2 메쉬(MESH) 모델   **452**
1. 메쉬(Mesh) 기본체   452
2. 부드러운 메쉬 만들기(SMOOTH)   459
3. 각진 부분의 추가 및 제거(CREASE)   464
4. 메쉬의 편집   467
5. 다른 모델 유형으로 변환(CONVERT)   473

3 배치 및 뷰 작성   **488**
1. 배치(LAYOUT)의 작성   488
2. 기준 뷰 작성(VIEWBASE)   489
3. 투영 뷰 작성(VIEWPROJ)   491
4. 단면 뷰 작성(VIEWSECTION)   493
5. 상세 뷰 작성(VIEWDETAIL)   499
6. 뷰 환경 설정   502
7. 뷰 편집(VIEWEDIT)   505
8. 뷰 업데이트(VIEWUPDATE)   507

4 모델의 표현과 관측   **508**
1. 재료의 정의와 적용   508
2. 광원의 설정   517
3. 지리적 위치 및 일영   527
4. 카메라 설정   532
5. 보행 시선(3DWALK) 및 조감뷰(3DFLY)   537
6. 애니메이션   542
7. 렌더링   545

Part 01

AutoCAD의 기본을 의히자

AutoCAD를 조작하기 위해 설치하고 화면 구성과 조작 방법에 대해 알아봅니다. 간단한 도형을 그려 보면서 AutoCAD의 조작 패턴을 이해하도록 합시다.

Chapter 01 학습 준비

AutoCAD는 어떤 소프트웨어이며 AutoCAD 사용하기 위해 프로그램을 설치하고 화면의 구성에 대해 알아보겠습니다. 학습을 위해 조작하는 방법과 이 책에서의 메시지 표현 방법에 대해 알아봅니다.

1 AutoCAD 조작 준비

AutoCAD의 조작을 하기 위해 AutoCAD는 어떤 소프트웨어이고, 어떻게 설치하고 활성화하는지 알아보겠습니다.

1. CAD란?

CAD는 Computer Aided Design의 약어로 쉽게 표현하면 '도면(그림)을 그리는 도구'입니다. '컴퓨터를 활용한 설계 및 설계 관련 작업' 또는 '컴퓨터에 의한 설계 지원 도구(Tool)'을 말합니다. CAD를 'Computer Assisted Drafting' 또는 'Computer Assisted Drawing'로 표현하는 경우도 있고, 설계 대상이나 목적에 따라 CADD(Computer-Aided Design and Drafting), CAID(Computer-Aided Industrial Design), CAAD (Computer-Aided Architectural Design) 등으로 표현하기도 합니다. 정리해서 표현하면 '실제 또는 가상의 대상물에 대해 도면을 작성하고, 설계 대상에 대한 가상공간의 구현 및 시뮬레이션 등을 컴퓨터의 자동화된 수단으로 실시하는 제반 설계 업무'를 말합니다.

건설분야에서 'BIM(Building Information Modeling)' 설계가 이루어지고 있는데 이 또한 CAD입니다. 단순히 이미지만 작도하던 2차원 작업에서 한 단계 더 발전하여 3차원의 모델링과 함께 각 요소(객체)에 다양한 정보를 담아 이를 활용하는 개념입니다. 앞으로 더욱 3차원 CAD의 수요가 많아질 것입니다.

2. AutoCAD란?

AutoCAD는 세계적으로 가장 많이 사용되고 있는 CAD 중의 하나입니다. 미국의 Autodesk사에서 1982년 발매한 이후로 수많은 버전업을 거쳐 AutoCAD 2021에 이르고 있습니다. 전 세계적으로도 20여 개 언어로 번역되어 150여 국가에서 판매될 정도로 세계적으로도 많은 사용자를 확보하고 있는 CAD 소프트웨어입니다. AutoCAD는 '범용 CAD'인데 이는 건축, 토목, 기계, 설비, 인테리어 등 특정 업종을 가리지 않고 사용할 수 있는 CAD를 말합니다. 도면을 그리는 모든 분야에서 사용할 수 있다는 장점이 있지만 특화되어 있지 않다는 점이 오히려 단점으로 작용합니다. 이를 보완하기 위해 AutoCAD 3rd 파트 개발 도구를 제공하고, AutoCAD를 베이스로 하여 다양한 분야의 전문 기능을 만들 수 있는 도구를 제공하고 있습니다. 예를 들어, 건축 전문가는 건축에 특화된 창과 문 등을 그리는 기능을 추가할 수 있으며 설비 전문가는 파이프, 덕트를 그릴 수 있는 기능을 추가할 수 있습니다. 이 개발 도구는 AutoLISP를 시작으로 하여 C++, C#, .NET, VB, Delphi 등 다양한 언어를 지원하고 있습니다. AutoCAD가 세계적으로 가장 많이 사용하는 CAD로 성장하는데는 이런 풍부한 개발 도구의 영향이 큽니다. 사용자들이 필요한 기능을 만들고 이를 비즈니스로 발전시켜 AutoCAD 보급에도 긍정적인 영향을 끼치게 되었습니다. 국내에서도 CAD 시장에서 압도적인 쉐어를 점하고 있습니다. 특히, 중소 설계사무소에서는 CAD하면 AutoCAD라 할 정도로 CAD의 대명사가 되었습니다.

다음은 AutoCAD의 개발 도구 지원 개념도입니다. 일반 사용자는 AutoCAD를 사용하고 있지만 개발자는 ObjectARX APIs, COM을 통해 개발 언어(.NET, VB, Lisp, Java 등)를 이용하여 새로운 기능을 개발하여 AutoCAD에 탑재하고 있습니다.

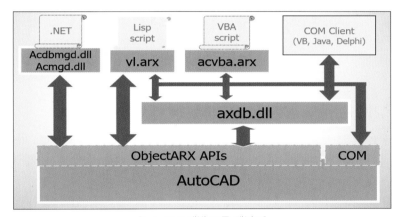

[AutoCAD 개발 도구 개념도]

AutoCAD가 많이 사용되고 있다는 것은 나름대로 장점이 많다는 것을 의미합니다. 마케팅을 잘한 것도 있겠지만, 제품의 완성도가 떨어진다면 많은 사용자로부터 사랑을 받을 수가 없는 것입니다. AutoCAD의 특징을 간단히 살펴보면,

• 사용의 편의성: 직관적인 아이콘과 도구 막대, 메뉴 막대, 메뉴 탐색기, 리본 메뉴, 명령어 창, 단축키 기능 등 다양한 사용자 인터페이스(UI: User Interface)를 갖춰 사용자가 접근이 용이합니다.

• 다양한 제품군에 의한 호환성: Autodesk에서 개발된 범용 CAD인 AutoCAD 외에도 다른 전문 분야의 CAD와 다양한 제품 라인업을 갖추고 있어 다른 CAD에 비해 호환성이 측면에서 폭이 넓습니다. AutoCAD의 파일 포맷인 *.DWG 파일은 대부분의 CAD에서 사용할 수 있는 포맷입니다. *.DXF, *.IFC 파일의 호환성도 좋습니다.

• 제품의 안정성: 오랜 역사를 자랑하는 만큼 장기간에 걸친 버전업을 통해 안정성을 확보하고 있습니다. 특히, 사용자들이 자주 사용하는 기능은 다양한 의견 수렴과 개선을 통해 안정적입니다. 안정성은 각 기능의 에러가 적다는 측면과 속도, 그래픽의 세밀도도 좋다는 것을 의미합니다.

• 3차원의 지원: 2차원 기능과 함께 막강한 3차원 기능을 지원하고 있습니다. 특히, 최근의 몇 번의 버전업에

서는 3차원 기능이 강화되어 여느 3차원 CAD 못지 않은 기능을 갖추고 있습니다. Solid, Surface, Mesh의 작성과 편집이 직관적이고 용이한 기능을 지원합니다.

• 다양한 개발 툴의 지원: 아무리 좋은 소프트웨어라 하더라도 사용자의 조작 패턴, 적용하는 업무의 내용, 요구사양에 따라 100% 충족시키기는 어렵습니다. 이럴 때 커스터마이즈 기능을 통해 사용자의 요구에 맞는 기능을 보완합니다. AutoLISP을 비롯해 C++, C#, .NET, Java, VBA, Delphi 등 사용자가 쉽게 개발하기 위한 환경을 제공하고 있습니다.

• 막강한 커뮤니케이션 기능: 설계 작업은 개인이 혼자 작업하는 경우도 많지만 프로젝트 단위가 되면 많은 사람이 참가하여 진행하게 됩니다. 해당 프로젝트에 참가하는 사람이 한 공간에 있지 않은 경우도 많은데 이를 위한 커뮤니케이션 기능을 지원하고 있습니다.

이 밖에도 인터넷 기능, 다양한 포맷의 내보내기 기능을 비롯해 최근에는 모바일 시대에 맞춰 모바일 앱의 제공과 클라우드 시스템을 활용하는 기능을 선보이고 있습니다.

3. AutoCAD 2021의 새로워진 기능

AutoCAD 2021의 새로워진 기능에 대해 알아보겠습니다.

01. 간소화된 자르기(TRIM)와 연장(EXTEND)

빠른 작업 모드에서는 기본적으로 모든 객체를 자르기 및 연장의 경계로 인식합니다. 따라서, 경계를 선택하지 않고 바로 자르기 및 연장이 가능합니다. 이때 선택 방법은 개별 선택, 자유형 선택, 두 점 울타리 선택입니다. 선택한 객체를 자를 수 없을 때는 삭제합니다.

자르기(TRIM) 명령을 실행하여 다음과 같이 바로 두 점을 드래그하면 두 점에 걸친 객체가 자르기됩니다. 연장(EXTEND) 명령도 선택한 객체가 가까운 경계선까지 연장됩니다. 시스템 변수 'TRIMEXTENDMODE'에 의해 빠른 작업 모드를 ON/OFF합니다.

{TRIMEXTENDMODE에 대한 새 값 입력 <1>:}

예를 들어, 자르기 작업에서 해치 객체를 교차하는 객체를 지정하면 자를 부분이 강조 표시되고 객체를 선택하면 표시된 것처럼 잘립니다.

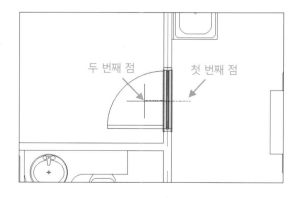

두 번째 점   첫 번째 점

다음과 같이 두 점 사이의 선이 절단(TRIM)됩니다.

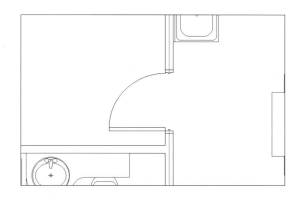

해치를 포함하는 경계에 자르기(TRIM)를 사용할 경우, 빠른 작업 모드의 자르기 및 Shift+자르기 작업에서는 해치 형상 자체가 아닌 해치의 경계만 사용합니다. 내부 해치 형상은 자르기 작업에서 제외됩니다. 시스템 변수 'TRIMEDGES'는 빠른 작업 모드를 사용하여 해치까지 자르기 및 연장하기가 해치의 모서리로 제한될지 또는 해치 패턴 내의 객체를 포함할지를 조정합니다.

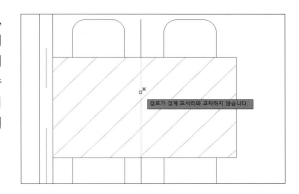

02. 향상된 구름형 리비전

이전 버전까지는 폴리선이었던 구름형 리비전이 '구름형 리비전'이라는 객체 유형으로 독립된 객체가 되었습니다. 다음 그림에서와 같이 객체에 마우스를 가져가면 '구름형 리비전'이라는 객체 유형임을 알 수 있습니다.

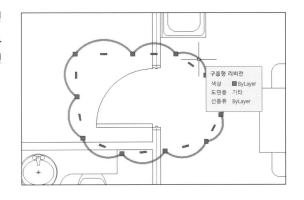

특성 팔레트나 해당 바로가기 메뉴에서 또는 'REVCLOUDPROPERTIES' 명령을 사용하여 선택한 구름형 수정 기호 객체의 호, 현 길이를 변경할 수 있습니다. 구름형 리비전에 각 호 세그먼트의 끝점 간 거리인 대략적인 호, 현 길이에 대한 단일 값이 포함됩니다. 도면에서 구름형 리비전을 처음 작성할 때 호의 크기는 현재 뷰의 대각선 길이 백분율을 기준으로 결정됩니다. 이를 통해 구름형 리비전이 적절한 크기로 시작됩니다.

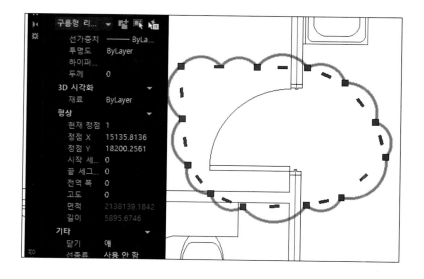

새로운 명령 'REVCLOUDPROPERTIES'는 선택한 구름형 리비전의 호의 대략적인 현 길이를 조정합니다.

{명령:}에서 'REVCLOUDPROPERTIES'입력
{객체 선택:}에서 구름형 리비전 객체 선택 {1개를 찾음}
{객체 선택:}에서 <Enter> 키를 누름
{변경할 특성 선택 [호 길이(A)]:}에서 'A'를 입력
{호의 대략적인 길이 지정 <463.3279>:}에서 '450'을 입력

03. 단일 점에서 객체 끊기

이전 버전에서는 한 점에서 객체를 끊기 위해서는 'BREAK'
기능을 사용하거나 리본 메뉴에서 '한 점에서 끊기' 기능을
사용했지만 AutoCAD 2021 버전에서는 'BREAKATPOINT'
명령이 나왔습니다.

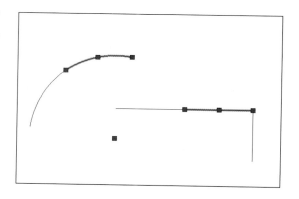

'BREAKATPOINT' 명령을 사용하면 객체를 선택하고 끊기
점을 선택하여 끊을 수 있습니다. 이 명령은 선, 호 또는
열린 폴리선을 지정된 점에서 두 객체로 직접 나눕니다.

{명령:}에서 'BREAKATPOINT'입력
{객체 선택:}에서 끊을 객체 선택
{끊기점 지정:}에서 끊을 위치 지정

다음과 같이 선이나 호가 지정한 점에서 끊어집니다.

04. 빠른 측정

측정 명령인 'MEASUREGEOM' 명령의 빠른 작업 옵션에서는 도면의 평면도에서 기하학적 객체로 둘러싸인 공간 내의 면적 및 둘레를 측정할 수 있습니다. [홈 탭]-[유틸리티 패널]-[측정/빠른 작업]으로 접근이 가능합니다. 마우스를 가져가면 다음과 같이 동적으로 길이가 표시됩니다.

닫힌 영역 내부를 클릭하면 녹색으로 강조 표시되고, 계산된 값이 명령 윈도우 및 동적 툴팁에 현재 단위 형식으로 표시됩니다. 다음과 같이 닫힌 영역이 녹색으로 강조되면서 면적과 둘레가 표시됩니다. <Shift> 키를 누른 채 클릭하여 여러 영역을 선택하면 누적 영역 및 둘레가 계산됩니다.

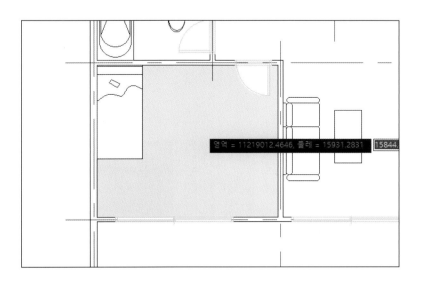

05. 그래픽 성능 향상

기존 버전에 비해 2D 초점 이동 및 줌 속도가 개선되었습니다. 2D에서 실시간 초점 이동 및 줌을 수행할 경우, AutoCAD 기반 제품은 필요에 따라 재생성 작업을 자동으로 수행합니다. 일반적으로 이 작업은 매우 큰 도면의 경우를 제외하고 두드러지게 나타나지 않습니다. 이러한 경우 자동 재생성을 방지하기 위해 RTREGENAUTO 시스템 변수를 끌 수도 있습니다.

3D 모형으로 작업할 때 탐색 시 더 높거나 더 낮은 충실도의 3D 형상 그래픽 표현이 생성되는 경우가 있습니다. 3D 궤도, 초점 이동 및 줌 작업을 사용할 때의 프로그램 응답이 다중 코어 프로세서를 사용하여 크게 향상되었습니다. 이러한 기능 개선은 곡선 표면을 렌더링하는 비주얼 스타일을 사용하는 복잡한 3D 모형에서 가장 두드러지게 나타납니다.

시스템 변수 'RTREGENAUTO'는 실시간 초점 이동 및 줌 작업에서 자동 재생성을 조정합니다.

06. 블록 팔레트 개선

블록 팔레트가 개선되어 언제 어디서든 블록에 보다 편리하게 액세스할 수 있습니다. 지원되는 클라우드 저장소 공급자(Box, Dropbox 또는 Microsoft OneDrive)와 함께 Autodesk Account 계정을 사용하여 최근 블록 및 블록 라이브러리 도면에 언제든지 빠르게 액세스할 수 있습니다. 블록 팔레트의 최근 탭에는 현재 도면에서 최근에 삽입되었거나 작성된 블록의 스냅샷이 표시됩니다. 도면의 최근 블록을 클라우드 저장소 위치와 동기화하고 AutoCAD 데스크톱 또는 AutoCAD 웹 앱을 사용하여 모든 장치에서 해당 블록에 액세스할 수 있습니다. 블록 동기화를 클

릭하고 Autodesk Account 계정에 로그인한 다음, 블록 동기화를 시작할 클라우드 저장소 위치를 지정합니다.

블록 팔레트의 기타 도면 탭 이름이 라이브러리 탭으로 변경되었습니다. 현재 도면에 블록으로 삽입할 폴더, 도면 파일 또는 도면에 저장된 블록 정의를 지정할 수 있습니다. 라이브러리 탭에는 더 빠른 액세스를 위해 가장 최근에 사용한 5개의 블록 라이브러리(폴더 또는 도면 파일)를 표시하는 드롭 다운 리스트가 포함되어 있습니다. 클라우드 저장소 위치에서 블록 라이브러리를 선택하는 경우 AutoCAD 웹 앱에서 동일한 블록을 사용할 수 있습니다.

새로운 명령 INSERTCONTENT: 현재 도면에 도면이나 블록을 삽입합니다. 'INSERT' 명령과 유사합니다.

07. 외부 참조 비교

도면 비교 기능과 유사하게, 현재 도면에서 외부 참조로 부착된 도면 파일에 대한 변경 사항을 비교할 수 있습니다. 참조된 도면 또는 비교한 도면의 모든 변경 사항은 구름형 리비전을 사용하여 강조 표시됩니다.
참조된 도면이 변경되면 응용 프로그램 윈도우의 오른쪽 아래 구석(상태 막대 트레이)에 풍선 도움말 메시지가 표시됩니다.

풍선 메시지의 링크를 클릭하여 수정된 외부 참조를 다시 로드하거나 변경 사항을 비교합니다. 외부 참조 팔레트에서 외부 참조 변경 사항을 비교할 수도 있습니다. 마우스 오른쪽 버튼을 눌러 '변경 사항 비교(C)'를 클릭하여 비교할 수 있습니다.

비교를 한 후 다른 부분이 나타나면 다음과 같이 구름형 리비전 기호로 표시합니다. 설정 기능을 통해 색상이나 켜고/끄기 설정을 할 수 있습니다.

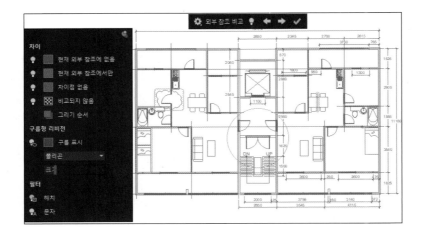

상단의 화살표를 누르면 비교 결과에서 차이가 나는 부분(구름형 리비전 기호)을 확대해 줍니다.

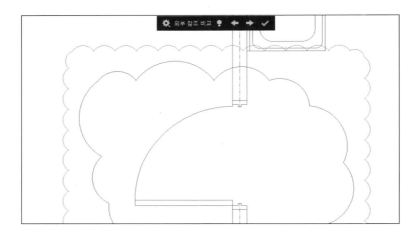

[새로운 명령]
- XCOMPARE: 부착된 외부 참조를 참조된 도면 파일의 최신 상태와 비교합니다.
- XCOMPARECLOSE: 외부 참조 비교 도구 막대를 닫고 비교를 종료합니다.
- XCOMPARERCNEXT: 외부 참조 비교 결과의 다음 변경 사항 세트로 줌(ZOOM)합니다.
- XCOMPARERCPREV: 외부 참조 비교 결과의 이전 변경 사항 세트로 줌(ZOOM)합니다.

08. 제스처(터치) 기능

터블릿 PC 등 터치 화면을 위한 기능이 지원됩니다. 대표적인 기능은 다음과 같습니다.

- 초점 이동 및 줌: 진행 중인 명령이 없는 경우 한 손가락 또는 두 손가락으로 끌어 초점 이동합니다. 명령이 진행 중인 경우 두 손가락으로 끌어 초점 이동합니다. 두 손가락으로 모으거나 펼쳐서 줌(ZOOM)합니다.
- 선택: 객체를 눌러 선택합니다. 진행 중인 명령에서 객체를 선택해야 하는 경우 한 손가락으로 끌어 윈도우 선택 또는 교차 선택을 수행할 수 있습니다.
- Esc: 키를 누릅니다. 한 손가락으로 두 번 눌러 명령을 종료하거나 선택을 지웁니다.

09. AutoLISP 개선

AutoCAD의 기능 향상을 위한 AutoLISP 및 대화 상자를 위한 DCL이 대폭 개선되었습니다.

- Microsoft VS(Visual Studio) Code를 사용한 플랫폼 간 개발: 다음은 Visual LISP 편집기 기능을 실행했을 때 나타나는 Microsoft VS(Visual Studio) 화면입니다.

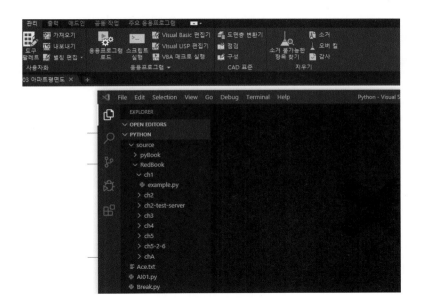

AutoCAD에서 AutoLISP 원본(LSP) 파일을 편집 및 디버그할 수 있는 VS Code에서 사용하도록 새 AutoLISP 확장자를 지원합니다.

- 유니코드 지원: AutoCAD 2020 기반 제품 및 이전 버전 제품의 AutoLISP는 유니코드 문자를 완전히 지원하지 않았습니다. 문자열 작업과 관련된 많은 함수는 MBCS(멀티바이트 문자 세트)만 지원했으며 이로 인해 문자의 길이를 알면 도움이 되거나 문자열의 여러 문자 길이를 반환하는 함수에 문제가 발생했습니다. 유니코드 지원으로 이러한 문제를 해결했습니다.

4. AutoCAD의 설치

AutoCAD의 설치 방법에 대해 알아보겠습니다.

01 AutoCAD 설치 파일(Setup.exe)을 실행합니다. 다음과 같은 설치 초기화 화면이 나타납니다. [설치]를 클릭합니다.

(1) 배치 작성: 미리 작성된 배치(LAYOUT)를 설치합니다.

(2) 도구 및 유틸리티 설치: 네트워크 라이선스 또는 관리 도구를 설치합니다.

(3) 설치: AutoCAD 2021 제품을 설치합니다.

02 라이선스 계약서: 라이선스 및 서비스 계약에 대한 내용입니다. 문장을 읽고 동의하면 '동의함'을 선택하고 [다음]을 클릭합니다.

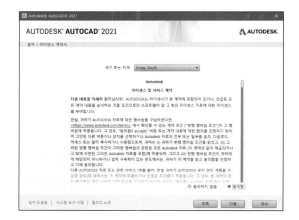

03 설치 구성: 설치할 모듈을 체크합니다.

AutoCAD 2021는 반드시 체크되도록 합니다. 설치 경로를 설정합니다. 설치 위치가 C 드라이브가 아닌 경우에는 [찾아보기]를 클릭하여 설치 위치를 지정합니다. [설치]를 클릭합니다.

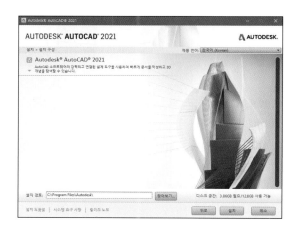

04 설치 진행: 화면이 바뀌면서 프로그램이 설치됩니다. 하단에 설치 진행 정도가 표시됩니다.

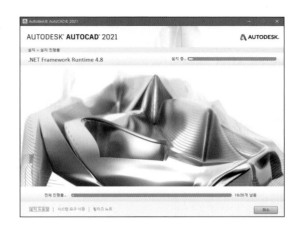

05 설치 완료: 성공적으로 설치되었으면 성공적으로 설치되었다는 메시지와 함께 설치된 프로그램 리스트가 나타나고 데이터 수집 및 사용에 대한 메시지가 표시됩니다. [확인]을 클릭합니다.

06 시스템 재시작: 시스템을 재시작(재부팅)하면서 설치시 변경 사항을 재구성합니다. 특별한 경우가 아닌 이상 [예(Y)]를 클릭해 재시작합니다.

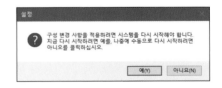

07 DWG 연관: 도면 파일 포맷인 '*.DWG' 포맷 파일을 AutoCAD와 연관시킬 것인가를 지정합니다. 연관시키면 '*.DWG' 파일을 더블클릭하면 AutoCAD가 기동됩니다. 기본적으로 연관시키는 것을 권장합니다.

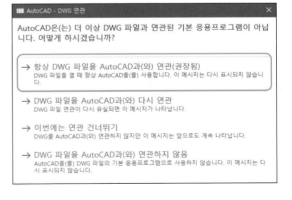

5. 라이선스 활성화

AutoCAD가 설치된 후 30일간 평가 버전을 사용할 수 있습니다. 30일이 경과하면 라이선스 활성화하여 사용해야 합니다.

AutoCAD 설치가 끝나고 AutoCAD를 실행하면 처음 화면에 다음과 같은 제품 라이선스 활성화 창이 나타납니다.

활성화하기 위해서는 [활성화] 버튼을 클릭합니다. 다음 화면에서 일련 번호와 제품 키를 입력한 후 활성화를 진행합니다.

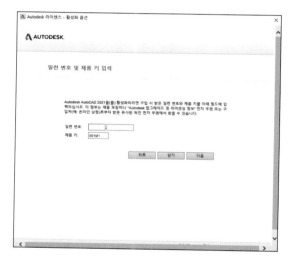

라이선스 활성화 창에서 [실행]을 누르면 30일간 트라이얼 버전으로 사용할 수 있습니다. 실행한 후 AutoCAD 작도 화면에서 라이선스를 활성화하기 위해서는 다음과 같이 진행합니다.

01 상단의 정보센터 창의 [?]를 클릭하면 다음과 같은 메
   뉴가 나타납니다. 여기에서 'Autodesk AutoCAD 2021
   정보'를 클릭합니다.

02 저작권 관련 정보가 표시됩니다. 다음의 화면에서 [라
   이선스 관리(M)]을 클릭합니다.

03 제품 라이선스 현황이 나타나면 [활성화]를 클릭합니다.

04 '시작하기' 화면에서 라이선스 유형을 선택합니다.
   여기에서는 '일련번호 입력'의 [선택]을 클릭합니다.

05 초기 화면에 나타났던 '제품 라이선스 활성화' 화면이
　　나타납니다. 활성화하기 위해서는 [활성화] 버튼을
　　클릭합니다.

06 일련번호 및 제품 키 입력: 구입 시 부여 받은 제품의
　　일련번호와 제품 키를 입력한 후 [다음]을 클릭합니
　　다. 입력 내용에 오류가 있으면 다음으로 진행되지 않
　　습니다.

07 활성화 완료: 활성화를 마치면 활성화 완료 화면이 표시됩니다. [마침]을 클릭하면 AutoCAD가 실행됩니다.

CAD를 잘 할 수 있는 비결

새로운 도구를 접하게 되면 누구나 능숙하게 다루어 활용하고 싶어합니다. 소프트웨어도 하나의 도구입니다. 우리는 Autodesk사의 AutoCAD라는 CAD 소프트웨어(도구)를 사용하여 도면을 작성하고자 준비하고 있습니다. 학교에서 교과목으로 선정된 학생도 있고, 설계사무소에서 설계를 하는 사람도 있고, 시공 또는 제조업 현장에서 도면의 검토 및 수정을 위해 접하는 사람도 있습니다. 접근한 목적이나 계기는 다르더라도 기왕 접하는 바에는 능숙하게 다루길 희망합니다.

"어떻게 하면 CAD를 잘 할 수 있나요?"

여러 권의 CAD 책을 쓰고 많은 강의를 해오면서 가장 많이 받는 질문입니다. 저자의 경험과 학생들을 가르치면서 느낀 점을 토대로 나름대로 방법을 제시하도록 하겠습니다.

1. 먼저 흐름을 읽어라.

CAD에는 수많은 명령어(기능)가 있지만 조작하는 패턴은 비슷합니다. 사용자와 AutoCAD가 대화를 하듯 응답을 하면서 조작합니다. 예를 들어, 선을 그린다고 가정하면 사용자가 명령을 실행하면 CAD는 첫 번째 점을 찍으라고 합니다. 점을 찍고 나면 다음 점을 찍으라고 합니다. 두 번째 점을 찍으면 선이 그려집니다. 이처럼 사용자와 CAD와 대화를 하듯 도면을 작성해 나갑니다. 다른 명령도 비슷한 조작으로 진행합니다. 조작하는 패턴이 정해져 있습니다. 이 조작 패턴만 읽으면 쉽게 입문할 수 있습니다.

2. 재미를 붙여라.

아무리 쉬운 과목이라도 재미가 없으면 진도가 나가지 못합니다. 공부를 지속하기 위해서는 흥미를 갖고 공부하는 것이 중요합니다. CAD는 그림을 그리는 도구입니다. 한글이나 엑셀보다 더 재미있게 공부할 수 있는 소프트웨어가 CAD입니다. 필자가 처음 CAD를 접했을 때 그림 그리는 재미에 빠져 날밤을 샌 적이 있습니다. 그렇게 1주일을 공부하고 나니 웬만한 도면을 그릴 수 있게 되었습니다. 선이나 원부터 하나씩 그려 나가며 주변에 있는 책상, 의자 등을 그리면서 재미를 붙이는 것이 중요합니다.

3. 이해되지 않거나 의도대로 그려지지 않으면 일단 넘어가라.

공부를 하다 보면 막히는 부분이 나오게 됩니다. 그러면 오랜 시간 끙끙대지 말고 일단 넘어가는 것도 하나의 방법입니다. 수학은 기초 단계를 이해해야 다음 단계를 풀 수 있는 것이 많지만 CAD는 그렇지 않은 경우가 많습니다. 일단은 이해되고 조작이 가능한 부분을 중심으로 진행하고 이해되지 않거나 잘 안 되는 부분이 있으면 일단 넘어갑니다. 다른 명령어를 공부하는 과정에서 이해될 수 있고 진도가 나간 후에 다시 한 번 조작하게 되면 해결할 수 있는 기능이 많습니다. 의도대로 조작되지 않더라도 너무 많은 시간을 할애하지 말고 넘어가도록 합니다. 나중에 충분히 이해되고 해결할 수 있습니다.

4. 책과 동영상을 참고하자.

공부하기 위해서는 당연한 이야기를 한다고 생각할지 모르겠습니다만 이 조언을 하는 이유는 '로마로 가는 길은 하나만 있는 것이 아니고 여러 길'이 있기 때문입니다. 즉, 하나의 도형을 그리는 데 여러 방법이 있습니다. 책에 따라 다르게 해결하기도 하고 동영상을 올린 사람에 따라 그리는 방법이 다를 수 있습니다. 책상을 모델링하는데 있어 다리를 먼저 그리는 사람이 있고 상판을 먼저 그리는 사람이 있습니다. 이용하는 명령도 다를 수 있습니다. 예를 들어, 호(ARC)를 그릴 때 호(ARC) 명령으로 그릴 수 있지만 원(CIRCLE)을 그려 반을 자르는 경우도 있습니다. 호 명령이 빠르다고 생각할 수 있지만 원을 자르는 것이 빠르고 정확한 상황도 얼마든지 있습니다. 따라서, 여러 방법을 참고하는 것이 CAD 조작의 폭을 넓게 하고 효율적으로 도면을 작성하는데 도움이 되기 때문입니다.

5. 연습보다 좋은 스승은 없다.

CAD는 기술이 아니고 기능입니다. 기능은 많이 조작할수록 늘 수밖에 없습니다. 많이 그려 본 사람이 빠르고 잘 다룰 수 있습니다. 필자가 많은 제자를 배출했지만 설계사무소에 취직한 제자를 만나 설계하는 모습을 보면 혀를 내두를 정도로 빠르고 잘 다룹니다. 그 제자는 필자가 따라갈 수 없는 경지의 실력입니다. 그 이유는 꾸준히 수많은 조작을 통해 실력이 향상된 결과입니다. CAD의 조작 실력은 많이 다루어 본 결과라 할 수 있습니다. 시간이 되는대로 조작해 보는 것이 CAD 실력을 향상시키는 가장 좋은 방법입니다. 많이 조작해 보시기 바랍니다. 그러면 반드시 CAD 실력자가 될 수 있습니다.

2 AutoCAD 2021 화면 구성

AutoCAD 2021 화면에 대해 알아보겠습니다. AutoCAD 2021를 실행하면 가장 먼저 '작성' 프레임의 '새 탭' 화면이 나타납니다.

1. 시작 화면

AutoCAD를 시작하면 다음과 같은 화면이 나타납니다.

① 그리기 시작: 그리기를 시작합니다. 하단의 '템플릿'의 목록 확장 버튼(▼)을 클릭하면 템플릿 파일 리스트가 표시됩니다. 템플릿 파일을 선택해서 시작합니다.

② 최근 문서: 최근에 작업한 문서의 미리보기 화면이 표시됩니다. 해당 문서를 누르면 바로 열립니다.

③ 연결: 클라우드 서비스인 계정에 접근하거나 피드백을 보낼 수 있습니다.

하단의 [알아보기!]를 클릭하면 다음과 같은 화면이 나타납니다. AutoCAD 2021의 새로워진 내용과 시작하기 비디오, 학습을 위한 팁 등 AutoCAD의 소개와 학습을 위한 화면입니다.

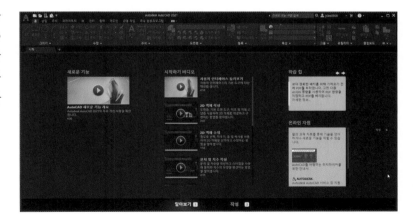

2. 도면 작성 화면

'작성' 프레임 화면에서 '시작하기'의 '그리기 시작'을 클릭합니다. 다음과 같은 화면이 나타납니다.

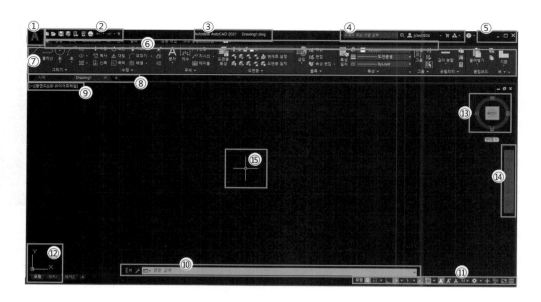

01. 응용 프로그램 메뉴

도면의 입출력 및 인쇄, 내보내기 기능과 함께 메뉴 검색기가 있습니다. 최근 작업한 도면 리스트가 표시됩니다. 메뉴 검색기에서 검색 키워드를 입력하면 실시간으로 검색할 수 있습니다. 검색 결과에는 메뉴 명령, 기본 툴팁, 명령 프롬프트 문자열 또는 태그가 포함될 수 있습니다. 하단에는 AutoCAD의 작업 환경을 설정할 수 있는 [옵션]과 AutoCAD를 종료하는 [Autodesk AutoCAD 2021 종료] 버튼이 있습니다.

[응용 프로그램 메뉴]

02. 신속 접근 도구 막대

자주 사용(접근)하는 명령을 등록하여 한 번의 클릭으로 해당 명령을 바로 실행할 수 있습니다. 도면 작업의 신속성을 위해 유용한 도구입니다. 사용자가 필요에 의해 등록 또는 제거할 수 있습니다.

[신속 접근 도구 막대]

신속 접근 도구 막대의 오른쪽에 있는 역삼각형(▼) 버튼을 클릭하면 다음과 같은 목록이 표시됩니다. 추가하고자 하는 기능을 체크하면 도구 막대에 추가됩니다.

① 다른 명령: 목록에 없는 다른 명령을 추가할 수 있습니다.
② 메뉴 막대 표시/숨기기: 메뉴 막대(풀다운 메뉴)를 표시하고 숨깁니다.
③ 리본 아래(위) 표시: 신속 접근 도구 막대를 리본 아래에 표시할 수 있으며, 리본 아래에 표시된 경우는 리본 위로 표시할 수 있습니다.

03. 제목 표시줄

응용 프로그램 이름(AutoCAD 2021)과 현재 작업 중인 도면의 명칭을 표시합니다.

04. 정보 센터

도면 작업에 필요한 콘텐츠(예: 도움말, 새로운 기능, 웹 위치, 지정된 파일)을 키워드를 통해 검색하거나 파일 또는 위치를 검색할 수 있습니다. 간단한 키워드의 입력에 의해 쉽게 정보에 접근할 수 있습니다. 현재 작업 중인 사용자의 로그인 ID를 표시합니다.

[정보 센터 도구 막대]

물음표 옆의 드롭 다운 리스트를 펼치면 다음과 같이 도움말, 피드백 보내기, 언어 팩 다운로드에 접근할 수 있고 하단에는 'Autodesk AutoCAD 2021 정보'가 나타납니다. 이 정보에는 라이선스의 정보가 있고 활성화 버튼이 있습니다. 30일간 트라이얼 버전을 사용하는 사용자는 이 버튼을 클릭하여 라이선스를 활성화할 수 있습니다.

05. 응용 프로그램 창 제어 버튼

윈도우(Windows) 계열의 모든 응용 프로그램에 있는 제어 버튼으로 응용 프로그램의 최소화, 최대화, 화면 복원, 종료를 할 수 있는 버튼의 집합입니다.

응용 프로그램(AutoCAD 2021)을 사용하다가 창을 최소화 및 최대화 또는 종료할 때 쉽게 접근할 수 있는 버튼입니다. 여기에서 간단히 창 제어 버튼에 대해 살펴보기로 하겠습니다. 이 기능은 AutoCAD 2021에 한정하지 않고 동일한 버튼이 있는 다른 응용 프로그램도 같은 기능을 수행합니다.

① 최소화 버튼(━)

최소화 버튼을 누르면 현재 사용하고 있는 응용 프로그램(AutoCAD 2021)이 화면에서 사라지면서 윈도우 하단의 작업 표시줄로 이동합니다.

② 최대화 버튼(▢)

최대화 버튼은 최소화 버튼이나 화면 복원 버튼으로 줄어든 화면을 AutoCAD 화면에 가득히 채워 표시합니다. 최대화 버튼 대신 화면 복원 버튼이 나타납니다.

③ 화면 복원 버튼(❏)

화면 복원 버튼을 누르면 이전의 크기로 복원됩니다. 이 상태에서는 마우스를 이용해 창의 크기를 자유롭게 변경할 수 있습니다. 다른 응용 프로그램에서 객체를 복사하거나 다른 응용 프로그램으로 객체를 복사할 때 유용하게 사용할 수 있습니다.

④ 닫기 버튼(✖)

현재 펼쳐진 응용 프로그램(AutoCAD 2021)을 종료합니다. 작업 내용이 변경된 경우는 저장할 것인지 묻습니다. 저장 여부를 결정하여 [예(Y)] 또는 [아니오(N)] 버튼을 클릭합니다. AutoCAD 2021 작업을 계속하고자 할 경우는 [취소] 버튼을 클릭합니다.

06. 리본 탭 표시줄

리본 탭은 리본을 구성하는 레이블(탭)이 표시되는 창입니다.
탭의 항목 및 레이블은 사용자의

[리본 탭 메뉴]

편의에 따라 자유롭게 구성할 수 있습니다. 오른쪽의 삼각형(▲) 버튼을 한 번 누를 때마다 리본 메뉴가 최소화되고 반복해서 누르면 원상태로 복귀됩니다.

07. 리본

명령 컨트롤(아이콘)로 구성된 인터페이스 요소로 응용 프로그램 윈도우에 가로 또는 세로로 고정할 수 있습니다. 리본은 탭으로 구성되며 각 탭에는 레이블이 지정된 '패널'이 있으며, 이러한 패널에는 명령을 실행하는 컨트롤의 아이콘이 배치되어 있습니다. 이 컨트롤들은 명령의 실행을 이해하기 쉽고 빠르게 접근할 수 있는 도구입니다.

[기능 컨트롤로 구성된 리본 패널]

① 툴팁(Tool Tip): 리본의 제어 버튼 또는 도구 막대의 아이콘 위에 커서를 갖다 대고 조금 기다리면 해당 제어 버튼 및 아이콘에 대한 명령의 명칭이 표시되는데 이것이 툴팁입니다. 툴팁은 툴의 명칭뿐 아니라 상세한 설명이 표시됩니다. 필요에 따라서는 이미지도 표시합니다.

[툴팁의 예]

② 툴팁 도움말: 툴팁이 표시된 상태에서 조금 더 기다리면 다음과 같은 툴팁 도움말이 표시됩니다.

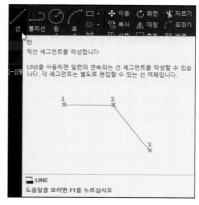

[툴팁 도움말의 예]

08. 도면 탭

현재 열려 있는 도면을 한눈에 볼 수 있는 탭입니다. 탭을 클릭하면 작업하고자 하는 도면으로 전환됩니다.

[도면 탭의 예]

09. 뷰포트 컨트롤, 비주얼 스타일

뷰를 분할하여 뷰포트를 작성하거나 뷰 큐브, 스티어링 휠, 탐색 막대를 제어하거나 비주얼 스타일을 설정할 수 있습니다. 주로 3차원 작업에서 많이 활용됩니다.

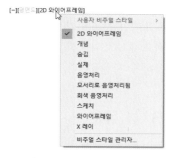

[비주얼 스타일 리스트의 예]

10. 명령행 영역

명령을 실행할 때 사용자에 대한 조작 지시, 옵션의 표시, 오류 내용 표시

등의 메시지를 표시하는 공간입니다. 설치를 하게 되면 기본적으로 화면 하단에 위치합니다만 사용자가 임의의 위치로 이동할 수 있습니다. 사용자가 입력한 키보드 정보나 마우스 조작 정보를 표시하기도 합니다. 오른쪽에 있는 스크롤바를 이용해 과거의 메시지 이력을 볼 수 있습니다.

[명령행 영역]

참고<< 문자 윈도우를 펼치는 'F2'

키보드 상단에 있는 기능키 <F2>를 누르면 문자 윈도우가 표시되어 지금까지 명령행에 표시된 이력을 볼 수 있습니다. <F2>를 한 번 누를 때마다 표시와 비표시가 전환됩니다. 또는 '뷰' 탭의 '팔레트' 패널의 확장 버튼을 눌러 '문자 윈도우 >-'를 체크합니다.

```
명령: _options
명령:
명령: L
LINE
첫 번째 점 지정:
다음 점 지정 또는 [명령 취소(U)]:
다음 점 지정 또는 [명령 취소(U)]:
다음 점 지정 또는 [닫기(C)/명령취소(U)]:
명령: C
CIRCLE
원에 대한 중심점 지정 또는 [3점(3P)/2점(2P)/Ttr - 접선 접선 반지름(T)]:
원의 반지름 지정 또는 [지름(D)]:
명령: 반대 구석 지정 또는 [울타리(F)/윈도우폴리곤(WP)/걸침폴리곤(CP)]: e
ERASE
객체 선택: 반대 구석 지정: 3개를 찾음
객체 선택:
명령: D
DIMSTYLE
```

[문자 윈도우의 예]

11. 상태 막대

상태 막대는 현재 AutoCAD의 상태를 표시하는 영역으로 도면의 환경을 설정하는 도구, 도면 도구 및 커서 위치가 표시됩니다. 표시되는 도구는 상태 막대의 맨 오른쪽 버튼인 사용자화 메뉴를 통해 표시할 도구를 선택할 수 있습니다. 상태 막대에 표시되는 도구는 현재 작업 공간 및 현재 표시된 탭(모형 탭 또는 배치 탭)에 따라 달라질 수 있습니다.

[상태 막대]

12. 좌표계 아이콘

왼쪽 하단에 있는 화살표로 좌표를 표시하는 좌표계 아이콘입니다. 좌표계는 월드 좌표계인 'WCS'와 사용자 좌표계인 'UCS'가 있습니다. 월드 좌표계(WCS)는 고정된 좌표계로 변경할 수 없는 좌표계입니다. 사용자 좌표계(UCS)는 사용자가 지정 또는 회전 등 변경할 수 있는 좌표계로 주로 3차원 객체 작성 및 편집에 유용하게 사용됩니다.

13. 뷰 큐브

뷰 큐브는 객체를 관측하고자 하는 위치를 직육면체의 아이콘의 위치를 지정하여 뷰를 표시합니다. 주로 3차원 도면 작업에 유용합니다.

[뷰 큐브]

14. 탐색 막대

스티어링 휠, 초점 이동, 줌, 궤도, 쇼 모션 등 뷰를 제어하는 막대입니다.

[탐색 막대]

15. 작도 영역

실제 도면 작업이 이루어지는 공간입니다. 모든 CAD 작업은 이 공간에 객체를 작성하고 편집하며 작성된 객체를 출력하기 위한 작업입니다.

배경 색상은 사용자가 지정할 수 있는데 [응용 프로그램 메뉴 A]-[옵션]-[화면 표시]-[색상(C)]에서 지정할 수 있습니다. 옵션에 대한 자세한 내용은 뒤에서 다루겠습니다.

[작도 영역]

 커서는 마우스와 같은 좌표 지시기의 이동에 의해 좌표의 위치를 표시해 주는 십자 모양의 좌표 표식기입니다. 십자선의 크기는 [응용 프로그램 메뉴 A]-[옵션]-[화면 표시]-[십자선 크기(Z)]에서 조정할 수 있습니다.

3 명령어 조작 방법 및 용어

본격적인 AutoCAD 학습에 앞서 명령어 실행 방법에 대해 알아보고 마우스의 조작 방법 및 용어에 대해 알아보겠습니다.

1. 조작 용어와 표현 방법

도면을 완성하는 데는 다양한 명령어의 실행과 조작이 필요합니다. 이해를 돕기 위해 조작에 대한 설명과 이 책에서 표현하는 방법에 대해 설명하겠습니다.

01. 클릭

마우스의 왼쪽 버튼을 가볍게 한 번 누르는 동작을 말합니다. 명령을 실행하고자 할 때의 명령 아이콘 선택, 좌표를 지정하고자 할 때, 객체의 편집을 위해 객체를 선택할 때, 대화 상자에서 버튼의 선택 등에 클릭합니다.

02. 더블클릭

마우스의 왼쪽 버튼을 연속해서 두 번 누르는 동작을 말합니다. 재빠르게 두 번 눌러야 합니다. 예로써, 커서를 객체 위에 두고 더블클릭하면 객체의 특성 대화 상자가 표시됩니다.

03. 드래그(Drag)

마우스 왼쪽 버튼을 누른 채로 원하는 위치로 끌고 가는 것을 말합니다. 맞물림(그립)으로 이동이나 회전 등을 할 때 많이 쓰입니다.

04. 드래그 앤 드롭(Drag & Drop)

마우스 왼쪽 버튼을 누른 채로 원하는 위치로 끌고 가서 왼쪽 버튼을 놓는 것을 말합니다. 예로써, 도구 팔레트의 블록을 작도 영역으로 끌어올 때 사용됩니다.

05. AutoCAD 메시지

{첫 번째 점 지정:}과 같이 {····}안에 표시되는 메시지는 명령을 실행했을 때 명령행에 표시되는 메시지를 나타냅니다. 이때 나타나는 메시지에 따라 조작합니다.

① 좌표의 지정: {첫 번째 점 지정:}과 같이 좌표를 묻는 메시지에서는 '100,100'과 같이 키보드에서 직접 좌표를 입력할 수도 있으며, 마우스를 이동하여 지정하고자 하는 위치에서 마우스 왼쪽 버튼을 누릅니다(클릭).

② 객체의 선택: 객체를 복사하거나 지우는 명령과 같이 편집 명령을 실행하면 {객체 선택:}과 같이 객체를 선택하라는 메시지가 표시되면서 작은 사각형(선택 상자)이 나타납니다. 이때는 선택하고자 하는 객체를

선택하고 선택이 끝나면 <Enter> 키를 누릅니다.

06. 사용자의 키보드 입력

'300,300'과 같이 '…'와 같이 따옴표로 표시된 내용은 사용자가 키보드를 통해 입력하는 숫자나 문자를 나타냅니다. 키보드에서 입력할 때는 따옴표(' ')는 입력하지 않습니다. 따옴표('…') 안에 있는 숫자 또는 문자만 입력합니다.

07. 바로가기 메뉴

마우스 오른쪽 버튼을 눌러 표시되는 메뉴를 말합니다. 다음과 같은 메뉴가 표시됩니다. 이때 나열된 항목에서 하나를 선택하여 실행합니다.

[바로가기 메뉴]

08. 명령 실행 표시 방법 및 형식

명령: LINE(단축키: L)   아이콘:

① LINE(단축키: L): 해당 기능의 명령어와 단축키입니다. 키보드에서 직접 입력하여 명령을 실행할 수 있습니다.
② 아이콘: 리본의 패널 또는 도구 막대의 아이콘을 나타냅니다. 해당 이미지의 아이콘을 클릭하여 실행합니다.

2. 마우스의 조작

마우스는 컴퓨터를 사용하면서 가장 일반적으로 사용하는 입력 도구이며, AutoCAD를 조작할 때도 마우스 없이는 작업을 수행할 수 없을 정도로 필수적인 도구입니다. 마우스의 용도 및 조작 방법에 대해 알아보겠습니다.

01. 마우스의 용도

AutoCAD에서 마우스는 다음과 같은 용도로 사용됩니다.

① 명령 아이콘(컨트롤)의 선택: 명령 실행을 위해 리본 또는 도구 막대에 있는 아이콘(컨트롤)을 선택합니다.

② 바로가기 메뉴의 표시 및 지정: 마우스 오른쪽 버튼을 눌러 바로가기 메뉴를 표시합니다.

③ 좌표의 지정: 작도 영역에서 마우스에 의해 좌표 또는 방향을 지정합니다.

④ 객체의 선택: 복사, 회전, 지우기 등 편집을 위해 객체를 선택합니다.

⑤ 대화 상자의 항목 선택 및 슬라이드 바 조정: 대화 상자에서 각종 버튼의 선택, 슬라이드 바의 조정과 제시되는 목록에서 필요한 항목을 선택합니다.

⑥ 줌 및 초점 이동: 화면의 표시를 제어하기 위해 줌의 확대 및 축소, 초점 이동을 합니다.

02. 마우스의 버튼 조작

AutoCAD 도면 작업에서 가장 많이 사용하는 도구가 마우스입니다. 좌표의 지정, 객체 및 옵션의 선택, 메뉴 항목의 선택 등 마우스를 이용하여 다양한 작업을 수행합니다. 가장 일반적으로 사용되는 휠마우스의 기능에 대해 알아보겠습니다.

① 왼쪽 버튼: 버튼의 클릭으로 명령 아이콘의 지시, 좌표를 지정하거나 특정 객체를 선택합니다.

② 휠: 화면 조정에 많이 사용합니다. 줌(Zoom) 기능으로 휠을 돌려서 원하는 화면으로 확대하거나 축소합니다. 또, 휠을 눌러 이동하면 화면의 초점을 자유자재로 이동할 수 있습니다.

③ 오른쪽 버튼: 버튼을 눌러 바로가기 메뉴를 표시합니다. 또는 환경 설정에 의해 <Enter> 키 기능을 수행하기도 합니다.

3. 명령(기능)의 실행 방법

도면 작성을 위해 다양한 명령(기능)을 실행하게 됩니다. 명령을 실행하기 위해 AutoCAD는 여러 가지의 방법을 제공하고 있습니다. 제시하는 방법 중에서 독자 여러분이 편한 방법을 선택하여 실행하시기 바랍니다. 여기에서는 선을 작도하는 선분(LINE) 명령을 통해 알아보겠습니다.

01. 키보드에서 명령어 및 단축키 입력

명령행에서 원하는 명령어 또는 단축 명령어를 키보드를 통해 입력하여 명령을 실행시킬 수 있습니다. 예를 들어, 선을 작도하고자 할 경우는 'LINE' 또는 'L'을 입력하여 명령을 실행합니다. 여기에서 'LINE'은 실제 명령어의 명칭(철자)이며 'L'은 단축 명령어입니다. 단축 명령어는 단어의 수가 한 글자 또는 두 글자로 짧습니다. 이 단축 명령어는 사용자가 임의로 지정할 수도 있습니다.

[명령행에서 명령어 직접 입력]

02. 도구 막대에서 명령 아이콘 선택하기

도구 막대 또는 신속 접근 도구 막대에서 해당 명령의 버튼을 선택하는 방법입니다. 화면에 나타난 도구 막대에서 선분, 다각형 등의 아이콘을 클릭하면 바로 명령이 실행됩니다. 선분의 경우, 그리기 도구 막대의 선분 아이콘(　)을 클릭합니다.

[도구 막대에서 명령 아이콘 선택]

03. 메뉴 검색기에서 검색

화면 상단의 응용 프로그램 메뉴의 메뉴 검색기(　)에서 실행하고자 하는 명령(예: line)을 검색하여 검색된 목록에서 해당 명령을 선택합니다. 다음 그림의 경우는 검색 필드에 'LINE'을 입력하여 검색된 목록에서 '선(L)'을 선택한 경우입니다.

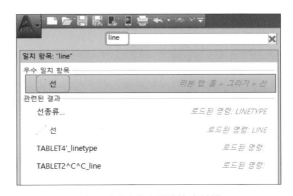

[메뉴 검색기에서 검색하여 실행]

04. 리본의 패널에서 선택

리본 메뉴에서 해당 패널의 명령 컨트롤(아이콘)을 선택하여 실행합니다. 선 명령의 경우, '그리기' 패널에서 '선　)'을 선택하여 실행합니다.

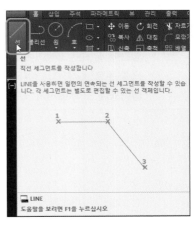

[리본의 패널에서 선택하여 실행]

05. 도구 팔레트에서 선택

도구 팔레트의 실행하고자 하는 명령어 그룹의 탭에서 해당 컨트롤(아이콘)을 선택하여 실행합니다. 선 명령의 경우, '그리기' 탭의 '선' 명령 컨트롤(아이콘)을 선택하여 실행합니다.

[도구 팔레트에서 선택하여 실행]

06. 바로가기 메뉴에서 선택

마우스 오른쪽 버튼을 누르면 최근 입력한 명령 및 사용 메뉴가 표시되는 바로가기 메뉴가 나타납니다. 실행하고자 하는 기능의 메뉴를 선택합니다. 이 기능은 이전에 사용했던 명령을 반복 사용하거나 취소할 때 유용합니다. '줌(ZOOM)'이나 '초점 이동(PAN)'과 같이 화면을 조작하거나 객체 선택과 관련된 명령이 있습니다.

[바로가기 메뉴에서 선택하여 실행]

07. 동일 명령의 반복 및 명령 중지

실행했던 명령을 다시 한 번 실행하고자 할 때는 <Enter> 키 또는 <Space bar>를 누릅니다. 즉, 선 명령을 실행하고 나서 다시 선(LINE) 명령을 실행하고자 할 경우는 <Enter> 키 또는 <Space bar>를 누르면 됩니다.
실행 중인 명령을 중지하고자 할 때는 <ESC> 키를 누릅니다. 즉, 조작 중에 입력을 잘못했다거나 다시 하고자 할 때는 언제든지 <ESC> 키를 누릅니다.

 AutoCAD에서 명령을 실행하려면 명령행의 상태가 {명령:}에서 조작하는 것이 기본입니다. 따라서 명령 사용 중간에 잘못된 조작이나 원하지 않는 결과가 나타나면 취소해야 합니다. 이때 <ESC> 키를 누릅니다. <ESC> 키를 누르면 {명령:} 상태가 됩니다.
명령행에 조작 메시지 또는 오류 메시지가 표시되면 <ESC> 키를 눌러 {명령:} 상태가 되도록 조작합니다.

Chapter
02 맛보기 기능과 작도 환경

AutoCAD의 명령(기능)을 실행해서 간단한 도형을 그려 보겠습니다. 도면 범위와 단위 설정 등 작도를 위한 기본 환경에 대해 학습합니다.

1 일단 그려 보자

몇 개의 명령어를 이용하여 간단한 도형을 그려 보겠습니다. 이해가 되지 않더라도 그대로 따라서 조작해 봅니다. 따라해 보면서 CAD 기능을 어떻게 조작하고 작도되는지 이해하시기 바랍니다. 다음의 도형을 작도하겠습니다. 한 변의 길이가 '100'인 정사각형과 원의 반지름이 '25'인 도형입니다.

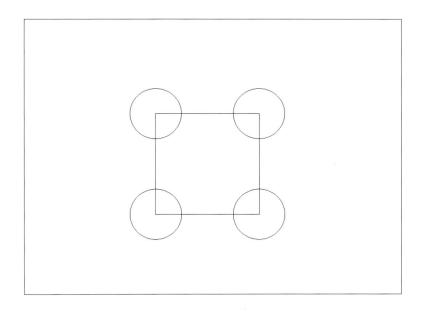

1. 선분(LINE)

두 점을 잇는 선을 작도합니다.

명령: LINE(단축키: L)	아이콘:	

01 먼저 AutoCAD를 실행한 후 시작 화면에서 템플릿 파일 'acadiso.dwt'를 선택하여 시작합니다. '*.dwt'는 기본 환경을 갖춘 템플릿 파일입니다.

02 명령행 영역에 'Zoom' 또는 'Z'를 입력합니다.

{윈도우 구석 지정, 축척 비율(nX 또는 nXP) 입력 또는 [전체(A)/중심(C)/동적(D)/범위(E)/이전(P)/축척(S)/윈도우(W)/객체(O)] <실시간>:}에서 'A'를 입력합니다.

{모형 재생성 중.} 다음과 같은 화면이 됩니다. 이 기능은 '줌'으로 화면을 가득(전체) 펼칩니다.

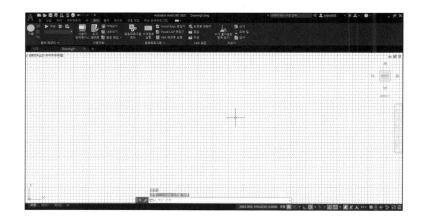

03 현재 모눈(그리드)가 켜져 있어 혼란스러울 수 있으니 꺼두도록 합시다. 키보드 상단의 기능키인 <F7> 키를 누릅니다. 한 번 누르면 꺼지고 다시 누르면 켜집니다. 다음과 같이 작도 영역이 깨끗하게 정리됩니다.

04 선을 그어 보겠습니다. 선(LINE) 명령을 실행합니다.

명령어 'LINE' 또는 단축키 'L'을 입력하거나 '홈' 탭의 '그리기' 패널에서 ✏를 클릭합니다.

{첫 번째 점 지정:}에서 '100,100'을 입력합니다. 좌표 (100,100) 위치에 점이 찍히고 마우스를 움직일 수 있습니다. 좌표 지정 방법은 뒤에서 자세히 설명하겠습니다. 다음과 같이 좌표에 선의 시작점이 지정됩니다.

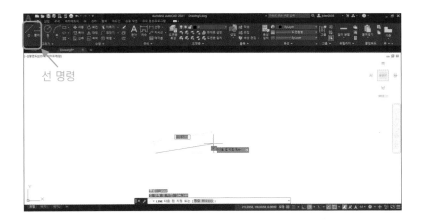

선 명령

05 {다음 점 지정 또는 [명령 취소(U)]:}에서 '#200,100'을 입력합니다. 다음과 같이 첫 번째 점과 두 번째 점을 잇는 선이 작도됩니다. 좌표를 입력할 때, 앞에 '#'을 붙이는 이유는 절대 좌표를 지정하는 방법입니다. 나중에 좌표 지정 방법에서 자세히 설명하겠습니다.

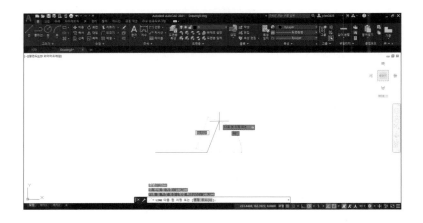

06 {다음 점 지정 또는 [명령 취소(U)]:}에서 '#200,200'을 입력합니다. 다음과 같이 선이 작도됩니다.

07 {다음 점 지정 또는 [닫기(C)/명령 취소(U)]:}에서 '#100,200'을 입력합니다. 다음과 같이 선이 작도됩니다.

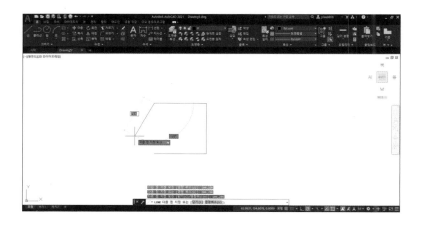

08 {다음 점 지정 또는 [닫기(C)/명령 취소(U)]:}에서 'C'를 입력하고 <Enter> 키를 누릅니다. 그러면, 다음과 같이 선이 최초 지정한 점(100, 100)에 이어지면서 사각형이 작도됩니다. 한 변의 길이가 '100'인 정사각형이 작도됩니다.

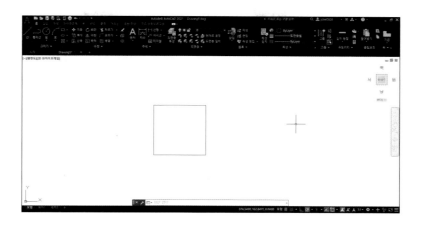

 여기에서 입력한 옵션 'C'는 'Close'의 의미로 처음 시작한 점과 마지막 점을 연결하여 폐쇄된 공간을 만드는 옵션 키워드입니다. 여기에서 'C'를 입력하지 않고 연결하려면 좌표 '#100,100'을 입력합니다.

사각형이 작도되었습니까? AutoCAD에서 도면 작업은 이런 방법의 작업(명령의 사용)을 반복합니다. 명령의 종류에 따라 표시되는 메시지가 다르고 사용자가 작도하고자 하는 도형의 위치나 크기에 따라 지정 좌표나 숫자를 다르게 입력하면서 작도하게 됩니다.

옵션 설명

선(LINE) 명령은 다음과 같은 옵션이 있습니다.

> {다음 점 지정 또는 [닫기(C)/명령 취소(U)]:}

옵션이란 선택 사항입니다. 위에 메시지에서 선을 그리는 데 있어 다음 점을 지정하지 않고 'C'를 입력하면 닫기가 되고, 'U'를 입력하면 이전에 실행했던 명령이 취소됩니다.

① 닫기(C): 첫 번째 지정한 점(시작점)에 연결하여 닫힌 도형을 작성합니다.
② 명령 취소(U): 지정한 좌표를 한 단계 이전 좌표로 되돌립니다. 좌표 지정이 잘못되어 수정하고자 할 경우 'U' 옵션을 사용하여 직전에 지정했던 점을 취소합니다. 반복해서 'U'를 입력하면 최초로 지정한 점까지 되돌아갑니다.
③ 선 명령을 종료한 후 종료한 지점(좌표)을 다시 지정하려면 <Enter> 키 또는 <Space bar>를 누릅니다.

2. 원(CIRCLE)

다양한 옵션을 이용하여 원을 작도합니다.

명령: CIRCLE(단축키: C)　　　　　　　　　아이콘:

01 사각형의 꼭짓점에 반지름이 '25'인 원을 작도하겠습니다. 원(CIRCLE) 명령을 실행합니다. 명령어 'CIRCLE' 또는 단축키 'C'를 입력하거나 '홈' 탭의 '그리기' 패널 또는 도구 막대에서 ◉를 클릭합니다.

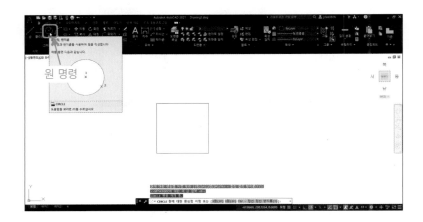

02 {원에 대한 중심점 지정 또는 [3점(3P)/2점(2P)/Ttr – 접선 접선 반지름(T)]:}에서 마우스를 사각형의 왼쪽 아래 끝점으로 가져가 클릭합니다.

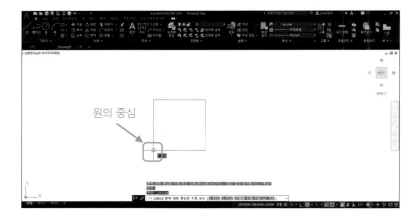

03 {원의 반지름 지정 또는 [지름(D)]:}에서 반지름 '25'를 입력합니다. 지정한 점에 반지름이 '25'인 원이 작도됩니다.

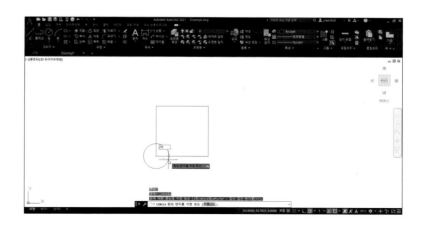

04 원(CIRCLE) 기능을 재실행하려면 <Enter> 키 또는 <Space bar>를 누릅니다.
{원에 대한 중심점 지정 또는 [3점(3P)/2점(2P)/Ttr – 접선 접선 반지름(T)]:}에서 다음과 같이 사각형의 오른쪽 위 끝점을 지정합니다.

 실행했던 명령(기능)을 재실행하려면 <Enter> 키 또는 <Space bar>를 누릅니다. 선(LINE) 명령을 실행한 후 다시 선(LINE) 명령을 실행하려면 <Enter> 키 또는 <Space bar>를 누릅니다.

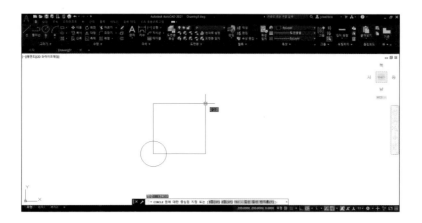

05 {원의 반지름 지정 또는 [지름(D)]:}에서 반지름 '25'를 입력합니다. 오른쪽 위 끝에 반지름이 '25'인 원이
작도됩니다.

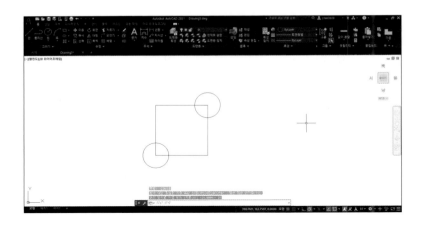

3. 이동(MOVE)

선택한 객체를 이동합니다.

명령: MOVE(단축키: M)   아이콘: ✛

01 오른쪽 위에 있는 원을 아래쪽으로 이동하겠습니다. 이동(MOVE) 명령을 실행합니다.
명령어 'MOVE' 또는 단축키 'M'을 입력하거나 '홈' 탭의 '수정' 패널에서 ✛를 클릭합니다.
{객체 선택:}에서 선택 상자(□)를 이용하여 원을 선택합니다. {1개를 찾음}

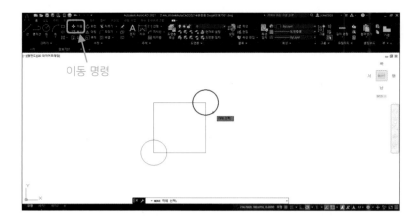

이동 명령

02 {객체 선택:}에서 <Enter> 키 또는 <Space bar>를 눌러 선택을 종료합니다.
{기준점 지정 또는 [변위(D)] <변위>:}에서 원의 중심점을 지정합니다.

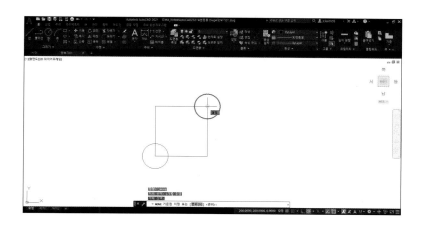

03 {두 번째 점 지정 또는 <첫 번째 점을 변위로 사용>:}에서 이동하고자 하는 점(사각형 오른쪽 아래 끝점)을 지정합니다. 다음과 같이 선택한 객체가 지정한 위치로 이동합니다.

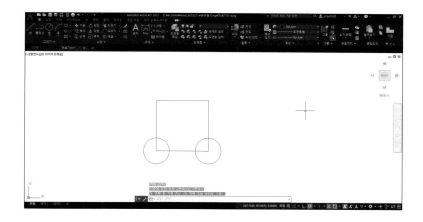

4. 복사(COPY)

선택한 객체를 복사합니다.

명령: COPY(단축키: CO, CP)	아이콘:

01 앞에서 작도한 원 두 개를 위쪽으로 복사해 보겠습니다. 복사(COPY) 명령을 실행합니다.

명령어 'COPY' 또는 단축키 'CP'를 입력하거나 '홈' 탭의 '수정' 패널에서 를 클릭합니다.

{객체 선택:}에서 선택 상자(□)를 이용하여 연속해서 두 개의 원을 선택합니다. {2개를 찾음}

{객체 선택:}에서 <Enter> 키 또는 <Space bar>를 누릅니다.

(Tip) 객체의 선택을 마치려면 <Enter> 키 또는 <Space bar>를 누릅니다.

{기본점 지정 또는 [변위(D)/모드(O)] <변위>:}에서 왼쪽 원의 중심점을 지정합니다.

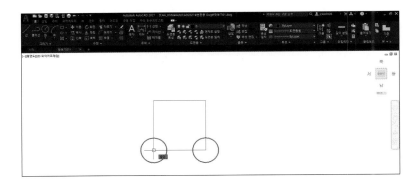

02 {두 번째 점 지정 또는 [배열(A)] <첫 번째 점을 변위로 사용>:}에서 사각형 위쪽 꼭짓점을 지정합니다. 그러면 다음과 같이 원이 복사됩니다.

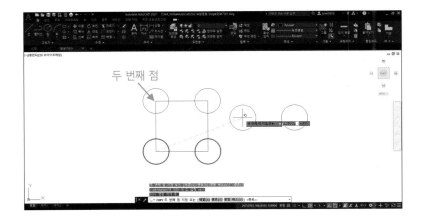

03 {두 번째 점 지정 또는 [배열(A)/종료(E)/명령 취소(U)] <종료>:}에서 <Enter> 키 또는 <Space bar>를 눌러 복사 명령을 종료합니다. 다음과 같이 원이 복사됩니다. 다음과 같이 도면이 완성됩니다.

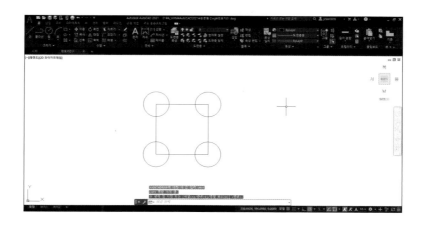

5. 지우기(ERASE)

선택한 객체를 지웁니다.

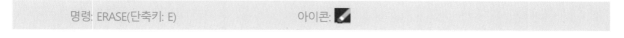

명령: ERASE(단축키: E)　　　　　　　아이콘:

01 아래쪽의 두 개의 원을 지우겠습니다. 지우기(ERASE) 명령을 실행합니다.

명령어 'ERASE' 또는 단축키 'E'를 입력하거나 '홈' 탭의 '수정' 패널에서 를 클릭합니다.

{객체 선택:}에서 선택 상자(□)를 이용하여 왼쪽 꼭짓점의 원 객체를 선택합니다. {1개를 찾음}

{객체 선택:}에서 오른쪽 꼭짓점의 원 객체를 선택합니다. {1개를 찾음, 총 2개} 선택된 객체가 희미하게 표시됩니다.

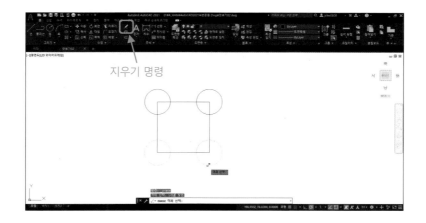

지우기 명령

02 {객체 선택:}에서 <Enter> 키 또는 <Space bar>를 누릅니다. 객체의 선택이 끝나면 <Enter> 키 또는 <Space bar>를 누릅니다. 다음과 같이 선택한 객체가 지워집니다.

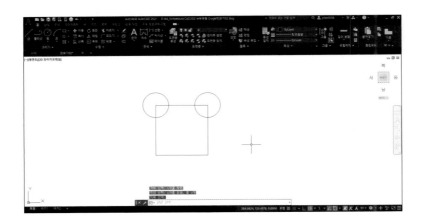

 '지우기(ERASE)' 명령을 실행한 후 되살리는 명령이 '앗차(OOPS)'입니다. '명령 취소 ⬅' 또는 'U'는 실행한 명령을 취소하기 때문에 지운 객체가 되살아납니다. 하지만 'OOPS'는 지운 객체를 복구하는 명령입니다.

6. 명령의 취소(UNDO)와 복구(REDO)

기능을 실행하다 보면 실수 또는 잘못된 조작으로 원하지 않는 현상이 발생할 수 있습니다. AutoCAD에서는 실행했던 기능을 취소하거나 취소한 기능을 복구하는 기능이 있습니다.

01. 명령의 취소(UNDO)

실행했던 명령을 취소합니다.

명령: UNDO(단축키: U)	신속 접근 도구 막대: ⬅

앞의 실습에서 '지우기(ERASE)' 명령으로 원을 지웠습니다. 원 상태로 되돌리려면 명령어 'U'를 입력하거나 화면 상단에 있는 신속 접근 도구 막대에서 '명령 취소⬅'를 클릭합니다. 명령 실행과 동시에 다음과 같이 지우기 명령이 취소되어 지우기(ERASE) 명령을 실행하기 이전 단계(지워지지 않은 단계)로 되돌아갑니다.

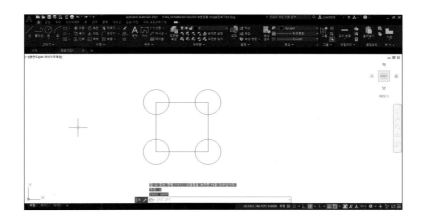

참고<< **UNDO 명령과 U명령**

'U'는 이전 명령을 취소하는 기능만을 갖는 반면 'UNDO'는 단순히 이전 명령의 취소뿐 아니라 취소 구간의 지정 등 다양한 기능을 가지고 있습니다.

{취소할 작업의 수 또는 [자동(A)/조정(C)/시작(BE)/끝(E)/표식(M)/뒤(B)] 입력 <1>:}

번호를 입력하면 이전 작업에 대해 지정한 번호 횟수만큼 취소합니다. 따라서 'U'는 'UNDO' 명령을 실행한 후 '1'을 입력한 것과 같은 기능을 수행합니다.

02. 명령의 복구(REDO)

다음은 취소한 명령을 복구합니다.

명령: REDO	신속 접근 도구 막대: ➡

01 명령어 'REDO'를 입력하거나 화면 상단에 있는 신속 접근 도구 막대에서 '명령 복구 ➡'를 클릭합니다. 다음과 같이 취소된 명령(ERASE)이 다시 복구됩니다. 즉, 취소(UNDO)를 취소하는 결과가 됩니다.

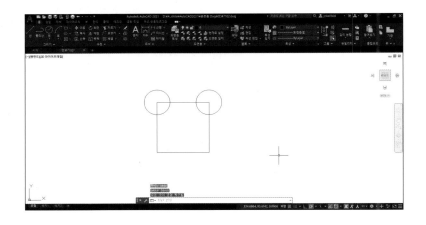

 '명령 복구(REDO)'는 명령 취소(UNDO) 명령 바로 이전의 동작만 '명령 복구(REDO)'를 사용하여 복구할 수 있습니다.

03. 명령의 실행 중 중지

명령의 실행 중에 취소(중지)하고자 할 경우에는 <ESC> 키를 누릅니다. 원하지 않은 명령 아이콘을 눌렀거나 실행 중 데이터 입력이 잘못되어 작업을 중단하고자 할 때는 <ESC> 키를 누릅니다.

예를 들어, 선 명령을 실행하면 {첫 번째 점 지정:}이라는 메시지가 표시됩니다. 이때 중지하려면 <ESC> 키를 누릅니다. {*취소*}라는 메시지와 함께 명령이 중지됩니다.

1. AutoCAD 명령 조작 패턴

AutoCAD를 학습하기 위해서는 명령의 조작 패턴을 잘 이해해야 합니다. 이 패턴을 파악하고 나면 어떤 명령어도 쉽게 조작할 수 있습니다. 앞에서 맛보기로 조작한 '원(CIRCLE)' 명령의 두 점(2P) 옵션을 통해서 명령어 조작 패턴을 살펴보겠습니다.

01 사용자: 사용자(설계자)가 AutoCAD에 원을 작도하겠다는 명령을 내립니다.

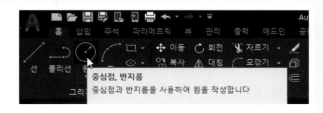

{명령:} 상태에서 명령어 'CIRCLE' 또는 단축키 'C'를 입력하거나 '홈' 탭의 '그리기' 패널 또는 도구 막대에서 ⬤ 을 클릭합니다.

02 AutoCAD: 그러면 AutoCAD는 원을 그리기 위해 중심점을 지정하든가, 다른 작도 방법을 위한 옵션을 선택하라고 메시지를 표시합니다.

{원에 대한 중심점 지정 또는 [3점(3P)/2점(2P)/Ttr - 접선 접선 반지름(T)]:}

× 🔧 ⊙ ▾ CIRCLE 원에 대한 중심점 지정 또는 [3점(3P) 2점(2P) Ttr - 접선 접선 반지름(T)]: ▴

03 사용자: 여기에서는 2개의 점으로 원을 작도하는 것으로 가정하고 옵션 '2P'를 입력합니다.

'2P'

04 AutoCAD: 그러면 AutoCAD는 첫 번째 점을 찍으라는 메시지를 표시합니다.

{원 지름의 첫 번째 끝점을 지정:}

× 🔧 ⊙ ▾ CIRCLE 원 지름의 첫 번째 끝점 지정: ▴

05 사용자: 사용자는 이에 대해 마우스로 좌표를 지정하든가, 키보드를 통해 좌표 값을 입력합니다.

마우스로 첫 번째 점을 지정하든가 좌표(예: '#150,50')를 입력합니다.

06 AutoCAD: 첫 번째 점을 지정하면 AutoCAD는 두 번째 점을 지정하라는 메시지를 표시합니다.

{원 지름의 두 번째 끝점을 지정:}

```
×  🔧  ⊙ ▼ CIRCLE 원 지름의 두 번째 끝점을 지정:                                    ▲
```

07 AutoCAD: 사용자는 이에 대해 다시 두 번째 점을 지정합니다.

마우스로 두 번째 점을 지정하든가 좌표(예: '#150,150')를 입력합니다.

이렇게 한 결과 첫 번째 점(150,50)과 두 번째 점(150,150)을 지나는 원을 작도합니다.

2. AutoCAD 메시지 및 조작 방법

AutoCAD는 사용자(설계자)와 AutoCAD 사이의 대화로 이루어집니다. 사용자가 AutoCAD에 명령을 내리고 AutoCAD는 그 명령에 대해 필요한 좌표나 객체의 선택을 요구합니다. 다시 사용자는 AutoCAD의 요구에 따라 응답을 해 나가는 방식입니다.
표시하는 메시지의 구성 및 의미에 대해 알아보겠습니다. AutoCAD를 학습하는데 있어 중요한 개념이므로 다시 한번 정리하도록 하겠습니다.

01 명령어 'CIRCLE' 또는 단축키 'C'를 입력하거나 '홈' 탭의 '그리기' 패널 또는 도구 막대에서 ⊙을 클릭합니다.

02 {원에 대한 중심점 지정 또는 [3점(3P)/2점(2P)/Ttr – 접선 접선 반지름(T)]:}라는 메시지가 표시됩니다.
→ '원에 대한 중심점 지정'은 중심점을 지정하라는 의미입니다. 따라서, 여기에서 좌표를 지정하면 원의 중심점이 됩니다.
→ [3점(3P)/2점(2P)/Ttr - 접선 접선 반지름(T)]와 같이 꺾쇠 괄호([   ]) 안에 슬래쉬(/)로 구분된 항목은 옵션을 나타냅니다. 선택 항목입니다. 원을 작도하는데 있어서 여러 방법이 있는데 그 작도 방법을 선택하라는 것입니다. 선택하는 방법은 괄호 안의 문자를 입력하거나 마우스로 항목을 클릭합니다. 예를 들어, 두 점에 의한 원을 작도하고 싶다면 '2P'를 입력하거나 '2점(2P)'를 클릭합니다.

03 중심점을 지정하면 {원의 반지름 지정 또는 [지름(D)] <55.0000>:}과 같은 메시지가 표시됩니다.
→ 이때 < > 안의 숫자는 디폴트(기본) 값입니다. AutoCAD에서 설정된 값이나 사용자가 이전 작업에서 입력한 값입니다. 기본 값(디폴트 값)을 그대로 사용하려면 새롭게 지정할 필요가 없이 <Enter> 키 또는 <Space bar>를 누릅니다.

{원에 대한 중심점 지정 또는 [3점(3P)/2점(2P)/Ttr - 접선 접선 반지름(T)]:}
　　　지시 메시지　　　　　　　　　　　선택할 수 있는 옵션 항목

{원의 반지름 지정 또는 [지름(D)] <55.0000>:}
　　　　　　　　　　　　옵션　　　기본(디폴트) 값

2 작도 범위, 단위와 좌표

도면을 작성하기 위해서 도면의 범위를 지정하고 단위를 설정합니다. 또, 좌표 지정하는 방법에 대해 학습합니다.

1. 도면 한계(LIMITS)

작업할 도면의 공간을 정의합니다. '도면 한계(LIMITS)' 명령은 왼쪽 아래의 점과 오른쪽 위의 점을 대각선으로 지정하여 도면의 범위를 지정하고 한계 검사를 제어합니다.

01 명령어 'LIMITS'를 입력합니다.

02 {모형 공간 한계 재설정: 왼쪽 아래 구석 지정 또는 [켜기(ON)/끄기(OFF)] <0.0000,0.0000>:}에서 '0,0' 또는 <Enter> 키를 누릅니다. 즉, 왼쪽 아래 구석을 (0,0)으로 설정하는 것입니다.

03 {오른쪽 위 구석 지정 <420.0000,297.0000>:}에서 '297, 210'(축척이 1:1이고, A4 용지의 경우)을 입력합니다. 화면에서 변화는 없지만 도면 범위가 A4용지 (297 x 210) 크기로 설정되었습니다.

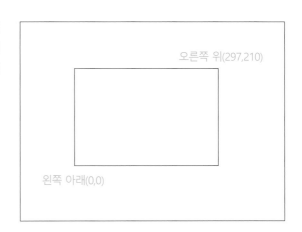

{왼쪽 아래 구석 지정 또는 [켜기(ON)/끄기(OFF)] <0.0000,0.0000>:}
① 켜기(ON): 한계 검사 기능을 켭니다. 도면의 경계를 넘어선 위치를 지정하거나 선택하면 '**외부 한계' 또는 '**Outside limits'라는 메시지를 표시하며 지정 또는 선택할 수 없도록 제한합니다. 즉, 지정한 범위 내에서만 도면을 작성할 수 있습니다.
② 끄기(OFF): 한계 검사 기능을 끕니다. 도면의 경계를 넘어서더라도 좌표의 지정과 선택을 할 수 있습니다. 즉, 도면 한계(LIMITS) 명령으로 지정한 범위 밖에서도 도면을 작성할 수 있습니다.

도면 한계를 설정한 후에는 반드시 줌(ZOOM) 기능으로 도면 전체가 표시되도록 해야 합니다. 그렇게 하지 않으면 지정된 도면 범위와 현재 표시된 범위가 일치하지 않아 작도된 객체가 보이지 않을 수 있습니다. 즉, 객체를 작성했다 하더라도 현재 표시된 화면에는 나타나지 않을 수 있기 때문에 줌(ZOOM) 기능으로 도면 전체를 펼쳐 주어야 합니다.

{명령:} ZOOM 또는

{윈도우 구석을 지정, 축척 비율 (nX 또는 nXP)을 입력, 또는 [전체(A)/중심(C)/동적(D)/범위(E)/이전(P)/축척(S)/윈도우(W)/객체(O)] <실시간>:}에서 'A'를 입력합니다.

참고<< 축척과 용지 크기에 따른 도면 범위

작성된 설계 대상물을 용지의 크기에 맞추는 개념이 축척(스케일)입니다. 실제 크기로 작도된 객체를 사용자가 출력하고자 하는 용지에 맞추는 것이 스케일입니다. 예를 들어, A1 용지의 크기는 (841×594)입니다. 이 용지에 길이가 80,000(80m)인 크기의 건축물을 작성한다면 1/100의 스케일(축척)을 사용해야 합니다.
작성하고자 하는 객체는 CAD에서는 실제 치수로 작도하고 출력 시에 축척(스케일)만큼 줄여서 출력하게 됩니다. 따라서, 도면의 한계(범위)를 정할 때는 용지 크기에 스케일(축척) 값을 곱해서 나온 값으로 지정해야 합니다.
다음은 용지의 크기와 축척이 1/50일 경우와 1/100일 경우의 도면의 크기의 예입니다.

• 용지 크기와 축척에 따른 도면 한계

용지 명칭	용지 크기	1/50 도면 한계	1/100 도면 한계
A4	297×210	14850×10500	29700×21000
A3	420×297	21000×14850	42000×29700
A2	594×420	29700×21000	59400×42000
A1	841×594	42050×29700	84100×59400
A0	1189×841	59450×42050	118900×84100

2. 도면 틀 작성(MVSETUP)

도면 축척과 용지의 폭과 높이를 입력하여 외곽 틀(직사각형)을 작성합니다. 축척과 용지 크기를 입력하면 용지 크기에 축척 배율을 곱해서 범위를 설정하고 테두리를 작성해 주기 때문에 (스케일 X 용지 크기)의 계산을 하지 않고 테두리를 작성할 수 있어서 편리하게 사용할 수 있습니다.
'배치(Layout)'를 사용할 경우는 배치에 맞는 단일 배치 뷰포트를 작성하거나 배치에 여러 개의 배치 뷰포트를 작성할 수 있습니다. 아직 배치에 대해 다루지 않은 단계이므로 '도면 틀 작성'으로 이해하기 바랍니다.

01 명령어 'MVSETUP'을 입력합니다.

02 {도면 공간을 사용 가능하게 합니까?[아니오(N)/예(Y)]<Y>:}에서 'N'을 입력합니다. 도면 공간(배치)의 사용 여부입니다. 도면 공간을 사용하려면 'Y'를 입력합니다. 아직까지 배치에 대해 학습하지 않았으므로 'N'를 입력합니다.

03 {단위 유형 입력[과학(S)/십진(D)/공학(E)/건축(A)/미터법(M)]:}에서 미터법인 'M'을 입력합니다. 사용할 단위를 지정합니다.
다음과 같이 'AutoCAD 문자 윈도우' 화면으로 바뀌면서 축척(스케일) 비율이 표시됩니다.

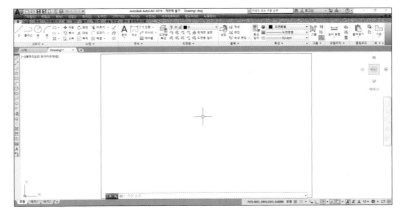

04 {축척 비율 입력:} 이때 '50'(1:50의 경우)을 입력합니다.

05 {용지 폭 입력:}에서 '297'(A4 용지의 경우의 폭)을 입력합니다.

06 {용지 높이 입력:}에서 '210'(A4 용지의 경우의 높이)을 입력합니다.
다음과 같이 축척(1:50)과 용지 크기(A4 용지)가 설정되어 외곽 테두리가 작성됩니다. 여기에서는 (297 X 50) = 14850, (210 X 50) = 10500으로 계산되어 도면 한계(LIMITS)도 (14850,10500)으로 설정됩니다.

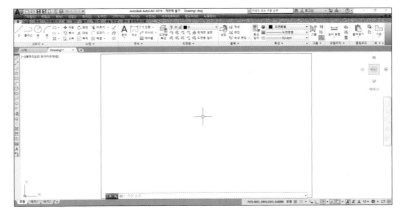

[MVSETUP의 실행 결과]

3. 단위(UNITS)

국가 또는 단체에 따라서 다른 단위를 사용하거나 표기 형식을 달리합니다. 이때 단위를 변경하는 기능이 '단위(UNITS)' 명령입니다. 단위(UNITS) 명령은 도면에서 사용할 길이의 단위, 자릿수를 설정하거나 각도의 표기법, 측정 기준을 설정하는 명령입니다.

01 명령어 'UNITS' 또는 'UN'을 입력합니다.

02 대화 상자의 항목에 따라 길이, 삽입 축척, 조명, 각도의 단위를 지정합니다. 우리나라에서는 일반적으로 길이는 '십진법', 각도는 '십진 도수'를 사용합니다.

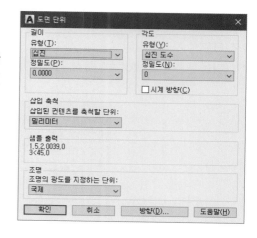

대화 상자

1. 길이: 거리와 좌표의 표기를 위한 단위 유형 및 정밀도를 지정합니다.
① 유형(T): 목록에서 단위 유형을 선택합니다.
② 정밀도(P): 정도 즉, 소수점 이하 자릿수를 지정합니다.

2. 각도: 각도 표기를 위한 유형 및 정밀도를 지정합니다.
① 유형(Y): 목록에서 각도의 유형을 선택합니다.
② 정밀도(N): 각도 표기의 정도 즉, 소수점 이하 자릿수를 지정합니다.
③ 시계 방향(C): AutoCAD에서 각도는 반시계 방향으로 측정되는데 이 항목을 체크하면 시계 방향으로 측정합니다. 특별한 경우가 아니라면 이 값은 체크하지 않아야 합니다. 이 값을 바꾸면 작업 과정에서 혼동이 일어날 수 있습니다.

3. 삽입 축척: 삽입된 도면이나 블록의 측정 단위를 설정합니다. 이 옵션으로 지정된 단위와 다른 단위로 작성된 블록 또는 도면은 삽입될 때 크기가 맞춰집니다.

4. 조명: 조명의 조도 단위를 지정하는 단위: 조명의 조도에 대한 측정 단위를 제어합니다.

5. 방향(D): 각도의 기준 방향을 지정합니다. '기준 각도(B)'는 기준이 되는 0°의 위치를 지정합니다. 기본 값은 '동(E)' 즉, 3시 방향입니다. '기타(O)'는 임의의 각도를 입력하여 기준으로 정하거나 두 점의 좌표를 찍어 기준 각도로 설정합니다. 특별한 경우가 아니라면 이 값은 변경하지 않습니다. 이 값을 바꾸면 작업 과정에서 혼동이 일어날 수 있습니다.

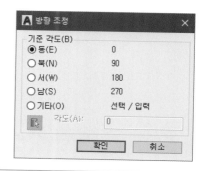

4. 좌표와 좌표 지정 방법

좌표는 도면에 있어서 주소 역할을 합니다. 정확한 도면을 작성하기 위해서는 좌표를 이해해야 합니다. AutoCAD의 좌표계와 좌표 지정 방법에 대해 학습합니다.

데카르트 좌표는 세 개의 축(X, Y, Z축)을 가진 좌표계 공간에서 한 지점의 위치를 나타내는 좌표입니다. 좌표계는 크게 표준 좌표계(WCS)와 사용자 좌표계(UCS)로 나누어집니다. 표준 좌표계(World Coordinate System)는 원점(0,0)으로 항상 고정된 좌표계입니다. 2차원 뷰에서는 수평이 X축, 수직이 Y축으로 원점은 X축과 Y축의 교차점(0,0)입니다. 원점인(0,0)은 변함이 없습니다. AutoCAD를 시작하여 새 도면을 설정하면 기본적으로 'WCS'이며 2차원 작업은 WCS만으로 작업합니다.

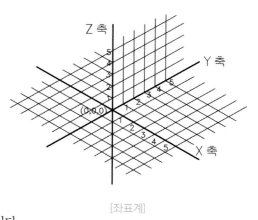

[좌표계]

데카르트 좌표계는 다음과 같이 (X,Y,Z) 세 개의 축으로 이루어져 있습니다. 2차원 작업에서는 (X,Y) 두 개의 축만을 사용합니다.

좌표를 지정하는 방법은 여러 방법이 있습니다만 여기에서는 대표적인 좌표 지정 방법 세 가지(절대 좌표 지정, 상대 좌표 지정, 상대 극좌표 지정)에 대해 학습하겠습니다.

01. 절대 좌표 지정

'절대 좌표'는 단어 의미대로 절대적인 좌표 즉, 절대적으로 고정된 좌표입니다. X축과 Y축의 교차점인 원점(0,0)을 기준으로 합니다. 지정하고자 하는 위치의 정확한 좌표 X 및 Y값을 알 수 있는 경우에 절대 좌표를 이용하여 지정합니다. 원점을 기준점으로 하여 '#X,Y,Z' 또는 'X,Y,Z' 형식으로 좌표의 위치를 표현하며 원점은 (0,0,0)으로 고정되어 있습니다. Z값을 생략하여 '#X,Y' 또는 'X,Y'만 입력하기도 합니다.

화면 하단의 그리기 도구에서 입력 모드가 '동적 입력 ' 모드로 설정된 경우(ON)에는 좌표 값 앞에 반드시 '#'을 붙여 '#X,Y,Z'의 형식으로 입력해야 합니다. '#'을 붙이지 않으면 상대 좌표 지정이 됩니다. 그러나 '동적 입력'이 꺼진 상태(OFF)에서는 '#' 기호를 붙이지 않고 'X,Y,Z' 형식으로 입력합니다.

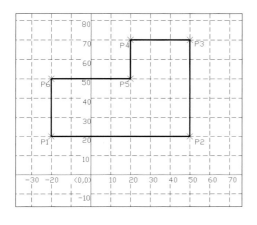

다음은 절대 좌표 (-20,20)에서 시작한 도형입니다. 다음의 도형을 작도하기 위한 P1, P2, P3, P4, P5, P6의 절대 좌표는 다음과 같습니다.

가로(X), 세로(Y) 방향의 좌표(모눈) 값을 그대로 읽으면 됩니다.

구 분	절대 좌표	설 명
P1	(-20,20)	X = -20, Y = 20
P2	(#50,20)	X = 50, Y = 20
P3	(#50,70)	X = 50, Y = 70
P4	(#20,70)	X = 20, Y = 70
P5	(#20,50)	X = 20, Y = 50
P6	(#-20,50)	X = -20, Y = 50
P1	(#-20,20)	시작 좌표인 (-20,20)으로 연결

참고<< 동적 입력의 켜기(ON)와 끄기(OFF)

'동적 입력'의 설정 상태를 확인하려면 화면 하단의 그리기 도구에 있는 동적 입력 ┷ 버튼의 상태(ON/OFF 여부)를 체크입니다.

```
3230.1533, 832.0153, 0.0000  모형  # :::  ▾ ┷ ∟ ◎ ▾ ∠ ▾ 🞫 🞫 🞫 1:1 ▾ ⚙ ▾ ⬚ ⬚ ☰
```
[ON인 경우]

```
3583.7597, 1729.3367, 0.0000  모형  # :::  ▾ ┷ ∟ ◎ ▾ ∠ ▾ 🞫 🞫 🞫 1:1 ▾ ⚙ ▾ ⬚ ⬚ ☰
```
[OFF인 경우]

참고<< 절대 좌표를 확인하는 'ID'

특정한 점에 대한 좌표를 알고 싶을 때는 명령어 'ID'를 입력합니다.
{점 지정:}에서 확인하고자 하는 좌표를 지정합니다. 다음과 같이 (X,Y,Z) 값을 표시합니다.

```
{X = 50.0000    Y = 70.0000    Z = 0.0000}
```

---

02. 상대 좌표 지정

상대 좌표는 현재 점(또는 마지막으로 입력된 점)을 기준으로 X,Y,Z 방향으로 얼마만큼 떨어져 있는가(변위량)를 표현한 좌표입니다. 기준점(또는 현재 점)으로부터 변화량을 알 수 있는 경우에 상대 좌표를 이용하여 지정합니다.

입력 형식은 앞에 '@' 기호를 붙이고 (X,Y,Z)의 변위 값을 입력합니다. 즉, '@X,Y,Z' 형식입니다. 상대 좌표는 동일한 값이라도 기준점(현재 점)이 어디냐에 따라 다른 좌표를 지정합니다. 예를 들어, 좌표를 '@30,40,0'으로 지정한 경우는 기준점이 (0,0,0)일 때는 '30,40,0'이지만 기준점이 (10,10,0)일 때는 '40,50,0'이 되어 기준점에 따라 전혀 다른 좌표를 지정합니다.

다음 그림은 절대 좌표 (-20,20)에서 시작한 도형으로 P1, P2, P3, P4, P5, P6의 상대 좌표는 다음과 같습니다.

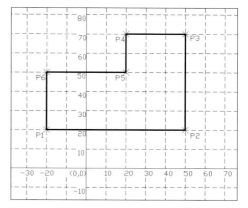

현재 위치로부터 X축과 Y축으로 얼마만큼 이동했는지를 계산합니다.

구 분	상대 좌표	설 명
P1	(-20,20)	절대 좌표(X = -20, Y = 20)
P2	(@70,0)	P1으로부터 X축으로 70, Y축으로 0
P3	(@0,50)	P2로부터 X축으로 0, Y축으로 50
P4	(@-30,0)	P3으로부터 X축으로 -30, Y축으로 0
P5	(@0,-20)	P4로부터 X축으로 0, Y축으로 -20
P6	(@-40,0)	P5로부터 X축으로 -40, Y축으로 0
P1	(@0,-30)	P6로부터 X축으로 0, Y축으로 -30

03. 상대 극좌표 지정

상대 극좌표는 각도와 거리로 좌표를 지정합니다. 현재 점(마지막으로 입력된 점)으로부터 지정한 방향(각도)으로 얼마의 거리에 있느냐(변위량)를 표현한 좌표입니다. 상대 좌표와 마찬가지로 이전 점(현재 점)과 관련하여 각도와 거리를 알 수 있는 경우는 상대 극좌표를 사용합니다.
입력 형식은 앞에 '@'를 붙이고 '거리<각도' 값을 입력합니다. 즉, '@거리<각도'입니다. 상대 극좌표는 상대 좌표와 마찬가지로 동일한 값을 지정했다 하더라도 기준 점(현재 점)이 어디냐에 따라 다른 위치를 지정하게 됩니다.

> **참고〈〈 각도의 표현**
>
> AutoCAD에서 각도의 표현은 기본적으로 3시 방향을 0°로 하여 반시계 방향으로 진행합니다. 그래서 12시 방향은 90°, 9시 방향은 180°, 6시 방향은 270°에 해당됩니다. '단위 지정(UNITS)' 명령으로 사용자가 기준 방향이나 방향을 바꿀 수도 있으나 기본적으로 바꾸지 않는 것이 좋습니다.
>
>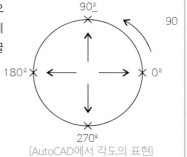
>
> [AutoCAD에서 각도의 표현]

다음 그림은 절대 좌표 (-20,20)에서 시작한 도형으로 P1, P2, P3, P4, P5, P6의 상대 극좌표는 다음과 같습니다.

현재 위치로부터 어느 각도로 얼마만큼 이동했는지를 계산합니다.

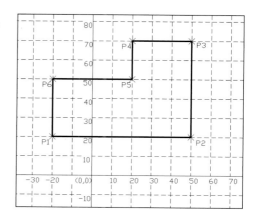

구 분	상대 좌표	설 명
P1	(-20,20)	절대 좌표(X = -20, Y = 20)
P2	(@70<0)	P1으로부터 0도 방향으로 70만큼 이동
P3	(@50<90)	P2로부터 90도 방향으로 50만큼 이동
P4	(@30<180)	P3으로부터 180도 방향으로 30만큼 이동
P5	(@20<270)	P4로부터 270도 방향으로 20만큼 이동
P6	(@40<180)	P5으로부터 180도 방향으로 40만큼 이동
P1	(@30<270)	P6로부터 270도 방향으로 30만큼 이동

다음의 도형을 절대 좌표, 상대 좌표, 상대 극좌표 좌표 지정 방법으로 작도하시오.

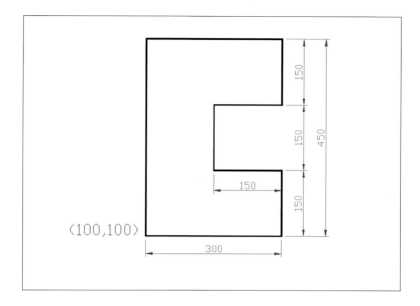

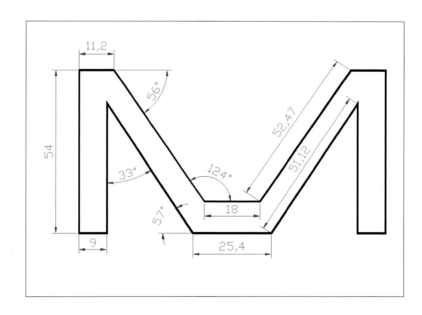

3 그리기 도구

1. 그리기 도구란?

그리기 도구는 화면의 하단 상태 영역에 있는 위치해 있으며 명령(기능)을 수행하는 데 있어 보조적인 역할을 하는 도면 작성 보조 기능입니다. 예를 들어, 선이나 원을 그릴 때 좌표를 쉽게 찾아 주거나 각도를 추적할 수 있는 역할입니다. 그리기 도구를 활용함으로써 도면 작업을 효율적으로 수행할 수 있습니다.

3042.5618, 1121.6629, 0.0000 모형 ⊞ ⋮⋮⋮ ▾ ⊹ ∟ ⦿▾ ∠◻▾ 人⋏人 1:1▾ ✿▾ ▤ ⯐ ▭ ☰

[그리기 도구]

01. 그리기 도구의 사용자화

그리기 도구는 사용자의 설정에 따라 표시할 수도 있고 표시하지 않을 수도 있습니다.

01 그리기 도구 가장 오른쪽에 있는 사용자화 버튼(☰)을 누릅니다.

02 표시되는 목록 중에서 화면에 표시하고자 하는 항목에 체크(∨)합니다.

03 표시된 항목 중에서 표시를 제외하려면 체크를 끕니다. 체크된 항목을 클릭하면 체크가 해제됩니다.

02. 그리기 도구의 주요 기능

그리기 도구의 주요 기능은 다음과 같습니다.

· 좌표: 커서의 좌표를 표시/비표시를 제어합니다.

· 모형/배치: 모형 공간 및 배치 공간의 표시/비표시와 공간을 전환합니다.

· 그리드 ⊞: 그리드(모눈)의 표시/비표시를 켜고 끕니다.

· 스냅 모드 ⊞: 마우스 이동 간격인 스냅을 켜고 끕니다.

· 구속 조건 추정 ⌸: 구속 조건의 추정 여부를 켜고 끕니다.

· 동적 입력 ⊹: 입력 모드(동적, 정적)를 지정합니다.

· 직교 모드 ∟: 직교 모드를 켜고 끕니다.

· 극좌표 추적 ⦿: 극좌표 추적을 켜고 끕니다.

· 등각투영 제도 ⋏: 등각투영 제도 모드를 켜고 끕니다. 모드를 켜면 커서가 비스듬하게 등각투영(아이소메트릭) 모드로 표시됩니다.

[그리기 도구 사용자화 목록]

- 스냅참조선 📐: 객체스냅 추적 여부를 켜고 끕니다.

- 2D 객체스냅 🔲: 객체스냅의 종류를 설정하고 객체스냅 여부를 켜고 끕니다.

- 선 가중치 ☰: 선 가중치가 부여된 선의 표시 여부를 켜고 끕니다.

- 투명도 ▦: 투명도를 반영할 것인지 켜고 끕니다.

- 선택 순환 🔳: 중복된 객체의 선택 시 차례로 표시할 것인지 켜고 끕니다.

- 3D 객체스냅 🔷: 3차원 작업을 위한 객체스냅을 켜고 끕니다.

- 동적 UCS 🔳: 동적으로 UCS를 찾아 주는 기능을 켜고 끕니다. 3차원 작업 시에 유용합니다.

- 선택 필터링 🔳: 3차원 작업 시 선택 필터를 지정합니다.

- 장치 🔷: 3차원 작업시 장치의 종류를 지정합니다.

- 주석 가시성 🅰: 모든 주석 객체를 표시할지 또는 현재 주석 축척과 일치하는 주석 객체만 표시할지를 켜고 끕니다.

- 자동 축척 🅰: 주석 축척 변경 시 자동으로 모든 주석 객체에 주석 축척을 추가할지를 켜고 끕니다.

- 주석 축척: 주석 축척을 지정합니다.

- 작업 공간 전환 ⚙: 작업 공간을 선택하여 전환합니다.

- 주석 감시 ✚: 치수 기입 후 수정 여부를 감시할 것인지 켜고 끕니다.

- 단위: 현재 설정된 단위를 표시하고 단위를 선택할 수 있습니다.

- 빠른 특성 🗒: 선택된 객체의 빠른 특성 대화 상자의 표시 여부를 켜고 끕니다.

- UI 잠금 🔒: 사용자 인터페이스를 고정할 것인지 켜고 끕니다.

- 객체 분리 🔳: 객체의 숨기기와 분리 여부를 지정합니다. 객체 분리는 선택된 객체를 제외하고 다른 모든 객체를 숨깁니다.

- 그래픽 성능 ◎: 그래픽 카드의 프로세서를 사용하여 그래픽 성능을 향상시키는 하드웨어 가속이 켜지는 지 여부를 설정합니다.

- 화면 정리 🔳: 작도 영역을 최대화하기 위해 각종 메뉴를 정리하거나 복원합니다.

- 사용자화 ☰: 그리기 도구의 항목을 사용자 환경에 맞춰 설정합니다.

2. 스냅(SNAP)과 그리드(GRID), 직교모드(ORTHO)

그리기 도구의 그리드 및 스냅, 직교모드 기능을 이용하여 다음과 같은 도형을 작도해 보겠습니다.

01. 스냅 및 그리드를 이용한 작도

마우스의 이동 간격을 제어하는 스냅, 모눈의 간격과 표시를 제어하는 그리드를 이용하여 작도합니다.

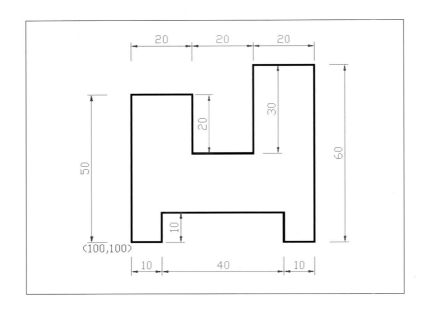

01 도면의 한계를 정하고 화면 전체를 펼칩니다. 명령어 'LIMITS'를 입력합니다.

{모형 공간 한계 재설정: 왼쪽 아래 구석 지정 또는 [켜기(ON)/끄기(OFF)] <0.0000,0.0000>:}에서 '0,0' 또는 <Enter> 키를 누릅니다.

{오른쪽 위 구석 지정 <297.0000,210.0000>:}에서 '420, 297'(축척이 1:1이고, A4 용지의 경우)를 입력합니다.

> 명령: ZOOM 또는

{윈도우 구석을 지정, 축척 비율 (nX 또는 nXP)을 입력, 또는 [전체(A)/중심(C)/동적(D)/범위(E)/이전(P)/축척(S)/윈도우(W)/객체(O)] <실시간>:}에서 'A'를 입력합니다.

02 스냅 설정 기능으로 스냅과 그리드의 X, Y 간격을 설정합니다. 그리드와 스냅을 설정하기 위해 설정 대화 상자를 엽니다. 그리기 도구에 있는 '스냅 ▦ ' 왼쪽의 역삼각형(▼) 버튼을 클릭하면 다음과 같이 '스냅 설정..'이 나타납니다.

'스냅 설정'을 클릭하면 다음과 같은 대화 상자가 표시됩니다.

'스냅 켜기(S) (F9)'의 체크를 한 후 '스냅 X 간격 두기(P)', '스냅 Y 간격 두기(C)'를 각각 '10'으로 설정합니다.

'그리드 켜기(G) (F7)'의 체크를 한 후 '그리드 X 간격 두기(N)', '그리드 Y 간격 두기(I)'를 각각 '10'으로 설정합니다. [확인]을 클릭합니다. 그러면 화면에 모눈(그리드)이 표시됩니다.

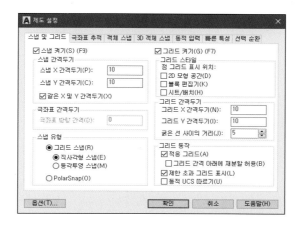

대화 상자 스냅 및 그리드

스냅은 마우스의 이동 간격을 제어하는 기능입니다. 그리드는 가로, 세로 방향의 모눈(그리드)의 표시를 제어하는 기능입니다.

① 스냅 켜기(S) (F9): 체크를 하면 스냅을 켭니다. 기능키 <F9>는 단축키이며 한 번 누를 때마다 ON/OFF가 전환됩니다.

② 스냅 간격 두기: 스냅의 X축 방향과 Y축 방향의 간격을 지정합니다. '같은 X 및 Y 간격 두기(X)'는 하나의 축에 값을 입력하면 X, Y 모두 동일한 간격으로 설정합니다.

③ 극좌표 간격 두기: '극좌표 스냅(O)'을 켰을 때 활성화되며, 극좌표의 간격을 지정합니다.

④ 스냅 유형: 모눈 스냅과 극좌표 스냅을 지정합니다. 모눈 스냅은 직사각형과 등각투영 스냅을 선택할 수 있습니다.

⑤ 그리드 켜기(G) (F7): 체크를 하면 그리드(모눈)가 화면에 표시됩니다. 기능키 <F7>는 단축키이며 한 번 누를 때마다 ON/OFF가 전환됩니다.

⑥ 그리드 스타일: 그리드의 스타일을 설정합니다. 다음과 같은 종류의 그리드 표시 여부를 지정합니다. 선택하지 않으면 선으로 표시합니다.

⑦ 그리드 간격 두기: '그리드 X 간격 두기(N)'와 '그리드 Y 간격 두기(I)'는 X 방향과 Y 방향으로의 간격을 지정합니다. '굵은 선 사이의 거리(J)'는 보조 그리드 선 대비 주요 그리드 선의 빈도(간격)를 지정합니다.

⑧ 그리드 동작: 2D 와이어프레임을 제외한 뷰 스타일로 설정될 경우 표시되는 그리드 선의 모양을 조정합니다.

참고<< 그리드 표시를 점으로 하려면

그리드(모눈) 표시를 선이 아닌 점으로 표시하고자 할 때는 '스냅 및 그리드' 설정 대화 상자의 '그리드 스타일'에서 '2D 모형 공간'에 체크를 하면 점 그리드가 표시됩니다.

03 선(LINE) 명령을 실행합니다. 명령어 'LINE' 또는 단축키 'L'을 입력하거나 '홈' 탭의 '그리기' 패널 또는 '그리기' 도구 막대에서 ▨를 클릭합니다.
{첫 번째 점 지정:}에서 '100, 100'을 입력합니다.
{다음 점 지정 또는 [명령 취소(U)]:}에서 0도 방향(3시 방향)으로 모눈의 한 칸(한 칸이 '10'이기 때문)만큼 진행하여 클릭합니다.

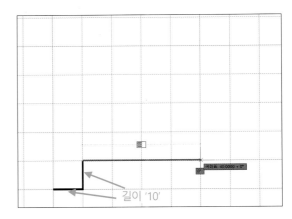

 스냅 모드를 켜면 마우스의 움직임이 '10'단위로 이동합니다.

{다음 점 지정 또는 [명령 취소(U)]:}에서 90도 방향(12시)으로 한 칸을 옮겨 클릭합니다. 다음과 같이 길이 '10'인 선이 작도됩니다.

04 {다음 점 지정 또는 [닫기(C)/명령 취소(U)]:}에서 0도 방향(3시)으로 네 칸, 270도 방향(6시)으로 한 칸, 0도 방향(3시)으로 한 칸을 옮겨 클릭합니다.

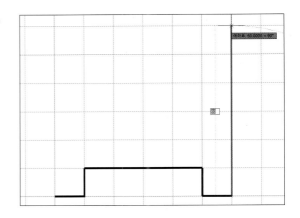

05 이와 같이 작도하고자 하는 길이만큼은 마우스를 움직이는 방법을 반복하여 다음과 같이 도형을 완성합니다.

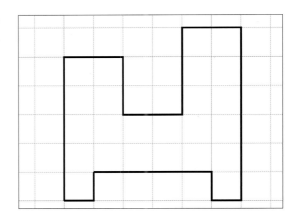

02. 직교 모드를 이용한 작도

직교 모드는 마우스 포인터(커서)의 이동을 수평 또는 수직으로만 제한합니다. 직교 모드를 켠(ON) 상태에서 커서를 이동하면 고무줄(러버 밴드) 선이 수평축이나 수직축 중 커서에 가까운 쪽을 따라 이동합니다.

그리기 도구에서 '직교 ![]'를 클릭하면 켜집니다. 다시 한 번 클릭하면 꺼집니다. 기능키 <F8>에 의해 켜거나 끌 수도 있습니다.

```
407.3824, 156.9715, 0.0000   모형 ⊞ ⠿ ▾ ⊹ ▾ ⌐ ▾ ⊿◻ ▾ ≣ ⚒ ⚓ ⚐ 1:1 ▾ ⚙ ▾ ⊘ 🗋 ⊡ ☰
```

01 직교 모드를 켭니다. 그리기 도구에서 직교 모드(![])를 누르거나 <F8> 키를 눌러 직교 모드를 켭니다. '그리드'와 '스냅'을 끕니다.

02 선(LINE) 명령을 실행합니다. 명령어 'LINE' 또는 단축키 'L'을 입력하거나 '홈' 탭의 '그리기' 패널 또는 '그리기' 도구 막대에서 ![]를 클릭합니다.
{첫 번째 점 지정:}에서 '100,100'을 입력합니다.
{다음 점 지정 또는 [명령 취소(U)]:}에서 마우스 커서를 0도 방향(3시 방향)으로 맞추고 '10'을 입력합니다.
{다음 점 지정 또는 [명령 취소(U)]:}에서 90도 방향(12시)으로 맞추고 '10'을 입력합니다. 다음과 같이 길이 '10'인 선이 두 개가 작도됩니다.

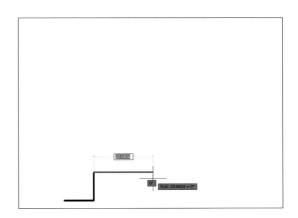

03 {다음 점 지정 또는 [닫기(C)/명령 취소(U)]:}에서 0도 방향(3시)으로 맞추고 '40'을, 270도 방향(6시)으로 '10', 0도 방향(3시)으로 맞추고 '10'을 입력합니다.

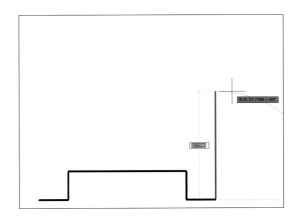

04 이와 같은 방법을 반복하여 다음과 같이 도형을 완성
합니다.

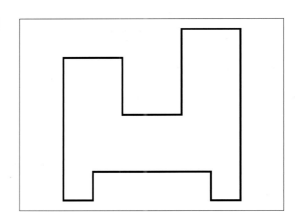

 직교 모드를 이용한 좌표 지정 방법은 각도와 길이의 입력에 의해 좌표를 지정하는 상대 극좌표 지정 방법입
니다. 방향(각도)을 설정하고 길이를 입력하면 선이 작도됩니다.

다음과 같은 크기의 십자가 모양을 작성합니다.

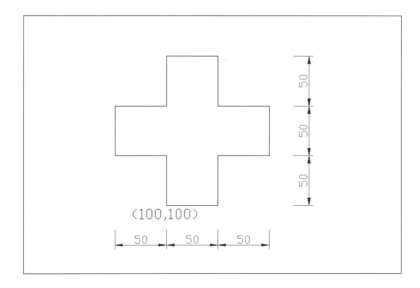

다음의 도형(계단)을 A3 용지(420,297)에 축척 1:10으로 설정하여 도면 범위를 지정한 후 스냅 및 그리드, 직교 모드를 이용하여 작도하시오.

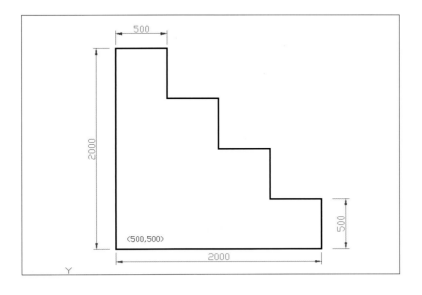

 도면 한계(LIMITS) 또는 도면틀 작성(MVSETUP) 기능을 이용하여 도면 범위를 지정합니다. 오른쪽 위 좌표는 (4200,2970)이 됩니다. 도면 한계 명령을 실행한 후에는 반드시 줌(Zoom) '전체(A)'를 실행합니다.

3. 극좌표 추적(POLAR SNAP), 객체스냅(OSNAP)과 객체스냅 추적(OTRACK)

극좌표 추적과 객체스냅, 객체스냅 추적 기능을 이용하여 도형을 그리는 방법에 대해 알아보겠습니다. 다음의
도형을 작도해 보겠습니다.

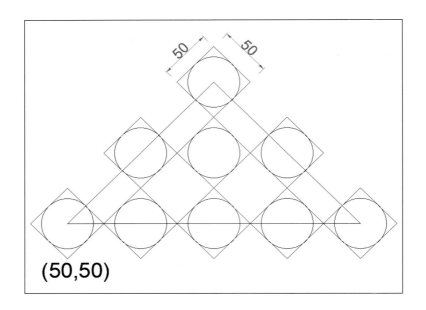

01. 극좌표 추적에 의한 마름모꼴 그리기

직교 모드는 수직, 수평으로 제어하는데 반해 극좌표 추적은 길이와 각도(방향)를 지정하여 특정 각도선상의
좌표를 지정할 수 있는 기능입니다. 좌표 지정 방법에서 학습한 극좌표(거리<각도)를 추적하는 기능입니다.
이 기능을 이용하여 마름모꼴을 그립니다.

01 도면의 한계를 정하고 화면 전체를 펼칩니다. A4용지 1:1 크기(297, 210)로 설정합니다.

02 극좌표 추적의 각도를 설정합니다. 마우스를 '극좌표 추적하기
 옆의 역삼각형(▼)에 맞추고 클릭하면 다음과 같은 메뉴가
나타납니다. 이때, 설정하고자 하는 각도가 목록(90, 60, 45,
30, 22.5, 18, 15, 10, 5도)에 있으면 해당 각도를 선택하여 클
릭합니다. 여기에서는 45도를 선택합니다.

03 선(LINE) 명령을 실행합니다. 명령어 'LINE' 또는 단
축키 'L'을 입력하거나 '홈' 탭의 '그리기' 패널 또는
'그리기' 도구 막대에서 ▰를 클릭합니다.
{첫 번째 점 지정:}에서 시작점 '50,50'을 입력합니다.
{다음 점 지정 또는 [명령 취소(U)]:}에서 커서를 천
천히 시계 방향으로 돌립니다. 커서를 돌리다가 설정
한 극좌표 각도(45도) 가까이 접근하면 다음과 같이
추적선(점선으로 표시됨)과 툴팁이 표시됩니다. 이
툴팁에는 극좌표(각도와 길이)가 표시됩니다. 45도가
추적된 상태에서 길이 '50'을 입력합니다.

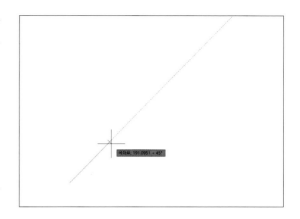

04 다음과 같이 45도 방향으로 길이가 '50'인 선이 작도
됩니다.
{다음 점 지정 또는 [명령 취소(U)]:}에서 다시 135
도 방향으로 커서를 이동하여 135도 추적선이 나타
나면 '50'을 입력합니다.

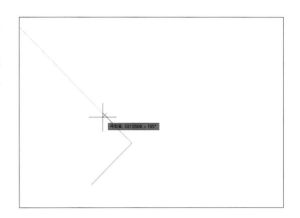

05 다음과 같이 135도 방향으로 길이가 '50'인 선이 작도
됩니다.
{다음 점 지정 또는 [닫기(C)/명령 취소(U)]:}에서 마
우스를 225도 방향으로 추적하여 길이 '50'을 입력합
니다. 다음과 같이 작도됩니다.

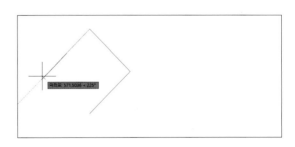

06 {다음 점 지정 또는 [닫기(C)/명령 취소(U)]:}에서 각
도를 맞추고 '50'을 입력하거나 닫기 'C'를 입력합니
다. 다음과 같이 도형이 닫히면서 마름모꼴이 완성됩
니다.

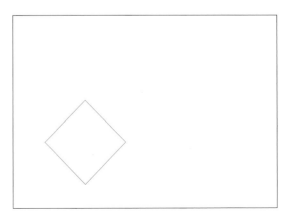

 '직교 ⬚' 모드와 '극좌표 추적 ◉'는 동시에 켤 수
없습니다. 극좌표 추적을 켜면 직교 모드는 꺼집니다.

'극좌표 추적 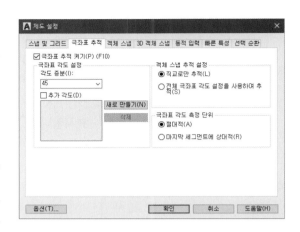' 옆의 역삼각형(▼)을 클릭한 후 '추적 설정'을 클릭하면 다음과 같은 대화 상자가 표시됩니다.

① 극좌표 추적 켜기(P)(F10)

극좌표 추적을 켜거나 끕니다. 체크(☑)하면 극좌표 추적하기가 켜집니다. 기능키 <F10>은 극좌표 추적하기의 켜고/끄기를 위한 단축 키입니다.

② 극좌표 각도 설정

'증분 각도(I)'를 지정합니다. 예를 들어, 30도를 지정하면 0, 30, 60, 90, 120, 150, 180, 210, 240, 270, 300, 330도로 30도 간격으로 추적합니다.

'추가 각도(D)'는 극좌표 추적에 사용할 수 있는 각도를 목록에 추가하는 기능입니다. 예를 들어, 12도 단위로 추적하고자 한다면 '추가 각도(D)'를 체크(☑)한 후 [새로 만들기(N)]을 눌러 '12'를 추가합니다.

③ 객체스냅 추적 설정

객체스냅 추적이 켜져 있을 때 획득한 객체스냅 점을 위해 직교(수평/수직) 객체스냅 추적 경로만을 표시할 것인지, 객체스냅 점에서 극좌표 할당 각도를 따라 추적할 것인지 설정합니다.

④ 극좌표 각도 측정 단위

각도의 측정 기준을 사용자 좌표계(UCS)인지, 마지막으로 작성한 세그먼트에 상대적인지를 지정합니다.

---

02. 객체스냅(OSNAP) 기능으로 원 그리기와 복사하기

객체의 특정한 좌표를 찾아 주는 객체스냅(OSNAP)을 활용하여 마름모꼴 안에 원을 작도하고 복사합니다.

01 그리기 도구에서 '객체스냅 ▣' 옆의 역삼각형(▼)에 맞추고 클릭합니다.

다음과 같이 객체스냅 목록이 나타나면 '끝점 ▣', '중간점 ▣', '교차점 ▣', '중심점 ▣', '사분점 ▣', '직교 ▣'를 클릭합니다. 사용하고자 하는 객체스냅을 설정하는 작업입니다. 그리고 '객체스냅 ▣'을 켭니다(ON).

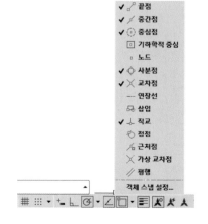

02 원(CIRCLE) 명령을 실행합니다. 명령어 'CIRCLE' 또는 단축키 'C'을 입력하거나 '홈' 탭의 '그리기' 패널 또는 '그리기' 도구 막대에서 를 클릭합니다.

{원에 대한 중심점 지정 또는 [3점(3P)/2점(2P)/Ttr – 접선 접선 반지름(T)]:}에서 두 점으로 원을 그리는 옵션 '2P'를 입력 또는 지정합니다.

{원 지름의 첫 번째 끝점 지정:}에서 다음과 같이 마름모꼴 선 중간에 가져가면 삼각형 마크가 나타납니다. 이때 클릭합니다.

{원 지름의 두 번째 끝점을 지정:}에서 반대편 선의 중간에 가져간 후 삼각형 마크가 나타나면 클릭합니다. 다음과 같이 두 점을 잇는 원이 작도됩니다.

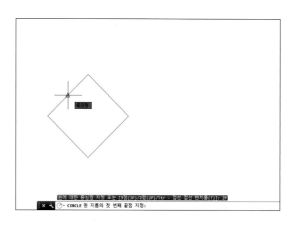

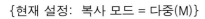 선의 중간에 표시되는 삼각형 마크는 선의 중간점을 찾아 주는 객체스냅입니다.

---

03 마름모꼴과 원을 복사합니다. 명령어 'COPY' 또는 단축키 'CO' 또는 'CP'를 입력하거나 '홈' 탭의 '수정' 패널 또는 '수정' 도구 막대에서 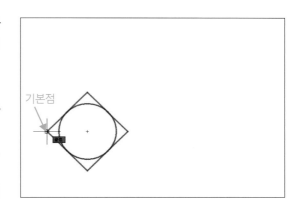를 클릭합니다.

{객체 선택:}에서 원을 선택합니다. {1개를 찾음}

{객체 선택:}에서 선을 선택합니다. {1개를 찾음, 총 2개}

반복해서 마름모꼴의 선을 선택합니다. {1개를 찾음, 총 5개}

선택이 모두 끝났으면 {객체 선택:}에서 <Enter> 키 또는 <Space bar>를 누릅니다.

{현재 설정: 복사 모드 = 다중(M)}

{기본점 지정 또는 [변위(D)/모드(O)] <변위>:}에서 왼쪽 꼭짓점을 선택합니다.

선의 끝점에 표시되는 사각형 마크는 선의 끝을 찾아 주는 객체스냅입니다.

{두 번째 점 지정 또는 [배열(A)] <첫 번째 점을 변위로 사용>:}에서 배열 옵션 'A'를 입력합니다.

{배열할 항목 수 입력:}에서 항목 수 '5'를 입력합니다.

{두 번째 점 지정 또는 [맞춤(F)]:}에서 오른쪽 꼭짓점을 지정합니다.

{두 번째 점 지정 또는 [배열(A)/종료(E)/명령 취소(U)] <종료>:}에서 <Enter> 키 또는 <Space bar>를 눌러 복사를 종료합니다. 다음과 같이 지정한 숫자만큼 배열 복사됩니다.

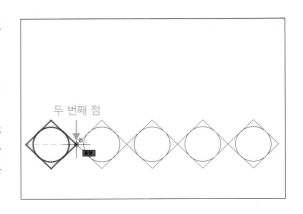

04 <Enter> 키 또는 <Space bar>를 눌러 복사 명령을 재실행합니다.

 직전에 실행했던 명령을 다시 실행하려면 <Enter> 키 또는 <Space bar>를 누릅니다

{객체 선택:}에서 오른쪽 아래 빈 공간을 클릭한 후 {반대 구석 지정:}에서 왼쪽 위 빈 공간을 클릭하여 객체를 선택합니다. 가운데 세 개의 마름모꼴과 원이 선택됩니다.{15개를 찾음}

{객체 선택:}에서 <Enter> 키 또는 <Space bar>를 눌러 선택을 종료합니다.

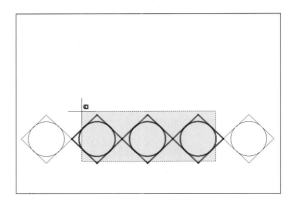

{현재 설정: 복사 모드 = 다중(M)}

{기본점 지정 또는 [변위(D)/모드(O)] <변위>:}에서 마름모꼴 아래쪽 꼭짓점을 지정합니다.

{두 번째 점 지정 또는 [배열(A)] <첫 번째 점을 변위로 사용>:}에서 마름모꼴 위쪽 꼭짓점을 지정합니다.

{두 번째 점 지정 또는 [배열(A)/종료(E)/명령 취소(U)] <종료>:}에서 <Enter> 키 또는 <Space bar>를 눌러 종료합니다. 다음과 같이 복사됩니다.

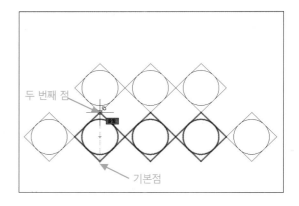

05 이와 같은 방법으로 가운데 마름모꼴과 원을 선택하여 위쪽으로 복사합니다. 다음과 같이 작도됩니다.

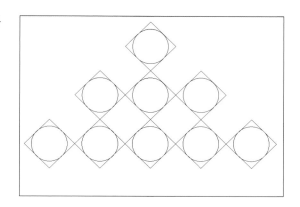

06 선(LINE) 명령을 실행합니다. 명령어 'LINE' 또는 단축키 'L'을 입력하거나 '홈' 탭의 '그리기' 패널 또는 '그리기' 도구 막대에서 █를 클릭합니다.
{첫 번째 점 지정:}에서 왼쪽 원 중심을 지정합니다. 커서를 원 근처에 가져가면 객체스냅 중심점 마크인 작은 원이 표시됩니다.

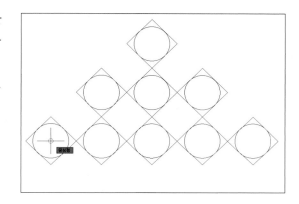

{다음 점 지정 또는 [명령 취소(U)]:}에서 가장 위쪽의 원 중심을 지정합니다.
{다음 점 지정 또는 [명령 취소(U)]:}에서 가장 오른쪽의 원 중심을 지정합니다.
{다음 점 지정 또는 [닫기(C)/명령 취소(U)]:}에서 'C'를 입력하여 닫습니다.
다음과 같이 선이 작도됩니다.

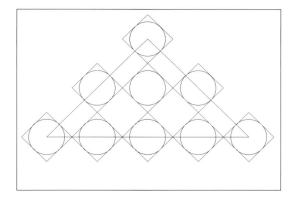

객체스냅은 객체의 특정한 좌표(끝점, 중간점, 중심점, 사분점 등)를 찾아 주는 기능입니다. 객체스냅의 설정 방법과 종류, 사용 방법을 알아보겠습니다.

1. 객체스냅 설정 방법

01 그리기 도구에서 설정: 앞의 실습에서와 같이 '객체스냅 ⬜' 옆의 역
삼각형(▼)을 클릭하여 찾고자 하는 스냅의 종류를 선택합니다.

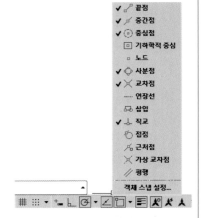

02 설정 대화 상자: '객체스냅 ⬜' 옆의 역삼각형(▼)을
클릭하여 '객체스냅 설정'을 클릭합니다. 다음과 같은
대화 상자가 나타납니다. 대화 상자에서 설정하고자 하
는 스냅을 선택합니다.

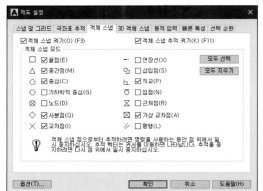

03 <Ctrl> 키 또는 <Shift> 키를 누른 채로 마우스 오른쪽 버튼: 미리 설정되어 있지 않은 객
체스냅을 사용할 때 유용합니다. <Ctrl> 키 또는 <Shift> 키를 누른 채로 마우스 오른쪽
버튼을 누르면 다음과 같이 객체스냅 목록이 나타납니다. 목록에서 설정하고자 하는 스냅
을 클릭합니다.

04 키워드 입력: 끝점인 경우 'end', 중간점은 'mid', 중심점은 'cen' 등 객체스냅 키워드를
직접 입력합니다. 입력이 번거롭기 때문에 그다지 사용하지 않습니다.

2. 객체스냅의 종류

객체스냅은 다음과 같은 종류가 있습니다.

- 임시 추적점 ▦: 한 점으로부터 지정한 방향으로 추적하여 추적선 상에 위치한 점을 찾습니다.
- 시작점 ▦: 지정한 기준점으로부터 얼마나 떨어진 위치의 점을 찾습니다. 예를 들어, 벽체의 끝점으로부터 1M 떨어진 점을 찾고자 할 때 유용합니다. 시작점 객체스냅을 켜면 {기준점:}을 물어보고 기준점을 지정하면 {<간격 띄우기>}를 물어봅니다.
- 끝점 ▦: 선이나 호의 끝점을 찾습니다.
- 중간점 ▦: 선이나 호의 중간점을 찾습니다.
- 교차점 ▦: 선과 선, 선과 호 등 객체가 교차하는 점을 찾습니다.
- 가상 교차점 ▦: 직접 교차하지는 않지만 가상으로 교차하는 점을 추적하여 찾습니다.
- 연장선 ▦: 선이나 호의 연장선상의 점을 찾습니다.
- 중심점 ▦: 원, 호, 타원 또는 타원형 호의 중심점을 찾습니다.
- 사분점 ▦: 원, 호, 타원의 가까운 사분점(0˚, 90˚, 180˚, 270˚)을 찾습니다. 마우스 커서의 위치에서 가까운 사분점을 찾습니다.
- 접점 ▦: 원, 호, 스프라인, 타원 또는 스플라인의 접점을 찾습니다.
- 직교 ▦: 호, 원, 타원, 타원형 호, 선, 다중선, 폴리선, 광선, 영역, 솔리드, 스플라인 또는 구성선에 수직으로 만나는 점을 찾습니다.
- 평행 ▦: 선, 폴리선, 광선 또는 구성선을 다른 선형 객체와 평행선상의 한 점을 찾습니다.
- 삽입점 ▦: 블록, 문자, 속성의 삽입점을 찾습니다. 문자의 경우는 문자의 원점을 찾습니다.
- 노드 ▦: 점 객체, 치수 정의점 또는 치수 문자 원점을 찾습니다.
- 근처점 ▦: 호, 원, 타원, 타원형 호, 선, 여러 줄, 점, 폴리선, 광선, 스플라인 또는 구성선에서 커서와 가장 가까운 점을 찾습니다.
- 기하학적 중심 ▦: 닫힌 폴리선 및 스플라인의 무게 중심을 찾습니다. 예를 들어, 오각형의 중심을 찾아 줍니다.
- 스냅하지 않음 ▦: 일반적으로 설정된 객체스냅을 사용하지 않고자 할 경우에는 현재 설정된 객체스냅을 무효화합니다.

03. 스냅 참조선(OTRACK)

스냅 참조선(객체스냅 추적)은 객체스냅 점을 기준으로
정렬 경로를 따라 추적합니다. 획득한 점에는 작은 더하
기(플러스) 기호 '+'가 표시되며 한 번에 최대 7개의 추
적 점을 획득할 수 있습니다. 스냅 참조선은 객체스냅과
함께 동작합니다. 따라서 객체의 스냅 점에서 추적하려면
객체스냅이 켜져 있어야 합니다.
앞에서 작성한 도형에 이어서 실습하겠습니다. 다음과 같
이 아래쪽의 마름모꼴 끝점과 위쪽의 마름모꼴 끝점이 만
나는 위치에 반지름 '20'인 원을 작도하겠습니다.

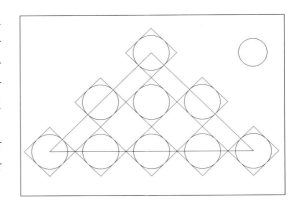

01 그리기 도구에서 스냅 참조선 ◢ 을 켭니다(ON).

02 원(CIRCLE) 명령을 실행합니다. 명령어 'CIRCLE' 또
는 단축키 'C'를 입력하거나 '홈' 탭의 '그리기' 패널
또는 '그리기' 도구 막대에서 ◉ 를 클릭합니다.
{원에 대한 중심점 지정 또는 [3점(3P)/2점(2P)/Ttr –
접선 접선 반지름(T)]:}에서 위쪽 마름모꼴 끝에 마우
스를 가져간 후 오른쪽으로 이동합니다. 이때 마우스
버튼은 누르지 않습니다. 다음과 같이 수평 방향의 추
적선이 나타납니다.

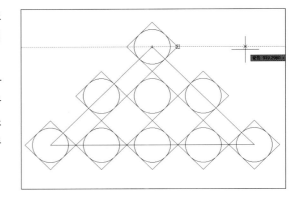

03 이번에는 마우스를 아래쪽 마름모꼴 끝점에 가져간
후 위쪽으로 이동합니다. 다음과 같이 수직 추적선이
나타납니다. 계속 위쪽으로 올리면 앞에서 추적한 수
평 추적선과 만나는 교차점에 × 마크가 표시됩니다.
이때 클릭합니다.

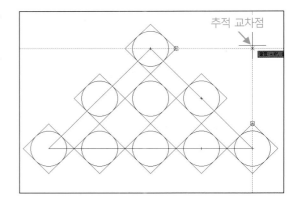

추적 교차점

04 {원의 반지름 지정 또는 [지름(D)] <25.0000>:}에서 반지름 '20'을 입력합니다. 다음과 같이 두 추적선이 만나는 위치에 반지름 '20'인 원이 작도됩니다.

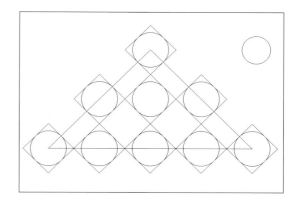

이와 같이 스냅 참조선은 객체스냅을 추적하여 참조선(파선)을 표시합니다.

4. 선 가중치(LWT)와 투명도(TRANSPARENCY)

도면에서 메인이 되거나 강조하고자 하는 선이 있고, 보조용으로 사용하는 선이 있습니다. 강조하고자 하는 선을 진하게 표현하고 보조로 사용하는 선은 가늘거나 희미하게 표시합니다. 선의 굵기를 지정하는 선 가중치와 선의 농담(진하거나 옅음)을 지정하는 투명도에 대해 학습합니다.

01. 선 가중치(LINEWEIGHT)

선 종류와 마찬가지로 도면의 해독을 용이하게 하기 위한 수단으로 선의 용도에 따라 굵기(너비)를 다르게 표현합니다. 예를 들어, 중심선이나 치수선, 치수보조선은 가늘게, 외형선은 중간 정도의 굵기, 강조를 위한 선은 굵게 표현합니다. 선 가중치는 선의 굵기를 조정합니다.

명령: LWEIGHT(단축키:LW)

참고<< 그리기 도구의 아이콘

그리기 도구에 선 가중치(📊) 또는 투명도(🔲) 아이콘이 표시되지 않았을 경우에는 상태 영역 가장 오른쪽에 있는 사용자화 버튼(☰)을 클릭합니다. 목록에서 '선 가중치', '투명도'를 체크합니다.

✓ 객체 스냅 추적
✓ 2D 객체 스냅
✓ 선가중치
투명도
✓ 선택 순환
3D 객체 스냅
동적 UCS
선택 필터링
장치

---

01 마우스를 상태 영역의 그리기 도구 '선 가중치 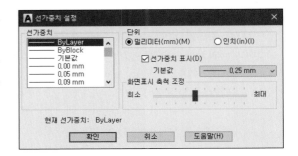' 아이콘 옆의 역삼각형(▼)을 클릭하여 '선 가중치 설정'을 클릭합니다. 또는 '홈' 탭의 '특성' 패널의 '선 가중치' 선택 목록에서 '선 가중치 설정'을 클릭합니다. 다음과 같은 대화 상자가 표시됩니다.

① 선 가중치: 선 가중치의 종류를 표시하며 사용하고자 하는 가중치(굵기)를 선택합니다.

② 단위: 단위를 밀리미터로 할 것인지, 인치로 할 것인지 지정합니다.

③ 선 가중치를 표시(D): 선 가중치를 모형 공간(Model Space) 화면에서 표시할 것인가를 제어합니다. 모형 공간에서 표시하면 '1' 이상인 가중치에 대해서 재생성하는 시간이 소요되므로 생산성이 떨어집니다.

④ 기본값: 기본 선 가중치 값을 설정합니다. 시스템 변수 'LWDEFAULT'에 저장됩니다. 일반적으로 기본값은 0.01inch 또는 0.25mm입니다.

⑤ 화면 표시 축척 조정: 모형 공간에서 선 표시를 위한 스케일을 조정합니다.

02 선 가중치를 지정할 때마다 '선 가중치(LWEIGHT)' 명령을 사용하는 것은 비효율적입니다. 가장 편리한 방법은 다음과 같이 '홈' 탭의 '특성' 패널에서 '선 가중치 목록 상자'를 눌러 표시되는 선 가중치 목록 중에서 지정하고자 하는 선 가중치를 선택합니다.

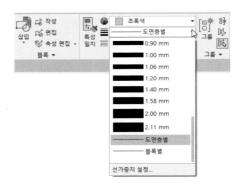

03 선 가중치를 굵게 설정해서 객체를 작도해도 화면에서는 변화가 없는 경우가 있습니다. 이는 선 가중치 표시를 제한했기 때문에 그렇습니다. 선 가중치에 따라 실제 굵기를 화면에서 표시하려면 하단의 상태 영역의 그리기 도구 막대에서 '선 가중치 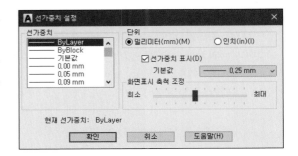' 버튼을 켜야 합니다. 한 번 누를 때마다 켜기와 끄기(ON/OFF)를 제어합니다. 다음의 오른쪽 그림과 같이 '선 가중치(LWT)'를 켠(ON) 경우 지정한 선의 굵기로 화면에 표시합니다.

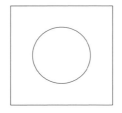

[선 가중치 표시를 끈(OFF) 경우]

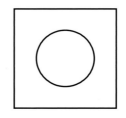

[선 가중치 표시를 켠(ON) 경우]

02. 투명도

도면에서 객체의 강약을 표현하고자 할 때 투명도에 의해서 조정할 수 있습니다. '투명도 표시/숨기기'는 설정된 투명도를 적용할 것인지, 적용하지 않을 것인지 지정합니다.
다음의 따라하기 실습을 통해 투명도에 대해 이해합시다.

01 반지름이 '100'인 원을 작도한 후 객체스냅(OSNAP)
　 기능을 이용하여 다음과 같이 작도합니다.

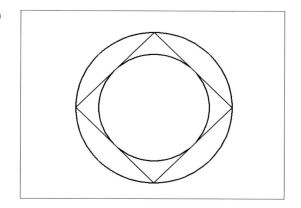

02 객체의 투명도를 바꿔 보겠습니다. 마우스를 이용하여
　 마름모의 네 선분을 차례로 선택합니다. 그러면 다음
　 과 같이 네 개의 선이 하이라이트(점선)으로 바뀌면서
　 각 끝점과 중간점에 파란색 사각 표시가 나타납니다.

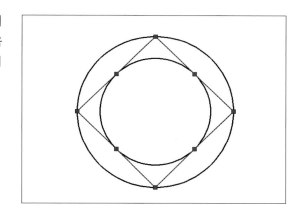

03 이때 '홈' 탭의 '특성' 패널에 있는 투명도 슬라이드 바를 움
　 직여 '70'으로 설정합니다. 또는 오른쪽의 숫자를 직접 입력
　 합니다.

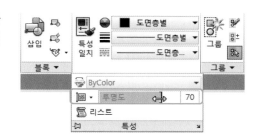

04 투명도 설정이 끝났으면 <ESC> 키를 누릅니다. 다음
   과 같이 선택한 객체(마름모의 선분)가 희미하게 표시
   됩니다.

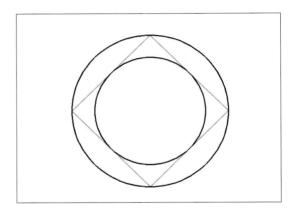

 동일한 방법으로 작업을 수행했는데 투명도가 바뀌
   지 않는 경우는 그리기 도구의 '투명도 '가 켜지
   지 않아서 발생한 현상입니다. 그리기 도구의 투명
   도를 켜면 설정한 투명도 값으로 표시합니다.

참고<< **투명도 설정**

투명도를 설정하는 값은 다음과 같습니다.

ByLayer	투명도 값이 도면층에 의해 결정됩니다.
ByBlock	투명도 값이 블록에 의해 결정됩니다.
0	완전 불투명(투명하지 않음)
1-90	백분율로 정의된 투명도 값

5. 선택 순환

복잡한 도면에서 중복된 객체를 편집(수정)하기 위해 선택을 해야 하는데 원하지 않은 객체가 선택될 수 있
습니다. 이렇게 중복된 객체를 선택하는데 있어 손쉽게 선택할 수 있도록 객체의 '선택 순환(Selection
Cycling)' 기능을 제공합니다.

01. 선택 순환 이해하기

다음의 따라하기 실습을 통해 선택 순환에 대해 이해하도록 합니다.

참고<< **선택 순환 아이콘이 보이지 않을 경우**

그리기 도구에 선택 순환 아이콘(▣)이 표시되지 않았을 경우에는 상태 영역 가장 오른쪽에 있는
사용자화 버튼(☰)을 클릭합니다. 목록에서 '선택 순환'을 체크합니다.

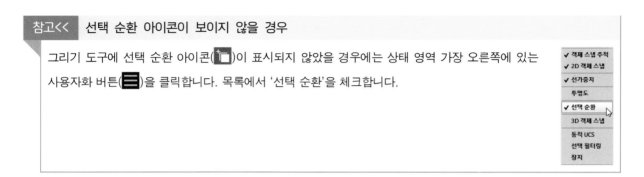

01 앞에서 작성한 도면을 이용하여 실습하겠습니다.

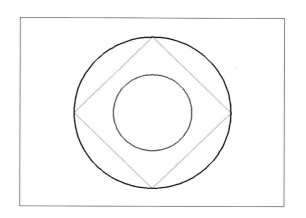

02 그리기 도구의 '선택 순환  ' 버튼을 클릭하여 선택 순환
기능을 켭니다(ON). 번거로움을 피하기 위해 '빠른 특성
⊞'을 끕니다.

03 바깥쪽의 원의 크기를 줄여 보겠습니다. 마우스 커서
를 원과 선이 만나는 부분에 가져가서 클릭합니다. 선
택 순환 대화 상자가 나타납니다. 이때 마우스를 이용
하여 '원'을 선택합니다.

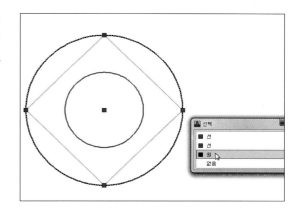

04 이때 그립(맞물림: 원의 사분점에 있는 파란색 점)을
움직여 원의 크기를 조정합니다.

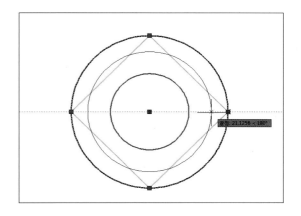

02. 선택 순환 설정

그리기 도구의 '선택 순환 '에 마우스를 대고 오른쪽 버튼을 누릅니다. 메뉴에서 '선택 순환 설정…'을 클릭합니다.

다음과 같은 대화 상자가 나타납니다.
① 선택 순환 허용(A): 선택 순환 기능을 켜거나 끕니다.
② 선택 순환 리스트 상자 표시(D): 선택 순환 리스트(목록) 상자를 표시를 제어합니다.

- 커서 종속(C): 커서를 기준으로 목록(리스트) 상자를 이동합니다.
- 사분점(U): 목록 상자를 배치할 커서 사분점을 지정합니다.
- 픽셀 단위 거리(P): 커서와 목록 상자 사이의 거리를 지정합니다.
- 정적(S): 목록 상자는 커서와 함께 이동하지 않으며 일정한 위치에 고정됩니다. 목록 상자 위치를 변경하려면 상자를 클릭하여 드래그합니다.
- 제목 표시줄 표시(B): 제목 표시줄의 표시 여부를 제어합니다.

참고<< 선택 순환을 사용하지 않고 객체를 순환하여 선택하기

중복된 객체군에서 원하는 객체를 선택하고자 할 때, 선택 순환 기능을 이용하지 않고 객체를 선택하려면 다음과 같은 방법으로 선택합니다.
① {객체 선택:}에서 커서를 선택하고자 하는 객체 근처로 가져간 후 <Shift> 키 또는 <Space bar>를 누른 채 클릭합니다.
② 한 번 클릭할 때마다 커서 근처의 객체가 차례로 하이라이트(점선)됩니다.
③ 원하는 객체가 하이라이트되면 <Enter> 키를 눌러 객체를 선택합니다.

6. 등각투영 제도(ISODRAFT, ISOPLAN)

등각투영도(아이소메트릭)를 작도하기 위한 설정 도구입니다. 2차원 도면에서 등각투영도를 작도하기 위해 작도 면을 설정하는 기능입니다. 다음의 실습을 통해 알아보겠습니다.

01 하단의 그리기 도구에서 '등각평면 제도 '의 옆에 있는 역삼각형(▼)을 누릅니다. 목록에서 '등각평면 왼쪽'을 클릭합니다.

02 선(LINE) 명령을 실행하여 다음과 같이 길이 '200'인 선을 세로 방향과 비스듬한 사선을 긋습니다.

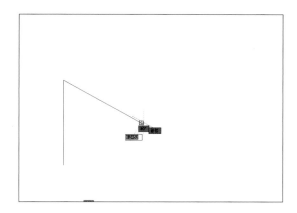

03 그리기 도구에서 '등각평면 제도 '의 옆에 있는 역삼각형(▼)을 누릅니다. 목록에서 '등각평면 맨 위'를 클릭합니다.

04 마우스 커서를 오른쪽 방향으로 맞춘 후 길이 '200'인 선을 긋습니다.

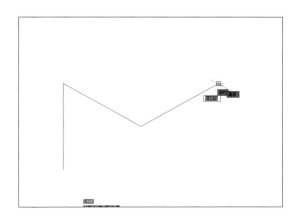

05 그리기 도구에서 '등각평면 제도 '의 옆에 있는 역삼각형(▼)을 누릅니다.
목록에서 '등각평면 오른쪽'을 클릭합니다.

06 마우스 커서를 위쪽으로 맞추고 길이 '100'인 선을 긋
습니다. 이와 같이 작도하는 방향을 맞춰가면서 등각
투영도(아이소메트릭)를 작도합니다.

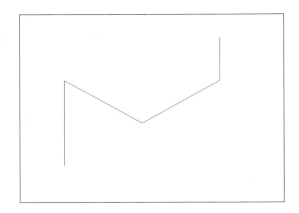

예제 도면 1

다음과 같은 도면을 작도합니다. 파선(점선)은 일직선 상에 있다는 것을 보여 주기 위한 것이므로 작도하지 않습니다. 객체스냅 추적을 이용하여 가운데 사각형을 작도합니다.

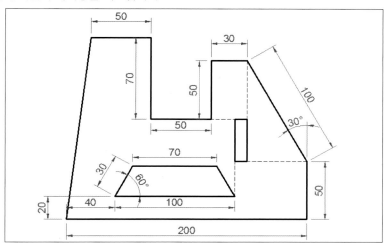

예제 도면 2

다음과 같은 도면을 작도합니다.

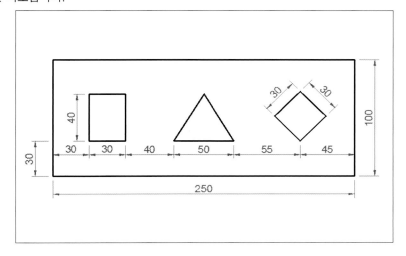

4 화면의 조작(ZOOM)

도면 작업에서 전체 도면을 펼치기도 하지만 특정 부위를 지정하여 확대하기도 합니다. 도면에서 사용자가 보고자 하는 부분을 펼치는 기능이 '줌(ZOOM)'과 '초점 이동(PAN)' 명령입니다. AutoCAD 도면 작업 중 가장 많이 사용하는 기능이 줌 기능입니다.

1. 줌 기능 실행 방법

'줌(ZOOM)' 명령의 실행 방법에 대해 알아보겠습니다.

01. 명령어 직접 입력

명령행에서 'ZOOM'을 입력하거나 단축키 'Z'를 입력합니다. 제시되는 옵션 중에서 키워드를 입력하거나 해당 옵션을 마우스로 클릭합니다.
{윈도우 구석 지정, 축척 비율(nX 또는 nXP) 입력 또는 [전체(A)/중심(C)/동적(D)/범위(E)/이전(P)/축척(S)/윈도우(W)/객체(O)] <실시간>:}

02. 탐색(내비게이션) 메뉴에서 선택

화면 오른쪽에 있는 탐색(내비게이션) 메뉴에서 선택합니다.

03. 바로가기 메뉴에서 선택

작도 영역의 빈 공간에서 마우스 오른쪽 버튼을 누르면 다음과 같은 바로가기 메뉴가 펼쳐집니다. 메뉴에서 '줌(Z)'을 클릭합니다.

04. 마우스 휠의 조작

마우스 휠을 조작하면 명령을 실행하지 않고 화면을 조작할 수 있습니다. 마우스 휠을 앞으로 밀면 화면이 확대(Zoom-Up)되고, 뒤로 당기면 축소(Zoom-Down)됩니다.
또, 마우스 휠을 누른 채로 움직이면 '초점 이동(PAN)' 기능을 수행합니다.

2. 줌(ZOOM)

화면의 확대 및 축소, 초점을 이동합니다. 앞에서 작도한 도면을 이용하여 조작하겠습니다.

01 윈도우(W) : 두 점으로 지정한 범위를 확대합니다.
'ZOOM' 또는 단축키 'Z'를 입력하거나 탐색 도구 또는 '뷰(V)' 도구 막대에서 을 클릭합니다.
{윈도우 구석을 지정, 축척 비율 (nX 또는 nXP)을 입력, 또는 [전체(A)/중심(C)/동적(D)/범위(E)/이전(P)/축척(S)/윈도우(W)/객체(O)] <실시간>:}에서 'W'를 입력합니다.
{첫 번째 구석을 지정:} 확대하고자 하는 범위의 첫 번째 점을 지정합니다.
{반대 구석 지정:} 확대하고자 하는 범위의 반대 구석의 한 점을 지정합니다.

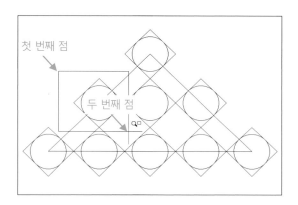

다음과 같이 지정한 두 점 사이가 확대됩니다.

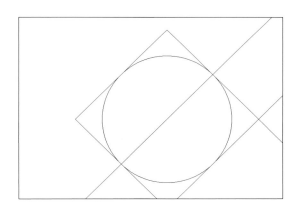

02 이전(P) 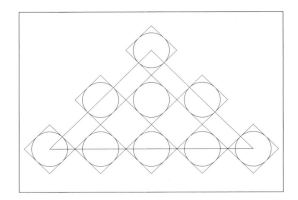 : 이전 화면으로 복원합니다.

탐색 도구 또는 '뷰(V)' 도구 막대에서 **▣**을 클릭합니다.
또는 명령어 'ZOOM' 또는 단축키 'Z'를 입력합니다.
{윈도우 구석을 지정, 축척 비율 (nX 또는 nXP)을 입
력, 또는 [전체(A)/중심(C)/동적(D)/범위(E)/이전(P)/
축척(S)/윈도우(W)/객체(O)] <실시간>:}에서 'P'를
입력한 후 <Enter> 키 또는 <Space bar>를 누르면
이전 화면 범위로 되돌아갑니다.

03 객체(O) **▣** : 하나 이상의 선택된 객체를 화면 가득히
표시합니다.

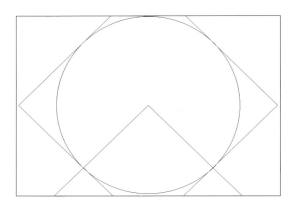

탐색 도구 또는 '뷰(V)' 도구 막대에서 **▣**을 클릭합니
다. 또는 명령어 'ZOOM' 또는 단축키 'Z'를 입력합니다.
{윈도우 구석을 지정, 축척 비율 (nX 또는 nXP)을 입
력, 또는 [전체(A)/중심(C)/동적(D)/범위(E)/이전(P)/
축척(S)/윈도우(W)/객체(O)] <실시간>:}에서 'O'를
입력합니다.
{객체 선택:} 마우스로 가운데 원 객체를 선택합니다.
{객체 선택:} <Enter> 키 또는 <Space bar>를 누르면
다음과 같이 선택한 객체(원)가 화면 가득히 확대됩니다.

줌(ZOOM) 기능 옵션

명칭	아이콘	기능
전체	▣	도면 전체를 표시
범위	▣	작도된 모든 객체를 화면에서 표시할 수 있는 최대 크기로 확대
윈도우	▣	지정한 두 점 범위를 확대
이전	▣	이전 화면으로 복원
실시간 줌	▣	마우스의 드래그에 의해 화면을 확대/축소
동적	▣	화면을 동적으로 움직여 확대 및 축소
축척	▣	축척 값을 지정하여 확대 및 축소. 1.0보다 크면 확대, 1.0이하의 실수는 축소. 단, 마이너스 값은 오류
중심	▣	중심을 지정한 후 배율 또는 높이를 입력하여 확대 및 축소
객체	▣	선택한 객체를 화면에 가득 확대

참고<< 줌 '전체'와 '범위'의 차이

'전체(A)'는 도면 한계로 정의된 전체를 펼칩니다.

'범위(E)'는 객체가 작성된 범위를 화면 가득히 펼칩니다.

작성된 객체가 '도면 한계(LIMITS)' 명령으로 정의한 범위에 정확히 같거나 벗어난 경우는 '전체(A)'와 '범위(E)'는 같은 화면이 됩니다.

3. 초점 이동(PAN)

화면의 초점을 이동합니다. 손바닥 마크가 표시됩니다. 손바닥으로 도면을 밀어내듯 조작합니다.

01 명령어 'PAN' 또는 단축키 'P'를 입력하거나 탐색 도구에서 🖐을 클릭합니다. 또는 마우스 휠을 누릅니다. 원하는 화면으로 초점을 이동합니다.

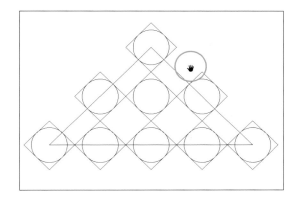

02 마우스 오른쪽 버튼을 누르면 줌 바로가기 메뉴가 나타납니다. 작업하고자 하는 메뉴를 선택합니다. 단, 마우스 휠을 눌러 초점 이동할 때는 기능하지 않습니다.

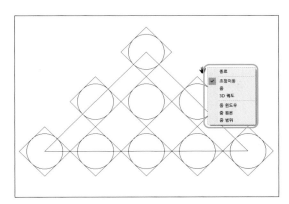

5 객체의 선택

복사와 이동, 삭제와 같은 편집(수정) 기능을 사용하기 위해서는 객체를 선택해야 합니다. AutoCAD는 다양한 객체 선택 방법을 제공하고 있습니다. 편집 명령을 실행하면 {객체 선택:}이라는 메시지가 표시됩니다. 이때 객체를 선택하는 방법입니다.

1. 선택 상자에 의한 개별 선택

선택 상자(Pick Box)를 이용하여 객체를 하나씩 선택하는 방법입니다.
{객체 선택:}에서 원하는 객체를 선택합니다.
{1개를 찾음, 총 1}라는 메시지와 함께 선택된 객체가 하이라이트됩니다.
{객체 선택:}에서 원하는 객체를 선택합니다.
{1개를 찾음, 총 2}라는 메시지와 함께 선택된 객체가 하이라이트됩니다. 이렇게 반복해서 하나씩 선택할 수 있습니다.
선택을 종료하려면 {객체 선택:}에서 <Enter> 키 또는 <Space bar>를 누릅니다.

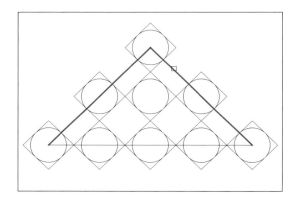

참고<<

선택 상자의 크기는 명령행에 'PICKBOX'를 입력하여 상자의 크기를 조정할 수 있습니다. 또는 옵션 대화 상자([응용 프로그램 메뉴 A]-[옵션])의 '선택' 탭에서 '확인란 크기(P)' 슬라이드 바를 이용하여 조정할 수 있습니다.

2. 사각형의 범위를 지정해 선택하는 윈도우(W)와 크로싱(C)

두 대각선 점을 지정하여 지정한 범위의 내부와 범위 경계선에 걸쳐 있는 객체를 선택하는 방법입니다.

01. 범위 안의 객체만을 선택하는 윈도우(Window)

지정한 두 점이 만드는 사각형 범위 안에 완전히 포함된 객체만 선택합니다.

{객체 선택}에서 윈도우 선택을 하고자 할 때는 'W'를 입력합니다.

그러면 {첫 번째 구석을 지정:}이라는 메시지가 표시됩니다. 여기에서 다음과 같이 빈 공간의 한 점을 지정하고 {반대 구석 지정:}에서 선택하고자 하는 범위의 반대편 구석을 지정합니다. {2개를 찾음}이라는 메시지가 표시됩니다.

지정한 범위 안에 완전히 포함된 객체(마름모꼴과 원)만 선택됩니다. 경계에 걸친 객체는 선택되지 않습니다.

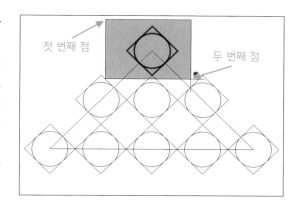

 'W' 키워드를 입력하지 않고 마우스로 빈 공간을 지정한 후 두 번째 점을 오른쪽 방향의 한 점을 지정하면 윈도우(W) 기능을 합니다.

02. 걸쳐 있는 객체까지 선택하는 크로싱(Crossing)

윈도우(W)와는 달리 사각형 범위 안의 객체는 물론 범위를 지정하는 경계에 걸쳐 있는 객체까지 선택됩니다.

{객체 선택}에서 크로싱의 첫 글자 'C'를 입력합니다.
{첫 번째 구석을 지정:}에서 빈 공간의 한 점을 지정하고 {반대 구석 지정:}에서 범위의 반대 구석을 지정합니다. {3개를 찾음}이라는 메시지가 표시됩니다.

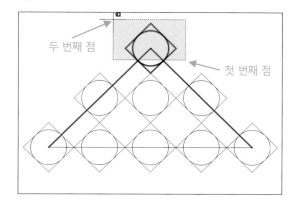

 'C' 키워드를 입력하지 않고 마우스로 빈 공간을 지정한 후, 두 번째 점을 왼쪽 방향의 한 점을 지정하면 크로싱(C) 기능을 합니다.

다음과 같이 지정한 범위 안에 완전히 포함된 객체와 경계선에 걸쳐 있는 객체(마름모꼴과 원, 두 개의 선)까지 선택됩니다.

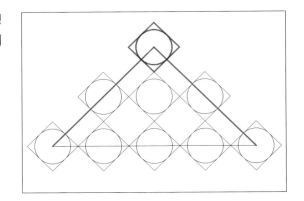

 '윈도우(W)'와 '크로싱(C)'의 선택 방법에 따라 선택 범위를 표시하는 색상이 다릅니다. 즉, 윈도우(W)는 연파란색, 크로싱(C)은 연초록색으로 범위가 표시됩니다. 또 하나 다른 점은 윈도우 선택은 실선으로 표시되고, 크로싱 선택은 점선으로 표시됩니다. 선택 색상은 사용자가 환경 설정을 통해 바꿀 수 있습니다.

3. 다각형으로 지정하는 '윈도우 폴리곤(WP)'과 '크로싱 폴리곤(CP)'

'윈도우(W)'와 '크로싱(C)'은 두 점으로 만들어진 사각형의 범위 외에는 지정할 수 없었습니다. 그러나 '윈도우 폴리곤(WP)'과 '크로싱 폴리곤(CP)'은 지정하는 점의 수에 제한이 없어 다양하고 복잡한 다각형의 범위를 지정할 수 있습니다. '윈도우 폴리곤(WP)'은 다각형 안에 완전히 포함된 객체만 선택하고, '크로싱 폴리곤(CP)'은 완전히 포함된 객체와 걸쳐 있는 객체까지 선택됩니다.
{객체 선택:}에서 'WP'를 입력한 후 범위의 각 점을 지정합니다. 다음과 같이 다각형으로 지정할 수 있습니다.

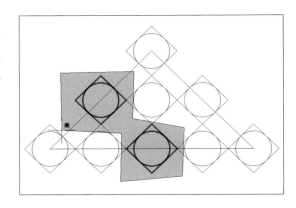

다음과 같이 다각형 안에 완전히 포함된 객체만 선택됩니다.

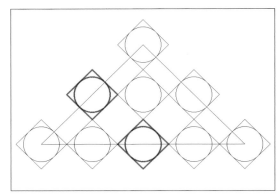

'크로싱 폴리곤(CP)'은 {객체 선택:}에서 'CP'를 입력한 후 선택하고자 하는 범위의 각 점을 지정합니다. 그러면 범위에 포함된 객체와 경계선에 걸쳐 있는 객체까지 선택됩니다.

4. 전체 'ALL'와 제외 'R'

객체 전체를 선택하는 방법도 있으며 선택된 객체에서 제외시키는 방법도 있습니다.

01. 전체를 선택하는 전체(ALL)

{객체 선택:}에서 'ALL'을 입력합니다. 다음과 같이 객체가 모두 선택됩니다.

> **참고<<** **단축키 및 아이콘에 의한 모든 객체 선택**
>
> 객체를 모두 선택하려면 <Ctrl> 키를 누른 채 'A'를 누르면 모든 객체가 선택됩니다. 또는 '홈' 탭의 '유틸리티' 패
> 널의 을 클릭하면 모든 객체가 선택됩니다.

02. 선택된 객체를 제외시키는 제거(Remove)

제거(Remove)는 선택된 객체 집합(선택 세트)에서 제외시키는 기능입니다.

객체를 선택한 후 계속해서 선택을 기다리는 메시지 {객체 선택:}에서 선택된 선택 집합에서 제외시키려면
'R'을 입력합니다. 그러면 {객체 제거:}라는 메시지가 표시됩니다. 여기에서 제외하고자 하는 객체를 선택 상
자 또는 범위로 지정하여 선택합니다.

> **(Tip)** {객체 제거:}에서 선택 상자 외에 윈도우(W), 크로싱(C), 윈도우 폴리곤(WP), 크로싱 폴리곤(CP) 등 선택할
> 때와 같은 옵션을 이용하여 제거할 수 있습니다.

> **참고<<** **〈Shift〉 키를 이용하여 선택된 객체를 제거하는 방법**
>
> 선택된 객체를 제거할 때는 'Remove' 옵션 외에 <Shift> 키를 누르면서 객체를 선택하면 선택군으로부터 제거됩
> 니다.

5. 울타리 'F'와 올가미 선택

마우스를 통해 울타리와 범위를 지정하는 올가미 선택에 대해 알아봅니다.

01. 울타리 선택

울타리를 치는 것처럼 선을 그어 그 선에 걸친 객체를 선택하는 방법입니다.

{객체 선택:}에서 'F'를 입력합니다.
{첫 번째 울타리 점 지정:}에서 울타리의 시작점을 지정합니다.

{다음 울타리 점 지정 또는 [명령 취소(U)]:}에서 울타리의 두 번째 점을 지정합니다.
{다음 울타리 점 지정 또는 [명령 취소(U)]:}에서 차례로 지정합니다. 울타리 지정을 종료하려면 <Enter> 키 또는 <Space bar>를 누릅니다.

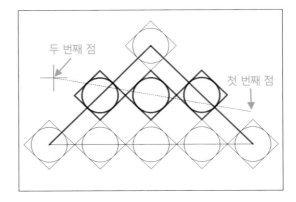

다음과 같이 울타리 선에 걸친 객체(8개)가 선택됩니다.

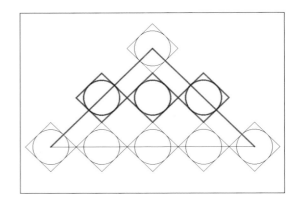

02. 올가미 선택

지정하고자 하는 범위를 그물을 치듯 범위를 지정하여 객체를 선택합니다.

{객체 선택:}에서 임의의 한 점을 지정한 후 마우스 왼쪽 버튼을 누른 채로 왼쪽 방향으로 범위를 지정합니다.
{걸치기(C) 올가미 - 스페이스 바를 눌러 옵션 순환 6개를 찾음}

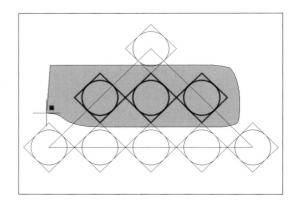

 올가미 선택 중에 <Space bar>를 누르면 선택 옵션이 전환됩니다. 윈도우(W), 크로싱(C), 울타리(F) 옵션이 번갈아 가며 순환됩니다.

오른쪽에서 왼쪽 방향으로 드래그하면 올가미 범위의 경계선에 걸쳐 있는 객체까지 선택됩니다.

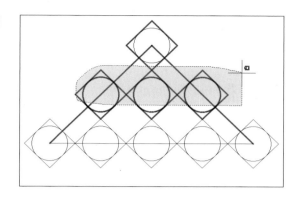

6. 이전(P)과 최후(L)

객체를 한 번이라도 선택하여 작업을 한 후 다시 선택하려면 {객체 선택:}에서 'P'를 입력합니다. 예를 들어, 한 번 복사한 객체를 다시 선택해서 어떤 작업을 하고자 할 때 유용합니다.

도면에서 가장 마지막 생성된 객체를 선택하려면 {객체 선택:}에서 'L'을 입력합니다. 예를 들어, 원을 그린 후 작성된 원을 선택하여 어떤 작업을 하고자 할 때 'L'을 입력하면 마지막에 작도한 원이 선택됩니다.

7. 기타 선택 옵션

많이 사용하는 옵션은 아니지만 AutoCAD에서 제공하는 몇 가지 옵션을 살펴보면,
 · 오로지 하나만을 선택하고자 할 때는 'SI(Single)'
 · 여러 개를 선택하고자 할 때는 'M(Multiple)'
 · 선택 세트에 추가하고자 할 때는 'A(Add)'
 · 그룹화 한 객체를 선택할 때는 'G(Group)'
 · 3차원의 복합 솔리드나 정점, 모서리 및 3D 솔리드의 면의 일부인 원래 개별 형식을 선택할 수 있는 하위 객체 'SU'가 있습니다.
 · 선택한 객체의 선택을 취소하고자 할 때는 취소 'U'

8. 신속 선택(QSELECT)

보통 편집을 할 때 편집 명령(복사, 삭제, 이동, 회전 등)을 실행한 후 {객체 선택:}에서 객체를 선택하는 것이 일반적인 방법입니다. 그러나 객체를 조건(색상이나 형상의 크기 등)을 지정해 객체를 먼저 선택한 후 편집 명령으로 편집할 수 있습니다. '신속 선택(QSELECT)'은 객체를 선택하는 방법 중 선택할 조건을 지정하여 객체를 선택하는 방법입니다.

명령: QSELECT	아이콘:

명령어 'QSELECT'를 입력하거나 '홈' 탭의 '유틸리티' 패널에서 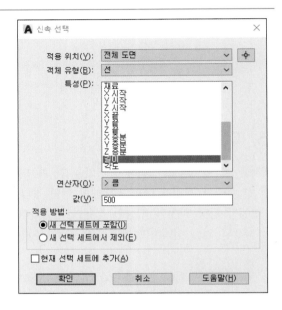을 클릭합니다. 다음의 대화 상자가 나타납니다. 대화 상자에서 선택하고자 하는 조건을 지정합니다.

신속 선택 대화 상자

① 적용 위치(Y): 적용 범위를 도면 전체로 할 것인지, 현재 선택된 객체로 한정할 것인지 선택합니다.
② 객체 유형(B): 객체의 종류(선분, 원, 호, 문자 또는 반경, 길이 등)를 선택합니다. '다중'은 모든 객체의 종류를 지정합니다.
③ 특성(P): 객체의 특성이 나열되고 찾고자 하는 특성을 지정합니다. 선택된 객체에 따라 해당 객체의 특성이 나열됩니다. 여러 종류의 객체가 선택된 경우는 공통된 특성만 나열됩니다.
④ 연산자(O): 특성에 대한 조건식을 지정합니다. 종류와 기능은 다음과 같습니다.
   • = 같음　　　• <> 같지 않음
   • > 보다 큼　　• < 보다 작음
⑤ 값(V): 특성의 종류에 따라 값을 입력하거나 목록 상자에서 선택합니다(예: 특성에서 '색상'을 선택했다면 색상의 종류가 나열되어 선택할 수 있고, 특성에서 '길이'를 선택했다면 길이 값을 입력합니다).
⑥ 적용 방법: 적용 방법으로 새로운 선택 세트에 포함할 것인가, 제외할 것인가를 지정합니다.
⑦ 현재 선택 세트에 추가(A): 신속 선택을 여러 번 사용해 선택 세트에 누적시킬 것인가를 지정합니다.

대화 상자에서 '객체 유형(B)'을 '선', '특성(P)'을 '길이', '연산자(O)'를 '> 큼', '값(Y)'을 '500'으로 지정합니다. [확인] 버튼을 클릭하면 다음과 같이 길이가 '500' 이상인 선만 선택됩니다. 파란색 사각형(맞물림; 그립)으로 표시되는 부분이 선택된 객체입니다.

이렇게 선택된 객체를 이용하여 편집(복사, 이동, 삭제, 회전 등)을 수행합니다.

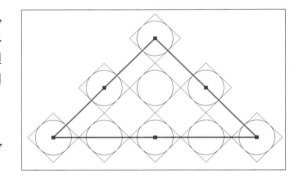

그립(맞물림)이란?

'그립(Grip)'이란 어떠한 명령도 실행하지 않은 시점에서 객체를 선택하면 선택된 객체에 표시되는 작은 사각형이나 삼각형을 말합니다. 즉, {명령:} 상태에서 객체를 선택하면 그립이 나타납니다. 우리말로 '맞물림'으로 표현합니다. 선택된 객체가 그립으로 표시된 후 편집 명령을 실행해 편집을 하거나 마우스로 끌고 가 이동 또는 늘리기를 할 수 있습니다.

9. 유사 선택

하나의 객체를 선택한 후 이 객체와 유사한 객체를 선택합니다. 예를 들어, 원을 선택한 후 다른 모든 원을 선택할 수 있습니다. 색상, 블록 이름 등의 지정된 객체 특성을 기반으로 같은 유형의 유사 객체를 선택합니다.

명령: SELECTSIMILAR	바로가기 메뉴의 '유사 선택(T)'

01 원이 선택된 상태에서 마우스 오른쪽 버튼을 눌러 목록에서 '유사 선택'을 선택합니다. 또는 명령어 'SELECTSIMILAR'를 입력합니다.

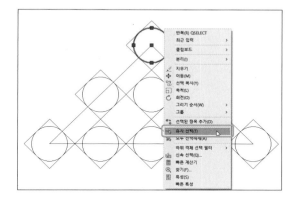

02 {객체 선택 또는 [설정(SE)]:}에서 <Enter> 키 또는 <Space bar>를 눌러 종료합니다. 다음과 같이 선택한 객체와 유사한 객체(원)가 모두 선택됩니다.

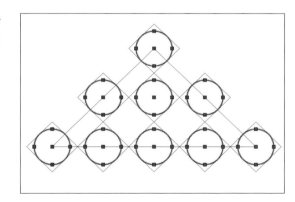

10. 선택한 객체의 숨기기와 분리

객체를 보이거나 숨길 때 도면층(LAYER)의 켜기/끄기(ON/OFF)로 가능합니다. 또 하나의 방법은 객체의 분리 및 숨기기 기능이 있습니다. 먼저 숨기고자 하는 객체를 선택한 후 마우스 오른쪽 버튼을 클릭합니다.

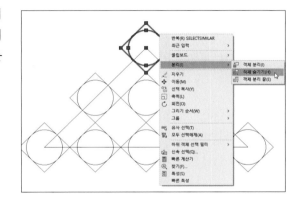

바로가기 메뉴에서 '분리(I)' - '객체 숨기기(H)'를 선택합니다. 다음과 같이 선택한 객체가 사라집니다.

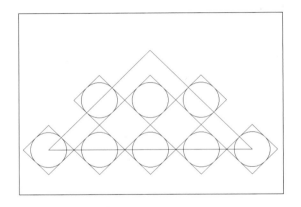

이번에는 객체를 분리해 보겠습니다. 먼저, 분리할 객체를 선택한 후 마우스 오른쪽 버튼을 누릅니다. 바로가기 메뉴에서 '분리(I)' - '객체 분리(I)'를 선택합니다.

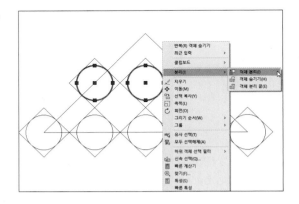

다음과 같이 선택한 객체만 남기고 모두 사라집니다.

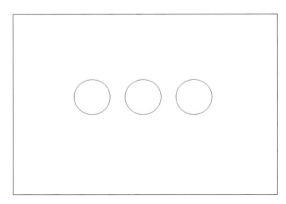

숨겨진 객체를 다시 표시하려면 바로가기 메뉴에서 '분리(I)' - '객체 분리 끝(E)'을 선택합니다. 그러면 숨겨진 객체가 다시 표시됩니다.

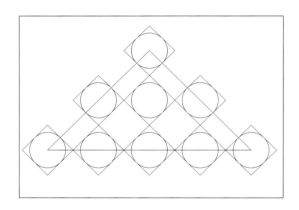

11. 선택 순환(SELECTIONCYCLING)

복잡한 도면에서 중복된 객체를 편집(수정)하기 위해 선택을 해야 하는데 원하지 않은 객체가 선택될 수 있습니다. 특히 객체가 중복되어 작성되었거나 좁은 공간에 많은 객체가 작성되어 있을 경우가 그렇습니다. 중복된 객체를 선택하는데 있어 손쉽게 선택할 수 있도록 '선택 순환(Selection Cycling)' 기능을 제공합니다.

참고<< 선택 순환 아이콘이 보이지 않을 경우

그리기 도구에 선택 순환 아이콘 (🔲)이 표시되지 않았을 경우에는 상태 영역 가장 오른쪽에 있는 사용자화 버튼(▤)을 클릭합니다. 목록에서 '선택 순환'을 체크합니다.

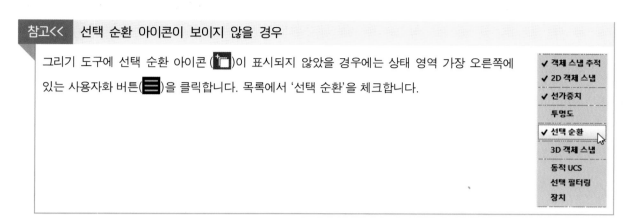

---

01. 선택 순환 알아보기

실습을 통해 선택 순환에 대해 알아봅니다.

01 도면을 중복되게 작성하거나 작성된 도면을 펼칩니다.

02 그리기 도구의 '선택 순환 🔲' 버튼을 클릭하여 선택 순환 기능을 켭니다(ON).

03 선이 중복되어 있거나 가까이 붙어있는 객체에 마우스 커서를 가져가서 클릭합니다. 선택 순환 대화 상자가 나타납니다. 마우스를 움직이면 해당 객체가 하이라이트됩니다. 이때 선택하고자 하는 객체를 선택합니다.

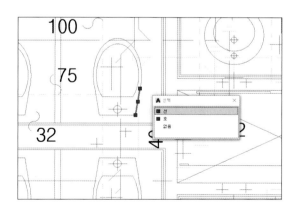

이처럼 선택 순환은 여러 개의 객체가 있는 도면에서 선택을 용이하게 하기 위해 특성(객체 유형, 색상)을 표시하고 마우스로 선택할 수 있게 하는 기능입니다.

02. 선택 순환 설정

그리기 도구의 '선택 순환 '에 마우스를 대고 오른쪽 버튼을 누릅니다. 메뉴에서 '선택 순환 설정…'을 클릭합니다.

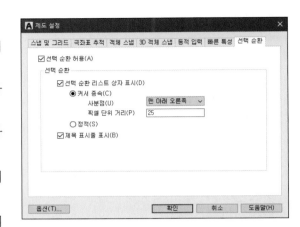

다음과 같은 대화 상자가 나타납니다.

① 선택 순환 허용(A): 선택 순환 기능의 허용 여부를 지정합니다.

② 선택 순환 리스트 상자 표시(D): 선택 순환 리스트(목록) 상자를 표시를 제어합니다.

· 커서 종속(C): 커서를 기준으로 목록(리스트) 상자를 이동합니다.

· 사분점(U): 목록 상자를 배치할 커서 사분점을 지정합니다.

· 픽셀 단위 거리(P): 커서와 목록 상자 사이의 거리를 지정합니다.

· 정적(S): 목록 상자는 커서와 함께 이동하지 않으며 일정한 위치에 고정됩니다. 목록 상자 위치를 변경하려면 상자를 클릭하여 드래그합니다.

③ 제목 표시줄 표시(B): 제목 표시줄의 표시 여부를 제어합니다.

참고<< 선택 순환을 사용하지 않고 객체를 순환하여 선택하기

중복된 객체군에서 원하는 객체를 선택하고자 할 때, 선택 순환 기능을 이용하지 않고 객체를 선택하려면 다음과 같은 방법으로 선택합니다.

① {객체 선택:}에서 커서를 선택하고자 하는 객체 근처로 가져간 후 <Shift> 키 또는 <Space bar>를 누른 채 클릭합니다.

② 한 번 클릭할 때마다 커서 근처의 객체가 차례로 하이라이트(점선)됩니다.

③ 원하는 객체가 하이라이트되면 <Enter> 키를 눌러 객체를 선택합니다.

---

6 파일 관리

대부분의 프로그램은 데이터를 저장하고 관리하는 파일을 이용하고 있습니다. AutoCAD도 '*.DWG'라는 파일 형식으로 관리하고 있습니다. 새로운 도면을 시작하고 저장하며 파일을 열고 닫는 조작에 대해 알아 보겠습니다.

1. 새 도면(NEW)

도면 작성을 시작하는 방법은 빈 공간에서 객체를 그려나가는 방법과 특정 양식(템플릿)이 작성된 상태에 서 시작하는 방법이 있습니다.

01. 새로운 도면 – 템플릿 파일을 선택해서 시작

01 초기 화면에서 '시작하기'의 '그리기 시작' 아래쪽에 있는 '템플릿' 옆의 드롭 다운 목록 (역삼각형▼)을 펼칩니다. 다음과 같은 템플릿 파일 목록이 나타납니다.

> **참고<<** 템플릿 파일이란?
>
> 템플릿(Template)의 사전적 의미는 '형틀, 형판'입니다. AutoCAD의 템플릿도 이와 같은 개념으로 도면의 작성 환경(각종 설정값)이 담겨있는 표준 도면입니다. 즉, 도면 작성을 위한 도면층, 선 종류, 글꼴, 블록을 비롯하여 기본 표제란과 같이 사용자가 도면 작성에 필요한 기본 환경 및 양식이 저장되어 있는 표준 도면입니다.
>
> 파일 형식은 '*.dwt'입니다. 이 템플릿 파일은 AutoCAD에서 기본적으로 제공하는 템플릿 파일이 있으며 사용자가 필요에 의해 자신의 작업 환경에 맞는 환경을 설정하여 템플릿 파일 형식으로 만들 수도 있습니다.
>
> 도면을 시작해서 도면의 크기와 단위를 설정하고 도면층이나 그리기 도구에서 설정할 작업을 미리 설정하여 표제 란과 같이 항상 사용하는 양식을 미리 작도해서 템플릿 파일로 만들어 저장하여 사용하면 환경 설정 작업을 생략 할 수 있어 효율적이라 할 수 있습니다.

02 목록에서 'acadiso.dwt'를 선택한 후 클릭합니다. 새로운 도면 작업을 위한 화면이 펼쳐집니다.

02. 새로운 도면

도면 작업 영역에서 '새로 만들기' 또는 '빠른 새 도면'을 통해 템플릿 파일을 선택하여 시작하는 방법입니다.

 처음 시작하는 사용자라면 템플릿 파일 'acadiso.dwt'를 선택하여 시작합니다. 이 템플릿 파일은 미터법 단위와 A3 용지(420, 297)의 도면 범위가 설정되어 있습니다.

명령: NEW(단축키: Ctrl + N)　　　　　아이콘:

다음과 같이 템플릿 파일을 선택할 수 있는 대화 상자가 표시됩니다.

사용하고자 하는 템플릿 파일을 선택하여 시작합니다.

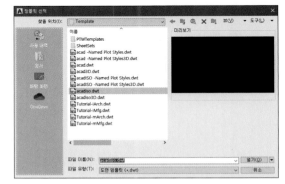

[템플릿 파일 선택 대화 상자]

03. 새로운 도면 – 마법사를 이용하여 시작

설정 마법사를 통해 새로운 도면을 시작합니다. 시스템 변수 'STARTUP'의 값이 '1'인 경우 마법사 대화 상자가 나타납니다.

01 시스템 변수 'STARTUP'을 입력합니다.
{STARTUP에 대한 새 값 입력 <3>:}에서 '1'을 입력합니다.

> **참고<<** **시스템 변수 'STARTUP'**
>
> 시스템 변수 'STARTUP'은 다음과 같은 값으로 구성됩니다.
> 0: 별도로 정의된 설정이 없이 시작합니다.
> 1: 시작하기 또는 새 도면 작성 대화 상자를 표시합니다.
> 2: 새로운 탭이 표시됩니다. 응용 프로그램에서 사용 가능한 경우 사용자 대화 상자를 표시합니다.
> 3: 새 도면을 열거나 작성하면 새 탭이 표시되고 리본이 미리 로드됩니다.

02 다음과 같은 대화 상자가 나타납니다.

① 처음부터 시작: '미터법(M)'을 클릭한 후 [확인]을 클릭하면 미터법 외에는 아무런 설정없이 시작합니다.

② 템플릿 사용: 템플릿을 선택하여 시작합니다.

③ 마법사 사용: 마법사를 이용하여 설정합니다.

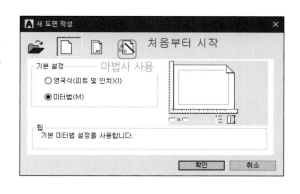

03 '마법사 사용'을 클릭합니다. 다음과 같은 화면이 나타납니다. '마법사 선택' 목록에서 '신속 설정'을 선택합니다.

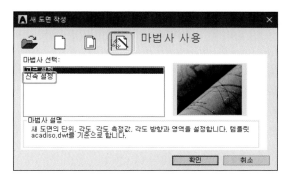

04 단위를 설정합니다. '10진수(D)'를 클릭한 후 [다음(N)] >]을 클릭합니다.

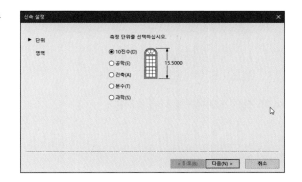

05 용지의 크기를 설정합니다. 용지의 가로, 세로 크기를 입력한 후 [마침]을 클릭하면 새로운 도면이 펼쳐집니다.

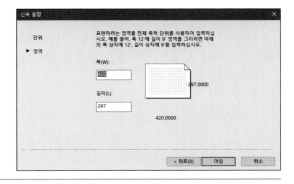

Tip AutoCAD 2021에서는 시스템 변수 'STARTUP' 기본값은 '3'으로 설정되어 있습니다. 이 책에서는 작업의 일관성을 위해 '3'으로 설정한 후 작업하도록 하겠습니다.

2. 열기(OPEN)

도면을 처음부터 끝까지 한 번의 작업으로 끝나는 경우는 많지 않습니다. 이미 작성된 도면을 열어서 작업을 진행합니다. 단일 도면만 열 수도 있고, 여러 장의 도면을 동시에 열 수 있으며 필요에 따라서는 도면의 일부만을 열 수도 있습니다.

01. 단일 도면 열기

한 장의 도면만을 엽니다. 명령을 실행하면 '파일 선택' 대화 상자가 나타납니다.

명령: OPEN(단축키: Ctrl + O)　　　아이콘:

열고자 하는 도면 파일을 선택하면 '미리보기' 창에 도면의 이미지가 표시됩니다.

열고자 하는 파일을 선택한 후 [열기(O)]를 클릭합니다.

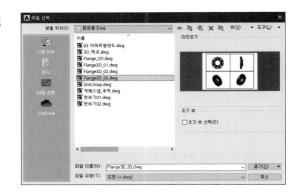

02. 여러 도면 열기

여러 장의 도면을 동시에 엽니다.

명령: OPEN(단축키: Ctrl + O)　　　아이콘:

01　대화 상자에서 키보드의 <Ctrl> 키를 누르면서 파일 목록에 있는 파일 목록에서 열고자 하는 파일을 선택합니다. 선택된 파일이 반전되어 표시됩니다. 여기에서는 4개의 파일을 선택했습니다. 선택이 끝나면 [열기(O)]를 클릭합니다.

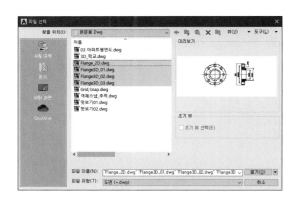

02 다음과 같이 선택한 여러 개의 파일이 동시에 열리며 작도 영역 상단에 각 파일이 탭 형식으로 표시됩니다.

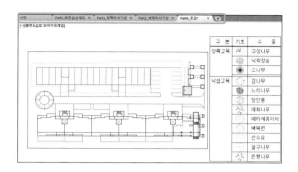

 선택한 파일을 취소하고자 할 경우는 <Ctrl> 키를 누른 채로 선택된 파일을 다시 한 번 선택합니다. 취소된 파일은 선택 표시인 반전 표시가 사라집니다.

03. 도면의 일부분 열기

도면의 일부만을 엽니다. 작업할 뷰 또는 원하는 도면층(레이어)을 선택하여 도면을 엽니다. 샘플 도면을 이용하여 다음과 같이 실행합니다.

 명령: OPEN(단축키:Ctrl + O)   아이콘:

01 대화 상자에서 열고자 하는 파일을 선택한 후 [열기(O)]의 역삼각형(▼) 아이콘을 눌러 목록 중에서 [부분적 열기(P)]를 클릭합니다.

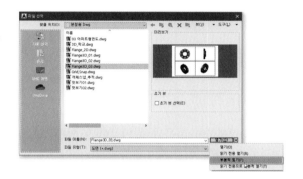

02 다음과 같이 [부분적 열기] 대화 상자가 표시됩니다. '로드할 뷰 형상' 및 '로드할 도면층 형상' 목록에서 열고자 하는 뷰 및 도면층을 체크합니다. 열고자 하는 도면층에 체크하고 [열기(O)]를 누릅니다.

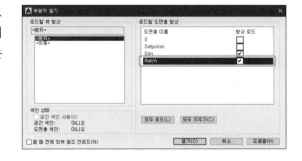

참고<< **도면층이란?**

도면층은 하나의 트레이싱 페이퍼와 유사한 개념으로 도면을 작성할 층을 만드는 것입니다. 필요에 의해 켜고 끌 수 있으며, 잠그고 풀 수도 있고, 각 도면층별로 색상이나 선 종류를 설정할 수 있습니다. 자세한 내용은 뒤에 나오는 '객체 특성'을 참조합니다.

03 다음과 같이 선택한 도면층만 열립니다.

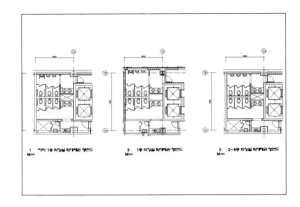

3. 도면의 저장(SAVE)과 닫기(CLOSE)

새롭게 작성한 객체나 수정된 객체의 집합인 도면을 데이터 파일로 저장하는 것은 당연한 작업입니다. 이번에는 저장 방법과 닫기에 대해 알아보겠습니다.

01. 다른 이름으로 저장(SAVEAS)과 저장(SAVE, QSAVE)

새로운 도면에 이름을 부여하여 저장하거나 현재 열려 있는 파일의 이름을 변경하여 다른 이름으로 저장합니다.

> 명령: SAVEAS, SAVE 또는 QSAVE(단축키: Ctrl + Shift +S, Ctrl+S)   아이콘: 📝🖫

명령을 실행하면 다음과 같이 '다른 이름으로 도면 저장' 대화 상자가 표시됩니다. 저장하고자 하는 폴더를 지정하고 '파일 이름(N)' 항목에 파일 이름을 입력한 후 [저장(S)]을 클릭하면 지정한 파일명으로 저장됩니다.

참고<< **다른 이름으로 저장(A) 📝과 저장(S) 🖫의 차이**

기본적으로 새로운 도면을 처음 저장할 때는 '다른 이름으로 저장(A)'과 '저장(S)'의 차이가 없습니다. 두 명령 모두 '다른 이름으로 도면 저장' 대화 상자가 나타나 파일명을 지정하여 파일에 저장할 수 있습니다.
차이는 이미 한 번 저장한 도면을 다시 저장하려고 할 때 차이가 있습니다.

① 다른 이름으로 저장(A) 📝: 기존 도면 이름과는 다른 이름으로 도면을 저장하는 것입니다. 따라서, 명령을 실행할 때마다 '다른 이름으로 도면 저장' 대화 상자를 표시하여 파일명을 입력하도록 합니다.
② 저장(S) 🖫: 기존 도면 이름을 가지고 있기 때문에 명령을 실행하면 별도의 대화 상자를 표시하지 않고 현재의 파일명으로 저장됩니다.

02. 저장(QSAVE)

현재 열려 있는 파일과 동일한 이름으로 저장하고자 할 경우는 저장 명령을 사용합니다.

명령: QSAVE(단축키: Ctrl + S)   아이콘: ⊔

명령을 실행하면 현재 지정된 폴더에서 지정된 파일명으로 저장됩니다. 그러나 도면 이름(파일명)이 없는 새로운 도면의 경우는 앞에서 설명한 '다른 이름으로 도면 저장'과 같은 대화 상자가 표시되어 파일명을 지정할 수 있도록 합니다.

03. 닫기(CLOSE)

현재 도면을 닫습니다. 마지막으로 저장한 도면이 수정된 경우에는 변경 사항을 저장하거나 무시할지를 묻는 대화 상자가 표시됩니다.

명령어 'CLOSE'를 입력하거나 도면창 제어 버튼 중 닫기 버튼(❎) 또는 도면 탭의 'X'를 누르면 해당 도면이 닫힙니다.

현재 열린 도면이 변경되지 않은 경우는 그대로 종료되지만 수정 작업이 이루어져 변경된 경우는 다음과 같이 저장 여부를 묻는 대화 상자를 표시합니다. 이때 저장하고자 하면 [예(Y)]를, 저장하지 않고 닫으려면 [아니오(N)]를 클릭합니다.

 여러 장의 도면을 한 번에 모두 닫고자 할 경우

명령: CLOSEALL   메뉴: [윈도우(W)] – [전체 닫기(L)]

AutoCAD를 실행한 후 여러 개 창을 열어서 작업을 할 경우가 있습니다. 예를 들어 1층과 2층, 3층의 도면을 한 번에 열어 작업을 할 수도 있습니다. 이때 열려 있는 모든 창을 한 번에 닫으려면 '모두 닫기(CLOSEALL)' 명령을 사용합니다.

수정된 도면이 있으면 파일을 닫기 전에 각각의 도면에 대해서 도면의 변경된 내용을 저장할 것인가를 묻는 대화 상자가 표시됩니다. 이때, 저장 여부를 판단하여 지정합니다.

AutoCAD 도면의 기본 파일 형식은 'DWG'입니다. 'DWG' 외에 다른 CAD 파일 형식이나 소프트웨어에서 교환하기 위한 기능을 제공하고 있습니다. 또, AutoCAD 하위 버전에서 열 수 있도록 하기 위한 형식을 제공합니다. AutoCAD에서 사용 가능한 파일 형식과 다른 형식의 파일을 가져오고 내보내는 방법에 대해 알아보겠습니다.

1. 저장 가능한 파일 형식

[다른 이름으로 저장] 대화 상자에는 다음과 같이 '파일 유형(T)'을 지정하는 항목이 있습니다. '파일 유형(T)'의 목록을 클릭합니다. 다음과 같이 저장할 수 있는 파일 포맷 및 AutoCAD 버전 종류가 표시됩니다. 이때 저장하고자 하는 항목을 선택합니다.

'*.DWG' 외에 AutoCAD에서 제공하는 형식으로 템플릿 파일의 '*.DWT'와 다른 CAD 프로그램에서 읽을 수 있는 도면 정보를 포함하는 텍스트 또는 이진 파일인 'DXF(Drawing Interchange Format)'이 있습니다. 파일 저장에는 세 가지 형식과 함께 각 버전별 저장 기능이 있습니다. AutoCAD가 버전이 바뀌면서 내부적으로 데이터 저장 구조가 약간씩 바뀝니다. 기본적으로 세 버전마다 한 번씩 데이터 포맷이 바뀌었는데 2013 버전(2013~2017)은 다섯 버전과 호환됩니다.

AutoCAD 2021 파일은 AutoCAD 2018 버전의 파일과 동일합니다. 따라서, 최신 버전의 파일 형식은 AutoCAD 2018입니다. 상위 버전의 파일을 하위 버전에서 사용하려면 버전에 맞춰 저장해야 합니다. AutoCAD 2021 형식의 도면을 AutoCAD 2015에서 사용하려면 AutoCAD 2013 버전으로 저장해야 합니다. AutoCAD 2012는 AutoCAD 2010, 2011과 호환됩니다. 따라서 AutoCAD 2012에서 사용하려면 파일 형식은 'AutoCAD 2010 도면(*.dwg)'으로 저장해야 합니다. AutoCAD 2009에서 사용하려면 AutoCAD 2007 형식으로 저장해야 합니다.

AutoCAD 2021에서 지정할 수 있는 파일 형식에는 다음과 같습니다.
· AutoCAD 2018 도면(*.dwg): AutoCAD 2018 파일 형식입니다.
· AutoCAD 2013 도면(*.dwg): AutoCAD 2013 파일 형식입니다. 2013, 2014, 2015, 2016, 2017은 동일한 파일 형식입니다.
· AutoCAD 2010 도면(*.dwg): AutoCAD 2010, 2011, 2012는 동일한 파일 형식입니다.
· AutoCAD 2007 도면(*.dwg): AutoCAD 2007, 2008, 2009는 동일한 파일 형식입니다. 따라서,

AutoCAD 2009 도면도 2007 도면으로 저장됩니다.

· AutoCAD 2004/LT 2004 도면(*.dwg): AutoCAD 2004, 2005, 2006 버전 형식입니다.

· AutoCAD 도면 표준(*.dws)

· AutoCAD 도면 템플릿(*.dwt)

이외에도 CAD 형식이 아닌 다른 소프트웨어와 호환을 위한 파일 형식을 제공하고 있습니다. 다른 파일 형식에 대해서는 '내보내기(EXPORT)'을 참조합니다.

2. 도면의 내보내기와 가져오기

AutoCAD에서 작업한 도면은 반드시 AutoCAD에서만 사용하는 것은 아닙니다. 다른 소프트웨어에서 참조하거나 활용할 수도 있습니다. 즉, 다른 소프트웨어에서 작성한 도면이나 이미지를 AutoCAD에서 활용하는 경우도 있습니다. 예를 들어, AutoCAD 이외의 다른 CAD, 포토샵(PhotoShop)과 같은 그래픽 소프트웨어나 3D MAX와 같은 동영상 편집 소프트웨어에서 AutoCAD의 도면을 사용하고자 할 경우입니다. 반대의 경우도 있습니다. 이번에는 이때 유용하게 활용할 수 있는 내보내기와 가져오기에 대해 알아보겠습니다.

(1) 내보내기(EXPORT)

AutoCAD의 기본 파일 포맷(*.DWG) 이외의 파일 포맷으로 저장하는 명령이 '내보내기(EXPORT) 🔳'입니다.

명령: EXPORT(단축키: EXP)	아이콘: 🔳

내보내기 가능한 파일 형식은 다음과 같습니다.

· 3D DWF(*.DWF 또는 DWFx): 3차원으로 작성한 객체를 웹 포맷인 DWF(Drawing Web Format) 형식으로 내보냅니다. 3D DWF 파일을 받은 사람은 'Autodesk DWF Viewer'를 사용하여 3D DWF 파일을 보거나 인쇄할 수 있습니다. 2차원 객체의 경우는 '저장(QSAVE)' 또는 '다른 이름으로 저장'에서 형식을 제공하지만 3차원 객체는 내보내기를 통해서 DWF 형식으로 내보내기를 해야 합니다.

· DWFx(*.DWFx): DWF보다 발전된 형식으로 Microsoft의 XML 용지 사양(XPS) 형식을 기반으로 하며, Windows Vista 및 Windows Internet Explorer 7에 통합된 XPS 뷰어를 사용하여 볼 수 있는 형식입니다.

· 메타 파일(*.WMF): 윈도우 메타 파일(Windows Meta File)로 저장합니다. 주로 한글이나 오피스군(Excel, Word, Powerpoint 등)에서 그림으로 삽입할 때 유용합니다.

· 마이크로스테이션 DGN(*.DGN): MicrosTstion 파일 형식인 DGN(V8, V7) 파일로 내보냅니다.

· 3D 교환 포맷 IGES(*.IGES, *.IGS): 3차원 데이터 교환 포맷 *.IGES 또는*.IGS 파일로 내보냅니다.

· ACIS(*.SAT): ACIS Solid Object File 형식으로 저장합니다. 솔리드웍스나 Pro-e 등의 소프트웨어에서 작업을 위한 형식입니다.

· 리쏘그라피(*.Stl): Solid Object Stereo Lithography File 형식으로 저장합니다.

· 캡슐화된 PS(*.eps): 캡슐화된 포스트스크립트 파일(Encapsulate Postscript File) 형식으로 저장합니다. 그래픽 이미지 편집기인 포토샵, 일러스트레이터, 코렐 드로우 등에서 불러들여 사용할 수 있는 형식입니다.

· DXX추출(*.dxx): 속성 추출 DXF 파일(Attribute Extract DXF File) 형식으로 저장합니다. 3D MAX, DXF를 지원하는 소프트웨어에서 렌더링이나 입체감을 살릴 때 사용합니다.

- 비트맵(*.bmp): 장치 독립 비트맵 파일(Device Independent Bitmap File) 형식으로 저장합니다. 주로 인터넷에 이미지를 게시할 때 많이 사용합니다.
- 블록(*.dwg): AutoCAD의 파일 형식입니다. 도면 중 일부를 블록화하기 위한 형식입니다.

이 밖에도 파일 형식을 저장하는 개별 명령이 있습니다.

- BMPOUT: 선택된 객체를 장치 독립 비트맵 파일 형식(*.bmp)으로 저장합니다.
- JPGOUT: 선택된 객체를 압축된 파일 형식인 JPEG 형식(*.jpg)으로 저장합니다. 압축된 파일은 디스크 공간은 절약되지만 화질이 떨어지거나 읽어 들이지 못하는 소프트웨어가 있을 수 있습니다.
- PNGOUT: 선택된 객체를 PNG(Portable Network Graphics)(*.png) 형식으로 저장합니다.
- TIFOUT: 선택된 객체를 TIFF 형식(*.tif)으로 저장합니다.

기타 '3DSIN', 'ACISIN','DGNIMPORT', 'FBXIMPORT', 'IGESIMPORT', 'WMFIN' 등 다양한 파일을 가져올 수 있는 명령을 제공하고 있습니다.

(2) 가져오기(IMPORT)
이번에는 다른 소프트웨어의 파일을 AutoCAD에서 불러오는 방법입니다. AutoCAD의 기본 파일 포맷(*.DWG) 이외의 파일 포맷을 불러오는 명령이 '가져오기(IMPORT)'입니다.

명령: IMPORT(단축키: IMP)	메뉴: [파일(F)]-[가져오기(R)]

가져오기 파일은 다음과 같은 형식을 지원합니다.
- 3D Studio(*.3ds)
- ACIS(*.sat)
- CATIA V4 및 V5(*.model, *.session, *.exp, *.div3, *.CATpart, *.CATProduct)
- FBX(*.fbx)
- IGES(*.iges, *.igs)
- Inventor(*.ipt, *.iam)
- JT(*.jt)
- 메타파일(*.wmf)
- MicrosTstion DGN(*.dgn)
- NX(*.prt)
- Parasolid 이진 및 문자(*.x_b, *.x_t)
- Pro/ENGINEER(*.prt*, *.asm*, *.g, *.neu*)
- Rhino(*.3dm)
- SolidWorks(*.prt, *.sldprt, *.asm, *.sldsam)
- STEP(*.ste, *.stp, *.step)

Part 02

객체의 작성과 수정

이번 파트부터 본격적으로 도형을 작성하고 수정하는 방법에 대해 알아보겠습니다. 이 파트를 마치면 2차원 도면을 작성할 수 있습니다.

Chapter 03 도형의 작성

도면 작업은 도형을 작성하고 수정하는 작업의 연속입니다. 도형을 작성하기 위해 다양한 기능을 제공하고 있습니다. 이번에는 도형의 작성 기능에 대해 학습하겠습니다.

1 다양한 종류의 선

많은 도형은 선으로 이루어집니다. 앞에서 학습한 선(LINE)을 비롯하여 폴리선, 다각형, 구성선, 다중 선 등 다양한 선 작성 기능이 있습니다. 다양한 선 작성 기능에 대해 알아보겠습니다.

1. 직사각형(RECTANG)

두 점을 지정하여 직사각형을 작도합니다. 선의 형태는 폴리선입니다.

명령: RECTANG(단축키: REC)   메뉴 아이콘: ⬜

{첫 번째 구석점 지정 또는 [모따기(C)/고도(E)/모깎기(F)/
두께(T)/폭(W)]:}에서 시작점을 지정
{다른 구석점 지정 또는 [영역(A)/치수(D)/회전(R)]:}에서
반대편 꼭짓점을 지정

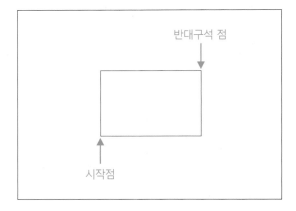

반대구석 점

시작점

옵션 설명

{첫 번째 구석점 지정 또는 [모따기(C)/고도(E)/모깎기(F)/두께(T)/폭(W)]:}

① 모따기(C): 각 모서리가 모따기된 직사각형을 작도합니다.
② 고도(E): 바닥에서의 높이를 나타내는 고도를 지정하여 사각형을 작도합니다.
③ 모깎기(F): 각 모서리가 모깎기(라운딩)된 직사각형을 작도합니다.
④ 두께(T): 3차원의 값인 두께(Z축 방향)를 입력하여 작도합니다.
⑤ 폭(W): 선의 너비를 지정하여 작도합니다.

2. 폴리선(PLINE, 3DPOLY)과 폴리선 편집(PEDIT)

폴리선은 단일 객체로 만들어진 연결된 선과 호입니다. 직선과 호를 조합할 수도 있고 선의 폭을 지정할 수도 있습니다. 폴리선은 여러 객체가 결합되어 하나의 객체로 인식되기 때문에 선이나 호를 하나씩 조작하기 위해서는 '분해(EXPLODE) 🔲' 명령을 이용하여 분해해야 합니다. 분해를 하게 되면 폴리선이 가지고 있는 특성(예: 폭)이 사라집니다.

01. 폴리선(PLINE)

폴리선을 작도합니다.

명령: PLINE(단축키:PL)	아이콘 버튼: ⌐⌐

다음의 폴리선을 작도합니다.

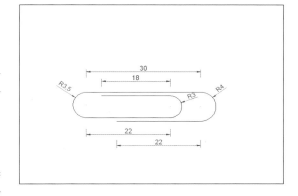

{시작점 지정:}에서 시작점을 지정합니다.
{현재의 선 폭은 0.00임 다음점 지정 또는 [호(A)/반복(H)/길이(L)/명령 취소(U)/폭(W)]:}에서 0도 방향으로 맞추고 '22'를 입력합니다.
{다음점 지정 또는 [호(A)/닫기(C)/반폭(H)/길이(L)/명령 취소(U)/폭(W)]:}에서 'A' 옵션을 입력합니다.
{호의 끝점 지정 또는 [각도(A)/중심(CE)/닫기(CL)/방향(D)/반폭(H)/선(L)/반지름(R)/두 번째 점(S)/명령 취소(U)/폭(W)]:}에서 90도 방향을 맞추고 '4'를 입력합니다.
{호의 끝점 지정 또는 각도(A)/중심(CE)/닫기(CL)/방향(D)/반폭(H)/선(L)/반지름(R)/두 번째 점(S)/명령 취소(U)/폭(W)]:}에서 'L'을 입력합니다.
{다음점 지정 또는 [호(A)/닫기(C)/반폭(H)/길이(L)/명령 취소(U)/폭(W)]:}에서 180도 방향을 맞추고 '30'을 입력합니다.
이와 같은 방법으로 차례로 좌표를 지정하여 작도합니다.

폴리선은 다음과 같이 두께를 가질 수 있으며 시작점의 두께와 끝점의 두께가 다른 테이퍼를 작도할 수 있습니다. 호와 선이 연결된 하나의 객체를 작성할 수 있습니다. 또, 폴리선 편집 기능을 이용하여 스플라인 곡선이나 맞춤 곡선을 작성할 수 있습니다.

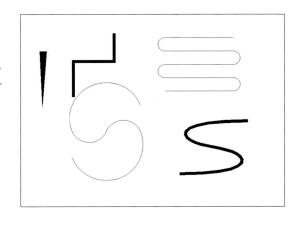

폴리선 옵션은 하나의 옵션 아래에 또 하나의 옵션(하위 옵션)이 있습니다. 따라서, 각 옵션별로 구분하여 설명합니다.

1. 선을 작도할 때 옵션

{다음점 지정 또는 [호(A)/닫기(C)/반폭(H)/길이(L)/명령 취소(U)/폭(W)]:}

① 호(A): 호를 작도할 수 있는 모드로 전환하며, 호와 관련된 옵션 항목을 표시합니다.

② 닫기(C): 현 위치로부터 폴리선의 시작점에 이르는 선분을 작도하여 닫힌 다각형을 형성합니다.

③ 반폭(H): 폭을 지정하는 것은 '폭(W)'과 같으나 중심으로부터 가장자리에 이르는 반쪽 폭을 지정합니다. 이 옵션을 선택하면 다음과 같은 메시지가 표시됩니다.

> {시작 반-폭 지정 <현재값>:}
>
> {끝 반-폭 지정 <현재값>:}

④ 길이(L): 이 옵션을 선택한 후 길이를 지정하면 이전의 선분의 각도와 같은 방향으로 입력한 길이만큼 선분을 작도합니다. 이전 객체가 호인 경우 그 호에 접한 선을 작도합니다.

⑤ 취소(U): 가장 최근에 추가된 객체를 취소합니다. 한 점만 남을 때까지 계속해서 취소할 수 있습니다. 마지막으로 남은 객체가 호인 경우 호 모드로 전환합니다.

⑥ 폭(W): 폴리선의 넓이 값을 제어합니다. 값이 0이면 디스플레이 배율과 관계없이 볼 수 있는 최소한의 폭이 됩니다. 0보다 큰 값을 갖는 경우 시스템 변수 'FILLMODE'에 의해 속 채움을 켜고 끕니다.

2. 호를 작도할 때

{호의 끝점 지정 또는 [각도(A)/중심(CE)/닫기(CL)/방향(D)/반폭(H)/선(L)/반지름(R)/두 번째 점(S)/명령 취소(U)/폭(W)]:}

① 각도(A): 호를 작도하기 위한 내부 각을 지정합니다. 기본적으로 양수를 입력하면 반시계 방향으로 작도되며, 음수를 입력하면 시계 방향으로 작도됩니다.

② 중심(CE): 호의 중심점을 지정합니다. 선택 시 '닫기(CL)'와 구분하기 위하여 'CE' 두 개의 문자를 입력하므로 유의해야 합니다.

③ 닫기(CL): 선분 모드의 '닫기(C)' 옵션과 비슷하지만 직선 대신 호로 닫히게 됩니다. 선택 시 '중심(CE)'와 구분하기 위해 'CL' 두 개의 문자를 입력하므로 유의해야 합니다.

④ 방향(D): 호의 분명한 시작 방향을 명시하여 호를 작도합니다.

> {호의 시작점에 대해 접선 방향을 지정:} (호가 작도될 방향을 입력합니다.)
>
> {호의 끝점 지정:} (호가 작도될 끝점을 입력합니다.)

⑤ 선(L): 선을 작도하기 위한 모드로 전환합니다.

⑥ 반지름(R): 호의 반경을 지정할 수 있게 합니다.

> {호의 반지름 지정:} (호의 반경)
>
> {호의 끝점 지정 또는 [각도(A)]:} (원의 내부 각 또는 끝점 지시)

⑦ 두 번째 점(S): 세 점을 지나는 호를 그릴 수 있도록 합니다.

> {호 위의 두 번째 점 지정:} (두 번째 점)
>
> {호의 끝점 지정:} (세 번째 점)

폴리선 성격을 지닌 객체를 작성하는 명령은 이번에 학습한 '폴리선(PLINE)' 외에 '직사각형(RECTANG)', '다각형(POLYGON)', '도넛(DONUT)', '영역(BOUNDARY)', '경계 작성(BPOLY)' 명령이 있습니다. 이 명령으로 작성된 객체는 최적화된 폴리선인 'LWPOLYLINE'이라는 객체 유형을 갖습니다.

02. 3D폴리선(3DPOLY)

3차원 폴리선을 작도합니다. 폴리선(PLINE)은 Z좌표를 입력할 수 없습니다. 3D 폴리선은 Z값을 필요로 하는 3차원 폴리선을 작도합니다.

명령: 3DPOLY	아이콘:

01 명령어 '3DPOLY'를 입력하거나 '홈' 탭의 '그리기' 패널 또는 '그리기' 도구 막대에서 █을 클릭합니다.
{폴리선의 시작점 지정:}에서 폴리선의 시작점을 지정합니다.
{선의 끝점 지정 또는 [명령 취소(U)]:}에서 두 번째 점을 지정합니다.
{선의 끝점 지정 또는 [명령 취소(U)]:}에서 '@0,0,500'을 입력합니다.
{선의 끝점 지정 또는 [닫기(C)/명령 취소(U)]:}에서 임의의 한 점을 지정합니다.

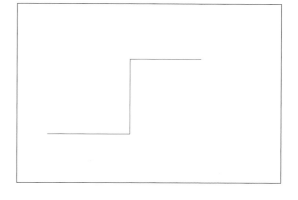

{선의 끝점 지정 또는 [닫기(C)/명령 취소(U)]:}에서 임의의 한 점을 지정합니다.
선의 끝점 지정 또[닫기(C)/명령 취소(U)]:에서 <Enter> 키 또는 <Space bar>를 눌러 종료합니다.

02 3차원 폴리선인지 확인하기 위해 뷰를 바꿔 보겠습니다. 화면 상단에 있는 뷰큐브의 꼭짓점을 클릭합니다.

다음과 같이 시점을 바꿔보면 3차원의 폴리선이 작도된 것을 확인할 수 있습니다.

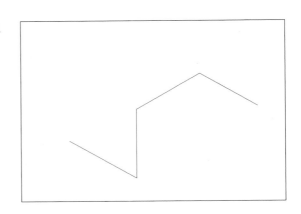

03. 폴리선 편집(PEDIT)

폴리선의 특성을 변경하거나 직선을 곡선화하거나 반대로 곡선을 직선으로 변환합니다. 또, 선이나 호 객체를 폴리선으로 변환하기도 합니다.

명령: PEDIT(단축키: PE)　　　　　아이콘: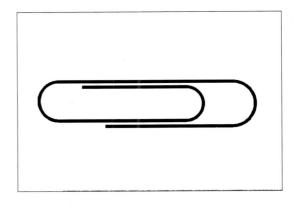

앞에서 작도한 클립 객체를 편집합니다.
폴리선 편집(PEDIT) 명령을 실행합니다. 명령어 'PEDIT' 또는 'PE'를 입력하거나 '홈' 탭의 '수정' 패널 또는 '수정II' 도구 막대에서 █을 클릭합니다.
{폴리선 선택 또는 [다중(M)]:}에서 클립을 선택합니다.
{옵션 입력 [닫기(C)/결합(J)/폭(W)/정점 편집(E)/맞춤(F)/스플라인(S)/비곡선화(D)/선종류생성(L)/반전(R)/명령 취소(U)]:}에서 'W'를 입력합니다.
{전체 세그먼트에 대한 새 폭 지정:}에서 폭 '0.5'를 입력합니다.
다음과 같이 선의 폭이 수정됩니다.

{옵션 입력 [닫기(C)/결합(J)/폭(W)/정점 편집(E)/맞춤(F)/스플라인(S)/비곡선화(D)/선종류생성(L)/반전(R)/명령 취소(U)]:}에서 'S'를 입력합니다. 폴리선이 스플라인으로 바뀝니다.

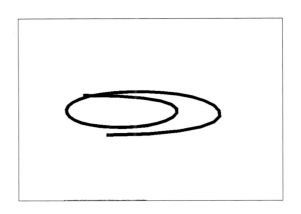

{옵션 입력 [닫기(C)/결합(J)/폭(W)/정점 편집(E)/맞춤(F)/스플라인(S)/비곡선화(D)/선종류생성(L)/반전(R)/명령 취소(U)]:}에서 'D'를 입력합니다. 다음과 같이 직선으로 바뀝니다.

{옵션 입력 [닫기(C)/결합(J)/폭(W)/정점 편집(E)/맞춤(F)/스플라인(S)/비곡선화(D)/선종류생성(L)/반전(R)/명령 취소(U)]:}에서 <Enter> 키 또는 <Space bar>를 눌러 폴리선 편집을 종료합니다.

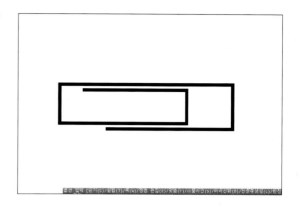

옵션 설명

폴리선 편집(PEDIT)명령에는 많은 옵션이 있습니다. 하나의 옵션을 선택하면 그 옵션에 해당하는 하위 옵션이 있습니다.

1.폴리선 편집 옵션(PEDIT)

{옵션 입력 [닫기(C)/결합(J)/폭(W)/정점 편집(E)/맞춤(F)/스플라인(S)/비곡선화(D)/선종류생성(L)/반전(R)/명령 취소(U)]:}

① 닫기(C): 열린 폴리선을 닫아 폐쇄 공간을 만듭니다.
② 결합(J): 폴리선, 선분, 호 등을 하나의 폴리선으로 연결합니다. 단, 열려 있는 객체만 가능합니다. 폴리선이 아닌 객체를 폴리선으로 변환합니다.
③ 폭(W): 폴리선의 폭을 변경합니다.
④ 정점 편집(E): 폴리선의 정점을 편집(이동, 추가, 삭제)합니다.
⑤ 맞춤(F): 폴리선의 모든 정점에 대해 매끄러운 곡선으로 바꿉니다.
⑥ 스플라인(S): 각 면에 접한 호를 만들어 스플라인 곡선으로 바꿉니다.
⑦ 비곡선화(D): 곡선화된 폴리선을 본래의 직선으로 되돌립니다.
⑧ 선종류생성(L): 폴리선의 정점 둘레에서 선 종류의 패턴을 설정합니다.
⑨ 반전(R): 폴리선의 정점 순서를 반전합니다. 문자가 포함되어 있으며 선종류를 사용하는 객체의 방향을 반전하려면 이 옵션을 사용합니다. 예를 들어, 폴리선의 작성 방향에 따라 선 종류의 문자가 거꾸로 표시되는 경우도 있습니다.
⑩ 명령 취소(U): 가장 최근의 편집 작업을 취소합니다. 계속해서 취소해 나가면 처음의 상태까지 되돌릴 수 있습니다.

2.폴리선 정점 편집(PEDIT/Edit vertex)

{정점 편집 옵션 입력 [다음(N)/이전(P)/끊기(B)/삽입(I)/이동(M)/재생성(R)/직선화(S)/접선(T)/폭(W)/종료(X)] <N>:}
'정점 편집(E)'을 선택하면 AutoCAD는 첫 번째 정점의 위치에 'X'를 표시합니다. 이 때 'N' 옵션과 'P' 옵션을 사용하여 편집 위치를 지정합니다.

① 다음(N): 편집 위치를 다음 정점으로 옮깁니다.
② 이전(P): 편집 위치를 이전 위치로 되돌립니다.
③ 끊기(B): 폴리선의 두 점 사이를 절단합니다.
④ 삽입(I): 폴리선에 새로운 정점을 삽입합니다.
⑤ 이동(M): 현재의 정점을 이동시킵니다.
⑥ 재생성(R): 폴리선을 재생성합니다.

⑦ 직선화(S): 두 정점 사이를 일직선으로 만듭니다.

⑧ 접선(T): 현재의 정점에 탄젠트 방향을 부가합니다. 이것
은 곡선의 조절을 위해 사용합니다.

⑨ 폭(W): 두 정점간의 시작과 끝 폭을 설정합니다.

⑩ 종료(X): 정점 편집(E) 옵션을 빠져나가 'PEDIT'의 선택 옵
션으로 돌아갑니다.

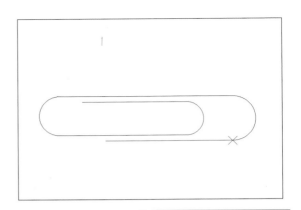

3. 다각형(POLYGON)

3각형부터 1024각형까지 작도할 수 있습니다. 작도된 선은 폴리선의 성격을 갖습니다.

명령: POLYGON(단축키: POL)	메뉴 아이콘: ⬠

{면의 수 입력 <4>:}에서 다각형 면의 수(예: 6)를 입력
합니다.

{다각형의 중심을 지정 또는 [모서리(E)]:}에서 중심점을
지정합니다.

{옵션을 입력 [원에 내접(I)/원에 외접(C)] <I>:}에서 내
접인지 외접인지 지정합니다.

{원의 반지름 지정:}에서 다각형의 반지름을 지정합니다.

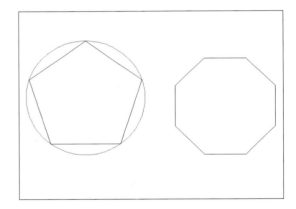

옵션 설명

{다각형의 중심을 지정 또는 [모서리(E)]:}

모서리(E): 한쪽 모서리를 지정하여 다각형을 작도합니다.

4. 스플라인(SPLINE)과 스플라인 편집(SPLINEDIT)

스플라인은 지정된 점(제어점)을 지나거나 근처를 지나는 부드러운 곡선(NURBS 곡선)을 만듭니다. 곡선이 점과 일치하는 정도(곡선의 완만도)를 조정하여 다양한 곡선을 작도할 수 있습니다. 스플라인은 3D 모델링용으로 NURBS 표면을 작성하는데 필수 도구입니다.

01. 스플라인(SPLINE)

부드러운 곡선인 스플라인을 작도합니다.

명령: SPLINE(단축키: SPL)　　　아이콘: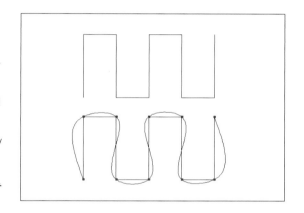

(1) 맞춤(Fit) 스플라인

{현재 설정: 메서드 = 맞춤　매듭 = 현}
{첫 번째 점 지정 또는 [메서드(M)/매듭(K)/객체(O)]:}
첫 번째 점을 지정합니다.
{다음 점 입력 또는 [시작 접촉부(T)/공차(L)]:} 다음 점을 지정합니다.
{다음 점 입력 또는 [끝 접촉부(T)/공차(L)/명령 취소(U)/닫기(C)]:}
차례로 점을 지정해 나가면 다음과 같이 스플라인(아래쪽 곡선)이 작도됩니다.

(2) 정점 조정(Control Vertices) 스플라인

스플라인(정점 조정) 명령을 실행합니다. '홈' 탭의 '그리기' 패널 또는 '그리기' 도구 막대에서 ▨을 클릭합니다.

 명령어 'SPLINE' 또는 'SPL'로 스플라인 명령을 실행한 경우는 '메서드(M)' 옵션을 사용하여 '정점 조정(CV)'을 선택합니다.
{첫 번째 점 지정 또는 [메서드(M)/매듭(K)/객체(O)]:}에서 'M'을 입력합니다.
{스플라인 작성 메서드 입력 [맞춤(F)/CV(C)] <CV>:}에서 'C'를 입력합니다.

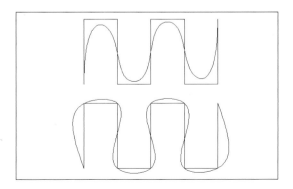

{현재 설정: 메서드 = CV　각도 = 3}
{첫 번째 점 지정 또는 [메서드(M)/각도(D)/객체(O)]:} 시작점을 지정합니다.
{다음 점 입력:}
{다음 점 입력 또는 [닫기(C)/명령 취소(U)]:}
차례로 점을 지정해가며 스플라인을 작도합니다. 다음 그림의 위쪽이 정점 조정 스플라인입니다.

① 메서드(M): 스플라인이 형식을 '맞춤(F)'으로 할 것인가 '정점 조정(CV)'로 할 것인가, 선택합니다. 이는 3D NURBS 표면을 작성할 때 사용할 도형을 작성하는 경우에 많이 사용됩니다.

② 매듭(K): 곡선이 맞춤점을 통과할 때 해당 곡선의 모양에 영향을 주는 매듭 매개변수를 지정합니다.

　{매듭 매개변수화 입력 [현(C)/제곱근(S)/균일(U)] <현>:}

　• 현(C): 곡선에서의 편집점 위치를 나타내는 십진 값으로 편집점의 번호를 매깁니다.

　• 제곱근(S): 연속되는 매듭 사이의 현 길이 제곱근을 기준으로 편집점의 번호를 매깁니다.

　• 균일(U): 연속하는 정수를 사용하여 편집점의 번호를 매깁니다.

③ 객체(O): 사각형 또는 정육면체의 2D 또는 3D 스플라인 맞춤 폴리선을 그에 상응하는 스플라인으로 변환합니다. 예를 들어, 2D 또는 3D 폴리선을 폴리선 편집 명령으로 스플라인으로 변환하면 객체 종류는 '2D 폴리선'입니다. 이를 '2D 스플라인' 객체로 변환합니다.

1. 맞춤 스플라인인 경우

{다음 점 입력 또는 [끝 접촉부(T)/공차(L)/명령 취소(U)/닫기(C)]:}

① 시작 접촉부(T), 끝 접촉부(T): 시작과 끝 부분을 접선 방향을 기준으로 스플라인을 작성합니다. 다음의 아래 그림은 끝 접촉부를 0도 방향으로 맞출 경우 작도되는 스플라인의 모양입니다. 끝 부분이 0도 방향을 향합니다.

② 공차(L): 스플라인 곡선의 허용 한계를 지정합니다. 공차를 0(영)으로 설정하면 스플라인 곡선은 지정한 점을 통과합니다. 0(영)보다 큰 공차를 입력하면 스플라인 곡선이 지정된 공차 내에서 점을 통과할 수 있습니다.

③ 명령 취소(U): 마지막으로 지정한 점을 취소합니다.

④ 닫기(C): 처음 시작점으로 연결하여 폐쇄 공간을 만듭니다.

2. 정점조정(CV) 스플라인인 경우

{첫 번째 점 지정 또는 [메서드(M)/각도(D)/객체(O)]:}

① 각도(D): 각 범위에서 얻을 수 있는 최대 휘어지는 수를 설정합니다. 각도는 1~3범위입니다. 조정 정점 수는 각도 수보다 하나 더 많으므로 각도 3의 스플라인에는 4개의 조정 정점이 있습니다.

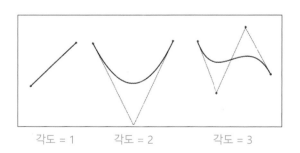

각도 = 1　　　각도 = 2　　　각도 = 3

02. 스플라인 편집(SPLINEDIT)

스플라인을 편집합니다. 스플라인의 각 정점의 이동, 정밀도를 높이기 위해 정점을 추가하거나 또한 그 반대로 삭제가 가능합니다. 스플라인의 방향을 바꿀 수도 있으며 공차를 낮춰 각 정점에 근접하게 할 수도 있습니다. 또, 스플라인을 폴리선으로 변환할 수도 있습니다.

| 명령: SPLINEDIT(단축키: SPE) | 아이콘: |

바로가기 메뉴: 스플라인을 선택한 후 마우스 오른쪽 버튼으로 클릭하여 '스플라인 편집'을 클릭합니다.

{스플라인 선택:}에서 작성된 스플라인을 선택합니다. 스플라인을 선택하면 다음 그림과 같이 각 정점에 그립(맞물림)이 표시됩니다.
{옵션 입력 [닫기(C)/결합(J)/맞춤 데이터(F)/정점 편집(E)/폴리선으로 변환(P)/반전(R)/명령 취소(U)/종료(X)] <종료>:}
편집하고자 하는 옵션 항목을 선택하여 편집합니다.

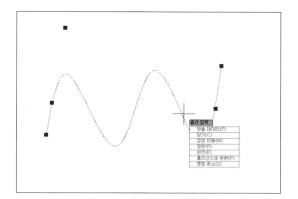

옵션 설명

옵션을 선택하면 해당 옵션에 해당하는 서브 옵션도 있습니다.
{옵션 입력 [닫기(C)/결합(J)/맞춤 데이터(F)/정점 편집(E)/폴리선으로 변환(P)/반전(R)/명령 취소(U)/종료(X)] <종료>:}
① 닫기(C): 열려 있는 스플라인을 닫습니다.
② 결합(J): 선택한 스플라인을 일치하는 끝점에서 다른 스플라인, 선, 폴리선 및 호와 결합하여 더 큰 스플라인을 형성합니다.
③ 맞춤 데이터(Fit Data): 다음과 같은 옵션을 사용하여 맞춤 데이터를 편집합니다.

{[추가(A)/닫기(C)/삭제(D)/이동(M)/소거(P)/접선(T)/공차(L)/나가기(X)]<나가기>:}
- 추가(A): 지정된 위치에 정점을 추가합니다.
- 닫기(C): 열려 있는 스플라인을 끝점의 접선(Tangent) 방향으로 닫아줍니다.
- 삭제(D): 맞춤점(정점)을 삭제하여 양쪽의 점을 잇습니다.
- 이동(M): 기존 정점의 위치를 이동합니다.
- 소거(P): 도면 데이터베이스에서 스플라인의 맞춤 데이터를 제거합니다. 이 옵션을 실행한 후에는 '맞춤 데이터(F)' 옵션이 표시되지 않습니다.
- 접선(T): 스플라인의 시작점과 끝점의 접선을 재지정합니다.
- 공차(L): 공차를 설정합니다. 공차가 낮을수록 각 정점에 가까운 곡선이 됩니다.
- 나가기(X): '맞춤 데이터(F)' 옵션을 종료합니다.
④ 정점 편집(E): 다음의 옵션으로 정점을 편집합니다.

{정점 편집 옵션 입력 [추가(A)/삭제(D)/순서 올리기(E)/이동(M)/가중치(W)/종료(X)] <종료>:}
⑤ 폴리선으로 변환(P): 스플라인 객체를 폴리선(PLINE) 객체로 변환합니다.

⑥ 반전(R): 정점의 방향을 반전합니다.
⑦ 명령 취소(R): 직전에 실행한 기능을 취소합니다.
⑧ 종료(X): 스플라인 편집(SPLINEDIT) 명령을 종료합니다.

5. 구성선(XLINE)과 광선(RAY)

도면의 작도 공간에서 무한대의 선을 작성할 수 있습니다. 객체의 작성을 위해 윤곽을 잡기 위한 보조선(밑선)으로 유용하게 쓰입니다. 양쪽의 무한대의 구성선(XLINE)과 한 점을 기준으로 무한대로 뻗어나가는 광선(RAY)이 있습니다.

01. 도면 공간에서 무한대의 선을 작성하는 '구성선(XLINE)'

양방향의 무한대의 선을 작도합니다. 수직, 수평, 각도 지정, 간격띄우기 등 다양한 옵션을 제공합니다.

명령: XLINE(단축키: XL)   아이콘: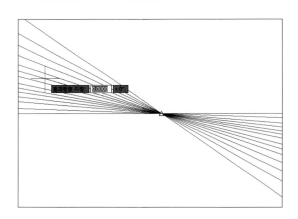

{점을 지정 또는 [수평(H)/수직(V)/각도(A)/이등분(B)/간격띄우기(O)]:}에서 임의의 점을 클릭합니다.
{통과점 지정:}에서 구성선이 통과할 한 점을 지정합니다.
{통과점 지정:}에서 반복해서 지나는 점을 지정합니다.
종료는 <Enter> 키 또는 <Space bar>를 누릅니다. 다음과 같이 첫 번째 점을 기준으로 통과점을 지나는 구성선이 작도됩니다.

옵션 설명

{점을 지정 또는 [수평(H)/수직(V)/각도(A)/이등분(B)/간격띄우기(O)]:}
① 수평(H): 수평 방향으로 구성선을 작도합니다.
② 수직(V): 수직 방향으로 구성선을 작도합니다.
③ 각도(A): 각도를 지정하여 구성선을 작도합니다.
④ 이등분(B): 선택한 각도 정점을 통과하면서 첫 번째 선과 두 번째 선 사이를 이등분하는 구성선을 작성합니다.
⑤ 간격띄우기(O): 특정 객체로부터 일정 간격을 띄워 구성선을 작도합니다.

02. 한 점을 중심으로 무한대의 선을 작성하는 '광선(RAY)'

구성선은 양방향인데 반해 광선은 한 방향의 무한대의 선입니다. 빛의 투사를 표현하는데 유용하게 쓰입니다.

명령: RAY	아이콘:

{시작점을 지정:}에서 광선의 시작점을 지정합니다.
{통과점을 지정:}에서 광선이 통과할 점을 지정합니다.
{통과점을 지정:}에서 반복해서 통과점을 지정합니다.
종료하려면 <Enter> 키 또는 <Space bar>를 누릅니다.
그림과 같이 광선이 퍼져나가는 것처럼 한 점을 기준으로
무한대의 선이 작도됩니다.

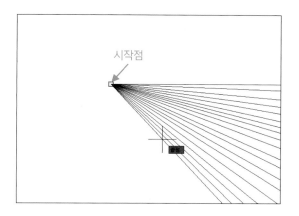

시작점

2 원과 호

이번에는 원과 호의 작성 방법에 대해 학습하겠습니다. 원(CIRCLE)은 기초 명령어에서 학습했습니다만, 옵션 등을 설명하지 않았기 때문에 다시 한 번 옵션을 중심으로 설명합니다.

1. 원(CIRCLE)

다양한 옵션을 이용하여 원을 작도합니다.

명령: CIRCLE(단축키: C)　　　　　아이콘:

01 먼저 '직사각형(RECTANGLE)' 기능을 이용하여 한 변의 길이가 '100'인 정사각형을 작도합니다.

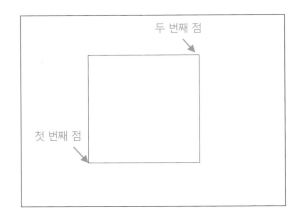

02 명령어 'CIRCLE' 또는 단축키 'C'를 입력하거나 '홈' 탭의 '그리기' 패널 또는 도구 막대에서 를 클릭합니다.
{원에 대한 중심점 지정 또는 [3점(3P)/2점(2P)/Ttr – 접선 접선 반지름(T)]:}에서 '2P'를 지정합니다.
{원 지름의 첫 번째 끝점을 지정:}에서 첫 번째 점을 지정합니다.
{원 지름의 두 번째 끝점을 지정:}에서 두 번째 점을 지정합니다.
다음과 같이 두 점을 지나는 원이 작도됩니다.

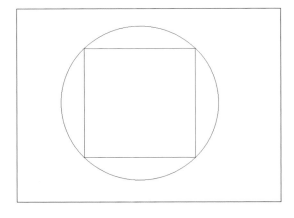

03 이번에는 접선과 접선을 지나면서 지정한 반지름 '30' 인 원을 작도하겠습니다.

원 기능을 재실행하려면 <Enter> 키 또는 <Space bar>를 누릅니다.

{원에 대한 중심점 지정 또는 [3점(3P)/2점(2P)/Ttr – 접선 접선 반지름(T)]:}에서 'T'를 입력합니다.

{원의 첫 번째 접점에 대한 객체위의 점 지정:}에서 다음과 같이 수직선 근처에 가져가면 접선 마크가 표시됩니다. 이때 클릭합니다.

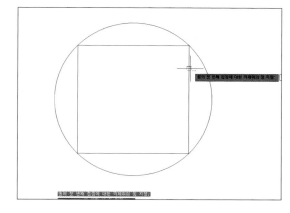

{원의 두 번째 접점에 대한 객체위의 점 지정:}에서 사각형 위쪽 수평선에 대고 클릭합니다.

{원의 반지름 지정 <141.4214>:}에서 반지름 '30'을 입력합니다.

다음과 같이 두 접선을 지나는 반지름이 '30'인 원이 작도됩니다.

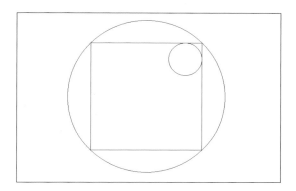

옵션 설명

{원에 대한 중심점 지정 또는 [3점(3P)/2점(2P)/Ttr – 접선 접선 반지름(T)]:}

① 3P: 세 점을 지나는 원을 작도합니다.

{원에 대한 중심점 지정 또는 [3점(3P)/2점(2P)/Ttr – 접선 접선 반지름(T)]:}에서 '3P'를 입력

{원 위의 첫 번째 점 지정:}에서 첫 번째 점(P1) 지정

{원 위의 두 번째 점 지정:}에서 두 번째 점(P2) 지정

{원 위의 세 번째 점 지정:}에서 세 번째 점(P3) 지정

② 2P: 지정한 두 점을 지름으로 하는 원을 작도합니다.

③ 접선, 접선, 반지름(T): 두 객체의 접선과 반지름을 지정하여 원을 작도합니다.

참고<< **원 그리기 옵션 컨트롤(아이콘)**

옵션을 선택할 때, 원(CIRCLE) 명령을 실행하여 옵션(2P, 3P, T)을 선택할 수 있지만 리본 메뉴에서 원 드롭 다운 버튼(▼)을 클릭하여 목록에서 선택하여 실행할 수도 있습니다.

2. 호(ARC)

원의 일부분인 호를 작도합니다. 옵션을 이용하여 다양한 방법으로 호를 작도할 수 있습니다.

명령: ARC(단축키: A)	아이콘:

01 직사각형(RECTANG) 명령으로 정사각형을 작도한 후 호를 작도하겠습니다.
{호의 시작점 또는 [중심(C)] 지정:}에서 객체스냅 '끝점 '을 이용하여 끝점을 지정합니다. 지정한 점이 호의 시작점이 됩니다.

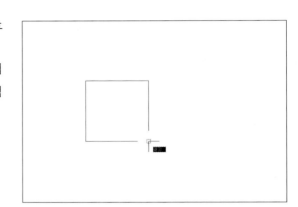

02 {호의 두 번째 점 또는 [중심(C)/끝(E)] 지정:}에서 중심 옵션 'C'를 입력합니다. {호의 중심점 지정:}에서 객체스냅 '끝점 '을 이용하여 끝점을 지정합니다. 지정한 점이 호의 중심점이 됩니다.

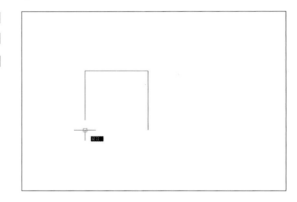

03 {호의 끝점 지정(<Ctrl> 키를 누른 상태에서 방향 전환) 또는 [각도(A)/현의 길이(L)]:}에서 각도 옵션 'A'를 입력합니다.
{사이각 지정:}에서 사이각 '90'을 입력합니다.

 기본적으로 반시계 방향으로 작도하지만 <Ctrl> 키를 누르면 시계 방향으로 작도합니다.

다음 그림과 같이 지정한 시작점과 중심점으로 한 사이각이 '90도'인 호를 작도합니다.

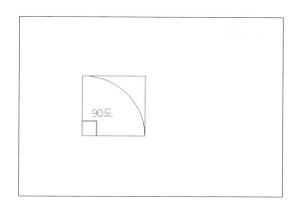

시작점 → 끝점 → 중심점으로 지정하는 방법도 있고 중심점 → 시작점 → 끝점으로 지정하는 방법도 있습니다. 호를 그리고자 하는 객체의 조건을 고려하여 사용하기 편리한 옵션을 선택합니다.

옵션 설명

{중심점 지정 또는 [각도(A)/방향(D)/반지름(R)]:}

① 방향(D): 지정한 시작점과 끝점에서 지정된 방향으로 호 접선을 작도합니다.

{호의 시작점 또는 [중심(C)] 지정:}에서 시작점을 지정합니다.

{호의 두 번째 점 또는 [중심(C)/끝(E)] 지정:}에서 'E'를 지정합니다.

{호의 끝점 지정:}에서 호의 끝점을 지정합니다.

{호의 중심점 지정(<Ctrl> 키를 누른 상태에서 방향 전환) 또는 [각도(A)/방향(D)/반지름(R)]:}에서 방향 옵션인 'D'를 지정합니다. {호의 시작점에 대한 접선 방향 지정(<Ctrl> 키를 누른 상태에서 방향 전환):}에서 방향을 지정합니다.

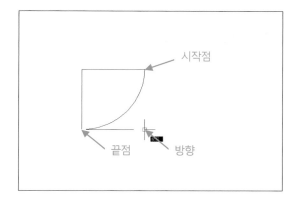

② 반지름(R): 시작점과 끝점을 기준으로 주어진 반지름의 호를 작도합니다.

③ 현의 길이(L): 현의 길이를 지정합니다. 시작점 및 중심점이 있고 현의 길이를 알거나 일정한 현의 길이로 호를 작도하고자 할 때 유용합니다.

참고<< **호를 원으로 변경**

원의 일부인 호를 완전한 형태의 원으로 만들려면 '결합(JOIN)' 명령을 이용해 원으로 바꿀 수 있습니다. 자세한 내용은 '결합(JOIN)' 명령을 참조합니다.

참고<< **호 옵션 컨트롤(아이콘)**

호(ARC) 명령을 실행한 후 옵션 키워드를 선택해서 그릴 수도 있지만 컨트롤(아이콘)을 지정해 옵션 문자를 입력하지 않고 진행할 수도 있습니다. 이 컨트롤은 리본의 '그리기' 패널의 '호' 컨트롤을 보면 작은 역삼각형이 보입니다. 이것을 '플라이아웃'이라고 합니다. 이 플라이아웃을 누르면 호를 작도하는 다양한 방법의 컨트롤(아이콘)이 나타납니다.

옵션 컨트롤을 선택하게 되면 옵션 키워드를 입력하지 않아도 호를 작도할 수 있습니다.

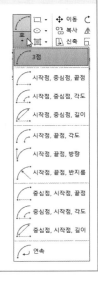

3. 타원(ELLIPSE)

타원은 동일한 길이의 축으로 이루어진 원과 달리 두 개의 축으로 이루어진 원입니다.

명령: ELLIPSE(단축키: EL)	메뉴 아이콘: ⬭

{타원의 축 끝점 지정 또는 [호(A)/중심(C)]:}에서 좌표 '50,100'을 입력합니다.
{축의 다른 끝점 지정:}에서 상대 극좌표 '@150<90'을 입력합니다.
{다른 축으로 거리를 지정 또는 [회전(R)]:}에서 '50'을 입력합니다.

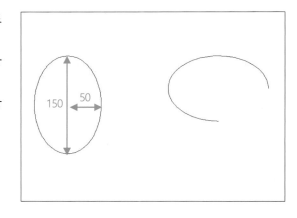

{타원의 축 끝점 지정 또는 [호(A)/중심(C)]:}

① 호(A): 타원 호를 작도합니다.

② 중심(C): 중심점을 기준으로 타원을 작도합니다. 이 옵션을 선택하면 {타원의 중심 지정:}, {축의 끝점 지정:}, {다른 축으로 거리를 지정 또는 [회전(R)]:}의 순서로 지정합니다.

{다른 축으로 거리를 지정 또는 [회전(R)]:}

① 회전(R): 첫 번째 축을 기준으로 원을 회전시켜 타원의 긴 축과 짧은 축의 비율을 정의합니다. 값이 클수록(0에서 89.4도 사이의 값) 긴 축에 대한 짧은 축의 비율이 커집니다. '0'을 입력하면 원이 작도됩니다.
{장축 주위로 회전 지정:}에서 각도를 입력합니다. 다음 그림은 회전 값이 '0'도인 경우와 '45'도인 경우입니다. 각도의 방향에 따라 축이 달라집니다.

4. 나선(HELIX)

2D 또는 3D 스프링을 작도합니다. 즉, 회전하면서 휘감아 올라가는 나선을 작도합니다.

명령: HELIX	메뉴 아이콘:

{회전 수 = 3.0000   비틀기 = CCW}
{기준 중심점 지정:}에서 나선의 중심점을 지정합니다.
{기준 반지름 지정 또는 [지름(D)] <1.0000>:}에서 내부의 기준 반지름 '70'을 입력합니다.
{상단 반지름 지정 또는 [지름(D)] <70.0000>:}에서 상단의 반지름 '250'을 입력합니다.
{나선 높이 지정 또는 [축 끝점(A)/회전(T)/회전 높이(H)/비틀기(W)] <1.0000>:}에서 나선의 높이 '500'을 입력합니다. 다음 그림과 같이 나선이 작도됩니다.

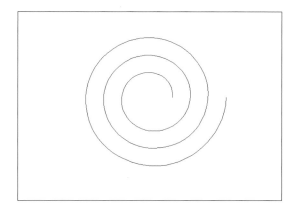

{나선 높이 지정 또는 [축 끝점(A)/회전(T)/회전 높이(H)/비틀기(W)] 〈10.0000〉:}

① 축 끝점(A): 나선 축의 끝점 위치를 지정하는 것으로 나선의 길이 및 방향을 결정합니다. 축 끝점은 3D 공간의 어느 위치에나 올 수 있습니다.

② 회전(T): 나선의 회전(선회) 수를 지정합니다. 기본 값은 3이고, 최대 500을 초과할 수 없습니다.

③ 회전 높이(H): 나선 안에서 하나의 완전한 회전의 높이를 지정합니다. 나선의 회전 수를 지정하면 회전 높이는 지정할 수 없습니다.

④ 비틀기(W): 나선을 시계 방향(CW)으로 그릴지 또는 시계 반대 방향(CCW)으로 그릴지 지정합니다. 기본값은 반시계 방향(CCW)입니다.

5. 도넛(DONUT)

도넛 형태의 도형을 작도합니다.

{도넛의 내부 지름 지정 <0.5000>:}에서 내부 지름을 입력합니다. 내부 원이 없는 점을 만들고자 할 때는 내부 지름 값을 '0'을 지정합니다.

{도넛의 외부 지름 지정 <1.0000>:}에서 외부 지름을 입력합니다.

{도넛의 중심 지정 또는 <종료>:}라는 도넛을 작도하고자 하는 위치를 지정합니다.

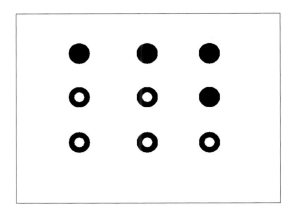

참고<<　도넛의 채움

도넛을 비롯해 해치, 굵은 폴리선 등은 2차원 솔리드 형태입니다. 즉, 채워진 형태의 객체입니다. 이 채워진 객체의 채우기를 조정하는 명령이 '채우기(FILL)' 명령입니다.

{명령:}에서 'FILL'을 입력합니다.

{모드 입력 [켜기(ON)/끄기(OFF)] <켜기>:}에서 'OFF'를 입력합니다.

이 상태에서는 화면에서의 변화는 없습니다. 이때 다음과 같이 실행합니다.

{명령:}에서 'REGEN'을 입력합니다.

{모형 재생성 중.}이라는 메시지를 표시하면서 다음과 같이 표시됩니다.

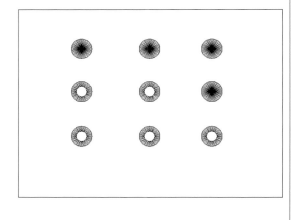

 'REGEN' 명령은 도면 전체를 재생성하는 기능으로 현재 뷰포트에서 모든 객체의 화면 좌표를 다시 계산합니다. 또한 최적의 화면 표시 및 객체 선택 성능을 위해 도면 데이터베이스를 다시 색인화하는 기능입니다. 따라서 '채우기(FILL)' 모드를 끈 후에 도면을 재생성하면 현재의 모드를 반영하여 표시합니다.

6. 구름형 리비전(REVCLOUD)

도면을 검토하여 특정 부분에 코멘트를 붙일 경우 구름형 수정 기호를 사용합니다. 구름형 리비전은 사각형, 원형, 프리핸드 등 다양한 형태의 수정 기호를 작도합니다. 객체 유형이 '구름형 리비전'으로 작도됩니다.

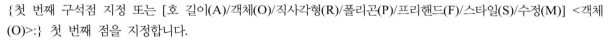

명령: REVCLOUD(단축키:REV)   아이콘:

01. 직사각형 구름형 리비전 그리기

두 점을 지정하여 구름형 리비전(수정 기호)을 작도합니다.

{최소 호 길야: 50.0000 최대 호 길야: 50.0000 스타일: 일반}
{첫 번째 구석점 지정 또는 [호 길이(A)/객체(O)/직사각형(R)/폴리곤(P)/프리핸드(F)/스타일(S)/수정(M)] <객체(O)>:}
에서 호 길이 옵션 'A'를 입력합니다.
{최소 호 길이 지정 <50.0000>:}에서 호의 길이
(예: 500)를 지정합니다.
{최대 호 길이 지정 <500.0000>:}에서 호의 길이
(예: 500)를 지정합니다.
{첫 번째 구석점 지정 또는 [호 길이(A)/객체(O)/직사각형(R)/폴리곤(P)/프리핸드(F)/스타일(S)/수정(M)] <객체(O)>:}
에서 직사각형 옵션 'R'을 입력합니다.

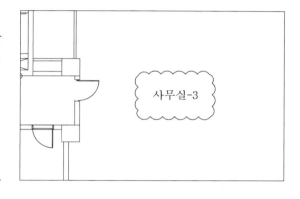

{첫 번째 구석점 지정 또는 [호 길이(A)/객체(O)/직사각형(R)/폴리곤(P)/프리핸드(F)/스타일(S)/수정(M)] <객체(O)>:} 첫 번째 점을 지정합니다.
{반대 구석 지정:}에서 반대편 구석 점을 지정합니다.
구름 모양의 리비전 기호가 작도됩니다.

02. 선택한 객체를 구름형 리비전으로 바꾸기

이미 작성된 닫힌 객체(원, 사각형, 폴리선 등)를 선택하여 구름형 수정 기호로 변환합니다. 먼저, 구름형 수정 기호로 바꾸고자 하는 위치에 객체(예: 원)를 작성합니다.

{최소 호 길이: 500.0 최대 호 길이: 500.0 스타일: 일반
유형: 직사각형
첫 번째 구석점 지정 또는 [호 길이(A)/객체(O)/직사각형(R)/폴리곤(P)/프리핸드(F)/스타일(S)/수정(M)] <객체(O)>:}
에서 객체 옵션 'O'를 입력한 후 <Enter> 키를 누릅니다.
{객체 선택:}에서 구름형 수정 기호로 바꾸고자 하는 객체(원)를 선택합니다.

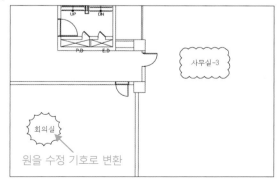

{방향 반전 [예(Y)/아니오(N)] <아니오(N)>:}에서 'Y'을 입력합니다.

{구름형 리비전을 완료했습니다.}라는 메시지를 표시하면서 다음 그림과 같이 원이 구름형 리비전으로 바뀝니다.

옵션 설명

{첫 번째 구석점 지정 또는 [호 길이(A)/객체(O)/직사각형(R)/폴리곤(P)/프리핸드(F)/스타일(S)/수정(M)] <객체(O)>:}

① 호 길이(A): 구름 모양의 호의 길이를 지정합니다. 'REVCLOUDPROPERTIES' 명령으로 호 길이를 바꿀 수 있습니다.

② 객체(O): 닫힌 객체를 선택하여 구름형 수정 기호로 변환합니다.

③ 직사각형(R): 닫힌 객체를 선택하여 구름형 수정 기호로 변환합니다.

④ 폴리곤(P): 구름형 리비전의 정점으로 세 개 이상 점에 의해 정의된 다각형 리비전 구름을 작성합니다. 메뉴에서 별
   도의 아이콘 을 제공합니다.

⑤ 프리핸드(F): 마우스를 이용하여 스케치하듯 그려 나가는 구름형 수정 기호를 작도합니다. 메뉴에서 별도의 아이콘
   을 제공합니다.

⑥ 스타일(S): 구름형 수정 기호의 유형으로써 '일반(N)'과 장식 모양인 '컬리그라피(C)' 중에서 선택합니다.

⑦ 수정(M): 기존 구름형 리비전에서 측면을 추가하거나 제거합니다.

{방향 반전 [예(Y)/아니오(N)] <아니오(N)>:}

 기호의 반전 여부를 결정합니다. '예(Y)'를 입력하면 호의 모양이 반전되어 바깥쪽을 향한 호가 작도됩니다.

3 문자의 작성과 편집

문자 스타일을 정의하고 작성하는 기능에 대해 알아봅니다.

1. 문자 스타일(STYLE)

문자의 스타일을 설정합니다. 글꼴(폰트), 높이, 주석 축척 여부 및 효과를 설정합니다.

명령: STYLE(단축키:ST)	아이콘:

① 스타일(S): 문자 스타일 명칭이 나열되고 사용하고자 하는 스타일 이름을 지정합니다. 문자의 길이는 최대 255자까지 가능하며 문자, 숫자, 특수 문자($,_,- 등)를 사용할 수 있습니다. AutoCAD를 시작하면 'STANDARD'가 기본 스타일로 자동 설정합니다. 스타일 명칭 앞에 있는 A 마크는 치수 스타일이 주석임을 나타냅니다.

② 스타일 목록 필터: 스타일 목록에 모든 스타일이 표시될지 또는 사용 중인 스타일만 표시될지 여부를 지정합니다.

③ 미리보기: 설정한 문자를 미리 보여 줍니다.

④ 글꼴: 스타일에 해당하는 글꼴(폰트) 파일을 지정합니다. AutoCAD에서 글꼴은 자체 컴파일된 셰이프 파일(SHX)과 트루타입(TTF) 글꼴을 사용할 수 있습니다.

　· 글꼴 이름(F): 현재 사용 가능한 글꼴이 표시됩니다. 목록 상자의 버튼을 눌러 선택합니다.

　· 글꼴 스타일(Y): '큰 글꼴 사용(U)'을 체크하면 각 글꼴에 큰 글꼴을 선택할 수 있습니다. 여기에서 사용하고자 하는 큰 글꼴을 지정합니다.

⑤ 크기: 문자의 크기(높이)를 지정합니다.

　· 주석(I): 문자가 주석임을 지정합니다.

　· 높이(T): 문자의 높이를 지정합니다. 여기에서 높이를 지정하면 '단일 행 문자(TEXT)'나 치수 문자의 높이가 고정됩니다.

> **Tip** '단일 행 문자(TEXT)'나 치수 기입에서 치수 문자의 높이를 유동적으로 하려면 치수 스타일에서 글꼴 높이 값을 '0'으로 설정해야 합니다. 높이 값을 지정해 놓으면 해당 도면에서는 고정된 문자 높이로 작성됩니다.

⑥ 효과(Effects): 문자 기입을 위한 각종 옵션을 선택합니다.

　· 거꾸로(E): 문자가 뒤집혀 쓰입니다.

　· 반대로(K): 문자를 뒤로 씁니다.

・수직(V): 문자를 세로로 씁니다.

・폭 비율(W): 문자의 가로, 세로의 비율을 지정합니다. 예를 들어 '2'를 입력하면 가로 방향의 크기가 세로 방향 크기의 2배로 기입됩니다.

・기울기 각도(O): 문자의 기울기를 지정합니다.

⑦ 현재로 설정(C): 선택한 스타일을 현재 스타일로 설정합니다.

⑧ 새로 만들기(N): 새로운 스타일을 작성합니다.

⑨ 삭제(D): 기존 스타일을 삭제합니다.

2. 단일 행 문자(TEXT)

단일 행에 문자를 작성합니다. 작성한 문자의 외관은 문자 스타일에서 설정한 환경(글꼴, 높이, 효과 등)에 따릅니다.

명령: TEXT(단축키: DT)	아이콘: A

{문자의 시작점 지정 또는 [자리맞추기(J)/스타일(S)]:}에서 'J'를 입력합니다.

{옵션 입력 [왼쪽(L)/중심(C)/오른쪽(R)/정렬(A)/중간(M)/맞춤(F)/맨위왼쪽(TL)/맨위중심(TC)/맨위오른쪽(TR)/중간왼쪽(ML)/중간중심(MC)/중간오른쪽(MR)/맨아래왼쪽(BL)/맨아래중심(BC)/맨아래오른쪽(BR)]:}에서 중간 중심 'MC'를 입력합니다.

{문자의 중간점 지정:}에서 직사각형의 중간점을 지정합니다.

{높이 지정 <2.5000>:}에서 문자의 높이를 지정합니다.

{문자의 회전 각도 지정 <0.000>:}에서 <Enter> 키 또는 '0'을 입력합니다.

문자 'AutoCAD'를 입력한 후 <Enter> 키를 누르면 다음 행으로 넘어갑니다. 다시 <Enter> 키를 누르면 종료됩니다. 다음과 같이 사각형의 중앙(Middle Center)에 문자가 작성됩니다.

{문자의 시작점 지정 또는 [자리맞추기(J)/스타일(S)]:}

① 자리맞추기(J): 문자의 위치를 조정합니다. 여러 줄 문자의 자리맞추기와 동일합니다.

- 정렬(Align): 두 점 사이에 문자를 정렬합니다.
- 맞춤(Fit): 두 점 사이에 문자를 정렬하고 높이를 지정합니다.
- 중심(Center): 지정한 점을 중심으로 문자를 수평 중심에 정렬합니다.
- 중간(Middle): 지정한 점을 기준으로 문자를 중앙으로 조절하여 정렬합니다.
- 오른쪽(Right): 지정한 점을 기준으로 문자를 오른쪽에 정렬합니다.
- TL(Top Left): 문자의 상단 좌측을 기준으로 정렬합니다.
- TC(Top Center): 문자의 상단 중앙을 기준으로 정렬합니다.
- TR(Top Right): 문자의 상단 우측을 기준으로 정렬합니다.
- ML(Middle Left): 문자의 중앙 좌측을 기준으로 정렬합니다.
- MC(Middle Center): 문자의 수평, 수직 중심점을 기준으로 정렬합니다.
- MR(Middle Right): 문자의 중앙 우측을 기준으로 정렬합니다.
- BL(Bottom Left): 문자의 하단 좌측을 기준으로 정렬합니다.
- BC(Bottom Center): 문자의 하단 중앙을 기준으로 정렬합니다.
- BR(Bottom Right): 문자의 하단 우측을 기준으로 정렬합니다.

② 스타일(S): 글꼴을 지정하는 스타일을 지정합니다. 스타일은 '문자 스타일(STYLE)' 명령에서 작성한 스타일 이름을 지정합니다.

참고<< **특수 문자의 입력**

'여러 줄 문자(MTEXT)'의 경우는 특수 문자를 선택하는 기능이 있으나 '단일행 문자(TEXT)'에서 특수 문자를 기입하기 위해서는 다음과 같이 특수 문자를 제어하는 제어문자인 이중 퍼센트 부호(%%)와 함께 특수 문자 정보를 입력해야 합니다.

제어 문자	유니코드 문자열	결과
%%d	₩U+00B0	각도 기호(°)
%%p	₩U+00B1	공차 기호(±)
%%c	₩U+2205	지름 기호(∅)
%%u		밑줄 글자
%%o		윗줄 글자
%%%		% 기호

다음 문자 기호를 삽입하려면 확장된 문자 형식 도구 막대에서 기호를 클릭하거나 해당 유니코드 문자열을 입력합니다. 문자 기호 및 유니코드 문자열로 삽입됩니다.

이름	기호	유니코드 문자열
거의 같음	≈	₩U+2248
각도	∠	₩U+2220
경계선	ℬℒ	₩U+E100
중심선	ℂℒ	₩U+2104
증분	Δ	₩U+0394
전기 위상	φ	₩U+0278
흐름 선	ℱℒ	₩U+E101
항등	≡	₩U+2261
시작 길이	⌐	₩U+E200
기준 선	ℳ	₩U+E102
같지 않음	≠	₩U+2260
옴	Ω	₩U+2126
오메가	Ω	₩U+03A9
판/특성 선	ℙℒ	₩U+214A
아래 첨자 2	2	₩U+2082
제곱	2	₩U+00B2
세제곱	3	₩U+00B3

3. 여러 줄 문자(MTEXT)

여러 줄 문자는 워드프로세서처럼 문자를 작성하고 편집하는 문자 편집기 기능입니다. 서식을 설정할 수 있고 편집할 수 있습니다.

명령: MTEXT(단축키: MT,T)　　　　아이콘: 🅰

{현재 문자 스타일: "표제란" 문자 높이: 40 주석: 예}
{첫 번째 구석 지정:}에서 작성하고자 하는 문자 범위의 첫 번째 점을 지정합니다.
{반대 구석 지정 또는 [높이(H)/자리맞추기(J)/선 간격 두기(L)/회전(R)/스타일(S)/폭(W)/열(C)]:}에서 작성할 문자 범위의 반대 구석을 지정합니다. 서식을 지정한 후 문자를 작성합니다.

세대 간의 갈등의 원인은 여러 요인이 작용하겠지만 큰 영향을 끼치는 요인 중 하나가 디지털 문화라 할 수 있다. 급격한 속도로 변화하고 있으며 많은 변화가 일어나기 때문이다. 젊은 세대들은 이를 빨리 쫓아갈 수 있지만 기성세대는 쫓아가기 벅찬 속도와 변화다. 주 무대가 오프라인인 기성세대와 주 무대가 온라인인 젊은 세대는 문화 자체가 다르다.]

작성이 끝나면 '문서 편집기 닫기'를 클릭합니다. 작성된 문자를 클릭하면 그립이 나타납니다. 이때 그립을 조작하여 이동 및 단의 너비를 조정할 수 있습니다.

 외부의 파일(한글, 엑셀)에 작성된 문장을 복사 (Ctrl+C)하여 붙여넣기(Ctrl+V)도 가능하며, 작성된 문자는 AutoCAD에서 정의된 글꼴로 정의됩니다.

참고<< 문자 편집기 리본과 눈금자

여러 줄 문자를 실행하여 문자를 작성할 범위를 지정하면 문자 편집기 리본이 나타납니다. 문자 편집기 리본은 여러 줄 문자의 스타일, 형식, 단락, 삽입, 철자 검사, 도구, 옵션, 닫기의 패널로 구성되어 문자 작성을 위한 다양한 환경을 설정할 수 있습니다.

1. '스타일' 패널

① 문자 스타일: 여러 줄 문자의 글꼴을 정의하거나 적용합니다.

② 문자 높이: 새로운 문자의 문자 높이를 도면 단위로 설정하거나 선택한 문자의 높이를 변경합니다.

③ 주석: 문자의 주석을 켜거나 끕니다.

④ 마스크: 문자의 배경을 설정합니다.

2. '형식 지정' 패널

① 일치: 선택한 문자의 형식을 여러 줄 문자 편집기의 다른 문자에도 동일한 형식으로 적용합니다. '특성 일치' 기능과 유사합니다.

② 굵게: 새로운 문자 또는 선택한 문자에 대해 굵은 활자체 형식을 켜거나 끕니다. 이 옵션은 트루타입 글꼴을 사용하는 문자에만 사용할 수 있습니다.

③ 기울임 꼴: 새로운 문자 또는 선택한 문자에 대해 기울임 꼴 형식을 켜거나 끕니다. 이 옵션은 트루타입 글꼴을 사용하는 문자에만 사용할 수 있습니다.

④ 밑줄: 새로운 문자 또는 선택한 문자에 밑줄을 긋습니다.

⑤ 윗줄: 새로운 문자 또는 선택한 문자에 윗줄을 긋습니다.

⑥ 글꼴: 새로운 문자의 글꼴을 지정하거나 선택한 문자의 글꼴을 변경합니다. 트루타입 글꼴은 글꼴 그룹 이름으로 나타납니다. AutoCAD에서 컴파일된 셰이프 (SHX) 글꼴은 해당 글꼴이 저장된 파일의 이름으로 나타납니다.

 문자 글꼴을 지정할 때, 트루타입 글꼴의 경우 '@'가 붙은 글꼴을 지정하면 가로로 누운 문자가 표기됩니다.

⑦ 색상: 새로운 문자의 색상을 지정하거나 선택한 문자의 색상을 변경합니다. 해당 문자가 위치한 도면층에

연관된 색상(BYLAYER) 또는 해당 문자가 포함된 블록의 색상(BYBLOCK)을 문자에 지정할 수 있습니다. 색상 리스트에 있는 색상 중 하나를 선택하거나 기타를 클릭하여 색상 선택 대화 상자를 열 수도 있습니다.

⑧ 배경 마스크: 문자 뒤에 불투명한 배경을 넣습니다

⑨ 기울기 각도: 문자가 앞으로 또는 뒤로 기울어진 정도를 결정합니다. 각도는 90도를 기준으로 기울어진 각도를 표현합니다. −85~85 사이의 값을 입력하면 문자 기울기가 만들어집니다. 양수의 기울기 각도는 문자를 오른쪽으로 기울어집니다. 음수의 기울기 각도는 문자를 왼쪽으로 기울어집니다.

⑩ 자간: 선택한 문자 사이의 간격을 줄이거나 늘립니다. 1.0 설정은 일반 간격입니다. 1.0 이상을 설정하면 간격을 늘리고 1.0 이하로 설정하면 간격을 줄입니다.

⑪ 폭 비율: 선택한 문자의 폭을 늘리거나 줄입니다. 1.0은 이 글꼴에서 일반 너비를 표시합니다. 너비를 늘리거나(예를 들어, 너비 계수 2.0을 사용하여 너비를 두 배로 늘림) 너비를 줄일(예를 들어, 너비 계수 0.5를 사용하여 너비를 반으로 줄임) 수 있습니다.

3. '단락' 패널

① 자리맞추기: 문자의 위치를 설정합니다. 다음과 같이 펼쳐지는 목록에서 선택합니다. 문자 정렬에 대한 자세한 내용은 '단일행 문자(TEXT)'의 옵션 설명을 참조합니다.

② 글머리 기호 및 번호 지정: 글머리의 기호, 번호, 알파벳 등의 표식을 제어합니다.

③ 행 간격: 행 사이의 간격을 지정합니다.

④ 좌우 정렬: 문장을 왼쪽, 중심, 오른쪽으로 정렬합니다.

⑤ 단락 기호: 단락의 들여쓰기 및 단락 첫 행의 들여쓰기를 설정합니다. 탭의 위치를 지정하고, 들여쓰기, 단락 정렬, 단락 간격 및 단락 행 간격을 조정합니다. 다음의 단락 대화 상자에서 설정합니다.

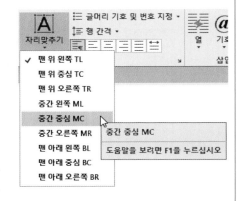

⑥ 자리맞추기 및 분산: 한 줄의 글자의 자리를 맞추거나 분산시킵니다.

4. '삽입' 패널

① 열에 대한 환경을 설정합니다. 열 없음, 정적 열 및 동적 열의 세 가지 열 옵션을 제공하는 열 플라이아웃 메뉴를 표시합니다. '열 설정'을 클릭하면 열 설정 대화 상자가 나타납니다.

② 기호: °(도) ²(제곱) ³(입방) Ω(오메가) 등 특수문자나 기호, 끊기지 않는 빈 칸을 커서 위치에 삽입합니다. 기호를 수동으로 삽입할 수도 있습니다. 다음 그림과 같이 펼쳐지는 목록에서 선택합니다.

③ 필드 삽입: 다음과 같이 필드 삽입 대화 상자가 나타납니다. 문자에 삽입할 필드(공식, 날짜, 작성자 등)를 선택할 수 있습니다. 대화 상자를 닫을 때 필드의 현재 값이 문자에 표시됩니다.

5. '철자 검사' 패널

① 철자 검사: 도면에 문자를 입력할 때 모든 문자의 철자를 검사할 수 있습니다. 또한 사용된 특정 언어 사전을 지정하고 다중 사용자 철자 검사 사전을 사용자화하고 관리할 수 있습니다.

② 사전 편집: 철자 검사를 위한 사전을 편집합니다. 다른 언어의 철자를 검사하기 위해 다른 주 사전으로 변경할 수 있습니다. 또한 원하는 수만큼 사용자 사전을 작성하여 필요에 따라 전환할 수 있습니다.

③ 철자 검사 설정: 대화 상자를 통해 철자 검사를 위한 문자의 환경을 설정합니다.

6. '도구' 패널

① 찾기 및 대치: 다음의 대화 상자에서 문자열을 검색하거나 문자열을 대치(치환)합니다.

② 문자 가져오기: 파일 선택 대화 상자를 통해 ASCII 또는 RTF 형식의 파일을 선택하여 외부 문자를 가져옵니다. 가져온 문자는 원래의 문자 형식 및 스타일 특성을 유지하지만 편집기에서 편집하고 형식을 지정할 수 있습니다. 문자의 파일 크기는 32KB로 제한됩니다.

④ Auto Caps: 키보드의 'Caps Lock' 기능으로 입력 또는 가져오는 문자 중 모든 영문자를 대문자로 표현합니다.

7. '옵션' 패널

① 눈금자: 눈금자 표시 여부를 제어합니다.

② 명령 취소: 여러 줄 문자 편집기에서 문자 내용이나 문자 형식의 변경 등과 같은 작업을 취소합니다.
<Ctrl> +'Z' 키를 사용할 수도 있습니다.

③ 명령복구: 문자 내용이나 문자 형식 변경 등의 여러 줄 문자 편집기에서의 작업을 복구합니다. <Ctrl> +'Y' 키를 사용할 수도 있습니다.

8. 문자 편집기 닫기: 문자 작성 및 편집을 종료합니다. 변경 사항을 저장하지 않고 여러 줄 문자 편집기를 닫으려면 <ESC> 키를 누릅니다.

눈금자

눈금자의 명칭은 다음과 같습니다. 기능이나 사용 방법은 일반적인 문자 편집기(Word Processor)와 동일합니다.

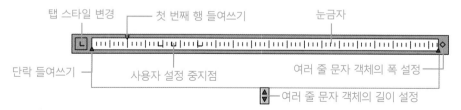

분수나 공차 표기와 같이 한 줄에 두 문자를 겹쳐서 기입하고자 할 때는 특수 문자를 사용하여 표기합니다. 다음과 같이 구분됩니다.

· 슬래시(/): 문자를 수직으로 스택하며 수평선으로 구분됩니다.
· 샵(#): 문자를 대각선으로 스택하며 대각선으로 구분됩니다.
· 캐럿(^): 공차 스택을 작성하며 수직으로 스택되고 선에 의해 구분되지 않습니다.

다음과 같은 문자를 입력하면,

　2/3<Enter>

　2#3<Enter>

　+05^−0.5<Enter>

그림과 같은 스택 문자가 작성됩니다.

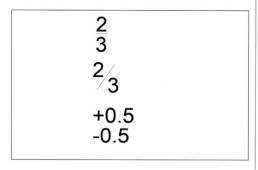

4. 문자 편집(DDEDIT)

작성된 문자의 내용과 특성을 편집합니다. 다양한 문자 편집 방법을 제공합니다.

01. 작성된 문자의 더블클릭

작성된 문자를 더블클릭하면 문자를 수정할 수 있는 모드가 됩니다. 단일 행 문자는 문자의 내용만 수정할 수 있고, 여러 줄 문자는 '문자 편집기' 탭이 나타나 문자의 환경(글꼴, 높이, 자리맞추기, 효과 등)을 편집할 수 있습니다.

02. 특성 또는 빠른 특성(QP) 기능 ▦

특성 기능 또는 그리기 도구의 '빠른 특성(QP)' 기능으로 문자의 내용뿐 아니라 문자의 특성도 수정할 수 있습니다. 문자를 선택한 후 단축키 'PR'을 입력하면 다음과 같이 문자 특성 팔레트가 표시됩니다. 특성 팔레트에서 색상, 도면층을 비롯하여 문자의 내용, 스타일, 높이, 자리맞추기 등을 수정할 수 있습니다.

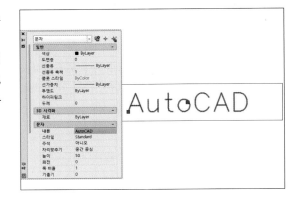

03. 문자 편집(TEXTEDIT, DDEDIT) 기능 🅰

문자 편집 기능인 'TEXTEDIT' 또는 'DDEDIT'를 실행하여 문자를 수정합니다.
{주석 객체 선택 또는 [명령 취소(U)/모드(M)]:}에서 문자를 선택합니다.
문자를 선택하면 다음과 같이 문자를 수정할 수 있는 모드로 바뀝니다. 문자의 내용만 바꿀 수 있습니다. 치수 문자도 해당됩니다.

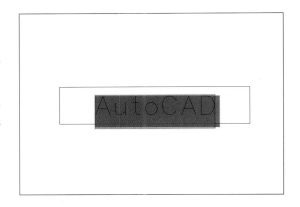

04. 그립을 이용한 문자의 위치 및 범위 조정

작성된 문자를 클릭하면 그립이 나타납니다. 이때 그립을 이용하여 문자의 위치 및 단락의 범위를 조정할 수 있습니다. 앞의 '여러 줄 문자'를 참고합니다.

4 점과 분할

도면에서 점 하나만으로는 큰 의미가 없으나 특정 좌표를 표시하거나 분할하는 위치를 표시할 때는 유용하게 사용될 수 있습니다. 점의 정의와 점을 활용한 분할에 대해 알아보겠습니다.

1. 점 스타일(PTYPE)

점의 모양을 정의합니다.

명령: PTYPE, DDPTYPE	아이콘:

명령어 'PTYPE' 또는 'DDPTYPE'을 입력하거나 '점 스타일 [ ]'을 클릭합니다. 다음과 같이 점 스타일 대화 상자가 나타납니다. 표시하고 자 하는 점 스타일(모양)을 선택한 후 [확인]을 클릭합니다.

대화 상자

① 점 스타일 미리보기: 점의 모양을 나열된 이미지에서 선택합니다.

② 점 크기(S): 화면에 대한 백분율을 입력합니다.

③ 화면에 상대적인 크기 설정(R): 점 표시 크기를 화면 크기에 대한 백분율(상대적인 크기)로 설정합니다. 줌 확대 또는 줌 축소해도 점 표시가 변경되지 않습니다.

④ 절대 단위로 크기 설정(A): 점 표시 크기를 점 크기에서 지정한 실제 단위로 설정합니다. 점은 줌 확대 또는 줌 축소에 따라 더 크게 또는 작게 표시됩니다.

2. 점(POINT)

지정한 위치에 점을 찍습니다.

명령: POINT(단축키:PO)	아이콘:

{현재 점 모드: PDMODE = 35 PDSIZE = 0.0000}

{점 지정:}에서 객체스냅 '중심점 [ ]'을 이용하여 원의 중심을 지정합니다.

{점 지정:}에서 <ESC> 키를 눌러 종료합니다.

그림과 같이 원의 중심에 점이 찍힙니다.

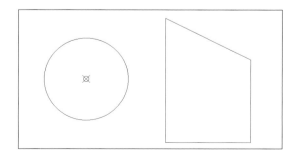

3. 등분할(DIVIDE)

선택한 객체를 지정한 수만큼 분할합니다. 분할 위치에는 점 또는 지정한 블록이 표시됩니다.

명령: DIVIDE(단축키: DIV)   아이콘: 🖉

{등분할 객체 선택:}에서 비스듬한 선을 선택합니다.
{세그먼트의 개수 입력 또는 [블록(B)]:}에서 분할할 수
'5'를 입력합니다. 다음 그림과 같이 선택한 객체가 5개
로 분할됩니다. 분할 위치에는 '점 유형(DDPTYPE)'에서
정의한 점의 형상이 표시됩니다.

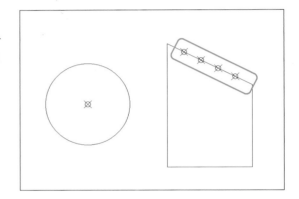

옵션 설명 {세그먼트의 개수 입력 또는 [블록(B)]:}

• 블록: 사용자가 작성한 도형을 블록화하여 각 분할 위치에
점 대신 블록의 도형을 표시합니다. 다음은 별 모양의 블록
을 작성하여 등분할 한 예입니다.

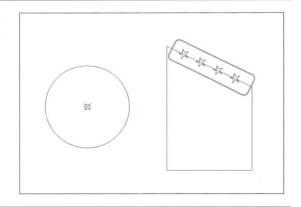

4. 길이 분할(MEASURE)

선택한 객체를 지정한 길이로 분할합니다. 분할 위치에는 점 또는 블록이 표시됩니다.

{길이 분할 객체 선택:}에서 분할할 객체를 선택합니다. {세그먼트의 길이 지정 또는 [블록(B)]:}에서 분할 길이 '300'을 입력합니다. 다음 그림과 같이 길이 '300' 단위로 점을 표시합니다.

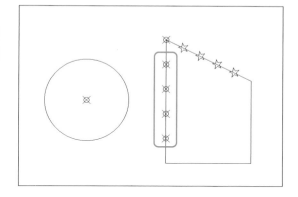

🍴 이 분할의 경우 선택한 객체 위치로부터 지정한 길이를 측정하여 표시합니다. 따라서, 측정하고 남은 마지막 부분은 그대로 남겨 둡니다. 원의 경우는 각도의 측정 방향(반시계 방향)으로 측정하여 점을 표시합니다.

5 공간 채우기

도면 작업을 하다 보면 공간을 일정한 패턴의 무늬나 색으로 채울 필요가 있습니다. AutoCAD에서는 해치와 그러데이션 기능을 이용하여 채웁니다. 공간을 지정하는 방법과 채우는 방법에 대해 학습합니다.

1. 해치(HATCH)

콘크리트의 표현, 인테리어 설계에서 가구 재질의 표현, 기계 설계의 단면의 표현 등은 일정한 패턴의 무늬로 표현합니다. 해치는 특정 경계 범위를 일정한 패턴(해치 패턴)으로 채우거나 선의 조합으로 채우는 것을 말합니다. 해치에 대해 학습합니다.

명령: BHATCH(단축키: BH,H)　　　아이콘:

해치(BHATCH)를 실행하면 리본 메뉴에 '해치 작성' 탭이 나타납니다.
'패턴'에서 무늬를 'GRA VEL', 해치 축척을 '15'로 설정합니다.

{내부 점 선택 또는 [객체 선택(S)/명령 취소(U)/설정 (T)]:}에서 해치하고자 하는 내부의 한 점을 지정합니다. 해치 미리보기가 나타납니다. 원하는 이미지 패턴이면 '√ 닫기 해치 작성'을 클릭하여 해치를 종료합니다. 다음(오른쪽)과 같이 'GRA VEL' 패턴이 채워집니다.

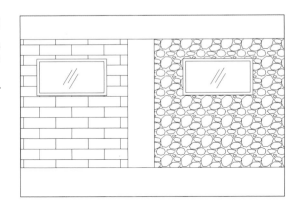

옵션 설명 해치 작성 탭

해치(BHATCH)를 실행하면 리본 메뉴에 '해치 작성' 탭이 나타납니다.

(1) 경계 패널: 해치할 경계를 지정합니다.

　① ➕ 선택 점: {내부 점 선택 또는 [객체 선택(S)/객체 제거(B):]}메시지에서 점을 지정하면 점을 기준으로 폐쇄

된 영역을 탐색합니다.

② 객체 선택: 원이나 폐쇄된 폴리선 등의 객체를 선택하여 영역을 지정합니다.

③ 제거: 선택된 해치 영역을 제거합니다.

④ 재작성: 선택된 해치 또는 채우기를 중심으로 폴리선 또는 영역이 작성되며 연관, 비연관을 선택할 수 있습니다.

⑤ 경계 객체 표시: 선택한 연관 해치 객체의 경계를 형성하는 객체를 선택합니다. 표시된 그립을 사용하여 해치 경계를 수정합니다. 이 옵션은 해치를 편집할 때만 사용할 수 있습니다.

⑥ 경계 객체 유지: 경계를 유지할지 여부를 설정합니다. 경계를 유지한다고 했을 때 객체의 종류(폴리선, 영역)를 지정합니다.

⑦ 경계를 정의할 때 분석되는 객체 세트를 정의합니다. '현재 뷰포트 사용'은 현재 뷰포트 범위 내의 모든 객체에서 경계 세트를 정의합니다. 새 경계 세트 선택을 사용하여 선택한 객체에서 경계 세트를 정의합니다.

(2) 패턴 패널: 미리 정의 및 사용자 패턴 모두에 대한 미리보기 이미지를 표시하고 선택합니다. 패턴 패널의 스크롤 버튼(역삼각형)을 클릭하면 해치 패턴의 명칭과 미리보기 이미지를 보여 줍니다. 사용하고자 하는 패턴(무늬)을 선택합니다.

(3) 특성 패널: 해치의 특성(패턴, 색상, 배경색, 투명도 등)을 정의합니다.

① 패턴: 작성할 항목(솔리드 채우기, 그러데이션 채우기, 미리 정의된 해치 패턴 또는 사용자 정의 해치 패턴)을 지정합니다. 미리 정의된 패턴은 프로그램과 함께 제공되는 acad.pat 또는 acadiso.pat 파일에 저장됩니다. 사용자 정의된 패턴은 도면의 현재 선 종류를 기준으로 합니다. 사용자 패턴은 검색 경로에 추가한 모든 사용자 *.PAT 파일에 정의된 패턴입니다.

② 해치 색상: 해치 패턴의 색상을 지정합니다.

③ 배경 색상: 해치 영역의 배경 색상을 지정합니다.

④ 투명도: 새 해치 또는 채우기에 대해 투명도 레벨을 설정하여 현재 객체 투명도를 지정합니다. 현재 객체 투명도 설정을 사용하려면 현재 사용을 선택합니다.

⑤ 해치 각도: 선택한 패턴의 각도를 지정합니다(시스템 변수 HPANG에 저장).

⑥ 해치 패턴 축척: 선택되거나 정의한 패턴의 스케일(축척)을 지정합니다.

⑦ 해치 도면층 재지정: 지정한 도면층에 새 해치 객체를 지정하여 현재 도면층을 재지정합니다. 현재 도면층을 사용하려면 현재 사용을 선택합니다.

⑧ 도면 공간의 상대적: 배치(Layout) 공간 사용시, 도면(배치) 공간 단위를 기준으로 해치 패턴을 축척합니다. 그러면 사용자의 배치에 적절한 축척으로 해치 패턴을 표시할 수 있습니다.

⑨ 이중: 사용자 정의 패턴의 경우 원래 선에 90도 각도로 두 번째 선 세트를 그려 교차 해치를 작성합니다. 이 옵션은 해치 유형이 사용자 정의로 설정되어 있을 때만 사용할 수 있습니다.

⑩ ISO 펜 폭: 선택된 펜 폭으로 ISO 관련 패턴의 척도를 지정합니다. 해치 패턴에서 'ISO' 해치 패턴이 선택되어야 켜집니다.

(4) 원점 패널: 해치를 할 때, 원점으로 해치 시작점을 움직여야 할 경우가 발생합니다. 예를 들어, 벽돌 패턴을 작성하였을 경우 해치된 영역의 왼쪽 하단 구석에서 완전한 벽돌 모양으로 시작하고자 할 때입니다.

기본 해치 원점

새 해치 원점

드롭 다운 리스트에서 지정하고자 하는 원점의 위치를 지정합니다.

(5) 옵션 패널: 연관 경계 여부, 주석 축척 등 옵션을 설정합니다.

① 연관(A): 해치 또는 채우기가 연관인 지 비연관인지를 설정합니다. 연관 된 해치 또는 채우기는 해당 경계를 수정할 때 함께 수정됩니다. '신축 (STRETCH)' 명령을 실행해 보면 연 관된 해치는 같이 신축되고, 비연관 된 해치는 신축되지 않습니다.

[비 연관인 경우]

[연관의 경우]

② 주석 축척: 해치에 주석 축척의 적용 여부를 지정합니다.

③ 특성 일치

• 현재 원점 사용: 해치 원점을 제외하고 선택한 해치 객체의 특성을 사용해 특성을 설정합니다.

• 원본 해치 원점 사용: 해치 원점을 포함하여 선택한 해치 객체의 특성을 사용해 해치의 특성을 설정합니다.

④ 차이 공차: 객체가 해치 경계로 사용될 때 무시할 수 있는 차이의 최대 크기를 설정합니다. 기본값 0(영)은 객체 가 차이 없이 영역을 닫아야 함을 지정합니다. 슬라이드를 이동하거나 0에서 5000까지의 값을 도면 단위로 입 력하여 객체가 해치 경계로 사용되는 경우 무시할 수 있는 간격의 최대 크기를 설정합니다. 지정한 값 이하의 차 이는 무시되고 경계는 닫힌 것으로 간주됩니다.

⑤ 개별 해치 작성: 여러 개의 개별 경계를 지정할 경우, 단일 해치로 할 것인지 복수 개로 할 것인지 설정합니다.

⑥ 외부 고립 영역 탐지: 중첩된 도형의 영역 탐지 유형을 선택합니다.

• 일반 고립 영역 탐지(Normal): 바깥 영역으로부터 시작하여 홀수 번째 영역이 해치되고, 짝수 번째 영역은 해 치되지 않습니다.

• 외부 고립 영역 탐지(Outer): 외부 경계로부터 안쪽을 해치하거나 채웁니다. 이 옵션은 지정된 영역만 해치하거 나 채우고 내부 고립 영역은 그대로 둡니다.

• 고립 영역 탐지 무시(Ignore): 해치 내부의 경계선은 무시되고 모두 해치됩니다.

• 고립 영역 탐지 안 함: 고립 영역의 탐지를 하지 않습니다.

⑦ 그리기 순서: 해치 또는 채우기에 그리기 순서를 설정합니다. 해치 또는 채우기는 다른 모든 객체의 앞, 뒤 및 해치 경계의 앞, 뒤에 배치할 수 있습니다.

(6) 해치 작성 닫기: 해치를 종료하고 '해치 작성' 탭을 닫습니다. <Enter> 키 또는 <ESC> 키를 눌러 닫을 수도 있습니다.

2. 그러데이션(GRADIENT)

객체에서 반사하는 광원의 모양과 같이 특정 색상의 조합으로 색조의 농도를 점차적으로 바꾸는 그러데이션에 대해 학습하겠습니다.

명령을 실행하면 다음과 같이 상단의 리본이 다음과 같이 바뀝니다.

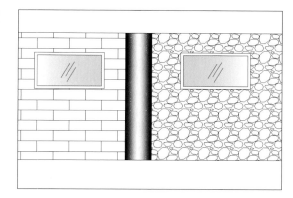

'패턴'을 'GR_INVCYL', 해치 색상1을 '하늘색', 해치 색상2를 '흰색'으로 설정합니다.

{내부 점 선택 또는 [객체 선택(S)/명령 취소(U)/설정(T)]:}에서 입히고자 하는 공간 내부의 한 점을 지정합니다.

패턴의 미리보기 기능을 이용하여 입히고자 하는 그러데이션인지 확인한 후 '닫기 해치 작성'를 클릭하여 그러데이션을 종료합니다.

그러데이션도 해치와 마찬가지로 연관된 그러데이션은 경계를 움직이면 그러데이션 패턴도 경계를 따라 이동됩니다.

옵션 설명 그러데이션 작성 탭

각 항목은 앞에서 학습한 '해치'의 내용과 동일합니다. 차이가 있는 항목만 설명하겠습니다.

① 패턴: 패턴 모양이 그러데이션 패턴이 표시합니다.
② 색상: 두 개의 색상을 지정하여 그러데이션 패턴을 만듭니다.
③ 채도: 한 색 그러데이션 색조 또는 음영을 켜거나 끕니다. 채도를 켜면 '그러데이션 색상 2'가 꺼집니다.
④ 중심: 원점 패널의 '중심'이 켜져 있으면 채울 영역의 중심을 기준으로 대칭인 그러데이션이 작성됩니다.

 그러데이션을 작성하는 또 다른 방법으로 도구 팔레트나 디자인 센터(Design Center)에서 원하는 그러데이션을 드래그하여 그러데이션을 작성할 수도 있습니다.

참고<< 해치 및 그러데이션의 영역 지정

해치나 그러데이션의 작성 시 경계 영역을 지정할 때 반드시 닫힌 공간(폐쇄 공간)을 지정해야 합니다. 닫힌 공간을 지정하지 않으면 "닫힌 경계를 확인할 수 없습니다."라는 경계 정의 오류 대화 상자가 표시됩니다.

3. 경계(BOUNDARY)

닫힌 영역 내에서 점을 지정하여 영역 객체 또는 폴리선을 작성합니다. 다른 객체와 겹친 공간을 채우려면 경계(BOUMDARY) 기능으로 사전에 경계를 만들어 놓으면 편합니다. 복잡한 공간을 하나의 폐쇄 경계로 작성합니다.

| 명령: BOUNDARY(단축키:BO) | 아이콘: ▣ |

경계 명령을 실행하면 다음의 경계 작성 대화 상자가 나타납니다.

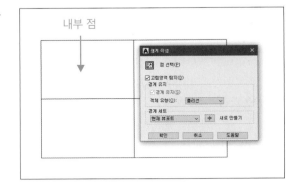

대화 상자

① 점 선택(P): AutoCAD에서 지정된 점을 기준으로 닫힌 영역을 구성하는 기존 객체로부터 경계를 결정합니다.
② 고립 영역 탐지(D): 지정한 영역의 내부에 고립 영역이 있는 경우 탐지할지를 지정합니다.
③ 경계 유지: 경계의 유지여부와 만들어진 경계를 어떤 객체 유형(영역 또는 폴리선)으로 작성할 것인지 선택합니다.
④ 경계 세트: 경계를 탐색할 때 '현재 뷰포트' 전체에서 탐색할 것인지, 새로운 객체 세트 내에서 탐색할 것인지 지정합니다.

경계 작성 대화 상자에서 '객체 유형(O)' 목록에서 '영역'을 선택하고, '점 선택(P)' 아이콘을 클릭합니다.
{내부 점 선택:}에서 경계를 작성하고자 하는 공간의 한 점을 지정합니다.
{내부 고립 영역 분석 중…}
{내부 점 선택:}에서 <Enter> 키 또는 <Space bar>를 눌러 종료합니다.
{1 루프이(가) 추출됨.} {1 영역이(가) 작성됨.}
{경계 1 영역을(를) 작성함}
객체에 마우스를 가져가면 다음 그림과 같이 '영역' 객체가 작성된 것을 확인할 수 있습니다.

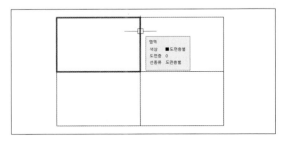

이처럼 '경계(BOUNDARY)' 명령은 선택한 객체의 내부의 경계선을 하나의 영역으로 묶어주는 폴리선 또는 영역 객체를 작성합니다.

4. 영역(REGION)

영역은 질량의 중심 등과 같은 물리적 특성이 있는 2차원의 닫힌 영역을 만듭니다. 기존 영역을 결합하여 영역을 계산할 수 있습니다.

명령: REGION(단축키: REG)	아이콘:

> **참고<<** **영역의 용도**
>
> 설계 작업에서 영역 명령 자체로 특정 기능을 수행하는 것이 아니라 다음과 같이 다른 명령을 활용하기 위한 보조 도구로 이용됩니다.
> 해치나 그러데이션을 위한 폐쇄 공간을 작성합니다.
> '영역/질량 특성(MASSPROP)' 명령을 사용할 때 기준이 되는 공간을 작성합니다.
> 중심과 같이 설계 정보를 추출할 수 있습니다.

명령어 'REGION' 또는 'REG'를 입력하거나 '홈' 탭의 '그리기' 패널에서 ▣을 클릭합니다.
{객체 선택:}에서 다음 그림과 같이 크로싱 선택 방법으로 별 객체를 선택합니다.
{객체 선택:}에서 지정하고 <Enter> 키 또는 <Space bar>를 누르면 종료됩니다.
{1 루프이(가) 추출됨.} {1 영역이(가) 작성됨.}

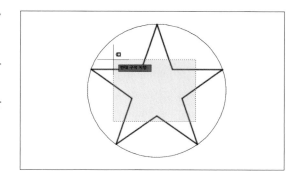

작성된 객체에 마우스 커서를 가져가면 다음과 같이 '영역'이 작성된 것을 알 수 있습니다.

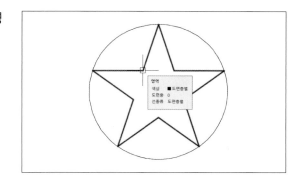

🍴 '질량 특성(MASSPROP) ▦' 기능을 이용하여 영역 객체를 선택하면 영역의 면적, 둘레 길이, 관성 모멘트 등 다양한 특성 값을 얻을 수 있습니다.

객체 특성은 객체가 가지고 있는 고유의 성질(속성)을 말합니다. 원은 원의 중심점, 반지름, 색상, 선 종류 등 다양한 특성을 가지고 있습니다. 특성 중 특정 객체에 관계없이 모든 객체가 가지고 있는 공통적인 특성이 있습니다. 일반 특성에는 도면층(LAYER), 색상(COLOR), 선 종류(LINETYPE), 선 가중치(LINE WEIGHT), 투명도, 플롯 스타일 등이 있습니다. 객체 특성의 정의와 수정 방법에 대해 알아봅니다.

1. 도면층(LAYER)

도면층(LAYER)을 이해하기 가장 쉽게 이해할 수 있는 방법은 한 장, 한 장의 투명한 트레이싱 용지로 이해하면 됩니다. 건축 설계를 한다고 가정했을 때 건축 구조, 기계 설비, 소방 설비, 전기 설비 등 다양한 설계 도면을 필요로 합니다. 그런데 이 모든 공사 종류의 도면을 하나의 도면 영역에서 작성하고 읽는다는 것은 불가능에 가깝습니다. 표현한다고 해도 대단히 복잡하여 도면을 읽을 때도 오독의 우려가 높습니다. 따라서, 도면을 작성할 때 각 작업 또는 공정별로 분류해서 작성한다면 훨씬 효율적입니다. 즉, 해당 작업별로 별도의 스페이스(도면층)를 설정해서 작업하는 것이 효율적입니다. 작업별로 스페이스를 설정하는 것이 도면층(LAYER)입니다.

도면층은 도면을 작성하는 영역에 층을 만들어 명칭을 부여하고 속성을 부여해서 관리하는 것입니다. 설계자의 의도에 따라 분류하여 이름을 부여할 수 있습니다. 도면층은 필요에 따라 보이게 하거나 보이지 않게 할 수도 있고 수정되지 않도록 잠글 수도 있습니다. 작업의 특성에 따라 색상, 선 종류, 선 가중치, 투명도 등을 설정하여 관리할 수 있습니다.

명령: LAYER(단축키: LA)   아이콘:

도면층 특성 관리자 대화 상자

(1) 새 특성 필터 (Alt+P): 하나 이상의 도면층 특성을 기준으로 도면층 필터를 작성하여 도면층을 조건(필터링)에 의해 선택합니다. 다음과 같은 대화 상자가 표시됩니다. 다음은 도면층 중에서 색상이 '흰색'인 도면층만 필터링한 것으로 '색상'이라는 필터 이름을 지정한 예입니다.

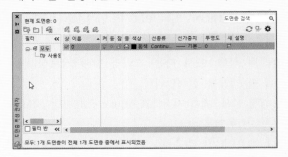

① 필터 이름(N): 필터의 명칭을 사용자가 임의로 입력합니다.
② 필터 정의: 이름, 켜기, 동결, 색상, 선 종류 등으로 필터의 조건을 설정합니다.
③ 필터 미리보기: 필터 정의에 의해 필터링된 도면층을 미리 볼 수 있습니다.

(2) 새 그룹 필터 : 새로운 도면층 필터 그룹을 작성합니다. 즉, 그룹을 먼저 만들고 그 그룹에 속하는 도면

층을 정의합니다.

(3) 도면층 상태 관리자 : 도면층의 상태를 명명하여 저장할 수 있습니다. 도면의 저장된 도면층 상태 목록을 표시하고 도면층 상태를 작성 및 삭제할 수 있으며 이름을 바꿀 수 있습니다. 이 상태는 '내보내기(X)'를 통해 저장할 수 있으며 '가져오기(M)'을 통해 저장된 상태를 불러올 수 있습니다.

> **참고<< 도면층의 이름**
>
> - 도면층의 이름은 255자까지 사용할 수 있으나, 가능한 10자 이내에서 기억하기 쉽도록 의미를 부여해서 만드는 것이 바람직합니다.
> - 문자, 숫자, 특수 문자($, _, – 등)를 포함할 수 있습니다.
> - 도면층 특성 관리자에서는 도면층이 알파벳 이름순으로 정렬됩니다.
> - 가능하면 작업의 종류 및 객체의 종류에 따라 두문자(頭文字)를 분류해서 작성하면 관리하는데 편리합니다.

(4) 켜기: 도면층을 켜거나(ON) 끕니다(OFF). 전등 위치에 마우스 포인터를 맞춘 후 클릭하면 켜기/끄기가 설정됩니다. 끄기가 되면 해당 도면층이 도면에서 사라지고 켜면 다시 표시됩니다.

(5) 동결: 도면층을 동결(Freeze)시키거나 해동(Thaw)합니다. 해당 도면층의 객체가 도면에서 사라지는 것은 켜기/끄기와 비슷하나 복잡한 도면에서 동결을 시키면 줌(ZOOM), 초점 이동(PAN), 화면 재생성(REGEN) 시에 시간을 대폭 줄일 수 있습니다. 동결(Freeze)은 연산에서 제외하기 때문에 보다 빠른 처리가 가능합니다.

(6) 잠금: 지정 도면층을 잠그고 풉니다. 잠궈진(Lock) 도면층은 편집이나 삭제 시 선택이 되지 않습니다. 이미 그려진 도면을 손상하지 않고 다른 작업을 하고자 할 때 유용하게 사용할 수 있습니다. 잠금 해제(Unlock)는 잠금(Lock)의 반대 개념으로 원상 복구합니다.

(7) 색상: 도면층의 색상을 지정합니다. 색상(COLOR) 명령에서 'BYLAYER'라는 색상을 지정하면 이 도면층 색상으로 작도됩니다. 예를 들어, 'A'라는 도면층의 색상을 초록색으로 지정한 후 색상을 'BYLAYER'로 설정하면 이후에 작도되는 모든 객체는 초록색으로 작도됩니다.

(8) 선 종류: 도면층의 선 종류를 지정합니다. 선 종류(LINETYPE) 명령에서 'BYLAYER'라는 선 종류를 지정하면 해당 도면층의 선 종류로 작도됩니다. 예를 들어, 'A'라는 도면층의 선 종류를 'CENTER'로 지정한 후 선 종류를 'BYLAYER'를 지정하면 앞으로 작도되는 모든 객체는 일점 쇄선(CENTER)으로 작도됩니다.

(9) 선 가중치: 도면층의 선 가중치를 지정합니다. '선 가중치(LWEIGHT)' 명령에서 'BYLAYER'라는 선 가중치를 지정하면 해당 도면층의 선 가중치로 작도됩니다.

(10) 투명도: 도면층의 투명도를 지정합니다.

(11) 플롯 스타일: 출력을 위한 스타일을 설정하여 각 도면층 별로 이 출력 스타일을 지정하여 지정된 스타일로 출력할 수 있습니다.

(12) 플롯: 플롯의 유/무를 지정합니다. 도면층을 끄지 않고도 플롯을 끄면 화면에는 나타난 도면층이 도면에는 출력되지 않습니다.

(13) 필터 반전(I): 현재 필터링되지 않은 도면층만 표시합니다.

(14) 갱신 : 도면의 도면 요소를 스캔하여 도면층 사용 정보를 갱신합니다.

(15) 설정 ⚙ : 대화 상자를 통해 새로운 도면층을 알릴 것인가, 도면층 필터 변경 사항이 도면층 도구 막대에 적용되는 경우 도면층 특성 재지정에 대한 배경 색상을 설정할 수 있습니다.

참고<<   도면층 설정

도면 작업 도중에 도면층을 바꾸거나 도면층의 켜기/끄기, 잠그기 등 도면층과 관련된 환경 설정은 '도면층(LAYER)' 명령 외에도 '도면층 도구 막대'를 이용하여 간단히 조작할 수 있습니다. '홈' 탭의 '도면층' 패널에서 도면층 목록 상자를 누르면 현재 도면이 가지고 있거나 필터링 된 도면층 및 관련 특성 항목이 나열됩니다. 지정하고자 하는 도면층 및 아이콘으로 이동하여 설정할 수 있습니다.

---

2. 색상(COLOR)

단어 의미 그대로 객체의 색상을 정의합니다. AutoCAD 색상 색인(ACI)에 있는 255개의 색상, 트루 컬러, 색상표에서 선택할 수 있습니다.

명령: COLOR(단축키: COL)   아이콘:

(1) 색인 색상 탭: 255개의 AutoCAD 색상 색인(ACI)을 사용하여 색상 설정값을 지정합니다. 다음의 색상 팔레트에서 색상을 지정합니다.
  ① AutoCAD 색상 색인(ACI): 색상번호 10에서 249번까지의 색상을 지정합니다.
  ② 표준 색상: 표준 색상(1~9)을 지정합니다.
  ③ 회색 음영: 회색의 음역처리로 250~255번호의 색상을 지정합니다.
  ④ 색상(C): 지정한 색상 번호를 표시합니다. 또는, 사용자가 직접 색상 번호를 입력합니다.
  ⑤ 논리적 색상: 특정 색상을 지정하지 않고 도면층이나 블록의 설정 환경에 따라 유동적으로 설정되도록 합니다.
    · 도면층별(L): 'BYLAYER'로 현재 도면층에 설정된 색상을 따릅니다.
    · 블록별(K): 'BYBLOCK'으로 블록 삽입 시, 블록의 색상을 삽입 당시의 설정된 색상에 따릅니다.
(2) 트루 컬러 탭: 색상의 특성인 색조, 채도, 광도(HSL) 색상 모델 또는 빨간색, 초록색, 파란색(RGB) 색상 모델을 사용하여 트루 컬러(24비트 색상)로 색상을 지정합니다. 트루 컬러 기능을 사용하게 되면 천육백

만 가지 이상의 색상을 사용할 수 있습니다.

(3) 색상표 탭: 각종 써드 파티 색상표 및 사용자 정의 색상표를 사용하여 색상을 지정합니다. 선택한 색상표의 페이지, 각 페이지의 색상과 색상 이름을 표시합니다. 최대 10개 색상을 포함하는 색상표가 지원됩니다.

참고<< 색상 목록 상자에서 색상 설정 방법

색상을 설정할 때마다 '색상(COLOR)' 명령을 사용하는 것은 비효율적입니다. 가장 편리한 방법은 '홈' 탭의 '특성' 패널에서 '색상 목록 상자'를 누르면 색상 목록이 표시됩니다. 색상 목록 중에서 지정하고자 하는 색상을 선택합니다. 목록 중 최하단의 '추가 색상…'을 클릭하면 '색상(COLOR)' 명령을 실행한 것과 동일한 '색상 선택 팔레트'가 표시됩니다.

[색상 목록 상자]

---

3. 선 종류(LINETYPE)

도면을 쉽게 읽기 위한 수단의 하나로 선의 용도에 따라 선 종류(LT)를 다르게 표현합니다. 예를 들어, 외형선은 실선, 중심선을 일점 쇄선, 보이지 않는 곳의 은선은 파선 등입니다. AutoCAD에서 제공하는 선 종류와 설정 방법에 대해 알아보겠습니다.

명령: LINETYPE(단축키: LT) 또는 '홈' 탭의 '특성' 패널의 선 종류 선택 목록에서 '기타'를 클릭합니다.

(1) 선 종류 필터: 선 종류(Linetype)의 표시 조건(필터링)을 지정합니다.

(2) 필터 반전(I): 선택한 기준에 반대되는 기준으로 선 종류를 표시합니다.

(3) 로드(L): 새로운 선 종류를 현재 도면으로 로드합니다. [로드(L)]를 클릭하면 다음과 같은 '선 종류 로드 또는 다시 로드' 대화 상자가 표시됩니다. 대화 상자에서 로드하고자 하는 선 종류를 선택하고 [확인]을 클릭합니다.

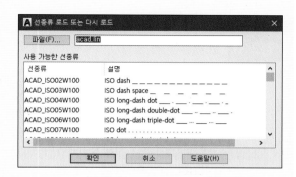

① 파일(F): 선 종류 파일(*.lin)을 지정합니다. 사용자가 선 종류를 정의하여 별도의 파일로 관리할 수 있습니다.

② 사용 가능한 선 종류: 지정된 파일에서 사용 가능한 선 종류 목록이 표시됩니다. 이 목록에서 로드하고자 하는 선 종류를 선택합니다.

(4) 삭제: 로드(적재)된 선 종류를 도면에서 제거합니다.

(5) 현재(C): 선택된 선 종류를 현재 사용할 선 종류로 지정합니다. 즉, 현재 작성되는 객체의 선 종류를 설정하는 것입니다.

(6) 자세히(D)/상세 정보 숨기기(D): 다음과 같은 하단의 '상세 정보' 영역을 표시 또는 비표시를 제어합니다.

　① 전역 축척 비율(G): 모든 선 종류에 대한 전체 축척 비율을 표시합니다. 시스템 변수 'LTSCALE' 값에 영향을 줍니다.

　② 현재 객체 축척(O): 새로 작성된 객체의 선 종류 축척을 설정합니다. 결과적인 축척은 객체의 축척 비율에 전체 축척 비율을 곱한 값입니다. 시스템 변수 'CELTSCALE' 값에 영향을 줍니다.

　③ ISO 펜 폭(P): 선 종류 축척을 표준 ISO 값 리스트 중 하나로 설정합니다. 결과적인 축척은 객체의 축척 비율에 전체 축척 비율을 곱한 값입니다.

　④ 축척을 위해 도면 공간 사용(U): 도면 공간의 선 종류와 모형 공간의 선 종류를 동일하게 축척합니다. 다중 뷰포트를 사용하여 작업하는 경우, 유용합니다.

(7) 선 종류: 선 종류의 이름을 표시합니다.

(8) 모양: 작도될 선 종류의 모양을 표시합니다.

참고<< 선 종류 축척(LTSCALE)

선 종류를 'CENTER' 또는 'HIDDEN'으로 변경했는데도 화면에 실선으로 표시되는 경우가 있습니다. 이는 선 종류 축척이 현재 도면의 크기와 맞지 않기 때문입니다. 이때 선 종류 축척(LTSCALE)을 조정합니다. 선 종류 관리자 대화 상자에서 축척을 조정할 수도 있고 '특성' 명령으로 조정할 수 있습니다. 또 다른 방법은 선 종류 축척 시스템 변수인 'LTSCALE' 값을 직접 수정합니다.

명령: LTSCALE(단축키: LTS)

{새로운 선 종류 축척 비율 입력 <1.0000>:}에서 축척을 입력합니다.

다음의 경우는 선 종류 'HIDDEN'으로 작도한 원의 선 종류 축척(LTSCALE) 값의 변화에 따른 표시의 상태를 나타낸 것입니다. 도면의 범위 및 해상도에 따라 차이가 있을 수 있습니다.

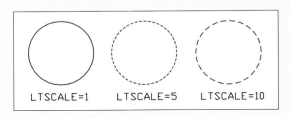

참고<< 선 종류 지정 방법

선 종류를 설정할 때마다 '선 종류(LINETYPE)' 명령을 사용하는 것은 비효율적입니다. 가장 편리한 방법은 다음 그림과 같이 '홈' 탭의 '특성' 패널에서 '선 종류 목록 상자'를 눌러 표시되는 선 종류 목록 중에서 지정하고자 하는 선 종류를 선택합니다. 이때 목록에는 현재 로드된 선 종류가 표시됩니다. 목록 중 최하단의 '기타'를 클릭하면 '선 종류(LINETYPE)' 명령을 실행한 것과 동일하게 '선 종류 관리자' 대화 상자가 표시됩니다.

4. 선 가중치(LINEWEIGHT)

선 종류와 마찬가지로 도면의 해독을 용이하게 하기 위한 수단으로 선의 용도에 따라 굵기(너비)를 다르게 표현합니다. 예를 들어, 중심선이나 치수선, 치수보조선은 가늘게, 외형선은 중간 정도의 굵기, 강조를 위한 선은 굵게 표현합니다.

> 명령: LWEIGHT(단축키: LW)

마우스를 상태 영역의 그리기 도구 '선 가중치 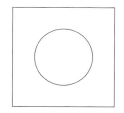'에 마우스를 대고 오른쪽 버튼을 눌러 '선 가중치 설정'을 클릭합니다. 또는 '홈' 탭의 '특성' 패널의 '선 가중치' 선택 목록에서 '선 가중치 설정'을 클릭합니다. 다음과 같은 대화 상자가 표시됩니다.

(1) 선 가중치: 선 가중치의 종류를 표시하며 사용하고자 하는 가중치(굵기)를 선택합니다.

(2) 단위: 단위를 밀리미터로 할 것인지, 인치로 할 것인지 지정합니다.

(3) 선 가중치를 표시(D): 선 가중치를 모형 공간(Model Space) 화면에서 표시할 것인가를 제어합니다. 모형 공간에서 표시하면 '1' 이상인 가중치에 대해서 재생성하는 시간이 소요되므로 생산성이 떨어집니다.

(4) 기본값: 기본값을 설정합니다. 시스템 변수 'LWDEFAULT'에 저장됩니다. 일반적으로 기본값은 0.01inch 또는 0.25mm입니다.

(5) 화면 표시 축척 조정: 모형 공간에서 선 표시를 위한 스케일을 조정합니다.

참고<< 선 가중치의 화면 표시

선 가중치를 굵게 설정해서 객체를 작도해도 화면에서는 변화가 없는 경우가 있습니다. 이는 선 가중치 표시를 제한했기 때문입니다. 선 가중치에 따라 실제 굵기를 화면에서 표시하려면 하단의 상태 영역의 그리기 도구 막대에서 '선 가중치 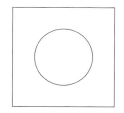' 버튼을 켜야 (ON) 합니다. 한 번 누를 때마다 켜기와 끄기(ON/OFF)를 제어합니다. 그리기 도구에 선 가중치 아이콘 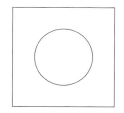이 보이지 않으면 '사용자화 '를 눌러 '선 가중치'를 체크합니다.

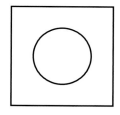

[선 가중치 표시를 끈(OFF) 경우]　　　[선 가중치 표시를 켠(ON) 경우]

다음의 오른쪽 그림과 같이 '선 가중치(LWT)'를 켠(ON) 경우 지정한 선의 굵기로 화면에 표시합니다.

선 가중치를 지정할 때마다 '선 가중치(LWEIGHT)' 명령을 사용하는 것은 비효율적입니다. 가장 편리한 방법은 다음 그림과 같이 '홈' 탭의 '특성' 패널에서 '선 가중치 목록 상자'를 눌러 표시되는 선 가중치 목록 중에서 지정하고자 하는 선 가중치를 선택합니다.

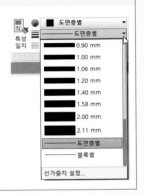

5. 객체 투명도(TPY)

도면에서 객체의 강약을 표현하고자 할 때 투명도에 의해서 조정할 수 있습니다. '투명도 표시/숨기기'는 설정된 투명도를 적용할 것인지, 적용하지 않을 것인지 지정합니다.
다음의 왼쪽 원은 투명도를 '70'으로 설정한 객체이고, 오른쪽 원은 투명도가 '0'인 객체입니다.

투명도는 객체를 선택한 후 '홈' 탭의 '특성' 패널에 있는 투명도 슬라이드 바를 움직여 '70'으로 설정합니다. 또는 오른쪽의 숫자를 직접 입력합니다. 투명도 설정이 끝났으면 <ESC> 키를 누릅니다.

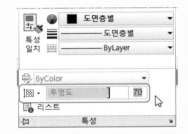

 동일한 방법으로 투명도를 조정했는데 객체의 투명도가 변화하지 않는 경우는 그리기 도구의 '투명도 '가 켜지지 않아서 발생한 현상입니다. 그리기 도구의 투명도를 켜면 설정한 투명도 값으로 표시합니다. 그리기 도구에 투명도 아이콘 이 보이지 않으면 '사용자화 '를 눌러 '투명도'를 체크합니다.

투명도를 설정하는 값은 다음과 같습니다.

ByLayer	도면층에서 설정한 투명도 값에 의해 결정됩니다.
ByBlock	블록에 정의된 투명도 값에 따라 결정됩니다.
0	완전 불투명(투명하지 않음)
1-90	백분율로 정의된 투명도 값

6. 객체 특성의 조작(PROPERTIES, DDMODIFY)

특성 팔레트를 통해 객체의 특성 정보를 표시하고 사용자가 특성을 수정할 수 있습니다.

명령: PROPERTIES, DDMODIFY(단축키: CH,MO,PR,PROPS)	아이콘:

또는 객체를 더블클릭하거나 마우스 오른쪽 버튼을 눌러 바로가기 메뉴에서 '특성(S)'을 클릭합니다.

특성 팔레트에는 선택된 객체의 특성 정보가 표시됩니다. 특성 팔레트는 객체를 선택하지 않았을 경우, 하나만 선택한 경우와 하나 이상의 객체를 선택한 경우에 따라 각각 표시되는 항목이 다릅니다.

(1) 선택된 객체가 없는 경우

어떠한 객체도 선택하지 않은 상태에서 '특성' 명령을 실행하면 현재 도면에 설정된 색상, 도면층, 선 종류 등 특성 정보가 표시됩니다.

(2) 특정 객체 하나만 선택된 경우

선택된 객체의 종류(예: 선, 원, 폴리선 등)와 공통 특성(도면층, 색상, 선 종류 등) 및 형상 특성(선의 경우 시작점, 끝점 좌표 등, 원의 경우 중심점, 반지름 등)이 표시됩니다. 다음의 경우는 원이 선택된 상태에서의 특성 팔레트입니다.

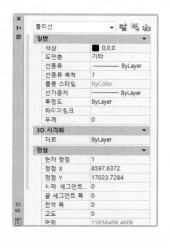

(3) 객체가 두 개 이상 선택된 경우

선택 세트에 모든 객체의 공통 특성만 표시합니다. 공통 특성이 동일한 경우는 해당 특성을 표시하지만 다양한 경우는 '*다양함*'으로 표시합니다. 다음의 예에서는 원과 다각형을 선택했는데 투명도가 서로 다르기 때문에 '투명도'의 값이 '*다양함*'으로 표시됩니다.

참고<< **특성 팔레트 항목**

① 객체 유형: 선택한 객체의 유형(선, 원, 폴리선 등)을 표시합니다. 객체의 종류가 하나 이상인 경우(예: 원과 선을 선택한 경우)는 선택한 객체의 수량을 표시합니다.

② ⊞ 'PICKADD' 시스템 변수 값 전환: 'PICKADD' 시스템 변수를 켜기(1) 및 끄기(0)로 전환합니다. 'PICKADD'를 켜면 개별적으로 또는 윈도우 별로 선택된 각 객체가 현재 선택 세트에 추가되고, 'PICKADD'를 끄면 현재 선택 세트가 선택한 객체로 대치됩니다.

③ ⊞ 객체 선택: 작도 영역에서 객체 선택 방법을 사용하여 원하는 객체를 선택합니다. '객체 선택 방법'을 참조합니다.

④ ⊞ 신속 선택: 신속 선택 대화 상자를 통해 객체 선택 조건을 부여(필터링)하여 객체를 선택합니다. '객체 선택 방법'을 참조합니다.

⑤ 일반 특성 표시 창: 객체의 공통적인 특성(도면층, 색상, 선 종류 등)을 표시하고 조정할 수 있습니다.

⑥ 3D 시각화 특성 표시 창: 시각화 관련 항목을 표시하고 조정합니다.

⑦ 형상 특성 표시 창: 각 객체(선, 원, 폴리선 등)에 따른 형상 정보를 표시하고 조정할 수 있습니다. 예를 들어, 선의 경우는 시작점, 끝점, 길이, 각도 등 선의 형상이 가지는 특성을 표시합니다.

⑧ 플롯 스타일 특성 표시 창: 플롯 스타일의 정보를 표시하고 설정할 수 있습니다.

⑨ 뷰 특성 표시 창: 뷰와 관련된 항목을 표시하고 조정할 수 있습니다.

⑩ 기타 특성 표시 창: 주석 축척, UCS 아이콘의 표시 여부, UCS 이름, 뷰 스타일 등을 표시하고 조정할 수 있습니다.

---

(4) 객체 특성 변경하기

① 특성을 바꾸고자 하는 객체(예: 원)를 선택한 후 ⊞를 클릭하거나 'PR'을 입력합니다.

 '특성 ⊞' 명령을 실행한 후 객체를 선택해도 됩니다.

---

② 특성 팔레트에서 수정하고자 하는 특성 항목의 값을 수정합니다. '색상'을 '빨간색'으로 지정합니다. 다음 그림과 같이 원의 색상이 수정됩니다. 수정을 마치려면 <ESC> 키를 누릅니다.

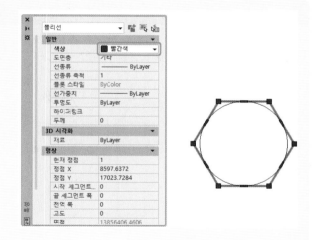

(5) 빠른 특성 패널

화면 하단의 그리기 도구에 '빠른 특성 ▤'이 켜져 있는 상태에서 객체를 클릭하면 '빠른 특성 패널'이 나타납니다. 이 패널을 통해 특성 정보를 얻을 수 있고 쉽게 수정할 수 있습니다. 빠른 특성 패널에는 가장 자주 사용되는 특성이 객체 유형 또는 객체 세트별로 나열됩니다.

그리기 도구의 '빠른 특성 ▤'이 켜져 있는 상태에서 원을 선택합니다. 다음과 같이 빠른 특성 패널이 나타납니다. 이때 바꾸고자 하는 특성의 항목을 수정합니다.

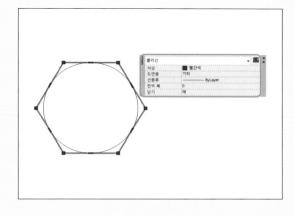

> '빠른 특성 ▤'이 켜져 있으면 객체를 선택할 때마다 특성 팔레트가 뜨기 때문에 번거로울 수 있습니다. 작도와 모델링을 할 때는 꺼 두는 것이 좋습니다.

(1) 원(CIRCLE) 연습: 다음의 도형을 작성합니다(CIRCLE).

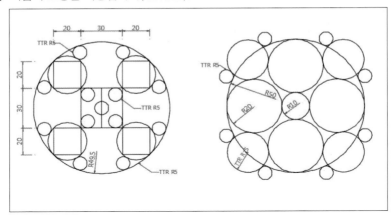

(2) 다각형(POLYGON) 연습: 다음의 도형을 작성합니다(POLYGON).

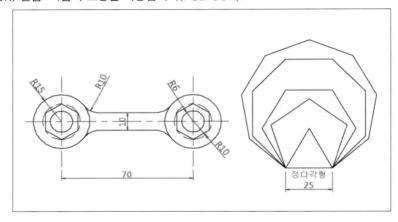

(3) 호(ARC) 연습: 다음의 도형을 작성합니다(ARC).

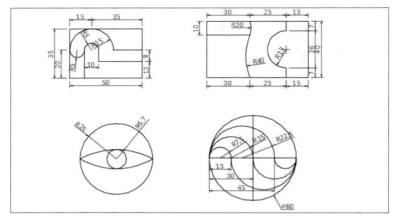

Chapter 04 도형의 수정

도면 작업에서 작성된 도형을 수정하는 작업을 수없이 반복합니다. 도형을 복사하고 위치를 이동하고 방향을 바뀌거나 키우고 줄이는 작업 등입니다. 이번에는 도형을 수정하는 방법에 대해 학습합니다.

1 객체의 복사

앞에서 학습한 '복사(COPY)' 외에도 객체를 복사하는 기능이 많습니다. 선이나 호를 띄우기도 하고 대칭으로 복사하기도 합니다. 객체를 복사하는 기능에 대해 알아보겠습니다.

1. 간격띄우기(OFFSET)

선택한 객체를 지정한 간격만큼 띄워서 복사합니다.

명령: OFFSET(단축키: O)	아이콘: ⊑

{간격띄우기 거리 지정 또는 [통과점(T)/지우기(E)/도면층 (L)] <통과점>:}에서 띄울 거리(간격: 600)를 지정합니다. {간격띄우기할 객체 선택 또는 [종료(E)/명령 취소(U)] <종료>:}에서 띄울 객체(트랙)를 선택합니다.

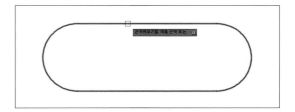

{간격띄우기할 면의 점 지정 또는 [종료(E)/다중(M)/명령 취소(U)] <종료>:}에서 띄울 방향(바깥쪽)을 지정합니다. 반복해서 띄울 객체를 선택하고 방향을 지정합니다.

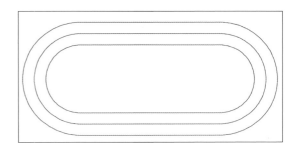

{간격띄우기 거리 지정 또는 [통과점(T)/지우기(E)/도면층(L)] <통과점>:}

① 통과점(T): 간격을 지정하는 대신 통과할 점을 지정하여 선택한 객체를 지정한 점으로 평행 복사합니다.

② 지우기(E): 간격띄우기를 한 후 원본 객체를 지웁니다. {원본 객체를 간격띄우기한 후 지우시겠습니까? [예(Y)/아니오(N)]<N>:}에서 'Y'를 지정하면 원본 객체가 지워집니다.

③ 도면층(L): 간격띄우기 객체를 현재 도면층으로 할 것인지, 원본 객체의 도면층을 따를 것인지 결정합니다. {간격띄우기 객체의 도면층 옵션 입력 [현재(C)/원본(S)] <원본>:}에서 결정합니다. '원본'은 원래 객체가 가지고 있는 도면층을 그대로 복사하는 것이고, '현재'는 현재의 도면층으로 설정하여 복사하는 것입니다.

{간격띄우기할 면의 점 지정 또는 [종료(E)/다중(M)/명령 취소(U)] <종료>:}

① 종료(E): 간격띄우기를 종료합니다.

② 다중(M): 선택한 객체를 여러 개 반복해서 간격을 띄우고자 할 때 지정합니다.

③ 명령 취소(U): 직전의 간격띄우기를 취소합니다.

2. 대칭(MIRROR)

기준면(두 점으로 만드는 기준선)을 기준으로 대칭되는 객체를 작성합니다. 상·하 또는 좌·우 대칭인 객체를 작성할 때 유용하게 쓰입니다.

명령: MIRROR(단축키:MI)	아이콘: ⚖

{객체 선택:}에서 대칭 복사할 객체를 선택합니다.

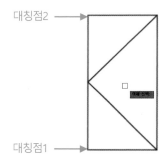

대칭점2

대칭점1

{대칭선의 첫 번째 점 지정:}에서 대칭선의 첫 번째 점을 지정합니다.
{대칭선의 두 번째 점 지정:}에서 대칭선의 두 번째 점을 지정합니다.
{원본 객체를 지우시겠습니까? [예(Y)/아니오(N)] <N>:}에서 'N'을 입력하거나 <Enter> 키 또는 <Space bar>를 눌러 디폴트 값(N)을 채용합니다. 다음 그림과 같이 양쪽 대칭점을 기준으로 대칭 복사됩니다.

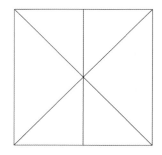

{원본 객체를 지우시겠습니까? [예(Y)/아니오(N)] <N>:}

• 예(Y): 선택된 객체(원본 객체)를 지우고 대칭으로 복사합니다. 위의 예에서 'Y'를 입력하면 다음 그림과 같이 원본 객체가 지워지면서 대칭으로 복사됩니다.

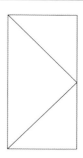

3. 배열(ARRAY)

선택된 객체를 직사각형, 원형 방향으로 일정한 간격을 두어 배열(배치)합니다. 또, 선택한 경로를 따라 배열합니다.

명령: ARRAY(단축키: AR)	아이콘:

01. 직사각형 배열(ARRAYRECT)

선택한 객체를 주어진 조건(간격과 수량)에 의해 직사각형(가로, 세로) 방향으로 배열합니다.
먼저 배열하고자 하는 객체(오각형)를 작성해 둡니다.

명령어 'ARRAY' 또는 'AR'을 입력하여 옵션 '직사각형(R)'을 선택하거나 '홈' 탭의 '수정' 패널 또는 '수정' 도구막대에서 ▦을 클릭합니다.
{객체 선택:}에서 배열하고자 하는 객체(오각형)를 선택합니다.
상단의 '배열' 탭에서 배열 조건(열과 행의 수와 간격)을 입력한 후 '배열 닫기'를 클릭합니다. 다음은 오각형 객체를 열의 수를 '4', 간격을 '200', 행의 수를 '3', 간격을 '120'으로 지정한 경우 직사각형 배열된 결과입니다.

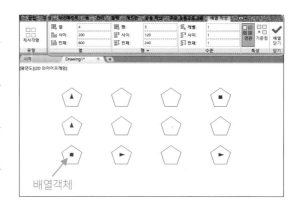

'연관'은 배열된 객체를 하나로 묶을 것인지, 묶지 않을 것인지 지정하는 조건입니다. '연관'으로 그룹화된 객체 중 하나를 지우려면 '분해(EXPLODE)' 명령으로 분해한 후 지워야 합니다.

02. 원형 배열(ARRAYPOLAR)

선택한 객체를 주어진 조건(각도 또는 수량)에 의해 원형으로 배열합니다.

먼저 배열하고자 하는 객체(별)를 작성해 둡니다.

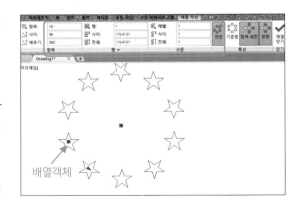

명령어 'ARRAY' 또는 'AR'을 입력하여 옵션 '원형(PO)'을 선택하거나 '홈' 탭의 '수정' 패널 또는 '수정' 도구 막대에서 █을 클릭합니다.

{객체 선택:}에서 배열하고자 하는 객체를 선택합니다.

{배열의 중심점 지정 또는 [기준점(B)/회전축(A)]:}에서 원형 배열의 중심을 지정합니다.

상단의 '배열' 탭에서 배열 조건(항목 수, 배열 각도 등)을 지정한 후 '배열 닫기'를 클릭합니다. 다음은 별 모양의 객체를 항목의 수를 '10' 채우기 각도를 '360'으로 지정하여 원형 배열된 결과입니다.

03. 경로 배열(ARRAYPATH)

선택한 객체가 경로를 따라 배열합니다.

먼저 배열하고자 하는 객체(나무)를 작성해 둡니다.

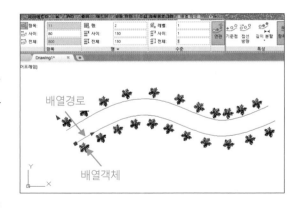

명령어 'ARRAY' 또는 'AR'을 입력하여 옵션 '경로(PA)'를 선택하거나 '홈' 탭의 '수정' 패널 또는 '수정' 도구 막대에서 █을 클릭합니다.

{객체 선택:}에서 배열하고자 하는 객체를 선택합니다.

{경로 곡선 선택:}에서 경로에 해당되는 곡선을 선택합니다.

상단의 '배열' 탭에서 배열 조건(항목 수, 행의 수와 간격 등)을 입력한 후 '배열 닫기'를 클릭합니다. 다음은 '사이' 수를 '80', '행' 수를 '2'로 설정하여 경로를 따라 배열된 예입니다.

04. 배열의 편집 및 옵션

배열된 객체를 선택하면 배열 작성 때와 마찬가지로 탭 메뉴에 편집 메뉴를 제공합니다. 또는 '배열 편집 (ARRAYEDIT)█' 명령으로 편집합니다.

(1) 직사각형 배열: 직사각형으로 배열된 객체를 선택하면 다음과 같은 배열 편집을 위한 탭 메뉴가 나타납니다.

탭 메뉴는 현재 설정된 직사각형 배열 조건을 표시하고 있습니다.

① '열' 패널: 열의 수, 항목 사이의 간격, 전체 열의 길이를 지정합니다.

② '행' 패널: 행의 수, 행 사이의 간격, 전체 행의 길이를 지정합니다.

③ '수준' 패널: Z 방향의 레벨의 수와 간격을 지정합니다.

④ '특성' 패널: '연관'을 켜면 배열된 객체를 그룹화 합니다. '기준점'은 배열의 기준점을 재지정합니다.

⑤ '옵션' 패널: 원본 객체를 편집할 수 있고 배열 항목을 바꿀 수 있으며 배열을 재설정할 수 있습니다.

(2) 원형 배열: 원형 배열된 객체를 선택하면 다음과 같은 원형 배열 편집을 위한 탭 메뉴가 나타납니다.

① '항목' 패널: 항목의 수, 항목 사이의 각도, 채울 각도를 지정합니다.

② '행' 패널: 행의 수, 행 사이의 간격, 전체 행의 길이를 지정합니다.

③ '수준' 패널: Z 방향의 레벨의 수와 간격, 길이를 지정합니다.

④ '특성' 패널: 기준점을 재지정할 수 있고, 항목의 회전 여부와 방향을 지정합니다.

⑤ '옵션' 패널: 이 패널은 편집 시에만 나타납니다. 원본을 편집할 수 있고, 항목을 다른 객체로 대치할 수 있으며 배열을 재설정할 수 있습니다.

(3) 경로 배열: 경로를 따라 배열된 객체를 선택하면 다음과 같은 경로 배열 편집을 위한 탭 메뉴가 나타납니다.

① '항목' 패널: 항목의 수, 항목 사이의 간격, 전체 길이를 지정합니다.

② '행' 패널: 행의 수, 행 사이의 간격, 전체 행의 길이를 지정합니다.

③ '수준' 패널: Z 방향의 레벨의 수와 간격, 길이를 지정합니다.

④ '특성' 패널: 기준점의 재지정, 등분할 또는 길이 분할 여부를 지정할 수 있으며 항목의 정렬과 Z축 방향의 설정을 켜거나 끌 수 있습니다. 항목 정렬은 배열 시 배열되는 객체의 방향을 경로의 방향을 따를 것인지를 지정합니다.

⑤ '옵션' 패널: 이 패널을 편집 시에만 나타나는 패널입니다. 원본을 편집할 수 있고, 항목을 다른 객체로 대치할 수 있으며 배열을 재설정할 수 있습니다.

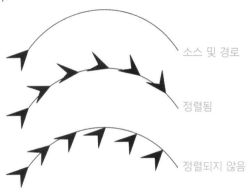

소스 및 경로

정렬됨

정렬되지 않음

4. 회전(ROTATE)

선택한 객체를 특정한 점을 기준으로 하여 지정된 각도로 회전시키는 명령입니다. 옵션을 사용하여 복사도 가능합니다.

명령: ROTATE(단축키:RO)	아이콘:

{현재 UCS에서 양의 각도: 측정 방향 = 시계 반대 방향 기준 방향 = 0}
{객체 선택:}에서 회전할 객체를 선택합니다.
{기준점 지정:}에서 기준점을 지정합니다.

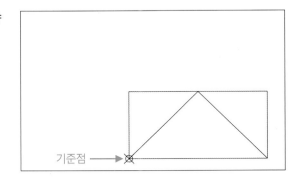

{회전 각도 지정 또는 [복사(C)/참조(R)] <0>:}에서 각도 (90도)을 입력합니다. 다음 그림과 같이 지정한 각도(90도)로 회전합니다.

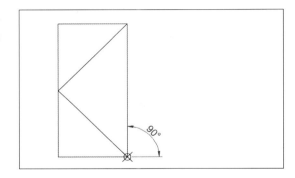

옵션 설명

{회전 각도 지정 또는 [복사(C)/참조(R)] <0>:}

① 복사(C): 원본 객체는 그대로 두고 객체를 복사하여 회전합니다.

② 참조(R): 지정된 각도부터 새로운 절대 각도까지 객체를 회전합니다.
{참조 각도를 지정 <0>:}에서 참조 각도를 입력합니다.
{새 각도 지정 또는 [점(P)] <90>:}에서 각도를 입력하면 참조 각도가 새 각도로 회전합니다. 참조 각도를 '30'을 입력한 후 새 각도를 '90'으로 입력하면 '30'도의 객체가 '90'도로 회전됩니다.

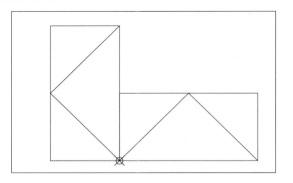

5. 중첩 객체 복사(NCOPY)

외부 참조(XREF), 블록(BLOCK) 또는 DGN 언더레이 내에 있는 객체를 분해 또는 결합하지 않고 선택한 객체를 직접 현재 도면에 복사합니다. 일반적으로 블록과 같이 여러 객체가 하나의 덩어리로 구성된 복합객체 중 특정 객체를 복사하려면 '분해(EXPLODE)' 명령으로 분해한 후 복사해야 하는데 '중첩된 객체 복사(NCOPY)'기능은 분해하지 않고 복사할 수 있습니다.

명령: NCOPY	아이콘:

(1) 다음과 같은 블록이 있다고 가정하겠습니다.

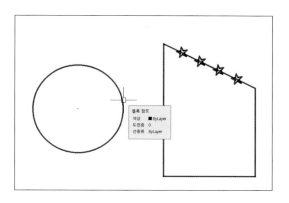

> (Tip) '블록(BLOCK)'은 단일 객체를 작성하기 위해 결합된 하나 이상의 객체입니다. 블록은 도면에서 자주 사용하는 기호, 부품, 상세 뷰 등을 이름을 지정하여 저장해 놓은 복합 객체입니다. 예를 들어, 파이프 도면에 자주 사용하는 밸브와 같은 부품을 미리 만들어 놓은 객체입니다. 자세한 내용은 <Special Page>의 '블록의 활용'을 참고합니다.

(2) 명령어 'NCOPY'을 입력하거나 '홈' 탭의 '수정' 패널에서 을 클릭합니다.

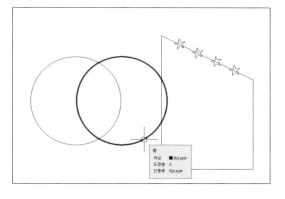

{복사할 중첩된 객체 선택 또는 [설정(S)]:}에서 원을 선택합니다. {1개를 찾음}
{복사할 중첩된 객체 선택 또는 [설정(S)]:}에서 <Enter>키 또는 <Space bar>를 눌러 선택을 종료합니다.
{[기준점 지정 또는 [변위(D)/다중(M)] <변위>:]}에서 기준점을 지정합니다.
{두 번째 점 지정 또는 [배열(A)] <첫 번째 점을 변위로 사용>:}에서 복사 위치를 지정합니다.
다음과 같이 블록을 구성하는 객체인 원을 분해하지 않고 원만 선택하여 복사합니다.

객체의 크기나 길이를 키우고 줄이는 기능입니다. 모서리를 깎기도 하고 객체와 객체를 연결하기도 합니다.

1. 자르기와 연장(TRIM, EXTEND)

선택한 모서리를 경계로 객체를 자르거나 연장합니다.

01. 자르기(TRIM)

선택한 모서리를 경계로 자릅니다. AutoCAD 2021에서는 이전 버전과 달리 모든 경계선을 인식하도록 설정되어 있습니다.

명령: TRIM(단축키:TR)	아이콘: ✂

(1) 다음과 같은 도형이 있다고 가정하겠습니다.

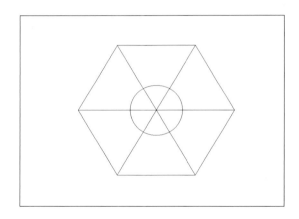

(2) 자르기(TRIM) 명령을 실행합니다.
{현재 설정: 투영 = UCS, 모서리 = 없음, 모드 = 빠른 작업}
{자를 객체를 선택하거나 Shift 키를 누른 채로 선택하여 확장 또는 [절단 모서리(T)/걸치기(C)/모드(O)/프로젝트(P)/지우기(R)]:}에서 마우스 왼쪽 버튼을 누른 채로 자르고자 하는 객체를 올가미로 감쌉니다.

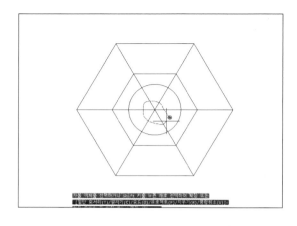

다음과 같이 원 안쪽의 객체(선)가 잘립니다. 선택한 객체
와 만나는 경계선(원)을 기준으로 객체를 자릅니다.

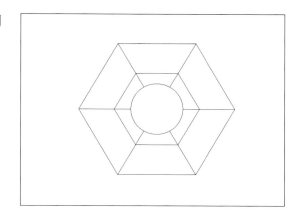

시스템 변수 'TRIMEXTENDMODE'에 의해 빠른 작
업 모드를 ON/OFF합니다.
{TRIMEXTENDMODE에 대한 새 값 입력 <1>:}에서
'0'을 입력한 후 자르기(TRIM)을 실행하면 빠른 작
업 모드가 해제되어 절단 모서리를 선택하는 메시
지가 표시됩니다.

(3) {명령:}에서 'TRIMEXTENDMODE'를 입력합니다.
{TRIMEXTENDMODE에 대한 새 값 입력 <1>:}에서 '0'을 입력합니다.

(4) 자르기(TRIM) 명령을 실행합니다.
{절단 모서리 선택…}
{객체 선택 또는 [모드(O)] <모두 선택>:}에서 안쪽의 육
각형을 선택합니다.
{객체 선택:}에서 <Enter> 키를 눌러 선택을 종료합니다.

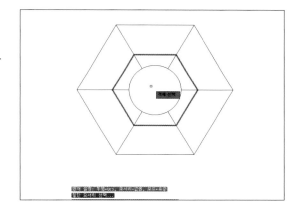

{자를 객체를 선택하거나 Shift 키를 누른 채로 선택하여
확장 또는 [절단 모서리(T)/울타리(F)/걸치기(C)/모드(O)/프
로젝트(P)/모서리(E)/지우기(R)]:}에서 울타리 'F'를 지정
합니다.
{첫 번째 울타리 점 또는 선택/끌기 커서 지정:}
{다음 울타리 점 지정 또는 [명령 취소(U)]:}에서 마우스로
드래그하여 다음과 같이 안쪽 선을 지정합니다.

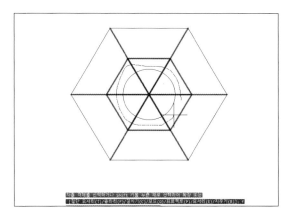

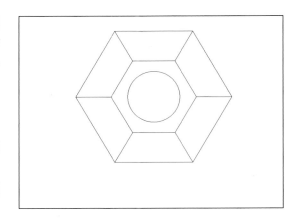

{자를 객체를 선택하거나 Shift 키를 누른 채로 선택하여 확장 또는 [절단 모서리(T)/울타리(F)/걸치기(C)/모드(O)/프로젝트(P)/모서리(E)/지우기(R)/명령 취소(U)]:}에서 <Enter> 키를 누릅니다.

다음과 같이 선택한 경계선을 기준으로 선을 자릅니다.

{명령:}에서 시스템 변수 'TRIMEXTENDMODE'를 입력합니다.

{TRIMEXTENDMODE에 대한 새 값 입력 <1>:}에서 원래의 값인 '1'을 입력합니다.

02. 연장(EXTEND)

선택한 모서리의 경계까지 연장합니다. AutoCAD 2021에서는 이전 버전과 달리 모든 경계선을 인식하도록 설정되어 있습니다.

명령: EXTEND(단축키:EX)　　　　　　　　아이콘: ➡|

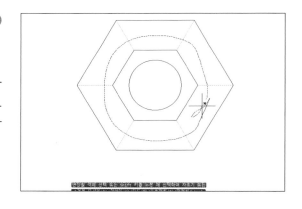

(1) 앞의 실습에 이어서 실습하겠습니다. 연장(EXTEND) 명령을 실행합니다.

{현재 설정: 투영 = UCS, 모서리 = 없음, 모드 = 빠른 작업}

{연장할 객체 선택 또는 Shift 키를 누른 채 선택하여 자르기 또는 [경계 모서리(B)/걸치기(C)/모드(O)/프로젝트(P)]:}에서 다음과 같이 마우스를 드래그하여 선을 선택합니다.

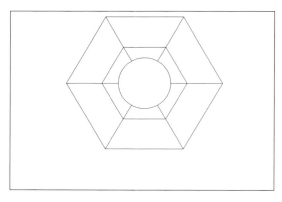

{연장할 객체 선택 또는 Shift 키를 누른 채 선택하여 자르기 또는 [경계 모서리(B)/걸치기(C)/모드(O)/프로젝트(P)/명령 취소(U)]:}에서 <Enter> 키를 눌러 종료합니다. 다음과 같이 선택된 선이 원(경계선)까지 연장됩니다.

> **참고<<** **자르기와 연장에서의 〈Shift〉 키**
> 자르기와 연장 명령은 밀접한 관계가 있습니다. '자르기(TRIM)' 명령 중에 <Shift> 키를 누르면서 객체를 선택하면 연장(EXTEND)되고, '연장(EXTEND)' 명령 중에는 <Shift> 키를 누르면서 객체를 선택하면 자르기(TRIM)가 실행됩니다.

{연장할 객체 선택 또는 <Shift> 키를 누른 채 선택하여 자르기 또는 [경계 모서리(B)/걸치기(C)/모드(O)/프로젝트(P)]:}

① 경계 모서리(B): 경계 모서리 선택을 지정합니다.

② 걸치기(C): 객체를 선택할 때 경계선을 포함한 크로싱 선택을 합니다.

③ 모드(O): 빠른 작업(Q)를 할 것인지, 표준 작업(S)을 할 것인지 선택합니다. 시스템 변수 'TRIMEXTENDMODE' 를 설정합니다.

④ 프로젝트(P): 객체를 자르거나 연장할 때 사용하는 투영 방법을 지정합니다. 3차원 공간에서만 교차하는 객체를 자르는 [없음(N)], 현재 UCS의 XY 평면에 투영을 지정하여 3차원 공간에서 교차하지 않는 객체를 자르는 [UCS(U)], 현재 뷰 방향을 따라 투영하도록 지정하는 [뷰(V)]입니다. [뷰(V)]는 현재 뷰의 경계와 교차하는 객체를 자릅니다.

{자를 객체 선택 또는 <Shift> 키를 누른 채 선택하여 연장 또는 [경계 모서리(B)/울타리(F)/걸치기(C)/프로젝트(P)/ 모서리(E)/지우기(R)/명령 취소(U)]:}

① 경계 모서리(B): 경계 모서리 선택을 지정합니다.

② 울타리(F): 객체 선택 방법의 울타리(F) 선택 기능으로 울타리 선에 교차하는 모든 객체를 선택합니다.

③ 걸치기(C): 객체 선택 방법의 크로싱(C) 선택 기능으로 두 점의 범위를 지정하여 걸치거나 포함된 객체를 선택합니다.

④ 프로젝트(P): 객체를 자르거나 연장할 때 사용하는 투영 방법을 지정합니다.

⑤ 모서리(E): 자르기와 연장은 기본적으로 경계선을 기준으로 자르거나 연장합니다. 그러나 '모서리(E)' 옵션을 이용하여 모서리를 지정하면 실제 경계선과 교차하지 않더라도 연장선상에 있으면 자르기가 가능합니다. 교차하는 객체만을 자르려면 '연장 안함(N)'으로 설정합니다.

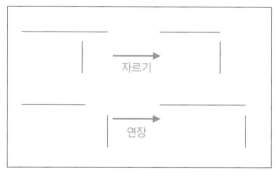

'모서리(E)' 옵션에서 '연장 안함(N)'으로 설정해 놓으면 경계선이 교차하지 않기 때문에 자르거나 연장이 되지 않습니다. 그러나 '연장(E)'으로 설정하면 위의 그림과 같이 경계선이 교차되지 않더라도 경계선의 연장선상에서 연장이나 자르기를 합니다.

⑥ 지우기(R): 자르기에만 있는 옵션으로 선택한 객체를 지웁니다. 이 옵션은 자르기 명령을 종료하지 않고 객체를 삭제할 때 편리한 방법입니다.

⑦ 명령 취소(U): 자르거나 연장을 실행한 후 이전 단계로 되돌립니다.

2. 모서리 처리(FILLET, CHAMFER)

모서리를 둥그렇게 깎아내는 모깎기(FILLET)와 일정 거리로 따내는 모따기(CHAMFER) 기능입니다.

01. 모서리를 부드럽게 깎아내는 모깎기(FILLET)

모서리를 부드럽게(둥글게) 깎아냅니다. 지정된 반지름을 가진 호 형태로 두 객체를 연결합니다.

명령: FILLET(단축키:F)	아이콘: ◼

실슬을 위해 폴리선으로 지그재그선(위)과 선으로 직사각형을 작도해 둡니다.

{첫 번째 객체 선택 또는 [명령 취소(U)/폴리선(P)/반지름
(R)/자르기(T)/다중(M)]:}에서 반지름 값을 조정하기 위해
'R'을 입력합니다.
{모깎기 반지름 지정 <50.0000>:}에서 반지름 값(예:
100)을 입력합니다.
{첫 번째 객체 선택 또는 [명령 취소(U)/폴리선(P)/반지름
(R)/자르기(T)/다중(M)]:}에서 첫 번째 객체를 선택합니다.
{두 번째 객체 선택 또는 Shift 키를 누른 채 선택하여
구석 적용 또는 [반지름(R)]:}에서 두 번째 객체를 선택
합니다. 다음 그림과 같이 선택한 두 객체의 모서리가 모깎기됩니다.

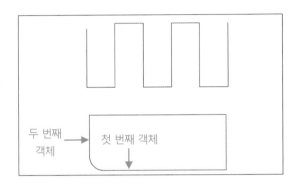

<Enter> 키 또는 <Space bar>를 눌러 모깎기 명령을 다
시 실행합니다.
{첫 번째 객체 선택 또는 [명령 취소(U)/폴리선(P)/반지름
(R)/자르기(T)/다중(M)]:}에서 폴리선 옵션 'P'를 입력합
니다.
{2D 폴리선 선택:}에서 폴리선을 선택합니다.
{10 선은(는) 모깎기됨}이라는 메시지와 함께 폴리선의
각 모서리가 지정된 반지름으로 모깎기됩니다.

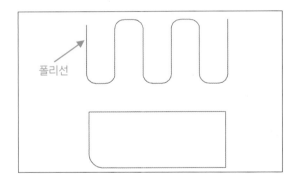

> 🍴(Tip) {두 번째 객체 선택 또는 Shift 키를 누른 채 선택하여 구석 적용 또는 [반지름(R)]:}에서 <Shift> 키를 누르면
> 서 두 번째 객체를 선택하면 반지름 값이 '0'인 모깎기가 됩니다.

{첫 번째 객체 선택 또는 [명령 취소(U)/폴리선(P)/반지름(R)/자르기(T)/다중(M)]:}

① 명령 취소(U): 이전 동작을 취소합니다.

② 폴리선(P): 2D 또는 3D 폴리선의 교차하는 폴리선 세그먼트는 폴리선의 각 정점에서 모깎기됩니다.

③ 자르기(T): 선택한 모서리를 모깎기 선 끝점까지 자르기 할지 여부를 조정합니다.

{자르기 모드 옵션 입력 [자르기(T)/자르지 않기(N)] <자르기>:}에서 'N'을 선택하면 기존의 모서리가 잘라지지 않고 모깎기됩니다. 기본 값은 '자르기(T)'입니다.

④ 다중(M): 모깎기 명령은 한 모서리를 모깎기하면 명령이 종료됩니다. 그러나 '다중(M)' 옵션을 선택하면 계속해서 모깎기를 할 수 있습니다.

02. 모서리를 양쪽으로 깎아내는 모따기(CHAMFER)

모따기 명령은 모서리를 양쪽 면으로부터 일정한 간격을 두어 따냅니다. 즉, 비스듬한 선으로 두 객체를 연결합니다.

명령: CHAMFER(단축키:CHA)　　　아이콘: ■

{첫 번째 선 선택 또는 [명령 취소(U)/폴리선(P)/거리(D)/각도(A)/자르기(T)/메서드(E)/다중(M)]:}에서 거리 옵션 'D'를 입력합니다.
{첫 번째 모따기 거리 지정 <0.0000>:}에서 '100'을 입력합니다.
{두 번째 모따기 거리 지정 <100.0000>:}에서 <Enter> 키 또는 <Space bar>를 누릅니다.
{첫 번째 선 선택 또는 [명령 취소(U)/폴리선(P)/거리(D)/각도(A)/자르기(T)/메서드(E)/다중(M)]:}에서 첫 번째 선을 선택합니다.

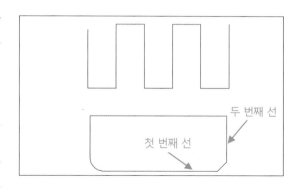

{두 번째 선 선택 또는 <Shift> 키를 누른 채 선택하여 구석 적용 또는 [거리(D)/각도(A)/메서드(M)]:}에서 두 번째 선을 선택합니다. 다음 그림과 같이 두 선의 모서리가 지정된 거리만큼 모따기됩니다.

(1) <Enter> 키 또는 <Space bar>를 눌러 모따기 명령을 다시 실행합니다.
{(TRIM 모드) 현재 모따기 거리1 = 100.0000, 거리2 = 100.0000}
{첫 번째 선 선택 또는 [명령 취소(U)/폴리선(P)/거리(D)/각도(A)/자르기(T)/메서드(E)/다중(M)]:}에서 폴리선 옵션 'P'를 입력합니다.
{2D 폴리선 선택 또는 [거리(D)/각도(A)/메서드(M)]:}에

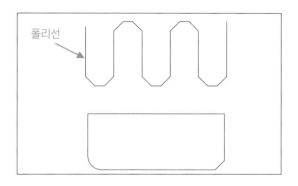

서 폴리선을 선택합니다.

{10 선은(는) 모따기됨}라는 메시지와 함께 그림과 같이 모따기됩니다.

 {두 번째 선 선택 또는 Shift 키를 누른 채 선택하여 구석 적용 또는 [거리(D)/각도(A)/메서드(M)]:}에서 객체를 선택하면 모따기 거리만큼 모따기가 되지만 <Shift> 키를 누르면서 객체를 선택하면 모따기 거리 값이 무시되고 수직으로 연결합니다.

옵션 설명

{첫 번째 선 선택 또는 [명령 취소(U)/폴리선(P)/거리(D)/각도(A)/자르기(T)/메서드(E)/다중(M)]:}

① 명령 취소(U): 이전 동작을 취소합니다.

② 폴리선(P): 2D 또는 3D 폴리선의 교차하는 폴리선 세그먼트는 폴리선의 각 정점에서 모따기됩니다.

③ 각도(A): 첫 번째 선에 대한 모따기 거리와 두 번째 선에 대한 각도를 사용하여 모따기 거리를 설정합니다.

④ 자르기(T): 선택한 모서리를 모따기 선 끝점까지 자르기 할지 여부를 조정합니다.

　{자르기 모드 옵션 입력 [자르기(T)/자르지 않기(N)] <자르기>:}에서 'N'을 선택하면 기존의 모서리가 잘라지지 않고 모따기됩니다. 기본 값은 '자르기(T)'입니다.

⑤ 메서드(E): 모따기할 때 두 거리를 사용할지 또는 한 거리와 한 각도를 사용할지 지정합니다. {자르기 방법 입력 [거리(D)/각도(A)] <거리>:}에서 선택합니다.

⑥ 다중(M): 모따기 명령은 한 모서리를 모따기를 하면 명령이 종료됩니다. 그러나 '다중(M)' 옵션을 선택하면 계속해서 모따기를 할 수 있습니다.

참고<< **서로 떨어져 있는 객체의 모깎기와 모따기**

서로 떨어져 있는 객체를 모깎기(FILLET) 또는 모따기(CHAMFER)를 하면 떨어진 선을 연결하면서 모깎기 또는 모따기 처리합니다.

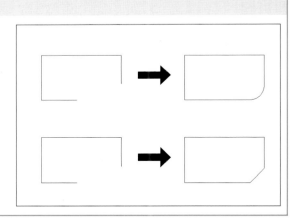

3. 축척

줌(ZOOM) 명령은 실제 객체의 크기가 바뀌는 것이 아니라 가까이서 보느냐, 멀리서 보느냐에 의해 크기가 다릅니다. 축척 명령은 객체의 크기를 키우거나 줄이는 명령입니다.

명령: SCALE(단축키: SC)	아이콘 버튼:

{객체 선택:}에서 대상 객체를 선택합니다.
{기준점 지정:}에서 기준점을 지정합니다.

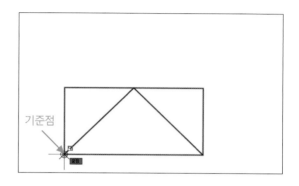

{축척 비율 지정 또는 [복사(C)/참조(R)] <1.0000>:}에서 축척 비율(1.5)을 입력합니다. 다음과 같이 지정한 비율만큼 확대(또는 축소)됩니다.

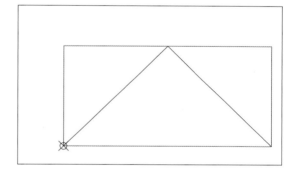

> **참고<<** **분수의 표현**
>
> 정수 또는 '0.5'와 같이 실수 값으로 정확히 값이 계산되는 경우는 숫자를 그대로 입력합니다. 그러나, '1/3'배와 같이 나머지가 남는 배율의 경우는 분수식 표현을 그대로 사용하면 됩니다. 예를 들어, {축척 비율 지정 또는 [복사(C)/참조(R)] <1.0000>:}에서 '1/3' 또는 '3/4' 등 분수 표현식을 그대로 입력합니다.

옵션 설명

{축척 비율 지정 또는 [복사(C)/참조(R)] <1.0000>:}
① 복사(C): 원본 객체를 그대로 두고 비율을 바꾸면서 새로운 객체를 작성하는 방법입니다.
② 참조(R): 선택한 객체를 참조 길이와 지정한 새로운 길이를 기준으로 확대 또는 축소합니다.

> **(Tip)** 여기에서 거리 값을 직접 수치로 입력할 수 있지만 두 점을 지정하면 두 점 사이의 거리를 계산에서 값으로 받아들입니다.

{새 길이 지정 또는 [점(P)] <1.0000>:}에서 새로운 길이 값 '600'을 입력합니다.

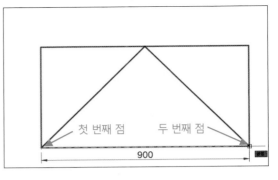

 {새 길이 지정 또는 [점(P)] <1.0000>:}에서도 숫자를 입력하지 않고 마우스 커서로 두 점을 지정할 수도 있습니다.

다음 그림과 같이 한 변의 길이가 '900' → '600' 크기의 비율로 크기가 바뀝니다.

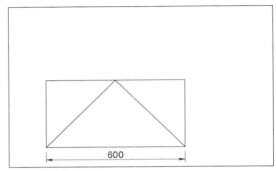

4. 신축(STRETCH)

객체의 일부분을 늘리거나 줄입니다. 앞의 예에서와 같이 연결 상태를 그대로 유지하면서 이동할 때 유용하게 쓰입니다.

명령: STRETCH(단축키:S)	아이콘:

{걸침 윈도우 또는 걸침 다각형만큼 신축할 객체 선택…}
{객체 선택:}에서 신축하고자 하는 객체를 선택합니다. 이때, 늘리고자 하는 객체를 '크로싱(C)' 방법으로 걸치도록 선택합니다.

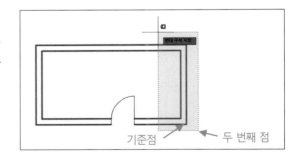

{기준점 지정 또는 [변위(D)] <변위>:} 늘리고자 하는 객체의 기준점을 지정합니다.
{두 번째 점 지정 또는 <첫 번째 점을 변위로 사용>:} 늘리고자 하는 객체의 두 번째 점을 지정합니다.

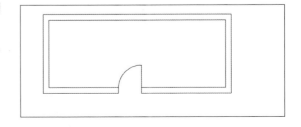

신축 명령을 실행하면 {걸침 윈도우 또는 걸침 다각형만큼 신축할 객체 선택…}라는 메시지가 표시됩니다. 이는 반드시 객체가 걸치도록 선택하라는 뜻입니다. 즉, 객체 선택 방법 중 '크로싱(C)' 또는 '크로싱 폴리곤(CP)'으로 선택해야 합니다. '윈도우(W)' 방법으로 선택하게 되면 신축이 아니라 이동(MOVE)되게 됩니다.

신축 기능을 이용하면 연결 상태를 유지하면서 객체를 이동할 수 있습니다.
{객체 선택:}에서 이동하고자 하는 객체가 완전히 감싸지도록 범위를 감싸 선택합니다. '크로싱(C)' 방법으로 걸치도록 선택합니다.

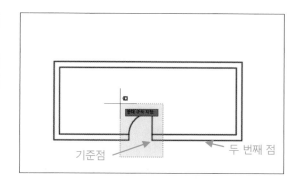

기준점   두 번째 점

{기준점 지정 또는 [변위(D)] <변위>:} 기준점을 지정합니다.
{두 번째 점 지정 또는 <첫 번째 점을 변위로 사용>:} 늘리고자 하는 객체의 두 번째 점을 지정합니다. 다음과 같이 문의 위치가 오른쪽으로 이동합니다.

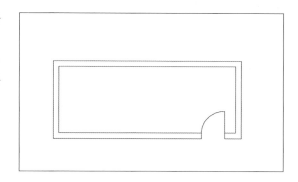

{기준점 지정 또는 [변위(D)] <변위>:}

변위(D): 선택된 객체의 위치에서 변위 값(이동할 상대 거리)을 지정해 이동합니다. 즉, 현재 위치에서 이동할 거리를 상대 좌표(X,Y,Z)로 지정합니다.

5. 길이 조정(LENGTHEN)

길이가 있는 객체(선, 호)의 길이를 조정하여 한 방향으로만 길거나 짧게 만들거나 일정한 비율로 키우거나 줄일 수 있도록 합니다.

명령: LENGTHEN(단축키:LEN)	메뉴 아이콘:

{객체 선택 또는 [증분(DE)/퍼센트(P)/합계(T)/동적(DY)]:}에서 동적 옵션 'DY'를 입력합니다.
{변경할 객체 선택 또는 [명령 취소(U)]:}에서 호를 선택합니다. 그러면 다음 그림과 같이 호에 고무줄(러버

밴드)처럼 조절할 수 있는 상태가 됩니다. 이때 조정하고
자 하는 위치를 지정합니다.

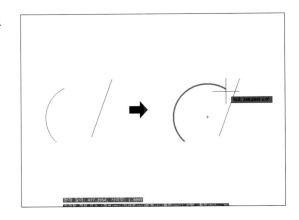

<Enter> 키 또는 <Space bar>를 눌러 길이 조정 명령을
재실행합니다.
{객체 선택 또는 [증분(DE)/퍼센트(P)/합계(T)/동적(DY)]:}
에서 '퍼센트' 옵션 'P'를 입력합니다.
{퍼센트 길이 입력 <100.0000>:}에서 '150'을 입력합니다.
{변경할 객체 선택 또는 [명령 취소(U)]:}에서 선 객체를
선택합니다.
{변경할 객체 선택 또는 [명령 취소(U)]:}에서 <Enter>
키 또는 <Space bar>로 객체 선택을 종료합니다. 객체의
길이가 기존 크기의 '150%' 크기로 조정됩니다.

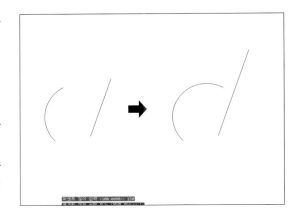

옵션 설명

{객체 선택 또는 [증분(DE)/퍼센트(P)/합계(T)/동적(DY)]:}

① 합계(T): 객체의 전체 길이가 지정된 길이만큼 조정됩니다.

② 증분(DE): 지정된 증분 값만큼 객체의 길이를 변경합니다. 입력한 값만큼 객체의 길이가 늘어나거나 줄어듭니다.

3 끊기와 잇기

도면 작업을 하다 보면 연결된 객체를 끊기도 하고 떨어진 객체를 연결할 때도 있습니다. 이번에는 객체의 끊기와 잇기 기능을 학습합니다.

1. 끊기(BREAK)

객체를 한 점에서 끊거나 지정한 두 점 사이에 간격을 두어 끊는 기능입니다. 단, 블록(BLOCK), 여러 줄 (MLINE), 치수(DIMENSION), 영역(REGION)은 끊을 수 없습니다.

명령: BREAK(단축키:BR)	아이콘:

폴리선으로 작도된 트랙을 이용하여 실습하겠습니다.
{객체 선택:}에서 끊고자 하는 첫 번째 점(P1)을 지정합니다.
{두 번째 끊기점을 지정 또는 [첫 번째 점(F)]:}에서 끊고자 하는 두 번째 점(P2)을 지정합니다. 다음과 같이 지정한 두 점 사이가 끊어집니다.

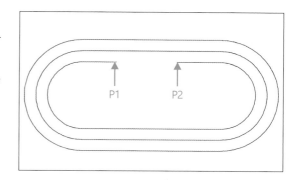

옵션 설명 {두 번째 끊기점을 지정 또는 [첫 번째 점(F)]:}

첫 번째 점(F): {객체 선택:}에서 선택한 점을 사용하지 않고 사용자가 새로운 첫 번째 점을 재지정합니다.

참고<< 끊기의 방향

선의 경우는 지정한 두 점 사이를 끊지만 원이나 호는 각도의 측정 방향으로 끊어지게 됩니다. 따라서 원의 경우는 끊고자 하는 점을 지정할 때 각도를 고려해서 지정해야 합니다.
왼쪽 원은 0도 위치의 사분점을 먼저 지정하고 180도 위치의 사분점을 나중에 지정한 경우입니다. 오른쪽 원은 180도 위치의 사분점을 먼저 지정하고 0도 위치의 사분점을 나중에 지정한 경우입니다.

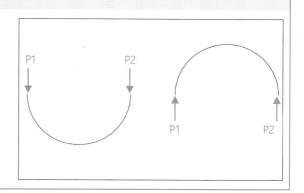

2. 점에서 끊기(BREAKATPOINT)

지정한 점에서 객체를 끊습니다.

명령: BREAKAPOINT	아이콘: 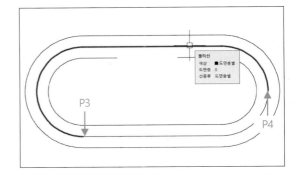

{객체 선택:}에서 끊기 할 객체를 선택합니다.
{끊기점 지정:}에서 끊을 위치(P3)를 지정합니다.
<Enter> 키 또는 <Space bar>를 눌러 점에서 끊기를 재실행합니다.
{객체 선택:}에서 끊을 객체를 선택합니다.
{끊기점 지정:}에서 끊을 위치(P4)를 지정합니다.
다음과 같이 지정한 위치에서 객체가 끊어집니다.

> **참고<<** **끊기(BREAK) 명령에서 분할**
>
> 분할은 '점에서 끊기 ■'를 이용하거나 다음과 같이 실행하면 한 점에서 객체가 끊어집니다.
> {객체 선택:}에서 분할하고자 하는 객체를 선택합니다.
> {두 번째 끊기점을 지정 또는 [첫 번째 점(F)]:}에서 'F'를 입력합니다.
> {첫 번째 끊기점 지정:}에서 분할하고자 하는 점을 지정합니다.
> {두 번째 끊기점을 지정:}에서 '@'를 입력합니다.
> 이렇게 실행하면 점에서 끊기와 동일한 기능을 수행합니다.

3. 결합(JOIN)

두 개 이상의 객체를 하나로 결합하거나 호 및 타원형 호로부터 완벽한 닫힌 원이나 타원으로 결합할 수 있습니다.

명령: JOIN (단축키:J)	아이콘: 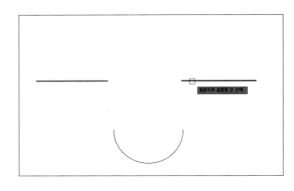

{한 번에 결합할 원본 객체 또는 여러 객체 선택:}에서 선의 위쪽 객체(원본 객체)를 선택합니다. {1개를 찾음}
{결합할 객체 선택:}에서 오른쪽 선 객체를 선택합니다.
{1개를 찾음, 총2개}

{결합할 객체 선택:}에서 <Enter> 키 또는 <Space bar>를 눌러 종료합니다.
{2개 선이 1개 선으로 결합되었습니다.}라는 메시지가 표시되면서 객체가 결합됩니다.

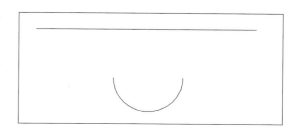

다음은 호를 하나의 닫힌 원으로 결합하겠습니다. <Enter> 키 또는 <Space bar>를 눌러 결합 명령을 재실행합니다.
{한 번에 결합할 원본 객체 또는 여러 객체 선택:}에서 호를 선택합니다.
{결합할 객체 선택:}에서 <Enter> 키 또는 <Space bar>를 누릅니다.
{원본으로 결합할 호 선택 또는 [닫기(L)]:}에서 닫기 옵션 'L'을 입력합니다.
{호가 원으로 변환되었습니다.}라는 메시지와 함께 다음 그림과 같이 호가 원으로 변환됩니다.

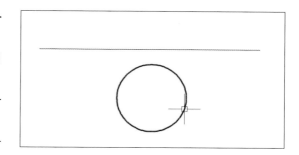

> **참고<<   결합할 수 없는 객체**
>
> 선택한 객체와 객체가 결합될 수 없는 경우는 {0 개의 선이 원본으로 결합됨, 1개 객체가 작업에서 버려짐}이라는 메시지를 표시하며 결합되지 않습니다. 결합할 수 없는 객체는 복합 객체인 폴리선(PLINE), 블록(BLOCK), 여러줄(MLINE), 치수(DIMENSION), 영역(REGION)입니다. 또, 선이나 호의 경우는 동일한 선상에 있지 않은 경우, 나선이나 스플라인은 인접해 있지 않은 경우에는 결합되지 않습니다.

4. 곡선 혼합(BLEND)

열려 있는 두 점을 부드러운 곡선(스플라인)으로 연결합니다.

명령: BLEND	아이콘: ～	

{연속성 = 접선}
{첫 번째 객체 선택 또는 [연속성(CON)]:}에서 첫 번째 객체를 선택합니다.
{두 번째 객체 선택:}에서 두 번째 객체를 선택합니다.
다음과 같이 선택한 두 객체의 끝점이 스플라인으로 연결됩니다.

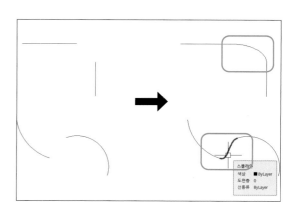

5. 반전(REVERSE)

선택한 선, 폴리선, 스플라인 및 나선의 정점 순서를 반전합니다. 주로 문자가 포함되어 있는 선에서 문자의 방향을 바르게 표시하고자 할 때 유용합니다.

명령: REVERSE   아이콘: ⇌

01 먼저 선을 작도하기 위해 '선 종류 관리자(LTYPE, LT)' 명령을 실행하여 'GAS_LINE' 선 종류를 로드합니다.

02 선이 로드되었으면 로드한 선 종류(GAS_LINE)로 다음과 같이 선을 작도합니다.

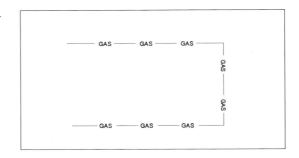

03 '반전' 명령을 실행합니다. 명령어 'REVERSE'를 입력하거나 '홈' 탭의 '수정' 패널에서 ⇌을 클릭합니다.
{방향을 반전하려면 선, 폴리선, 스플라인 또는 나선을 선택합니다.}
{객체 선택:}에서 선을 선택합니다. {1개를 찾음}
{객체 선택:}에서 <Enter> 키 또는 <Space bar>를 눌러 선택을 종료합니다.
{객체 방향이 반전되었습니다.}라는 메시지와 함께 다음 그림과 같이 문자(GAS)의 방향이 반전됩니다 (세로 방향의 문자).

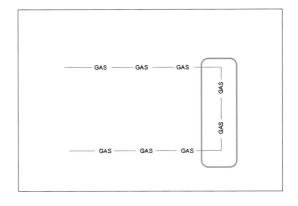

🍴(Tip) 반전 명령은 선, 폴리선, 스플라인 및 나선을 반전합니다. '폴리선 편집(PEDIT)' 명령으로 폴리선의 정점을 반전시킬 수도 있습니다.

---

4 기타 수정 기능

지금까지 학습한 수정 기능 외에 AutoCAD에서 제공하는 수정 기능에 대해 학습하겠습니다.

1. 정렬(ALIGN)

객체를 2D 및 3D에서 정렬 점을 기준으로 다른 객체와 정렬합니다.

명령: ALIGN(단축키:AL)　　　　　아이콘:

{객체 선택:}에서 정렬하고자 하는 객체를 선택합니다.
{첫 번째 근원점 지정:}에서 첫 번째 근원점을 지정합니다.
{첫 번째 대상점 지정:}에서 첫 번째 대상점을 지정합니다.
{두 번째 근원점 지정:}에서 두 번째 근원점을 지정합니다.
{두 번째 대상점 지정:}에서 두 번째 대상점을 지정합니다.

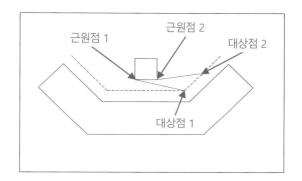

{세 번째 근원점 지정 또는 <계속>:}에서 <Enter> 키 또는 <Space bar>를 누릅니다.
{정렬점을 기준으로 객체에 축척을 적용합니까? [예(Y)/아니오(N)] <N>:}에서 'N'를 지정합니다. 다음 그림과 같이 대상점에 정렬됩니다.

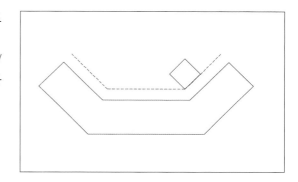

참고<< 축척을 적용한 경우(Y)

{정렬점을 기준으로 객체에 축척을 적용합니까? [예(Y)/아니오(N)] <N>:}에서 'Y'를 지정하면 축척이 적용되어 대상점의 크기만큼 확대 또는 축소됩니다.

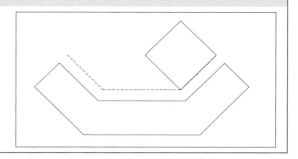

2. 분해(EXPLODE)

블록(BLOCK) 객체는 여러 객체가 모여 만드는 하나의 객체 그룹(집합)입니다. 폴리선(POLYLINE)도 여러 세그먼트가 연결된 객체의 집합입니다. 이러한 복합 객체를 개별적으로 편집하기 위해서는 객체와 객체 사이에 분리가 필요합니다. 분해(EXPLODE) 명령은 복합 객체를 낱개로 분해합니다.

명령: EXPLODE(단축키:X)	아이콘:

{객체 선택:}에서 분해하고자 하는 객체를 선택합니다.

 단위 객체(선, 호 등)와 같이 분해될 수 없는 객체를 선택하게 되면 {1은(는) 분해될 수 없습니다.}라는 메시지가 표시됩니다.

참고<< 객체 종류별 분해 객체

객체의 종류에 따라 구성된 객체가 다르기 때문에 분해되는 결과 객체도 다릅니다. 각 객체별 분해 내용을 알아보겠습니다.

① 2D 폴리선 및 선 가중치: 연관된 모든 너비 또는 접선 정보를 무시하고 선 및 호로 분해합니다.

② 3D 폴리선 및 3D 솔리선: 선 객체 또는 평편한 면을 여러 영역으로 분해합니다.

③ 블록: 하나의 그룹 단계를 한 번에 제거합니다. 블록이 폴리선 또는 내포된 블록을 포함하고 있는 경우 분해하면 폴리선 또는 내포된 블록으로 분해됩니다. 다시 이 폴리선 또는 내포된 블록을 분해하려면 다시 한 번 분해 명령으로 분해해야 합니다. X,Y,Z의 비율이 일정하지 않은 블록의 경우는 엉뚱한 모양으로 분해될 수 있으며, 분해될 수 없는 객체는 익명 블록으로 분해됩니다.

④ 원 및 호: 균일하지 않은 원이나 호는 타원형 원이나 호로 분해됩니다.

⑤ 치수: 치수의 경우는 개별 객체(선, 솔리드, 여러 줄 문자 등)로 분해됩니다.

⑥ 여러 줄 문자: 개별 문자로 분해됩니다.

⑦ 여러 줄: 선 및 호로 분해됩니다.

⑧ 폴리면 메쉬: 하나의 정점이 있는 메쉬는 하나의 점 객체로 분해합니다. 두 개의 정점이 있는 메쉬는 하나의 선으로 세 개의 정점이 있는 메쉬는 3D 면으로 분해됩니다.

⑨ 영역: 선, 호 또는 스플라인으로 분해됩니다.

3. 객체 가리기(WIPEOUT)

아래에 있는 객체를 현재 배경 색상으로 가리는 다각형 영역을 작성합니다. 영역은 가리기 프레임에 의해 경계가 표시됩니다.

명령: WIPEOUT   아이콘:

{첫 번째 점 지정 또는 [프레임(F)/폴리선(P)] <폴리선(P)>:}에서 가리고자 하는 범위의 첫 번째 점을 지정합니다.
{다음 점 지정:}에서 범위의 두 번째 점을 지정합니다.
{다음 점 지정 또는 [명령 취소(U)]:}에서 범위의 세 번째 점을 지정합니다.
{다음 점 지정 또는 [닫기(C)/명령 취소(U)]:}에서 <Enter> 키 또는 <Space bar>를 눌러 종료합니다. 다음 그림과 같이 지정한 범위에 있는 기존 객체가 가려집니다.

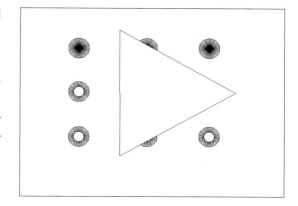

가려진 객체를 되살리고자 할 때는 '지우기(ERASE)' 명령으로 가리기 객체를 제거하면 가려지기 이전 상태로 되돌아옵니다.

옵션 설명

{첫 번째 점 지정 또는 [프레임(F)/폴리선(P)] <폴리선(P)>:}
① 프레임(F): 가리기 객체의 모서리를 표시할지 숨길지를 제어합니다.
   {모드 입력 [켜기(ON)/끄기(OFF)] <ON>:}에서 'OFF'를 입력하면 가리기 범위의 프레임(테두리선)이 사라집니다.
② 폴리선(P): 폴리선을 선택하여 폴리선의 범위에 있는 객체를 가립니다.
   {닫힌 폴리선 선택:}에서 폴리선을 선택합니다.
   {폴리선을 지우시겠습니까? [예(Y)/아니오(N)] <아니오(N)>:}에서 폴리선의 삭제 여부를 지정합니다.

4. 중복 객체 삭제(OVERKILL)

중복되는 형상과 겹치는 선, 호 및 폴리선을 모두 제거합니다. 또한 부분적으로 겹치거나 연속되는 항목을 결합합니다.

명령: OVERKILL   아이콘: 🏛

(1) 실습을 위해 동일한 크기의 원을 동일한 자리에 작도합니다. 다음과 같이 세 개의 원이 중복되어 있습니다.

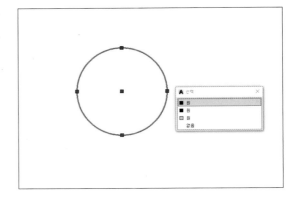

> **참고<< 객체의 중복 여부의 확인 및 선택(선택 순환)**
>
> 객체가 중복되었는지의 여부를 확인하려면 그리기 도구의 '선택 순환' 기능을 활용합니다.
>
> 그리기 도구에 '선택 순환 🔲'아이콘이 없으면 화면 하단의 상태 영역에서 사용자화 버튼(☰)을 클릭하여 목록 중'선택 순환'을 표시한 후 켭니다(ON).
>
> 중복된 객체 위로 가져가면 중첩된 사각형 마크가 나타납니다. 이때, 클릭하면 다음과 같이 중첩된 객체의 목록이 표시됩니다. 이때 목록에서 선택하고자 하는 객체를 선택합니다.

---

(2) 명령어 'OVERKILL'을 입력하거나 '홈' 탭의 '수정' 패널 또는 '수정II' 도구 막대에서 🏛을 클릭합니다.
{객체 선택:}에서 크로싱 선택 방법으로 원 객체를 선택합니다. {3개를 찾음}
중첩된 세 개의 객체가 선택됩니다.
{객체 선택:}에서 <Enter> 키 또는 <Space bar>를 눌러 선택을 종료합니다.
다음 그림과 같은 대화 상자가 나타납니다. '객체 특성 무시:'의 '도면층(L)'을 체크합니다.

대화 상자에서 [확인]을 클릭하면 {2개 중복 항목이 삭제되었습니다.}라는 메시지와 함께 객체가 삭제됩니다.

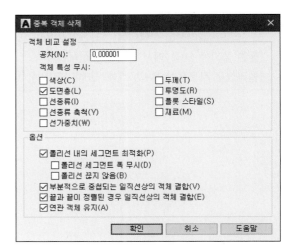

1. 객체 비교 설정: 중복된 객체의 비교를 위한 환경을 설정합니다.

① 공차(N): 비교 시 사용되는 공차의 정밀도를 지정합니다. '0.0'은 완벽하게 일치함을 의미합니다.

② 객체 특성 무시: 색상, 두께, 도면층, 투명도 등 객체의 특성 중 무시할 항목을 체크하여 지정합니다. 상기의 실
습에서 색상이 다른 두 원이지만 색상 특성을 무시했기 때문에 중복 객체로 인식하여 삭제합니다.

2. 옵션: 중복 객체 삭제를 위한 옵션을 설정합니다.

① 폴리선 내의 세그먼트 최적화(P): 폴리선 내의 개별 선 및 호 세그먼트를 검사하고 최적화할지 여부를 지정합니
다. 폴리선의 폭을 무시할 것인지, 끊을지의 여부를 지정합니다.

② 부분적으로 중첩되는 일직선상의 객체 결합(V): 일직선상 겹친 객체의 결합 여부를 지정합니다.

③ 끝과 끝이 정렬된 경우 일직선상의 객체 결합(E): 끝과 끝이 일치하는 경우 하나의 객체로 결합할 것인지 지정
합니다.

④ 연관 객체 유지(A): 체크를 하면 연관 객체가 수정 또는 삭제되지 않습니다.

(1) 마우스를 원 위로 가져가면 '선택 순환' 아이콘이
나타나지 않습니다. 클릭을 해도 하나의 원만 있다
는 것을 알 수 있습니다.

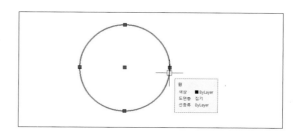

5. 객체 순서(DRAWORDER)

중복되어 있는 객체의 표시 순서를 조정합니다.

명령: DRAWORDER	아이콘:

01 다음과 같이 해치된 공간에 문자를 작성했다고 가정하
겠습니다.

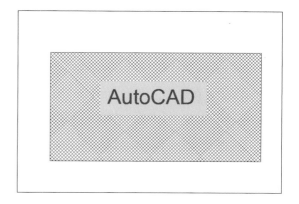

02 그리기 순서 명령을 실행합니다.

명령어 'DRAWORDER'을 입력합니다.

{객체 선택:}에서 문자를 선택합니다. {1개를 찾음}

{객체 선택:}에서 <Enter> 키 또는 <Space bar>를 눌러 선택을 종료합니다.

{객체 순서 옵션 입력 [객체 위로(A)/객체 아래로(U)/ 앞으로(F)/뒤로(B)] <뒤로(B)>:}에서 옵션 'B'를 입력합니다. 다음과 같이 문자 객체가 해치 객체 뒤로 이동합니다.

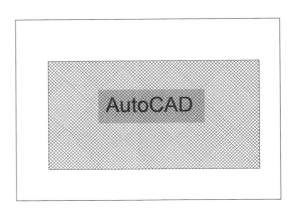

03 '그리기 순서(DRAWORDER)' 명령을 실행하기 보다는 바로가기 메뉴를 이용하거나 리본 메뉴의 아이콘을 이용하는 것이 더 편리합니다. 순서를 바꾸고자 하는 객체를 선택한 후 마우스 오른쪽 버튼을 클릭합니다. 바로가기 메뉴에서 '그리기 순서(W)'를 클릭하면 순서를 조정할 메뉴가 표시되면 선택합니다.

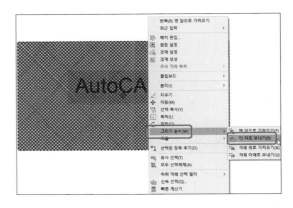

참고<< **객체 순서 조정 기능**

객체의 순서를 조정하는 기능은 '홈' 탭의 '수정' 패널에서 제공하고 있습니다. 일반 객체뿐 아니라 문자, 치수, 지시선, 해치의 순서를 조정하는 메뉴를 제공하고 있습니다.

① 객체 순서 조정: '그리기 순서'는 선택한 객체를 앞이나 뒤로 보내는 기능입니다. 다음의 기능 아이콘이 있습니다.

· 맨 앞으로 가져오기 ■ 맨 뒤로 보내기 ■

· 객체 위로 가져오기 ■ 객체 뒤로 보내기 ■

② 기타 주석 및 해치 객체의 순서 조정: 문자, 치수, 지시선, 해치 객체에 대해 순서를 조정합니다.

· 문자를 맨 앞으로 가져오기 ■ 치수를 맨 앞으로 가져오기 ■

· 지시선을 맨 앞으로 가져오기 ■ 모든 주석을 맨 앞으로 가져오기 ■

· 해치를 맨 앞으로 가져오기 ■

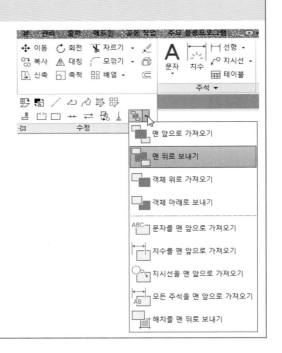

건축 도면에서 문이나 창은 수없이 많이 작도하게 됩니다. 이렇게 반복해서 자주 사용하는 도면을 매번 작도한다면 너무 비효율적입니다. 하나를 작도한 후 블록(BLOCK)으로 저장하여 필요할 때 삽입하여 사용할 수 있습니다. 블록을 사용하면 동일 도면 또는 다른 도면에서 이 블록을 호출하여 사용할 수 있습니다. 블록의 작성과 호출 방법에 대해 알아보겠습니다.

1. 블록(BLOCK)이란?

건축 도면에서 창과 문, 가구, 주방의 싱크대, 화장실의 세면기 및 변기 등은 항상 빠지지 않는 기호이며, 기계에서는 볼트와 너트, 기어, 베어링, 체인, 핀 등 많은 부품 기호를 사용합니다. 또, 도면의 설명에 필요한 화살표나 지시선, 거칠기 및 공차 기호 등 여러 기호를 사용합니다. 이렇게 반복해서 사용하는 기호나 양식 등을 매번 작성하기에는 비효율적입니다. 이때 활용할 수 있는 기능이 블록(BLOCK)입니다. 블록의 활용은 콘텐츠의 재이용에 적합한 수단이라 할 수 있습니다.

[다양한 블록의 예]

블록(BLOCK)은 특정 객체를 작성하기 위해 결합된 하나 이상의 객체 집합입니다. 이 그룹화된 객체에는 이름이 주어지며 이를 '블록명(BLOCK NAME)'이라 합니다. 이 블록명을 이용하여 도면 내에 삽입하여 원하는 위치에 배치할 수 있습니다 이 블록은 복합적인 객체(선, 원, 호, 폴리선 등)가 하나의 그룹으로 구성되어 있으므로 하나만을 선택하여 이동, 복사, 삭제할 수 있습니다.

하나의 객체로 취급되지만 블록을 구성하는 각 객체의 특성(도면층, 색상, 선 종류 등)은 제각각 가지고 있습니다. 하나의 객체로 취급되는 블록은 '분해(EXPLODE)' 명령에 의해 다시 여러 개의 객체로 분해시킬 수 있습니다.

2. 블록 작성(BLOCK, BMAKE)

현재 작업 중에 있는 도면의 일부 또는 전체를 선택하여 새로운 블록(복합 도형)을 생성합니다. 현재의 도면 내에서 새로운 블록(복합 도형)을 작성합니다.

명령: BLOCK, BMAKE (단축키: B)   아이콘:

01 먼저 블록으로 작성할 기호나 도면을 작도합니다. 다음의 문을 블록으로 작성하겠습니다. 반드시 문일 필요는 없습니다. 블록으로 만들고자 하는 도형을 작도합니다.

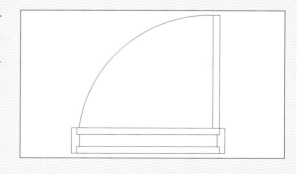

02 블록 작성 명령을 실행합니다. 명령어 'BLOCK' 또는
'B'를 입력하거나 '삽입' 탭의 '블록 정의' 패널 또는
도구 막대에서 아이콘 ■을 클릭합니다. 다음과 같은
블록 정의 대화 상자가 나타납니다.

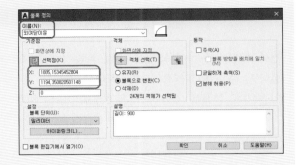

블록 정의 대화 상자

① 이름(A): 블록의 명칭(이름)을 입력 또는 선택합니다. 이름은 최대 영숫자 255자(한글은 127자)까지 이며 문자, 숫
자, 공백을 포함할 수 있습니다.

② 기준점: 블록의 기준점을 지정합니다. '■선택점(K)'를 클릭하여 도면 영역에서 점을 직접 선택할 수도 있고 X, Y,
Z의 좌표 값을 직접 입력할 수도 있습니다.

③ 객체: 블록으로 만들고자 하는 객체를 선택합니다.

　• '■ 객체 선택(T)'을 클릭하여 객체를 선택합니다.

　• 유지(R): 블록으로 작성하기 위한 객체를 작성 당시의 상태를 유지합니다.

　• 블록으로 변환(C): 선택된 객체를 블록으로 변환합니다.

　• 삭제(D): 블록 작성을 위해 선택된 객체를 도면에서 삭제합니다.

④ 동작: 블록 작성을 위한 주석 여부, 축척 등의 환경을 설정합니다.

　• 주석(A): 블록이 주석임을 정의합니다. 주석으로 정의하면 주석 축척에 의해 크기를 바꿀 수 있습니다.

　• 균일하게 축척(S): 블록 참조 시 축척을 균일하게 할지 여부를 설정합니다.

　• 분해 허용(P): 분해를 허용할지 여부를 설정합니다.

⑤ 설정: 블록의 단위 및 하이퍼링크를 지정합니다.

　• 블록 단위(U): 블록의 단위를 지정합니다.

　• 하이퍼링크(L): 하이퍼링크를 삽입합니다. 하이퍼링크 삽입을 위한 대화 상자가 열립니다.

⑥ 설명(E): 주석(설명문)을 기입합니다.

⑦ 블록 편집기에서 열기(O): 블록의 동적 블록을 위한 블록 편집기를 엽니다.

---

03 '이름(A)'에 '외여닫이문'을 입력합니다. '기준점'의 아
이콘 '■선택점(K)'을 클릭한 후 기준점을 지정합니
다. 삽입 기준점을 지정하면 다시 블록 정의 대화 상
자로 돌아갑니다. 대화 상자에서 객체의 '■ 객체 선
택(T)'을 클릭합니다. 작도 영역에서 {객체 선택:}이
표시되면 범위를 지정해 블록으로 만들고자 하는 객
체(볼트)의 범위를 지정합니다.

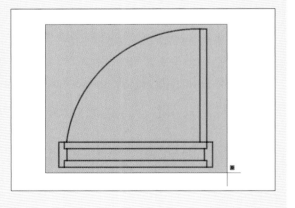

04 객체를 선택하고 {객체 선택:}에서 <Enter> 키 또는 <Space bar>를 누르면 다시 블록 정의 대화 상자로 돌아옵니다. 이때 [확인]을 클릭하면 '외여닫이문'이라는 블록이 작성됩니다.

다음 그림과 같이 마우스 커서를 외여닫이 문 근처에 가져가면 객체가 볼트 전체가 하이라이트되어 하나의 블록으로 작성되었음을 알 수 있습니다.

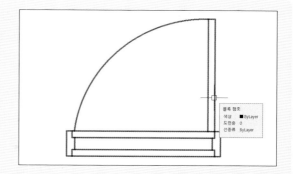

3. 블록을 배치하는 삽입(INSERT)

명명된 블록 또는 도면을 현재 도면에 호출하여 배치합니다. 저장된 도면(*.dwg)도 하나의 블록과 같이 도면 내에 삽입할 수 있습니다.

명령: INSERT (단축키:I) 아이콘: 🔳

01 블록(예: 문)을 삽입하겠습니다. 명령어 'INSERT' 또는 'I'를 입력하거나 '삽입' 탭의 '블록' 패널 또는 도구 막대에서 아이콘 🔳을 클릭합니다. 다음과 같은 대화 상자가 나타납니다.

대화 상자 삽입 대화 상자

① 이름(N): 목록에는 현재 도면에 정의된 블록의 목록이 나열됩니다. 삽입하고자 하는 블록의 명칭을 지정합니다. 외부 블록 또는 도면을 삽입할 때는 [찾아보기(B)]를 클릭해 파일을 검색합니다.

② 경로: 지정한 블록이 있는 위치를 표시합니다.

③ 지리적 데이터를 사용하여 배치(G): 현재 도면 및 부착된 도면에 지리적 데이터가 들어 있는지 여부를 지정합니다. 이 옵션은 두 도면 모두에 지리적 데이터가 있을 때만 사용 가능합니다

④ 삽입점: 블록이 도면에 삽입될 때의 위치입니다. 대화 상자에서 좌표(X,Y,Z)를 지정할 수도 있고, '화면상에 지정(S)'을 체크하여 화면에서 삽입 위치를 직접 지정할 수도 있습니다.

⑤ 축척: 블록의 X(Y)축의 크기를 결정하기 위한 배율을 나타냅니다. 대화 상자에서 좌표를 지정할 수도 있고, '화면상에 지정(E)'을 체크하여 화면에서 삽입 축척을 직접 지정할 수도 있습니다. '단일 축척(U)'을 체크하면 X, Y, Z가 동일한 스케일로 하나의 항목(X)만 값을 입력하면 됩니다. 블록을 대칭으로 삽입하고자 할 때는 '−1'을 입력합니다.

⑥ 회전: 삽입하고자 하는 블록의 회전 각도를 지정합니다. 대화 상자에서 각도를 지정할 수도 있고, '화면상에 지정(C)'을 체크하여 화면에서 삽입 각도를 직접 지정할 수도 있습니다.

⑦ 블록 단위: 삽입될 블록의 단위를 지정합니다.
 • 단위: 블록에 대한 단위를 지정합니다.
 • 비율: 삽입 단위 축척 비율을 표시합니다.

⑧ 분해(D): 블록 객체를 분해하여 삽입합니다.

02 '이름(N)'목록에서 삽입하고자 하는 블록 이름 '외여
닫이문'을 선택합니다. '삽입점'을 '화면에 지정(S)'에
체크하고 '축척'의 X, Y, Z를 '1', '회전'의 '각도(A)'를
'90'으로 입력한 후 [확인]을 클릭합니다.
{삽입점 지정 또는 [기준점(B)/축척(S)/X/Y/Z/회전
(R)]:}이란 메시지가 나타나면 블록을 삽입하고자 하
는 위치를 지정합니다. 다음 그림과 같이 블록(외여닫
이문)이 삽입됩니다.
블록의 크기나 각도 또는 위치를 자유롭게 지정할 수
있습니다. 블록의 크기는 '축척' 값을 지정하고, 각도
는 '회전'에서 지정하며 위치는 '삽입점'에서 지정할
수 있습니다.

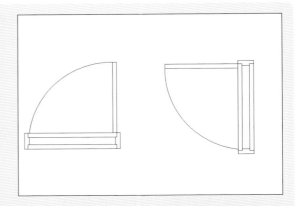

 '삽입' 대화 상자를 이용하지 않고 삽입하려면 '삽입' 탭의 '블록' 패
널에서 '삽입 🖼' 컨트롤을 누르면 다음과 같이 현재 도면에 등록된
블록의 미리보기 이미지가 나타납니다. 삽입하고자 하는 블록을 클
릭하여 삽입합니다.

참고<< 블록을 분해하면서 삽입하는 방법

블록은 하나의 덩어리로 묶인 객체입니다. 블록 중 일부 특성(도면층, 색상, 선 종류 등)을 바꾸거나 일부 객체를
편집하기 위해서는 개별 객체로 분해되어야 합니다. 객체를 분해하는 방법은 두 가지가 있습니다.
① 첫 번째 방법은 삽입 시 대화 상자에서 '분해(D)' 항목을 체크하는 방법입니다.
　'분해(D)'에 체크하면 블록이 하나의 그룹이 아닌 낱개로 분해되어 삽입됩니다.
② 두 번째 방법은 삽입한 후에 '분해(EXPLODE)' 명령으로 분해합니다. 명령어 'EXPLODE' 또는 'X'를 입력하거나
　'홈' 탭의 '수정' 패널 또는 도구 막대의 아이콘 🗑을 클릭합니다. 분해 명령을 실행하면 {객체 선택:}이라는 메
　시지가 표시되는데 이때 분해하고자 하는 블록을 선택합니다.

4. 외부 파일로 저장하는 블록 쓰기(WBLOCK)

선택한 객체 또는 블록을 외부의 도면 파일로 저장합니다. 저장되는 파일 확장자는 도면과 동일한 *.dwg입니다.

 '블록 정의(BLOCK, BMAKE)' 명령은 도면 내부에서 정의하는 블록입니다. 따라서 다른 도면에서는 해당 블록을 호출(삽입)할 수 없습니다. 그러나 '블록 쓰기(WBLOCK)' 명령은 현재 도면 내부가 아닌 외부에 파일로 저장되기 때문에 다른 도면에서도 쉽게 호출(삽입)할 수 있습니다.

| 명령: WBLOCK (단축키: W) | 아이콘: |

명령어 'BLOCK' 또는 'B'를 입력하거나 '삽입' 탭의 '블록 정의' 패널 또는 도구 막대에서 아이콘 을 클릭합니다. 다음과 같은 블록 쓰기 대화 상자가 나타납니다.

조작 방법은 '블록 작성(BLOCK, BMAKE)'과 동일합니다. 단, 외부 파일로 저장하기 때문에 '대상 파일 이름 및 경로 (F)'를 지정해야 합니다. 도면으로 삽입하는 방법은 '삽입 (INSERT)' 명령으로 삽입합니다.

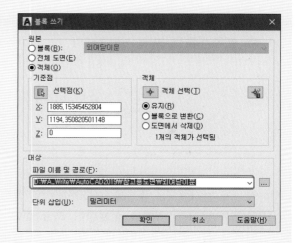

5. 블록 특성의 관리

블록을 삽입할 때 블록을 저장할 당시의 객체의 특성(색상, 선 종류, 선 가중치 등)을 유지할 수도 있고 현재의 색상이나 선 종류에 맞춰 가져올 수도 있습니다. 다음의 실습을 통해 블록 특성에 대해 알아보겠습니다.

BYBLOCK(블록별)이란?
색상, 선 종류, 선 가중치를 지정할 때 '블록별(BYBLOCK)'을 선택할 수 있게 되어 있습니다. 블록을 작성할 때 '블록별(BYBLOCK)'로 설정하면 해당 블록을 삽입할 당시의 환경에 따라 특성이 지정됩니다. 실습을 통해 알아보겠습니다.

01 객체를 작성하기 전에 색상과 선 종류를 '블록별 (BYBLOCK)'로 설정한 후 다음과 같이 블록이 될 객체를 작성합니다.

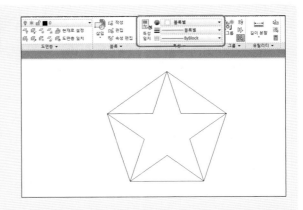

02 블록(BLOCK) 작성 기능을 이용하여 블록을 작성합니다. 블록 이름은 '별'로 지정합니다.

03 색상을 빨간색, 선 종류를 'HIDDEN'으로 설정한 후, '삽입(INSERT)' 명령을 실행하여 조금 전에 작성한 블록을 삽입합니다. 다음과 같이 삽입된 블록(별)의 색상은 빨간색, 선 종류는 파선(HIDDEN)으로 삽입됩니다.

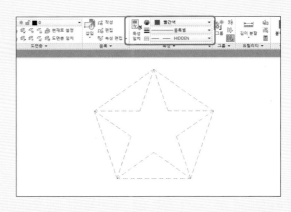

실습에서 알아보았듯이 특성을 '블록별(BYBLOCK)'로 설정하여 블록을 작성하면 블록을 삽입할 때, 지정된 특성에 맞춰 삽입됩니다. 즉, 삽입 시 설정된 색상이 파랑색이면 파랑색으로, 검정색이면 검정색으로 삽입됩니다.

(1) 다음의 플랜지를 치수에 맞춰 작도합니다(플랜지).

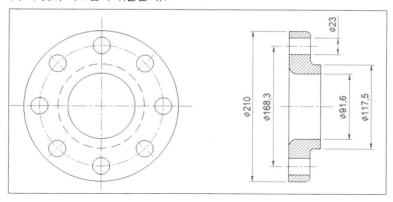

(2) 다음의 도형을 치수에 맞춰 작도합니다. 원형 배열 기능을 활용합니다.

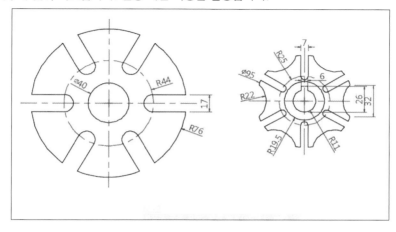

(3) 다음의 도형을 치수에 맞춰 작도합니다. 모따기와 모깎기 기능을 활용합니다.

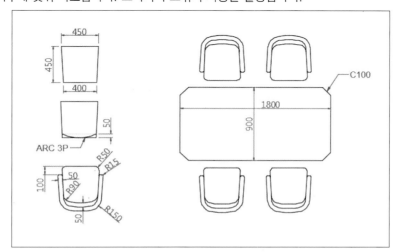

다음과 같은 아이소메트릭 도면을 작도하겠습니다.

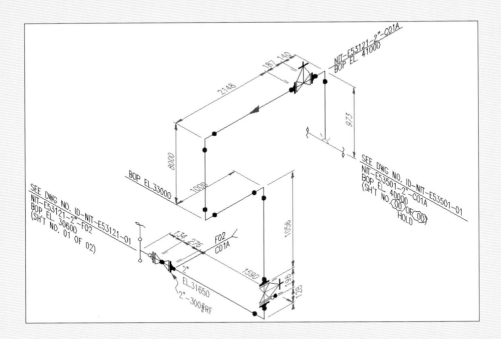

아이소메트릭 도면은 실제 표기된 길이로 작도하는 것이 아닙니다. 따라서, 작도하고자 하는 도면의 범위는 임의로 설정하여 작도합니다. 여기에서는 척도 1/20로 A4 용지를 기준으로 설정하여 작업하도록 하겠습니다. 가능한 표기된 치수대로 작도하고 '8000'과 같이 길이가 너무 긴 경우는 생략하여 적당한 길이로 작도합니다.

1. 환경 설정 및 파이프 라인 작도

01 먼저 도면 범위를 설정하겠습니다. 도면 틀 작성 명령 인' MVSETUP'을 실행하여 1/20, A4용지 크기(297 x 210)를 설정합니다. 앞에서 학습한대로 10mm 테두리 선을 작도합니다. 다음과 같이 도면 틀이 작성됩니다. 템플릿 파일을 이용하는 경우는 이 과정은 생략됩니다.

02 스냅 모드를 '등각투영 스냅'으로 설정합니다.
상태 영역의 그리기 도구에서 '스냅' 또는 '모눈'에 마우스를 대고 오른쪽 버튼을 눌러 바로가기 메뉴에서 '설정(S)'을 클릭하여 대화 상자에서 '스냅 유형'의 '등각투영 스냅(M)'을 선택한 후 [확인]을 누릅니다. 또는 하단의 그리기 도구에서 '등각투영 제도 🔨'를 켭니다.

03 선(LINE) 기능으로 파이프 라인을 작도합니다. 파이프
가 꺾어지는 단위로 전체 길이를 작도하도록 합니다.
{첫 번째 점 지정:}에서 임의의 한 점을 지정합니다.
직교 모드를 켭니다. <F8>을 누르거나 그리기 도구에
서 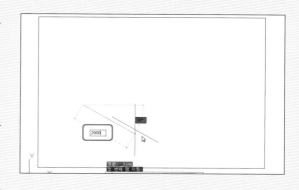을 클릭합니다.
{다음 점 지정 또는 [명령 취소(U)]:}에서 커서의 방
향이 작도하고자 하는 면과 일치하는지 확인합니다.
작도하고자 하는 면이 아닐 때는 <F5> 키를 누릅니
다. 그러면 '<등각평면 좌측면도>'라는 메시지가 나
타납니다. 이때 작도하고자 하는 방향으로 맞추고
'2000'을 입력합니다.
커서의 방향으로 길이 '2000'인 선이 작도됩니다.

{다음 점 지정 또는 [명령 취소(U)]:}에서 커서를 위
쪽 방향으로 맞추고 '1380'을 입력합니다.
위쪽 방향으로 길이 '1380'인 선이 작도됩니다.

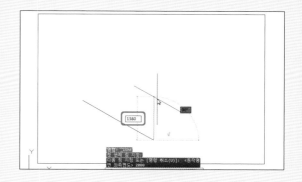

{다음 점 지정 또는 [닫기(C)/명령 취소(U)]:}에서
<F5> 키를 눌러 작도 면(등각평면 평면도)을 바꾼 후
'1000'을 입력합니다.

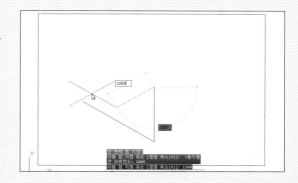

{다음 점 지정 또는 [닫기(C)/명령 취소(U)]:}에서 다시 <F5> 키를 눌러 작도 면(등각평면 우측면도)을 바꾼 후 '1000'을 입력합니다.

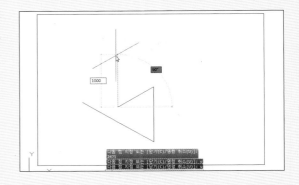

{다음 점 지정 또는 [닫기(C)/명령 취소(U)]:}에서 커서를 오른쪽 방향으로 맞춘 후 '2475'를 입력합니다.

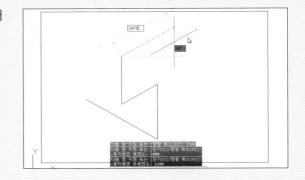

{다음 점 지정 또는 [닫기(C)/명령 취소(U)]:}에서 커서를 아래쪽 방향으로 맞춘 후 '973'을 입력합니다.

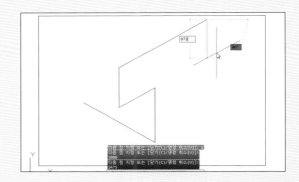

{다음 점 지정 또는 [닫기(C)/명령 취소(U)]:}에서 <Enter> 키 또는 <Space bar>를 눌러 종료합니다. 다음과 같이 파이프 윤곽선이 작도됩니다.

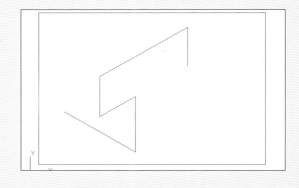

04 파이프 피팅류(엘보, 티)를 표시합니다. 용접점은 '도넛(DONUT)' 명령을 이용하여 표시하도록 하겠습니다. 템플릿 도형(피팅류)을 만들어 파이프의 각 꺾어지는 부분에 복사하여 불필요한 부분을 삭제하는 방식으로 작도하겠습니다.

먼저, 선 명령으로 다음과 같이 선을 작도합니다. 한 변의 길이는 '200'으로 설정합니다. 이 길이는 도면의 범위(크기)에 따라 설정합니다.

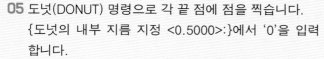

05 도넛(DONUT) 명령으로 각 끝 점에 점을 찍습니다.
{도넛의 내부 지름 지정 <0.5000>:}에서 '0'을 입력합니다.
{도넛의 외부 지름 지정 <1.0000>:}에서 '50'을 입력합니다.
{도넛의 중심 지정 또는 <종료>:}에서 끝점을 지정합니다.
{도넛의 중심 지정 또는 <종료>:}에서 차례로 네 곳의 끝점을 지정합니다.

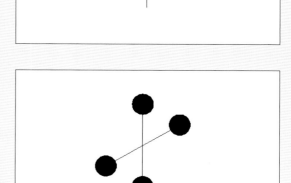

06 등각평면 좌측면도에 심볼을 복사하기 위해 대칭(MIRROR) 명령으로 대칭 복사합니다.
{객체 선택:}에서 앞에서 작성한 피팅류 객체를 선택합니다.
{대칭선의 첫 번째 점 지정:}에서 대칭 복사하고자 하는 축의 첫 번째 점을 지정합니다.
{대칭선의 두 번째 점 지정:}에서 대칭 복사하고자 하는 축의 두 번째 점을 지정합니다.

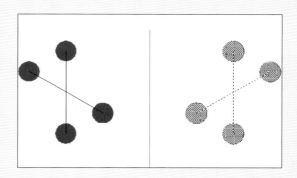

{원본 객체를 지우시겠습니까? [예(Y)/아니오(N)] <N>:}에서 'N'을 지정합니다. 다음과 같이 대칭 복사됩니다.

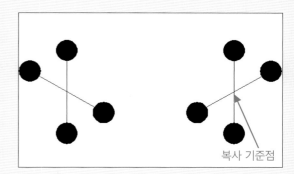

복사 기준점

07 복사(COPY) 명령을 이용하여 앞에서 작성한 용접 피팅류 템플릿을 각 위치에 복사합니다. 복사에 사용할 객체를 선택할 때는 선을 선택하지 않고 4개의 점만 선택하여 복사합니다.

{객체 선택:}에서 앞에서 작성한 4개의 점(피팅류 템플릿)을 선택합니다.

{기본점 지정 또는 [변위(D)/모드(O)] <변위(D)>:}에서 복사 기준점(두 선의 교차점)을 선택합니다.

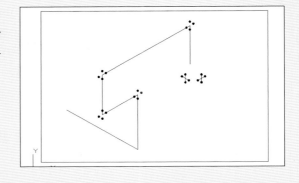

{두 번째 점 지정 또는 [배열(A)] <첫 번째 점을 변위로 사용>:}에서 피팅류 심볼에 해당하는 위치를 찾아 반복적으로 지정합니다.

             :

{두 번째 점 지정 또는 [배열(A)/종료(E)/명령 취소(U)] <종료>:}에서 <Enter> 키 또는 <Space bar>를 눌러 종료합니다. 다음과 같이 복사됩니다.

다른 면(등각투영 좌측면)도 동일한 방법으로 복사합니다. 다음과 같이 작도됩니다.

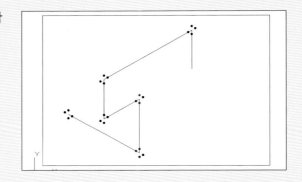

08 지우기(ERASE) 명령으로 불필요한 점을 지웁니다.
{객체 선택:}에서 지우고자 하는 객체를 차례로 선택합니다.
다음 그림과 엘보 부위에 용접점이 작도됩니다.

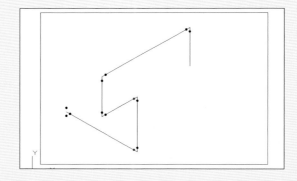

2. 부속류(밸브류, 부품 등) 작도

이제 밸브를 작도하여 파이프에 삽입하겠습니다. 밸브의 크기 역시 실제 크기로 작도하는 것이 아니라 도면의 균형에 맞춰 작도합니다. 여기에서는 다음의 크기로 작도합니다.

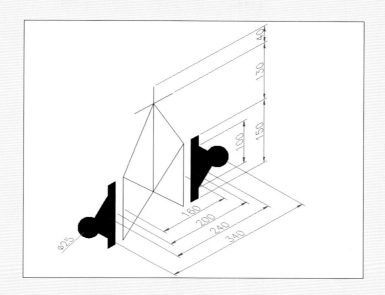

01 커서를 <F5> 키를 눌러 '등각평면 우측면도'로 맞춥니다. 선(LINE) 명령으로 다음과 같이 가로 '340', 세로 '150'인 선을 작도합니다.

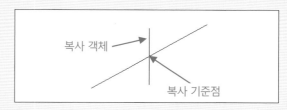

02 복사(COPY) 명령으로 선을 복사합니다.

{객체 선택:}에서 세로 방향의 선을 선택합니다.

{기본점 지정 또는 [변위(D)/모드(O)] <변위(D)>:}에 서 두 선의 교차점을 지정합니다.

{두 번째 점 지정 또는 [배열(A)] <첫 번째 점을 변위 로 사용>:}에서 상대 극좌표 '@80<30'를 지정합니다.

{두 번째 점 지정 또는 [배열(A)] <첫 번째 점을 변위 로 사용>:}에서 '@100<30'을 지정합니다.

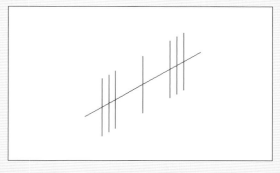

{두 번째 점 지정 또는 [배열(A)] <첫 번째 점을 변위로 사용>:}에서 '@120<30'을 지정합니다.

{두 번째 점 지정 또는 [배열(A)] <첫 번째 점을 변위로 사용>:}에서 '@80<210'을 지정합니다.

{두 번째 점 지정 또는 [배열(A)] <첫 번째 점을 변위로 사용>:}에서 '@100<210'을 지정합니다.

{두 번째 점 지정 또는 [배열(A)] <첫 번째 점을 변위로 사용>:}에서 '@120<210'을 지정합니다.

{두 번째 점 지정 또는 [배열(A)] <첫 번째 점을 변위로 사용>:}에서 <Enter> 키를 눌러 종료합니다. 다음과 같이 수직선이 복사됩니다.

여기에서 간격띄우기(OFFSET) 명령을 이용하지 않고 복사(COPY) 명령을 이용하는 이유는 비스듬한 각도이기 때문에 간격띄우기 한 객체가 비스듬하게 띄워지지 않기 때문입니다.

<Enter> 키 또는 <Space bar>를 눌러 복사(COPY) 명령을 재실행합니다.

{객체 선택:}에서 가로 방향의 선을 선택합니다.

{기본점 지정 또는 [변위(D)/모드(O)] <변위(D)>:}에서 두 선의 교차점을 지정합니다.

{두 번째 점 지정 또는 [배열(A)] <첫 번째 점을 변위로 사용>:}에서 상대 극좌표 '@50<90'을 입력합니다.

{두 번째 점 지정 또는 [배열(A)] <첫 번째 점을 변위로 사용>:}에서 '@50<270'을 입력합니다.

{두 번째 점 지정 또는 [배열(A)] <첫 번째 점을 변위로 사용>:}에서 <Enter> 키를 눌러 종료합니다. 다음과 같이 복사됩니다.

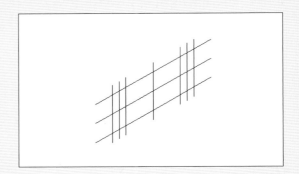

03 선(LINE) 명령으로 다음과 같이 밸브의 윤곽선을 작도합니다.

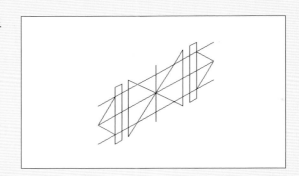

04 지우기(ERASE) 명령으로 불필요한 선을 지웁니다.

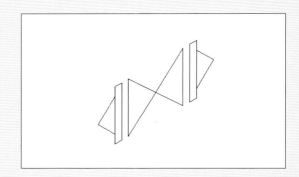

05 해치(BHATCH) 명령으로 다음과 같이 채웁니다. 해치 패턴은 'SOLID'입니다. 해치를 할 때는 양쪽을 따로 따로 수행하는 것이 나중에 편집할 때 수월합니다. 즉, 한쪽 패턴을 채우고 명령을 종료한 후 다른 한쪽을 채웁니다.

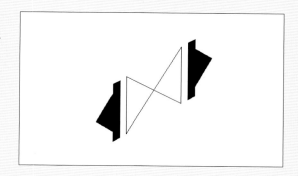

06 도넛(DONUT) 명령으로 양쪽에 용접 마크를 작도합니다. 도넛의 내부 지름은 '0', 외부 지름은 '50'으로 설정합니다.

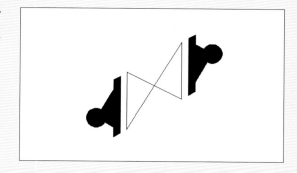

07 밸브 스템(핸들) 부분을 작도합니다. 선 명령으로 다음과 크기로 선을 작도합니다.

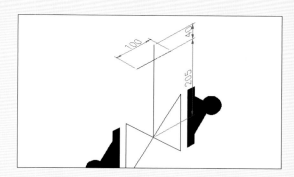

08 선(LINE) 명령으로 선을 그어 밸브를 완성합니다. 다음과 같이 밸브가 완성됩니다.

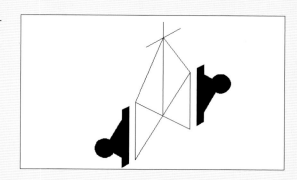

09 여러 측면에서 사용하기 위해 사용할 면에 맞도록 밸브 뷰의 형상을 만듭니다.
등각투영 좌측면도에 사용하기 위해 다음과 같이 대칭(MIRROR) 명령으로 대칭 복사합니다.

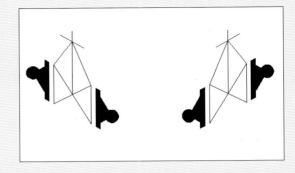

10 복사(COPY) 명령으로 오른쪽 밸브를 복사합니다.

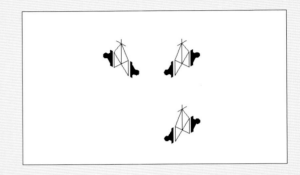

11 회전(ROTATE) 명령으로 밸브를 수직으로 회전합니다.
{객체 선택:}에서 밸브를 선택합니다.
{기준점 지정:}에서 밸브의 중심점을 지정합니다.
{회전 각도 지정 또는 [복사(C)/참조(R)] <0>:}에서 참조 'R'을 입력합니다.
{참조 각도를 지정 <0>:}에서 참조각 '30'을 입력합니다.
{새 각도 지정 또는 [점(P)] <0>:}에서 '90'을 입력합니다. 다음과 같이 회전합니다.

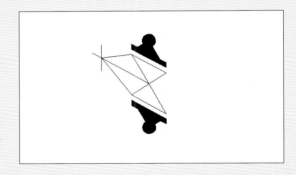

12 등각투영 우측면에 사용하기 위해 대칭(MIRROR) 명령으로 대칭 복사합니다.

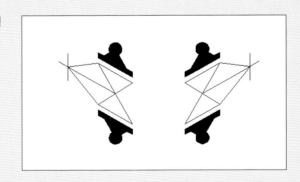

13 작성한 밸브를 밸브의 삽입 위치에 배치합니다. 복사
(COPY) 또는 이동(MOVE) 명령을 이용하여 배치합니다.
{객체 선택:}에서 밸브를 선택합니다.
{기준점 지정 또는 [변위(D)] <변위>:}에서 다음과
같이 용접 포인트의 중심점을 지정합니다.

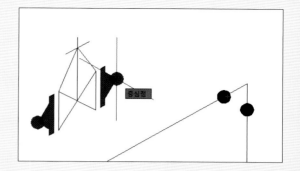

{두 번째 점 지정 또는 <첫 번째 점을 변위로 사용>:}
에서 엘보의 용접점을 지정합니다.

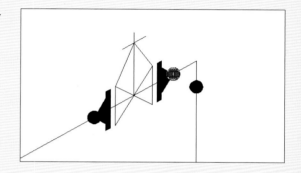

지우기(ERASE) 명령으로 다음과 중복된 용접점을 지
웁니다. 다음과 같이 밸브가 배치됩니다.

 지우기(ERASE) 명령을 생략하려면 복사 또는 이동
명령에서 객체를 선택할 때 용접점을 제외하고 선
택하면 됩니다.

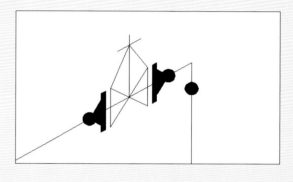

14 동일한 방법으로 등각투영 우측면도 밸브를 배치합니다.

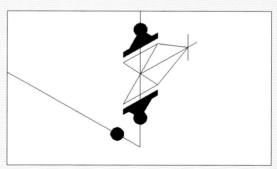

15 스펙타클 블라인드(SPECTACLE BLIND)를 작도합니다.

 SPECTACLE BLIND은 PIPE의 연결부에 설치되어 비상시, 유체의 흐름을 완전히 차단하기 위한 장치입니다. 밸브의 보조 역할이라 할 수도 있으며 연결부의 나사를 풀고 SPECTACLE BLIND를 돌려 끼워 개/폐를 조절합니다. 이 도면에서는 NORMAL OPEN 상태입니다(파이프 라인 중심에 가까운 원이 하얀색이면 NORMAL OPEN이고, 검정색이면 NORMAL CLOSE 상태임).

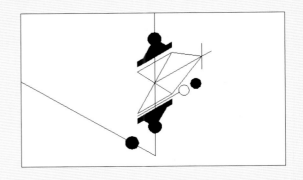

복사(COPY) 명령으로 선을 복사한 후 선을 연장합니다. 원 (CIRCLE) 명령으로 원을 그려 각 위치로 배치합니다. 해치(BHATCH) 명령으로 위쪽 원을 채웁니다.

16 등각투영 좌측면도의 글로브 밸브를 배치합니다. 앞에서 대칭 복사해놓은 게이트 밸브를 다음 그림과 같이 글로브 밸브로 바꿉니다. 한쪽 면의 플랜지 표시와 용접 표시는 흰색으로 바꿉니다.

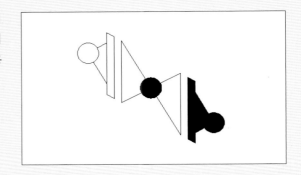

17 이동(MOVE) 명령으로 배치할 위치로 이동합니다. 이 때 원의 기준점을 원의 중심으로 지정하여 용접점과 일치시킵니다.

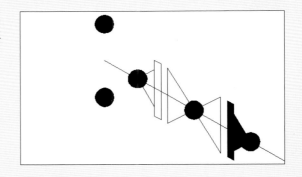

18 지우기(ERASE) 명령으로 중복된 용접점(검정색)을 지웁니다. 자르기(TRIM) 명령으로 원 사이의 선을 자릅니다. 다음 그림과 같이 작도됩니다.

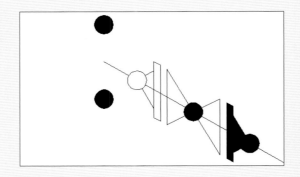

다음 그림과 같이 밸브가 배치되었습니다.

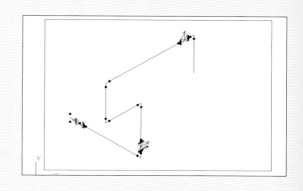

3. 마무리

양 끝단을 마무리합니다.

01 글로브 밸브 끝단에 있는 티(Tee)의 용접점을 흰색 원으로 바꿉니다. 해당 위치에 원을 작도한 후 검정색 원(용접점)을 지웁니다.

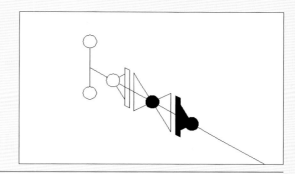

> 🍴 도면에서 용접점의 색상이 검정색과 흰색으로 구분하는 이유는 물량산출의 유무입니다. 검정색은 현재 도면에서 산출하는 물량(용접 개소)이고, 흰색 용접점은 연결된 도면에서 산출할 물량(연속 개소)입니다. 플랜지도 한쪽은 흰색이고 다른 한쪽은 검정색인 이유는 현재 도면에서 산출해야 하는 도면은 검정색, 인근 도면에서 산출한 플랜지는 흰색으로 표시한 것입니다. 용접 포인트든 플랜지든 중복 산출을 막기 위해 구분한 것입니다.

02 선(LINE) 명령으로 다음과 같이 선을 작도합니다. 높이는 '200', 양쪽으로 '60' 길이의 선을 작도합니다.

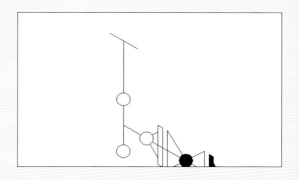

03 파단 기호를 작도합니다.

호(ARC)를 작도합니다. 반지름은 '50'으로 지정합니다. 여기에서 반지름의 크기는 절단 기호를 작성하기 위해 임의로 정한 값입니다.

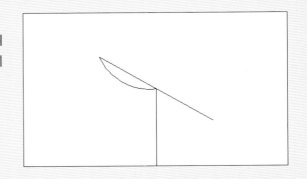

동일한 방법으로 호를 양쪽으로 작성한 후, 가운데 선을 지웁니다. 다음과 같이 파단 기호가 완성됩니다.

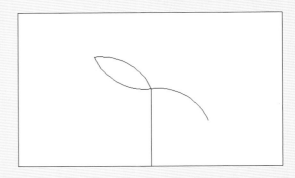

04 오른쪽 파이프 말단을 마무리하겠습니다.

선(LINE) 명령으로 길이 '500'인 선을 긋습니다. 복사(COPY) 명령으로 앞에서 작성한 파단 기호를 선의 끝부분에 복사합니다.

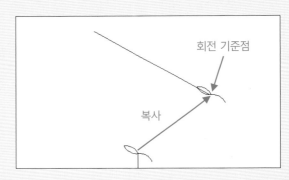

05 파단 기호를 세로 방향으로 사용하기 위해 회전(ROTATE) 명령을 이용하여 세로 방향으로 회전합니다. 회전할 때는 '참조각(R)' 옵션을 이용하여 90도 방향으로 회전합니다.

{객체 선택:}에서 파단 기호를 선택합니다.

{기준점 지정:}에서 파단 기호의 중간점을 지정합니다.

{회전 각도 지정 또는 [복사(C)/참조(R)] <180>:}에서 'R'을 지정합니다.

{참조 각도를 지정 <330>:}에서 현재의 각도 '-30'을 지정합니다.

{새 각도 지정 또는 [점(P)] <270>:}에서 맞추고자 하는 각도 '90'을 입력합니다.

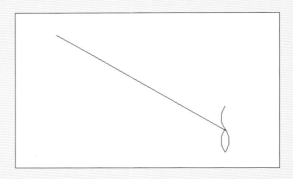

06 반대편 끝점으로 복사하여 회전(ROTATE) 명령으로 180도 회전합니다. 다음과 같이 양쪽에 파단 기호가 작도됩니다.

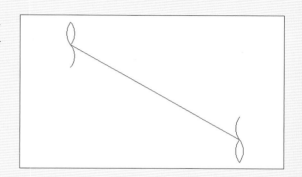

07 타원(ELLIPSE) 명령을 이용하여 STUB-IN 기호를 작성하겠습니다.
{타원의 축 끝점 지정 또는 [호(A)/중심(C)/등각원(I)]:}에서 'C'를 입력합니다.
{타원의 중심 지정:}에서 선의 중간점을 지정합니다.
{축의 끝점 지정:}에서 '@30<150'을 입력합니다.
{다른 축으로 거리를 지정 또는 [회전(R)]:}에서 'R'을 입력합니다.
{장축 주위로 회전 지정:}에서 각도 '45'를 입력합니다.

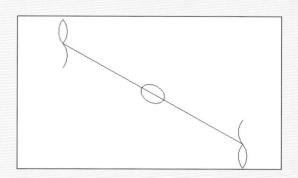

08 자르기(TRIM) 명령으로 타원의 아래 부분을 잘라 STUB-IN 표시를 완성합니다. 선(LINE) 명령으로 양쪽으로 비스듬한 선을 작도하여 FIELD WELDING 표시를 합니다.

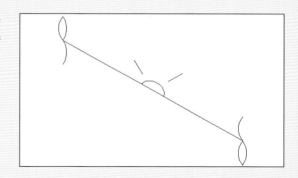

09 이동(MOVE) 명령으로 조금 전에 작성한 도형을 파이프 끝부분에 이동합니다. 다음과 같이 파이프 끝부분을 마무리됩니다.

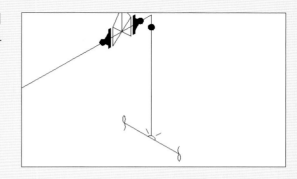

10 유체 흐름 기호를 작성합니다. 삼각형을 작도한 후 해치(BHATCH) 명령으로 삼각형 공간을 채워 표시하고자 하는 위치에 배치합니다. 다음과 같이 아이소메트릭 도면의 파이프와 부품이 완성됩니다.

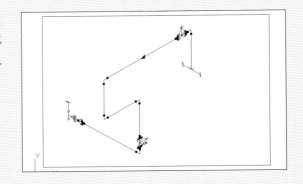

4. 치수 및 문자 표기

지금부터 치수와 문자를 표기하겠습니다. 문자와 치수 스타일을 설정한 후 표기 작업을 수행합니다.

01 먼저 문자를 작성하기 위해 문자 스타일을 설정합니다. 비스듬하게 쓰기 위해 문자의 각도를 30도로 설정합니다. 양쪽으로 작성하기 위해 30도와 –30도 문자 스타일을 작성합니다.
문자 스타일 명령을 실행합니다.
문자 스타일 대화 상자에서 [새로 만들기(N)]을 클릭하여 스타일 이름을 'ISO30'으로 설정하고 글꼴 이름 (E)을 'romans.shx'을 선택합니다. 기울기 각도(O)를 '30'으로 설정합니다.

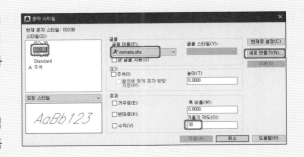

다시 [새로 만들기(N)]을 클릭하여 스타일 이름을 'ISO-30'으로 설정하고 글꼴 이름(E)을 'romans.shx'을 선택합니다. 기울기 각도(O)를 '-30'으로 설정합니다.

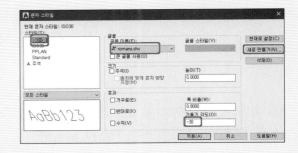

02 치수 스타일을 설정합니다. 치수 스타일은 문자의 기울기 각도에 맞춰 두 개의 스타일, ISO-25(-30))을 정의해 놓고 상황에 따라 선택하여 사용합니다.

치수 스타일 명령을 실행합니다.

명령어 'DDIM', 'D' 또는 'DST'를 입력합니다. 치수 스타일 관리자 대화 상자에서 [새로 만들기(N)]을 클릭합니다. '새 스타일 이름(N)'에 'ISO-25(30)'을 입력합니다.

[선] 탭을 클릭합니다. 치수선과 치수보조선의 색상을 '빨간색'으로 설정한 후 '원점에서 간격띄우기(F)'를 '2'로 설정합니다. '고정 길이 치수보조선(O)'을 체크한 후 '길이(E)'를 '20'으로 설정합니다.

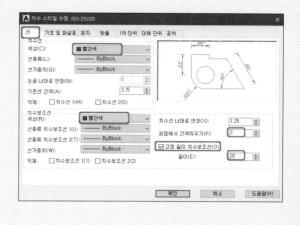

[문자] 탭을 클릭합니다.

'문자 스타일(Y)'을 'ISO30'으로 설정한 후 '문자 색상(C)'를 '빨간색'으로 설정합니다. '문자 높이(T)'를 '2.5'로 설정합니다.

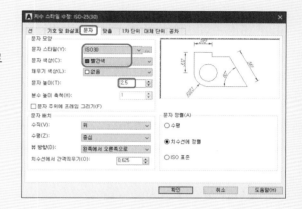

[맞춤] 탭을 클릭합니다. '전체 축척 사용(S)'을 '20'으로 설정합니다. '치수보조선 사이에 치수선 그리기(D)'의 체크를 끕니다.

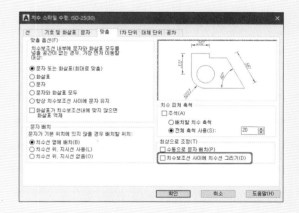

[1차 단위] 탭을 클릭합니다. 단위 형식과 정밀도, 각
도의 단위 및 정밀도를 작성하고자 하는 도면의 양식
에 맞춰 설정합니다. 설정을 마치면 [확인]을 클릭합
니다.

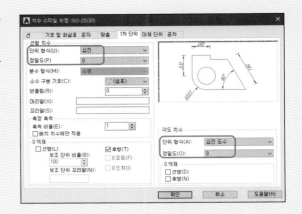

03 치수 스타일 관리자 대화 상자에서 [새로 만들기(N)]
를 클릭합니다. '새 스타일 이름(N)'에 'ISO-25(-30)'
을 입력한 후, '시작(S)'을 'ISO-25(30)'으로 선택한 후
[계속]을 클릭합니다. 이는 앞서 작성한 'ISO-25(30)'
스타일을 바탕으로 설정하겠다는 것입니다.
다른 설정은 그대로 두고 [문자] 탭을 클릭합니다.
'문자 스타일(Y)'를 'ISO-30'을 지정합니다. 설정을
완료하면 [확인]을 클릭합니다.

지금까지 각 문자 스타일에 맞춰 치수 스타일을 정의하였습니다. 즉, 문자 각도 30도와 -30도에 맞춰 치수
스타일도 'ISO-25(30)', 'ISO-25(-30)' 두 개를 정의하였습니다.

04 지금부터 치수를 기입하겠습니다. 치수를 기입할 때
는 실제 치수가 아니기 때문에 측정된 치수를 사용할
수 없습니다. 치수 표기를 한 후, 치수 문자를 수정해
야 합니다.
치수 스타일을 'ISO-25(-30)'로 설정합니다. '주석'
탭의 '치수' 패널에서 'ISO-25(-30)'을 선택합니다.

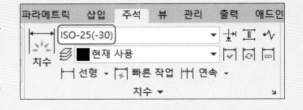

 치수 문자를 수정하고자 할 때는 옵션 'M' 또는 'T'를 지정하여 치수 문자를 수정할 수 있습니다.

정렬(DIMALIGNED) 치수를 기입합니다.

{첫 번째 치수보조선 원점 지정 또는 <객체 선택>:}
에서 첫 번째 점을 지정합니다.

{두 번째 치수보조선 원점 지정:}에서 치수보조선의
두 번째 점을 지정합니다.

{치수선의 위치 지정 또는 [여러 줄 문자(M)/문자(T)/
각도(A)]:}에서 치수선의 위치를 지정합니다. 다음과
같이 치수가 표기됩니다.

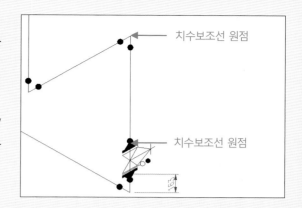

05 연속 치수(DIMCONTINUE)를 기입합니다.

{두 번째 치수보조선 원점 지정 또는 [명령 취소(U)/
선택(S)] <선택(S)>:}에서 연속할 치수보조선 위치를
지정합니다.

{두 번째 치수보조선 원점 지정 또는 [명령 취소(U)/
선택(S)] <선택(S)>:}에서 연속할 치수보조선 위치를
지정합니다.

{두 번째 치수보조선 원점 지정 또는 [명령 취소(U)/
선택(S)] <선택(S)>:}에서 <Enter>로 종료합니다.
다음과 같이 연속 치수가 기입됩니다.

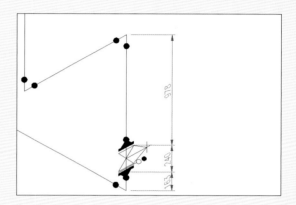

06 치수 편집(DIMEDIT) 명령(DED)으로 치수선 및 치수
보조선을 등각투영 각도로 조정합니다.

{치수 편집의 유형 입력 [홈(H)/새로 만들기(N)/회전
(R)/기울기(O)] <홈(H)>:}에서 기울기 'O'를 입력합
니다.

{객체 선택:}에서 기울기를 변경할 치수 객체를 선택
합니다.{총 3개}

{기울기 각도 입력 (없는 경우 ENTER 키):}에서 기울
기 각도 '30'을 입력합니다.

다음과 같이 치수선과 치수보조선이 등각투영 각도
(30도)로 변경되었습니다.

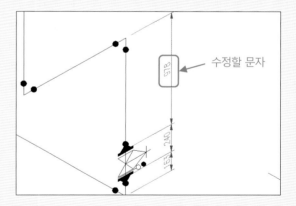

아이소메트릭은 각 등각투영 면에 따라 치수선 및 문자의 각도를 설정해야 합니다. 또, 치수선을 각 등각투영 면에 맞춰 기울기를 설정해야 합니다. 다음 그림은 다양한 문자 각도와 기울기를 나타낸 이미지입니다. 앞의 숫자는 문자의 각도이며, 뒤쪽 숫자는 기울기 각도입니다.

문자의 경우는 진행 방향으로 기울어지면 +30도, 반대 방향으로 기울어지면 −30도가 됩니다.

기울기는 수평선으로부터 반시계 방향으로 30도면 +, 반대 방향으로 30도면 −가 됩니다. 기울기 각도 90도의 경우는 +, − 같습니다.

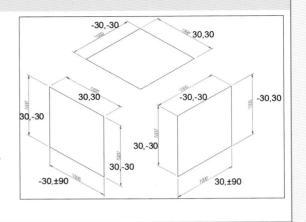

07 치수 문자를 수정합니다. 마우스 커서를 수정할 문자에 대고 더블클릭합니다. 다음과 같이 편집 모드로 바뀝니다. 이때 수정할 문자(1056)를 입력한 후 '문자 편집기 닫기'를 클릭합니다.

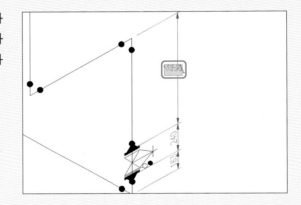

다음과 같이 문자가 수정됩니다.

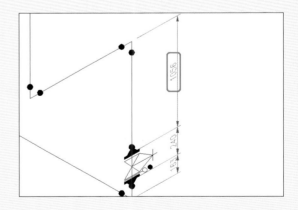

나머지 치수 문자도 동일한 방법으로 수정합니다. 다음과 같이 수정되었습니다.

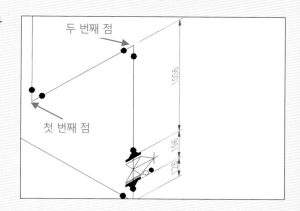

08 정렬 치수(DIMALIGN) 명령으로 수평 부분의 치수를 기입합니다.
{첫 번째 치수보조선 원점 지정 또는 <객체 선택>:}에서 첫 번째 점을 지정합니다.
{두 번째 치수보조선 원점 지정:}에서 치수보조선의 두 번째 점을 지정합니다.
{치수선의 위치 지정 또는 [여러 줄 문자(M)/문자(T)/각도(A)]:}에서 치수선의 위치를 지정합니다. 다음과 같이 치수가 표기됩니다.

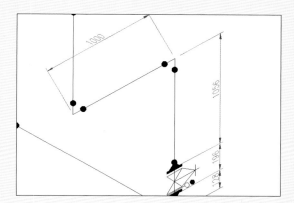

09 기울기를 수정합니다. 명령어 'DED'를 입력하거나 '치수' 도구 막대에서 ⊢┤을 클릭합니다.
{치수 편집의 유형 입력 [홈(H)/새로 만들기(N)/회전(R)/기울기(O)] <홈(H)>:}에서 기울기 'O'를 입력합니다.
{객체 선택:}에서 기울기를 변경할 치수 객체를 선택합니다.{총 1개}
{기울기 각도 입력 (없는 경우 ENTER 키):}에서 기울기 각도 '-30'을 입력합니다.
다음과 같이 치수선과 치수보조선이 등각투영 각도(-30도)로 변경됩니다.

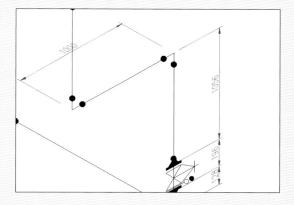

10 이러한 방법으로 다른 치수도 차례로 기입합니다.

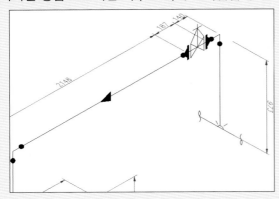 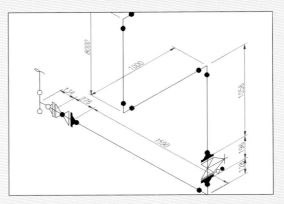

11 이번에는 문자를 표기하겠습니다. 문자도 역시 치수 기입과 마찬가지로 문자의 각도를 고려하여 표기해야 합니다. 단일 행 문자(TEXT)를 실행합니다.

{문자의 시작점 지정 또는 [자리맞추기(J)/스타일(S)]:}에서 스타일 'S'를 입력합니다.

{스타일 이름 또는 [?] 입력 <Standard>:}에서 'ISO-30'을 입력합니다.

{문자의 시작점 지정 또는 [자리맞추기(J)/스타일(S)]:}에서 문자의 시작점을 지정합니다.

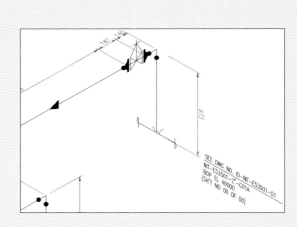

{높이 지정 <100.0000>:}에서 문자 높이 '45'를 입력합니다.

{문자의 회전 각도 지정 <0>:}에서 문자의 각도 '-30' 또는 '330'을 입력합니다.

문자 'SEE DWG No. ID-NIT-E53501-01'를 입력한 후 <Enter> 키를 치면 다음 행으로 이동하면 'NIT-E53501-2"-C01A'를 입력한 후 <Enter> 키를 친 후 'BOP EL 40000'을 입력한 후 <Enter> 키를 치고 '(SH'T NO 00 OF 00)'을 입력한 후 <Enter> 키를 칩니다. 다시 한 번 <Enter> 키를 치면 종료됩니다. 다음 그림과 같이 문자가 작성됩니다.

12 선(LINE) 명령으로 선을 긋고 이동(MOVE) 명령으로 문자를 이동하여 정렬합니다. 다음 그림과 작성됩니다.

13 다시 단일 행 문자(DT)를 실행합니다.

{문자의 시작점 지정 또는 [자리맞추기(J)/스타일(S)]:}
에서 스타일 'S'를 입력합니다.

{스타일 이름 또는 [?] 입력 <ISO-30>:}에서 'ISO30'
을 입력합니다.

{문자의 시작점 지정 또는 [자리맞추기(J)/스타일(S)]:}
에서 문자의 시작점을 지정합니다.

{높이 지정 <45.0000>:}에서 <Enter> 키를 칩니다.

{문자의 회전 각도 지정 <0>:}에서 문자의 각도 '30'
을 입력합니다.

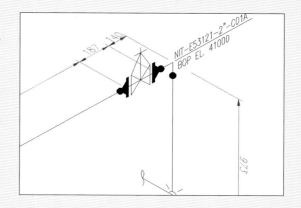

문자 'NIT-E53121-2"-C01A'를 입력한 후 <Enter> 키를 친 후 다음 행으로 이동하면 'BOP EL. 41000'을
입력한 후 <Enter> 키를 두 번 쳐서 종료합니다.

다음 그림과 같이 선을 긋고 문자를 이동하여 정렬합니다.

뒤쪽의 문자도 동일한 방법으로 다음과 같이 표기합니
다. 이때 앞에서 작성한 작성한 문자를 복사(COPY)하
여 문자를 수정하는 것이 빠릅니다.

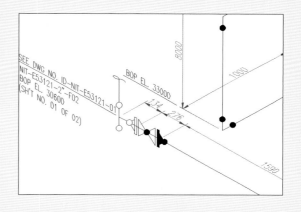

 동일한 등각투영 면에 있는 문자는 새로 작성하는
것보다 복사(COPY)한 후 해당 문자를 더블클릭하
여 수정하는 것이 효율적입니다.

14 곡선의 지시선과 화살표를 작도하고 플랜지 사양을 표
기하겠습니다. 스플라인(SPLINE) 명령으로 곡선의 지시선을
작성합니다.

{첫 번째 점 지정 또는 [메서드(M)/매듭(K)/객체(O)]:}
에서 지시하고자 하는 점(플랜지 부분)을 지정합니다.

{다음 점 입력 또는 [시작 접촉부(T)/공차(L)]:}에서
곡선의 윤곽을 지정합니다.

{다음 점 입력 또는 [끝 접촉부(T)/공차(L)/명령 취소
(U)]:}에서 지시선의 윤곽대로 차례로 지정해 나갑니다.

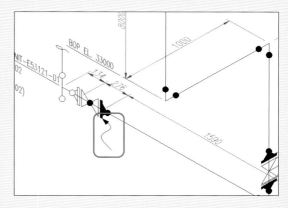

{다음 점 입력 또는 [끝 접촉부(T)/공차(L)/명령 취소(U)/닫기(C)]:}에서 <Enter>로 종료합니다. 선(LINE)
명령으로 삼각형을 그려 해치(BHATCH) 명령으로 채웁니다.

15 복사(COPY) 명령으로 동일한 등각투영 면의 문자(예:
BOP EL. 33000)를 복사합니다. 다음과 같이 문자를
기입할 위치에 복사합니다.

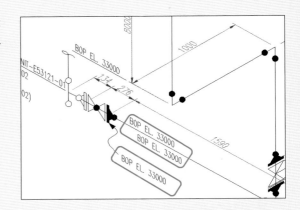

각 문자를 더블클릭하여 편집 모드로 바뀌면 문자를
수정합니다.

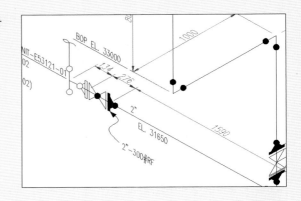

16 스펙 표시도 마찬가지 방법으로 작성합니다. 복사(COPY)
명령으로 등각투영 우측면도의 문자를 복사하여 수정
합니다.

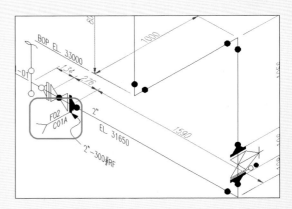

다음 그림과 같이 아이소메트릭 도면이 완성됩니다.

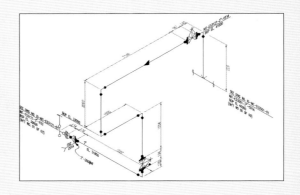

Part 03

치수 기입과 출력

품질이 좋은 도면은 작성자가 아닌 제3자가 접했을 때 읽기 쉬운 도면입니다. 이를 위해 도형의 모양과 균형도 중요하지만 치수나 문자와 같은 설명이 필요합니다. 이번에는 도면을 작성한 후 설명하는 과정인 치수 기입과 완성된 도면을 출력하는 방법에 대해 학습합니다.

Chapter

05 치수 기입

도면에서 작성된 객체는 부품의 제작이나 건설을 위한 설계 결과물입니다. 도면은 여러 기호나 형상, 문자로 설명하고 있습니다. 치수 기입은 도면을 설명하기 위해 사용하는 방법의 하나입니다. 치수 기입과 지시선에 대해 학습합니다.

1 치수 용어와 스타일

치수 기입에 앞서 치수와 관련된 용어와 기호에 대해 알아봅니다. 또, 치수를 기입하기 위한 스타일을 설정하는 방법에 대해 학습합니다.

1. 치수 관련 용어 및 기호

치수 기입에는 많은 기호와 표식 방법을 사용합니다. 이에 따른 용어와 기호에 대해 알아보겠습니다.

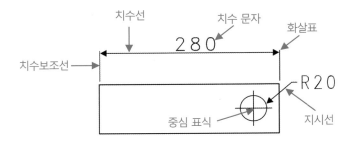

01. 치수선(Dimension Line)

길이나 각도를 표기하기 위해 측정하는 방향으로 평행하게 그은 선으로 한쪽 또는 양쪽에 화살표를 가진 선분입니다.

치수보조선 사이의 간격이 좁은 경우는 바깥쪽에 작도할 수도 있습니다. 일반적으로 치수를 기입할 때는 양쪽 화살표의 치수선을 표기하고 사이에 치수를 기입하지만 설정에 따라서 한쪽 방향으로만 표기할 수도 있고 치수선을 표시하지 않을 수도 있습니다.

02. 치수보조선(Extension Line)

치수선의 시작과 끝을 표시하는 보조선입니다.

치수선이 대상 도형의 바깥쪽에 표시되는 경우 치수선의 양끝에 직각으로 그려지는 선입니다. 설정에 따라서는 치수보조선을 한쪽에만 표시할 수도 있으며, 양쪽 모두를 표기하지 않을 수도 있습니다.

03. 화살표(Arrows)

치수선 양끝 또는 지시선의 끝에 표시하는 화살 기호를 말합니다.

국가, 단체, 업계, 회사에 따라 사용되는 기호를 달리 합니다. AutoCAD는 다양한 기호를 제공하고 있으며 필요에 따라 사용자가 정의하여 사용할 수 있습니다.

04. 치수 문자(Dimension Text)

거리, 각도, 반경 등 실제 치수 또는 설명을 나타내는 문자를 말합니다.

05. 중심 표식(Center Mark)

원이나 호의 중심을 표시하는 마크를 말합니다.

십자선(+)이나 선으로 표시할 수 있으며 설정에 따라서는 표시를 하지 않을 수도 있습니다.

06. 지시선(Leader)

'인출선'이라고도 하며 치수를 기입할 공간이 부족하여 치수 기입이 어려울 때 끌어내는 선입니다. 예를 들어, 원이나 호의 치수를 기입할 때 너무 작아 치수 문자가 들어갈 수 없을 때 지시선으로 끌고 나와 치수 문자를 기입합니다.

07. 허용 오차(Tolerances)

제품을 가공할 때 기준 치수로부터 허용할 수 있는 상한값과 하한값(플러스/마이너스)으로 치수와 함께 기입합니다.

흔히 분산식 허용 오차라고 합니다. 플러스와 마이너스의 오차량을 서로 다르게 기입하는 것도 가능합니다. 플러스와 마이너스 오차량을 같게 하면 '±'기호를 표시해 주며, 그렇지 않으면 해당 부호가 따로 표시됩니다.

08. 두 단위 치수(Alternate Units)

치수를 두 가지 측정 단위로 동시에 기입하는 것을 말합니다. 예를 들어, 십진 값과 인치 값을 동시에 기입하는 방법입니다.

2. 치수 스타일(DIMSTYLE)

치수 기입의 첫 단계는 치수 유형(스타일)을 설정하는 것입니다. 치수 기입을 위해 치수선, 치수보조선, 화살표의 형상과 문자의 높이, 색상 등 속성을 설정하는 작업입니다.

명령: DDIM 또는 DIMSTYLE(단축키: D, DST)   아이콘: ![icon]

또는 '치수' 패널의 오른쪽 끝에 있는 ⬧ 을 클릭합니다.

01. 치수 스타일 관리자

치수 스타일을 신규로 작성, 기존 스타일의 수정 및 재지정, 치수 스타일과 치수 스타일을 비교합니다.

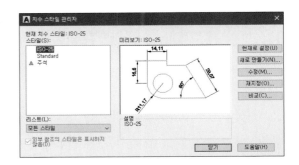

대화 상자 치수 스타일 관리자

① 스타일(S): 현재 도면에 작성된 치수 스타일 목록이 표시됩니다. 이 목록에서 작업하고자 하는 치수 스타일을 선택합니다. 스타일 이름 앞에 ▲ 마크가 있는 치수 스타일은 주석 스타일을 의미합니다.
② 미리보기: 선택한 스타일의 설정 상태를 이미지로 표시합니다.
③ 리스트(L): '스타일(S)'에 표시되는 스타일의 조건을 선택(필터링)합니다.
④ 설명: 스타일에 대한 설명이 표시됩니다.
⑤ 현재로 설정(U): 목록에서 선택한 스타일을 현재 스타일로 지정합니다.
⑥ 새로 만들기(N): 새 치수 스타일 작성 대화 상자가 표시되면서 새로운 치수 스타일을 작성합니다.
⑦ 수정(M): 목록에서 선택한 기존의 치수 스타일을 수정합니다.
⑧ 재지정(O): 특정 값을 재설정하여 그 값을 기존 치수 스타일에 적용합니다.
⑨ 비교(C): 비교 대상 치수 스타일을 지정하여 각 항목별 설정값을 표시합니다

[새로 만들기(N)] 또는 [수정(M)]을 지정하면 다음의 대화 상자가 표시됩니다.

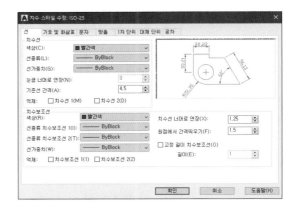

02. '선' 탭

치수선, 치수보조선과 관련된 환경을 설정합니다.

(1) 치수선: 치수선의 환경을 설정합니다.

① 색상(C): 치수선의 색상을 지정합니다(시스템 변수 DIMCLRD = BYBLOCK).

② 선 종류(L): 치수선의 선 종류를 지정합니다(시스템 변수 없음).

③ 선 가중치(G): 치수선의 선 가중치를 지정합니다(시스템 변수 DIMLWD).

④ 눈금 너머로 연장(N): 화살표 모양을 '건축 눈금' 또는 '기울기'를 선택했을 때 치수선이 치수보조선을 벗어나는 길이를 지정합니다(시스템 변수 DIMDLE = 0).

⑤ 기준선 간격(A): 기준선 치수를 기입할 때 치수선 사이의 간격을 지정합니다(시스템 변수 DIMDLI = 0.375).

⑥ 억제: 치수선의 억제를 지정합니다. '치수선 1'을 체크하면 첫 번째 지시한 쪽의 치수선이 표시되지 않습니다. 기본적으로 양쪽 모두 표시됩니다.

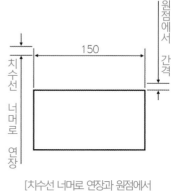

(2) 치수보조선: 치수보조선의 환경을 설정합니다.

① 색상(R): 치수보조선의 색상을 지정합니다.

② 선 종류 치수보조선1(I): 첫 번째 치수보조선의 선 종류를 설정합니다.

③ 선 종류 치수보조선2(T): 두 번째 치수보조선의 선 종류를 설정합니다.

④ 선 가중치(W): 치수보조선의 선 가중치를 지정합니다(시스템 변수 DIMLWE).

⑤ 치수선 너머로 연장(X): 치수보조선이 치수선 밖으로 연장되는 거리를 지정합니다(시스템 변수 DIMEXE = 0.18).

⑥ 원점에서 간격띄우기(F): 측정 대상 객체에서 치수보조선이 떨어지는 거리를 지정합니다(시스템 변수 DIMEXO = 0.0625).

[치수선 너머로 연장과 원점에서 간격띄우기]

⑦ 억제: 치수보조선의 억제를 제어합니다. 체크 상자에 체크를 하면 치수보조선이 표시되지 않습니다. 기본은 양쪽 모두 표시됩니다.

⑧ 고정 길이 치수보조선: 치수보조선의 길이를 지정한 길이로 고정하고자 할 때 체크합니다.

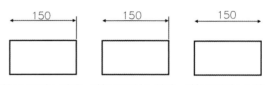

[치수보조선 1 억제]　　[치수보조선 2 억제]　　[치수보조선 1, 2 억제]

03. '기호 및 화살표' 탭

화살촉, 화살표, 중심 표식과 호, 반지름과 관련된 환경을 설정합니다.

(1) 화살촉: 화살표의 모양과 크기를 설정합니다.

① 첫 번째(T): 첫 번째 화살표 모양을 목록 상자에서 선택합니다. 필요에 따라 사용자가 만들어서 정의할 수도 있습니다.

② 두 번째(D): 두 번째 화살표 모양을 목록 상자에서 선택합니다. 필요에 따라 사용자가 만들어서 정의할 수도 있습니다.

③ 지시선(L): 지시선의 화살촉 모양을 목록 상자에서 선택합니다.

④ 화살표 크기(I): 화살표의 크기를 지정합니다.

(2) 중심 표식: 원이나 호의 중심 기호의 모양과 크기를 설정합니다.

① 없음(N): 중심 표식을 하지 않습니다(시스템 변수 DIMCEN = 0).

② 표식(M): 중심 위치만 (+)모양으로 표시합니다.

③ 선(E): 중심 표식을 원 또는 호의 위치까지 선으로 표시합니다.

④ 크기: 중심 표식의 크기를 지정합니다.

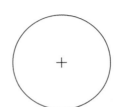

[중심 표식이 '표식'인 경우]

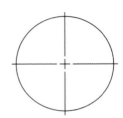

[중심 표식이 '선'인 경우]

(3) 치수 끊기: 치수 끊기의 간격 폭을 설정합니다. '끊기 크기(B)'에서 끊기의 폭을 설정합니다.

① 호 길이 기호: 호 길이 치수의 원호 기호 표시를 설정합니다.

② 앞의 치수 문자(P): 호 길이 기호를 치수 문자 앞에 배치합니다.

③ 위의 치수 문자(A): 호 길이 기호를 치수 문자 위에 배치합니다.

④ 없음(O): 호 길이 기호를 표시하지 않습니다.

(4) 반지름 꺾기 치수: 반지름 치수의 꺾기(지그재그) '각도(J)'를 설정합니다.

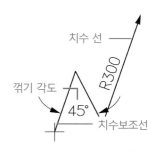

(5) 선형 꺾기 치수: 선형 치수의 꺾기(지그재그)의 '꺾기 높이 비율(F)'을 설정합니다.

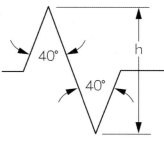

04. '문자' 탭

치수 문자의 스타일, 크기, 위치 등 치수 문자와 관련된 환경을 설정합니다.

(1) 문자 모양: 치수 문자의 스타일과 색상 등 문자의 모양과 관련된 환경을 설정합니다.

① 문자 스타일(Y): 치수 문자의 스타일(STYLE)을 지정합니다. 자세한 내용은 '문자 스타일(STYLE)' 명령을 참조합니다.

② 문자 색상(C): 치수 문자의 색상을 지정합니다.

③ 채우기 색상(L): 치수의 문자 배경 색상을 설정합니다.
색상 목록 맨 아래에서 '색상 선택..'을 클릭하면 색상 선택 팔레트가 표시됩니다. 색상 이름 또는 번호를 입력할 수도 있습니다.

④ 문자 높이(T): 치수 문자의 높이를 지정합니다.

⑤ 분수 높이 축척(H): 1차 단위 탭에서 단위 형식을 분수로 지정했을 경우 분수 높이의 척도를 지정합니다.

⑥ 문자 주위에 프레임 그리기(F): 치수 문자 주위를 사각형의 프레임을 작도합니다.

(2) 문자 배치: 치수 문자의 배치 환경을 설정합니다.

① 수직(V): 수직 방향의 치수 문자 배치 방법을 지정합니다.

② 수평(Z): 수평 방향의 치수 문자 배치 방법을 지정합니다.

  (a) 중심: 치수를 치수선 중앙에 기입합니다.

  (b) 치수보조선 1에: 치수를 첫 번째 치수보조선 쪽에 기입합니다.

  (c) 치수보조선 2에: 치수를 두 번째 치수보조선 쪽에 기입합니다.

  (d) 치수보조선 1너머: 치수를 첫 번째 치수보조선 위에 기입합니다.

  (e) 치수보조선 2너머: 치수를 두 번째 치수보조선 위에 기입합니다.

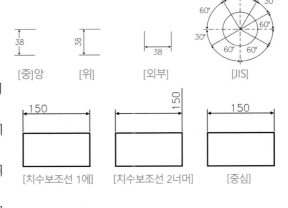

③ 뷰 방향(D): 치수 문자를 보는 방향을 조정합니다. 문자를 '왼쪽에서 오른쪽 읽는 방법'과 '오른쪽에서 왼쪽으로 읽는 방법'이 있습니다.

④ 치수선에서 간격띄우기(O): 치수 문자가 치수선 사이에 기입될 때 치수선과 문자의 간격을 나타내며, 치수선 위에 치수 문자를 기입할 때는 치수선과 문자가 떨어지는 간격을 나타냅니다.

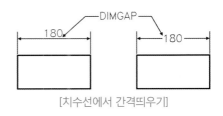

(3) 문자 정렬(A): 치수 문자의 방향을 설정합니다.

① 수평: 치수 문자를 항상 수평으로 정렬합니다.

② 치수선에 정렬: 치수 문자를 치수선과 수평이 되도록 정렬합니다.

③ ISO 표준: 치수 문자가 치수보조선 안에 있으면 치수선과 수평이 되도록 정렬하고, 치수보조선 밖에 있으면 수평으로 정렬합니다.

05. '맞춤' 탭

문자와 화살표, 치수선의 배치를 정의하거나 치수 기입 축척 등을 설정합니다.

(1) 맞춤 옵션(F): 치수 문자와 화살표의 위치를 지정합니다.

① 문자 또는 화살표(최대로 맞춤): 치수보조선 사이의 간격이 충분하면 치수와 화살표를 치수보조선 안에 표시하고, 치수만 여유 공간이 있으면 치수만 보조선 사이에 표시하고 화살표와 치수선은 보조선 밖에 표시합니다. 치수와 화살표 모두 여유 공간이 없으면 모두 치수보조선 밖으로 표시합니다.

② 화살표: 치수보조선 바깥쪽으로 먼저 화살촉을 이동한 다음 문자를 이동합니다. 치수보조선 사이의 간격이 충분하면 치수와 화살표를 치수보조선 안에 표시하고, 화살촉에 대해서만 충분한 공간을 사용할 수 있는 경우, 화살촉은 치수보조선 사이에 배치하고 문자는 치수보조선 외부에 배치합니다.

③ 문자: 치수보조선 바깥쪽으로 먼저 문자를 이동한 다음 화살촉을 이동합니다. 치수보조선 사이의 간격이 충분하면 치수와 화살표를 치수보조선 안에 표시하고, 문자에 대해서만 충분한 공간을 사용할 수 있는 경우, 문자는 치수보조선 사이에 배치하고 화살촉은 치수보조선 외부에 배치합니다.

④ 문자와 화살표 모두: 문자와 화살촉에 공간이 부족할 경우 치수보조선 바깥쪽으로 모두 이동합니다. 치수보조선 사이의 간격이 충분하면 치수 문자와 화살표를 치수보조선 안에 표시하고, 그렇지 않으면 보조선 밖으로 표시합니다.

⑤ 항상 보조선 사이에 문자 유지: 항상 치수보조선 사이에 치수 문자를 기입합니다.

⑥ 화살표가 치수보조선 내에 맞지 않으면 화살표 억제: 치수보조선 사이의 공간이 충분치 않으면 화살표를 표시하지 않습니다.

(2) 문자 배치: 치수 문자가 기준 위치에 있지 않을 경우 위치를 지정합니다.

① 치수선 옆에 배치(B): 치수 문자를 이동할 때마다 치수선도 이동합니다.

② 치수선 위, 지시선 사용(L): 문자를 이동할 때 치수선이 이동하지 않습니다. 문자가 치수선으로부터 멀리 떨어져 있을 경우 문자와 치수선을 연결하는 지시선을 작성합니다. 문자가 치수선에 너무 가까이 있으면 지시선은 생략됩니다.

③ 치수선 위, 지시선 없음(O): 문자를 이동할 때 치수선이 이동하지 않습니다. 치수선으로부터 멀리 떨어진 문자가 지시선을 사용하여 치수선에 연결되지 않습니다.

(3) 치수 피처 축척: 치수 스타일의 전체적인 척도와 도면 공간 치수의 척도를 설정합니다.

① 주석(A): 치수 스타일이 주석임을 설정합니다.

② 배치할 치수 축척(도면 공간): 모형 공간(Model space)과 도면 공간(Paper space) 사이의 축척을 기준으로 축척 비율을 결정합니다.

③ 전체 축척 사용(S): 해당 치수 스타일의 전체적인 축척을 지정합니다. 치수 스타일의 환경을 설정할 때, 처음에 이 값으로 전체적인 축척을 지정한 다음 각 세부 항목의 축척을 조정합니다.

참고<< **치수 스타일 전체 크기 지정**

화살촉, 문자, 보조선의 길이와 같이 치수 기입을 위한 각 항목의 크기를 하나씩 지정하는 것은 번거로운 일입니다. 가장 간편한 방법은 '전체 축척 사용(S)'에 기본 축척 값을 부여하면 됩니다. 예를 들어, '전체 축척'을 '50'을 입력하면 '문자 높이'가 '2.5'인 경우는 '50×2.5'가 되어 기입되는 치수 문자는 '125'가 됩니다. 이런 방법으로 치수 기입을 위한 각 항목을 하나씩 지정하기 보다는 '전체 축척 사용(S)'을 먼저 지정한 후 수정하고자 하는 항목만 수정하면 됩니다.

(4) 최상으로 조정(T): 문자 및 치수선의 환경을 설정합니다.

① 수동으로 문자 배치(P): 문자 배치의 수평 자리맞추기 지정을 무시하고 치수선 위치 프롬프트에서 사용자가 지정한 위치에 치수 문자를 기입합니다.

② 항상 보조선 사이에 치수선 그리기(D): 화살촉이 측정된 점 바깥쪽에 배치되는 경우에도 측정된 점 사이에 치수선을 작도합니다.

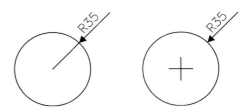

[항상 보조선 사이에 치수선이 그려진 경우(D)'에 체크된 경우와 체크되지 않은 경우]

06. '1차 단위' 탭

치수 단위의 형식과 정밀도를 설정하고 치수 문자의 머리말과 꼬리말 등의 환경을 설정합니다.

(1) 선형 치수: 선형 치수에 대한 환경을 설정합니다.

① 단위 형식(U): 각도를 제외한 일반적인 치수 기입의 단위를 지정합니다. 단위 형식은 과학, 십진, 엔지니어링, 건축, 분수가 있습니다.

② 정밀도(P): 소수점 이하 자릿수를 제어합니다.

③ 분수 형식(M): 단위 형식을 분수로 선택했을 때 분수의 표시 형식으로 '수평'과 '대각선'이 있습니다.

④ 소수 구분 기호(C): 소수점 구분자의 형식을 지정합니다. 마침표(.), 쉼표(,), 공백이 있습니다.

⑤ 반올림(R): 반올림하고자 하는 단위를 지정합니다.

⑥ 머리말(X): 항상 치수 문자 앞에 기입하는 문자를 입력합니다(예:Ø100).

⑦ 꼬리말(S): 항상 치수 문자 뒤에 기입하는 문자를 입력합니다(예:100mm).

⑧ 측정 축척: 객체의 길이를 측정 시 축척을 설정합니다.

   (a) 축척 비율(E): 치수 기입하기 위해 측정할 때의 축척을 지정합니다. 예를 들어, '10'을 설정해 놓으면 '실제 길이×10'의 값으로 표기됩니다.

   (b) 배치 치수에만 적용: 배치(Paper space)에만 적용합니다.

⑨ 0 억제: 표시하는 치수의 0을 제어합니다.

   (a) 선행(L): 소수점 앞에 오는 0을 표시하지 않습니다.

   (b) 후행(T): 소수점 뒤에 오는 0을 표시하지 않습니다.

   (c) 0 피트(F): 거리를 1피트보다 적을 때 피트와 인치 치수의 피트 위치를 억제합니다. 예를 들어, 0′-6 1/2″는 6 1/2″가 됩니다.

   (d) 0인치(I): 거리가 피트의 정수일 때 피트와 인치 치수의 인치 위치를 억제합니다. 예를 들어, 1′-0″는 1′가 됩니다.

(2) 각도 치수: 각도 치수에 대한 환경을 설정합니다.

① 단위 형식(A): 각도를 기입할 때 각도의 표현 형식을 선택합니다. 각도 형식은 십진 도수(Degrees), 도/분/초(Degrees/Minutes/Seconds), 그라디안(gradians), 라디안(Radians)이 있습니다.

② 정밀도(O): 소수점 이하 자릿수를 제어합니다.

③ 0 억제: 표시하는 치수의 0을 제어합니다. 선형 치수 참조.

07. '대체 단위' 탭

대체 단위의 사용 여부와 대체 단위의 형식과 정밀도를 설정하고 치수 문자의 머리말과 꼬리말 등을 설정합니다.

(1) 대체 단위 표시(D): 체크를 하면 대체 단위를 표기합니다. 즉, 두 가지 단위를 기입합니다.

① 대체 단위: 대체 단위의 형식, 정밀도 등 환경을 설정합니다.

② 단위 형식(U): 대체 단위의 형식을 지정합니다.

③ 정밀도(P): 소수점 이하 자릿수를 제어합니다.

④ 대체 단위에 대한 승수(M): 1차 단위에 대한 대체 단위의 비율입니다. 예를 들어, 1차 단위가 십진수이고 대체 단위가 인치일 때 '1/25.4'인 '0.03937'이 됩니다.

⑤ 거리를 맞춤(R): 각도를 제외한 모든 치수 유형의 대체 단위에 대한 반올림 규칙을 설정합니다. '0.25'를 입력하면 모든 대체 측정값은 가장 근접한 '0.25'단위로 반올림됩니다. '1.0'값을 입력하면 모든 치수 측정은 가장 근접한 정수로 반올림된다. 소수점 뒤에 표시되는 숫자의 자릿수는 정밀도 설정에 따라 달라집니다.

⑥ 머리말(F): 대체 단위 치수 앞에 기입하는 문자 또는 기호를 입력합니다(예: Ø100).

⑦ 꼬리말(X): 대체 단위 치수 뒤에 기입하는 문자 또는 기호를 입력합니다(예: 100mm).

참고<< 대체 단위란?

앞에 용어에서 나온 '두 단위 치수'를 말합니다. 즉, 치수를 두 가지 측정 단위로 동시에 기입하는 것을 말합니다. 예를 들어, 미터법의 십진 값과 인치 값을 동시에 기입하는 방법입니다.

---

(2) 0 억제: 앞, 뒤, 피트, 인치에 대한 0을 제어합니다. <1차 단위 참조>

① 배치: 대체 단위의 배치 위치를 제어합니다.

② 1차 값 다음(A): 1차 단위 뒤에 대체 단위를 표기합니다.

③ 1차 값 아래(B): 1차 단위 아래에 대체 단위를 표기합니다.

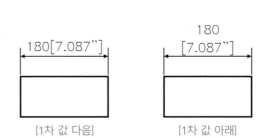

08. '공차' 탭

치수 문자 공차의 표시 및 형식을 설정합니다.

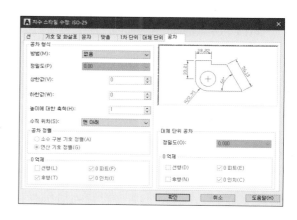

(1) 공차 형식: 공차 형식을 생성 또는 제어합니다.

① 방법(M): 공차 스타일을 선택합니다.
  (a) 없음(None): 공차를 기입하지 않습니다.
  (b) 대칭(Symmetrical): 플러스와 마이너스의 값이 균일(±)한 허용 오차를 기입합니다.
  (c) 편차(Deviation): 플러스와 마이너스의 값이 다른 허용 오차를 기입합니다.
  (d) 한계(Limits): 치수의 최대값과 최소값의 한계를 기입합니다.
  (e) 기준(Basic): 치수를 사각형 내에 기입합니다.

② 정밀도(P): 소수점 이하 자릿수를 제어합니다.

③ 상한값(V): 최대 허용 오차 값을 지정합니다.

④ 하한값(W): 최소 허용 오차 값을 지정합니다.

⑤ 높이에 대한 축척(H): 공차 치수 문자의 높이 값을 말하며 1차 치수의 문자 높이에 대한 비율을 입력합니다(DIMFAC = 허용 오차 치수의 높이 / 치수의 높이).

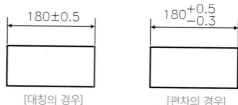

[대칭의 경우]   [편차의 경우]

⑥ 수직 위치(S): 공차 치수의 기준 위치를 지정합니다.
  (a) 맨 위: 공차 치수를 치수 문자 위쪽과 나란히 표시합니다.
  (b) 중간: 공차 치수를 치수 문자의 중간과 나란히 표시합니다.
  (c) 맨 아래: 공차 치수를 치수 문자 아래쪽과 나란히 표시합니다.

⑦ 공차 정렬: 스택 시 상위 및 하위 공차 값의 정렬을 조정합니다. '소수 구분 기호 정렬(A)'과 '연산 기호 정렬(G)'이 있습니다.

⑧ 0 억제: 앞, 뒤, 피트, 인치에 대한 0을 제어합니다. <1차 단위 참조>

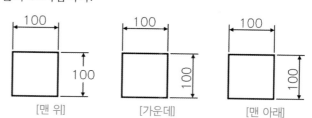

[맨 위]   [가운데]   [맨 아래]

(2) 대체 단위 공차: 대체 단위의 정밀도와 0을 제어합니다.
① 정밀도(O): 대체 단위의 정밀도(소수점 이하 자릿수)를 설정합니다.
② 0 억제: 앞, 뒤, 피트, 인치에 대한 0을 제어합니다.

[새로 만들기(N)] 또는 [수정(M)]을 마치고 [확인]을 클릭하면 다음과 같은 초기 대화 상자가 나타납니다. '미리보기'에는 설정한 값을 반영한 이미지가 나타납니다.
'스타일(S)'목록에서 현재로 설정하고자 하는 스타일 이름을 선택한 후 [현재로 설정(U)]를 클릭하면 해당 치수 스타일을 적용하여 치수를 기입할 수 있습니다.

3. 연관 치수 및 주석 감시

주석 감시는 치수가 기입되어 있는 원 객체와 치수 객체가 연관되어 있는지, 연관 관계가 끊어진 것인지 감시하는 기능입니다.

01. 연관 치수란?

치수 연관성은 기하학적 객체(치수의 기입 대상이 되는 형상 객체)와 치수 사이의 관계를 정의하여 기하학적 객체에 거리와 각도를 제공합니다. 기하학적 객체와 치수 사이에는 다음의 세 가지 유형이 있습니다.

(1) 연관 치수: 연관된 기하학적 객체가 수정될 때 치수의 위치, 방향 및 측정값을 자동으로 조정합니다. 배치(Layout)의 치수는 모형 공간의 객체와 연관시킬 수 있습니다.

(2) 비연관 치수: 측정한 객체와 함께 선택 및 수정됩니다. 비연관 치수는 측정한 기하학적 객체가 수정될 때 변경되지 않습니다.

(3) 분해된 치수: 단일 치수 객체가 아닌 분리된 객체입니다.

참고<< **연관 치수와 비연관 치수의 차이**

연관 치수와 비연관 치수의 차이점은 원본 객체(기하학적 객체: 치수 기입의 대상이 된 객체)가 변경되었을 때 연관된 치수도 동시에 변경되는 것이 연관 치수입니다.
다음 그림에서 가로 길이가 '100'인 객체를 늘렸을 때, 왼쪽은 연관 치수이기 때문에 늘어난 치수만큼 치수가 갱신된 데 반해, 오른쪽 치수는 연관이 해제된 치수이므로 원본 객체가 늘어났음에도 불구하고 치수는 변하지 않고 '100'으로 남아 있습니다.

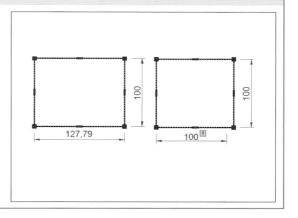

치수를 작성할 때 연관 치수 작성 여부를 설정하려면 작업 환경을 설정하는 '옵션' 대화 상자를 통해 설정합니다. [응용 프로그램 메뉴 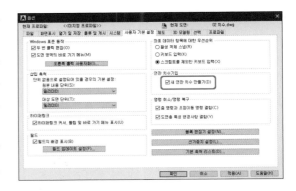를 눌러 [옵션]을 클릭하거나 작도 영역에서 오른쪽 버튼을 눌러 바로가기 메뉴에서 '옵션(O)'을 클릭합니다. 옵션 대화 상자에서 '사용자 기본 설정' 탭을 클릭합니다.

'연관 치수 기입'의 '새 연관 치수 만들기(D)'를 체크하면 치수를 기입할 때 연관 치수가 되고, 체크를 끄면 연관 관계가 형성되지 않습니다.

02. 주석(치수) 감시란?

주석 감시는 기하학적 객체(치수 기입의 대상이 되는 객체)와 주석(치수 또는 지시선) 사이의 연관성을 감시하는 기능입니다. 주석 감시 기능이 켜져(ON: ✛)있는 상태에서는 연관성이 끊어지게 되면 주석에 느낌표(!) 마크가 나타나 연관성이 해제되어 있다는 것을 표시해 줍니다. 상태 막대에서 그리기 도구의 '주석 감시 ✛' 버튼을 클릭하여 주석 감시 기능을 켭니다(ON). 주석 감시 기능을 켜면 다음 그림과 같이 연관이 해제된 치수에 대해 느낌표를 표시합니다.

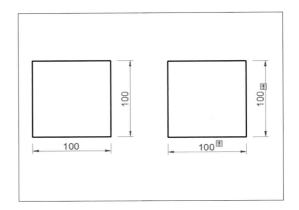

연관이 해제된 치수에 대해 다시 연관 치수로 만들 수 있습니다. 다시 연관 관계를 만들어 주려면 느낌표(!) 아이콘에 마우스를 대고 오른쪽 버튼을 클릭합니다. 바로가기 메뉴에서 '재연관'을 클릭합니다.

{재연관시킬 치수를 선택하십시오 …1개를 찾음}
{첫 번째 치수보조선 원점 지정 또는 [객체 선택(S)] <다음>:}에서 첫 번째 점을 선택합니다.
{두 번째 치수보조선 원점 지정 <다음>:}에서 두 번째 점을 선택합니다.

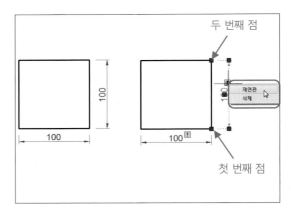

다음 그림과 같이 재연관된 주석 객체에 대해서는 느낌표 마크가 사라집니다.

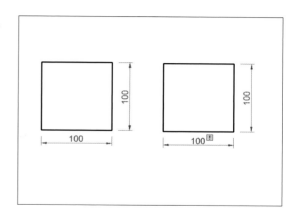

2 치수 기입

선형, 지름 및 반지름, 각도, 연속 치수 등 다양한 방법의 치수 기입 방법에 대해 학습합니다.

1. 스마트 치수(DIM)

치수 기입할 객체 위에 마우스를 놓으면 기입할 적합한 치수 유형의 미리보기를 자동으로 표시합니다. 치수 기입할 객체, 선 또는 점을 선택하고 치수를 기입할 도면 영역의 아무 곳이나 클릭합니다. 지원되는 치수 유형 범위에는 수직, 수평, 정렬된 및 회전된 선형 치수부터 각도 치수, 반지름, 지름, 꺾기 반지름 및 호 길이 치수, 기준선 및 연속 치수가 있습니다.

명령: DIM	아이콘: 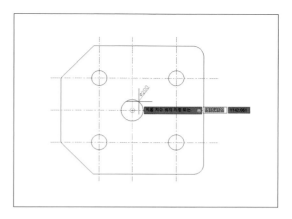

명령어 'DIM'을 입력하거나 '주석' 탭의 '치수' 패널에서 ▦을 클릭합니다.

{객체 선택 또는 첫 번째 치수보조선 원점 지정 또는 [각도 (A)/기준선(B)/계속(C)/세로 좌표(O)/정렬(G)/분산(D)/도면층(L)/ 명령 취소(U)]:}에서 치수를 기입할 객체(호) 근처로 마우스 커서를 가져갑니다. 흐릿하게 치수가 나타납니다.

{반지름을 지정할 호 선택 또는 [지름(D)/꺾기(J)/호 길이 (L)/각도(A)]:}에서 클릭합니다.

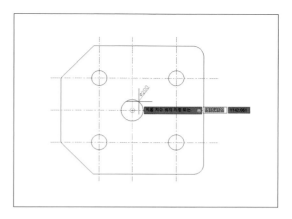

{반지름 치수 위치 지정 또는 [지름(D)/각도(A)/여러 줄 문자(M)/문자(T)/문자 각도(N)/명령 취소(U)]:}에서

치수 위치를 지정합니다. 다음과 같이 지정한 위치에 치
수가 기입됩니다.

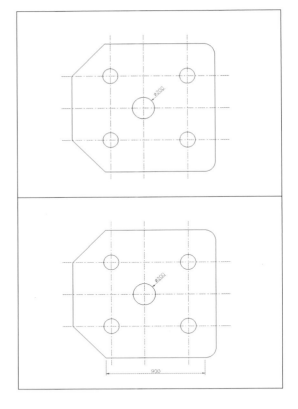

선을 선택하면 다음과 같이 선형 치수가 기입됩니다.

옵션 설명

{객체 선택 또는 첫 번째 치수보조선 원점 지정 또는 [각도(A)/기준선(B)/계속(C)/세로 좌표(O)/정렬(G)/분산(D)/도
면층(L)/명령 취소(U)]:}

① 각도(A): 세 점 사이의 각도 또는 두 선 사이의 각도를 표시하는 각도 치수를 작성합니다. '각도 치수' 참조

② 기준선(B): 이전 또는 선택된 치수의 첫 번째 치수보조선에서 선형, 각도 또는 세로 좌표 치수를 작성합니다. '기준
선 치수' 참조

③ 계속(C): 선택된 치수의 두 번째 치수보조선에서 선형, 각도 또는 세로 좌표 치수를 작성합니다. '계속 치수' 참조

④ 세로 좌표(O): 세로 좌표 치수를 작성합니다. '세로 좌표' 참조

⑤ 정렬(G): 여러 개의 평행, 동심 또는 동일한 데이터 치수를 선택된 기준 치수에 정렬합니다.

⑥ 분산(D): 선택된 분리된 선형 또는 세로 좌표 치수 그룹을 분산하는 방법을 지정합니다.

⑦ 도면층(L): 지정된 도면층에 새 치수를 지정하여 현재 도면층을 재지정합니다. 현재 도면층을 사용하려면 현재 사용
또는 ".."을 입력합니다.

⑧ 명령 취소(U): 마지막 치수 작업을 취소하고 이전으로 되돌립니다.

2. 선형 치수(DIMLINEAR)

수평 또는 수직 방향의 치수를 기입합니다.

명령어 'DLI'를 입력하거나 '주석' 탭의 '치수' 패널 또는 '치수' 도구 막대에서 ▬을 클릭합니다.
{첫 번째 치수보조선 원점 지정 또는 <객체 선택>:}에서 첫 번째 점을 지정합니다.
{두 번째 치수보조선 원점 지정:}에서 두 번째 점을 지정합니다.
{치수선의 위치 지정 또는 [여러 줄 문자(M)/문자(T)/각도(A)/수평(H)/수직(V)/회전(R)]:}에서 치수선의 위치를 지정합니다. 다음과 같이 수평 치수가 기입됩니다.

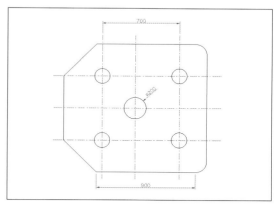

[옵션 설명]

참고<< 측정된 문자를 수정하려면…

선형 치수를 기입하면 두 점을 지정하여 측정된 거리를 표기하지만 사용자가 이 측정된 거리를 임의로 수정하려면 '여러 줄 문자(M)' 또는 '문자(T)' 옵션을 선택하여 기입합니다.
{치수선의 위치 지정 또는 [여러 줄 문자(M)/문자(T)/각도(A)/수평(H)/수직(V)/회전(R)]:}에서 문자 옵션 'T'를 입력합니다.
{새로운 치수 문자를 입력 <100.62>:}에서 표기하고자 하는 문자 '100'을 입력합니다.
{치수선의 위치 지정 또는 [여러 줄 문자(M)/문자(T)/각도(A)/수평(H)/수직(V)/회전(R)]:}에서 표기할 위치를 지정합니다.

옵션 설명

{치수선의 위치 지정 또는 [여러 줄 문자(M)/문자(T)/각도(A)/수평(H)/수직(V)/회전(R)]:}

① 여러 줄 문자(M): 치수 문자를 편집할 수 있는 여러 줄 문자 편집기를 표시합니다.
② 문자(T): 치수 문자를 편집할 수 있는 단일 행 문자 입력 상태가 됩니다.
③ 각도(A): 치수 문자의 각도를 변경합니다.
④ 수평(H): 수평 선형 치수를 작성합니다.
⑤ 수직(V): 수직 선형 치수를 작성합니다.
⑥ 회전(R): 회전된 선형 치수를 작성합니다.

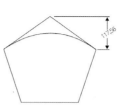

['각도(A)'가 30도인 경우]

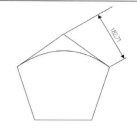

['회전(R)'이 30도인 경우]

3. 정렬 치수(DIMALIGNED)

수평 또는 수직 방향이 아닌 비스듬한 면의 길이나 지정한 두 점의 거리를 직접 표현하고자 할 때는 정렬 치수를 이용하여 기입합니다.

명령어 'DAL'을 입력하거나 '주석' 탭의 '치수' 패널 또는 '치수' 도구 막대에서 ■을 클릭합니다.
{첫 번째 치수보조선 원점 지정 또는 <객체 선택>:}에서 첫 번째 점을 지정합니다.
{두 번째 치수보조선 원점 지정:}에서 두 번째 점을 지정합니다.
{치수선의 위치 지정 또는 [여러 줄 문자(M)/문자(T)/각도(A)]:}에서 치수선의 위치를 지정합니다. 다음 그림과 같이 정렬 치수가 기입됩니다.

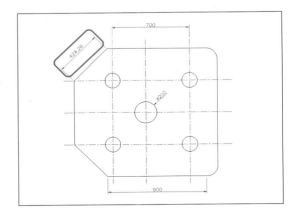

4. 호 길이(DIMARC)

호 또는 폴리선 호 세그먼트를 따라 거리를 측정하여 기입합니다.

명령어 'DAR'을 입력하거나 '주석' 탭의 '치수' 패널 또는 '치수' 도구 막대에서 ■을 클릭합니다.
{호 또는 폴리선 호 세그먼트 선택:}에서 호를 선택합니다.
{호 길이 치수 위치 지정 또는 [여러 줄 문자(M)/문자(T)/부분(P)/지시선(L)]:}에서 호 길이를 기입할 치수선의 위치를 지정합니다. 다음 그림과 같이 호 길이가 기입됩니다.

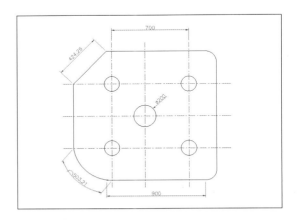

5. 세로 좌표(DIMORDINATE)

세로 좌표를 기입합니다. 세로 좌표 치수는 지시선과 함께 현재 UCS의 원점(0,0)을 기준으로 X 또는 Y값을 표기합니다.

명령: DIMORDINATE(단축키: DOR)	아이콘:

{피쳐 위치를 지정:}에서 세로 좌표의 위치를 지정합니다. {지시선 끝점을 지정 또는 [X데이텀(X)/Y데이텀(Y)/여러 줄 문자(M)/문자(T)/각도(A)]:}에서 표기하고자 하는 위치를 지정합니다.

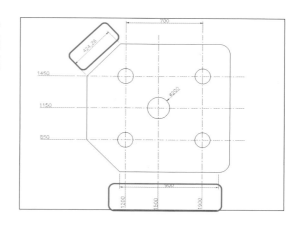

세로 좌표 치수는 '데이텀'이라는 원점으로부터 부품의 구멍과 같은 피쳐까지의 수직 거리를 측정합니다. 이러한 치수는 데이텀부터 피쳐까지 정확한 간격띄우기를 유지함으로써 오류가 단계적으로 확대되는 것을 방지합니다. 이 기능은 부품의 기계 가공 등에서 기준점(데이텀)에서 정확한 좌표를 지정하는데 유용합니다.

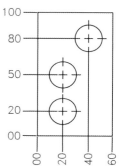

6. 반지름(DIMRADIUS)

선택한 원 또는 호의 반지름 치수를 측정하여 기입합니다.

01. 반지름(DIMRADIUS)

반지름 치수를 기입합니다.

명령: DIMRADIUS(단축키: DRA)	아이콘:

명령어 'DRA'을 입력하거나 '주석' 탭의 '치수' 패널 또는 '치수' 도구 막대에서 을 클릭합니다.
{호 또는 원 선택:}에서 원이나 호를 선택합니다.
{치수선의 위치 지정 또는 [여러 줄 문자(M)/문자(T)/각도(A)]:}에서 반지름 치수를 기입할 위치를 지정합니다.

{치수선의 위치 지정…}에서 원이나 호의 안쪽을 지정하면 안쪽에 기입되고, 바깥쪽을 지정하면 바깥쪽에 기입됩니다.

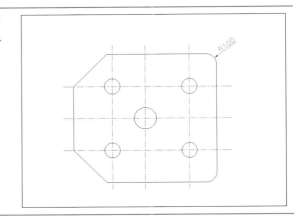

02. 꺾어진 반지름(DIMJOGGED)

꺾어진 형태의 인출선(지시선)으로 선택한 원 또는 호의 반지름 치수를 기입합니다.

명령: DIMJOGGED(단축키: JOG, DJO) 아이콘: ◤

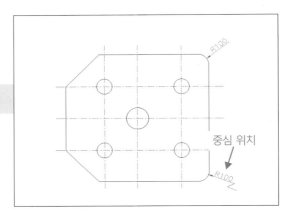

명령어 'JOG' 또는 'DJO'를 입력하거나 '주석' 탭의 '치수' 패널 또는 '치수' 도구 막대에서 ◤을 클릭합니다.
{호 또는 원 선택:}에서 원이나 호를 선택합니다.
{중심 위치 재지정 지정:}에서 인출선의 끝 부분이 될 중심 위치를 지정합니다.
{치수선의 위치 지정 또는 [여러 줄 문자(M)/문자(T)/각도(A)]:}에서 치수선의 위치를 지정합니다.
{꺾기 위치 지정:}에서 치수선이 꺾어지는 위치를 지정합니다. 다음 그림과 같이 꺾어진 반지름이 기입됩니다.

> **참고<<** 중심선, 치수선, 꺾기 위치
>
> 꺾어진 반지름 명령을 실행하면 중심선 위치 재지정, 치수선의 위치, 꺾기 위치를 묻습니다. 각 메시지가 의미하는 좌표는 다음과 같습니다.
> ① 중심 위치 재지정: 꺾기 반지름 치수에 새 중심점을 적용합니다. 이 중심점은 호 또는 원의 실제 중심점을 대신합니다. 즉, 원 및 호의 고정된 중심점이 아닌 새로운 중심점을 지정할 수 있습니다.
> ② 치수선의 위치: 치수선의 각도 및 치수 문자의 위치를 결정하는 위치입니다.
> ③ 꺾기 위치: 인출선이 꺾어지는 위치입니다.

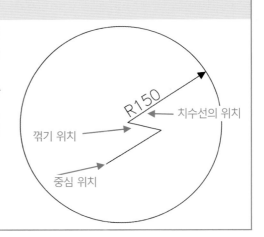

7. 지름(DIMDIAMETER)

선택한 원 또는 호의 지름을 측정하여 기입합니다.

명령어 'DDI'를 입력하거나 '주석' 탭의 '치수' 패널 또는
'치수' 도구 막대에서 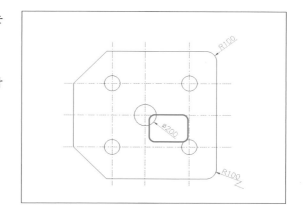을 클릭합니다.
{호 또는 원 선택:}에서 원 또는 호를 선택합니다.
{치수선의 위치 지정 또는 [여러 줄 문자(M)/문자(T)/각
도(A)]:}에서 치수선의 위치를 지정합니다.

8. 각도(DIMANGULAR)

두 선 또는 세 점 사이의 각도를 측정하여 각도를 기입합니다.

명령어 'DAN'을 입력하거나 '주석' 탭의 '치수' 패널 또
는 '치수' 도구 막대에서 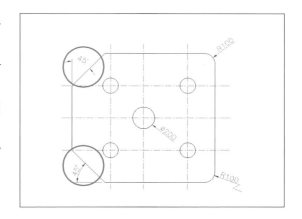을 클릭합니다.
{호, 원, 선을 선택하거나 <정점 지정>:}에서 측정하고자
하는 각도의 첫 번째 선을 선택합니다.
{두 번째 선 선택:}에서 측정하고자 하는 각도의 두 번째
선을 선택합니다.
{치수 호 선의 위치 지정 또는 [여러 줄 문자(M)/문자
(T)/각도(A)/사분점(Q)]:}에서 치수선의 위치를 지정합니
다. 두 변 사이의 각도가 기입됩니다.

 호를 선택하여 호의 시작점과 끝점의 사이각을 표기할 수 있습니다.

9. 기준선(DIMBASELINE)과 계속 치수(DIMCONTINUE)

기준선을 기준으로 연속으로 치수를 기입하거나 이전 치수보조선으로부터 연속으로 치수를 기입합니다.

01. 기준선(DIMBASELINE)

이전 치수 또는 선택된 치수의 기준선으로부터 선형 치수, 각도 치수 또는 세로 좌표 치수를 차례로 기입합니다.

명령: DIMBASELINE(단축키: DBA)	아이콘:

먼저 '선형 치수(DIMLINEAR) ▨' 명령으로 기준이 되
는 선형 치수를 기입합니다.

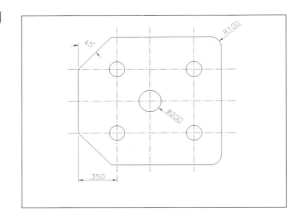

기준선 치수를 실행합니다. 명령어 'DBA'를 입력하거나 '주석' 탭의 '치수' 패널 또는 '치수' 도구 막대에서
▨을 클릭합니다.

{두 번째 치수보조선 원점 지정 또는 [명령 취소(U)/선택
(S)] <선택(S)>:}에서 첫 번째 끝점을 지정합니다.

{두 번째 치수보조선 원점 지정 또는 [명령 취소(U)/선택
(S)] <선택(S)>:}에서 두 번째 끝점을 지정합니다. 차례로
치수를 기입할 위치를 지정합니다.

{두 번째 치수보조선 원점 지정 또는 [명령 취소(U)/선택
(S)] <선택(S)>:}에서 <Enter> 키 또는 <Space bar>를
눌러 종료합니다.

{기준 치수 선택:}에서 <Enter> 키 또는 <Space bar>를
눌러 종료합니다. 다음과 같이 기준선으로부터의 차례로
거리를 측정하여 기입합니다.

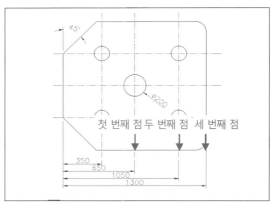

참고<< 기준선 치수 사이의 간격

기준선 치수의 치수선과 치수선의 간격은 '치수 스타일(DIMSTYLE)' 명령에서 설정이 가능합니다. '선' 탭의 '기준
선 간격(A)'의 값을 설정합니다.

참고<< 각도의 기준선 치수 기입

각도를 기준선을 기준으로 차례로 치수를 기입할 수 있습니다. 조작 방법이나 순서는 '선형 기준선 치수'와 동일합니다. 다음 그림과 같이 기준선으로부터 각도가 차례로 기입됩니다.

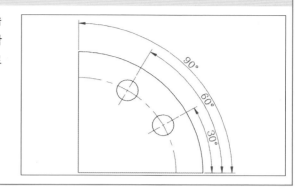

02. 계속 치수(DIMCONTINUE)

이전 치수 또는 선택된 치수의 두 번째 치수보조선으로부터 선형 치수, 각도 치수 또는 세로 좌표 치수를 작성합니다.

명령: DIMCONTINUE(단축키: DCO)   아이콘: ▌▌

기준이 되는 선형 치수를 작성한 후, 연속 치수 명령을 실행합니다. 명령어 'DCO'를 입력하거나 '주석' 탭의 '치수' 패널 또는 '치수' 도구 막대에서 ▌▌을 클릭합니다.

{두 번째 치수보조선 원점 지정 또는 [명령 취소(U)/선택(S)] <선택(S)>:)>:}에서 첫 번째 끝점을 지정합니다.

{두 번째 치수보조선 원점 지정 또는 [명령 취소(U)/선택(S)] <선택(S)>:)>:}에서 두 번째 끝점을 지정합니다. 차례로 치수를 기입할 위치를 지정합니다.

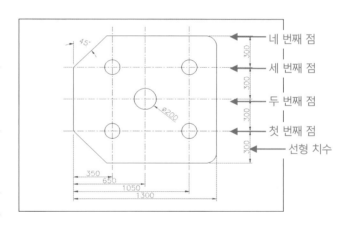

{세 번째 치수보조선 원점 지정 또는 [명령 취소(U)/선택(S)] <선택(S)>:}에서 <Enter> 키 또는 <Space bar>를 눌러 종료합니다.

{연속된 치수 선택:}에서 <Enter> 키 또는 <Space bar>를 눌러 종료합니다. 다음 그림과 같이 앞의 치수보조선에 이어서 차례로 연속 치수를 기입합니다.

각도를 연속해서 기입할 수 있습니다. 조작 방법이나 순
서는 '선형 연속 치수'와 동일합니다. 다음 그림과 같이
연속해서 각도가 차례로 기입됩니다.

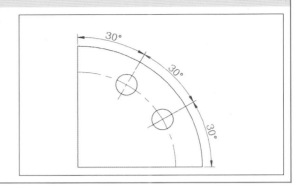

10. 신속 치수(QDIM)

선택한 객체의 치수를 신속하게 작성하거나 편집합니다. 이 명령은 일련의 기준선 치수 또는 연속 치수를 작
성하거나 일련의 원과 호에 치수를 기입하는데 유용합니다.

명령: QDIM	아이콘:

(1) 명령어 'QDIM'을 입력하거나 '주석' 탭의 '치수' 패널
또는 '치수' 도구 막대에서 을 클릭합니다.
{치수 기입할 형상 선택:}에서 신속 치수를 기입할 객체
범위의 첫 번째 점을 지정합니다. {반대 구석 지정:}에서
다음 그림과 같이 반대편 구석을 지정합니다.

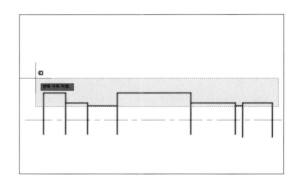

(2) {치수 기입할 형상 선택:}에서 <Enter> 키 또는
<Space bar>를 눌러 선택을 종료합니다.
{치수선의 위치 지정 또는 [연속(C)/다중(S)/기준선(B)/세
로 좌표(O)/반지름(R)/지름(D)/데이텀 점(P)/편집(E)/설정(T)]
<연속(C)>:}에서 치수선의 위치를 지정하면 다음 그림과
같이 연속 치수가 기입됩니다.

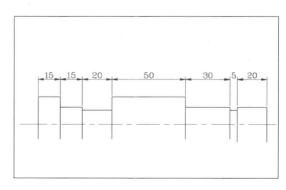

(3) <Enter> 키 또는 <Space bar>를 눌러 신속 치수를
    재실행합니다.

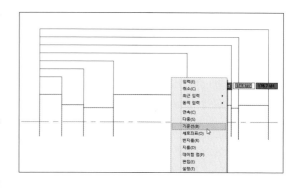

{치수 기입할 형상 선택:}에서 지정할 범위의 첫 번째 점
을 지정합니다. {반대 구석 지정:}에서 범위의 반대 구석
을 지정합니다.

{치수 기입할 형상 선택:}에서 <Enter> 키 또는 <Space
bar>를 눌러 선택을 종료합니다.

{치수선의 위치 지정 또는 [연속(C)/다중(S)/기준선(B)/세
로 좌표(O)/반지름(R)/지름(D)/데이텀 점(P)/편집(E)/설정(T)]
<연속(C)>:}에서 기준선 옵션 'B'를 입력하거나 마우스 오른쪽 버튼을 눌러 바로가기 메뉴를 펼쳐 '기준선
(B)'를 선택합니다.

(4) {치수선의 위치 지정 또는 [연속(C)/다중(S)/기준선
    (B)/세로 좌표(O)/반지름(R)/지름(D)/데이텀 점(P)/
    편집(E)/설정(T)] <기준선(B)>:}에서 치수선의 위
    치를 지정합니다. 다음 그림과 같이 기준선 치수가
    기입됩니다.

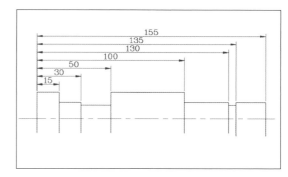

신속 치수 기입 이전에 어떤 치수(연속 치수, 기준선 치수)를 기입했느냐에 의해 기본(디폴트) 치수 기입 양식
이 정해집니다. 즉, 이전에 연속 치수를 기입하고 신속 치수를 실행하면 연속 치수가 디폴트가 됩니다. 변경하
고자 할 때는 옵션 키워드(기준선: B, 연속: C)을 이용합니다.

11. 중심 표식(CENTERMARK)과 중심선(CENTERLINE)

원의 중심 표식과 중심선을 표시합니다.

01. 중심 표식(CENTERMARK)

원 및 호의 중심 표식 또는 중심선을 작성합니다.

명령: CENTERMARK(단축키: DCE)	아이콘: ⊕

명령어 'DIMCENTER', 'CENTERMARK' 또는 'DCE'를 입력하거나 '주석' 탭의 '중심선' 패널 또는 '치수' 도구 막대에서 를 클릭합니다.

{호 또는 원 선택:}에서 원을 선택합니다. 다음 그림과 같이 원 중심에 중심 표식(+마크)이 표시됩니다.

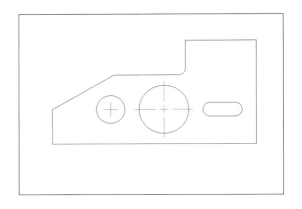

🍴(Tip) 중심 표식은 치수 스타일 기능으로 설정할 수 있습니다. '기호 및 화살표' 탭을 클릭합니다. '중심 표식'에서 '없음(N)', '표식(M)', '선(E)' 중에서 선택합니다.
왼쪽 원은 '표식(M)'으로 설정한 경우이고, 오른쪽 원은 '선(E)'으로 설정한 경우입니다.

---

02. 중심선(CENTERLINE)

선택한 선이나 폴리선의 중심선을 작성합니다.

명령: CENTERLINE	아이콘: ▤

명령어 'CENTERLINE'를 입력하거나 '주석' 탭의 '중심선' 패널에서 ▤를 클릭합니다.

{첫 번째 선 선택:}에서 첫 번째 선을 선택합니다.

{두 번째 선 선택:}에서 두 번째 선을 선택합니다. 다음 그림과 같이 선택한 두 선의 중간에 중심선을 작도합니다.

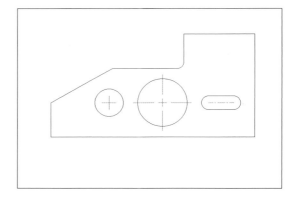

3 치수의 수정

작성된 치수 문자, 치수선 또는 치수보조선을 편집합니다.

1. 공간 조정(DIMSPACE)

선형 치수(기준선 치수, 연속 치수 포함) 또는 각도 치수 사이의 간격을 지정합니다.

명령: DIMSPACE	아이콘:

다음과 같이 치수선 사이의 간격이 일정치 않은 도면이 있다고 가정하겠습니다.

명령어 'DIMSPACE'을 입력하거나 '주석' 탭의 '치수' 패널 또는 '치수' 도구 막대에서 ▌을 클릭합니다.
{기본 치수 선택:}에서 기준선 치수의 가장 안쪽 치수 (15)를 선택합니다.
{간격을 둘 치수 선택:}에서 두 번째 기준선 치수(치수 문자: 30)를 선택합니다.

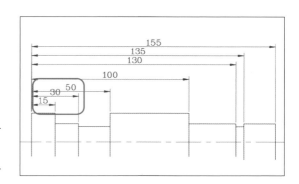

{간격을 둘 치수 선택:}에서 순서대로 선택한 후, <Enter> 키 또는 <Space bar>를 눌러 선택을 종료합니다.
{값 또는 [자동(A)] 입력 <자동(A)>:}에서 '6.5'를 입력합니다.

옵션 '자동'은 치수 문자의 높이 값의 2배(치수 문자의 높이 x 2)의 간격으로 치수선과 치수선의 간격을 조정 합니다.

다음 그림과 같이 치수선과 치수선 사이의 간격이 '6.5' 로 조정됩니다.

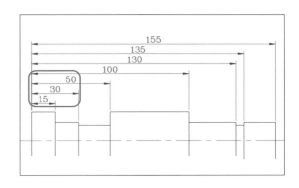

2. 치수 끊기(DIMBREAK)

치수선 및 치수보조선이 다른 객체와 교차하는 지점에서 선을 끊거나 복원합니다.

명령: DIMBREAK	아이콘:	

명령어 'DIMBREAK'를 입력하거나 '주석' 탭의 '치수' 패널 또는 도구 막대에서 을 클릭합니다.

{끊기를 추가/제거할 치수 선택 또는 [다중(M)]:}에서 다중 'M'을 입력합니다.

{치수 선택:}에서 반복해서 끊을 치수선(세로 방향의 치수)를 선택한 후 <Enter> 키를 누릅니다.

{치수를 끊을 객체 선택 또는 [자동(A)/제거(R)] <자동>:}에서 가로 방향의 치수를 선택합니다.

{치수를 끊을 객체 선택:}에서 <Enter> 키를 눌러 종료합니다.

다음과 같이 치수보조선이 끊어집니다.

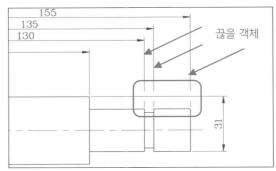

 끊었던 치수선을 복원하려면 {치수를 끊을 객체 선택 또는 [자동(A)/수동(M)/제거(R)] <자동>:}에서 제거 옵션 'R'을 입력합니다.

3. 꺾어진 선형(DIMJOGLINE)

선형 또는 정렬 치수에 꺾기 선을 추가하거나 제거합니다.

명령: DIMJOGLINE	아이콘:	

명령어 'DIMJOGLINE'을 입력하거나 '주석' 탭의 '치수' 패널 또는 '치수' 도구 막대에서 을 클릭합니다.

{꺾기를 추가할 치수 선택 또는 [제거(R)]:}에서 꺾기 선을 넣을 치수선을 선택합니다.

{꺾기 위치 지정(또는 ENTER 키 누르기):}에서 꺾기 선을 넣을 위치를 지정합니다.

다음 그림과 같이 지정한 위치의 치수선에 꺾기 선이 들어갑니다.

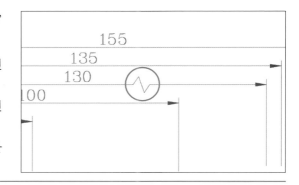

 {꺾기 위치 지정(또는 ENTER 키 누르기):}에서 <Enter> 키를 누르면 치수 문자와 첫 번째 치수보조선 사이의 중간점 또는 치수 문자의 위치를 기준으로 치수선의 중간점에 꺾기를 배치합니다.

4. 치수 편집(DIMEDIT)

치수를 작성한 후에는 기존 문자를 회전하거나 새 문자로 대치할 수 있습니다. 치수 편집은 작성된 치수 객체에서 치수 문자 및 치수보조선을 수정합니다.

명령: DIMEDIT(단축키: DED)　　　　　　　아이콘:

명령어 'DED'를 입력하거나 '치수' 도구 막대에서　을 클릭합니다.

{치수 편집의 유형 입력 [처음(H)/신규(N)/회전(R)/기울기(O)] <처음(H)>:}에서 기울기 'O'를 입력합니다.

{치수 문자에 대한 각도를 지정:}에서 각도 '80'을 입력합니다.

{객체 선택:}에서 기울이고자 하는 객체를 차례로 선택합니다.

{객체 선택:}에서 <Enter> 키 또는 <Space bar>를 눌러 종료합니다.

선택한 치수보조선이 80도 각도로 기웁니다.

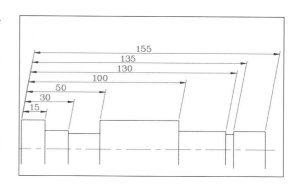

<Enter> 키 또는 <Space bar>로 치수 편집 명령을 재실행합니다.

{치수 편집의 유형 입력 [처음(H)/신규(N)/회전(R)/기울기(O)] <처음(H)>:}에서 회전 옵션 'R'를 입력합니다.

{객체 선택:}에서 회전하고자 하는 치수를 차례로 선택합니다.

{객체 선택:}에서 <Enter> 키 또는 <Space bar>를 눌러 선택을 종료합니다.

{기울기 각도 입력 (없는 경우 ENTER 키):}에서 각도 '45'를 입력합니다.

다음 그림과 같이 선택한 치수 문자가 45도의 각도로 기울어집니다.

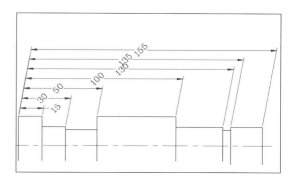

5. 치수 문자 편집(DIMTEDIT)

치수 문자의 위치를 이동하거나 각도를 변경합니다.

명령: DIMTEDIT	아이콘:

명령어 'DIMTEDIT'를 입력하거나 '주석' 탭의 '치수' 패널 또는 '치수' 도구 막대에서 을 클릭합니다.
{치수 선택:}에서 편집하고자 하는 치수 문자를 선택합니다.
{치수 문자에 대한 새로운 위치 또는 다음을 지정 [왼쪽(L)/오른쪽(R)/중심(C)/처음(H)/각도(A)]:}에서 왼쪽 옵션 'L'을 입력합니다. 다음 그림과 같이 선택한 치수 문자가 치수선 왼쪽으로 이동합니다.

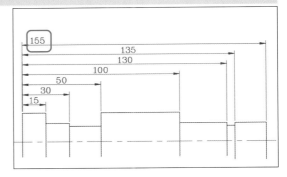

옵션 설명

{치수 문자에 대한 새로운 위치 또는 다음을 지정 [왼쪽(L)/오른쪽(R)/중심(C)/처음(H)/각도(A)]:}

① 오른쪽(R): 치수선의 오른쪽에 배치합니다.
② 중심(C): 치수선의 중간에 배치합니다.
③ 처음(H): 처음 기입한 위치로 되돌립니다.
④ 각도(A): 치수 문자의 각도를 변환합니다.
'주석' 탭의 '치수' 패널의 '왼쪽 자리맞추기 ', '가운데 자리맞추기 ', '오른쪽 자리맞추기 '는 치수 문자의 자리를 맞추는 기능입니다.

6. 치수 특성

작성된 치수의 문자 및 조건을 수정하려면 '특성' 명령을 이용합니다.
수정하고자 하는 치수를 선택한 후 특성 명령을 실행합니다. 특성 팔레트의 '선 및 화살표'에서 편집하고자 하는 값을 수정합니다.

치수 문자만을 수정하려면 '문자 편집(DDEDIT, TEXTEDIT)' 기능을 이용하여 수정합니다.

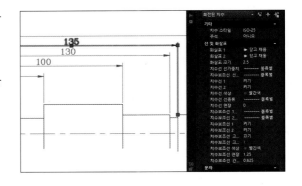

치수나 문자를 직접 표기하기 어려운 좁은 공간에는 지시선을 통해 표기합니다. 지시선의 설정 및 작성 방법에 대해 알아보겠습니다.

1. 다중 지시선 스타일(MLEADERSTYLE)

다중 지시선의 연결선, 화살촉, 콘텐츠 등 다중 지시선의 스타일을 작성하거나 수정합니다.

> 명령: MLEADERSTYLE(단축키: MLS)   아이콘:

'주석' 탭 '지시선' 패널의 오른쪽 끝에 있는 ⬎ 을 클릭합니다.

다음과 같은 '다중 지시선 스타일 관리자' 대화 상자가
나타납니다.

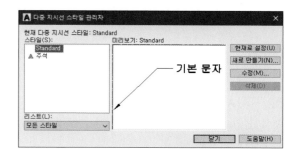

① 스타일(S): 현재 도면에 작성된 다중 지시선 스타일 목
    록이 표시됩니다. 이 목록에서 작업하고자 하는 스타
    일을 선택합니다. 스타일 이름 앞에 ▲마크가 있는
    스타일은 주석 스타일을 의미합니다.

② 미리보기: 선택한 스타일의 설정 상태를 이미지로 표
    시합니다.

③ 리스트(L): '스타일(S)'에 표시되는 스타일의 조건을 선택(필터링)합니다.

④ 현재로 설정(U): 목록에서 선택한 다중 지시선의 스타일을 현재 스타일로 설정합니다.

⑤ 새로 만들기(N): 다음과 같은 대화 상자가 표시되면서 새로운 치수 스타일을 작성합니다.

⑥ 수정(M): 선택한 스타일을 수정합니다.

⑦ 삭제(D): 선택한 스타일을 지웁니다.

[새로 만들기(N)] 또는 [수정(M)]을 클릭하면 다음의 대화 상자가 나타납니다.

01. '지시선 형식' 탭

지시선의 형식을 설정합니다.

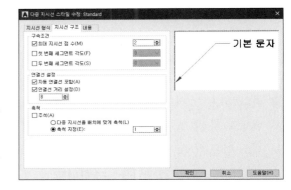

(1) 일반: 다중 지시선의 유형, 색상, 선 종류 등 일반적인 형태를 설정합니다.

① 유형(T): '직선', '스플라인' 또는 '지시선 없음' 중에서 유형을 선택합니다.

② 색상(C): 지시선의 색상을 설정합니다.

③ 선 종류(L): 지시선의 선 종류를 설정합니다.

④ 선 가중치(I): 지시선의 선 가중치를 설정합니다.

(2) 화살촉: 다중 지시선 화살촉의 모양을 설정합니다.

① 기호(S): 다중 지시선의 화살촉 기호(모양)를 설정합니다.

② 크기(Z): 다중 지시선의 화살촉 크기를 설정합니다.

(3) 지시선 끊기: 치수 끊기를 다중 지시선에 추가할 때 크기를 '끊기 크기(B)'의 값으로 설정합니다.

02. '지시선 구조' 탭

지시선의 구조를 설정합니다.

(1) 구속 조건: 다중 지시선의 구속 조건을 제어합니다.

① 최대 지시선 점 수(M): 지시선을 작도할 때, 지시할 수 있는 최대 점의 수를 설정합니다.

② 첫 번째 세그먼트 각도(F): 지시선의 첫 번째 점 각도를 설정합니다.

③ 두 번째 세그먼트 각도(S): 다중 지시선 연결선의 두 번째 점 각도를 설정합니다.

(2) 연결선 설정: 다중 지시선의 연결선과 관련된 환경을 설정합니다.

① 자동 연결선 포함(A): 수평 연결선을 다중 지시선 콘텐츠에 부착합니다.

② 연결선 거리 설정(D): 다중 지시선 연결선의 고정 거리를 설정합니다.

(3) 축척: 다중 지시선의 축척을 제어합니다.

① 주석: 다중 지시선이 주석이 되도록 설정합니다. 주석으로 설정하면 다음의 두 개 항목은 꺼집니다.

② 다중 지시선을 배치에 맞게 축척(L): 모형 공간 및 도면 공간 뷰포트의 축척에 기반하여 다중 지시선의 축척 비율을 결정합니다.

③ 축척 지정(E): 직접 축척 값을 입력하여 설정합니다.

03. '내용' 탭

지시선의 내용을 설정합니다.

(1) 다중 지시선 유형(M): 다중 지시선의 유형을 '여러 줄 문자', '블록', '없음' 중에서 선택합니다. 이 선택에 의해 문자 표시 모양과 문자의 내용이 달라집니다.

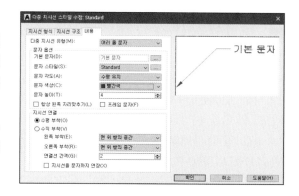

'블록'을 선택하면 다음과 같은 대화 상자가 나타납니다. 대화 상자에서 블록의 모양, 부착 위치, 색상, 축척을 지정합니다.

(2) 문자 옵션: 다중 지시선의 문자와 관련된 환경을 제어합니다.

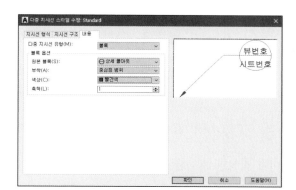

① 기본 문자(D): 다중 지시선 내용에 대한 기본적으로 표기될 문자를 설정합니다. 실행을 하면 문자 편집기가 나타나 문자를 작성할 수 있습니다.

② 문자 스타일(S): 문자의 스타일(글꼴)을 설정합니다.

③ 문자 각도(A): 문자의 각도를 설정합니다.

④ 문자 색상(C): 문자의 색상을 설정합니다.

⑤ 문자 높이(T): 문자의 높이를 설정합니다.

⑥ 항상 왼쪽 자리맞추기(L): 다중 지시선 문자가 항상 왼쪽으로 정렬합니다.

⑦ 프레임 문자(F): 다중 지시선 문자를 상자로 감쌉니다.

(3) 지시선 연결: 다중 지시선의 지시선 연결과 관련된 환경을 설정합니다.

① 왼쪽 부착: 문자가 지시선의 왼쪽에 있는 경우, 다중 지시선 문자에 연결선 부착 위치를 설정합니다.

② 오른쪽 부착: 문자가 지시선의 오른쪽에 있는 경우, 다중 지시선 문자에 연결선 부착 위치를 설정합니다.

③ 연결선 간격(G): 연결선과 다중 지시선 문자 사이의 거리를 설정합니다.

④ 지시선을 문자까지 연장(X): 연결선을 여러 줄 문자 상자의 모서리가 아니라 지시선이 부착된 문자 행 모서리 끝까지 연장합니다. 여러 줄 문자 상자의 길이는 경계 상자의 길이가 아니라 문자의 가장 긴 행의 길이에 의해 결정됩니다.

2. 다중 지시선(MLEADER)

다중 지시선을 작성합니다.

명령어 'MLEADER' 또는 'MLD'를 입력하거나 '주석' 탭의 '지시선' 패널 또는 '다중 지시선' 도구 막대에서 을 클릭합니다.

{지시선 화살촉 위치 지정 또는 [지시선 연결선 먼저(L)/콘텐츠 먼저(C)/옵션(O)] <옵션>:}에서 화살촉의 위치를 지정합니다.

{지시선 연결선 위치 지정:}에서 지시선 연결선의 위치 (인출 위치)를 지정합니다.

{속성값 입력} {태그 번호 입력 <태그 번호>:}에서 태그 번호(1)를 입력합니다.

반복해서 작성하면 다음 그림과 같이 지시선이 작성됩니다.

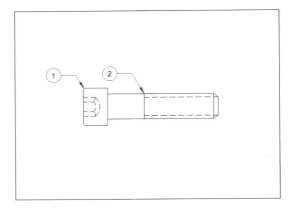

 '다중 지시선 스타일(MLEADERSTYLE)'의 '내용' 탭의 '다중 지시선의 유형(M)'에 의해 모양과 입력 항목이 달라집니다. '블록'을 선택한 경우는 '상세콜아웃'을 선택하면 '뷰 번호' 및 '시트 번호'를 요구합니다. '원'을 선택하면 '태그 번호'만을 요구합니다.

3. 지시선 편집(MLEADEREDIT)

이미 작성된 지시선에 지시선을 추가 또는 제거합니다.

기존 지시선에 새로운 지시선을 추가해 보겠습니다. 명령어 'MLEADEREDIT' 또는 'MLE'를 입력하거나 '주석' 탭의 '지시선' 패널 또는 '다중 지시선' 도구 막대에서 을 클릭합니다.

{다중 지시선 선택:}에서 추가할 다중 지시선(1번 다중 지시선)을 선택합니다.

{1개 발견} {옵션 선택 [지시선 추가(A)/지시선 제거(R)] <지시선 추가>:}에서 'A'를 입력합니다. {지시선 화살촉 위치 지정:}에서 지시선의 위치를 지정합니다.

다음 그림과 같이 지시선이 추가됩니다.

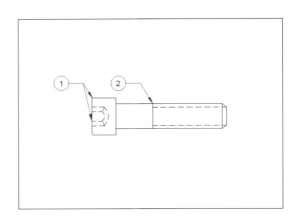

'지시선 추가' 아이콘 을 누르면 메시지 {옵션 선택 [지시선 추가(A)/지시선 제거(R)] <지시선 추가>:}가 생략되어 'A'를 입력하지 않아도 됩니다.

이번에는 다중 지시선을 제거해 보겠습니다. '주석' 탭의 '지시선' 패널 또는 '다중 지시선' 도구 막대에서 을 눌러 실행합니다.

{다중 지시선 선택:}에서 제거할 다중 지시선(1번 다중 지시선)을 선택합니다. {1개 발견}

{제거할 지시선 지정:}에서 다음 그림과 같이 아래쪽 지시선을 선택합니다.

{제거할 지시선 지정:}에서 <Enter> 키 또는 <Space bar>를 눌러 종료합니다.

다음 그림과 같이 선택한 지시선이 제거됩니다.

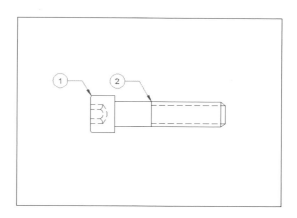

4. 다중 지시선 정렬(MLEADERALIGN)

다중 지시선의 위치를 지정한 선에 정렬합니다.

명령: MLEADERALIGN(단축키: MLA)	아이콘:

명령어 'MLEADERALIGN' 또는 'MLA'를 입력하거나 '주석' 탭의 '지시선' 패널 또는 '다중 지시선' 도구 막대에서 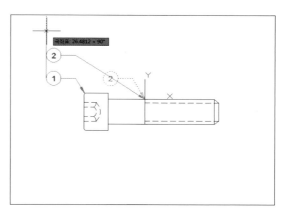을 클릭합니다.

{다중 지시선 선택:}에서 정렬할 다중 지시선(1번)을 선택합니다. {1개를 찾음}

{다중 지시선 선택:}에서 정렬할 다중 지시선(2번)을 선택합니다. {1개를 찾음, 총 2}

{다중 지시선 선택:}에서 <Enter> 키 또는 <Space bar>를 눌러 선택을 종료합니다.

{현재 모드: 현재 간격 두기 사용}

{정렬할 다중 지시선 선택 또는 [옵션(O)]:}에서 옵션 'O'를 입력합니다.

{옵션 입력 [분산(D)/지시선 세그먼트를 평행으로 지정(P)/간격 두기 지정(S)/현재 간격 두기 사용(U)] <간격 두기 지정>:}에서 간격 두기 지정 'S'를 입력합니다.

{간격 두기 지정 <0.000000>:}에서 간격 '5'를 입력합니다.

{정렬할 다중 지시선 선택 또는 [옵션(O)]:}에서 기준이 될 다중 지시선(1번 지시선)을 선택합니다.

{방향 지정:}에서 직교 모드 를 켜고 다음 그림과 같이 위쪽 방향으로 맞춘 후 클릭합니다.

다음 그림과 같이 1번 다중 지시선에서 '5'만큼 떨어진 위쪽 방향에 정렬됩니다.

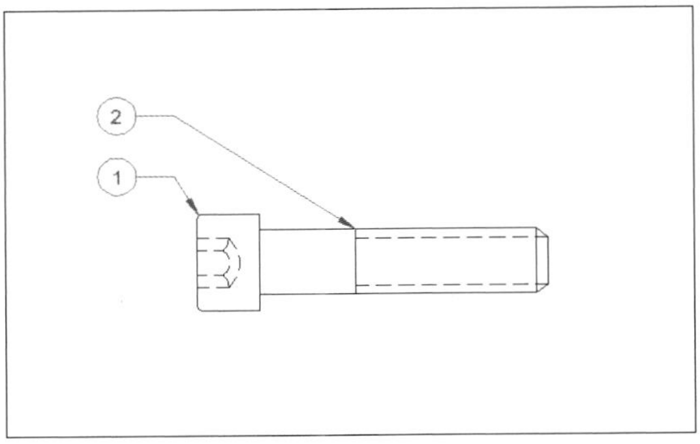

5. 지시선 수집(MLEADERCOLLECT)

블록으로 구성된 다중 지시선을 모아 단일 지시선에 부착된 그룹으로 구성합니다.

명령: MLEADERCOLLECT(단축키: MLC) 아이콘:

명령어 'MLEADERCOLLECT' 또는 'MLC'를 입력하거나 '주석' 탭의 '지시선' 패널 또는 '다중 지시선' 도구 막대에서 을 클릭합니다.

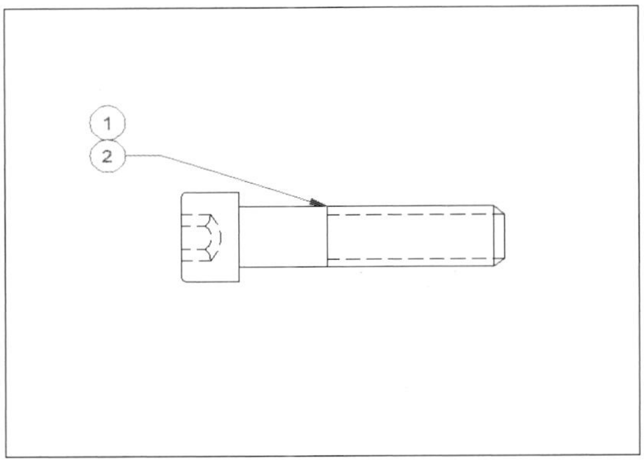

{다중 지시선 선택:}에서 수집할 다중 지시선(1번)을 선택합니다. {1개를 찾음}
{다중 지시선 선택:}에서 수집할 다중 지시선(2번)을 선택합니다. {1개를 찾음, 총 2}
{다중 지시선 선택:}에서 <Enter> 키 또는 <Space bar>를 눌러 선택을 종료합니다.
{수집한 다중 지시선 위치 지정 또는 [수직(V)/수평(H)/줄바꿈(W)] <수평>:}에서 수직 옵션 'V'를 입력합니다.
{수집한 다중 지시선 위치 지정 또는 [수직(V)/수평(H)/줄바꿈(W)] <수직>:}에서 다음 그림과 같이 위치를 지정하여 클릭합니다.
다음 그림과 같이 다중 지시선이 모아져 하나의 지시선에 작성됩니다.

옵션 설명

{수집한 다중 지시선 위치 지정 또는 [수직(V)/수평(H)/줄바꿈(W)] <수평>:}
① 수직(V): 수직으로 정렬합니다.
② 수평(H): 수평으로 정렬합니다.
③ 줄바꿈(W): 줄바꿈된 다중 지시선 집합의 폭을 지정합니다. 줄바꿈 폭을 지정하거나 '숫자(N)'로 다중 지시선 집합의 행당 최대 블록 수를 지정합니다.

작성된 객체의 거리와 면적을 측정하고 객체의 작성 시간 및 상태를 파악하는 등 객체와 도면의 정보를 조회하는 명령을 중심으로 알아보겠습니다.

1. 거리(DIST)

현재 설정된 단위로 두 점 사이의 거리와 각도를 표시합니다.

명령: DIST(단축키: DI) 또는 MEASUREGEOM	아이콘:

지정한 점 사이의 실제 3D 거리를 측정하여 표시합니다. XY 평면에서의 각도는 현재 X축을 기준으로 합니다. XY 평면으로부터의 각도는 현재 XY 평면을 기준으로 합니다. Z 좌표 값이 생략된 경우 첫 번째 점 또는 두 번째 점의 현재 고도를 사용합니다.

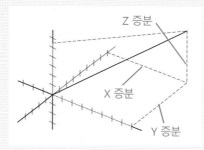

명령어 'DIST' 또는 'DI'를 입력하거나 '홈' 탭의 '유틸리티' 패널 또는 '조회' 도구 막대에서 을 클릭합니다.

{첫 번째 점 지정:}에서 첫 번째 점을 지정합니다.

{두 번째 점 또는 [다중 점(M)] 지정:}에서 두 번째 점을 지정합니다.

다음과 같이 두 점에 대한 거리 및 각도, 증분에 정보를 표시합니다.

{거리 = 15600, XY 평면에서의 각도 = 90.00, XY 평면으로부터의 각도 = 0.00}

{X증분 = 0, Y증분 = 15600, Z증분 = 0}

> {두 번째 점 또는 [다중 점(M)] 지정:}에서 옵션 '다중 점(M)'을 선택하여 점을 계속해서 지정하면 앞의 거리와 측정한 거리를 합산하여 표시합니다. 즉, 새로 찍은 점 사이의 거리를 측정하여 앞에서 측정한 거리와 합산하여 표시합니다.

3차원에서 거리를 측정할 경우는 '거리(DIST)' 명령을 사용할 때는 모형 공간으로 전환하는 것이 좋습니다. 배치 공간에서는 도면 공간에서의 거리를 측정하기 때문입니다.

2. 지정된 영역의 면적을 산출해 주는 영역(AREA)

선택한 객체 또는 정의된 영역의 면적과 둘레를 계산하여 표시합니다. 면적의 추가 및 빼기도 가능합니다.

명령: AREA(단축키: AA)	아이콘: 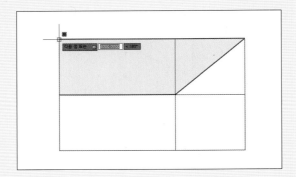

명령어 'AREA' 또는 'AA'를 입력하거나 '홈' 탭의 '유틸리티' 패널에서 █을 클릭합니다.

{첫 번째 구석점 지정 또는 [객체(O)/면적 빼기(S)]:}에서 첫 번째 구석 점을 지정합니다.

{다음 점 또는 [호(A)/길이(L)/명령 취소(U)] 지정}에서 두 번째 점을 지정합니다.

{다음 점 또는 [호(A)/길이(L)/명령 취소(U)]: 지정}에서 세 번째 점을 지정합니다.

{다음 점 또는 [호(A)/길이(L)/명령 취소(U)/합계(T)] 지정 <합계>:}에서 네 번째 점을 지정합니다.

{다음 점 또는 [호(A)/길이(L)/명령 취소(U)/합계(T)] 지정 <합계>:}에서 <Enter> 키 또는 <Space bar>를 누릅니다.

그러면, 다음과 같이 지정한 점의 면적과 둘레를 표시합니다.

영역 = 4062500.0000, 둘레 = 9702.5624

옵션 설명

{첫 번째 구석점 지정 또는 [객체(O)/면적 빼기(S)]:}

① 객체(O): 선택 한 객체의 면적과 둘레를 측정합니다.

② 면적 빼기(S): 전체 면적에서 면적과 둘레를 뺍니다.

3. 지오메트리 측정(MEASUREGEOM)

마우스를 가져가면 동적으로 기하학적 정보를 표시합니다. 선택한 객체 또는 정의된 영역의 길이, 반지름, 각도, 면적, 체적을 계산하여 표시합니다.

명령: MEASUREGEOM   아이콘:

(1) 동적 정보 표시

마우스 커서를 도형에 가져가면 가장 가까이 있는 도형 정보 및 도형 사이의 정보를 실시간으로 동적으로 보여줍니다.

명령어 'MEASUREGEOM' 또는 단축키 'MEA'를 입력하거나 '홈' 탭의 '유틸리티' 패널에서 ━━ 을 클릭합니다.

마우스를 움직이면 해당 공간에 대한 길이 정보를 표시합니다.

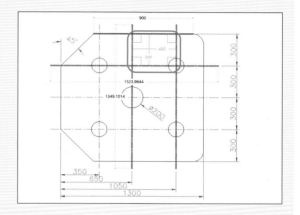

해당 공간에서 클릭하면 연두색 색상으로 표시하면서 영역과 둘레 값을 표시합니다.

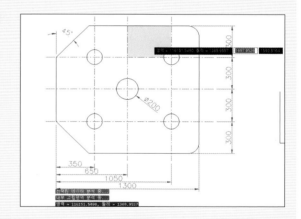

열린 공간을 지정하면 마우스로부터 가까운 도형의 길이를 표시합니다. 이때 클릭을 하면,

{유효한 해치 경계를 찾지 못함.}

{닫힌 경계를 확인할 수 없습니다.}라는 메시지를 표시합니다.

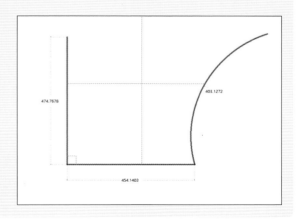

(2) 반지름

반지름과 지름 값을 측정하여 표시합니다.

명령어 'MEASUREGEOM'을 입력하거나 '홈' 탭의 '유틸리티' 패널에서 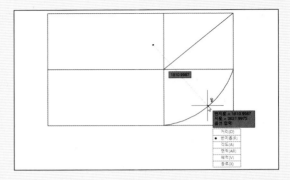을 클릭합니다.

{옵션 입력 [거리(D)/반지름(R)/각도(A)/면적(AR)/체적(V)]<거리>:}에서 'R'을 입력합니다.

{호 또는 원 선택:}에서 호 또는 원을 선택합니다.

다음과 같이 반지름과 지름 값을 표시합니다.

(3) 각도

지정한 두 점의 각도를 측정하여 표시합니다.

명령어 'MEASUREGEOM'을 입력하거나 '홈' 탭의 '유틸리티' 패널에서 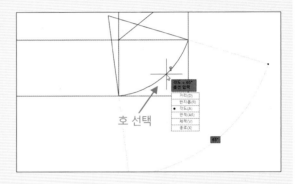을 클릭합니다.

{옵션 입력 [거리(D)/반지름(R)/각도(A)/면적(AR)/체적(V)]<거리>:}에서 'A'를 입력합니다.

{호, 원, 선을 선택하거나 <정점 지정>:}에서 호를 선택합니다.

다음과 같이 호의 중심의 사이각(65도)을 표시합니다.

<Enter> 키 또는 <Space bar>를 눌러 재실행합니다.

{호, 원, 선을 선택하거나 <정점 지정>:}에서 첫 번째 선을 선택합니다.

{두 번째 선 선택:}에서 두 번째 선을 선택합니다.

다음과 같이 선택한 두 선의 각도(140도)를 표시합니다.

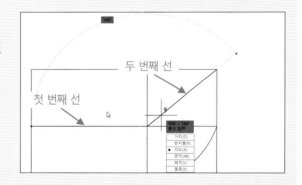

(4) 체적(MEASUREGEOM)

일련의 연속적인 점이나 선택한 객체로 정의된 면적, 둘레 및 질량 특성을 얻을 수 있습니다. 다음의 실습은 2D 공간을 지정한 후 높이 값을 입력하여 체적을 구하는 방법입니다.

명령어 'MEASUREGEOM'을 입력하거나 '홈' 탭의 '유 틸리티' 패널에서 을 클릭합니다.

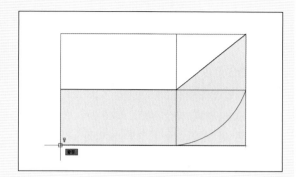

{옵션 입력 [거리(D)/반지름(R)/각도(A)/면적(AR)/체적(V)] <거리>:}에서 'V'를 입력합니다.

{첫 번째 구석점 지정 또는 [객체(O)/체적 추가/체적 빼기/종료(X)] <객체(O)>:}에서 첫 번째 구석점을 지정합니다.

{다음 점 또는 [호(A)/길이(L)/명령 취소(U)] 지정:}에서 다음 점을 차례로 지정합니다.

{다음 점 또는 [호(A)/길이(L)/명령 취소(U)/합계(T)] 지 정 <합계>:}에서 <Enter> 키 또는 <Space bar>를 눌러 면적 지정을 종료합니다. 다음 그림과 같이 지정합 니다.

{높이 지정:}에서 높이 값 '2500'을 지정합니다.
다음과 같이 체적 값을 표시합니다.

> {체적 = 14843750000.0000}

즉, 지정한 영역의 면적과 입력한 높이 값을 계산하여 체적을 구합니다.

{옵션 입력 [거리(D)/반지름(R)/각도(A)/면적(AR)/체적(V)/종료(X)] <체적>:}에서 <ESC> 키를 눌러 종료합 니다.

Tip 체적을 구할 때 솔리드 객체와 같이 이미 체적 값을 가지고 있는 객체의 경우는 '객체(O)' 옵션을 선택하여 선 택한 객체의 체적을 구할 수 있습니다.
{첫 번째 구석점 지정 또는 [객체(O)/체적 추가/체적 빼기/종료(X)] <객체(O)>:}에서 'O'를 입력합니다.
{객체 선택:}에서 왼쪽의 원(원통) 객체를 선택합니다. 다음과 같이 체적을 구합니다.
{체적 = 351858377.2021}

---

4. 영역/질량 특성(MASSPROP)

영역 또는 솔리드의 질량 특성을 계산합니다. 문자 윈도우에 질량 특성을 표시한 다음, 텍스트 파일에 작성할지 여부를 묻습니다.

명령: MASSPROP　　　　　　　아이콘:

경계(BOUNDRY) 명령으로 영역을 만들겠습니다. 명령어 'BO'를 입력하거나 '홈' 탭의 '그리기' 패널에서 █을 클릭합니다. 경계 작성 대화 상자에서 '점 선택'을 클릭한 후 {내부 점 선택:}에서 영역을 만들고자 하는 공간의 한 점을 지정합니다.
{가시적인 모든 것 선택 중…}
{선택된 데이터 분석 중…}
{내부 고립 영역 분석 중…}
{내부 점 선택:}에서 <Enter> 키를 누릅니다.
{경계 1 폴리선을(를) 작성함}이란 메시지와 함께 영역이 작성됩니다.

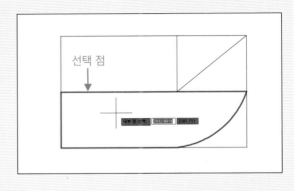

'영역(REGION)' 명령으로 영역을 작성합니다. 명령어 'REGION'을 입력하거나 '홈' 탭의 '그리기' 패널 또는 '그리기' 도구 막대에서 █을 클릭합니다.
{객체 선택:}에서 직전에 작성한 경계 폴리선을 선택합니다. {1개를 찾음}
{객체 선택:}에서 <Enter> 키 또는 <Space bar>를 눌러 선택을 종료합니다.
{1 루프이(가) 추출됨.}　{1 영역이(가) 작성됨}
다음 그림과 같이 경계 폴리선이 영역 객체로 바뀝니다.

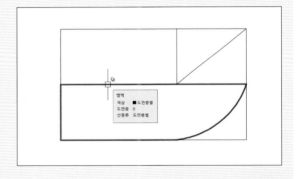

영역/질량 특성 명령을 실행합니다. 명령어 'MASSPROP'를 입력하거나 '조회' 도구 막대에서 █을 클릭합니다.
{객체 선택:}에서 직전에 작성된 영역 객체를 선택합니다. {1개를 찾음}
{객체 선택:}에서 <Enter> 키 또는 <Space bar>를 눌러 선택을 종료합니다. 다음 그림과 같이 영역 정보가 표시됩니다.

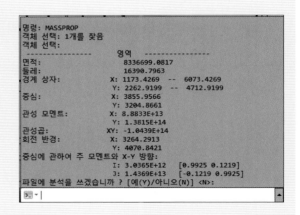

영역/질량 특성에서 제공되는 정보는 다음과 같습니다.

1. 영역의 경우

특성	설 명
면적	솔리드의 표면 면적 또는 영역의 닫힌 면적입니다.
둘레	영역을 이루는 안쪽과 바깥쪽 루프의 총 길이입니다. 솔리드의 둘레는 계산되지 않습니다.
경계 상자	경계 상자를 정의하는 두 개의 좌표입니다.
질량 중심	영역 면적의 중심인 2D 또는 3D 좌표입니다. 현재 UCS의 XY 평면과 동일 평면에 있는 영역인 경우 이 좌표는 2D 점이며, 동일 평면에 있지 않은 영역인 경우 이 좌표는 3D 점입니다.

2. 솔리드의 경우

특성	설 명
질량	본체의 관성 크기입니다. 하나의 밀도가 사용되므로, 질량과 체적의 값은 동일합니다.
체적	솔리드로 둘러싸인 3D 공간의 크기입니다.
경계 상자	솔리드를 둘러싸는 3D 상자를 구성하는 대각선으로 마주보는 구석입니다.
질량 중심	솔리드의 질량 중심인 3D 점입니다. 균일 밀도의 솔리드가 사용됩니다.
관성 모멘트	차축 둘레를 회전하는 바퀴 등과 같이 객체를 주어진 축 둘레로 회전하는데 필요한 힘을 계산할 때 사용되는 질량 관성 모멘트입니다.
관성곱	객체의 동작을 일으키는 힘을 결정하는데 사용되는 특성입니다. 항상 직교 평면을 고려하여 계산됩니다.
회전 반지름	회전의 반지름은 거리 단위로 표시되며, 솔리드의 관성 모멘트를 나타내는 또 하나의 방법입니다.
질량 중심에 대한 주 모멘트 및 X, Y, Z 방향	관성곱으로부터 파생되고 같은 단위 값을 갖는 계산 관성 모멘트는 객체의 질량 중심을 통과하는 특정 축에서 가장 큽니다. 관성 모멘트는 첫 번째 축에 수직이면서 질량 중심을 관통하는 두 번째 축에서 가장 작습니다. 결과에 포함되는 세 번째 값은 높은 값과 낮은 값 사이의 값이 됩니다.

5. 리스트(LIST)

선택된 객체에 대한 데이터베이스 정보를 문자 윈도우에 표시합니다.

명령: LIST(단축키: LI, LS)　　　　　　　　　아이콘: 📇

명령어 'LI' 또는 'LS'를 입력하거나 '홈' 탭의 '특성' 패널 또는 '조회' 도구 막대에서 📇을 클릭합니다.

{객체 선택:}에서 객체를 선택합니다.

다음 그림과 같이 선택한 객체의 정보가 윈도우 창에 표시됩니다.

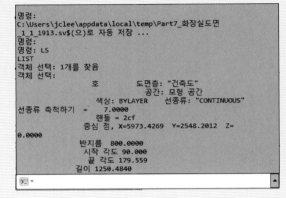

리스트는 객체 유형(선, 원, 호, 폴리선 등), 도면층, 객체가 모형 공간에 있는지 도면 공간에 있는지 여부와 특성 정보(색상, 선 종류 등) 현재 사용자 좌표계(UCS)를 기준으로 한 X, Y, Z 위치(호의 경우 중심점)를 표시합니다.

각 객체의 형상 정보를 표시합니다. 호의 경우는 중심점 좌표, 반지름, 시작 각도, 끝 각도, 호의 길이를 표시합니다. 문자의 경우는 도면층, 공간, 스타일, 주석 문자의 여부, 글꼴, 시작점, 높이, 문자 내용, 회전 각도, 폭 비율, 기울기 등을 표시합니다.

특성 항목이 'BYLAYER'로 설정되어 있지 않을 경우 색상, 선 종류 및 선 가중치 정보를 표시합니다. 객체 두께가 0이 아닐 경우 객체 두께가 표시됩니다. 돌출 방향이 현재 UCS의 Z축(0,0,1)과 다를 경우 UCS 좌표로도 돌출 방향의 정보를 표시합니다.

핸들은 해당 객체를 인식하는 고유 번호로 한 도면 내에서 유일한 번호입니다.

6. ID 점(ID)

지정한 위치의 좌표를 표시합니다.

명령: ID　　　　　　　　　아이콘: 📷

명령어 'ID'를 입력하거나 '홈' 탭의 '유틸리티' 패널 또는 '조회' 도구 막대에서 📷을 클릭합니다.

{점 지정:}에서 점을 지정합니다.

다음과 같이 지정한 점의 좌표를 표시합니다.

{점 지정: 　X = 23500　　　　Y = 15150　　　　Z = 0}

7. 시간(TIME)

도면의 날짜 및 시간 통계를 표시합니다.

명령: TIME	아이콘: 🕐

명령어 'TIME'을 입력합니다. 시간 명령을 실행하면 다음과 같이 시간 정보를 표시합니다.

옵션 설명

{옵션 입력 [표시(D)/켜기(ON)/끄기(OFF)/재설정(R)]:}

① 표시(D): 업데이트된 시간과 함께 화면 표시를 반복합니다.
② 켜기(ON)/끄기(OFF): 사용자 경과 타이머가 꺼진 경우는 켜고, 켜진 경우는 끕니다.
③ 재설정(R): 사용자 경과 타이머를 '0 일 00:00:00.000'로 다시 설정합니다.

표시되는 시간 정보는 다음과 같습니다.

· 현재 시간: 현재 날짜와 시간을 24시간 표시법을 가장 가까운 밀리초까지 표시합니다.
· 작성일: 현재 도면이 작성된 날짜와 시간을 표시합니다.
· 최종 업데이트: 현재 도면의 가장 최근 업데이트된 날짜와 시간을 표시합니다. 이 날짜와 시간은 초기에는 도면 작성 시간이며, 도면 파일이 새롭게 저장될 때마다 시간이 수정됩니다.
· 전체 편집 시간: 현재 도면을 편집하는 데 걸리는 시간을 표시합니다. 이 타이머는 프로그램에 의해 업데이트되며 다시 설정하거나 중지할 수 없습니다. 도면을 저장하지 않고 편집 세션을 종료하면 편집 세션에 사용된 시간이 누적 편집 시간에 추가되지 않습니다.
· 경과 타이머: 프로그램이 실행 중인 동안 다른 타이머로 작동합니다. 언제든지 켜고 끄거나 다시 설정할 수 있습니다.
· 다음 자동 저장: 다음 자동 저장 때까지 남은 시간을 나타냅니다. 'OPTIONS' 또는 'SAVETIME' 시스템 변수를 사용하여 시간 간격을 설정할 수 있습니다.

다음의 도면을 작성하고 치수를 기입합니다.

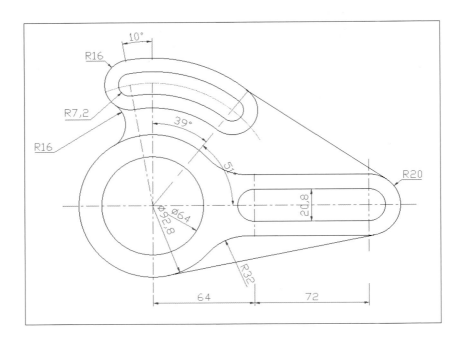

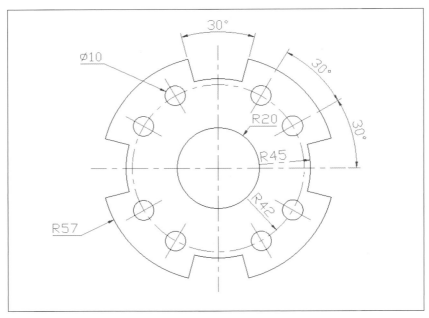

Chapter 06 도면의 배치와 출력

도면 작성이 문제없이 되었다 하더라도 마지막 단계에서 출력의 질이 좋지 않으면 도면 전체의 질이 떨어질 수밖에 없습니다. 도면을 읽기 쉽게 출력하는 것도 설계의 중요한 과정입니다. 도면의 배치와 출력에 대해 알아보겠습니다.

1 도면의 배치

AutoCAD에는 도면을 작성하는 모형 공간과 출력을 위한 배치 공간이 있습니다. 배치는 도면을 출력하기 위한 환경 설정의 하나라 할 수 있습니다. 도면의 배치에 대해 알아보겠습니다.

1. 도면 배치란?

AutoCAD는 기본적으로 도면의 작도는 모형 공간에서 실제 치수로 작도합니다. 이렇게 작성된 도면을 표현하는 곳은 배치 공간입니다. 영어로 'Model Space'와 'Paper Space'로 표현하는데 여기에서 '배치(Layout)'는 종이 공간인 'Paper Space'를 말합니다. AutoCAD에서는 기본적으로 모형 공간(Model Space)에서 도형을 작성하고 배치 공간(Paper Space)을 통해 출력하는 흐름입니다.

모형 공간은 객체의 실제 치수이지만 배치 공간에서 단위는 출력된 종이 위에서의 거리를 나타냅니다. 즉, 배치 공간과 종이는 1:1로 매칭된다고 생각하면 됩니다. 여기에서의 단위는 플로터에 대한 플롯 설정에 따라 밀리미터 또는 인치가 됩니다.

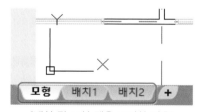

[배치 및 모형 탭을 표시한 경우]

AutoCAD 도면을 펼치면 작도 영역 하단에 탭이 나타납니다. 기본적으로 '모형', '배치1', '배치2' 등 3개의 탭이 표시됩니다. 이는 모형 공간과 배치 공간을 관리하기 위해 기본적으로 제공하는 탭입니다.

해당 탭에 마우스를 가져가면 다음과 같이 모형과 배치를 미리보기를 할 수 있는 이미지가 표시됩니다. 이때, 원하는 뷰를 클릭하면 해당 뷰가 표시됩니다.

배치에는 여러 개의 뷰포트를 둘 수 있습니다. 이 뷰포트를 이용하면 한 장의 종이에 3차원 객체를 다양한 각도에서 표현하거나 2차원 도면의 특정 부위를 확대 또는 축소하여 표현할 수 있습니다. 즉, 평면도, 측면도, 등각투영도를 한 장의 종이에 표현할 수 있는 것입니다. 또, 하나의 모형 공간에 대해 여러 개의 배치(종이 공간)

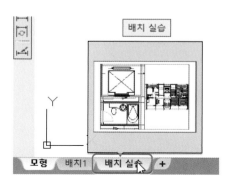

를 작성할 수 있어 출력하고자 하는 도면의 성격에 따라 다양하게 표현할 수 있습니다.

다음 그림은 모형 공간(Model Space)에서 작성한 평면도를 배치 공간(Layout Space)에서 오른쪽에는 전체 평면도가 배치되어 있고 왼쪽 상단에는 엘리베이터실, 왼쪽 하단에는 화장실을 확대하여 표시한 도면입니다.

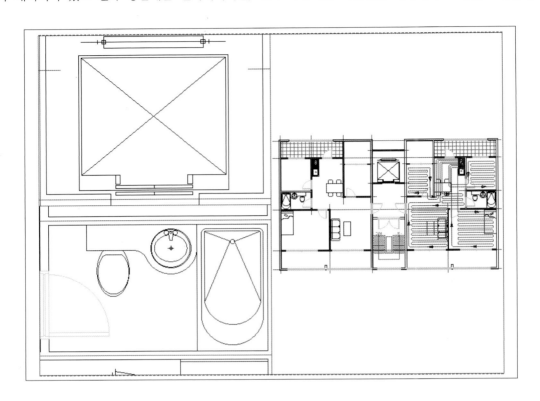

참고<< 모형, 배치 탭을 표시하는 방법

작도 영역 하단에 '모형', '배치1', '배치2' 와 같은 탭이 나타나지 않으면 '뷰' 탭의 '인터페이스' 패널에서 '배치 탭'을 클릭하여 켭니다.

2. 배치의 작성

기본적으로 도형의 작성은 모형 공간에서 이루어지고 작성된 도형의 출력은 배치 공간에서 이루어집니다. 배치 공간의 작성을 따라하기 형식으로 학습하겠습니다.

01 작성된 도면을 펼칩니다. 다음의 아파트 평면도를 예로 들겠습니다.

02 새로운 배치를 작성하겠습니다. '모형' 또는 '배치(Layout)' 탭에서 마우스 오른쪽 버튼을 누르면 바로가기 메뉴가 나타납니다. 바로가기 메뉴에서 '새 배치(N)'를 클릭합니다. 또는 하단의 배치 탭의 '+' 기호를 클릭합니다.

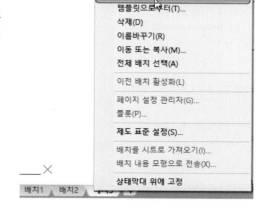

 기본적으로 제공하는 '배치1', '배치2'를 클릭하여 사용하거나 이름을 바꾸어 사용합니다만 여기에서는 새로운 배치 공간의 작성 방법의 학습을 위해 '배치1', '배치2'를 이용하지 않고 새로운 배치 공간을 작성했습니다.

다음과 같이 새로운 배치 '배치3'이 작성된 것을 알 수 있습니다.

03 배치 공간의 이름을 바꿉니다. 새롭게 작성한 배치
('배치3') 위에 마우스를 대고 오른쪽 버튼을 누릅니
다. 바로가기 메뉴가 나타나면 '이름 바꾸기(R)'을 클
릭합니다.

04 '배치 학습' 탭을 클릭하면 다음 그림과 같이 화면이 배치 공간(배치 공간 이름: 배치 학습)으로 바뀝니다.

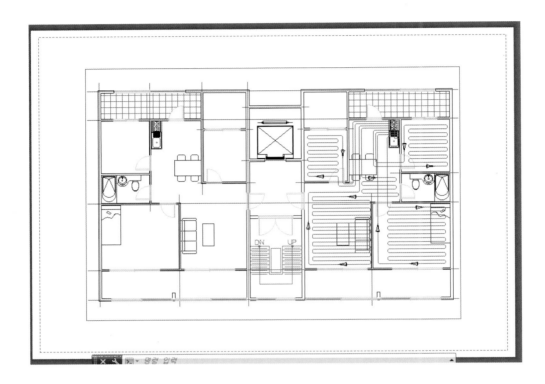

3. 뷰포트의 작성

뷰포트는 객체를 용지(종이 공간) 위에 투영하기 위한 하나의 창과 같은 것입니다. 즉, 종이 공간에 배치하고
자 하는 도면의 공간을 만드는 것입니다. 배치에서는 뷰포트를 작성하여 각각의 창에 어떤 객체를 어떻게 표
현(보는 각도, 축척 등)할 것인가를 지정할 수 있습니다.

· 뷰포트를 활용하기 위해 별도의 도면층(LAYER)를 작성한 후, 인쇄할 때는 *끄고* 인쇄합니다.

· 하나의 도면 시트에서 작성할 수 있는 뷰포트 수는 제한이 없습니다.

· 각 뷰포트에 개별로 척도를 지정할 수 있습니다.

앞의 실습(배치의 작성)에 이어서 실습하겠습니다.

01 뷰포트 삭제: 배치 공간으로 이동하면 뷰포트가 나타납니다. 기본 뷰포트를 삭제하고 새로운 뷰포트를 만들겠습니다. 지우기 ![] 기능으로 뷰포트의 테두리 선을 선택하여 삭제합니다.

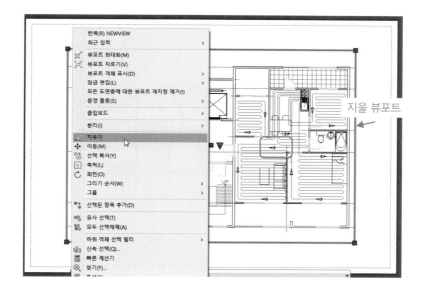

지울 뷰포트

도면층이 잠긴 경우는 뷰포트가 지워지지 않습니다. 해당 도면층의 잠금을 해제(UNLOCK)한 후 지웁니다. 예를 들어, 도면층 '0'이 잠겼다면 도면층 관리자 또는 '홈' 탭의 '도면층' 패널에서 도면층 목록을 선택해 도면층 '0'의 잠금을 해제합니다.

02 뷰포트 작성: 뷰포트 명령을 실행합니다. 명령어 'VPORTS'를 입력하거나 '배치' 탭의 '배치 뷰포트' 패널 또는 '뷰포트' 도구 막대에서 □ 또는 ▦을 클릭합니다. 다음과 같은 대화 상자가 표시됩니다. '표준 뷰포트 (V)'에서 '셋: 오른쪽'을 선택한 후 [확인]을 클릭합니다.

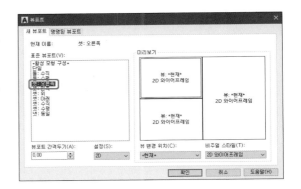

03 {첫 번째 구석 점 지정 또는 [맞춤(F)] <맞춤>:}에서 <Enter> 키 또는 맞춤 'F'를 입력합니다. {배치 재생성 중.}이란 메시지와 함께 다음 그림과 같이 화면에 3개의 창이 나타납니다. 각 뷰포트의 경계는 선택하여 크기를 조정할 수 있습니다.

참고<< **뷰포트 축척**

각 뷰포트에 축척을 적용할 수 있습니다. 뷰포트 창을 선택한 후 하단의 상태 영역에서 '축척' 설정 리스트를 클릭하여 적용하고자 하는 축척을 선택합니다.

04 뷰포트 활성화와 뷰의 변경: 왼쪽 위 뷰포트에는 엘리베이터 실을, 왼쪽 아래 뷰포트에는 화장실을 배치하겠습니다. 마우스를 왼쪽 위에 있는 뷰포트 안쪽에 대고 클릭합니다. 뷰포트 테두리가 굵은 선으로 바뀝니다.

줌(ZOOM) 명령과 초점 이동(PAN) 명령을 이용하여 엘리베이터실을 확대합니다.

 굵은 선의 테두리는 현재 활성화된 창을 의미합니다. 따라서, 명령을 실행하면 굵은 선으로 된 뷰포트에서 실행됩니다.

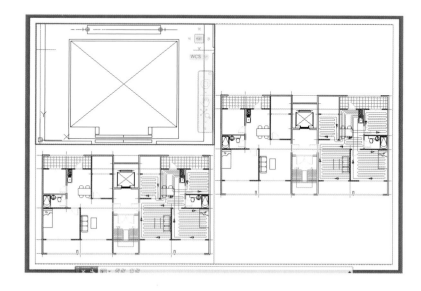

왼쪽 하단을 클릭하여 활성화시킵니다. 줌(ZOOM) 명령과 초점 이동(PAN) 명령을 이용하여 화장실 부분을 확대합니다.

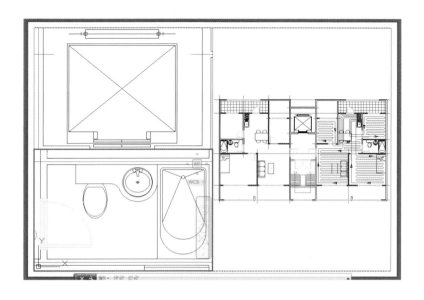

05 뷰포트의 잠금: 뷰포트를 설정한 고정을 시키려면 그리기 도구에서 '뷰포트 잠금/잠금 해제' 아이콘 버튼을 클릭하여 잠급니다.

06 뷰포트 도면층 동결: 뷰포트 경계선을 감추기 위해 별도의 뷰포트 도면층(예: 뷰포트)을 만들어 이 도면층을 동결합니다. 다음과 같이 뷰포트 경계선이 동결되어 표시되지 않습니다.

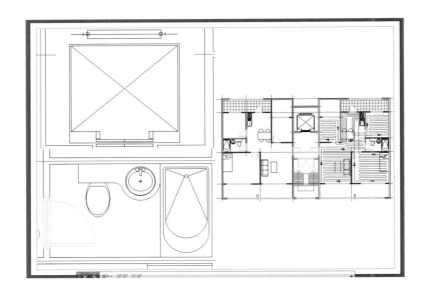

3차원 모델도 동일한 방법으로 배치합니다. 배치 공간에서 뷰포트를 작성하여 각 뷰포트 별로 정면도, 평면도, 등각투영도 또는 좌측면도를 표시합니다.

4. 뷰포트 조작 및 모형 공간으로 내보내기

뷰포트의 조정 및 배치된 배치를 모형 공간으로 내보내는 방법에 대해 알아보겠습니다.

01. 뷰포트 정보

화면 하단의 상태 영역에서 뷰포트와 관련된 정보를 확인할 수 있습니다.

① 클릭에 의해 모형 공간과 배치 공간을 지정합니다. '도면'은 배치 공간입니다.
② 뷰포트 최대화: 뷰포트를 최대화하여 표시합니다. 또는 최대화된 뷰포트를 원래의 상태로 되돌립니다.

작도 영역 왼쪽 상단에는 뷰포트 컨트롤이 있습니다. 화면 왼쪽
상단의 [-]를 클릭하면 뷰포트 제어 메뉴가 나타납니다. 뷰포트
최대화(또는 뷰포트 복원) 및 뷰포트 구성 리스트가 있습니다.

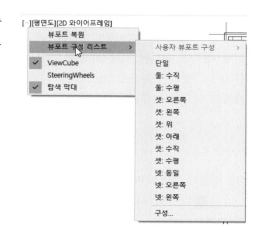

02. 뷰포트의 편집

뷰포트를 일반 객체처럼 이동, 복사, 회전 등 편집이 가능합니다.

① 뷰포트의 이동 및 복사: '이동(MOVE)', '복사(COPY)'
   명령을 이용하여 뷰포트의 이동 및 복사를 할 수 있습
   니다.

② 뷰포트 크기 변경: 뷰포트의 크기를 변경하고자 할 때
   는 마우스로 뷰포트를 선택한 후 그립을 이용하여 뷰
   포트의 크기를 조정합니다.

③ 뷰포트의 회전: '회전(ROTATE)' 명령을 이용하여 뷰
   포트를 회전할 수 있습니다.

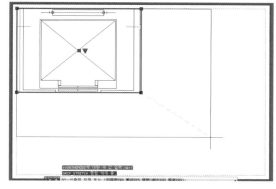

④ 뷰포트 도면층 관리: 뷰포트 안에서 모형 공간의 설정
   에 의존하지 않고 뷰포트만의 설정이 가능합니다. 즉, 모형 공간과는 다른
   색상, 선 종류 등을 설정할 수 있습니다.

   • 먼저, 뷰포트를 더블클릭하여 활성화한 후 도면층 목록에서 '현재 도
     면에서 동결 또는 해제' 버튼을 눌러 동결시킵니다.

   • 도면층(LAYER) 기능을 실행하여 'VP 색상', 'VP 선 종류'의 값을
     수정합니다. 그러면, 해당 뷰포트의 도면층에 해당하는 객체의 특성
     (예: 색상, 선 종류)이 수정됩니다.

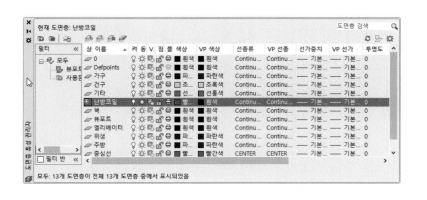

03. 모형 공간으로 내보내기

현재 배치에 표시된 객체를 모형 공간으로 내보낼 수 있습니다. 이렇게 내보내진 객체는 치수가 분해되거나, 블록이 익명의 블록으로 바뀌고 주석 객체가 비주석 객체로 바뀌며 3D 표현이 2D 표현으로 바뀌는 등 일부 객체의 성격이 바뀝니다.

명령: EXPORTLAYOUT

(1) 명령어 'EXPORTLAYOUT'을 입력하거나 [응용 프로그램 메뉴 A]-[다른 이름으로 저장]-[배치를 도면으로 저장]을 클릭합니다.

(2) '배치를 모형 공간 도면으로 내보내기' 대화 상자가 나타납니다. 내보내기 할 파일명을 지정한 후 [저장(S)]을 클릭합니다. 저장된 후 저장된 파일을 열 것인가를 묻는 대화 상자가 나타납니다. [열기]를 클릭합니다.

(3) 배치 공간의 화면이 모형 공간으로 바뀌어 새로운 하나의 도면 파일(*.dwg)로 바뀝니다. 3차원의 경우, 다음 그림과 같이 비주얼 스타일이 2D 와이어프레임으로 바뀌고 3D의 복잡한 객체나 재질이 간결하게 표현됩니다.

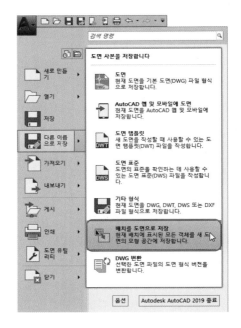

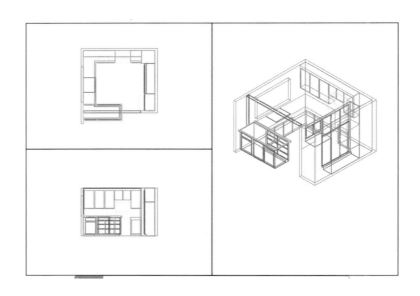

2 도면의 출력

지금부터 작성된 도면을 실제 종이로 출력하는 방법에 대해 알아보겠습니다.

명령: PLOT, PRINT	아이콘: 🖶

01. 배치 공간의 출력

앞에서 학습한 배치(종이) 공간에서의 출력에 대해 알아보겠습니다.

01 플롯 명령을 실행합니다. 명령어 'PLOT' 또는 'PRINT'을 입력하거나 '출력' 탭의 '플롯' 패널 또는 신속 접근 도구 막대에서 🖶을 클릭합니다. 다음과 같은 플롯 대화 상자가 나타납니다.

02 컴퓨터 및 프린터 환경에 맞춰 설정합니다. 출력할 프린터를 지정하고 'A4'용지, 출력 영역은 '배치', 축척은 '1:1'로 설정합니다.

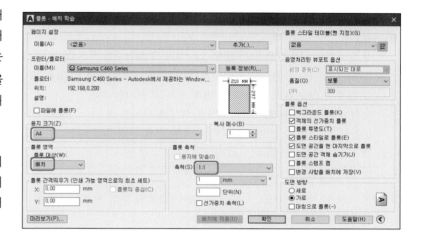

대화 상자 페이지 설정

① 페이지 설정: 페이지 설정 이름과 아이콘이 표시됩니다.
② 프린터/플로터: 출력장치를 지정합니다.
- 이름(M): 현재 배치 또는 시트를 플롯하거나 게시하기 위해 선택할 수 있는 해당 PC3 파일 또는 시스템 프린터를 표시하고 출력하고자 하는 장치를 선택합니다.
- 등록 정보(R): 대화 상자를 통해 플로터 구성, 포트, 장치 및 매체 설정값을 표시하고 수정할 수 있습니다.
- 플로터: 현재 지정된 플롯 장치를 표시합니다.
- 위치: 지정된 출력장치의 실제 위치(IP 어드레스)를 표시합니다.
- 설명: 현재 선택한 페이지 설정에서 지정된 출력장치에 대한 설명문을 표시합니다. 이 내용은 플로터 구성 편집기에서 수정할 수 있습니다.
③ 용지 크기(Z): 목록에서 용지의 크기를 지정합니다.

④ 플롯 영역: 플롯의 대상이 배치, 도면의 범위, 윈도우로 지정, 현재 표시된 화면 중에서 지정합니다.

⑤ 플롯 간격띄우기: X, Y 방향의 플롯의 원점을 지정합니다.

⑥ 플롯 축척: 도면 단위의 크기를 플롯 단위와 상대적으로 조정합니다. 배치를 플롯할 때는 기본 축척 설정값은 1:1입니다.

⑦ 플롯 스타일 테이블(펜 지정): 플롯 스타일 테이블을 설정하고 관리합니다. 항목 리스트에서 'acad.ctb'를 선택한 후 [편집…] 아이콘을 클릭합니다. 다음과 같은 '플롯 스타일 테이블 편집기'가 나타나면 플롯 스타일을 편집하거나 또는 새 플롯 스타일 테이블을 작성합니다. 색상에 따라 선 두께를 조정하려면 이 대화 상자에서 설정합니다.

 Tip 흑백으로 출력하려면 스타일 테이블을 'monochrome.ctb'를 선택합니다.

참고〈〈 플롯 스타일 테이블 편집기 대화 상자

플롯 스타일 테이블의 모든 플롯 스타일과 그 설정값을 표시합니다. '테이블 뷰' 탭이나 '형식 보기' 탭을 사용하여 플롯 스타일 설정값을 조정할 수 있습니다. 일반적으로 '테이블 뷰' 탭은 플롯 스타일의 수가 적을 때 편리하고 플롯 스타일 수가 많을 때는 '형식 보기'가 편리합니다.

색상에 따라 펜 두께를 설정하려면 색상을 선택한 후 '선 가중치(W)' 값을 지정합니다. 예를 들어 '초록색'을 0.3mm로 흑백으로 출력하고자 한다면 '플롯 스타일(P)'에서 '초록색'을 선택한 후 '특성'의 '색상(C)'을 '검은색', '선 가중치(W)'를 '0.3000밀리미터'로 지정합니다.

---

⑧ 음영 처리된 뷰포트 옵션: 음영 처리된 뷰포트와 렌더 뷰포트가 플롯되는 방법을 지정하고 해상도 수준 및 dpi(인치당 점)를 결정합니다.

⑨ 플롯 옵션: 선 가중치, 플롯 스타일, 음영 처리 플롯 및 객체가 플롯되는 순서에 대한 옵션을 지정합니다.

• 객체의 선 가중치 플롯: 객체와 도면층에 지정된 선 가중치를 플롯할지 여부를 지정합니다. 플롯 스타일로 플롯이 선택된 경우에는 이 옵션은 사용할 수 없습니다.

• 플롯 투명도(T): 객체 투명도를 플롯하는지 여부를 지정합니다. 이 옵션은 투명 객체로 도면을 플로팅할 때만 사용해야 합니다.

• 플롯 스타일로 플롯(E): 객체 및 도면층에 적용된 플롯 스타일의 플롯 여부를 지정합니다. 이 옵션을 선택하면 객체의 선 가중치를 플롯도 자동으로 선택됩니다.

• 도면 공간을 맨 마지막으로 플롯: 기본적으로 도면 공간 형상이 모형 공간 형상보다 먼저 플롯되는데 이 옵션을 선택하면 모형 공간 형상을 먼저 플롯합니다.

• 도면 공간 객체 숨기기(J): '숨기기(HIDE)' 작업이 도면 공간 뷰포트의 객체에 적용될지 여부를 지정합니다. 이 옵션은 배치 탭에서만 사용할 수 있습니다.

⑩ 도면 방향: '가로 방향(N)' 및 '세로 방향(A)'을 지원하는 플로터에 대해 용지의 도면 방향을 지정합니다.

---

03 설정이 끝나면 [미리보기(P)]를 클릭합니다.

다음 그림과 같이 미리보기 화면이 나타납니다. 이때 마우스 오른쪽 버튼을 눌러 바로가기 메뉴를 표시합니다. 원하는 출력 이미지이면 '플롯'을 선택하여 클릭합니다. 원하는 출력 이미지가 아니면 '종료'를 클릭하거나 <ESC> 키를 누릅니다.

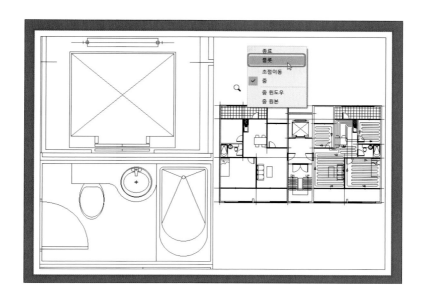

02. 모형(모델) 공간에서의 출력

객체를 작성하는 공간인 모형 공간에서의 출력을 알아보겠습니다. 일반적으로 2차원 도면은 모형 공간에서도 간단히 출력할 수 있습니다.

01 도면을 작성한 모형 공간을 펼칩니다. 다음과 같이 모형 공간이 표시됩니다.

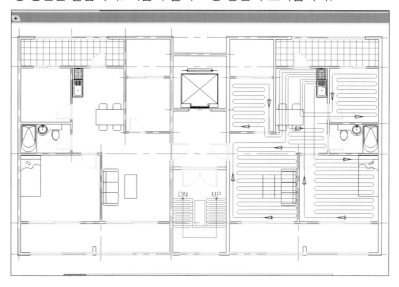

02 출력(플롯) 명령을 실행합니다. 명령어 'PLOT' 또는 'PRINT'을 입력하거나 '출력' 탭의 '플롯' 패널 또는 신속 접근 도구 막대에서 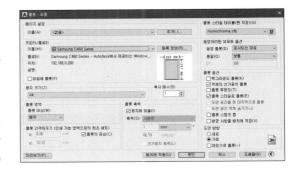을 클릭합니다. 다음과 같은 대화 상자가 표시됩니다.

프린터/프로터의 '이름(M)'에서 설치된 플로터(프린터)의 명칭을 선택합니다. '용지 크기(Z)'를 'A4', '플롯 대상(W)'을 '범위', '플롯 축척'을 '용지에 맞춤(I)'으로 지정합니다. '플롯 스타일 테이블(펜 지정)(G)'를 'monochrome.ctb'를 선택합니다.

참고<< **플롯 대상(W)**

'플롯 대상(W)'은 인쇄할 범위를 지정하는 항목입니다.
- 화면 표시: 현재 화면에 표시된 상태로 출력
- 범위: 도면의 범위에 맞춰 출력
- 윈도우: 화면에서 범위를 지정하여 출력
- 한계: 도면의 한계(LIMITS)에 맞춰 출력

---

03 플롯 스타일 테이블 편집 버튼 을 클릭하여 플롯 스타일 테이블 편집기에서 인쇄할 환경을 설정합니다. 설정이 끝나면 [저장 및 닫기]를 클릭합니다.

04 설정이 끝나면 [미리보기(P)]를 클릭합니다. 출력하고자 했던 이미지이면 마우스 오른쪽 버튼을 눌러 바로가기 메뉴에서 '플롯'을 클릭하여 출력합니다.

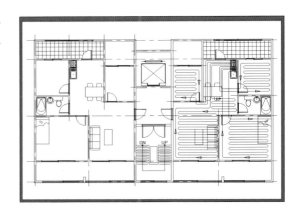

이러한 과정으로 작성된 도면을 종이에 인쇄합니다.

AutoCAD에서의 출력도 문서작성기(워드, 한글) 또는 엑셀의 출력 작업과 크게 다르지 않습니다.

3 도면 내보내기 및 전송

도면을 작성한 후 종이로 인쇄하는 경우도 있지만 다른 소프트웨어에서 활용하는 경우도 많습니다. 이번에는 AutoCAD 파일 형식(*.DWG)이 아닌 다른 파일 형식으로 내보내는 방법과 도면 전송을 위한 방법에 대해 학습합니다.

1. 웹 및 모바일로 저장 및 열기

Autodesk의 클라우드 서버에 도면을 저장하고 접근하는 기능입니다. 인터넷이 연결되는 PC 및 모바일을 통해 Autodesk의 계정을 이용하여 어디에서든 접근하여 도면 정보를 열람할 수 있습니다. 본사나 설계 사무소에서 작성한 도면을 현장에서 모바일로 접근하여 열람하여 현장 사정에 맞춰 코멘트하고 이를 다시 본사나 설계사무소에서 확인할 수 있습니다.

01. 웹 및 모바일로 저장

Autocad의 클라우드 서버에 저장하는 기능입니다.

01 AutoCAD에서 Autodesk 계정을 이용하여 로그인합니다.

02 명령어 'SAVETOWEBMOBILE'을 입력하거나 신속 접근 막대에서 '모바일로 저장 📲'을 클릭합니다. 다음과 같이 클라우드 서버에 저장된 파일이 표시되고 저장할 수 있는 대화 상자가 열립니다. [저장(S)]를 클릭합니다.

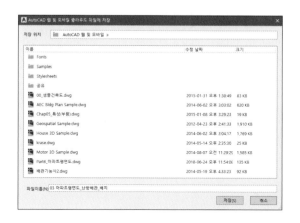

03 모바일 기기에서 앱을 설치합니다.
PlayStore에서 'autocad mobile'을 검색하여 앱을 설치합니다. 다음과 같이 AutoCAD 앱이 설치됩니다.

04 Autodesk 계정으로 로그인합니다. 다음과 같이 클라우드 서버에 업로드된 파일이 표시됩니다. 열람하고자 하는 도면을 선택합니다. 다음과 같이 업로드된 파일이 열립니다.

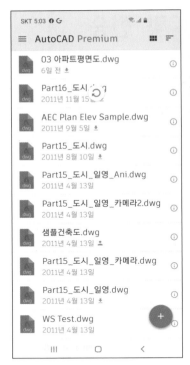

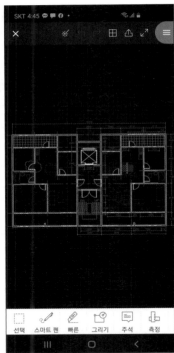

05 핀치 인/아웃(손가락으로 양쪽을 늘리거나 좁히는 동작)으로 도면을 확대할 수 있습니다. 또, 하단의 '측정' 도구를 이용하여 거리, 영역, 반지름, 각도를 측정할 수 있습니다.

유료인 프리미엄 기능을 이용하면 도면층 관리, 구름형 수정 기호, 선이나 원의 작도 등 AutoCAD의 기능을 모바일에서 실행할 수 있습니다.

02. 웹 및 모바일에서 열기

Autocad의 클라우드 서버에 저장된 도면을 여는 기능입니다.

01 클라우드 서버의 파일을 여는 기능으로 열기(OPEN) 명령과 다를 바 없습니다. 명령어 'OPENFROMWEBMOBILE' 을 입력하거나 신속 접근 도구 막대에서 📄을 클릭합니다. 다음과 같이 클라우드 서버에 업로드된 파일이 표시됩니다.

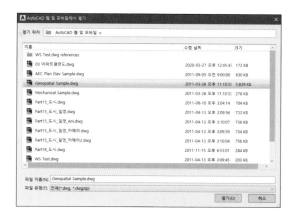

02 파일을 선택한 후 [열기(O)]를 클릭합니다. 다음과 같이 선택한 파일이 열립니다.

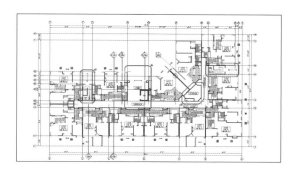

2. 내보내기

AutoCAD의 파일 형식인 '*.DWG'외에도 사용 목적에 따라 다양한 파일 형식이 필요합니다. 보안상 도면을 보기만 하고 수정하지 못하게 할 필요도 있습니다. *.DWF, *.DWFx, *.PDF, *.DGN, *.FBX, 등 다양한 형식으로 내보낼 수 있습니다.

01. PDF 파일로 내보내기

최근에 가장 많이 사용하는 파일 형식의 하나인 '*.PDF' 형식으로 내보냅니다.
명령어 'EXPORTPDF'를 입력하거나 '출력' 탭의 'DWF/PDF 내보내기' 패널에서 'PDF'를 선택합니다.

 응용 프로그램 메뉴 **A**]를 클릭하여 [내보내기]를 클릭하면 다양한 형식(포맷)으로 내보내기를 할 수 있습니다.

다음의 대화 상자에서 옵션과 출력 조정 등 환경을 설정한 후 파일 이름을 지정하여 내보냅니다.

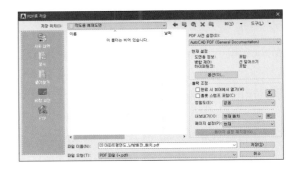

02. DWF 및 DWFx 파일로 내보내기

AutoCAD 도면 파일인 *.DWG의 웹 포맷인 DWF 및 DWFx 파일로 내보냅니다.
명령어 'EXPORTDWF'(또는 'EXPORTDWFX')를 입력하거나 '출력' 탭의 'DWF/PDF 내보내기' 패널에서 'DWF' 또는 'DWFx'를 선택합니다.
조작 방법은 PDF와 동일합니다.

참고<< DWF 파일과 DWFx 파일

① DWF 파일: 'DWF'는 Drawing Web Format의 약자로 고도로 압축된 파일 형식입니다. DWF 파일은 웹 또는 인트라넷 네트워크에서 도면을 게시하는데 사용할 수 있는 2D 벡터 파일입니다. 각 DWF 파일은 하나 이상의 도면 시트를 포함할 수 있습니다.
게시된 도면 세트는 원본 도면으로 작성된 용지 플롯에 대한 디지털 버전입니다. DWF 파일로 저장된 도면 세트는 Autodesk Design Review를 사용하여 확인 또는 플롯할 수 있습니다. Autodesk Design Review를 사용하면 모든 DWF 파일 형식 및 기타 래스터 형식 이미지를 열거나 보고 인쇄할 수 있습니다. AutoCAD 소프트웨어가 없더라도 Autodesk Design Review만 있으면 DWF 형식의 도면 세트를 볼 수 있습니다.
② DWFx 파일: 기본적으로 DWF 파일과 같은 개념이지만 'DWFx'는 차세대 DWF 형식으로 마이크로소프트 (Microsoft)의 XPS(XML Paper Specification) 형식을 기반으로 합니다.
DWF와 마찬가지로 DWFx로 플롯하거나 게시하고, DWFx 파일을 언더레이로 부착하고, 표식 세트 관리자를 사용하여 DWFx 파일을 읽을 수 있습니다.

---

03. 멀티 시트 내보내기

하나의 프로젝트는 여러 장의 도면이나 배치로 구성됩니다. 이때 도면을 한 장씩 내보내면 시간도 많이 소요될 뿐 아니라 관리도 어렵습니다. 이럴 경우, 하나의 문서 파일로 여러 장의 도면을 내보내기 할 수 있습니다.

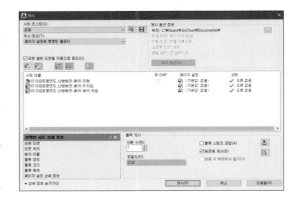

명령어 'PUBLISH'를 입력하거나 '출력' 탭의 '플롯' 패널에서 '배치 플롯 🖶'을 클릭합니다. 다음과 같은 대화 상자가 나타납니다.
대화 상자에서 '게시 대상(T)'에서 내보내기 하고자 하는

파일 형식(DWF, DWFx, PDF)을 지정하고 옵션 등 환경을 설정한 후 [게시(P)]를 클릭합니다.

게시가 종료되면 화면 하단에 다음과 같은 메시지가 표시됩니다. 출력 로그 파일(plot.log)을 확인해 보면 게시된 파일을 확인할 수 있습니다.

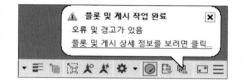

01 오류 및 경고 메시지를 클릭하면 플롯의 상황을 확인할 수 있습니다. 오류가 있는 경우는 오류 내용이 표시됩니다.

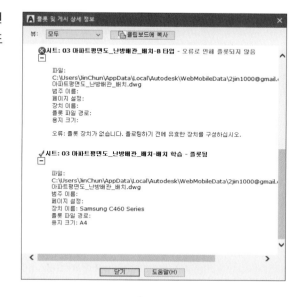

3. 전자 전송 세트

설계한 도면을 거래처, 관공서, 협력 회사 등에 전송하고자 할 경우에 DWG 파일만을 전송하게 되면 '폰트 파일이 없어서 문자가 깨진다'거나 '참조한 도면을 열 수 없다'는 등의 문제가 발생할 수 있습니다. 도면 프로젝트 관련 데이터를 하나로 묶어서 전송한다면 이러한 문제를 예방할 수 있습니다. 전자 전송 세트는 현재 프로젝트와 관련된 도면 및 데이터 파일을 하나의 도면 세트로 작성할 수 있습니다.

01 [응용 프로그램 메뉴 ▲]-[게시]-[전자 전송]을 클릭하거나 명령어 'ETRANMIT ▦'을 입력합니다.

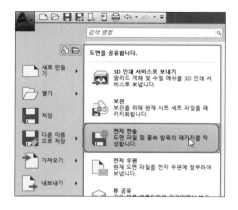

02 도면이 저장되어 있지 않으면 도면의 저장 여부를 묻는 대화 상자가 나타납니다. 다음 그림과 같이 전송 파일 작성 대화 상자가 표시됩니다. '파일 트리(F)' 탭에는 도면과 관련된 스타일 파일, '파일 테이블(B)'에는 관련 파일 목록이 표시됩니다. 이 대화 상자에 표시된 파일은 기본적으로 체크되어 있으나 전송하지 않고자 하는 파일은 체크 마크를 해제합니다. [확인]을 클릭합니다.

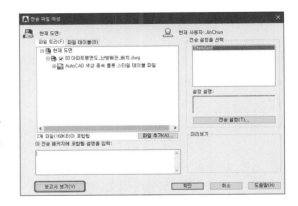

하단의 [보고서 보기(V)]를 누르면 다음과 같은 '전송 보고서 보기' 대화 상자가 펼쳐집니다. 이 보고서는 전송할 시트 세트에 대한 내역을 표시합니다. 이 내역은 [다른 이름으로 저장(S)] 버튼을 눌러 별도의 파일에 저장할 수 있습니다.

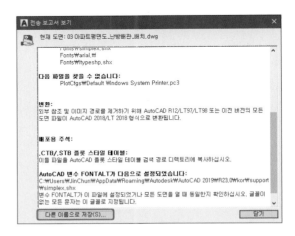

03 다음과 같이 전송 세트 파일의 이름을 묻는 대화 상자가 표시됩니다. 기본적으로 '*.ZIP' 형태의 압축 파일이 생성됩니다. 폴더의 위치와 파일 이름을 지정하고 [저장(S)]을 클릭합니다.

[저장(S)]을 클릭하면 현재 프로젝트에 관련된 파일을 압축하여 패키지 작업을 진행합니다. 압축 작업이 끝나면 대화 상자가 닫힙니다. 파일 목록을 보면 패키지의 압축 파일이 생성된 것을 확인할 수 있습니다.

CAD 작업을 하다 보면 화면의 색상, 마우스의 조작 방법, 도면의 저장 위치 등 사용자 또는 작업 내용에 따라 환경을 설정할 필요가 있습니다. AutoCAD는 사용자에게 융통성을 부여하기 위해 다양한 환경설정 기능을 제공하는데 이번에는 AutoCAD 환경을 관리하는 방법에 대해 알아보겠습니다.

명령: OPTIONS(단축키: OP) 　　　　　[응용 프로그램 메뉴 **A**]-[옵션]

또는, 작도 영역의 빈 공간에서 마우스 오른쪽 버튼을 눌러 바로가기 메뉴를 펼칩니다. 바로가기 메뉴 최하단의 '옵션(O)'을 클릭합니다.

여기에서는 자주 사용하거나 사용할 가능성이 높은 항목을 중심으로 설명하겠습니다. 대부분의 설정값은 AutoCAD에서 제공한 기본 값으로도 문제가 없습니다.

① 현재 프로파일: 현재 프로파일 이름을 탭 위에 표시합니다. 현재 프로파일을 설정하려면 새 프로파일을 작성하거나 기존의 프로파일을 편집하거나 프로파일 탭을 사용합니다.
② 현재 도면: 현재 도면 이름을 표시합니다.

옵션 대화 상자는 다음의 11개의 탭으로 구성됩니다.

1. '파일' 탭

파일의 위치 및 경로와 관련된 환경을 설정합니다.
'지원 파일 검색 경로'는 폰트 파일과 같이 AutoCAD에서 사용되는 자원(리소스)의 위치를 지원하는 경로(Path)를 지정합니다. 파일을 검색할 때 기본적으로 검색할 위치를 지정하기도 하고 각종 구동 드라이버의 위치를 지정합니다.
기타 응용 프로그램을 설치하면 접근할 수 있는 경로가 추가되기도 합니다.

 도면을 저장하거나 폰트를 저장하는 별도의 폴더를 관리하고자 한다면 이 폴더를 '지원 파일 검색 경로'에 등록하면 보다 빠르게 검색할 수 있습니다.

2. '화면 표시' 탭

화면 표시와 관련된 환경을 설정합니다.

(1) 윈도우 요소: 화면의 표시 요소의 표시 여부 및 색상, 글꼴 등 윈도우 관련된 환경을 설정합니다. 주요 항목을 살펴보면,

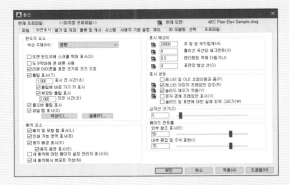

① 색상 구성표(M): 상태 막대, 제목 표시줄, 리본 표시줄 및 메뉴 검색기 프레임 등의 요소에 대해 진하거나 옅은 색상의 색상 설정을 조정합니다.

② 도면 윈도우에 스크롤 막대 표시(S): 도면 영역의 맨 아래와 오른쪽에 스크롤 막대를 표시 여부를 지정합니다.

③ 도구 막대에 큰 버튼 사용: 체크를 하면 도구 막대의 아이콘이 크게 표시됩니다.

④ 리본 아이콘을 표준 크기로 크기 조정: 리본의 아이콘을 표준 아이콘 크기와 일치하지 않는 경우 작은 리본 아이콘은 크기를 16x16 픽셀로, 큰 리본 아이콘은 크기를 32x32 픽셀로 조정합니다.

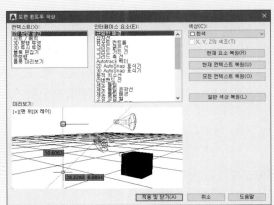

⑤ 툴팁 표시(T): 툴팁의 표시 여부를 지정하며 '툴팁 바로가기 키 표시' 여부와 확장 툴팁의 표시 여부 및 지연 시간을 지정합니다.

⑥ 롤오버 툴팁 표시: 커서를 객체 위로 이동할 때 롤오버 툴팁의 표시를 지정합니다.

⑦ 파일 탭 표시: 파일 탭의 표시 여부를 지정합니다.

⑧ 색상(C): 클릭하면 다음과 같이 도면 윈도우 색상 화면이 표시됩니다. 화면의 색상을 지정할 때는 이 화면에서 지정합니다. '컨텍스트(X)' 별로 '인터페이스 요소(E)'에 대해 '색상(C)'을 지정합니다. 지정이 끝나면 [적용 및 닫기(A)]를 클릭합니다.

⑨ 글꼴(F): 클릭하면 윈도우 글꼴 대화 상자가 표시됩니다. 화면에 표시될 문자의 글꼴 및 크기를 지정합니다. 지정이 끝나면 [적용 및 닫기]를 클릭합니다.

 작도 영역의 색상을 변경하고자 할 때는 이 기능을 이용하여 색상을 지정합니다.

---

(2) 배치 요소: 출력을 위한 배치(LAYOUT)와 관련된 옵션을 지정합니다. 배치는 출력을 위해 설정하는 도면 공간을 말합니다.

① 배치 및 모형 탭 표시(L): 작도 영역 하단에 '배치' 및 '모형'의 표시 여부를 지정합니다.

② 인쇄 가능 영역 표시(B): 인쇄 가능 영역의 표시 여부를 지정합니다.

③ 용지 배경 표시(K): 용지의 배경 표시 여부를 지정합니다.

④ 새 배치에 대한 페이지 설정 관리자 표시(G): 배치 탭을 처음 클릭하면 페이지 설정 관리자를 표시합니다. 이 대화 상자를 사용하여 용지 및 플롯 설정에 관련된 옵션을 설정할 수 있습니다. 단, 이 기능을 켜놓으면 배치를 작성할 때마다 매번 페이지 설정 관리자가 나타나므로 번거롭습니다.

⑤ 새 배치에서 뷰포트 작성(N): 새 배치를 작성할 때 자동으로 단일 뷰포트를 작성합니다.

(3) 표시 해상도: 호 및 원의 매끄러운 정도, 폴리선의 곡선의 세그먼트 수, 렌더 객체의 부드럽기 정도, 곡면 당 형상 선의 수 등 객체가 화면에서 표시되는 정도를 설정합니다. 높은 값을 설정하면 화면 표시는 매끄럽지만 속도는 크게 떨어집니다.

(4) 표시 성능: 솔리드 채우기, 문자 표시, 와이어프레임 윤곽 등 AutoCAD 성능에 영향을 주는 화면 표시 값을 설정합니다.

(5) 십자선 크기(Z): 커서 십자선의 크기를 지정합니다. 유효 범위는 전체 화면의 1부터 100 퍼센트입니다. 100 퍼센트에서는 십자선의 끝이 전혀 보이지 않으며 크기를 99 퍼센트 이하로 줄이면 십자선은 유한 크기를 갖게 되고, 도면 영역의 모서리에 위치하는 경우 십자선의 끝이 보입니다. 기본 크기는 5 퍼센트입니다.

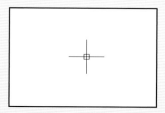 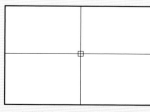

[십자선의 크기가 '5'인 경우]   [십자선의 크기가 '100'인 경우]

(6) 페이드 컨트롤: DWG 외부 참조 및 참조 편집을 위한 밝기 값을 조정합니다.

① 외부 참조 표시(E): 외부 참조되는 도면의 페이드 광도 값을 지정합니다. 플로팅이나 플롯 미리보기와는 무관합니다. 유효 범위는 -90에서 90 사이의 정수입니다.

② 내부 편집 및 주석 표현(I): 내부 참조 편집 시 객체의 밝기 감소 정도를 지정합니다. 편집 중이 아닌 객체는 낮은 광도로 표시됩니다. 유효 범위는 0부터 90 퍼센트까지입니다.

3. '열기 및 저장' 탭

파일의 열기 및 저장과 관련된 환경을 설정합니다.

(1) 파일 저장: 다른 이름으로 저장할 경우 기본 파일 포맷의 지정, 썸네일 미리보기를 업데이트 여부에 대한 설정 및 도면 파일에서 잠재적 낭비 공간의 비율을 설정하는 증분 저장 퍼센트 값을 지정합니다.

① 주석 객체의 시각적 사실성 유지(Y): 도면이 주석 객체에 대한 시각적 사실성으로 저장될지 여부를 지정합니다. 주로 모형 공간에서 작업하는 경우, 시각적 사실성을 끄는 것이 좋습니다. 다른 사용자와 도면을 교환할 필요가 있고 배치 사실성이 매우 중요한 경우에는 시각적 사실성을 켜야 합니다.

② 도면 크기 호환성 유지(G): 도면을 열어 저장할 때 큰 객체 크기 제한 지원을 조정합니다.

③ 썸네일 미리보기 설정(T): 설정 대화 상자를 통해 썸네일 미리보기에 대한 환경을 설정합니다.

④ 증분 저장 퍼센트: 도면 파일에서 잠재적 낭비 공간의 비율을 설정합니다. 전체 저장은 낭비되는 공간을 제거합니다. 증분 저장을 사용하면 속도가 빨라지지만 도면 크기가 증가합니다. '0'으로 설정하면 저장할 때마다 전체 도면을 저장합니다. 성능을 최적화하려면 값을 '50'으로 설정하는 것이 좋습니다.

(2) 파일 안전 예방조치: 작업 중 문제가 발생했을 때를 대비해서 자동 저장 여부와 저장 시간의 설정, 임시 파일의 확장자 및 보안을 위한 옵션을 설정합니다. '디지털 서명 정보 표시(E)'는 유효한 디지털 서명을 가진 파일이 열릴 때 디지털 서명 정보를 제공합니다.

'자동 저장(U)'은 도면 작업 중 자동으로 백업하는 기능으로 저장 간격을 너무 짧게 하면 속도가 떨어질 수 있으며, 너무 길게 잡으면 트러블이 발생했을 때 손실된 양이 많을 수 있습니다.

(3) 파일 열기: 파일 열기를 할 때 목록에 포함할 파일의 개수 및 도면 명칭에 전체 경로의 표시 여부를 설정합니다.

(4) 응용 프로그램 메뉴: 메뉴 검색기의 최근 문서 빠른 메뉴에 나열되는 최근 사용된 파일의 개수를 조정합니다. 유효한 값은 0부터 50까지입니다.

(5) 외부 참조: 외부 참조 편집과 관련하여 참조 로드 방법 및 참조된 파일의 편집 여부를 설정합니다.

(6) ObjectARX 응용 프로그램: AutoCAD Runtime Extension 응용 프로그램 및 프록시 그래픽의 표시 여부 등을 설정합니다.

4. '플롯 및 게시' 탭

플롯 및 게시와 관련된 환경을 설정합니다.

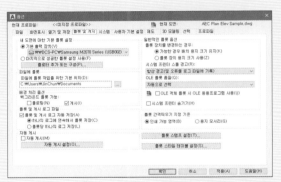

(1) 새 도면에 대한 기본 플롯 설정: 기본 출력장치 및 플로터의 추가 또는 구성을 지정합니다. 또, 마지막으로 성공한 플롯 설정을 사용할 것인지를 지정합니다. 자세한 내용은 도면의 출력에서 설명되어 있으니 참조합니다.

(2) 파일에 플롯: 파일에 플롯할 때의 파일의 기본 위치를 지정합니다.

(3) 배경 처리 옵션: 플롯이나 게시 작업에서 배경을 플롯할 것인지를 지정합니다.

(4) 플롯 및 게시 로그 파일: 플롯 및 게시 로그 파일의 자동 저장 여부를 지정합니다.

(5) 자동 게시: 자동 게시여부와 자동 게시의 환경을 설정합니다. 도면이 DWF, DWFx 또는 PDF 등으로 게시를 위한 환경을 설정합니다.

[자동 게시 설정(O)]를 클릭하면 설정 대화 상자가 표시됩니다.

(6) 일반적인 플롯 옵션: 용지 크기, 시스템 프린터 경고 동작, 도면 내 OLE 객체 등 일반 플로팅 환경과 관련된 옵션을 지정합니다.

(7) 플롯 간격띄우기 지정 기준: 플롯 영역의 간격띄우기를 '인쇄 가능 영역의 왼쪽 아래 구석'인지 아니면 '용지의 모서리'에서 시작하는지 지정합니다.

(8) 플롯 스탬프 및 플롯 스타일 테이블 설정값: 플롯 스탬프 및 스타일 테이블을 설정하는 대화 상자가 표시됩니다. 자세한 내용은 도면의 출력을 참조합니다.

5. '시스템' 탭

시스템의 성능과 관련된 환경을 설정합니다.

(1) 하드웨어 가속: 대화 상자를 통해 그래픽 성능과 관련된 값을 설정합니다.

(2) 현재 좌표 입력 장치(P): 좌표 입력 장치의 종류 및 허용 대상을 설정합니다.

(3) 터치 사용: 줌 및 초점 이동과 같은 터치 패드 작업을 취소하는 버튼이 있는 패널을 표시합니다.

(4) 배치 재생성 옵션: 모형 탭과 배치 탭으로의 전환 시 성능과 방법을 지정합니다.

(5) 일반 옵션: OLE 문자 크기, 사용자 입력 오류 시 경고음, 긴 기호 이름의 허용 여부를 설정합니다.

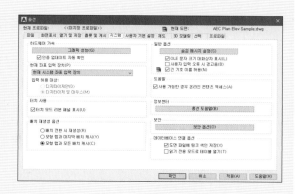

(6) 도움말: 접근이 가능할 경우에 온라인 콘텐츠에 대한 접근 여부를 지정합니다.

(7) 정보 센터: 다음의 대화 상자를 통해 응용 프로그램 윈도우 오른쪽 위 구석의 풍선 도움말의 메시지, 빈도 및 표시 시간, 투명도 등을 조정합니다.

(8) 보안: 로드되는 파일의 위치의 제한 등 보안을 설정합니다.

(9) 데이터베이스 연결 옵션: 도면 파일에 데이터베이스 색인을 저장하거나 읽기 전용 모드로 테이블을 열 것인가를 설정합니다.

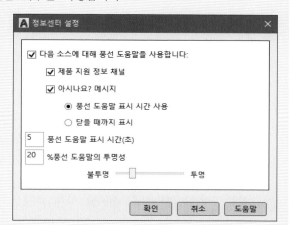

6. '사용자 기본 설정' 탭

작업하는 방식을 최적화하는 환경을 설정합니다.

(1) Windows 표준 동작: AutoCAD의 키 입력 및 마우스 오른쪽 버튼에 대한 동작을 설정합니다.

　① 두 번 클릭 편집(O): 체크를 하면 도면 영역에서의 객체를 두 번 클릭했을 때 편집을 할 수 있도록 합니다.

　② 도면 영역의 바로가기 메뉴(M): 체크를 하면 좌표 입력 장치를 마우스 오른쪽 버튼으로 클릭하면 도면 영역에서 바로가기 메뉴를 표시합니다. 체크를 하지 않으면 <Enter> 키의 기능을 수행합니다.

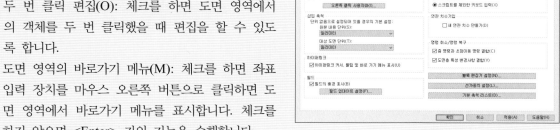

　③ 오른쪽 클릭 사용자화(I): 다음과 같은 대화 상자가 표시되어 마우스 오른쪽 버튼을 클릭했을 때 어떤 동작을 수행할 것인가를 설정합니다. 마우스의 오른쪽 버튼을 눌렀을 경우 기본, 편집, 명령 모드에서 어떤 기능을 할 것인가를 지정합니다.

(2) 삽입 축척: 삽입 시 도면에 대해 원본과 대상 도면의 단위를 설정합니다.

(3) 하이퍼링크: 하이퍼링크의 커서, 툴팁 및 바로가기 메뉴의 표시 여부를 설정합니다.

(4) 필드: 필드에 대한 배경 표시 여부 및 어떤 동작에서 업데이트할 것인가를 설정 대화 상자에서 지정합니다.

(5) 좌표 데이터 항목에 대한 우선 순위: 좌표 데이터를 입력할 때 AutoCAD의 응답의 우선 순위를 설정합니다.

(6) 연관 치수 기입: 연관 치수 객체를 작성할지, 기존 유형의 비연관 치수 객체가 작성할지 여부를 설정합니다. '새 연관 치수 만들기(D)'를 체크하면 치수와 연관된 기하학적 객체를 수정할 때 이 연관 치수의 위치, 방향 및 측정값이 자동으로 조정됩니다.

(7) 명령 취소/명령 복구: 명령 취소(UNDO) 및 다시 실행(REDO) 기능을 수행할 때 다중 연속 줌 및 초점 이동 명령까지 그룹화할 것인지, 도면층 특성 변경 사항을 포함할 것인지 설정합니다.

(8) 블록 편집기 설정(N): 다음의 대화 상자를 통해 블록 편집기(다이나믹 블록 작성)의 각 색상, 글꼴, 구속 여부 등 환경을 설정합니다.

(9) 선 가중치 설정값(L): 모형 탭에서 현재 선 가중치와 선 가중치 단위를 설정하고 화면 표시를 제어합니다. 자세한 내용은 객체 특성 '선 가중치'를 참조합니다.

(10) 기본 축척 리스트 편집(D): 배치 뷰포트 및 플로팅과 연관된 여러 개의 대화 상자에 표시되는 축척의 목록을 관리합니다. 대화 상자를 통해 축척 값의 추가 및 삭제 작업을 합니다. 자세한 내용은 '주석 축척'을 참조합니다.

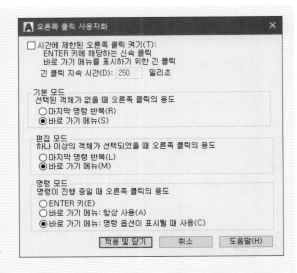

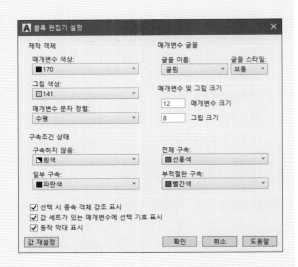

7. '제도' 탭

자동 스냅(AutoSnap) 및 추적(AutoTrack)을 포함한 다양한 편집 기능에 대한 옵션을 설정합니다.

(1) AutoSnap 설정: 객체스냅을 사용할 때 표시되는 화면 도구인 자동스냅(AutoSnap)에 대한 환경을 설정합니다. 표식기, 마그넷, AutoSnap 툴팁, 조준창 상자 등의 표시 여부를 설정합니다.

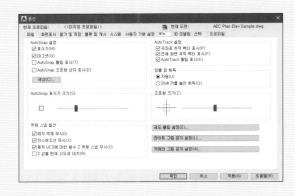

・표식기: 객체스냅의 종류를 표시하는 기하학적 기호
・마그넷: 십자선을 가장 가까운 스냅점 위로 잠그는 십자선의 자동 움직임입니다.
・AutoSnap 툴팁: 객체스냅의 종류를 표시하는 문자

(2) AutoSnap 표식기 크기(S): AutoSnap 표식기의 표시 크기를 슬라이드 바로 설정합니다.

(3) 객체스냅 옵션: 객체스냅에 관한 설정으로 해치 객체의 객체스냅 여부, Z값을 현재 고도로 대치 여부, 동적 UCS에 대해 음수 Z 객체스냅 무시 여부를 설정합니다.

(4) AutoTrack 설정: 극좌표 추적 또는 객체스냅 추적이 켜져 있는 경우 벡터 또는 툴팁 등의 표시를 설정합니다.

(5) 정렬점 획득: 도면의 정렬점 획득 시 자동으로 할 것인지, <Shift> 키를 눌러 획득할 것인지 지정합니다.

(6) 조준창 크기(Z): AutoSnap 조준창의 표시 크기를 슬라이드 바로 설정합니다. AutoSnap 조준창 상자 표시를 선택한 경우(또는 'APBOX'가 1로 설정된 경우) 객체에 스냅할 때 조준창 상자는 십자선의 중심에 표시됩니다. 조준창의 크기는 스냅 점에 얼마나 가까이 가야 마그넷이 조준창 상자를 스냅점에 잠그는지를 결정합니다. 값의 범위는 1에서 50 픽셀까지입니다.

(7) 제도 툴팁 설정(E): 다음의 대화 상자를 통해 제도 툴팁의 색상, 크기 및 투명도를 조정합니다.

(8) 라이트 그림 설정(L): 대화 상자를 통해 미리보기에 점(P)으로 할 것인지, 스폿(S)으로 할 것인지, 웹(W)으로 할 것인지를 설정하며 색상과 문자 크기를 설정합니다.

(9) 카메라 그림 문자 설정(A): 대화 상자를 통해 카메라 그림 문자의 색상과 크기를 설정합니다.

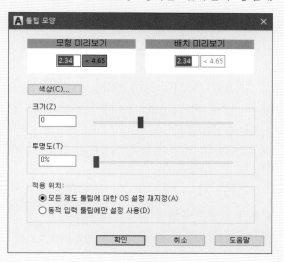

8. '3D 모델링' 탭

3D에서 솔리드 및 곡면 작업에 대한 환경을 설정합니다.

(1) 3D 십자선: 3D 작업에서 십자선의 모양 및 표시 내용 (Z값, 레이블 등)과 관련된 옵션을 지정합니다.
   ① 십자선에 Z축 표시(Z): Z축의 표시 여부를 지정합니다.
   ② 표준 십자선의 축을 레이블로 표시(L): 축 레이블을 십자선 포인터와 함께 표시할지 여부를 지정합니다.
   ③ 동적 UCS에 대해 레이블 표시(B): 축 레이블이

꺼진 경우에도 축 레이블을 동적 UCS의 십자선 포인터에 표시 여부를 지정합니다.
   ④ 십자선 레이블: 십자선에 표시되는 문자(레이블)을 지정합니다.

(2) 뷰포트에 도구 표시: 뷰포트에 도구의 표시 여부를 설정합니다.
   ① ViewCube 표시(D): 뷰 큐브의 표시 여부를 지정합니다.
   ② UCS 아이콘 표시(P): UCS 아이콘의 표시 여부를 지정합니다.
   ③ 뷰포트 컨트롤 표시(R): 모든 뷰포트의 왼쪽 위 구석에 있는 뷰포트 도구, 뷰 및 비주얼 스타일에 대한 뷰포트 컨트롤 메뉴의 표시 여부를 지정합니다.

(3) 3D 객체: 3D 객체 작성에 대한 환경을 설정합니다.

① 3D 객체 작성 시 비주얼 스타일(T): 3D 솔리드 및 메쉬 기본체와 돌출된 솔리드, 표면 및 메쉬를 작성할 때 표시할 비주얼 스타일을 설정합니다.

② 3D 객체 작성 시 삭제 컨트롤(N): 다른 객체를 작성하는데 사용한 형상을 보관할지 아니면 삭제할지를 설정합니다.

③ 표면 등각선: M 방향과 N 방향의 표면 밀도와 표면 객체의 U 등각선과 V 등각선의 밀도를 설정합니다(시스템 변수: SURFU, SURFV).

④ 도면당 최대 점 구름 점 수(M): 모든 점 구름에 대해 표시할 수 있는 최대 점 수를 설정합니다. 64비트 시스템의 경우, 최대 점 수는 2천5백만 개입니다. 숫자가 높을수록 시각적 사실성은 향상되지만 속도가 떨어집니다.

⑤ 다듬기(T): 객체를 메쉬 객체로 변환하기 위한 기본적인 환경을 설정합니다.

⑥ 메쉬 기본체: 대화 상자를 통해 기본체 메쉬 객체의 다듬기 기본값을 설정합니다. 자세한 내용은 '메쉬 기본체'를 참조합니다.

⑦ 표면 분석(F): 표면 분석을 위한 환경을 설정합니다.

(4) 3D 탐색: 3D 모형을 표시하기 위해 보행 시선 및 조감뷰, 애니메이션, 뷰 큐브, 스털링 휠과 관련된 환경을 설정합니다.

(5) 동적 입력: 동적 입력을 사용하는 경우 'Z 좌표의 필드'의 표시 여부를 지정합니다.

9. '선택' 탭

객체의 선택과 관련된 환경을 설정합니다.

(1) 확인란 크기(P): 확인란(선택 상자)의 크기를 조절합니다. 선택 상자는 편집 명령에서 객체를 선택하기 위해 나타나는 사각형 상자를 말합니다. 너무 작게 설정하면 선택하는데 불편하고, 너무 크게 설정하면 범위가 커서 원하지 않는 객체를 선택할 수 있으므로 적당한 크기(중간에서 약간 앞쪽 값)로 설정해야 합니다. 슬라이드 바를 움직여 조절합니다. 시스템 변수 'PICKBOX'에 저장됩니다.

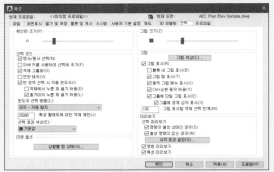

(2) 선택 모드: 객체의 선택 방법을 지정하는데 이들 설정은 여러 방식으로 조합할 수 있습니다.

① 명사/동사 선택(N): 객체를 선택한 다음 편집이나 조회 명령을 사용할 수 있도록 합니다. 체크를 하면, 객체를 먼저 선택한 후 명령(복사, 이동, 배열, 회전, 지우기 등)을 실행할 수 있게 합니다. 예를 들어, 이 항목을 체크하지 않으면 원을 선택한 후 <Delete> 키를 눌러도 지워지지 않습니다. 시스템 변수 'PICKFIRST' 값에 영향을 줍니다.

② <Shift> 키를 사용하여 선택에 추가(S): 체크를 하면 기존 선택된 객체에 새로운 객체를 추가할 때 <Shift> 키를 누르면서 선택해야 합니다. 시스템 변수 'PICKADD' 값에 영향을 줍니다.

객체를 선택했을 때 한 개를 선택하고 추가로 다른 객체를 선택하면 이전 선택된 객체가 선택에서 제외(실선으로 바뀜)되어 가장 최근 선택한 객체 그룹만 선택된 경우는 이 항목이 체크되어 발생하는 현상입니다. 이때는 이 항목의 체크를 없애든가, <Shift> 키를 누르면서 객체를 선택하면 복수의 객체를 선택할 수 있습니다. 기본적으로 이 항목은 체크를 하지 않는 것이 좋습니다.

③ 객체 그룹화(O): 객체 선택 시 그룹화된 객체를 하나로 취급할 것인가에 대한 켜기/끄기를 제어합니다. 이 항목은 기본적으로 체크합니다.

④ 연관 해치(V): 해치된 객체에 대해 해치 무늬와 경계선을 하나로 취급할 것인가에 대한 켜기/끄기를 제어합니다.

⑤ 빈 영역 선택 시 자동 윈도우(I): 객체 선택 메시지({객체 선택:})가 표시되면 자동으로 선택 윈도우를 그립니다. 이 항목은 기본적으로 체크합니다.

⑥ 객체에서 누른 채 끌기 허용(D): 이 옵션을 선택하면 한쪽 구석에서 클릭하고 마우스 버튼을 누른 채 반대 모서리로 끌고 가서 마우스에서 손을 놓아 선택 윈도우를 그립니다. 이 항목은 체크를 하지 않는 것이 좋습니다. 시스템 변수 'PICKADD' 값에 영향을 줍니다.

⑦ 올가미의 누른 채 끌기 허용(L): 올가미 방법으로 객체를 선택할 때 드래그의 허용 여부를 지정합니다.

⑧ 윈도우 선택 방법: 윈도우 창을 통해 선택하는 방법을 리스트에서 선택합니다.

· 클릭과 클릭: 두 번의 클릭으로 선택 범위를 지정합니다. 즉, 시작 위치의 클릭과 범위를 지정하는 두 번째 점 클릭으로 지정합니다.

· 클릭과 드래그: 윈도우 클릭과 드래그에 의해 선택을 지정합니다. 첫 번째 점을 클릭한 후 드래그하여 버튼을 놓으면 두 점 사이의 범위가 선택됩니다.

· 모두-자동 탐색: 상기의 두 가지 방법 모두를 적용합니다.

⑨ 특성 팔레트의 객체 제한(J): 특성 팔레트에서 한 번에 변경할 수 있는 객체 수의 한계를 지정합니다.

⑩ 선택 효과 색상(E): 선택 시 표시되는 색상을 지정합니다.

(3) 리본 옵션: 리본 상황별 탭의 표시를 위한 객체 선택 설정을 지정할 수 있는 대화 상자가 나타납니다.

(4) 그립 크기(Z): 그립(맞물림)의 크기를 조절합니다. 슬라이드 바를 움직여 조절합니다. 시스템 변수 'GRIPSIZE'의 값에 영향을 줍니다.

(5) 그립: 선택 객체에 대한 표식(GRIP)에 대한 환경을 설정합니다.

① 그립 색상(C): 대화 상자를 통해 그립의 색상을 설정합니다.

② 그립 표시(R): 선택한 객체에서 그립의 표시를 조정합니다. 그립을 선택하고 바로 가기 메뉴를 사용하여 그립이 있는 객체를 편집할 수 있습니다. 도면에 그립을 표시하면 성능이 현저하게 떨어집니다. 성능을 최적화하려면 이 옵션을 선택하지 말아야 합니다.

③ 블록내 그립 표시(B): 블록 객체에 대한 그립의 표시 여부를 지정합니다.

④ 그립 팁 표시(T): 그립 팁을 지원하는 사용자 객체의 그립 주변을 커서가 맴돌면 그립 특정 팁을 표시합니다.

⑤ 동적 그립 메뉴 표시(U): 다기능 그립 위에 마우스를 놓을 때 동적 메뉴 표시를 조정합니다.

⑥ (Ctrl + 순환 동작 허용(L)): 다기능 그립의 (Ctrl + 순환 동작)을 허용합니다.

⑦ 그룹에 단일 그립 표시(E): 그룹 객체에 대해 단일 그립의 표시 여부를 지정합니다.

⑧ 그립 표시할 객체 선택 한계(M): 지정한 수보다 많은 객체가 선택되면 그립 표시를 억제합니다. 유효한 범위는 1에서 32,767까지 입니다. 기본 설정값은 '100'입니다.

(6) 미리보기: 선택 상자(확인란) 커서를 객체 위로 움직였을 때 객체의 강조 표시 여부를 지정합니다. 명령이 기동되었을 때 강조 표시와 명령이 기동되지 않았을 때도 강조 표시 여부를 지정합니다.

① 선택 미리보기: 객체의 선택 여부를 미리 보고자 하는 옵션을 지정합니다.

② 시각 효과 설정(G): 다음과 같은 대화 상자를 통해 객체를 선택할 때 시각 효과를 지정합니다.

(7) 명령 미리보기: 활성 명령의 결과를 미리 볼 수 있는
지 여부를 설정합니다. 체크를 하면 명령의 실행 결과
를 미리 볼 수 있습니다. 예를 들어, 모깎기를 할 때
두 번째 객체를 선택하면 모깎기될 모서리를 미리 보
여 줍니다.

(8) 특성 미리보기: 특성을 조정하는 드롭 다운 리스트 및
갤러리를 롤오버할 때 현재 선택된 객체에 대한 변경
사항을 미리 볼 수 있는지 여부를 설정합니다. 리본
및 특성 팔레트에서만 표시되며 다른 팔레트에서는 사
용할 수 없습니다. 선을 선택한 후 특성 팔레트에서 색상을 바꾸려면 마우스의 위치에 따라 색상을 미리
볼 수 있습니다.

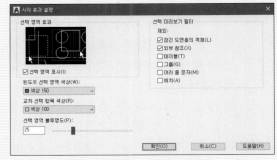

[시각 효과 설정 대화 상자]

10. '프로파일' 탭

사용자가 정의하는 구성으로 프로파일과 관련된 옵션을 설정합니다. 이 프로파일은 주로 응용 프로그램 개발
자가 써드파티 프로그램(응용 프로그램)을 AutoCAD에서 불러들일 때 사용합니다.

(1) 사용 가능한 프로파일(P): 사용 가능한 프로파일의 목
록을 표시합니다. 현재 프로파일을 설정하려면 프로파
일을 선택하고 [현재로 설정(C)]를 클릭합니다.

(2) 현재로 설정(C): 선택한 프로파일을 현재로 지정합니다.

(3) 목록에 추가(L): 대화 상자를 통해 선택한 프로파일을
다른 이름으로 저장합니다.

(4) 이름 바꾸기(N): 대화 상자를 통해 선택한 프로파일의
이름 및 설명을 변경합니다.

(5) 삭제(D): 선택한 프로파일을 삭제합니다. 단, 현재 프
로파일은 삭제할 수 없습니다.

(6) 내보내기(E): 프로파일을 확장자가 '.arg'인 파일로 내보내 다른 사용자와 파일을 공유할 수 있습니다. 이
파일을 같은 컴퓨터에서 또는 다른 컴퓨터에서 가져올 수 있습니다.

(7) 가져오기(I): 내보내기 옵션을 사용하여 작성된 프로파일(확장자가 '.arg'인 파일)을 가져옵니다.

(8) 재설정(R): 선택한 프로파일의 값을 시스템 기본 설정값으로 다시 설정합니다.

참고<< 프로파일이란?

AutoCAD에서 사용자가 구성(설정)한 환경이 저장된 파일입니다. 기본적으로 '미지정 프로파일'이 설정되어 있습
니다. 응용 프로그램 개발자는 이 프로파일을 이용하여 응용 프로그램이 구동할 수 있는 환경을 구축합니다.

Part 04

심화 기능

지금까지 학습한 기능만으로도 2차원 도면을 작도하는 데에 문제는 없습니다. 도형을 작도하는 데 있어 여러 방법이 있으며 특정 객체에 대해서는 효율적인 방법을 제공합니다. 예를 들어, 단순한 심볼을 저장한 블록이 있지만 블록을 동적으로 크기를 바꾸고 뷰를 제어하는 동적 블록이 있습니다. 이번 파트에서는 보다 효율적인 작업을 위한 심화된 기능에 대해 학습합니다.

Chapter 07 효율을 높이기 위한 기능

도면 작업을 하는 데 있어 다양한 방법이 있습니다. 같은 도면을 작성하더라도 여러 과정을 생략할 수 있는 기능도 있고, 작성된 도면을 재활용하기 쉬운 기능도 있습니다. 이번에는 작업을 효율적으로 수행할 수 있는 기능을 중심으로 학습하겠습니다.

1 동적 블록

블록 기능은 앞에서 학습했습니다만 블록의 활용 범위를 넓히고 다양한 기능을 부여할 수 있는 동적 블록에 대해 알아보겠습니다.

1. 동적(다이나믹) 블록이란?

동적 블록은 기존의 블록(정적 블록)과 달리 크기를 변경한다든지, 하나의 블록에 여러 형상을 가지고 있어 표시할 수도 있습니다. 예를 들어, 볼트나 너트와 같은 부품의 경우, 형상은 동일하지만 규격에 따라 크기가 다른 경우가 많습니다. 이럴 때 하나의 형상을 그려놓고 규격 데이터베이스와 연결하여 크기를 조정할 수 있습니다.

동적(다이나믹) 블록은 하나의 도형이지만 규격에 따라 크기나 형상이 다른 경우, 길이나 각도의 움직임(액션)을 미리 정의하여 도면에 삽입한 후 도면에서 간단히 조작하여 활용하는 블록을 말합니다. 즉, 블록을 동적으로 조정할 수 있도록 조작이 가능한 객체입니다. 동적 블록의 움직임(액션)은 조합이 가능하며 이를 통해 도면 작업의 효율을 향상시킬 수 있습니다. 블록 정의에서 동적 동작을 추가하면 블록 형상에 유연성과 지능성이 추가됩니다.

다음 그림은 자동차의 동적 블록의 예로 하나의 블록에 여러 종류의 자동차 종류(스포츠카, 세단, 트럭 등)와 각 방향의 이미지(측면, 윗면, 전면, 후면)를 갖고 있습니다. 블록을 삽입한 후 메뉴를 펼쳐 원하는 형상(도면)을 펼칠 수 있습니다.

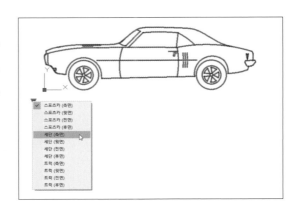

다음과 같이 '세단(측면)'을 선택하면 스포츠카에서 세단 이미지로 교체됩니다.

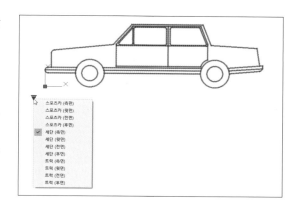

동적 블록의 주요 특징을 살펴보면,

① 동적 블록에는 규칙 또는 매개변수가 포함되며 매개변수에 따라 동작됩니다.

② 다양한 형상(입면, 정면, 평면 등)을 하나의 블록에 담을 수 있습니다.

③ 분해하지 않고 신축이나 배열이 가능합니다.

④ 분해하면 모든 액션(동작)이 사라집니다.

2. 동적 블록 예제 실습

동적 블록 실습을 통해 동적 블록을 이해하도록 하겠습니다.

01. 3각법에 의한 각 방향의 도면 표시

정투상도의 3각법에 의해 각 방향의 도면을 표시하는 블록을 작성하겠습니다. 다음과 같이 각 측면별로 도면을 작성하여 블록을 만든 후 이를 동적 블록으로 작성합니다.

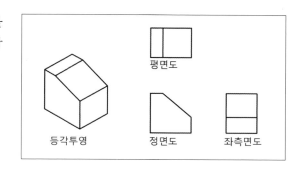

01 위의 그림을 작성한 후 '블록(BMAKE)' 명령을 실행하여 각각 별개의 블록(등각투상, 정면도, 평면도, 좌측면도)을 작성합니다.

02 다시 '블록(BMAKE)' 명령을 실행합니다. '블록 정의' 대화 상자에서 블록 이름(예: 동적블록 예제)를 입력하고 기준점 지정과 객체를 선택합니다. '블록 편집기에서 열기(O)'를 체크한 후 [확인]을 클릭합니다.

다음과 같이 블록 제작 팔레트가 나타납니다.

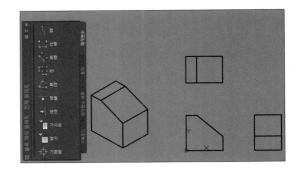

03 '이동(MOVE)' 명령을 이용하여 다음과 같이 4개의 블록을 겹치도록 이동합니다. 이때, 객체스냅을 이용하여 블록의 기준점(동일한 기준점)을 일치시켜야 합니다.

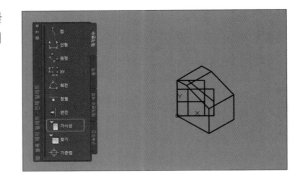

04 매개변수 탭의 '가시성' 매개변수를 클릭합니다. {매개변수 위치 지정 또는 [이름(N)/레이블(L)/설명(D)/팔레트(P)]:}에서 매개변수의 위치를 지정합니다. 여기에서는 오른쪽에 지정했습니다. 다음과 같이 지정한 위치에 매개변수 마크가 나타납니다.

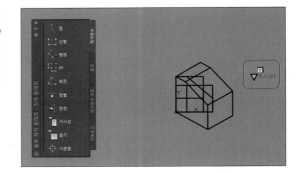

05 가시성 마크 위쪽의 느낌표를 더블클릭합니다. 다음과 같이 가시성 상태 대화 상자가 나타납니다. [이름바꾸기(R)]를 클릭합니다. 편집 상자에서 이름을 '등각투상'으로 바꾼 후 [확인]을 클릭합니다.

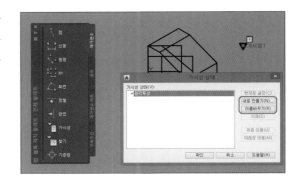

06 [새로 만들기(N)]을 클릭하여 새로운 이름을 클릭하여 '새 가시성 상태' 대화 상자에서 '정면도'를 입력한 후 [확인]을 클릭합니다.

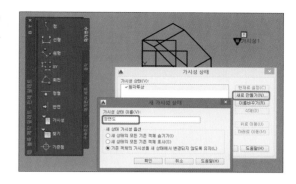

07 이와 같이 [새로 만들기(N)]를 클릭하여 '새 가시성 상태' 대화 상자에서 '평면도', '좌측면도'를 입력한 후 [확인]을 클릭합니다. 다음과 같이 4개의 가시성 상태 목록이 작성됩니다.

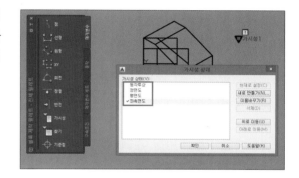

08 각 목록에 맞는 블록만 보이도록 설정하는 작업을 진행합니다. '등각투상'을 선택한 후 [현재로 설정(C)]을 클릭하여 '등각투상'에 체크(√)가 되도록 한 후 [확인]을 클릭합니다. 지금부터 '등각투상' 도면만 남기고 나머지 도면을 숨기는 작업을 수행합니다. 작도 화면으로 돌아오면 '정면도' 객체를 클릭한 후 화면의 오른쪽 상단의 '가시성' 패널에서 '숨김 ▧' 버튼을 클릭합니다.

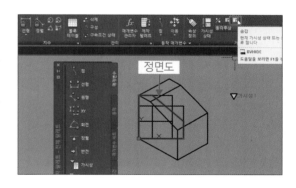

09 다음과 같이 정면도가 사라집니다. 다시 '좌측면도' 객체를 선택(클릭)한 후 화면의 오른쪽 상단의 '가시성' 패널에서 '숨김 ▧' 버튼을 클릭합니다.

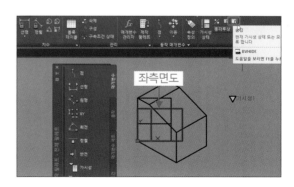

10 동일한 방법으로 '평면도'도 숨깁니다. 다음과 같이 등각투상도만 남기고 다른 객체(정면도, 좌측면도, 평면도)가 숨겨진 상태가 됩니다.

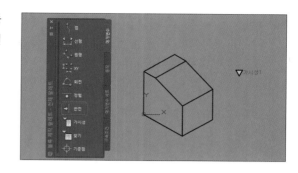

11 이제 '반전' 매개변수를 넣어 보겠습니다. '매개변수' 탭에서 '반전'을 클릭합니다. {반사 선의 첫 번째 점 지정 또는 [이름(N)/설명(D)/레이블(L)/팔레트(P)]:}에서 등각투영도의 왼쪽 끝점을 지정합니다.
{반사 선의 두 번째 점 지정:}에서 등각투영도의 위쪽 끝점을 지정합니다.
{레이블 위치 지정:}에서 레이블의 위치를 지정합니다. 다음과 같이 반전 마크(화살표)가 나타납니다.

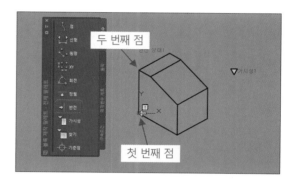

12 블록 제작 팔레트의 '동작' 탭을 눌러 '반전' 동작을 선택합니다. {매개변수 선택:}에서 반전 마크 위의 느낌표(!)를 선택합니다.
{동작 선택 세트 지정} {객체 선택:}에서 반전 마크(화살표)를 선택합니다. {1개를 찾음}
{객체 선택:}에서 등각투영도 객체를 선택합니다. {1개를 찾음. 총 2}
{객체 선택:}에서 <Enter> 키 또는 <Space bar>를 눌러 선택을 종료합니다.

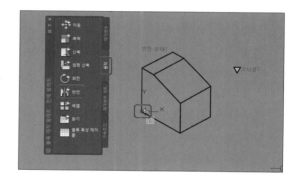

13 이제 정면도 작업을 진행합니다. '가시성' 패널의 목록 또는 '가시성 상태' 메뉴를 클릭하여 대화 상자에서 '정면도'를 선택합니다. 다음과 같이 모든 도면이 다시 펼쳐집니다.

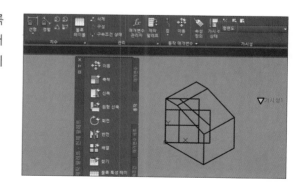

14 등각투상도, 평면도, 좌측면도 객체를 차례로 선택한 후 '가시성' 패널에서 '숨김 🔲' 버튼을 클릭합니다. 다음과 같이 정면도만 남기고 사라집니다.

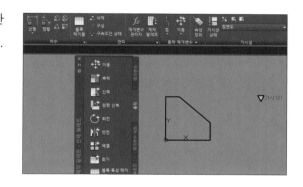

15 앞에서의 조작을 반복하여 평면도와 좌측면도의 가시성을 제어합니다. 필요에 따라 반전 동작을 삽입합니다. 다음과 같이 나타납니다.

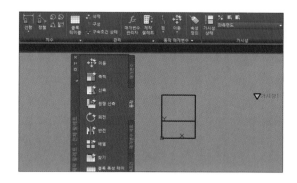

16 동적(다이나믹) 블록 작업이 완료되었으면 '가시성' 패널에서 '등각투상'을 선택합니다. 다음과 같이 평면이 나타나면 '블록 편집기' 탭의 '열기/저장' 패널에서 '다른 이름으로 블록 저장' 버튼을 클릭합니다. 블록 이름(예: 동적블록_예제)을 지정하고 '도면 파일에 블록 정의 저장(F)'를 체크(√)한 후 [확인]을 클릭합니다.

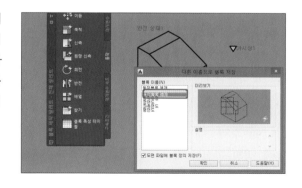

17 저장할 폴더와 파일명을 지정하고 [저장(S)]를 클릭합니다. 동적 블록을 확인하기 위해 새로운 도면을 열어 블록을 삽입해 보겠습니다. 삽입 명령을 실행합니다. 명령어 'INSERT' 또는 단축키 'I'를 입력하거나 '홈' 탭의 '블록' 패널 또는 '그리기' 도구 막대에서 🖼을 클릭합니다. 앞에서 저장했던 동적 블록(예: 동적 블록_예제)을 선택합니다.

 삽입 대화 상자의 작은 블록 이미지에서 표시되는 번개 마크는 블록이 동적 블록으로 정의된 것을 의미합니다.

18 다음과 같이 동적 블록이 삽입됩니다. 이때, 마우스로 블록을 클릭하면 역삼각 마크가 나타납니다. 역삼각 마크를 누르면 다음과 같이 '등각투상', '정면도', '평면도', '좌측면도' 목록이 나타납니다.

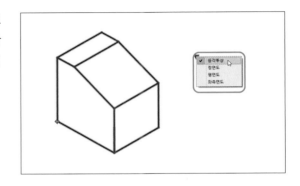

19 목록에서 표시하고자 하는 항목을 클릭하면 해당 도면이 표시됩니다.

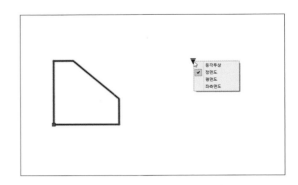

3. 동적 블록 기능

실습을 통해 동적 블록에 대한 이해와 작성 방법을 학습했습니다. 동적 블록 작성과 편집에 관련된 기능을 알아보겠습니다.

01. 블록을 동적으로 관리할 수 있는 블록 편집기(BEDIT)

블록 정의 편집 대화 상자를 열고 블록 편집기를 엽니다.

명령: BEDIT(단축키: BE)　　　　　　　　아이콘: 🔲

---

① 작성하거나 편집할 블록(B): 작성 또는 편집할 블록 이름을 지정합니다.

② 블록 목록: 현재 도면에 삽입되어 있는 블록의 목록이 표시됩니다.

③ 미리보기: 선택한 블록을 미리 볼 수 있습니다.

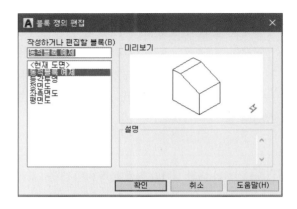

02. 블록 정의 저장(BSAVE)

블록 편집기에서 편집 중인 블록을 저장합니다.

| 명령: BSAVE | 아이콘: |

블록 편집기에서 블록 정의를 저장하면 블록에 포함된 형상 및 매개변수의 현재 값이 블록 참조의 기본값으로 설정됩니다.

Tip 블록 편집기에서 편집 내용을 저장하려면 파일 저장 명령(SAVE)이 아닌 '블록 정의 저장(BSAVE)' 명령을 이용하여 저장해야 합니다.

03. 다른 이름으로 블록 저장(BSAVEAS)

블록 편집기에서 편집 중인 블록을 다른 이름으로 저장합니다.

| 명령: BSAVEAS | 아이콘: |

블록 편집기에서 블록 정의를 다른 이름으로 저장하면 블록에 포함된 형상 및 매개변수의 현재 값이 블록 참조의 기본값으로 설정됩니다.

Tip '다른 이름으로 블록 저장(BSAVEAS)' 명령은 블록 편집기 상태에서만 사용할 수 있습니다.

04. 블록 테스트(BTESTBLOCK)

동적 블록을 테스트할 수 있는 윈도우를 블록 편집기 안에 표시합니다. 이 명령은 블록 편집기에서만 사용할 수 있습니다.

| 명령: BTESTBLOCK | 아이콘: |

블록 참조를 선택한 다음 그립을 테스트하거나 특성 팔레트를 표시한 다음 특성 변경에 따른 동작을 테스트할 수 있습니다. 삽입 동작을 테스트하기 위해 블록 사본을 추가로 삽입할 수도 있습니다. 변경 사항을 블록 정의에 저장하지 않고도 블록을 변경하고 테스트할 수 있습니다. 블록 편집기와 블록 테스트 윈도우를 앞뒤로 빠르게 전환하면서 보다 쉽게 변경하고 변경 사항을 테스트할 수 있습니다.

05. 제작 팔레트(BAUTHORPALETTE)

블록 제작 팔레트를 켜거나 끕니다. 블록 편집 상태에서 제작 팔레트가 없을 경우는 제작 팔레트가 켜지고, 제작 팔레트가 있을 경우에는 이 버튼을 누르면 제작 팔레트가 사라집니다. 제작 팔레트에는 동적 블록의 편집을 위한 매개변수와 동작, 매개변수 세트, 구속 조건이 있습니다.

명령: BAUTHORPALETTE / BAUTHORPALETTECLOSE   아이콘:

06. 매개변수 명령 및 매개변수 종류 – '매개변수' 탭

맞물림을 가진 매개변수를 동적 블록 정의에 추가합니다. 매개변수는 블록 참조의 사용자 특성을 정의합니다. 매개변수를 추가한 후 동적 블록을 작성하려면 동작을 매개변수에 연관시켜야 합니다.

명령: BPARAMETER   아이콘:

{매개변수 유형 입력 [정렬(A)/기준(B)/점(O)/선형(L)/원형(P)/Xy(X)/회전(R)/반전(F)/가시성(V)/찾기(K)]:}에서 매개변수를 선택합니다.
옵션은 다음의 블록 제작 팔레트에 배치의 '매개변수' 탭의 내용입니다.

(1) 점 매개변수
점 매개변수는 도면에서 X 및 Y 위치를 정의합니다. 블록 편집기에서 점 매개변수는 좌표 치수와 비슷하게 표시됩니다.

(2) 선형 매개변수
선형 매개변수는 두 앵커 점 사이의 거리를 보여 줍니다. 선형 매개변수는 사전 설정 각도에 따라 맞물림 이동을 구속합니다. 블록 편집기에서 선형 매개변수는 정렬된 치수와 비슷하게 표시됩니다.

(3) 원형 매개변수
원형 매개변수는 두 앵커 점 사이의 거리와 각도 값을 보여 줍니다. 맞물림과 특성 팔레트를 사용하여 거리 값과 각도를 모두 변경할 수 있습니다. 블록 편집기에서 원형 매개변수는 정렬된 치수와 유사합니다.

(4) XY 매개변수
XY 매개변수는 매개변수의 기준점으로부터 X 및 Y 거리를 보여 줍니다. 블록 편집기에서 XY 매개변수는 한 쌍의 치수(수평 및 수직)를 표시합니다. 이러한 치수는 공통 기준점을 공유합니다.

(5) 회전 매개변수
회전 매개변수는 각도를 정의합니다. '회전(ROTATE)' 명령어의 역할입니다. 블록 편집기에서 회전 매개변수는 원을 표시합니다.

(6) 정렬 매개변수

정렬 매개변수는 X 및 Y 위치와 각도를 정의합니다. 정렬 매개변수는 항상 전체 블록에 적용되며 동작을 연관시킬 필요가 없습니다. 정렬 매개변수를 사용하면 블록 참조가 자동으로 한 점을 중심으로 회전하여 도면의 다른 객체와 정렬됩니다. 정렬 매개변수는 블록 참조의 각도 특성에 영향을 줍니다. 블록 편집기에서 정렬 매개변수는 정렬 선처럼 표시됩니다.

(7) 반전 매개변수

반전 매개변수는 객체를 반전(대칭)시킵니다. '대칭(MIRROR)' 명령어의 역할입니다. 블록 편집기에서 반전 매개변수는 반사선(대칭축)으로 표시됩니다. 이 반사선을 중심으로 객체를 전환할 수 있습니다. 반전 매개변수는 블록 참조가 전환되었는지 여부를 나타내는 값을 표시합니다.

(8) 가시성 매개변수

가시성 매개변수는 가시성(표시 여부) 상태를 작성하며 블록에서 객체의 가시성을 조정할 수 있게 합니다. 가시성 매개변수는 항상 전체 블록에 적용되며 동작을 연관시킬 필요가 없습니다. 도면에서 맞물림을 클릭하면 해당 블록 참조에 대해 사용 가능한 가시성 상태 리스트(역삼각형 모양)가 표시됩니다. 블록 편집기에서 가시성 매개변수는 연관된 맞물림과 함께 문자로 표시됩니다.

(9) 찾기 매개변수

찾기 매개변수는 사용자가 지정할 수 있거나, 정의한 리스트 또는 테이블의 값으로 평가되도록 설정할 수 있는 사용자 특성을 정의합니다. 찾기 매개변수는 단일 찾기 맞물림과 연관될 수 있습니다. 블록 참조에서 맞물림을 클릭하면 사용 가능한 값 리스트가 표시됩니다. 블록 편집기에서 찾기 매개변수는 문자로 표시됩니다.

(10) 기준점 매개변수

기준점 매개변수는 블록의 형상을 기준으로 동적 블록 참조의 기준점을 정의합니다. 동작과 연관될 수는 없지만 동작의 선택 세트에 속할 수 있습니다. 블록 편집기에서 기준점 매개변수는 십자선과 함께 원으로 표시됩니다.

 '매개변수(BPARAMETER)' 명령은 블록 편집기 상태에서만 사용할 수 있습니다.

---

07. 동작 명령 및 동작 종류 – '동작' 탭

동적 블록에 동작을 추가합니다. 동작은 블록 참조의 사용자 특성을 도면에서 조작할 때 동적 블록의 형상이 이동 또는 변경되는 방식을 정의합니다. 동작을 매개변수에 연관시킵니다. '동작(BACTION)' 명령은 블록 편집기 상태에서만 사용할 수 있습니다.

명령: BACTION	아이콘: ⚡

{매개변수 선택:}에서 정의된 매개변수를 정의합니다.
{동작 선택 세트 지정}

{객체 선택:}에서 동작을 부여할 객체를 선택합니다.
{동작 위치 지정 또는 [기준 유형(B)]:}에서 동작 위치를 지정합니다.
동작은 다음과 같은 종류가 있습니다. 블록 제작 팔레트에 배치된 순서대로 설명합니다.

(1) 이동 동작
이동 동작은 '이동(MOVE)' 명령과 유사합니다. 동적 블록 참조에서 이동 동작은 객체를
지정된 거리 및 각도로 이동합니다.

(2) 축척 동작
축척 동작은 '축척(SCALE)' 명령과 유사합니다. 동적 블록 참조에서 축척 동작은 이동
맞물림이나 특성 팔레트를 통해 연관된 매개변수를 편집할 때 선택 객체를 키우거나 줄
입니다.

(3) 신축 동작
신축 동작은 '신축(STRETCH)' 명령과 유사합니다. 동적 블록 참조에서 신축 동작을 사
용하면 지정한 위치에서 지정한 거리만큼 객체가 이동되고 신축됩니다.

(4) 원형 신축 동작
맞물림이나 특성 팔레트를 통해 연관된 극좌표 매개변수의 키 점을 변경하면 블록 참조에서 극좌표 신축 동
작이 객체를 지정한 각도와 거리만큼 회전, 이동 및 신축합니다.

(5) 회전 동작
회전 동작은 '회전(ROTATE)' 명령과 유사합니다. 동적 블록 참조에서 회전 동작을 사용하면 맞물림이나 특
성 팔레트를 통해 연관된 매개변수를 편집할 때 연관된 객체가 회전됩니다.

(6) 반전 동작
반전 동작은 '반전(MIRROR)' 명령과 유사합니다. 반전 동작을 사용하면 반사선(대칭축)이라는 지정된 축을
중심으로 동적 블록 참조를 전환(대칭)시킬 수 있습니다.

(7) 배열 동작
배열 동작은 '배열(ARRAY)' 명령과 유사합니다. 동적 블록 참조에서 배열 동작은 맞물림이나 특성 팔레트를
통해 연관된 매개변수를 편집할 때 연관된 객체를 복사하고 배열합니다.

(8) 찾기 동작
동적 블록 정의에 찾기 동작을 추가하고 찾기 매개변수와 연관시키면 특성 찾기 테이블 대화 상자가 표시됩
니다. 찾기 테이블을 사용하여 동적 블록에 사용자 특성 및 값을 지정할 수 있습니다.

(9) 블록 특성 테이블
블록 특성 테이블을 사용하여 블록 정의의 특성 및 매개변수 값을 정의하고 조정할 수 있습니다. 블록 정의
를 작성할 때 파라메트릭 도면에서와 같은 방법으로 기하학적 구속 조건을 적용할 수 있습니다. 구속 조건
매개변수라는 특수한 치수 구속 조건을 사용하면 블록이 삽입된 뒤 매개변수 값에 접근할 수 있습니다.
블록 특성 테이블에는 동작 매개변수, 사용자 매개변수, 구속 조건 매개변수, 속성을 정의할 수 있습니다.

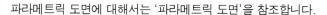

> **참고<< 매개변수의 수정**
>
> 동작과 연관된 매개변수를 수정하고자 할 때는 동작과 연관된 매개변수를 삭제하고 해당 동작을 다른 매개변수에 다시 지정해야 하는 경우 '매개변수와 동작 연결(BASSOCIATE)' 명령을 사용합니다.

08. '매개변수 세트' 탭

동적 블록에서는 매개변수와 동작을 연관시켜 사용하는 경우가 많습니다. 이렇게 매개변수와 동작을 하나로 묶어 동적 블록을 정의하려면 매개변수 세트를 이용하면 좋습니다.

다음과 같은 세트가 있습니다.

(1) 점 이동: 그립 한 개가 있고 이동 동작이 연관된 점 매개변수를 동적 블록 정의에 추가합니다.

(2) 선형 이동(신축, 배열): 그립 한 개를 이동(신축, 배열) 동작과 연관하여 선형 매개변수를 동적 블록 정의에 추가합니다.

(3) 선형 이동(신축) 쌍: 그립 두 개를 이동(신축) 동작과 하나씩 연관하여 선형 매개변수를 동적 블록 정의에 추가합니다.

(4) 원형 이동(신축, 배열): 그립 한 개를 이동(신축, 배열) 동작과 연관하여 원형 매개변수를 동적 블록 정의에 추가합니다.

(5) 원형 이동(신축) 쌍: 그립 두 개를 이동(신축) 동작과 하나씩 연관하여 원형 매개변수를 동적 블록 정의에 추가합니다.

(6) XY 이동: 그립 한 개를 이동 동작과 연관하여 XY 매개변수를 동적 블록 정의에 추가합니다.

(7) XY 이동 쌍: 그립 두 개를 이동 동작과 하나씩 연관하여 XY 매개변수를 동적 블록 정의에 추가합니다.

(8) XY 이동(신축, 배열) 상자 세트: 그립 네 개를 이동(신축, 배열) 동작과 하나씩 연관하여 XY 매개변수를 동적 블록 정의에 추가합니다.

(9) 회전 세트: 그립 한 개를 회전 동작과 연관하여 회전 매개변수를 동적 블록 정의에 추가합니다.

(10) 반전 세트: 그립 한 개를 반전 동작과 연관하여 반전 매개변수를 동적 블록 정의에 추가합니다.

(11) 가시성 세트: 그립 한 개가 있는 가시성 매개변수를 추가합니다. 가시성 매개변수에는 동작을 연관시킬 필요가 없습니다.

(12) 찾기 세트: 그립 한 개를 찾기 동작과 연관하여 찾기 매개변수를 동적 블록 정의에 추가합니다.

09. '구속 조건' 탭

동적 블록에 기하학적 또는 치수의 구속 조건을 부여합니다. 동적 블록에서 두 객체 사이에 평행, 직교, 접점 또는 일치 점을 유지하거나 선 하나 또는 점 쌍이 수직 또는 수평을 유지하도록 합니다. 또는 객체의 특정한 점을 특정 좌표(WCS)에 고정시킬 수도 있습니다.

 기하학적 구속 조건은 2D 기하학적 객체 또는 객체에 있는 점 사이의 관계를 규정합니다. 기하학적 또는 치수 구속 조건에 대한 자세한 내용은 '파라메트릭 도면'을 참조합니다.

10. 구속 조건 삭제

객체의 선택 세트에서 기하학적 구속 조건과 치수 구속 조건을 모두 제거합니다.

명령: DELCONSTRAINT   아이콘: ⬚ₓ

{선택한 객체에서 모든 구속 조건을 제거합니다…}

{객체 선택:}에서 구속 조건이 부여된 객체를 선택합니다. {1개를 찾음}

{객체 선택:}에서 <Enter> 키 또는 <Space bar>를 눌러 선택을 종료합니다.

{1개의 구속 조건이 제거됨}라는 메시지와 함께 구속 조건이 제거됩니다.

참고<< 구속 조건 상태

구속 조건 표시 상태를 켜거나(ON) 끄며(OFF), 구속 조건 레벨에 따라 객체의 음영 처리를 조정합니다. 초기 값은 꺼진 상태(0)입니다.

명령: BCONSTATUSMODE   아이콘: 🔧

표시 상태가 켜져 있을 때는 일부 구속되었는지, 전체 구속되었는지, 과도하게 구속되었는지 아니면 구속되지 않았는지에 따라 객체가 음영 처리됩니다.

참고<< 블록 편집기에서 객체의 표시 환경을 설정하려면

블록 편집 환경에서 색상, 문자 크기, 폰트 등의 환경을 설정하는 방법입니다.

① 매개변수 및 동작 문자의 크기를 설정: 명령어 'BPPARAMETERSIZE'를 입력합니다. '1'에서 '255'까지의 정수를 입력합니다. 화면 표시를 기준으로 블록 편집기에서 매개변수 문자 및 피쳐의 크기를 설정합니다.

② 매개변수 및 동작 문자의 표시 색상: 명령어 'BPARAMETERCOLOR', 'BACTIONCOLOR'를 입력합니다. 입력은 'BYLAYER', 'BYBLOCK', '1'에서 '255' 사이인 정수 3개를 RGB:000,000,000 형식으로 지정한 트루 컬러 중에서 선택합니다.

③ 매개변수 글꼴: 명령어 'BPARAMETERFONT'를 입력합니다. 트루타입 또는 SHX 글꼴을 입력합니다.

시간을 지정하면 시계 바늘이 시간의 위치로 움직이는 다이나믹 블록으로 작성합니다. 다음의 순서로 작성합니다.

01 블록의 대상이 되는 객체를 작성

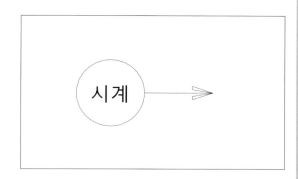

02 블록(BMAKE) 기능을 실행하여 '블록 편집기에서 열기'

03 '기준점' 파라미터를 지정. 팔레트에서 '기준점'을 선택한 후 {매개변수 위치 지정:}에서 기준점(원의 중심)을 지정

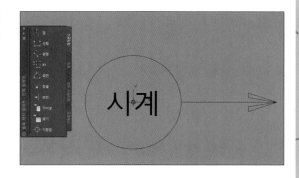

04 '매개변수' 탭에서 '회전' 매개변수를 선택
{기준점 지정 또는 [이름(N)/레이블(L)/체인(C)/설명(D)/팔레트(P)/값 세트(V)]:} 원의 중심
{매개변수의 반지름 지정:} 원과 선의 교차점 지정
{기본 회전 각도 지정 또는 [기준 각도(B)] <0>:} "1"을 입력
{레이블 위치 지정:} 레이블의 위치 지정

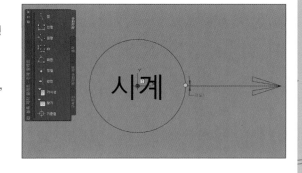

05 '동작' 탭에서 '회전' 동작을 클릭
  {매개변수 선택:} 회전 매개변수(각도1)를 선택
  {동작 선택 세트 지정}
  {객체 선택: 반대 구석 지정:} 화살표를 범위를 감싸
  선택

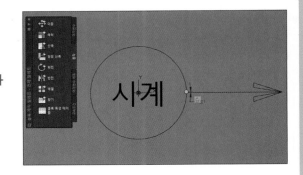

06 정해진 각도에 맞춰 회전할 수 있도록 '찾기(Lookup)'
  를 설정
  '매개변수' 탭의 '찾기'를 클릭
  {매개변수 위치 지정 또는 [이름(N)/레이블(L)/설명
  (D)/팔레트(P)]:} 매개변수가 표시될 위치 지정

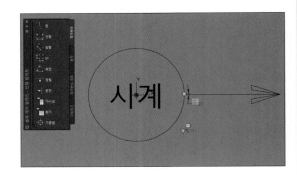

07 '동작' 탭의 '찾기'를 클릭한 후 {매개변수 선택:} 매개
  변수(찾기 1)을 선택

  '동작 이름:'에서 '찾기1'을 선택한 후 [특성 추가(A)]
  를 클릭
  '매개변수 특성 추가' 대화 상자에서 '각도1'을 선택한
  후 [확인]을 클릭
  다음과 같이 입력 특성과 찾기 특성을 입력

08 테스트 환경에서 테스트한 후 블록을 저장

2 외부 도면의 참조와 언더레이

기존 도면 데이터를 활용하는 방법 중에 하나가 외부 도면을 참조하는 방법이 있습니다. '삽입(INSERT)'은 현재 도면에서 호출하지만 '외부 참조'는 현재 도면에 호출하는 것이 아니라 단순히 참조(링크)만 하는 것입니다. 굳이 현재 도면 내에 존재하지 않아도 되는 도면은 삽입하지 않고 참조만으로 도면에 표시할 수 있습니다.

1. 외부 참조(External Reference)란?

외부 참조(External Reference)란 외부 도면 또는 이미지를 참조합니다. 삽입(INSERT) 명령은 현재의 도면에 직접 삽입시켜 현재 도면 데이터베이스에 추가하는 것이고, 외부 참조는 현재의 도면에 삽입시키는 것이 아니라 단순히 외부의 도면을 참조(링크)만 하는 것입니다. 외부 참조의 특징과 장점을 살펴보면,

01. 도면 파일의 용량 절약

현재 도면 데이터베이스에 들어오는 것이 아니고 단지 외부 파일을 주기억장치(Main Memory)에 적재해 표시하고, 도면을 종료하면 경로와 이름만 저장되므로 블록을 삽입하는 것에 비하면 도면 파일의 공간이 절약됩니다. 파일을 다시 열면(OPEN) 파일이 있는 경로와 이름을 추적해 자동적으로 참조하게 됩니다.

02. 도면의 독립성 유지

작업이 계속 진행 중인 도면을 참조하면서 작업을 할 수 있습니다. '삽입(INSERT)' 명령으로 삽입한 경우 원래의 도면 내용이 바뀌면 다시 삽입해야 하지만 외부 참조는 가장 최근에 갱신된 상태를 표시하기 때문에 다른 조작을 하지 않아도 수정된 최신의 내용을 참조할 수 있습니다. 따라서 참조한 도면이나 참조된 도면 모두 독립성을 유지하면서 작업할 수 있습니다.

03. 참조 수의 제약이 없다

도면에 참조할 수 있는 외부 참조의 수는 제약이 없습니다.

04. 편집 기능

외부 참조된 후에는 원하는 만큼 복사할 수도 있습니다. 복사된 객체에 대해서는 크기를 변경하고, 회전(ROTATE)시킬 수 있습니다. 외부 참조에 포함된 객체의 특성(도면층, 색상, 선 종류, 선 가중치 등)을 제어할 수 있습니다.

05. 내포 가능

외부 참조는 다른 외부 참조를 내포할 수 있습니다. 즉, 다른 외부 참조가 포함된 외부 참조를 부착할 수 있습니다.

06. 결합(병합) 기능

프로젝트가 완료되고 보관할 준비가 되면 부착된 참조 도면을 영구적으로 현재 도면과 병합(결합)할 수 있습니다.

따라하기 형식으로 실습을 하면서 외부 참조와 관련된 기능을 살펴보겠습니다.

2. 외부 참조 관리자(XREF)

참조되는 도면(외부 참조), 부착된 DWF, DWFx 또는 DGN 언더레이, 가져온 래스터 이미지 등 참조되는 파일을 구성, 표시 및 관리합니다. DWG, DWF, DWFx, PDF 및 래스터 이미지 파일만 외부 참조 팔레트에서 직접 열 수 있습니다.

| 명령: EXTERNALREFERENCES(단축키: XREF) | 아이콘: |

외부 참조 명령을 실행합니다. 명령어 'XREF'를 입력하거나 '삽입' 탭의 '참조' 패널에서 패널 하단의 비스듬한 화살표(﹀) 또는 도구 막대에서 ▨을 클릭합니다. 다음과 같은 외부 참조 팔레트가 나타납니다.

대화 상자 외부 참조 관리자 팔레트

외부 참조 팔레트는 참조 도면(외부 참조), 부착된 DWF 밑바탕 및 가져온 래스터 이미지 등의 참조된 파일을 구성, 표시 및 관리합니다. 팔레트 사용 방법은 일반적인 팔레트 사용 방법과 동일합니다.

① 첨부: 외부 참조 팔레트의 맨 위쪽에 있는 첫 번째 버튼을 사용하면 DWG, 래스터 이미지, DWF, DGN, PDF, 점 구름, 조정 모형 파일을 첨부할 수 있습니다. 버튼의 초기 기본 상태는 DWG 부착입니다. 버튼은 마지막으로 사용된 부착 동작 유형을 표시합니다. DWF 파일을 부착한 경우, 다른 파일 유형을 첨부할 때까지 버튼 상태는 DWF 부착으로 설정된 채 유지됩니다.

② 갱신: 메모리의 데이터로 참조된 도면 파일의 상태 데이터를 재동기화합니다. 갱신에는 두 가지 종류가 있는데 '갱신(R)'과 '모든 참조를 다시 로드(A)'가 있습니다.

③ 파일 참조: 참조된 파일의 목록이 표시됩니다. 리스트 뷰와 트리 뷰가 있습니다. 오른쪽 아이콘을 눌러 리스트 뷰와 트리 뷰를 지정할 수 있습니다.

④ 상세 정보, 미리보기: 참조 이름, 상태, 크기, 경로 등을 표시하는 상세 정보와 선택한 파일을 미리 볼 수 있는 미리보기가 있습니다. 오른쪽 아이콘을 눌러 상세 정보를 볼 것인지, 미리보기를 볼 것인지 선택합니다.

3. 파일을 첨부하는 부착(ATTACH, XATTACH)

파일을 외부 참조(Xref)로 삽입합니다. 도면 파일을 외부 참조로 부착하면 참조 도면이 현재 도면에 링크됩니다. 현재 도면을 열거나 다시 로드하면 참조 도면의 변경 사항이 모두 표시됩니다.

명령: XATTACH 또는 ATTACH(단축키:XA)	아이콘:

> **참고<<**   XATTCH와 ATTACH
>
> 부착 명령인 'ATTACH'와 'XATTACH'는 파일의 종류의 차이입니다.
> 'ATTACH'는 기본적으로 외부 참조, 이미지 또는 언더레이(DWF, DWFx, PDF 또는 DGN 파일)를 현재 도면에 참조하는데 DWG 도면을 선택하려면 파일 형식을 'DWG'로 지정해야 합니다. 'XATTACH'는 기본적으로 DWG 파일만을 참조합니다.

01 외부 참조 관리자 팔레트에서 'DWG 첨부(D)'를 클릭하거나 '삽입' 탭의 '참조' 패널에서 아이콘 을 클릭 또는 명령어 'XATTACH' 또는 'XA'를 입력합니다. 참조 파일 선택 대화 상자에서 도면 파일을 선택한 후 [열기(O)]를 클릭합니다.

> **Tip**   '삽입' 탭의 '참조' 패널에서 아이콘 을 클릭하거나 명령어 'ATTACH'를 입력하여 실행한 경우에는 '파일 형식(T)'를 '*.dwg'를 지정합니다.

02 다음 그림과 같이 외부 참조 대화 상자가 표시됩니다. 디폴트(기본 값) 상태에서 [확인]을 클릭합니다.

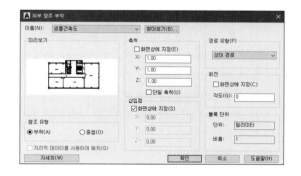

03 {"00_샘플건축도"이(가) 로드됨.}

{삽입점 지정 또는 [축척(S)/X/Y/Z/회전(R)/플롯축척
(PS)/PX(PX)/PY(PY)/PZ(PZ)/플롯회전(PR)]:}에서
삽입점 '0,0'을 입력합니다.

다음 그림과 같이 선택한 파일이 현재 도면에 부착됩
니다. 화면에 객체가 나타나지 않으면 '줌(ZOOM)-
범위(E)' 또는 '전체(A)' 기능으로 도면을 펼칩니다.

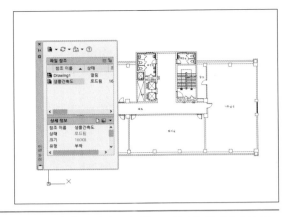

 원본 파일이 변경되면 외부 참조 팔레트에는 원본 파일이 변경되었다는 의미로 느낌표 마크와 함께 '다시 로
드해야 함'이라는 메시지가 나타납니다.

참고<< **외부 참조된 경로 또는 파일을 변경하려면**

참조 파일을 부착한 이후 다른 폴더로 이동했거나 파일
이름이 변경된 경우에는 경고 메시지가 나타납니다. 이
때, 특정 도면 참조(외부 참조)를 찾을 때 사용되는 파일
이름과 경로를 보고 편집할 수 있습니다.

외부 참조된 경로나 파일명이 바뀐 경우는 도면을 열면
다음과 같은 메시지가 나타납니다.

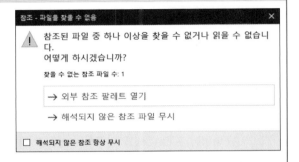

이때, 경로나 파일명을 수정하려면 다음과 같이 실행합니다.

앞의 대화 상자에서 '참조된 파일의 위치 업데이트'를 클릭하거나 명령어 'XREF'
또는 'XR'을 입력하거나 '삽입' 탭의 '참조' 패널에서 오른쪽 하단의 비스듬한 화
살표를 클릭 또는 도구 막대에서 █ 을 클릭합니다.

외부 참조 팔레트에서 하단의 '참조 이름' 항목의 편집 상자에서 파일명을 직접 변
경합니다. 경로가 변경된 경우는 변경된 경로를 직접 입력하든가 '찾은 위치[…]'
를 클릭하여 경로를 직접 찾거나 참조 파일명에 마우스를 대고 오른쪽 버튼을 눌
러 바로가기 메뉴에서 '분리(D)'를 클릭하여 참조를 해제한 후 '부착(A)'를 클릭하
여 참조할 파일을 지정합니다.

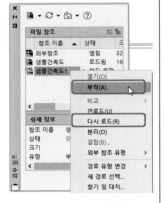

파일명 또는 경로가 변경되었으면 외부 참조 관리자 팔레트에서 '갱신 █ ' 아이콘을 눌러 '모든 참조를 다시 로드
(A)'를 클릭하여 도면을 갱신합니다.

4. 외부 참조의 분리 및 결합

DWG 참조(외부 참조)를 도면에서 제거할 수도 있고, 완전히 하나의 도면으로 결합할 수도 있습니다. 즉, 전혀 별개의 도면으로 제거하거나 참조가 아닌 하나의 도면 내에 들어오게 할 수 있습니다. 이번에는 분리와 결합 방법에 대해 알아보겠습니다.

01. 외부 참조 도면의 분리

외부 참조를 도면에서 완전히 제거하려면 지우는 것이 아니라 분리해야 합니다. 외부 참조를 지우면 그 외부 참조와 연관된 도면층 정의 등은 제거되지 않습니다. 분리 옵션을 사용하면 외부 참조 및 연관된 모든 정보가 제거됩니다.

분리하고자 하는 외부 참조 파일(샘플건축도)에 마우스를 대고 오른쪽 버튼을 누릅니다. 표시되는 메뉴 목록에서 '분리(D)'를 선택하여 클릭합니다.

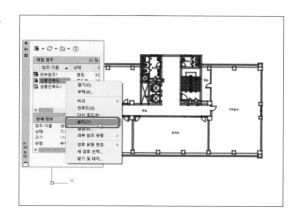

다음 그림과 같이 참조된 도면이 분리(제거)되어 부착된 도면이 파일 참조 목록에서 지워지면서 현재 도면에서도 사라집니다.

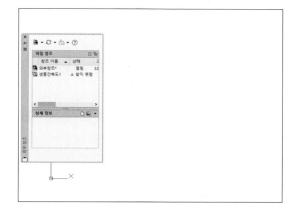

02. 외부 참조 도면의 결합

외부 참조된 도면은 단순히 참조만 하고 있을 뿐입니다. 화면상에서 보기에는 하나의 도면처럼 보이지만 두 개의 도면으로 구성된 도면이 됩니다. 이렇게 외부 참조된 도면을 하나의 도면으로 결합할 수 있습니다.

 서로 다른 컴퓨터 환경을 가진 다른 사람이나 거래처에 외부 참조된 도면을 보내려면 경로를 포함하여 보내야 하는데 번거로운 작업이 될 수 있습니다. 외부 참조를 도면에 결합하는 방법은 검토자에게 도면을 보내는 쉬운 방법이기도 합니다.

외부 참조된 도면에서 외부 참조 관리자 명령을 실행합니다. 외부 참조 팔레트에서 결합하고자 하는 외부 참조 파일에 마우스를 대고 오른쪽 버튼을 누릅니다. 표시되는 메뉴 목록에서 '결합(B)'을 선택하여 클릭합니다.

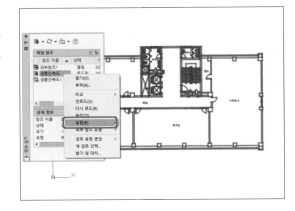

외부 참조 결합 대화 상자가 나타납니다. 이때, 결합 유형을 선택합니다. '결합(B)'을 선택한 후 [확인]을 클릭합니다.

참고<< **'결합(B)'과 '삽입(I)'의 차이**

결합과 삽입 모두 블록 형식으로 삽입됩니다. 차이점은 도면층 이름입니다. '결합(B)'의 경우는 명명된 객체 정의는 도면층 이름 머리말에 'blockname$n$'가 붙어 삽입됩니다. 예를 들어 도면층 이름이 '샘플건축도0Arch' 형식이 됩니다. '삽입(I)'의 경우는 객체 정의에서 도면층 이름 머리말이 추가되지 않고 삽입됩니다.

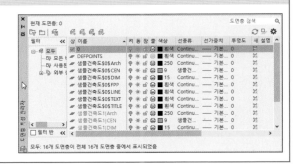

---

3 그룹

여러 객체를 하나의 세트로 묶어 관리할 수 있습니다.

1. 그룹이란?

그룹은 저장된 하나 이상의 객체 세트이며 필요에 따라 객체를 선택하여 그룹 전체 또는 개별적으로 편집할 수 있습니다. 그룹은 단위 별로 조작해야 하는 도면 요소를 쉽게 결합할 수 있는 방법을 제공합니다. 여러 객체를 하나의 세트로 묶어 그룹화해 놓으면 이동, 복사, 회전 등 편집을 수월하게 할 수 있습니다. 예를 들어, 한 세대의 아파트 욕실을 구성하는 세면기, 대변기, 욕조를 하나의 그룹으로 만든 후 다른 세대에 복사하면 손쉽게 복사할 수 있습니다.

그룹은 '블록(BLOCK)'과 유사한 개념입니다. 차이점은 블록의 경우 개별 객체를 편집해야 할 경우에는 먼저 분해(EXPLODE)해야 합니다. 이런 경우는 그룹(GROUP)으로 편집하는 것이 보다 효과적입니다. 그러나 블록은 별도의 도면으로 저장하여 다른 도면과 공유할 수 있지만 그룹은 다른 도면과 공유할 수 없습니다.

· 그룹의 이름을 부여할 수도 있고 이름이 없는 그룹이 있을 수도 있습니다.
· 하나의 객체가 여러 그룹에 속할 수 있습니다.
· 내포된 그룹을 작성할 수 있습니다. 즉, 그룹을 또 다른 그룹으로 만들 수 있습니다.
· 작성된 그룹은 그룹해제 기능으로 분해할 수 있습니다.

 객체 수가 수백 개인 경우 그룹화하면 작업 효율이 저하됩니다. 이럴 때는 블록으로 만들어 관리하는 것이 유용합니다.

2. 그룹의 작성

선택한 객체를 하나의 그룹으로 만듭니다.

01 다음과 같이 그룹으로 작성할 객체를 작성합니다.

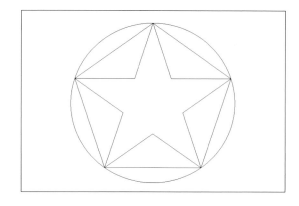

02 그룹 명령을 실행합니다. 명령의 'GROUP'를 입력하거나 '홈' 탭의 '그룹' 패널 또는 '그룹' 도구 막대에서 을 클릭합니다.

{객체 선택 또는 [이름(N)/설명(D)]:}에서 '이름' 옵션'N'을 입력합니다.

{그룹 이름 또는 [?] 입력:}에서 그룹 이름 'Star'를 입력합니다.

{객체 선택 또는 [이름(N)/설명(D)]:}에서 가운데 별모양의 도형을 선택합니다. {10개를 찾음}

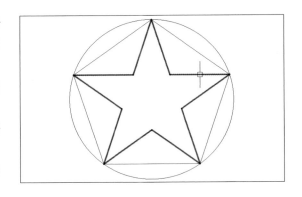

{객체 선택 또는 [이름(N)/설명(D)]:}에서 <Enter> 키 또는 <Space bar>를 눌러 선택을 종료합니다.

{"STAR" 그룹이 작성되었습니다.}라는 메시지와 함께 다음과 같이 선택된 객체가 한의 그룹으로 묶입니다.

🍴⑰ 이름을 부여하지 않으면 이름이 없는 그룹(Unnamed Group)이 작성됩니다.

---

3. 그룹의 편집

작성된 그룹에 객체를 추가하거나 제거하는 등 편집할 수 있습니다. 앞의 실습에 이어서 실습하겠습니다. 그룹에 객체를 추가 또는 제외하도록 하겠습니다.

03 그룹 가운데 부분에 원을 작도하겠습니다. 다음과 같이 원은 그룹이 아닙니다.

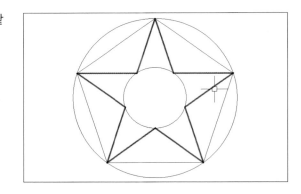

04 그룹 편집 명령을 실행합니다. 명령어 'GROUPEDIT'를 입력하거나 '홈' 탭의 '그룹' 패널 또는 '그룹' 도구 막대에서 🔲을 클릭합니다.

{그룹 선택 또는 [이름(N)]:}에서 그룹 객체를 선택합니다.

{옵션 입력 [객체 추가(A)/객체 제거(R)/이름바꾸기]]:}에서 '객체 추가' 옵션 'A'를 입력합니다.

{그룹에 추가할 객체를 선택함…}

{객체 선택:}에서 그룹에 추가할 객체(원)을 선택합니다. {1개를 찾음}

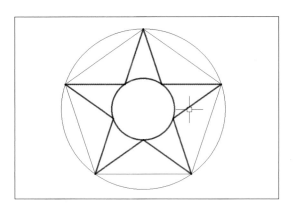

{객체 선택:}에서 <Enter> 키 또는 <Space bar>를 눌러 종료합니다. 다음과 같이 원이 그룹화되었습니다. '객체 제거(R)'을 선택하여 그룹에 속해 있는 객체를 제외할 수도 있습니다.

참고<<   **그룹 경계 상자 표시/비표시**

그룹의 경계 상자의 표시와 비표시([ ])를 제어합니다. 그룹 경계 상자가 켠 상태에서 그룹을 선택하면 다음과 같이 경계 상자가 표시되고 그립이 하나만 켜집니다.

그룹 경계 상자가 끈 상태에서 그룹을 선택하면 다음과 같이 그룹 경계 상자가 사라지고 각 객체의 그립(맞물림)이 모두 켜집니다.

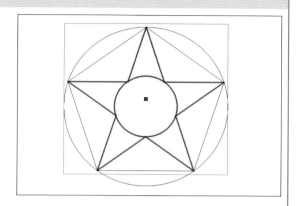

그룹 경계 상자는 시스템 변수 'GROUPDISPLAYMODE'에 의해 제어됩니다.
0: 선택된 그룹의 모든 객체에 그립을 표시합니다.
1: 객체 그룹의 중심에 단일 그립을 표시합니다.
2: 중심에 단일 그립이 있는 경계 상자를 표시합니다.

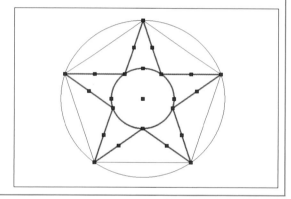

---

4. 그룹 해제

작성된 그룹을 해제하여 객체를 분리합니다.

05 그룹 해제 명령을 실행합니다. 명령어 'UNGROUP'를 입력하거나 '홈' 탭의 '그룹' 패널 또는 '그룹' 도구 막대에서 [ ]을 클릭합니다.
{그룹 선택 또는 [이름(N)]:}에서 해제할 그룹을 선택합니다. 또는 그룹 이름을 지정합니다.
{STAR 그룹이 분해되었습니다.}라는 메시지와 함께 그룹이 해제됩니다. 다음과 같이 그룹 객체가 해제되어 각각 낱개의 객체가 됩니다.

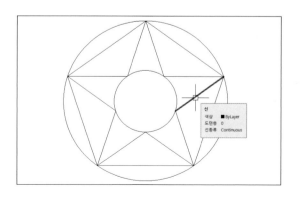

5. 그룹 관리자

그룹을 관리하는 대화 상자입니다.

06 관리자 명령을 실행합니다. 명령어 'CLASSICGROUP'
를 입력하거나 '홈' 탭의 '그룹' 패널 또는 '그룹' 도구
막대에서 을 클릭합니다. 다음과 같이 그룹을 관리
하는 대화 상자가 나타납니다. 대화 상자를 통해서 그
룹을 작성할 수 있고 해제할 수 있으며 객체를 그룹에
추가 또는 제거하는 등 그룹을 다양하게 조작할 수 있
습니다.

참고<<　**그룹 객체의 선택 여부 지정**

작성된 그룹 객체의 선택을 가능하게 하거나 불가능하게
합니다.
'홈' 탭의 '그룹' 패널 또는 '그룹' 도구 막대에서 '그룹 선
택 켜기/끄기 '를 클릭할 때마다 켜고/끄기를 제어합
니다. '그룹 선택'을 끄면 다음과 같이 그룹 객체를 선택
하더라도 그룹 객체로 선택되지 않습니다.

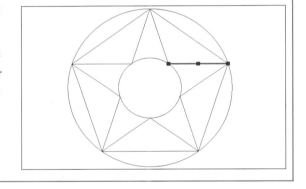

 객체의 그룹화는 마우스 오른쪽 버튼을 눌러 바로가기 메뉴
를 펼쳐 조작할 수도 있습니다.

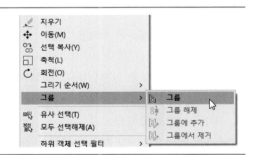

---

4 테이블

도면 목록, 장비 일람표나 재료 스케줄표와 같이 도면 내에서 표를 사용할 경우가 있습니다. 표를 선(LINE), 복사(COPY), 배열(ARRAY) 기능 등으로도 작성할 수 있습니다만 테이블 기능을 활용하면 보다 효율적으로 작성할 수 있습니다.
테이블 스타일을 만들고 이를 삽입하는 기능으로 나누어집니다. 여기에서는 시간표를 작성하는 실습을 통해 테이블 기능을 이해하도록 합니다.

1. 테이블 스타일(TABLESTYLE)

01 테이블 스타일을 만들기 위해 테이블 스타일 명령을 실행합니다. 명령어 'TABLESTYLE' 또는 'TS'를 입력하거나 '홈' 탭의 '주석' 패널 또는 '스타일' 도구 막대에서 ▦ 을 클릭합니다.
테이블 스타일 대화 상자에서 '스타일(S)'에서 'Standard'를 선택한 후 [새로 만들기(N)]을 클릭하여 새로운 테이블 이름 '시간표'를 입력합니다.

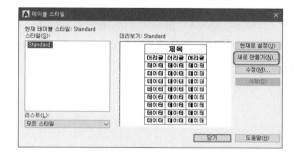

02 다음과 같이 테이블 스타일 수정 대화 상자가 나타납니다. 셀 스타일 목록 상자에서 '제목'을 선택합니다. 여백은 셀 여백의 '수평(Z)'에 '20'을 '수직(V)'에 '10'을 입력합니다.

03 [문자] 탭을 선택합니다. '문자 높이(I)'를 '50', '문자 색상(C)'를 '빨간색'으로 설정합니다.

04 [경계] 탭을 선택합니다. '선 가중치(L)'에서 '0.30mm'
를 지정한 후 경계선 아이콘의 '모든 경계'(첫 번째)
아이콘을 클릭합니다.

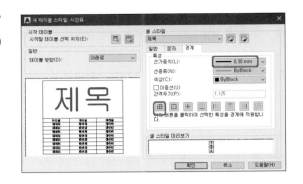

05 셀 스타일 목록 상자에서 '머리글'을 선택합니다.
[일반] 탭에서 셀 여백의 '수평(Z)'에 '20'을 '수직(V)'
에 '10'을 입력합니다.
[문자] 탭에서 '문자 높이(I)'를 '50', '문자 색상(C)'를
'파란색'으로 지정합니다.
[경계] 탭에서 '모든 경계'(첫 번째) 아이콘을 클릭합
니다.

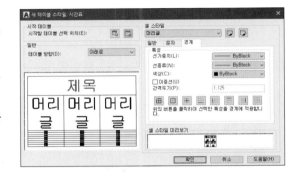

06 셀 스타일 목록 상자에서 '데이터'를 선택합니다.
[일반] 탭에서 셀 여백의 '수평(Z)'에 '20'을 '수직(V)'
에 '10'을 입력합니다.
[문자] 탭에서 '문자 높이(E)'를 '40'을 입력합니다.
[경계] 탭에서 '모든 경계' 첫 번째 아이콘을 클릭합
니다.

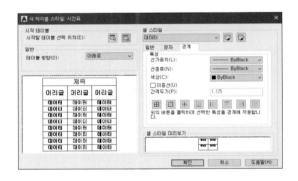

07 다음과 같이 테이블 스타일의 초기 대화 상자로 돌아
옵니다. '시간표' 라는 테이블 스타일이 작성되었습니
다. [닫기]를 클릭하여 종료합니다.

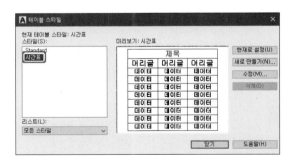

이렇게 하면 하나의 테이블 스타일(스타일 이름: 시간표)이 정의되었습니다. 이 스타일은 필요에 따라 언제든
지 수정할 수 있습니다.

2. 테이블 삽입(TABLE)

지금부터 정의된 테이블 스타일을 도면에 삽입하겠습니다.

08 테이블 삽입 명령을 실행합니다. 명령어 'TABLE' 또는 'TB'를 입력하거나 '홈' 탭의 '주석' 패널 또는 도구 막대의 아이콘 버튼 ▦을 클릭합니다.
다음과 같은 테이블 삽입 대화 상자가 나타납니다.
삽입 동작에서 '삽입 점 지정(I)'를 선택하고 '열(C)'에 '3', '열 폭(D)'에 '400', '데이터 행(R)'에 '5', '행 높이(G)'에 '1'을 지정합니다.

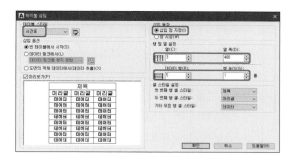

09 입력이 끝나면 [확인]을 클릭합니다. {삽입점 지정:}에서 테이블을 삽입할 위치를 지정합니다. 위치를 지정하면 다음과 같이 테이블이 나타나면서 입력 모드로 바뀝니다.

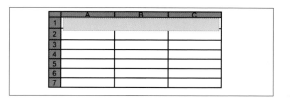

10 다음과 같이 각 셀에 값(문자)을 입력합니다.

시간표		
시간	일정	비고
09:00 ~10:00	미팅	설계팀
10:00 ~ 12:00	도면 검토	
12:00 ~ 13:00	점심식사	
13:00 ~ 16:00	현장 방문	○○현장
16:00 ~ 18:00	도면 수정	

11 작성된 표를 편집해 보겠습니다. 열 폭을 늘리겠습니다. 테이블을 클릭하면 다음과 같이 그립이 나타납니다. 오른쪽의 사각형 그립을 클릭하여 늘리고자 하는 방향으로 끌고 갑니다.

시간표		
시간	일정	비고
09:00~10:00	미팅	설계팀
10:00 ~ 12:00	도면 검토	
12:00 ~ 13:00	점심식사	
13:00 ~ 16:00	현장 방문	○○현장
16:00 ~ 18:00	도면 수정	

12 늘리고자 하는 길이만큼 끌고 가서 클릭합니다. 그리고 <ESC> 키를 눌러 그립을 해제합니다. 다음과 같이 열 폭이 늘어납니다. 이와 같은 방법으로 열이나 행의 크기를 조절할 수 있습니다.

시간표		
시간	일정	비고
09:00 ~10:00	미팅	설계팀
10:00 ~ 12:00	도면 검토	
12:00 ~ 13:00	점심식사	
13:00 ~ 16:00	현장 방문	○○현장
16:00 ~ 18:00	도면 수정	

1. 테이블 셀 문자 편집(TABLEDIT)

표에서 셀의 문자를 편집합니다.

명령: TABLEDIT 또는 해당 셀에 마우스를 두고 더블클릭합니다.

01 {테이블 셀 선택:}에서 수정하고자 하는 셀을
선택합니다. 다음과 같이 편집 모드가 되면
수정하고자 하는 문자(현장 점검)를 입력하
거나 블록을 삽입합니다.

	A	B	C
1		시간표	
2	시간	일정	비고
3	09:00 ~10:00	미팅	설계팀
4	10:00 ~ 12:00	도면 검토	
5	12:00 ~ 13:00	점심식사	
6	13:00 ~ 16:00	현장 방문	OO현장
7	16:00 ~ 18:00	도면 수정	

02 다음과 같이 테이블의 셀 문자(현장 점검)가
수정됩니다.

시간표		
시간	일정	비고
09:00 ~10:00	현장 점검	설계팀
10:00 ~ 12:00	도면 검토	
12:00 ~ 13:00	점심식사	
13:00 ~ 16:00	현장 방문	OO현장
16:00 ~ 18:00	도면 수정	

셀 문자 편집을 위한 편리한 방법

셀 문자를 편집하는 방법은 '셀 문자 편집(TABLEDIT)' 명령과 함께 다음의 두 가지 방법이 더 있습니다.
  • 편집하고자 하는 문자에 커서를 맞추고 더블클릭합니다. 그러면, 앞과 같이 문자를 수정할 수 있는
    형태로 바뀝니다.
  • 테이블의 셀을 선택한 상태로 마우스 오른쪽 버튼으로 클릭하여 바로가기 메뉴가 나타나면 '문자 편
    집'을 클릭합니다.
  이 두 가지 방법이 '셀 문자 편집(TABLEDIT)' 명령을 사용하는 것보다 쉽게 접근할 수 있습니다.

2. 테이블의 조작

테이블이 작성된 후 테이블에 있는 모눈 선을 클릭하여 선택한 후, 특성 팔레트나 그립을 사용하여 테이블을 다양한 형태로 조작할 수 있습니다.

(1) 테이블 그립의 기본 기능

테이블의 모눈 선을 클릭했을 때 나타나는 그립의 조작 내용은 다음과 같습니다.

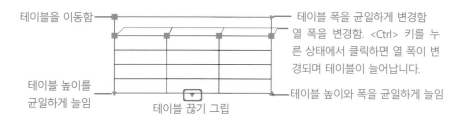

테이블의 높이나 폭을 변경할 경우, 사용자가 선택한 그립에 인접한 행 또는 열만이 변경됩니다. 테이블은 높이 또는 폭을 유지합니다. 테이블의 크기를 편집 중인 행 또는 열의 크기에 비례하게 변경하려면, <Ctrl> 키를 누른 상태에서 열 그립을 사용합니다.

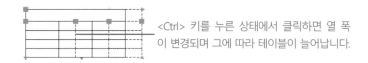

(2) 셀의 수정

셀 내부를 클릭하여 셀을 선택할 수 있습니다. 그립은 셀 경계 중간에 표시됩니다. 다른 셀의 내부를 클릭하여 선택사항을 해당 셀로 이동합니다. 셀의 그립을 끌어 해당 셀과 열 또는 행을 더 크게 또는 더 작게 만들 수 있습니다.

두 개 이상의 셀을 선택하려면 셀을 클릭하고 커서를 여러 셀 위로 끕니다. 또 <Shift> 키를 누른 상태에서 다른 셀 내부를 클릭하여 두 개의 셀과 그 사이에 있는 모든 셀을 선택할 수 있습니다.

 셀을 선택했을 때, 기능키 <F2> 키를 누르면 해당 셀의 문자를 편집할 수 있습니다. 단, 셀이 잠겨 있으면 수정할 수 없습니다.

---

3. 테이블 데이터 내보내기(TABLEEXPORT)

테이블 객체에서 CSV (Comma Separated Values) 파일 형식으로 데이터를 출력합니다.

> 명령: TABLEEXPORT

01 명령어 'TABLEEXPORT'를 입력하거나 테이블을 선택한 상태에서 마우스 오른쪽 버튼을 눌러 바로 가기 메뉴를 펼칩니다. 바로가기 메뉴에서 '내보내기'를 선택합니다.
{테이블을 선택하십시오}에서 다음과 같이 데이터를 'CSV' 파일 형식으로 출력하고자 하는 테이블을 선택합니다.

02 다음과 같이 파일을 저장할 위치를 묻는 '데이터 내보내기' 대화 상자가 표시됩니다. 저장하고자 하는 폴더와 파일명을 지정하고 [저장(S)]을 클릭합니다. 여기에서는 파일명을 '시간표'로 지정합니다.

03 엑셀에서 내보내기 한 파일을 열어보겠습니다. 엑셀을 기동한 후 저장한 파일(시간표.CSV)을 엽니다. 다음과 같이 시간표가 나타납니다.

5 주석 축척

하나의 프로젝트는 수많은 도면으로 이루어집니다. 각 도면은 크기에 따라 다양한 척도로 작성됩니다. 하나의 도면에 서로 다른 축척을 사용할 수도 있습니다. 이럴 경우에 대응할 수 있는 주석 축척에 대해 학습합니다.

1. 주석 축척이란?

주석 객체는 뷰의 축척과 관계없이 동일한 크기 또는 축척으로 균일하게 표시되도록 자동으로 조정됩니다. 예를 들어, 출력 시의 문자 높이를 3mm으로 설정하고자 할 때 척도에 따라 문자 높이가 조정됩니다. 1/50 도면에서는 150mm, 1/100 도면에서는 300mm로 조정됩니다.

또, 하나의 도면 안에 서로 다른 축척의 도형을 작도할 때가 있습니다. 이때 도면의 일관성을 유지하기 위해서 문자의 크기나 치수의 크기가 일정해야 합니다. 예를 들어, 1층 건축 평면도 도면에서 화장실 상세도를 작성하는 경우, 건축 평면도의 축척은 1/100이고 화장실 상세도의 축척은 1/30(또는 1/50)로 서로 다른 척도로 작도합니다. 이때, 문자의 크기는 일정하게 유지해야 도면을 읽는 사람이 편합니다. 즉, 하나의 도면에서 문자의 크기가 일관성이 없어 도면을 해독하는데 어려움이 있습니다.

주석 축척은 이렇게 서로 다른 축척에서 문자나 치수 등의 크기를 일정하게 유지하기 위한 방법입니다. 문자나 치수가 설정한 척도에 의해 자동으로 변경되는 기능입니다. 각 뷰(뷰포트)별로 주석 축척을 지정할 수 있습니다. 예를 들어, 문자 높이를 3mm로 지정해 놓으면 1/100 도면에서도 3mm를 유지하고, 1/50 도면에서도 3mm를 유지하도록 자동으로 조정합니다. 다음 그림은 배치(Layout) 공간에서 볼트 전체와 끝부분을 확대한 부분 상세도입니다. 축척이 1:1인 도면과 1:5인 도면의 치수 문자와 문자 크기가 동일한 크기로 표시됩니다. 하나의 도면에 서로 다른 축척으로 표현하지만 문자의 크기가 일정하여 도면의 일관성을 유지할 수 있습니다.

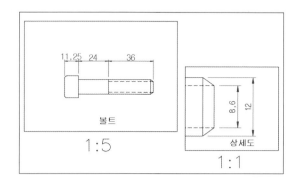

주석 축척은 서로 다른 축척에도 일관성을 유지하기 위한 방법입니다. 다음은 주석 축척이 적용 가능한 스타일 및 객체입니다.
· 문자(단일 행 문자, 여러 줄 문자) 및 문자 스타일
· 치수 및 치수 스타일
· 해치 및 그러데이션
· 블록 및 속성 정의

2. 주석 축척의 정의와 조작

주석 축척을 적용하기 위해서는 스타일(유형)을 정의해야 하고 이 유형을 각 뷰에 적용해야 합니다. 주석 축척의 정의 및 적용하는 순서는 다음과 같습니다. 주석 문자를 예로 따라하기 방식으로 설명합니다.

01 도형을 작성한 후 주석 스타일을 정의합니다. 문자 스타일에서 '주석(I)'을 체크하여 주석 문자의 스타일을 작성합니다.

02 주석 축척을 설정합니다. 적용하고자 하는 주석 축척 값을 지정합니다. 하단의 그리기 도구에서 축척 값을 지정합니다.

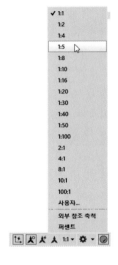

03 주석 스타일을 현재로 설정합니다. 문자 작성을 실행하여 문자 스타일을 주석 문자로 정의한 스타일을 현재로 설정합니다.

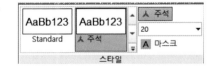

04 주석 객체를 작성합니다. 문자를 작성합니다. 이때, 특성 기능을 이용하여 작성한 문자가 '주석' 문자임을 정의합니다.

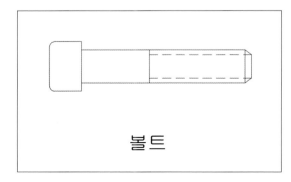

05 적용하고자 하는 축척이 하나 이상인 경우, 추가로 주석 축척을 지정합니다. 서로 다른 축척에서 문자를 표현하고자 할 때 추가로 필요한 주석 축척을 지정합니다.

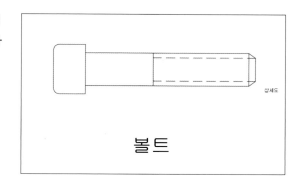

06 배치(Layout) 공간으로 이동합니다. 표현하고자 하는 뷰 포트를 작성하여 표시하고자 하는 객체의 크기에 맞춰 적절한 축척을 설정합니다.

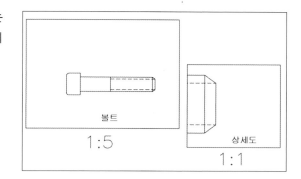

3. 주석 축척 기능

주석 축척을 정의하기 위해서는 각 스타일 설정 기능에서 '주석'임을 지정해야 하며 객체에 주석 축척의 적용 여부를 지정합니다. 주석 축척에 관련된 기능을 살펴보겠습니다.

01. 스타일 설정

다음의 각 대화 상자에서 '주석'을 체크하여 주석 축척 스타일을 지정합니다.

(1) 문자 스타일
문자 스타일을 정의할 때 '주석(I)' 항목에 체크를 해야 합니다. '도면 문자 높이(T)'에서 정의한 높이는 출력 시의 문자 높이로 축척에 따라 달라집니다.

(2) 치수 및 다중 지시선 스타일

치수 및 다중 지시선에서 주석 축척을 적용하고자 하면 스타일 대화 상자에서 '주석(A)' 항목에 체크를 해야 합니다.

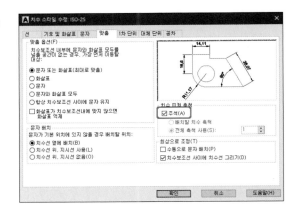

(3) 해치 스타일

해치 간격에 축척을 적용하고자 하면 '해치 작성' 탭의 '옵션' 패널에서 '주석' 항목을 켜야 합니다.

(4) 블록 작성

블록에 축척을 적용하고자 하면 스타일 대화 상자에서 '주석(I)' 항목에 체크를 해야 합니다.

02. 주석 축척의 적용 여부 설정

주석 축척의 적용 여부를 제어하려면 특성 팔레트에서 '주석' 항목의 '예/아니오'를 지정합니다. 이미 작성된 객체에 주석 축척을 적용하고자 할 때, 객체를 선택한 후에 특성 팔레트에서 '주석 축척'을 '예'로 설정하고 적용할 축척을 지정할 수 있습니다.

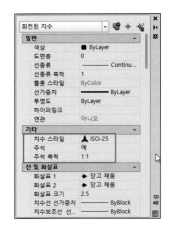

03. 주석 축척의 환경

주석 축척이 적용된 객체의 표시 여부, 축척 리스트의 추가 여부는 하단의 아이콘을 통해 제어합니다.

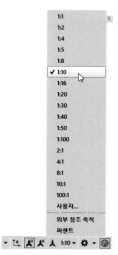

(1) 주석 가시성 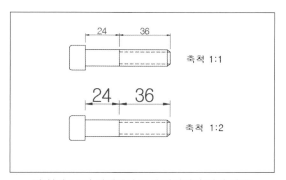: 상태 막대에서 주석 가시성 버튼을 클릭하여 주석 객체 표시를
켜거나 끕니다. 이 버튼이 켜져 있으면 모든 주석 객체가 표시되고, 꺼져 있으면 현재 설정된 축척의 객체만 표시됩니다. 다음은 치수에 주석 축척을 정의한 후 축척이 1:1과 1:2인 치수를 기입하여 가시성의 표시 여부를 표현한 것입니다.

[축척이 1:1인 상태에서 주석 가시성이 켜진 상태]

[축척이 1:1인 상태에서 주석 가시성이 꺼진 상태]

(2) 주석 객체에 축척 추가 : 상태 막대에서 '주석 축척 변경 시 자동으로 주석 객체에 축척 추가' 버튼을 클릭하면 축척이 변경될 때마다 축척 리스트에 축척을 추가합니다.
축척 목록의 추가 및 삭제는 바로가기 메뉴를 통해서도 설정할 수 있습니다.

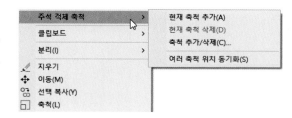

[추가(A)]를 클릭하면 다음과 같이 축척 리스트를 통해 추가할 수 있습니다.

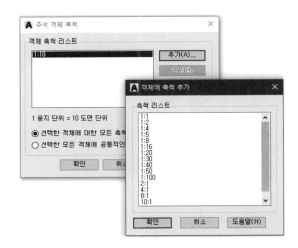

(3) 축척 설정: 상태 막대에서 '주석 축척' 버튼을 클릭하여 설정하고자 하는 축척을 지정합니다.

도면의 상태를 조회하거나 사용하지 않는 자원(리소스)를 제거하는 등 도면 관리를 위한 유틸리티 기능에 대해 학습합니다.

1. 도면 특성(DWGPROPS)

도면에 대한 읽기 전용 통계 또는 일반적인 정보를 표시하고, 요약 특성을 지정하며 사용자 특성에 이름과 값을 지정합니다.

명령: DWGPROPS　　　　　　　　　　　아이콘: 🔳

명령어 'DWGPROPS'를 입력하거나 [메뉴 탐색기 🅰]-[도면 유틸리티]-[도면 특성 🔳]을 클릭합니다. 도면 특성 대화 상자가 나타납니다.

대화 상자 도면 특성 대화 상자

도면 특성 대화 상자는 다음의 4가지 탭으로 구성되어 있습니다.

① 일반 탭: 도면 파일에 대한 읽기 전용 정보를 표시합니다. 이 데이터는 운영 체제(윈도우)로부터 읽어 와서 표시합니다. 따라서, 변경할 수 없습니다.

② 개요 탭: 미리 정의된 작성자, 제목 및 주제와 같은 특성을 표시합니다. 예를 들어, 모든 도면 파일에 키워드를 추가한 후 DesignCenter를 사용하여 특정 키워드가 있는 도면 파일을 모두 검색할 수 있습니다.

③ 통계 탭: 도면이 작성된 날짜와 마지막으로 수정된 날짜 같은 데이터를 표시합니다. 이러한 파일 특성은 자동으로 유지되며 특정 기간에 작성되거나 수정된 도면을 검색할 때 도움이 됩니다.

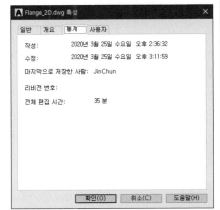

④ 사용자 탭: 도면에 사용자 특성을 지정합니다. 다음 그림과 같이 '작성자'라는 사용자 특성을 작성하여 실제 도면의 작성자 이름을 값으로 지정할 수 있습니다.

2. DWG 비교(COMPARE)

두 개의 도면을 비교하여 차이가 있는 부분을 구름형 리비전으로 표시합니다.

명령어 'COMPARE'를 입력하거나 [메뉴 탐색기 **A**]-[도면 유틸리티]-[DWG 비교]를 클릭합니다.

01 파일 선택 대화 상자가 나타납니다. 파일을 선택하면 다음과 같이 도면의 비교 결과가 나타납니다. 두 도면의 차이가 있으면 해당 부분에 구름형 리비전으로 표시됩니다.

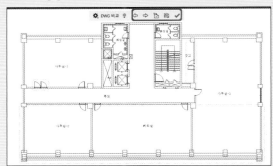

02 상단의 'DWG 비교 바'에서 오른쪽 방향 화살표를 클릭합니다. 구름형 리비전의 기호가 확대됩니다.

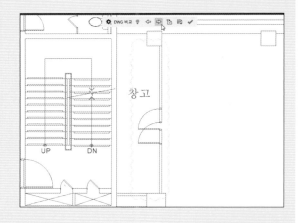

03 다시 상단의 'DWG 비교 바'에서 오른쪽 방향 화살표를 클릭합니다. 다음의 구름형 리비전의 기호가 확대됩니다.

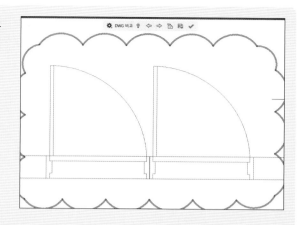

3. 감사(AUDIT)

도면이 손상된 경우 백업 파일로 복구하거나 오류를 찾아서 수정하는 명령을 사용하여 일부 또는 모든 데이터를 복구하고 그 결과를 표시합니다.

명령: AUDIT	아이콘:

{탐지된 오류를 수정하겠습니까? [예(Y)/아니오(N)] <N>:}
에서 'Y'를 입력합니다.
다음과 같이 감사 결과를 표시합니다.

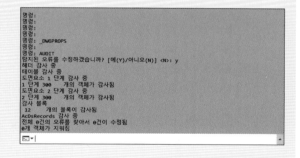

4. 상태(STATUS)

도면 통계, 모드 및 범위 등 설정 상태를 표시합니다.

명령: STATUS	아이콘:

상태 명령을 실행합니다. 명령어 'STATUS'를 입력하거나 [메뉴 탐색기 A]-[도면 유틸리티]-[상태]를 클릭합니다. 다음과 같은 상태 정보를 표시합니다.

- 모형 공간 또는 도면 공간 한계: '경계(LIMITS)' 명령으로 지정한 왼쪽 하단의 (X, Y)좌표와 오른쪽 상단의 (X, Y)좌표를 표시합니다.
- 모형 공간 또는 도면 공간 사용: 데이터베이스의 모든 객체를 포함하며 모눈 한계를 초과할 수 있는 도면 범위를 표시합니다. 첫 번째 행은 범위의 왼쪽 아래 구석에 대한 X, Y 좌표를 표시합니다. 두 번째 행은 오른쪽 위 구석의 (X, Y)좌표를 표시합니다.
- 디스플레이 보기: 현재 뷰포트에서 보이는 도면 범위 부분의 좌표를 표시합니다.
- 삽입 기준: (X,Y,Z 좌표로 표현되는 도면의 삽입점을 표시합니다. '기준점(BASE)' 명령에서 지정한 삽입 기준점입니다.
- 스냅 해상도 및 모눈 간격: 스냅 간격 및 모눈 간격을 X 및 Y 방향으로 표시합니다.
- 현재 공간: 현재 사용하고 있는 공간이 모형 공간인지 도면 공간인지를 나타냅니다.
- 현재 배치: '모형' 또는 현재 배치의 이름을 표시합니다
- 현재 도면층: 현재의 도면층을 표시합니다.
- 현재 색상: 현재의 색상을 표시합니다.
- 현재 선 종류: 현재의 선 종류를 표시합니다.
- 현재 선 가중치: 현재의 선 가중치를 표시합니다.
- 현재 고도, 두께: 현재 설정된 고도 및 두께를 표시합니다.
- 채우기, 모눈, 직교, Q문자, 스냅, 타블렛: 각 모드가 켜져 있는지, 꺼져 있는지를 표시합니다.
- 객체 스냅 모드: 현재 켜져 있는 객체스냅(OSNAP)을 모두 표시합니다.
- 빈 도면 디스크 (C:) 공간: 이 프로그램의 임시 파일에 대해 지정한 드라이브에서 사용할 수 있는 디스크 공간을 표시합니다.
- 빈 임시 디스크 (C:) 공간: 임시 파일에 대해 지정한 드라이브에서 사용할 수 있는 디스크 공간을 표시합니다.
- 사용 가능한 실제 메모리: 시스템에서 사용할 수 있는 설치된 메모리 용량을 표시합니다.
- 사용 가능한 스왑 파일 공간: 스왑 파일에 사용할 수 있는 공간을 표시합니다.

5. 소거(PURGE)

도면 작업에서 블록, 문자 스타일, 해치 스타일과 같은 사용자 정의 스타일이나 도면층, 선 종류와 같은 객체 특성을 작성하거나 삽입한 후 사용하지 않는 경우가 자주 발생합니다. 또, 사용하고 나서 지우기로 지우는 경우도 발생합니다. '소거(PURGE)'는 사용하지 않는 블록, 문자 스타일, 도면층, 선 종류 등을 데이터베이스에서 제거합니다. 제거를 통해 데이터베이스 용량을 절약할 수 있으며 아울러 속도 향상에 도움이 됩니다.

명령: PURGE   아이콘:

01 명령어 'PURGE'를 입력하거나 [메뉴 탐색기]−[도면 유틸리티]−[소거]을 클릭합니다. 다음 그림과 같은 대화 상자가 나타납니다. '모두 소거'를 클릭합니다.

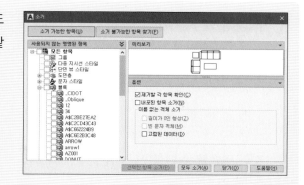

대화 상자 소거 대화 상자

[소거 가능한 항목(U)]: 소거 가능한 항목의 정보를 표시합니다.
[소거 불가능한 항목(F)]: 소거 불가능한 항목의 정보를 표시합니다.

① 사용되지 않는 명명한 항목: 현재 도면에서 소거할 수 있는 명명된 항목을 트리 형태로 표시합니다.
② 미리보기: 선택한 항목에서 미리보기 가능한 항목을 미리 보여 줍니다.
③ 옵션: 제거를 위한 조건을 지정합니다.
  · 제거할 각 항목 확인(C): 체크를 하게 되면, 항목을 소거할 때 소거 확인 대화 상자를 표시합니다.
  · 내포된 항목 제거(N): 체크를 하게 되면, 도면에서 사용되지 않는 모든 객체가 사용되지 않는 다른 명명된 객체에 포함되어 있거나 참조되는 경우에도 이들 객체를 제거합니다.
④ 선택한 항목 소거(P): 선택한 항목을 소거합니다.
⑤ 모두 소거(A): 모든 항목을 소거합니다.

02 소거할 항목(선종류_DASHDOT)을 정말 소거할 것인지 묻는 대화 상자가 표시됩니다. 소거하지 않으려면 '이 항목 건너뛰기'를 선택하고 소거하려면 '이 항목 소거'를 선택한다. 모두 소거하려면 '모든 항목 소거'를 선택합니다. 여기에서는 '모든 항목 소거'를 클릭합니다.

03 다음과 같이 소거된 자원(블록, 도면층, 선 종류, 글꼴 파일 등)을 표시하면서 진행합니다.

(Tip) 불필요한 자원(블록, 문자 스타일, 도면층, 선 종류 등)을 제거하므로 제거한 자원의 양만큼 도면의 용량을 절약할 수 있습니다.

6. 복구(RECOVER)

손상된 도면을 복구합니다. 복구(RECOVER) 명령은 DWG, DWT 및 DWS 파일을 감사(Audit)하거나 손상된 파일을 복구합니다. DXF 파일에 대해 복구 작업을 수행하면 해당 파일만 엽니다.

명령: RECOVER	아이콘:

01 복구 명령을 실행합니다. 명령어 'RECOVER'를 입력하거나 [메뉴 탐색기 Ａ]–[도면유틸리티]–[복구]을 클릭합니다.

명령을 실행하면 파일 선택 대화 상자가 표시됩니다. 복구할 파일을 선택한 후 [열기(O)]를 클릭합니다.

02 파일이 열리면서 다음과 같은 메시지가 표시되면서 도면을 복구합니다.

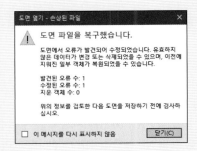

03 [닫기(C)]를 클릭하면 다음과 같이 결과가 표시됩니다.

{테이블 감사 중}
{도면 요소 1 단계 감사 중}
{1 단계 800개의 객체가 감사됨}
{도면 요소 2 단계 감사 중}
{AcDbDimStyleTableRecord: "50"   Not in Table   Added}
{2 단계 800개의 객체가 감사됨}
{감사 블록} {8개의 블록이 감사됨}
{AcDsRecords 감사 중}
{전체 1건의 오류를 찾아서 1건이 수정됨}
{0개 객체가 지워짐}
{AutoCAD 2018 형식 파일을 여는 중입니다.}
{모형 재생성 중.}
{AutoCAD 메뉴 유틸리티가 로드됨.}
{명령:}
{Autodesk DWG. 이 파일은 Autodesk 응용 프로그램 또는 Autodesk 승인 응용 프로그램에서 마지막으로 저장된 신뢰할 수 있는 DWG입니다.}

Part 05

3D 모델링

제4차 산업혁명 시대의 주요 키워드 중 하나가 3D라 할 수 있습니다. 3D 설계, 스캐닝, 3D 프린터가 보다 활발하게 이용되고 있습니다. 지금부터 학습하는 3차원 모델링은 이런 시대의 흐름에 맞는 과정이라 할 수 있습니다. 이 책에서는 솔리드(SOLID)와 메쉬(MESH) 기능을 중심으로 모델을 작성하겠습니다.

Chapter
08 3차원 기초

3차원 작업을 위한 기초 과정으로 환경과 좌표 지정과 뷰의 제어에 대해 학습하겠습니다.

1 3차원 작업 환경

2차원과 3차원의 차이에 대해 알아보고 3차원 작업의 편의를 위한 작업 공간 설정에 대해 학습하겠습니다.

1. 2차원과 3차원

2차원은 X축과 Y축 두 개의 축으로 좌표를 지정하여 표현했으나 3차원은 여기에 Z축의 값을 더해 세 개의 축으로 표현합니다. 2차원(2 Dimension) 모델과 3차원(3 Dimension) 모델의 차이를 간단히 표현하면 'Z값(Z축)'의 차이입니다. 따라서 3차원 객체를 작성하거나 편집할 때는 특성에 Z값에 해당하는 '고도(Elevation)'와 '두께(Thickness)'를 고려해야 합니다. 따라서 우리가 하는 3차원 작업은 2차원 객체에서는 필요하지 않은 고도와 두께를 필요로 합니다. 엄밀히 말하면 컴퓨터 모니터는 2차원 표시 장치입니다. 2차원 표시 장치에 3차원처럼 보이도록 표현하는 방법입니다.

작성된 3차원 모델을 관측하기 위해서는 보는 위치 즉, 시점의 관리와 모델의 표현 방법인 비주얼 스타일을 관리해야 합니다. 3차원 작업은 2차원 작업보다는 조작이 많아지고 데이터가 늘어납니다. 그러나 2차원과 3차원의 차이를 이해한다면 3차원 작업을 하는데 큰 어려움은 없습니다. 오히려 3차원의 현실감 있는 모델을 조작하기 때문에 학습하는데 있어서 더 흥미로울 수 있습니다.

01. 바닥으로부터 높이를 정의하는 고도(Elevation)

고도(Elevation)는 바닥으로부터 얼마만큼 떨어져 있는가를 의미합니다. 즉, 좌표의 Z값을 의미합니다. 이 값은 플러스(+) 또는 마이너스(-) 값을 지정할 수 있으며 기본 값은 '0'입니다. 고도를 지정하는 방법은 미리 '고도(Elevation)' 값을 정의한 후 객체를 작성할 수도 있고, 객체를 작성한 후 'Z값' 특성을 수정할 수도 있습니다.

{명령:}에서 'ELEVATION'을 입력합니다.
{ELEVATION에 대한 새 값 입력 <0.0000>:}에서 지정하고자 하는 고도 값을 입력합니다. 여기에서 입력한 값이 Z값이 됩니다. 이렇게 설정한 후 객체를 작도하면 객체의 Z값에는 설정한 값이 지정됩니다.

02. 객체의 두께를 정의하는 두께(Thickness)

두께(Thickness)는 객체가 갖는 Z축 방향의 두께를 말합니다. 즉, 위에서 내려다 봤을 때 아래쪽 방향의 두께이며 객체 자체가 갖고 있는 Z값 방향의 값입니다. 지정하는 방법은 미리 '두께(Thickness)' 값을 정의한 후 객체를 작성할 수도 있고, 객체를 작성한 후 '특성' 명령을 통해 특성을 수정할 수도 있습니다.

{명령:}에서 'THICKNESS'를 입력합니다.
{THICKNESS에 대한 새 값 입력 <0.0000>:}에서 지정하고자 하는 두께 값을 입력합니다.
여기에서 두께를 설정한 후 객체(선, 원 등)를 작도하면 여기에서 설정한 두께 값을 갖는 객체가 작도됩니다.

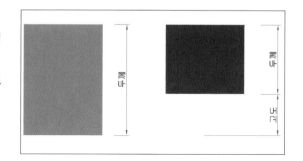

참고<< 고도 및 두께의 변경

2차원 객체에서 고도와 두께 값을 바꾸고자 할 때는 '특성' 명령으로 쉽게 수정할 수 있습니다. 특성 명령은 명령어 영역에서 'PROPERTIES' 또는 'CH', 'MO', 'PR', 'PROPS'를 입력하거나 '뷰' 탭의 '팔레트' 패널 또는 도구 막대에서 📭을 클릭합니다. 또는, 바로가기 메뉴에서 '특성(S)'을 클릭합니다.

원의 경우, 특성 팔레트에서 '두께' 항목과 고도 값을 갖는 'Z 중심(위치)'의 값을 지정합니다.

---

03. 관측점

2차원은 항상 위에서 아래로 내려다보는 평면뷰만 존재하지만 3차원 모델은 어느 위치에서 보느냐에 의해 다양한 형태로 표현됩니다. 다음의 모델을 예로 보면, 등각투영 뷰에서는 다음과 같이 표현됩니다.

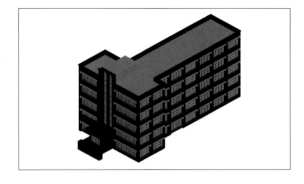

2차원 관측 뷰인 정면뷰에서 보면 다음과 같이 표현됩니다. 이처럼 어느 위치에서 보느냐에 의해 전혀 다른 모양으로 표현됩니다.

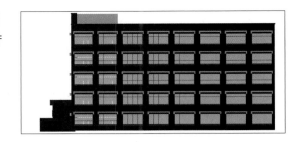

04. 표현 양식(비주얼 스타일)

어떤 표현 방법(비주얼 스타일)이냐에 의해 다양하게 표현됩니다. AutoCAD는 와이어프레임, 숨김, 음영 처리, 사실적, 개념, 스케치, X레이 등 다양하게 표현할 수 있습니다. 재질(재료)을 가미하여 보다 사실적인 표현도 가능합니다. 다음의 예는 X레이, 숨김, 개념, 음영 처리로 표현한 결과입니다.

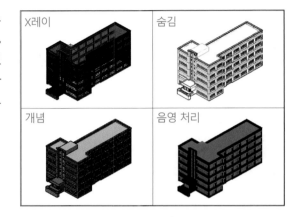

2. 3차원 작업 공간

3차원 모델링은 2차원 도면 작성 기능과 함께 추가로 3차원 모델링 기능을 사용합니다. 작업자가 신속하게 3차원 기능을 접근하기 위해서 화면 구성(UI)을 바꾸는 것이 편리합니다. '작업 공간 설정'을 이용하여 화면 구성을 3차원 모델링 환경에 맞춰 바꿉니다.

01 그리기 도구에서 '작업 공간' 버튼을 클릭하면 작업 공간 리스트가 표시됩니다. '3D 모델링'을 선택합니다.

02 다음과 같이 리본 메뉴가 3차원 작업을 위한 메뉴로 바뀝니다.

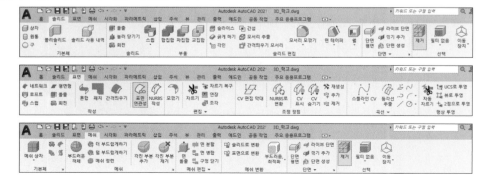

작업 공간 설정 기능은 사용자가 작업하기 편리한 인터페이스를 설정하고 원하는 작업 공간으로 전환하는 기능입니다.

① 작업 공간: 리스트에서 작업하고자 하는 공간을 선택하면 해당 작업 공간으로 전환됩니다.

② 다른 이름으로 현재 항목 저장: 현재 설정된 작업 환경을 별도의 이름으로 저장합니다.

③ 작업 공간 설정: 다음의 대화 상자에서 설정합니다.

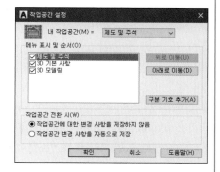

① 내 작업 공간(M): 작업 공간 리스트에 할당되어 있는 작업 공간을 선택할 수 있는 작업 공간의 목록을 표시합니다.

② 메뉴 표시 및 순서(O): 작업 공간 도구 막대 및 메뉴에 표시하려는 작업 공간의 이름을 체크하여 지정하고, 작업 공간 이름 순서를 지정합니다. 필요에 따라 각 작업 공간 이름 사이에 구분 기호를 추가할 수 있습니다.

③ 위로 이동(U): 작업 공간 이름을 위로 이동합니다.

④ 아래로 이동(D): 작업 공간 이름을 아래로 이동합니다.

⑤ 구분 기호 추가(A): 작업 공간 이름 사이에 구분 기호를 추가합니다.

⑥ 작업 공간 전환 시(W): 다른 작업 공간으로 전환할 때 현재 작업 공간에서 변경한 사항을 저장할 것인지, 저장하지 않을 것인지를 지정합니다.

④ 사용자화: 사용자 인터페이스(UI)를 구성할 수 있는 'CUI' 기능이 실행됩니다.

⑤ 작업 공간 레이블 표시: 그리기 도구에 현재의 작업 공간 명칭을 표시할지 여부를 지정합니다.

3. 객체(모델)의 종류

AutoCAD는 3차원 모델(객체)을 크게 솔리드(Solid), 면(Surface), 메쉬(Mesh)로 나눕니다. 이번에는 3차원 모델 객체에 대해 알아보겠습니다.

01. 솔리드(Solid)

솔리드는 일반적으로 3차원 작업에서 가장 많이 사용하는 객체의 종류로 질량, 체적, 무게 중심 및 관성 모멘트와 같은 특성 정보를 가지고 있는 3D 표현입니다. 가장 많은

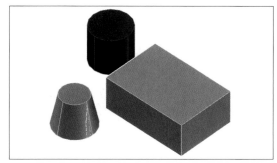

정보를 포함하며 3D 모델링 종류 중에서 모호성이 가장 낮습니다. 질량 특성에 대한 솔리드를 분석하고 NC (숫자 조정) 밀링 또는 FEM(유한요소 방법) 분석을 수행하는 응용 프로그램에 데이터를 내보낼 수 있습니다. 가장 완성도가 높고 많은 정보를 갖고 있는 모델이므로 용량도 크고 속도가 떨어진다는 단점을 가지고 있습니다.

02. 표면(Surface)

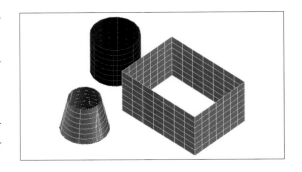

표면(Surface) 모델은 물체를 3D 객체의 셰이프에 해당하는 무한히 얇은 셸의 집합으로 표현합니다. 내부는 비어 있는 표면만 존재하는 방식입니다. 뒤쪽의 보이지 않는 부분은 은선 처리로 제거할 수 있고 표면이 있기 때문에 물체가 양감을 지닌 것으로 보이지만 실제는 내부가 비어 있기 때문에 물체에 대한 물리적 데이터의 처리는 불가능합니다. AutoCAD에서는 솔리드 모형의 조작과 동일한 명령 몇 가지를 사용하여 표면 모형을 작성할 수 있습니다. 표면을 구성하는 모든 요소와 정점(Vertices)의 집합을 메쉬(Mesh)라고 부릅니다.

 '솔리드(Solid)'가 찰흙으로 어떤 사물을 빚어낸 것이라고 가정하면 '표면(Surface)'은 라면 박스와 같은 얇은 종이 상자로 생각하면 이해하기 쉽습니다.

03. 메쉬(Mesh)

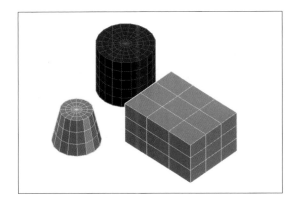

3D 모델을 이루는 최소 단위는 '정점(Vertex)'이며 이 정점들을 연결하여 '모서리선(Edge)'이 되고, 이 선(Edge)들이 3개 이상 만나면 다각형 면(Polygon)이 만들어집니다. 따라서, 면의 최소 단위는 삼각 다각형입니다. 이러한 과정으로 다각형이 모여 하나의 덩어리가 되면 이를 메쉬(Mesh)라 합니다.

메쉬는 다각형(Polygon) 표현(삼각형 및 사각형 포함)을 사용하여 3D 모델을 정의하는 정점, 모서리 및 면으로 구성됩니다. AutoCAD에서는 솔리드 또는 표면에서는 사용할 수 없는 방식으로 메쉬 모형을 수정할 수 있습니다. 예를 들어, 각진 부분, 분할 및 증가하는 부드럽기(Smooth) 레벨을 적용할 수 있습니다. 또한 메쉬 하위 객체(면, 모서리 및 정점)을 끌어서 객체를 변형시킬 수 있습니다. 보다 세부적인 결과를 얻기 위해 메쉬의 특정 영역을 정련한 뒤 수정할 수도 있습니다. 메쉬 기능을 이용하여 보다 쉽게 자유로운 곡면을 작성할 수 있습니다.

2 좌표 지정과 뷰

3차원 작업에 필요한 좌표의 지정 방법과 시점과 비주얼 스타일 등 3차원 뷰에 대해 학습하겠습니다.

1. 3차원 좌표계와 좌표 지정 방법

3차원의 좌표 지정은 기존 X축과 Y축 두 방향에 Z축 방향이 추가되기 때문에 2차원에 비해 복잡하고 다양합니다. 또, 좌표계도 2차원에서는 표준 좌표계인 WCS만으로도 가능했지만 3차원에서는 사용자 좌표계인 UCS를 이용해야 합니다. 3차원에서 필수적인 좌표계와 좌표 지정 방법에 대해 학습하겠습니다.

01. 표준 좌표계(WCS; World Coordinate System)

WCS는 공간상에서 모델이 위치한 곳이 미리 정의된 고정 좌표계로, 원점을 사용자가 임의로 바꿀 수 없습니다. 원점은 X, Y, Z축의 교차점(0,0,0)입니다. 일반적으로 2차원 작업에서 사용한 WCS는 X축은 0도 방향의 수평축이고 Y축은 90도 방향의 수직축입니다.

02. 사용자 좌표계(UCS; User Coordinate System)

WCS는 고정된 좌표계이기 때문에 3차원의 모델을 생성하고 편집하기에는 불편한 점이 많습니다. UCS는 사용자가 정의하는 좌표계로 다양하게 정의할 수 있어 3차원 모델을 작성하거나 편집하는 데에 유용하게 사용할 수 있습니다. 필요에 따라서는 이름을 부여하여 저장하고 이를 호출할 수도 있습니다. 'UCS' 명령에 의해 설정합니다. UCS 명령은 좌표의 원점을 사용자가 자유롭게 지정하는 기능입니다. UCS 기능의 자세한 내용은 뒤에서 실습을 통해 자세히 다루겠습니다.

03. 3차원 절대 좌표(X,Y,Z)

2차원의 좌표 입력과 비슷하며 기존 2차원 절대 좌표에 Z값을 부여합니다.
예를 들어, (4,3,3)은 X축으로 4, Y축으로 3, Z축으로 3의 위치에 있는 좌표를 의미합니다.

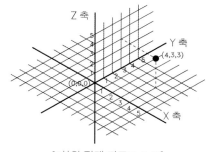

[3차원 절대 좌표(4, 3, 3)]

04. 절대 원통 좌표(X축 거리< XY 평면의 각도, Z축 거리)

절대 원통 좌표는 X축의 단위 거리와 XY 평면에서 X축의 각도, Z축의 단위 거리를 지정하는 좌표입니다.
예를 들어, (4<30,3)은 X축으로 4, XY 평면에서 30도의 위치에서 Z가 3인 좌표를 나타냅니다.

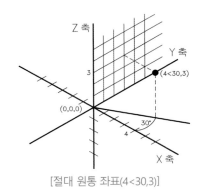

[절대 원통 좌표(4<30,3)]

05. 상대 원통 좌표(@X축의 거리<XY 평면의 각도, Z축의 거리)

2차원의 상대 좌표와 마찬가지로 기준이 되는 좌표가 원점(0,0,0)이 아 니라 최종 좌표를 기준으로 X축으로 거리, XY 평면의 각도, Z축의 단 위 거리만큼 위치한 좌표를 나타냅니다.

예를 들어, 최종 좌표가 (1,2,1)일 때 상대 원통 좌표가 (@4<30,3)이 면, 최종 좌표로부터 X축으로 4만큼 XY 평면에서 30도의 위치의 Z가 3만큼 떨어진 좌표를 나타냅니다.

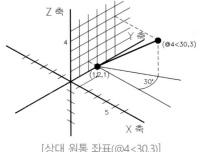

[상대 원통 좌표(@4<30,3)]

06. 구 좌표 (X축 거리<XY 평면의 X축의 각도< XY 평면의 Z축 방향의 각도)

구(球) 좌표는 2차원의 극 좌표와 유사합니다. 먼저 X축 방향으로의 단위 거리를 입력하고 '<', 다음은 XY 평면에서 X축의 각도를 입력하고 '<', 마지막으로 XY 평면에서 Z축 방향으로의 각도를 입력합니다. 예를 들어, 구 좌표 (4<30<45)인 좌표는 X축으로 4, XY 평면의 각도가 30도이며, Z축의 각도가 45인 위치를 지정합니다.

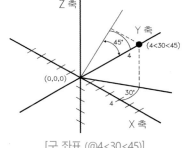

[구 좌표 (@4<30<45)]

2. 오른손 법칙

3차원이라고는 하지만 실제 우리가 작업하거나 표시되는 공간은 디스플레이의 2차원 공간입니다. 실제는 2차 원의 표현 공간에서 3차원처럼 보이게 하는 것입니다. 따라서 X, Y, Z값을 필요로 하는 3차원 표현에 있어 2차원 공간에서 좌표의 표현 및 회전 방향을 잡을 때 혼란스러울 경우가 있습니다. 이때, 오른손의 손가락을 이용하면 이해하기 쉽습니다.

01. X, Y, Z 방향

3D 좌표계에서 X 및 Y축의 방향을 알고 있는 경우, 오른손 법칙을 사용하여 Z축에 대한 양(+)의 축 방향을 알 수 있습니다. 화면에 오른손의 등을 대고 엄지로 양의 X축 방향을 가리킵니다. 왼쪽 그림과 같이 검지와

중지(가운데 손가락)를 펴고 검지로 양의 Y축 방향을 가리킵니다. 그런 다음, 중지로 양(+)의 Z축 방향을 가리킵니다. 즉, 중지가 자신의 얼굴을 향하도록 하는 것입니다. 그 상태로 손을 회전하면 UCS를 변경할 때 X, Y 및 Z축이 회전하는 방향을 알 수 있습니다.

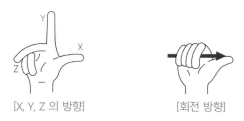

[X, Y, Z 의 방향]　　　　[회전 방향]

02. 회전 방향

앞의 오른쪽 그림은 오른손 법칙을 사용하여 3D 공간에서 축에 대한 기본 양(+)의 회전 방향을 결정합니다. 오른쪽 그림과 같이 오른손 엄지로 양(+)의 축 방향을 가리키고 손가락을 구부립니다. 그러면 구부린 손가락들이 축에 대한 양(+)의 회전 방향을 의미합니다.

 객체가 작도되는 면은 XY 평면이므로 엄지(X)와 검지(Y) 사이의 면입니다. XY 평면을 설정할 때 오른손을 이용하여 가늠하면 편리합니다.

---

3. UCS 아이콘의 이해

2차원에서 UCS 아이콘은 단순히 X축과 Y축만을 지정하므로 큰 역할을 하지 않았습니다. 그러나 3차원 작업에서는 Z축이 더해지면서 중요한 역할을 하게 됩니다. 특히, 고정적인 WCS 좌표계가 아닌 유동적인 UCS 좌표계를 사용하기 때문에 좌표를 이해하는데 중요한 역할을 합니다. 이 UCS 아이콘을 읽을 수 있어야 효율적인 3차원 작업을 할 수 있습니다. UCS 표현은 다양한 아이콘을 사용할 수 있으며 크기, 위치 및 색상을 변경할 수 있습니다.

다음의 세 가지 아이콘 스타일 중 하나를 선택하여 표시합니다.

[2D UCS 아이콘]　　　　[3D UCS 아이콘]　　　　[음영 처리된 UCS 아이콘]

'UCS 아이콘(UCSICON)' 명령으로 2D 또는 3D UCS 아이콘 표시 여부, 아이콘 모양의 설정 및 원점 등을 지정합니다.

명령: UCSICON	아이콘: 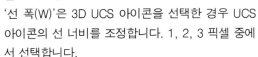

{옵션 입력 [켜기(ON)/끄기(OFF)/전체(A)/원점 없음(N)/원점(OR)/선택 가능(S)/특성(P)] <켜기>:}

① 켜기(ON): UCS 아이콘을 표시합니다.

② 끄기(OFF): UCS 아이콘을 표시하지 않습니다.

③ 전체(A): 변경 사항을 모든 활성 뷰포트의 아이콘에 적용합니다.

④ 원점 없음(N): UCS 원점의 위치에 관계없이 아이콘을 뷰포트의 왼쪽 하단에 표시합니다.

⑤ 원점(OR): 아이콘을 현재 좌표계의 원점(0,0,0)에 표시합니다. 원점이 화면 밖에 있거나 아이콘을 원점에 위치시키면 뷰포트 모서리에서 잘리는 경우, 아이콘은 뷰포트의 왼쪽 하단에 표시됩니다.

⑥ 선택 가능(S): {UCS 아이콘 선택 허용 [예(Y)/아니오(N)] <예>:} UCS 아이콘의 선택 여부를 지정합니다.

⑦ 특성(P): 다음의 대화 상자를 통해 UCS 아이콘의 특성을 설정합니다.

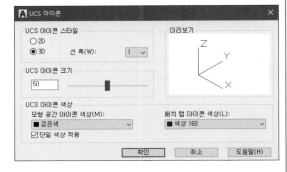

- UCS 아이콘 스타일: 2D 또는 3D UCS 아이콘의 표시와 그 모양을 지정합니다. '2D'를 선택한 경우 다음과 같은 아이콘을 표시합니다.

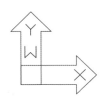

'선 폭(W)'은 3D UCS 아이콘을 선택한 경우 UCS 아이콘의 선 너비를 조정합니다. 1, 2, 3 픽셀 중에서 선택합니다.

- 미리보기: 설정한 UCS 아이콘의 모양을 미리보기로 표시합니다.

- UCS 아이콘 크기: UCS 아이콘의 크기를 뷰포트 크기의 백분율로 조정합니다. 기본값은 12이며, 유효한 값의 범위는 5에서 95까지입니다.

- UCS 아이콘 색상: 모형 공간 및 배치 탭에서의 아이콘 색상을 설정합니다.

UCS 아이콘은 기본적으로 X, Y, Z축 방향을 표시합니다. 그러나 좌표에 따라 다양한 형태로 표시됩니다.

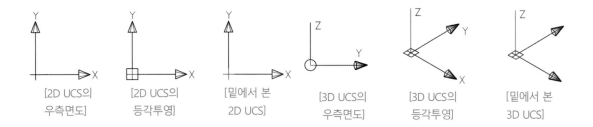

[2D UCS의 우측면도] [2D UCS의 등각투영] [밑에서 본 2D UCS] [3D UCS의 우측면도] [3D UCS의 등각투영] [밑에서 본 3D UCS]

4. UCS

UCS는 사용자가 원점과 축을 자유롭게 정의할 수 있어 3차원의 모델을 작성하거나 편집하는 데 유용합니다. 'UCS' 명령은 사용자가 3차원 도면 작업을 용이하게 하기 위해 사용자 좌표계(UCS)를 설정하는 역할을 합니다. UCS 관리자는 이름을 부여하여 UCS를 관리하고 UCS를 복원하고 UCS 아이콘을 조정합니다. UCS의 실제 사용 방법은 나중에 3차원 객체를 작도하면서 실습하겠습니다.

01. 사용자 좌표를 조정하는 UCS

사용자 좌표계(UCS)를 설정하고 관리합니다. 여기에서는 기본 개념만 이해하고 예제 실습을 통해 사용 방법과 기능에 대해 익힙니다.

명령: UCS	아이콘:

{현재 UCS 이름: *표준*}
{UCS의 원점 지정 또는 [면(F)/이름(NA)/객체(OB)/이전(P)/뷰(V)/표준(W)/X/Y/Z/Z축(ZA)] <표준(W)>:}

(1) UCS의 원점 지정 : 한 점, 두 점 또는 세 점을 지정하여 UCS를 지정합니다. 한 점을 지정할 경우 X, Y, Z 방향이 그대로 이동됩니다.

(2) 면(F) : 3D 솔리드의 선택한 면에 UCS를 정렬합니다. 면을 선택하려면 면의 경계 내부 또는 모서리를 클릭합니다. 면이 강조되고 첫 번째로 찾은 면의 가장 가까운 모서리에 UCS의 X축이 정렬됩니다.

(3) 이름(NA): 자주 사용하는 UCS를 이름을 부여하여 저장합니다.

(4) 객체(OB) : 선택한 3D 객체를 기준으로 새로운 좌표계를 정의합니다. 새로운 UCS는 선택한 객체의 돌출 방향과 동일한 돌출 방향(양의 Z축)을 갖습니다. 즉, 선택한 객체가 작도될 때의 평면을 XY면으로 정의합니다. 원점은 선택한 객체에 따라 다음과 같이 정해집니다. 원이나 호는 중심점, 선의 경우는 가까운 끝점, 치수는 치수 문자의 중간점, 2D 폴리선은 폴리선의 시작점, 솔리드는 솔리드의 첫 번째 점, 문자, 블록, 속성 정의 등은 삽입점이 원점이 됩니다.

(5) 이전(P) : 이전 UCS로 되돌립니다.

(6) 뷰(V) : 관측 방향에 수직인(화면에 평행인) XY 평면으로 새로운 좌표계를 설정합니다. UCS 원점은 변경되지 않고 유지됩니다.

(7) 표준(W) : 현재 사용자 좌표계를 표준 좌표계로 설정합니다.

(8) X, Y, Z : 지정한 축을 중심으로 현재 UCS를 회전합니다.

[표준 좌표계]

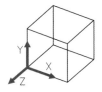

[X축을 중심으로 90도 회전]

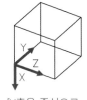

[Y축을 중심으로 90도 회전]

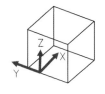

[Z축을 중심으로 90도 회전]

(9) Z축(ZA) 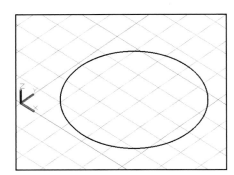: 원점과 Z 축의 +방향을 지정하여 UCS를 정의합니다. Z축을 정의하면 오른손 법칙에 의해
XY 평면을 쉽게 알 수 있습니다.

참고<<   작업면인 XY 평면

AutoCAD의 모든 객체는 기본적으로 XY 평면에서 작도됩니다. 2차원에서는 가로 방향의 X축과 세로 방향의 Y축
으로 XY 평면이 맞추어져 있어 별도의 설정이 필요 없이 선이나 원을 작도했습니다. 그러나 3차원에서는 다양한
면에 객체를 작도해야 하므로 UCS를 바꾸는 작업이 필요합니다. 즉, 설계자가 작도하고자 하는 면을 XY 평면으로
맞춰야 합니다. 이를 자유자재로 바꿀 수 있어야 자유로운 3차원 작업을 할 수 있습니다.

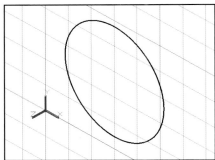

같은 원을 작도하더라도 XY 평면이 어디에 맞춰져 있느냐에 따라 원의 방향이 다르게 그려집니다.

---

02. UCS를 관리하는 UCS 관리자

정의된 사용자 좌표계와 명명되지 않은 사용자 좌표계를 표시하고 수정하며, 명명된 UCS와 직교 UCS를 복
원하고 뷰포트의 UCS 아이콘 및 UCS 설정값을 지정합니다.

명령: UCSMAN(단축키: UC)   아이콘:

다음과 같은 대화 상자가 표시됩니다.

(1) 명명된 UCS 탭: 사용자 좌표계 목록을 표시하고 현재
UCS를 설정합니다.

① 현재 UCS: 현재 UCS의 이름을 표시합니다. 저장
및 명명되지 않은 UCS는 '미지정'이 됩니다.

② 현재로 설정(C): 선택된 좌표계를 현재의 좌표계로
설정합니다.

③ 자세히(T): UCS 세부 사항 대화 상자를 통해 UCS
좌표 데이터를 표시합니다.

(2) 직교 UCS: UCS를 직교 UCS 설정값 중 하나로 변경
합니다.

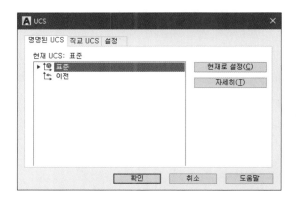

① 이름: 현재 도면에서 정의된 여섯 가지 좌표계의 목록을 표시합니다. 직교 좌표계는 기준 목록에서 지정한 UCS를 기준으로 정의됩니다. 깊이값은 직교 좌표계와 UCS 기준 설정값(UCSBASE 시스템 변수에 저장됨)의 원점을 통과하는 평행한 평면 사이의 거리입니다.

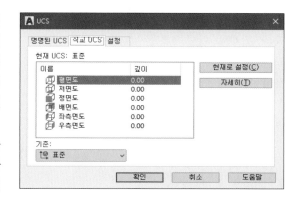

② 현재로 설정(C): 직교 UCS를 정의하기 위한 기준 좌표계를 설정합니다. 기본적으로 WCS가 기준 좌표계입니다. 목록에는 현재 도면의 모든 명명된 UCS가 표시됩니다.

③ 자세히(T): UCS 좌표 데이터를 표시하는 'UCS 세부 사항' 대화 상자를 표시합니다. UCS 이름을 마우스 오른쪽 버튼으로 클릭하고 상세 정보를 선택하여 선택한 UCS에 대한 자세한 사항을 볼 수도 있습니다.

(3) 설정: 뷰포트에 저장된 UCS 아이콘 설정값과 UCS 설정값을 표시하고 수정합니다.

03. 동적 UCS(DUCS)

3차원 작도를 위해서는 UCS를 해당 면에 맞추어야 합니다. 따라서, 3차원 객체를 작성하거나 편집을 하다 보면 UCS를 바꾸는 작업이 빈번히 발생합니다. '동적 UCS'는 선택한 면에 UCS를 자동으로 맞춰 주는 기능입니다. 동적 UCS를 사용하여, UCS 방향을 수동으로 바꾸지 않고 3D 솔리드의 면에 UCS를 맞춰 이 면에 객체를 작성할 수 있습니다.

> **참고<< 동적 UCS의 활성화**
>
> 동적 UCS의 켜고 끄기는 화면 하단의 그리기 도구에서 'DUCS ⬆'를 켜거나 <Ctrl> 키를 누르면서 'D'를 누르면 동적 UCS가 켜지고, 꺼집니다. 그리기 도구에 동적 UCS 아이콘이 표시되어 있지 않으면 '사용자화 ≡' 버튼을 클릭하여 '동적 UCS'를 체크하여 표시합니다.

다음과 같이 경사진 면에 마우스를 가져가면 UCS가 자동으로 경사진 면에 맞춰집니다.

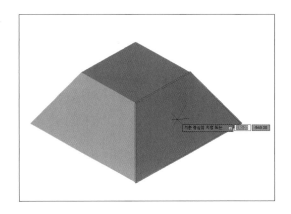

이 동적 UCS 기능을 이용하면 경사진 면에 원통이나 원뿔 등의 객체를 쉽게 작도할 수 있습니다. 다음과 같이 동적 UCS를 이용하여 비스듬한 면에 맞춰 모델을 모델링할 수 있습니다.

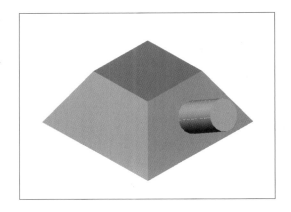

5. 관측점 사전 설정(DDVPOINT)

보는 위치(방향과 높이)를 지정하여 관측점을 설정합니다.

명령: DDVPOINT(단축키: VP)　　　　　아이콘:

명령어 'DDVPOINT' 또는 'VP'를 입력하거나 메뉴 막대 [뷰(V)]-[3D 뷰 (3)]-[관측점 사전설정(I)]을 클릭합니다. 다음과 같이 관측점 미리 설정 대화 상자가 표시됩니다. 현재는 '남서 등각투영'으로 X축이 '225도', XY 평면 이 '35.3도'로 설정되어 있습니다.

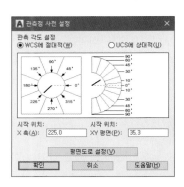

대화 상자 관측점 사전 설정 대화 상자

3D 뷰 방향을 설정합니다. 관측점을 지정할 때는 각도가 표기된 그림 이미지의 위치 지정도 가능하고 각도를 입력할 수 있는 'X축(A)'과 'XY 평면(P)'의 편집 상자에서 입력할 수도 있습니다.
① 관측 각도 설정: WCS 또는 UCS 좌표 시스템에 대한 뷰의 방향을 지정합니다.
　· WCS에 절대적으로(W): WCS를 기준으로 뷰의 방향을 지정합니다.
　· UCS에 상대적으로(U): UCS에 대한 상대적인 뷰의 방향을 지정합니다.
② 시작 위치: 보는 각도를 지정합니다.
　· X축(A): X축에 대한 각도를 지정합니다. 설계자가 도면을 어느 방향에서 보느냐를 지정합니다.
　· XY 평면(P): XY 평면에 대한 각도를 지정합니다. (-) 값은 아래쪽에서 바라보는 것을 의미합니다.
　　쉽게 표현하면 X축은 보는 위치에 대한 방향(각도)이고, XY 평면은 보는 높이(고도)로 이해하면 됩니다.
③ 평면 뷰로 설정(V): 선택된 좌표계를 기준으로 평면뷰로 설정합니다.

6. 뷰 관리자(VIEW)

뷰 관리자는 모형 명명된 뷰와 카메라 뷰, 배치 뷰 및 사전 설정 뷰를 포함한 명명된 뷰를 작성하고 편집합니다.

명령: VIEW(단축키: V)   아이콘:

01 뷰 관리자를 실행합니다. 명령어 'VIEW' 또는 'V'를 입력하거나 '시각화' 또는 '뷰' 탭의 '명명된 뷰' 패널에서 을 클릭합니다. 다음과 같은 뷰 관리자 대화 상자가 표시됩니다. [새로 만들기(N)]를 클릭합니다.

대화 상자 뷰 관리자 대화 상자

① 뷰(V): 사용 가능한 뷰의 목록을 표시합니다. 각 노드(현재 노드 제외)를 확장하여 해당 노드의 뷰를 표시할 수 있습니다.
- 현재: 현재 뷰와 해당 뷰 및 자르기 특성을 표시합니다
- 모형 뷰: 명명된 뷰 및 카메라의 목록을 표시하고 선택된 뷰의 일반, 뷰 및 자르기 특성을 표시합니다.
- 배치 뷰: 뷰를 정의하는 배치의 뷰포트 목록을 표시하고 선택된 뷰의 일반 및 뷰 특성을 표시합니다.
- 사전 설정 뷰: 직교 및 등각투영 뷰의 목록을 표시하고 선택된 뷰의 일반 특성을 표시합니다.

② 현재로 설정(C): 선택한 뷰를 현재의 뷰로 설정합니다.
③ 새로 만들기(N): 새로운 뷰 대화 상자를 통해 명명된 뷰를 작성합니다.
④ 도면층 업데이트(L): 선택한 뷰와 함께 저장된 도면층 정보를 현재 모형 공간 또는 배치 뷰포트에서의 도면층 가시성과 일치하도록 업데이트합니다.
⑤ 경계 편집(B): 도면 영역의 나머지는 색상을 연하게 표시하여 명명된 뷰의 경계가 보이도록 선택한 뷰를 표시합니다.
⑥ 삭제(D): 선택한 뷰를 삭제합니다.

---

02 다음과 같이 새로운 뷰 대화 상자가 표시됩니다. '뷰 이름(N)' 항목에 뷰 이름(Test View)을 입력합니다. '비주얼 스타일(V)' 항목에서 '실제'를 선택하고 '배경' 목록에서 '그러데이션'을 선택한 후 그러데이션 색상을 지정합니다. 그리고 [확인]을 클릭하여 뷰 관리자로 되돌아갑니다.

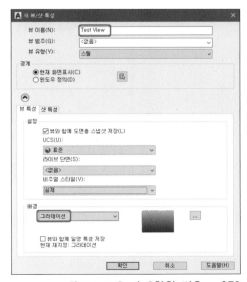

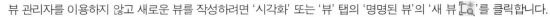

03 다시 뷰 관리자로 돌아오면 'Test View'가 만들어졌다는 것을 알 수 있습니다. [현재로 설정(C)]을 클릭한 후 [적용(A)]을 클릭합니다.

04 다음과 같이 'Test View'에 설정된 뷰가 표시됩니다.

05 다음은 사전 설정된 뷰를 표시해 보겠습니다. 뷰 관리자를 실행합니다. 명령어 'VIEW' 또는 'V'를 입력하거나 아이콘 을 클릭합니다.

뷰 관리자 대화 상자에서 '사전 설정 뷰'를 클릭하여 목록이 펼쳐지면 '정면도 '를 선택한 후 [현재로 설정(C)]을 클릭합니다. [적용(A)]을 클릭한 후 [확인]을 클릭하여 뷰 관리자를 종료합니다.

또는, '홈' 탭의 '뷰' 패널의 뷰 목록에서 '정면도'를 클릭합니다.

다음과 같이 지정한 뷰(정면도)가 표시됩니다.

앞에서 작성한 뷰(Test View)를 다시 표현하고자 할 때는 '뷰 관리자(VIEW)' 명령을 실행하여 대화 상자에서 명명된 뷰 'Test View'를 선택합니다. 또는 '홈' 탭 '뷰' 패널의 뷰 목록 에서 'Test View'를 선택합니다.

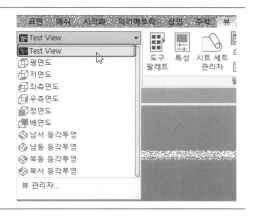

7. 평면(PLAN)

지정한 사용자 좌표계의 XY 평면에 대한 직교 뷰를 표시합니다. 앞의 도면에 이어서 실습하겠습니다.

명령: PLAN	메뉴: [뷰(V)]-[3D 뷰(3)]-[평면도(P)]-[...]

현재 설정된 뷰(정면도) 상태에서 평면 명령을 실행합니 다. 명령어 'PLAN'을 입력합니다.
{옵션 입력 [현재 UCS(C)/UCS(U)/표준(W)] <현재>:}에 서 <Enter> 키를 입력합니다.
다음과 같이 표준(WCS) 평면 뷰가 표시됩니다.

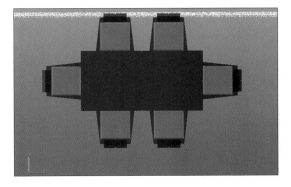

{옵션 입력 [현재 UCS(C)/UCS(U)/표준(W)] <현재>:}

① 현재 UCS(C): 현재 UCS의 현재 뷰포트에 맞도록 화면 표시의 평면 뷰를 표시합니다.

② UCS(U): 명명된 UCS 이름을 지정하여 지정한 UCS의 평면 뷰를 표시합니다.

③ 표준(W): 도면 범위가 표준 좌표계(WCS)의 화면에 맞도록 화면 표시의 평면 뷰를 표시합니다.

8. 3D 궤도(3DORBIT)

현재의 뷰포트에서 선택된 객체 또는 전체 모형에 대한 다양한 3차원 뷰를 제공합니다. 와이어프레임 또는 음영 모드에서 실시간으로 볼 수도 있습니다. 필요에 따라서는 연속 궤도 기능을 이용하여 동적으로 움직이게 할 수도 있습니다.

명령: 3DORBIT(단축키: 3DO, ORBIT)   아이콘:

01 다음과 같이 3차원 모델을 펼칩니다.

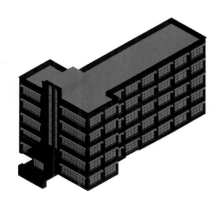

02 자유 궤도: 3D 궤도 명령을 실행합니다. 명령어 '3DORBIT', '3DO', 'ORBIT'을 입력하거나 탐색 도구에서 '자유 궤도'를 클릭합니다. 또는 '궤도' 도구 막대에서 을 클릭합니다.

다음과 같이 녹색의 큰 원(궤도의 표시)이 나타납니다. 이때 마우스 왼쪽 버튼을 누른 채로 회전하고자 하는 방향으로 움직입니다. 마우스의 궤도에 따라 뷰가 자유롭게 바뀝니다. 이처럼 자유 궤도는 설계자가 보고자 하는 뷰를 마우스를 움직여 자유롭게 볼 수 있습니다.

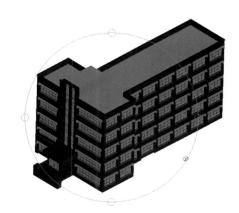

03 마우스를 상하좌우로 움직이면 마우스의 움직임에 따라 3D 뷰를 자유롭게 펼쳐볼 수 있습니다.

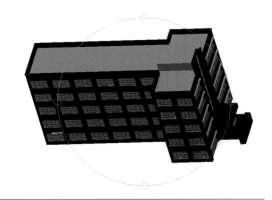

 <Shift> 키와 마우스 휠을 누른 채로 휠을 움직이면 3D 뷰를 자유롭게 펼칠 수 있는 궤도 기능을 수행합니다.

---

04 연속 궤도: 다음과 같이 마우스 오른쪽 버튼을 눌러 바로가기 메뉴에서 '기타 검색 모드(O)'의 '연속 궤도 (O)'를 클릭합니다. 또는 '궤도' 도구 막대에서  을 클릭합니다.

마우스 왼쪽 버튼을 눌러 궤도를 지정합니다. 마우스 왼쪽 버튼을 놓으면 지정한 궤도를 따라 애니메이션 처럼 연속적으로 움직입니다. 궤도를 지정할 때의 마우스가 움직이는 속도에 따라 회전 속도가 달라집니다.

05 종료하고자 할 때는 <ESC> 키를 누르거나 바로가기 메뉴에서 '나가기(X)'를 클릭합니다.

참고<< **일부 객체만의 궤도 탐색**

현재 도면에 작성된 객체 전체가 아닌 일부 객체만 탐색하고자 할 때는 탐색하고자 하는 객체를 선택한 후 '3D 궤도(3DORBIT)' 명령을 실행합니다. 예를 들어, 위의 모델에서 현관부분만 돌려보고 싶다면 현관부분을 선택한 후 궤도 명령을 실행합니다. 그럼 다음과 같이 현관부분만 궤도 탐색을 할 수 있습니다.

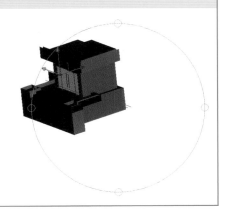

3D 궤도 실행 후 마우스 오른쪽 버튼을 눌러 '기타 검색 모드 (O)'를 누르면 다음과 같은 바로가기 메뉴가 표시됩니다.

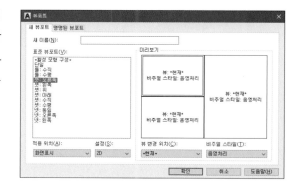

① 거리 조정(D): 카메라를 객체와 더 가깝게 또는 더 떨어지게 이동하도록 조정합니다. '카메라 거리 조정(3DDISTANCE)' 기능을 실행합니다.

② 선회(S): 커서를 휘어진 모양의 화살표로 변경하고 카메라 회전 효과를 나타냅니다. '카메라 선회(3DSWIVEL)' 기능을 실행합니다.

③ 보행 시선(W): 커서를 더하기 기호로 변경하며, 카메라의 위치 및 표적을 동적으로 조정하여 XY 평면 위의 고정된 높이로 모형에서 '보행 시선'을 수행할 수 있습니다. '보행 시선(3DWALK)' 기능을 실행합니다. 자세한 내용은 '보행 시선(3DWALK)'을 참조합니다.

④ 조감 뷰(L): 커서를 더하기 기호로 변경하며, XY 평면 위의 고정된 높이로 제한하지 않고 모형을 조감할 수 있습니다. '조감 뷰(3DFLY)' 기능을 실행합니다. 자세한 내용은 '조감 뷰(3DFLY)' 명령을 참조합니다.

⑤ 줌(Z): 더하기(+) 기호와 빼기(-) 기호를 사용하여 커서를 돋보기로 변경하며, 카메라를 객체와 더 가깝게 또는 멀리 이동하도록 합니다. 거리 조정 옵션처럼 동작합니다. '줌(ZOOM)' 기능을 실행합니다.

⑥ 초점 이동(P): 커서를 손 모양 커서로 변경하고 커서의 이동 방향으로 뷰를 이동합니다. '초점 이동(PAN)' 기능을 수행합니다.

9. 뷰포트(VPORTS)

3차원의 입체적인 물체를 작성하고 편집하기 위해서는 다양한 시점(관점)의 뷰를 필요로 합니다. 그런데 뷰가 필요할 때마다 하나의 화면에서 뷰를 바꾸어 가면서 작업을 진행하면 대단히 번거롭습니다. 이때 여러 개의 창을 펼쳐놓고 각기 다른 뷰(평면도, 정면도, 등각투영도 등)를 설정해 놓으면 보다 효율적인 3차원 작업을 할 수 있습니다.

명령: VPORTS	아이콘:

01 뷰포트 명령을 실행합니다. 명령어 'VPORTS'를 입력하거나 '뷰' 탭의 '뷰포트' 패널 또는 '뷰포트' 도구 막대에서 을 클릭합니다. 다음과 같은 대화 상자가 표시됩니다. '표준 뷰포트(V)' 목록에서 '셋: 오른쪽'을 선택합니다.

뷰포트 대화 상자는 모형 공간과 배치 공간에서 새로운 뷰포트를 작성하고 구성하며 관리합니다.

1. '새 뷰포트' 탭

표준 뷰포트 구성 리스트를 표시하고 배치 뷰포트를 구성합니다.

① 새 이름(N): 새로운 모형 공간 뷰포트 이름을 지정합니다. 여기에서 지정하지 않으면 저장되지 않고 배치에서 사용할 수 없습니다.

② 표준 뷰포트(V): 표준 뷰포트 구성 목록을 표시하고 설정하고자 하는 뷰포트를 지정합니다.

③ 미리보기: 선택한 뷰포트의 구성을 표시합니다.

④ 적용 위치(A): 모형 공간 뷰포트 구성을 전체 화면 표시 또는 현재 뷰포트에 적용합니다.

⑤ 설정(S): 2D, 3D를 선택합니다. 2D는 초기 단계의 새로운 뷰포트 구성이 모든 뷰포트의 현재 뷰로 이루어집니다. 3D는 구성하는 뷰포트에 표준 직교 3D 뷰 세트가 적용됩니다.

⑥ 뷰 변경 위치(C): 선택한 뷰포트의 뷰를 목록에서 선택한 뷰로 대치합니다. 명명된 뷰를 선택할 수 있습니다.

⑦ 비주얼 스타일(T): 비주얼 스타일(2D 와이어프레임, 3D 와이어프레임, 3D 숨김, 개념, 실제 등)을 지정합니다.

2. '명명된 뷰포트' 탭

도면에 저장된 모든 뷰포트 구성을 표시합니다. 뷰포트 구성을 선택하면 저장된 구성의 배치가 미리보기에 표시됩니다.

① 현재 이름: 현재 선택된 뷰포트 이름을 표시합니다.

② 명명된 뷰포트(N): 저장된 명명된 뷰포트 목록을 표시합니다. 이 목록에서 구성하고자 하는 뷰포트 이름을 선택합니다.

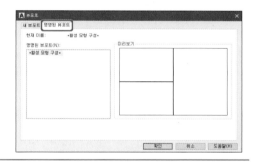

---

02 다음과 같이 세 개의 창으로 분할됩니다. 테두리가 굵은 선인 창(오른쪽 창)이 현재 활성화된 창입니다.

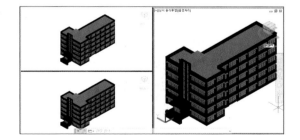

03 활성화된 창을 바꾸고 시점을 바꾸겠습니다. 왼쪽 상단의 창에 마우스를 맞추고 클릭합니다. 그러면 왼쪽 상단의 창 테두리가 굵은 선으로 바뀌어 활성화됩니다. 이때 '시각화' 탭의 '뷰' 패널 또는 도구 막대에서 '평면도 ⊞'를 클릭합니다. 다음과 같이 왼쪽 상단의 창이 평면도로 바뀝니다.

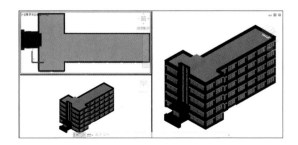

04 왼쪽 하단 창에는 정면도를 표시하겠습니다. 마우스를 왼쪽 하단 창에 맞추고 클릭합니다. 왼쪽 하단 창이 굵은 선으로 바뀌며 활성화됩니다. '시각화' 탭의 '뷰' 패널 또는 도구 막대에서 '정면도 '를 클릭합니다. 다음과 같이 왼쪽 하단 창이 정면도 뷰가 됩니다.

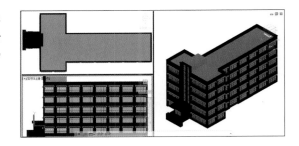

 이렇게 여러 개의 창으로 설정한 후 3차원 작업을 진행하게 되면 각 뷰의 움직임이나 변화를 쉽게 알 수 있어 도면을 이해하거나 3차원 객체를 다루는 데 도움이 됩니다. 단, 창을 분할해서 사용하다 보니 창이 작아져 객체가 작게 표현되는 단점이 있습니다. 따라서, 설계자가 상황에 따라 창의 수나 크기를 설정해서 사용하도록 합니다.

05 창을 다시 하나로 만들어 보겠습니다. 명령어 'VPORTS'를 입력하거나 '시각화' 탭의 '모형 뷰포트' 패널에서 ⊞을 클릭하면 대화 상자가 표시됩니다.
'표준 뷰포트(V)' 목록에서 '단일'을 선택합니다. 또는 '시각화' 패널의 '모형 뷰포트' 패널에서 '뷰포트 구성' 드롭 다운 리스트를 펼쳐 '단일'을 선택합니다. 다음과 같이 하나의 뷰포트가 됩니다.

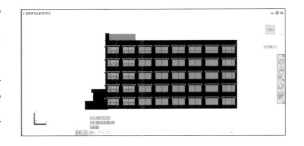

참고<<　**뷰포트 결합**

인접한 뷰포트를 하나의 뷰포트로 결합합니다. 단, 인접한 두 뷰포트가 같은 길이의 모서리를 공유하고 있어야 가능합니다. 3개의 뷰포트 상태에서 실습해 보겠습니다.
'시각화' 탭의 '모형 뷰포트' 패널에서 '뷰포트 결합 🔲'을 클릭합니다.
{옵션 입력 [저장(S)/복원(R)/삭제(D)/결합(J)/단일(SI)/?/2/3/4/전환(T)/모드(MO)] <3>: _j}
{주 뷰포트 선택 <현재 뷰포트>:}에서 왼쪽 위 뷰포트(평면도)를 선택합니다.
{결합할 뷰포트 선택:}에서 왼쪽 위 뷰포트(평면도)를 선택합니다.
세 개의 뷰포트에서 다음과 같이 왼쪽 두 개가 결합되어 두 개의 뷰포트만 남습니다.

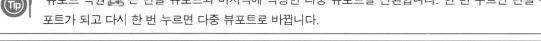

 '뷰포트 복원 🔲'은 단일 뷰포트와 마지막에 작성한 다중 뷰포트를 전환합니다. 한 번 누르면 단일 뷰포트가 되고 다시 한 번 누르면 다중 뷰포트로 바뀝니다.

10. 비주얼 스타일

'비주얼 스타일'은 작도된 모델의 표현 방법입니다. 비주얼 스타일을 적용하거나 설정값을 변경한 후 뷰포트에서 그 효과를 즉시 확인할 수 있습니다. AutoCAD에서는 2D 와이어프레임, 3D 와이어프레임, 3D 숨기기, 음영 처리, 실제, 개념, X레이 등 다양한 비주얼 스타일을 제공하면 필요에 따라 사용자의 설정에 의해 작성할 수도 있습니다.

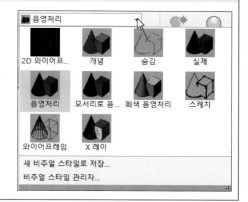

참고<< 비주얼 스타일 목록

'홈' 탭의 '뷰' 패널 또는 '시각화' 탭의 '비주얼 스타일' 패널에서는 다음과 같이 12개의 다양한 비주얼 스타일을 제공합니다. 표현하고자 하는 스타일을 클릭합니다. 추가로 새로운 비주얼 스타일이 필요한 경우에는 새로운 스타일을 만들어 추가할 수 있습니다.

01. 2D 와이어프레임

경계를 나타내는 선과 곡선을 사용하여 객체를 표시합니다. 래스터와 OLE 객체, 선 종류 및 선 가중치를 볼 수 있습니다.

아이콘: ⌧

'홈' 탭의 '뷰' 패널의 비주얼 스타일 목록에서 '2D 와이어프레임 ⌧'을 클릭합니다. 또는 '시각화' 탭의 '비주얼 스타일' 패널에서 선택합니다.

02. 개념

객체를 음영 처리하며 다각형 면 사이의 모서리를 부드럽게 만듭니다. 셰이딩에서는 어두운 색상에서 밝은 색상으로의 변환 보다는 차갑고 따뜻한 색상 사이의 변환인 Gooch 면 스타일을 사용합니다. 표현은 실제 질감이 표현되지 않으나 모형의 상세를 쉽게 확인할 수 있도록 해 줍니다.

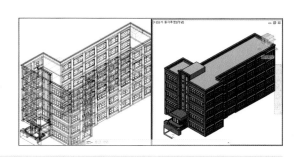

아이콘: ⬤

다음은 '2D 와이어프레임'과 '개념' 이미지입니다.

03. 스케치 비주얼 스타일

돌출부 및 경계선을 손으로 스케치된 효과로 표현합니다.

04. 실제

실제 객체를 음영 처리하며 다각형 면 사이의 모서리를
부드럽게 만듭니다. 객체에 부여한 재료 특성을 반영하여
표시합니다.

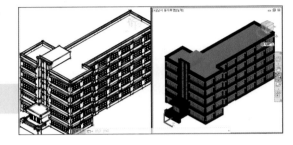

아이콘:

05. 음영 처리

부드러운 음영으로 처리합니다.

06. X레이

모델을 부분적으로 투명하도록 면의 투명도를 조정합니다.

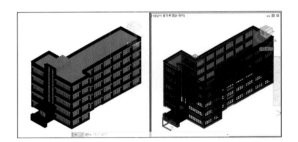

07. 숨김

현재의 시점에서 보이는 부분을 표시하고 가려진 부분을 숨겨서 표시합니다.

08. 회색 음영 처리

회색의 모노 색상을 사용하여 객체를 음영 처리합니다.

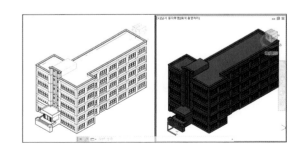

09. 비주얼 스타일 관리자

비주얼 스타일을 작성하거나 편집합니다.

아이콘:

(1) 사용 가능한 비주얼 스타일 목록: 도면에서 사용 가능한 비주얼 스타일의 견본 이미지를 표시합니다. 선택한 비주얼 스타일의 면, 환경 및 모서리 설정은 설정 패널에 표시됩니다. 선택한 비주얼 스타일은 노란색 경계를 표시되며 비주얼 스타일의 이름은 패널의 맨 아래에 표시됩니다.

(2) 새로운 비주얼 스타일 작성: 새로운 비주얼 스타일을 작성합니다. 대화 상자에서 새로운 비주얼 스타일 이름을 작성합니다.

(3) 선택한 비주얼 스타일을 현재 뷰포트에 적용: 선택된 비주얼 스타일을 현재 뷰포트에 적용합니다.

(4) 선택한 비주얼 스타일을 도구 팔레트로 내보내기: 선택된 비주얼 스타일에 대한 도구를 작성하고, 활성화된 도구 팔레트에 배치합니다. 도구 팔레트 윈도우가 닫혀 있는 경우에는 도구 팔레트가 열리고 도구는 맨 위 팔레트에 배치됩니다.

(5) 선택한 비주얼 스타일 삭제: 도면에서 비주얼 스타일을 제거합니다. AutoCAD에서 제공하는 기본 비주얼 스타일 또는 사용 중인 비주얼 스타일은 삭제할 수 없습니다.

(6) 면 설정: 각 항목의 값을 조정하여 뷰포트에 있는 면의 모양을 조정합니다.

(7) 환경 설정: 각 항목의 값을 조정하여 그림자 및 배경을 설정합니다.

(8) 모서리 설정: 각 항목의 값을 조정하여 모서리의 표시 방법을 설정합니다.

(9) 설정 항목: 하단의 면, 환경, 모서리의 색상이나 재질, 돌출 정도를 사용자가 정의하여 비주얼 스타일을 작성합니다.

이번 실습은 사용자 좌표계인 UCS를 이해하기 위한 예제입니다. 간단한 3차원 모델을 작성해 보면서 UCS의 이해와 모델링 방법의 흐름을 이해하도록 합니다.

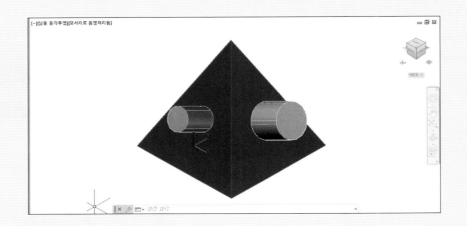

01 뷰포트를 3개로 나누겠습니다. 명령어 'VPORTS'를 입력하거나 '시각화' 탭의 '모형 뷰포트' 패널에서 ▦을 클릭합니다. '표준 뷰포트(V)' 목록에서 '셋: 오른쪽'을 선택합니다. 또는 '뷰포트 구성' 목록에서 '셋: 오른쪽'을 선택합니다.

02 각 뷰포트의 뷰를 설정합니다. 앞에서 학습했던 대로 왼쪽 상단 창은 '평면도 ▣', 왼쪽 하단 창은 '정면도 ▣', 오른쪽 창은 '남동 등각투영 ◈'으로 설정합니다. 설정하는 방법은 마우스를 창에 대고 클릭하여 창이 활성화(굵은 선으로 바뀌면)되면 도구 막대 또는 패널에서 뷰를 지정합니다. 그러면 다음과 같이 설정됩니다. 현재 활성 뷰는 오른쪽 남동 등각투영 뷰입니다.

03 피라미드를 모델링합니다. 명령어 'PYRAMID'를 입력하거나 '홈' 탭의 '모델링' 패널 또는 '솔리드' 탭의 '기본체' 패널에서 ◇을 클릭합니다.

{기준 중심점 지정 또는 [모서리(E)/변(S)]:}에서 중심점 '200,200'을 입력합니다.

{밑면 반지름 지정 또는 [내접(I)] <334.4001>:}에서 반지름 '500'을 입력합니다.

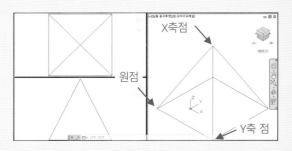

{높이 지정 또는 [2점(2P)/축 끝점(A)/상단 반지름(T)] <1000.0000>:}에서 높이 '1000'을 입력합니다. 다음과 같이 피라미드가 모델링됩니다.

각 뷰포트 창에 모델링한 모델이 보이지 않을 때는 뷰포트를 클릭한 후 줌(ZOOM)과 초점 이동(PAN) 기능을 이용해 뷰포트 창에 맞도록 조정합니다.

04 피라미드의 측면에 원통을 작도하겠습니다. 먼저, UCS 명령으로 작도하고자 하는 면에 UCS를 맞춥니다. 명령어 'UCS'를 입력합니다.

{현재 UCS 이름: *표준*}

{UCS의 원점 지정 또는 [면(F)/이름(NA)/객체(OB)/이전(P)/뷰(V)/표준(W)/X(X)/Y(Y)/Z(Z)/Z축(ZA)] <표준>:}에서 원점(0,0,0이 되는 점)을 지정합니다.

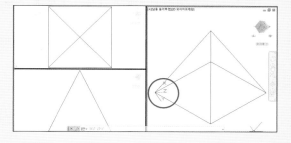

{X축에서 점 지정 또는 <수락(A)>:}에서 X축 방향의 점을 지정합니다.

{XY 평면에서 점 지정 또는 <수락(A)>:}에서 XY 평면의 Y축 점을 지정합니다.

UCS 아이콘이 다음과 같이 설정됩니다.

05 원통을 모델링합니다. 명령어 'CYLINDER'를 입력하거나 '홈' 탭의 '모델링' 패널 또는 '솔리드' 탭의 '기본체' 패널에서 ⬜을 클릭합니다.

{기준 중심점 지정 또는 [3P(3P)/2P(2P)/Ttr – 접선 접선 반지름(T)/타원형(E)]:}에서 XY 평면(쐐기의 측면)에 임의의 점을 지정합니다.

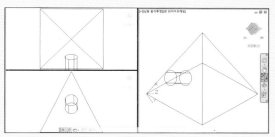

{밑면 반지름 지정 또는 [지름(D)]:}에서 '100'을 입력합니다.

{높이 지정 또는 [2점(2P)/축 끝점(A)] <300.0000>:}에서 '300'을 입력합니다.

다음과 같이 XY 평면에 원통이 모델링됩니다.

06 비주얼 스타일을 '개념'으로 설정합니다. '홈' 탭의 '뷰' 패널의 비주얼 스타일 목록에서 '개념 ⚫'을 클릭합니다. 또는 '시각화' 탭의 '비주얼 스타일' 패널에서 '개념'을 선택합니다.

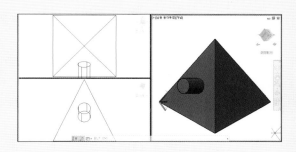

07 쐐기의 비스듬한 면에 육면체를 모델링하겠습니다. UCS 명령으로 작도하고자 하는 면에 UCS를 맞춥니다. 이번에는 동적 UCS를 이용하여 모델링하겠습니다.

하단의 그리기 도구에서 '동적 UCS 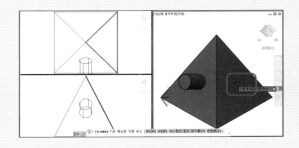'를 켭니다(ON). 원통을 모델링합니다. 명령어 'CYLINDER'를 입력하거나 '홈' 탭의 '모델링' 패널 또는 '솔리드' 탭의 '기본체' 패널에서 □을 클릭합니다.

{기준 중심점 지정 또는 [3P(3P)/2P(2P)/Ttr – 접선 접선 반지름(T)/타원형(E)]:}에서 마우스 커서를 모델링하고자 하는 면에 가져갑니다. 다음과 같이 UCS가 동적으로 설정되어 면에 맞춰 비스듬하게 설정됩니다. 이때 클릭합니다.

08 {밑면 반지름 지정 또는 [지름(D)]:}에서 '150'을 입력합니다.

{높이 지정 또는 [2점(2P)/축 끝점(A)]
<300.0000>:}에서 '300'을 입력합니다.

다음과 같이 비스듬한 면에 모델링됩니다. '동적 UCS'는 커서에 접한 면에 UCS를 동적으로 맞춰 줍니다.

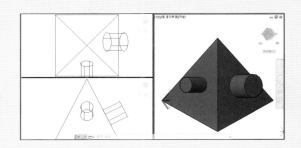

09 특성 명령으로 각 모델의 색상을 바꿉니다. 명령어 'PR'을 입력하거나 '뷰' 탭의 '팔레트' 패널 또는 '표준' 도구 막대에서 📋을 클릭합니다.

바꾸고자 하는 모델(피라미드)을 선택한 후 특성 팔레트에서 '일반' 카테고리의 '색상'을 '빨간색'으로 설정합니다. 선택한 모델이 빨간색으로 바뀝니다.

<ESC> 키를 누릅니다. 이와 같은 방법으로 원통의 색상을 바꿉니다.

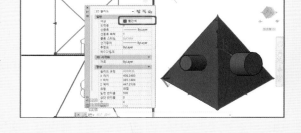

10 보다 현실감이 있게 표현하기 위해 비주얼 스타일을 바꿉니다. '홈' 탭의 '뷰' 패널의 비주얼 스타일 목록에서 '실제 ●'를 클릭합니다. 또는 '시각화' 탭의 '비주얼 스타일' 패널에서 '실제'를 선택합니다.

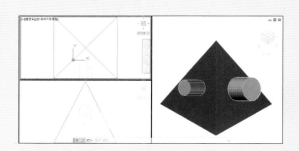

11 단일 뷰포트로 바꿉니다. 명령어 'VPORTS'를 입력하거나 '시각화' 탭의 '모형 뷰포트' 패널에서 을 클릭합니다. 다음과 같은 대화 상자가 표시됩니다. '표준 뷰포트(V)' 목록에서 '단일'을 선택합니다. 또는 '뷰포트 구성' 목록에서 '단일'을 선택합니다.

다음과 같이 단일 뷰포트가 됩니다.

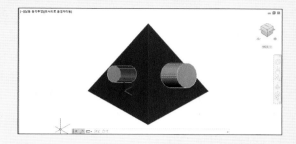

Tip 이와 같이 3차원 작업에서는 작도하고자 하는 면을 'XY 평면'으로 맞춘 후 객체를 작성해야 합니다. 이때는 UCS 명령을 이용하거나 동적 UCS(DUCS)를 이용하여 작업 면(XY 평면)을 맞춥니다.

3차원 모델의 작성과 표현 순서

3차원 모델은 2차원 모델과 달리 가시적인 효과도 중요합니다. 색상, 재료의 표현, 광원과 시점 등 2차원 데이터와 달리 가시적 효과를 가미해야 모델의 가치를 더할 수 있습니다. 3차원 모델의 작성에서부터 렌더링까지의 작업 순서에 대해 알아보겠습니다. 실습 과정 중에 상황에 따라 생략하는 단계도 있을 수 있습니다.

1. 2차원 객체 작성

솔리드 기능으로 직접 3차원 모델을 만드는 경우도 있지만 2차원 객체를 기본으로 3차원 모델을 작성하는 경우가 많습니다. 2차원 건축도를 바탕으로 Z축의 값을 부여하거나 기계 부품의 3면도(정면, 평면, 측면)를 이용하여 3차원 모델을 작성하기도 합니다. 3차원 모델을 위한 프로파일로 활용하기 위해 2차원 객체를 작성합니다.

2. 3차원 객체 모델링(솔리드, 표면, 메쉬)

주체가 되는 3차원 객체를 모델링합니다. 상황에 따라 객체 종류(솔리드, 표면, 메쉬)로 모델링합니다. 예를 들어, 유선형 모델의 경우는 메쉬(MESH) 기능을 이용하여 모델링합니다.

3. 뷰의 배경을 지정

백그라운드(BACKGROUND) 또는 뷰(VIEW) 기능을 이용하여 현재 뷰의 배경을 설정합니다.

4. 재료를 정의

각 객체에 부여할 재료를 정의합니다. AutoCAD에서 제공된 재료 라이브러리를 활용할 수도 있고 사용자가 정의한 사용자 재료를 사용할 수도 있습니다.

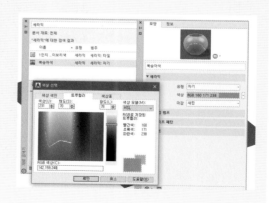

5. 3차원 객체에 재료를 부여

3차원의 각 객체에 재료를 부여합니다. 재료는 직접 부여할
수도 있고 각 객체의 도면층에 정의할 수도 있습니다.

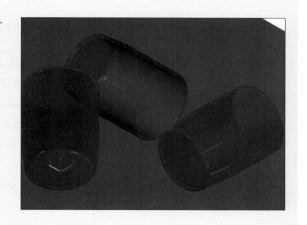

6. 광원을 정의

표현하고자 하는 위치에 광원을 지정하고 밝기를 설정합니다. 또, 옥내와 옥외의 햇빛의 정도를 설정합니다.

7. 렌더링 환경을 설정

렌더 환경 설정 기능을 이용하여 환경을 설정합니다. 노출과 화이트 밸런스를
지정합니다.

8. 테스트 렌더링 후 재설정

재료와 조명을 테스트하기 위해 영역 지정 렌더 기능으로 테스트 렌더링 후
결과에 따라 설정을 수정합니다.

9. 렌더링

렌더를 실시합니다. 렌더링한 이미지를 파일로 저장합니다.

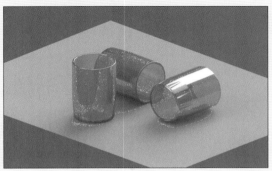

3차원 모델의 작성과 표현

지금부터 본격적으로 3차원 모델링 작업에 대해 학습하겠습니다. 솔리드(SOLID)와 메쉬 (MESH) 객체의 모델링 작성 방법에 대해 학습하고 작성된 모델을 표현하는 방법에 대해 학습하겠습니다.

1 솔리드(SOLID) 모델

솔리드(SOLID) 객체는 3차원 모델 중 가장 많은 정보를 갖고 있어 해석과 연산이 가능하여 3차원 모델에서 가장 일반적으로 사용하는 객체입니다. 지금부터 솔리드 모델의 작성과 편집에 대해 학습하겠습니다.

1. 솔리드 기본체

기본 3D 형상(솔리드 기본 객체)인 상자, 원추, 원통, 구, 쐐기, 피라미드 및 토러스(도넛)를 작성합니다. 중복 된 옵션의 설명은 생략합니다.

01. 상자(BOX)

3D 솔리드 상자를 작도합니다.

명령: BOX	아이콘: ▢

{첫 번째 구석 지정 또는 [중심(C)]:}에서 시작점 '50,50'을 지정합니다.
{반대 구석 지정 또는 [정육면체(C)/길이(L)]:}에서 반대편 구석 '@150,150'을 지정합니다. {높이 지정 또는 [2점(2P)]:}에서 높이 '200'을 입력합니다.

{첫 번째 구석 지정 또는 [중심(C)]:}

① 중심(C): 상자의 중심점을 지정합니다.

{반대 구석 지정 또는 [정육면체(C)/길이(L)]:}

① 정육면체(C): 변의 길이가 동일한 상자 및 삼각 기둥을 작성합니다.

② 길이(L): 지정한 길이, 폭 및 높이의 값으로 상자 및 삼각 기둥을 작성합니다. 길이는 X축, 폭은 Y축, 높이는 Z축에 해당합니다.

{높이 지정 또는 [2점(2P)] <200.0000>:}

① 2점(2P): 두 점을 지정하여 측정된 거리를 높이 값으로 합니다.

02. 원통(CYLINDER)

원형 또는 타원형 밑면 및 상단을 가진 3D 솔리드를 작성합니다.

명령: CYLINDER(단축키: CYL)	아이콘: ▯

{기준 중심점 지정 또는 [3P/2P/Ttr/타원형(E)]:}에서 중심점 '550,150'을 지정합니다.
{기준 반지름 지정 또는 [지름(D)] <120.0000>:}에서 반지름 '100'을 입력합니다.
{높이 지정 또는 [2점(2P)/축 끝점(A)] <200.0000>:}에서 높이 '200'을 입력합니다.

<Enter> 키 또는 <Space bar>를 눌러 원통 명령을 재실행합니다.
{기준 중심점 지정 또는 [3P/2P/Ttr/타원형(E)]:}에서 타원형 옵션 'E'를 입력합니다.
{첫 번째 축의 끝점 지정 또는 [중심(C)]:}에서 축의 한쪽 끝점 '650,150'을 지정합니다.
{첫 번째 축의 다른 끝점 지정:}에서 축의 반대편 끝점 '@200,0'을 지정합니다.
{두 번째 축의 끝점 지정:}에서 절대 좌표 '#750,100'을 입력합니다.
{높이 지정 또는 [2점(2P)/축 끝점(A)] <200.0000>:}에서 타원형 원통의 높이 '200'을 입력합니다.

{기준 중심점 지정 또는 [3P/2P/Ttr/타원형(E)]:}

① 3P/2P/Ttr: '원(CIRCLE)' 명령과 동일한 옵션으로 원을 작도하는 방법을 지정합니다.

② 타원형(E): 타원형 원통을 작도합니다.

{높이 지정 또는 [2Point(2P)/축 끝점(A)/상단 반지름(T)] <200.0000>:}

① 2점(2P): 두 점을 지정하여 높이를 설정합니다.

② 축 끝점(A): 원추 축에 대한 끝점 위치를 지정합니다.

다음과 같이 상자와 원통, 타원형 원통이 모델링됩니다.

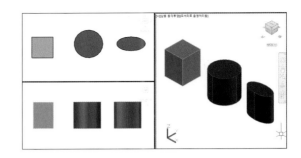

03. 원추(CONE)

대칭적으로 점, 원형 또는 타원형 평면을 향해 점점 줄어드는 원형 또는 타원형 밑면을 사용하여 3D 솔리드를 작성합니다.

명령: CONE	아이콘: △

{기준 중심점 지정 또는 [3P/2P/Ttr/타원형(E)]:}에서 중심점 '150,150'을 지정합니다.
{기준 반지름 지정 또는 [지름(D)] <50.0000>:}에서 밑면의 반지름 '100'을 입력합니다.
{높이 지정 또는 [2Point(2P)/축 끝점(A)/상단 반지름(T)] <100.0000>:}에서 높이 '200'을 지정합니다.
<Enter> 키 또는 <Space bar>를 눌러 원추 명령을 재실행합니다.
{기준 중심점 지정 또는 [3P/2P/Ttr/타원형(E)]:}에서 타원형 'E'를 입력합니다.
{첫 번째 축의 끝점 지정 또는 [중심(C)]:}에서 한 점 '300,150'을 지정합니다.
{첫 번째 축의 다른 끝점 지정:}에서 축의 다른 끝점 '@200,0'을 지정합니다.
{두 번째 축의 끝점 지정:}에서 두 번째 축의 끝점을 절대 좌표 '#400,100'으로 지정합니다.
{높이 지정 또는 [2Point(2P)/축 끝점(A)/상단 반지름(T)] <200.0000>:}에서 상단 반지름 'T'를 입력합니다.
{상단 반지름 지정 <50.0000>:}에서 반지름 '50'을 입력합니다.
{높이 지정 또는 [2점(2P)/축 끝점(A)] <200.0000>:}에서 높이 '200'을 입력합니다.

옵션 설명

{기준 중심점 지정 또는 [3P/2P/Ttr/타원형(E)]:}
① 3P/2P/Ttr: '원(CIRCLE)' 명령과 동일한 옵션으로 원을 작도하는 방법을 지정합니다.
② 타원형(E): 타원형 원통을 작도합니다.

{높이 지정 또는 [2점(2P)/축 끝점(A)/상단 반지름(T)] <200.0000>:}
① 2점(2P): 두 점을 지정하여 높이를 설정합니다.
② 축 끝점(A): 원추 축에 대한 끝점 위치를 지정합니다.
③ 상단 반지름(T): 위쪽 면의 반지름을 지정합니다.

04. 구(SPHERE)

3D 솔리드 구를 작도합니다. 중심점에서 시작하는 경우 구의 중심축은 현재 사용자 좌표계(UCS)의 Z축에 평행합니다.

{중심점 지정 또는 [3점(3P)/2점(2P)/Ttr - 접선 접선 반지름(T)]:}에서 구의 중심점 '650,150'을 지정합니다.

{반지름 지정 또는 [지름(D)] <100.0000>:}에서 구의 반지름 '100'을 지정합니다.

다음과 같이 원추와 구가 모델링됩니다.

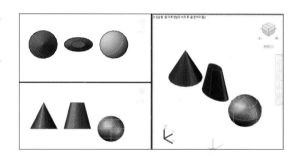

05. 피라미드(PYRAMID)

3D 솔리드 피라미드를 작도합니다.

명령: PYRAMID(단축키:PYR)　　　　　　아이콘: ◇

{기준 중심점 지정 또는 [모서리(E)/변(S)]:}에서 피라미드의 중심점 '150,150'을 지정합니다.

{기준 반지름 지정 또는 [내접(I)] <100.0000>:}에서 '120'을 입력합니다.

{높이 지정 또는 [2점(2P)/축 끝점(A)/상단 반지름(T)] <200.0000>:}에서 높이 '200'을 입력합니다.

<Enter> 키 또는 <Space bar>를 눌러 피라미드 명령을 재실행합니다.

{기준 중심점 지정 또는 [모서리(E)/변(S)]:}에서 변 옵션 'S'를 입력합니다.

{면의 수 입력 <4>:}에서 육각형을 작도하기 위해 '6'을 입력합니다.

{기준 중심점 지정 또는 [모서리(E)/변(S)]:}에서 기준점 '450,150'을 지정합니다.

{기준 반지름 지정 또는 [내접(I)] <100.0000>:}에서 반지름 '120'을 입력합니다.

{높이 지정 또는 [2점(2P)/축 끝점(A)/상단 반지름(T)] <150.0000>:}에서 상단 반지름을 지정하기 위해 'T'를 입력합니다.

{상단 반지름 지정 <0.0000>:}에서 상단 반지름 '60'을 입력합니다.

{높이 지정 또는 [2점(2P)/축 끝점(A)] <200.0000>:}에서 높이 '200'을 입력합니다.

옵션 설명

{기준 중심점 지정 또는 [모서리(E)/변(S)]:}

① 모서리(E): 피라미드 밑면의 한 모서리 길이를 지정합니다. 두 점을 지정하여 모서리 길이를 지정할 수 있습니다.

② 변(S): 변의 수(다각형의 수)를 지정합니다.

{높이 지정 또는 [2점(2P)/축 끝점(A)/상단 반지름(T)] <150.0000>:}

① 2점(2P): 두 점을 지정하여 높이 값을 지정합니다.

② 축 끝점(A): 피라미드의 축에 대한 끝점 위치를 지정합니다.

③ 상단 반지름(T): 위쪽 면의 반지름을 지정합니다.

06. 쐐기(WEDGE)

경사진 면이 있는 다섯 개의 면을 가진 3D 솔리드 쐐기를 작성합니다.

명령: WEDGE(단축키: WE)　　　　　　　　아이콘:

{첫 번째 구석 지정 또는 [중심(C)]:}에서 시작점 '700,100'을 지정합니다.
{반대 구석 지정 또는 [정육면체(C)/길이(L)]:}에서 반대편 구석 '@200,100'을 지정합니다. {높이 지정 또는 [2점(2P)] <200.0000>:}에서 높이 '200'을 지정합니다.

옵션 설명

{첫 번째 구석 지정 또는 [중심(C)]:}
① 중심(C): 상자의 중심점을 지정합니다.

{반대 구석 지정 또는 [정육면체(C)/길이(L)]:}
① 정육면체(C): 변의 길이가 동일한 상자 및 삼각 기둥을 작성합니다.
② 길이(L): 지정한 길이, 폭 및 높이의 값으로 상자 및 삼각 기둥을 작성합니다. 길이는 X축, 폭은 Y축, 높이는 Z축에 해당합니다.

{높이 지정 또는 [2점(2P)] <200.0000>:}
① 2점(2P): 두 점을 지정하여 측정된 거리를 높이 값으로 합니다.

07. 토러스(TORUS)

3D 도넛형의 솔리드 토러스를 작도합니다.

명령: TORUS(단축키: TOR)　　　　　　　　아이콘: ◉

{중심점 지정 또는 [3점(3P)/2점(2P)/Ttr - 접선 접선 반지름(T)]:}에서 '500,-150'을 입력합니다.
{반지름 지정 또는 [지름(D)] <120.0000>:}에서 바깥 원의 반지름 '100'을 입력합니다.
{튜브 반지름 지정 또는 [2점(2P)/지름(D)] <30.0000>:}에서 튜브의 반지름 '20'을 입력합니다.

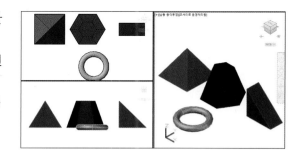

2. 프로파일을 이용한 모델링

2D 프로파일을 이용하여 솔리드 형상을 모델링하는 방법에 대해 알아봅니다. 2D 프로파일은 선, 폴리선, 원, 호를 이용하여 작도합니다.

01. 폴리솔리드(POLYSOLID)

기존 선, 2D 폴리선, 호 또는 원을 직사각형 프로파일이 있는 솔리드로 변환할 수 있습니다. 폴리솔리드는 곡선 세그먼트를 가질 수 있으나 윤곽은 항상 기본적으로 직사각형입니다. 맞물림(그립) 편집에 의해 위와 아래의 두께가 다른 폴리솔리드를 만들 수도 있습니다.

명령: POLYSOLID(단축키: PSOLID)　　　　　　　　　아이콘: ▱

---

01 '폴리선(PLINE▪▪)' 명령으로 다음과 같이 작도합니다. 가로 방향이 '3400', 세로 방향이 '2400(1400+1000)' 입니다.

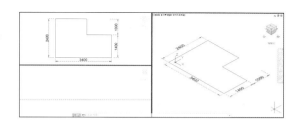

02 폴리솔리드 명령을 실행합니다. 명령어 'POLYSOLID' 또는 'PSOLID'를 입력하거나 '솔리드' 탭의 '기본체' 패널 또는 '모델링' 도구 막대에서 ▱을 클릭합니다.
{높이 = 100.0000, 폭 = 5.0000, 자리맞추기 = 중심}
{시작점 지정 또는 [객체(O)/높이(H)/폭(W)/자리맞추기(J)] <객체(O)>:}에서 높이 옵션 'H'를 입력합니다.

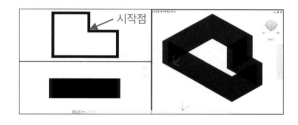

{높이 지정 <100.0000>:}에서 높이 '1000'을 입력합니다.
{시작점 지정 또는 [객체(O)/높이(H)/폭(W)/자리맞추기(J)] <객체(O)>:}에서 폭 옵션 'W'를 입력합니다.
{폭 지정 <5.0000>:}에서 폭 '150'을 입력합니다.
{시작점 지정 또는 [객체(O)/높이(H)/폭(W)/자리맞추기(J)] <객체(O)>:}에서 객체 옵션 'O'를 입력합니다.
{객체 선택:}에서 작도된 폴리선을 선택합니다.
다음과 같이 폴리선이 높이 '1000', 폭 '150'인 3D 솔리드로 변환됩니다.

03 <Enter> 키 또는 <Space bar>를 눌러 폴리솔리드를 재실행합니다.

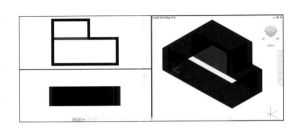

{높이 = 1000.0000, 폭 = 150.0000, 자리맞추기 = 중심}

{시작점 지정 또는 [객체(O)/높이(H)/폭(W)/자리맞추기(J)] <객체(O)>:}에서 자리맞추기 옵션 'J'를 입력합니다.

{자리맞추기 입력 [왼쪽(L)/중심(C)/오른쪽(R)] <중심(C)>:}에서 왼쪽 'L'을 입력합니다. {높이 = 1000.0000, 폭 = 150.0000, 자리맞추기 = 왼쪽}

{시작점 지정 또는 [객체(O)/높이(H)/폭(W)/자리맞추기(J)] <객체(O)>:}에서 객체스냅 '끝점▨'을 이용하여 시작점을 지정합니다.

{다음점 지정 또는 [호(A)/명령 취소(U)]:}에서 반대편 끝점을 지정합니다.

{다음점 지정 또는 [호(A)/명령 취소(U)]:}에서 <Enter> 키 또는 <Space bar>를 눌러 종료합니다. 다음과 같이 3D 솔리드가 작도됩니다.

 폴리솔리드로 변환될 수 있는 객체는 선, 호, 원, 2D 폴리선, 스플라인입니다.

옵션 설명

{시작점 지정 또는 [객체(O)/높이(H)/폭(W)/자리맞추기(J)] <객체(O)>:}

① 높이(H): 폴리솔리드의 높이를 지정합니다.
② 폭(W): 폴리솔리드의 폭을 지정합니다.
③ 자리맞추기(J): 폴리솔리드를 작도할 기준점을 지정합니다. 즉, 지정한 점이 폴리솔리드의 어느 위치인가를 지정합니다.

{자리맞추기 입력 [왼쪽(L)/중심(C)/오른쪽(R)] <중심(C)>:}에서 선택합니다.

---

02. 돌출(EXTRUDE)

2차원 객체(선, 호, 원, 폴리선, 스플라인 등) 또는 3D 면에 거리 및 방향을 부여하여 돌출시켜서 3차원 객체로 만듭니다. 이때, 열린 객체는 2차원 표면(Surface), 닫힌 객체는 솔리드(Solid) 3차원 객체가 됩니다.

| 명령: EXTRUDE(단축키: EXT) | 아이콘: |

01 구름형 리비전, 폴리선과 원 명령을 이용하여 다음과
같이 2차원 객체를 작도합니다.

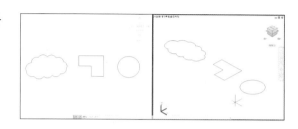

02 명령어 'EXTRUDE' 또는 'EXT'를 입력하거나 '솔리드' 탭의 '솔리드' 패널 또는 '모델링' 도구 막대에서
을 클릭합니다.

{현재 와이어프레임 밀도: ISOLINES = 4, 닫힌 윤곽 작성 모드 = 솔리드}

{돌출할 객체 선택 또는 [모드(MO)]: _MO}

{닫힌 윤곽 작성 모드 [솔리드(SO)/표면(SU)] <솔리드>: _SO}

{돌출할 객체 선택 또는 [모드(MO)]:}에서 돌출시키고자 하는 객체인 직사각형을 선택합니다. {1개를 찾음}

{돌출할 객체 선택 또는 [모드(MO)]:}에서 <Enter> 키 또는 <Space bar>를 눌러 선택을 종료합니다.

{돌출의 높이 지정 또는 [방향(D)/경로(P)/테이퍼 각도(T)]:}에서 돌출 높이 '500'을 입력합니다. 아래와 같이 선
택한 객체(직사각형)가 돌출되어 육면체가 됩니다. 폐쇄 공간의 객체를 돌출시키면 솔리드(Solid) 객체가 됩니다.

Tip 돌출, 회전, 스윕, 로프트 등을 수행할 때 객체의 색상을 지정하려면 명령을 실행하기 이전에 미리 색상을 지
정한 후 실행하면 지정된 색상으로 작도됩니다.

---

03 <Enter> 키 또는 <Space bar>를 눌러 돌출 명령을
재실행합니다.

{돌출할 객체 선택 또는 [모드(MO)]:}에서 돌출시키
고자 하는 객체인 원을 선택합니다.

{돌출할 객체 선택 또는 [모드(MO)]:}에서 <Enter>
키 또는 <Space bar>를 눌러 선택을 종료합니다.

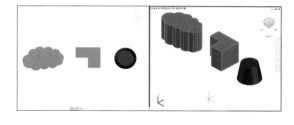

{돌출의 높이 지정 또는 [방향(D)/경로(P)/테이퍼 각도(T)]<300.0000>:}에서 테이퍼 각도 옵션 'T'를 입
력합니다.

{돌출에 대한 테이퍼 각도 지정 <0>:}에서 각도 '10'을 입력합니다.

{돌출의 높이 지정 또는 [방향(D)/경로(P)/테이퍼 각도(T)] <500.0000>:}에서 높이 '500'을 입력합니다.
다음과 같이 원이 지정한 각도대로 테이핑이 되면서 돌출됩니다.

참고<< **열린 객체를 돌출한 경우**

열린 객체를 돌출하면 표면(Surface) 객체가 됩니다. 다
음과 같이 열린 스플라인, 호 등을 돌출하면 표면(Surface)
이 모델링됩니다.

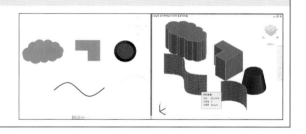

{돌출의 높이 지정 또는 [방향(D)/경로(P)/테이퍼 각도(T)] <300.0000>:}

① 방향(D): 두 점을 지정하여 돌출의 길이 및 방향을 지정합니다.

② 경로(P): 돌출 경로를 지정하여 방향과 길이를 지정합니다. 다음과 같이 스플라인에 직각인 원이 작도된 경우를 가정하겠습니다.

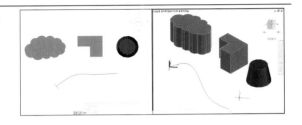

{돌출할 객체 선택 또는 [모드(MO)]:}에서 돌출할 객체 원을 선택합니다. {1개를 찾음}

{돌출할 객체 선택 또는 [모드(MO)]:}에서 <Enter> 키 또는 <Space bar>를 눌러 선택을 종료합니다.

{돌출 높이 지정 또는 [방향(D)/경로(P)/테이퍼 각도(T)/표현식(E)] <300.000>:}에서 경로 옵션 'P'를 입력합니다.

{돌출 경로 선택 또는 [테이퍼 각도(T)]:}에서 경로로 사용할 객체(스플라인)을 선택합니다. 스플라인 경로를 따라 원이 돌출되어 플렉시블 파이프가 모델링됩니다.

③ 테이퍼 각도(T): 테이퍼(비스듬한 경사)의 각도를 지정하여 비스듬하게 돌출합니다.

03. 경계 영역의 눌러 당기기(PRESSPULL)

경계 영역을 자동 인식하여 누르거나 당깁니다. 원이나 사각형과 같은 폐쇄 객체뿐 아니라 선이나 호로 이루어진 폐쇄 공간도 쉽게 인식합니다. 점토를 당기거나 밀어 넣는 듯한 조작입니다.

명령: PRESSPULL　　　　　아이콘: 🔲

01 다음과 같이 작도합니다. 가로 방향이 '3400', 세로 방향이 '2400(1400 + 1000)'입니다.

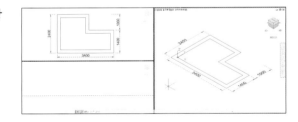

02 명령어 'PRESSPULL'을 입력하거나 '솔리드' 탭의 '솔리드' 패널 또는 '모델링' 도구 막대에서 🔲를 클릭합니다. {객체 또는 경계 영역 선택:제거 대상인 솔리드, 표면 및 영역을 선택…}에서 마우스를 누르기/당기기 할 영역의 내부로 가져가면 다음과 같이 폐쇄 공간을 찾아 하이라이트됩니다.

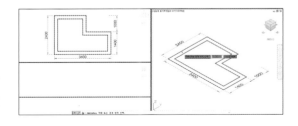

03 이때 클릭합니다. {1 루프이(가) 추출됨.}

{돌출 높이 지정 또는 [다중(M)]:}에서 누르거나 당길 높이 '1000'을 입력합니다.

{1개의 돌출이 작성됨.}

{객체 또는 경계 영역 선택:}에서 <Enter> 키 또는 <Space bar>를 눌러 종료합니다.

다음과 같이 지정한 폐쇄 공간이 눌러 당겨져서 솔리드 객체가 작성됩니다.

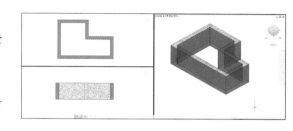

04 '원(CIRCLE)' 명령으로 솔리드 면에 원을 작도합니다.

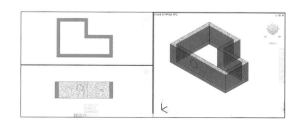

참고<< **동적 UCS 활용**

현재 UCS의 XY 평면이 아닌 위치에 객체를 작성하고자 할 때는 '동적 UCS'를 활용하면 쉽게 작도할 수 있습니다. 동적 UCS는 선택한 객체의 UCS를 자동으로 찾아 줍니다.

① 하단의 그리기 도구에서 '동적 UCS(⌷)'를 켭니다(ON).

② '원(CIRCLE)' 명령을 실행합니다.

　{원에 대한 중심점 지정 또는 [3점(3P)/2점(2P)/Ttr - 접선 접선 반지름(T)]:}에서 마우스 커서를 작도하고자 하는 3D 면에 가져가면 면(작도될 면)이 하이라이트됩니다. 이때, 클릭합니다.

③ {원의 반지름 지정 또는 [지름(D)] <200.0000>:}에서 반지름 값을 입력합니다.

---

05 누르기/당기기 명령을 실행합니다. 명령어 'PRESSPULL'을 입력하거나 '솔리드' 탭의 '솔리드' 패널 또는 '모델링' 도구 막대에서 📥를 클릭합니다.

{객체 또는 경계 영역 선택:}에서 직전에 작도한 원을 선택합니다. {1 루프이(가) 추출됨.}

{돌출 높이 지정 또는 [다중(M)]:}에서 벽체 방향으로 높이를 지정합니다. 높이는 벽체 두께보다 두껍게 지정합니다.

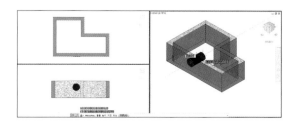

{객체 또는 경계 영역 선택:}에서 <Enter> 키 또는
<Space bar>를 누릅니다.
돌출 방향을 솔리드 방향으로 당기면 다음과 같이 구
멍이 뚫립니다.

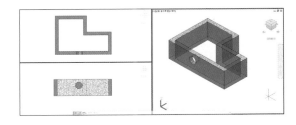

04. 3차원 회전체를 만드는 회전(REVOLVE)

2D 객체를 축을 중심으로 회전하여 3D 솔리드 또는 표면을 작성합니다. 닫혀있는 객체를 회전하면 솔리드
객체가 되고, 열려 있는 객체를 회전하면 표면 객체로 바뀝니다.

명령: REVOLVE	아이콘: 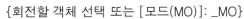

01 스플라인(SPLINE) 또는 폴리선(PLINE) 명령으로 다음
　과 같이 작도합니다. 곡선은 하나의 객체가 되도록 작
　도합니다. 가운데 축은 별도의 선으로 작도합니다.

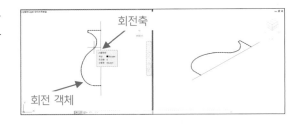

02 회전 명령을 실행합니다. 명령어 'REVOLVE'를 입력
　하거나 '솔리드' 탭의 '솔리드' 패널 또는 '모델링' 도
　구 막대에서 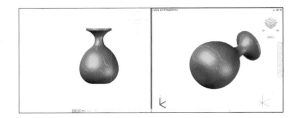을 클릭합니다.
　{현재 와이어프레임 밀도: ISOLINES = 4, 닫힌 윤곽
　작성 모드 = 솔리드}
　{닫힌 윤곽 작성 모드 [솔리드(SO)/표면(SU)] <솔리
　드>: _SO}
　{회전할 객체 선택 또는 [모드(MO)]: _MO}
　{회전할 객체 선택 또는 [모드(MO)]:}에서 회전할 객체를 선택합니다. {1개를 찾음}
　{회전할 객체 선택 또는 [모드(MO)]:}에서 <Enter> 키 또는 <Space bar>를 눌러 선택을 종료합니다.
　{축 시작점 지정 또는 다음에 의해 축 지정 [객체(O)/X/Y/Z] <객체(O)>:}에서 객체 옵션 'O'를 입력합니다.
　{객체 선택:}에서 축이 되는 수직선을 선택합니다.
　{회전 각도 지정 또는 [시작 각도(ST)/반전(R)/표현식(EX)] <360>:}에서 '360'을 입력합니다. 다음과 같
　이 회전체 솔리드가 작성됩니다.

회전 각도에 따라 모양이 달라집니다. 다음은 회전 각도를 '180'으로 지정한 경우입니다.

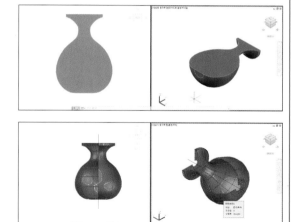

회전체를 작성할 때 회전 객체가 폐쇄 공간이거나 축과 맞닿아 있으면 솔리드 객체가 되고 폐쇄 공간이 아닌 객체이거나 객체가 축과 떨어져 있으면 표면 객체가 됩니다. 다음은 회전 객체가 회전축이 떨어져 있으며 270도 회전한 상태입니다. 표면 객체인 것을 알 수 있습니다.

옵션 설명

{축 시작점 지정 또는 다음에 의해 축 지정 [객체(O)/X/Y/Z] <객체(O)>:}

축의 지정은 마우스 또는 좌표 입력으로 직접 지정할 수도 있고 앞의 실습에서와 같이 축이 되는 객체를 선택하여 지정할 수도 있습니다.

① 객체(O): 객체를 선택하여 축을 지정합니다.

② X/Y/Z: 선택한 축을 기준으로 회전 각도를 지정합니다.

---

05. 단면 사이의 공간을 연결하는 로프트(LOFT)

몇 개의 객체(단면)를 이어서 솔리드 또는 면을 작성합니다. 단면의 지정 순서에 따라 객체의 모양이 달라지므로 객체 선택 순서를 고려해 지정해야 합니다.

명령: LOFT   아이콘: 🔩

01 큰 사이즈에서 작은 사이즈로 바뀌는 직사각형과 원형 레듀셔를 작도해 보겠습니다. 다음과 같이 크기가 다른 원과 사각형을 작도합니다.

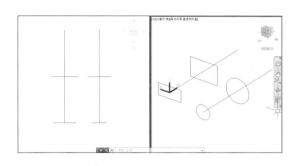

02 로프트 명령을 실행합니다. 명령어 'LOFT'를 입력하거나 '솔리드' 탭의 '솔리드' 패널 또는 '모델링' 도구 막대에서 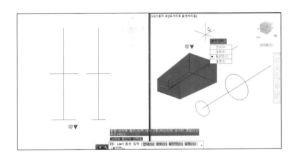을 클릭합니다.

{현재 와이어프레임 밀도: ISOLINES = 4, 닫힌 윤곽 작성 모드 = 솔리드}

{올림 순서로 횡단 선택 또는 [점(PO)/다중 모서리 결합(J)/모드(MO)]: _MO}

{닫힌 윤곽 작성 모드 [솔리드(SO)/표면(SU)] <솔리드>: _SO}

{올림 순서로 횡단 선택 또는 [점(PO)/다중 모서리 결합(J)/모드(MO)]:}에서 앞쪽에 있는 객체(원 또는 사각형)를 선택합니다. {1개를 찾음} 차례로 올라가면서 원을 선택합니다. 다음과 같이 선택한 객체를 토대로 가상의 형상을 보여 줍니다.

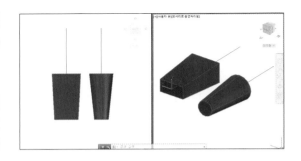

{올림 순서로 횡단 선택 또는 [점(PO)/다중 모서리 결합(J)/모드(MO)]:}에서 <Enter> 키 또는 <Space bar>를 눌러 선택을 종료합니다.

{2개의 횡단이 선택됨}

{옵션 입력 [안내(G)/경로(P)/횡단만(C)/설정(S)] <횡단만>:}에서 <Enter> 키를 누릅니다. 다음과 같이 솔리드 객체가 모델링됩니다. 동일한 방법으로 원을 차례로 선택하여 레듀셔를 작도할 수 있습니다.

03 '스플라인(SPLINE)' 명령과 '선(LINE)' 명령으로 다음과 같이 위쪽과 아래쪽에 객체를 작성합니다.

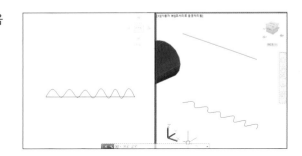

04 로프트 명령을 실행합니다.

{올림 순서로 횡단 선택 또는 [점(PO)/다중 모서리 결합(J)/모드(MO)]:}에서 아래쪽의 굴곡이 있는 스플라인을 선택합니다. {1개를 찾음}

{올림 순서로 횡단 선택 또는 [점(PO)/다중 모서리 결합(J)/모드(MO)]:}에서 위쪽의 직선을 선택합니다.

{올림 순서로 횡단 선택 또는 [점(PO)/다중 모서리 결합(J)/모드(MO)]:}에서 <Enter> 키 또는 <Space bar>를 눌러 선택을 종료합니다. {2개의 횡단이 선택됨}

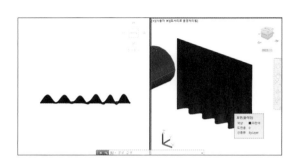

{옵션 입력 [안내(G)/경로(P)/횡단만(C)/설정(S)] <횡단만>:}에서 <Enter> 키를 누릅니다. 열린 객체를 선택하면 다음과 같이 표면 객체가 작성됩니다.

옵션 설명

{옵션 입력 [안내(G)/경로(P)/횡단만(C)/설정(S)] <횡단만>:}

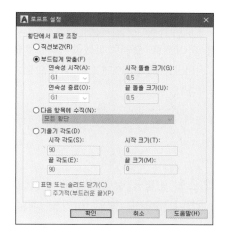

① 안내(G): 로프트 솔리드 또는 곡면의 셰이프를 조정하는 안내 곡선을 지정합니다. 가이드 곡선은 각 횡단면을 교차해야 하며 첫 번째 횡단면에서 시작해야 하고 마지막 횡단면에서 끝나야 합니다. 가이드 곡선은 추가적인 와이어프레임 정보를 객체에 추가하여 솔리드나 곡면의 형태를 추가로 정의하는 선이나 곡선입니다. 결과 솔리드 또는 곡면에 생기는 주름 등의 원치 않는 결과를 없애려면 가이드 곡선을 사용하여 해당 횡단에 점이 일치하는 방법을 조정할 수 있습니다.

② 경로(P): 로프트 솔리드 또는 곡면에 대한 단일 경로를 지정합니다. 경로 곡선은 횡단면의 모든 평면을 교차해야 합니다.

③ 횡단만(C): 안내 또는 경로를 사용하지 않고 횡단만으로 로프트된 객체를 작성합니다.

④ 설정(S): 로프트 표면 및 해당 횡단면의 윤곽선을 조정합니다. 또한 표면이나 솔리드를 닫을 수 있습니다.

(1) 직선 보간(R): 솔리드 또는 곡면이 횡단 간에 직선 보간(직선)되며 횡단에 뾰족한 모서리가 있습니다.

(2) 부드럽게 맞춤(F): 부드러운 솔리드 또는 곡면이 횡단 사이에 그려지며 시작 및 끝 횡단에 뾰족한 모서리가 있음을 지정합니다.

(3) 다음 항목에 수직(N): 횡단면을 통해 통과하는 솔리드 또는 곡면의 곡면 법선을 조정합니다. 시작 횡단면, 끝 횡단면, 시작 및 끝 횡단면, 모든 횡단면에 수직 중에서 선택합니다.

(4) 기울기 각도(D): 로프트 솔리드 또는 표면의 첫 번째 및 마지막 횡단 기울기 각도 및 크기를 조정합니다. 기울기 각도는 표면의 시작 방향입니다. 0은 곡선의 평면으로부터 바깥쪽으로 정의됩니다.

다음 그림은 시작 각도와 끝 각도의 설정에 따라 작성되는 로프트 객체를 나타낸 것입니다.

(5) 표면 및 솔리드 닫기(C): 표면 또는 솔리드를 닫거나 엽니다. 이 옵션을 사용하면 횡단은 토러스 모양 패턴을 형성하여 로프트 표면 또는 솔리드가 닫힌 튜브를 형성할 수 있습니다.

06. 경로를 따라 솔리드 형상을 만드는 스윕(SWEEP)

2D 곡선을 경로에 따라 스윕하여 3D 솔리드 또는 곡면을 작성합니다.

명령: SWEEP	아이콘:

01 파이프를 모델링하겠습니다. 폴리선(PLINE), 모깎기
(FILLET), 원(CIRCLE) 명령으로 다음과 같이 작성합
니다.

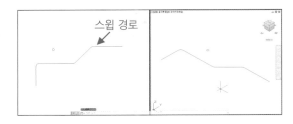

02 스윕 명령을 실행합니다. 명령어 'SWEEP'를 입력하
거나 '솔리드' 탭의 '솔리드' 패널 또는 '모델링' 도구
막대에서 █을 클릭합니다.
{현재 와이어프레임 밀도: ISOLINES = 4, 닫힌 윤곽
작성 모드 = 솔리드}
{스윕할 객체 선택 또는 [모드(MO)]: _MO}
{닫힌 윤곽 작성 모드 [솔리드(SO)/표면(SU)] <솔리드>: _SO}
{스윕할 객체 선택 또는 [모드(MO)]:}에서 원을 선택합니다. {1개를 찾음}
{스윕할 객체 선택 또는 [모드(MO)]:}에서 <Enter> 키 또는 <Space bar>를 눌러 선택을 종료합니다.
{스윕 경로 선택 또는 [정렬(A)/기준점(B)/축척(S)/비틀기(T)]:}에서 경로를 선택합니다. 다음과 같이 경
로를 따라 원형 솔리드 객체가 작성됩니다.

 여기에서 결과는 앞에서 학습한 '돌출(EXTRUDE)'과 유사한 효과를 얻습니다. 이런 경우는 돌출보다 스윕이
사용하기 편리한 기능입니다. 돌출은 돌출시키기 위한 객체(프로파일)가 경로와 수직으로 작도해야 하지만 스
윕은 어느 위치에 작도해 놓아도 해당 경로를 따라 스윕되기 때문입니다.

---

03 스플라인(SPLINE)과 선(LINE) 명령으로 다음과 같이
작도합니다.

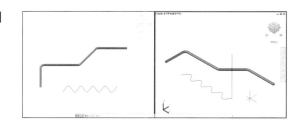

04 스윕(SWEEP) 명령을 실행합니다.

{스윕할 객체 선택 또는 [모드(MO)]:}에서 지그재그 스플라인을 선택합니다. {1개를 찾음}

{스윕할 객체 선택 또는 [모드(MO)]:}에서 <Enter> 키 또는 <Space bar>를 눌러 선택을 종료합니다.

{스윕 경로 선택 또는 [정렬(A)/기준점(B)/축척(S)/비틀기(T)]:}에서 수직선을 선택합니다. 다음과 같이 경로의 수직선을 따라 지그재그 곡선이 스윕되면서 표면이 작성됩니다.

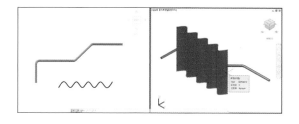

 경로는 3차원 상의 선, 호, 폴리선 등 임의의 객체를 지정할 수 있습니다. 열린 객체를 스윕하면 표면 (Surface) 객체가 됩니다.

옵션 설명

{스윕 경로 선택 또는 [정렬(A)/기준점(B)/축척(S)/비틀기(T)]:}

① 정렬(A): 윤곽이 스윕 경로의 접선 방향에 수직으로 정렬될지 여부를 지정합니다. 기본적으로 윤곽이 정렬됩니다.

② 기준점(B): 스윕할 객체에 대한 기준점을 지정합니다. 지정한 점이 선택된 객체의 평면에 있지 않은 경우, 평면에 투영됩니다.

③ 축척(S): 스윕 작업을 위한 축척 비율을 지정합니다. 축척 비율은 스윕 경로의 시작부터 끝까지 스윕되는 객체에 균일하게 적용됩니다.

④ 비틀기(T): 스윕되는 객체에 대한 회전 각도를 설정합니다. 회전 각도는 스윕 경로의 전체 길이를 따라 회전의 양을 지정합니다.

---

07. 표면을 두께가 있는 솔리드로 바꾸는 굵게 하기(THICKEN)

표면에 두께를 부여하여 3D 솔리드로 변환합니다.

명령: THICKEN	아이콘:

01 앞의 스윕 실습에서 작성된 표면을 이용하여 실습하겠습니다.

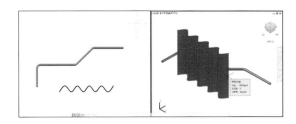

02 굵게 하기 명령을 실행합니다. 명령어 'THICKEN'을 입력하거나 '솔리드' 탭의 '솔리드 편집' 패널에서 을 클릭합니다.

{두껍게 할 곡면 선택:}에서 굵게 할 표면 객체를 선택합니다. {1개를 찾음}

{두껍게 할 곡면 선택:}에서 <Enter> 키 또는 <Space bar>를 눌러 선택을 종료합니다.

{두께 지정 <5.0000>:}에서 두께 값 '100'을 입력합니다. 다음과 같이 선택한 표면 객체가 두께 '100'인 솔리드 객체로 바뀝니다.

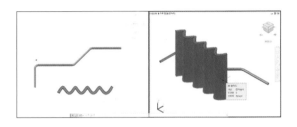

3. 솔리드의 연산

단순히 솔리드 작성 기능만으로는 다양하고 복잡한 객체를 작성하기는 쉽지 않습니다. 솔리드의 장점 중 하나인 솔리드 객체의 부울 연산과 편집 기능을 이용해야 복잡한 3차원 객체를 효율적으로 완성할 수 있습니다. 이번에는 솔리드 객체의 연산(더하기, 빼기, 교집합) 기능에 대해 알아보겠습니다.

01. 영역 또는 솔리드를 하나로 만드는 합집합(UNION)

선택한 영역 또는 솔리드 객체를 하나의 객체로 결합합니다.

명령: UNION(단축키: UNI)	아이콘:

01 다음과 같은 모델이 있다고 가정하겠습니다. 솔리드 (상자, 구)를 중복되도록 모델링한 후 복사합니다.

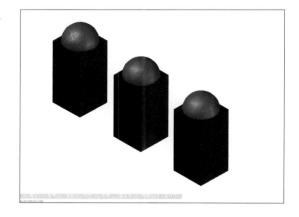

02 합집합 명령을 실행합니다. 명령어 'UNION' 또는
'UNI'를 입력하거나 '솔리드' 탭의 '부울' 패널 또는
'모델링' 도구 막대에서 ▨을 클릭합니다.

{객체 선택:}에서 상자 객체를 선택합니다.

{객체 선택:}에서 구 객체를 선택합니다.

{객체 선택:}에서 <Enter> 키 또는 <Space bar>를
눌러 종료합니다.

다음과 같이 두 개의 객체가 하나로 합쳐진 것을 알
수 있습니다.

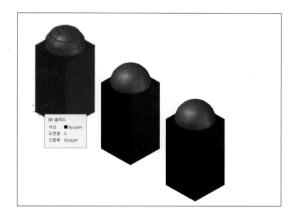

02. 영역 또는 솔리드의 차이를 만드는 차집합(SUBTRACT)

선택한 3D 솔리드, 표면 또는 2D 영역을 차집합으로 결합합니다. 기존 3D 솔리드 세트를 그와 겹치는 다른
세트에서 빼서 3D 솔리드 또는 표면을 작성할 수 있습니다. 겹치는 표면이나 2D 영역으로도 가능합니다.

명령: SUBTRACT(단축키:SU)	아이콘: ▨

03 명령어 'SUBTRACT' 또는 'SU'를 입력하거나 '솔리
드' 탭의 '부울' 패널 또는 '모델링' 도구 막대 ▨을 클
릭합니다.

{제거 대상인 솔리드, 표면 및 영역을 선택…}

{객체 선택:}에서 상자 객체를 선택합니다. {1개를 찾음}

{객체 선택:}에서 <Enter> 키 또는 <Space bar>를
눌러 선택을 종료합니다.

{제거할 솔리드, 표면 및 영역을 선택…}

{객체 선택:}에서 구 객체를 선택합니다. { 1개를 찾음}

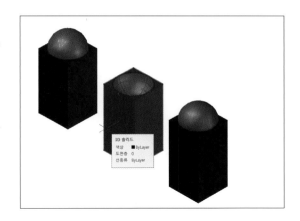

{객체 선택:}에서 <Enter> 키 또는 <Space bar>를 눌러 종료합니다.

다음과 같이 상자에서 선택한 원추를 뺀 형상이 작성됩니다.

03. 두 객체의 공통 부분을 추출하는 교집합(INTERSECTION)

겹치는 솔리드, 표면 또는 영역으로부터 서로 중복이 되는 3D 솔리드, 표면 또는 2D 영역을 작성합니다. 기
존 3D 솔리드, 표면 또는 영역이 서로 겹치는 공통 체적으로 3D 솔리드를 작성할 수 있습니다. 메쉬를 선택
한 경우, 먼저 솔리드나 표면으로 변환한 다음 작업을 완료합니다.

명령:INTERSECT(단축키:IN)	아이콘: ▨

04 명령어 'INTERSECT' 또는 'IN'을 입력하거나 '솔리드' 탭의 '부울' 패널 또는 '모델링' 도구 막대에서 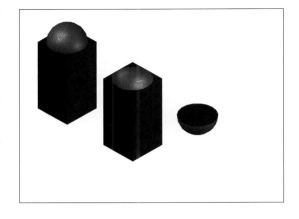을 클릭합니다.

{객체 선택:}에서 상자 객체를 선택합니다.

{객체 선택:}에서 구 객체를 선택합니다. {1개를 찾음, 총 2개}

{객체 선택:}에서 <Enter> 키 또는 <Space bar>를 눌러 선택을 종료합니다.

다음과 같이 두 객체가 겹치는 부분만 남고 나머지는 제거됩니다.

지금까지 학습한 솔리드 기능을 이용하여 다음과 같은 밸브를 모델링합니다. 솔리드 기본체(원통, 토러스, 구)를 활용하여 모델링하고 연산(합집합)을 이용하여 합칩니다.

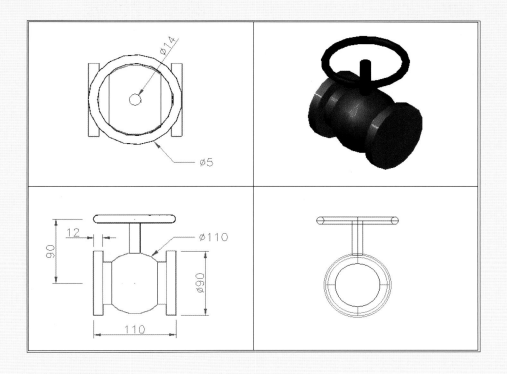

4. 솔리드 편집

작성된 솔리드 객체를 편집하는 기능에 대해 학습합니다.

01. 객체를 자르는 슬라이스(SLICE)

평면 또는 곡면으로 솔리드를 자릅니다.

명령: SLICE(단축키: SL)   아이콘:

01 예제 실습으로 작성한 밸브 모델이 있다고 가정하겠습니다.

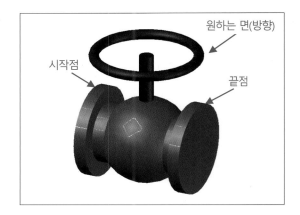

02 슬라이스 명령을 실행합니다. 명령어 'SLICE' 또는 'SL'을 입력하거나 '솔리드' 탭의 '솔리드 편집' 패널에서 █을 클릭합니다.
{슬라이스할 객체 선택:}에서 자를(슬라이스) 객체를 범위를 감싸 선택합니다.
{슬라이스할 객체 선택:}에서 <Enter> 키 또는 <Space bar>를 눌러 선택을 종료합니다.
{슬라이싱 평면의 시작점 지정 또는 [평면 객체(O)/곡면(S)/Z축(Z)/뷰(V)/XY(XY)/YZ(YZ)/ZX(ZX)/3점(3)] <3점>:}에서 원통의 사분점을 지정합니다.

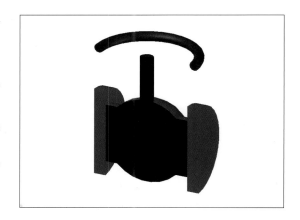

{평면 위의 두 번째 점 지정:}에서 반대편 원통의 사분점을 지정합니다.
{원하는 면 위의 점 지정 또는 [양쪽 면 유지(B)] <양쪽(B)>:}에서 객체의 뒤쪽 방향의 한 점을 지정합니다. 다음과 같이 지정한 두 점을 기준으로 절단됩니다. 지정한 방향의 객체가 남습니다.

{슬라이싱 평면의 시작점 지정 또는 [평면형 객체(O)/표면(S)/Z축(Z)/뷰(V)/XY(XY)/YZ(YZ)/ZX(ZX)/3점(3)] <3점>:}

① 평면형 객체(O): 원, 타원, 원형 또는 타원형 호, 스플라인 또는 2D 폴리선을 지정하여 절단면을 지정합니다.

② 표면(S): 표면(Surface)을 지정하여 절단면을 지정합니다.

③ Z축(Z): 평면 위의 점과 평면의 Z축(법선) 위에 또 한 점을 지정하여 절단 평면을 지정합니다.

④ 뷰(V): 절단 평면을 현재 뷰포트의 뷰 평면으로 지정합니다. 점을 지정하면 절단 평면의 위치가 정의됩니다.

⑤ XY/YZ/ZX: 절단 평면을 현재 UCS(사용자 좌표계)의 XY/YZ/ZX 평면으로 정의합니다.

⑥ 3점: 세 개의 점을 지정하여 정의합니다.

{원하는 면 위의 점 지정 또는 [양쪽 면 유지(B)] <양쪽(B)>:}

① 양쪽 면 유지(B): 자르기는 하되 양쪽 면을 그대로 유지합니다.

02. 각인(IMPRINT)

3D 솔리드 또는 표면에 2D 형상을 각인하여 편평면에 모서리를 추가로 작성합니다.

명령: IMPRINT	아이콘:

01 앞에서 작성한 밸브 모델을 이용하겠습니다. 옆면에 다음과 같이 원을 작도합니다.

02 모서리 각인 명령을 실행합니다. 명령어 'IMPRINT'를 입력하거나 '솔리드' 탭의 '솔리드 편집' 패널 또는 '솔리드 편집' 도구 막대에서 을 클릭합니다.

{3D 솔리드 선택:}에서 솔리드 객체를 선택합니다.

{각인할 하나의 객체를 선택:}에서 각인할 원을 선택합니다.

{원본 객체를 삭제합니까? [예(Y)/아니오(N)] <N>:}에서 'Y'를 입력합니다.

{각인할 하나의 객체를 선택:}에서 각인할 원을 선택합니다.

{원본 객체를 삭제합니까? [예(Y)/아니오(N)] <N>:}에서 'Y'를 입력합니다.

{각인할 하나의 객체를 선택:}에서 상자 위의 모든 2D 객체를 선택했으면 <Enter> 키 또는 <Space bar>

를 눌러 종료합니다.

다음과 같이 솔리드 객체에 2D의 객체가 각인되고 원래 객체(원)는 삭제됩니다.

 각인되는 객체는 선, 호, 원, 2D 및 3D 폴리선, 타원, 스플라인, 영역, 본체 및 3D 솔리드와 같은 객체에만 제한됩니다.

---

03. 접촉여부를 검사하는 간섭 검사(INTERFERENCE)

3차원 공간 상에서 두 개 이상의 솔리드 객체 사이의 간섭 여부(2개 이상의 공통 체적)를 체크합니다.

명령: INTERFERE(단축키: INF)	아이콘:

01 밸브 모델을 이용하여 실습하겠습니다. 다음과 같이 밸브를 관통하는 원통을 모델링합니다.

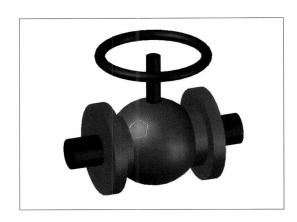

02 간섭 명령을 실행합니다. 명령어 'INTERFERE' 또는 'INF'를 입력하거나 '솔리드' 탭의 '솔리드 편집' 패널 또는 '솔리드 편집' 도구 막대에서 을 클릭합니다.

{첫 번째 객체 집합 선택 또는 [내포된 선택(N)/설정(S)]:}에서 밸브 객체를 선택합니다. {1개를 찾음}

{첫 번째 객체 집합 선택 또는 [내포된 선택(N)/설정(S)]:}에서 <Enter> 키 또는 <Space bar>를 눌러 선택을 종료합니다.

{두 번째 객체 집합 선택 또는 [내포된 선택(N)/현재 검사(K)] <검사(K)>:}에서 관통하는 원통을 선택합니다. {3개를 찾음}

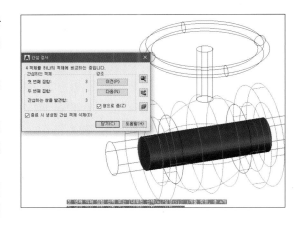

{두 번째 객체 집합 선택 또는 [내포된 선택(N)/현재 검사(K)] <검사(K)>:}에서 <Enter> 키 또는 <Space bar>를 눌러 선택을 종료합니다.

다음과 같이 간섭 객체가 표시되면서 '간섭 검사' 대화 상자가 나타납니다.

03 간섭 검사 대화 상자에서 '3D 궤도 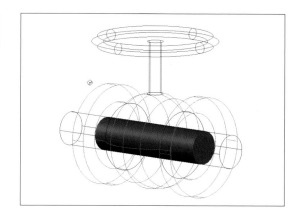 ' 버튼을 누릅니다. 간섭되는 부분이 다음과 같이 솔리드 객체(빨간색 부분)로 표현됩니다.

04 <ESC> 키를 누르면 다시 대화 상자로 돌아옵니다. [닫기]를 클릭하면 원래의 화면으로 돌아갑니다.

간섭 객체 사이에서 순환하고 줌을 할 수 있습니다. 대화 상자를 닫을 경우, 간섭 객체의 삭제 여부도 지정할 수 있습니다.

① 간섭하는 객체: 각 세트 사이에서 발견한 간섭의 수를 표시합니다.

② 강조: [이전(P)]와 [다음(N)]을 눌러 간섭하는 객체 사이를 이동하면서 강조하여 표시합니다.

③ 종료 시 생성된 간섭 객체 삭제(D): 대화 상자가 닫히면 간섭된 부분을 강조한 객체를 삭제합니다.

④ 줌: 줌(ZOOM), 초점 이동(PAN), 3D 궤도(3DORBIT) 명령을 실행합니다.

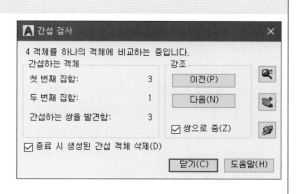

옵션 설명

{첫 번째 객체 집합 선택 또는 [내포된 선택(N)/설정(S)]:}

· 내포된 선택(N): 블록 및 외부 참조에 내포된 개별 솔리드 객체를 선택할 수 있습니다.

· 설정(S): 다음의 간섭 설정 대화 상자를 통해 간섭 객체에 대한 표시 환경을 설정합니다.

① 간섭 객체: 간섭 객체를 표현할 때의 비주얼 스타일과 색상을 지정하고, 강조에 대한 동작을 지정합니다.

② 뷰포트: 뷰포트의 비주얼 스타일을 지정합니다.

04. 모서리 추출(XEDGES)

3D 솔리드, 표면, 메쉬, 영역 또는 하위 객체의 모서리로부터 와이어프레임 형상을 작성합니다.

명령: XEDGES	아이콘:

01 밸브 모델을 이용하여 실습하겠습니다. 명령어 'XEDGES'를 입력하거나 '솔리드' 탭의 '솔리드 편집' 패널에서 을 클릭합니다.

{객체 선택:}에서 범위를 지정하여 모든 객체를 선택합니다{4개를 찾음}.

{객체 선택:}에서 <Enter> 키 또는 <Space bar>를 눌러 선택을 종료합니다.

{객체에 모서리가 없습니다.}

다음과 같이 화면상에서는 별다른 변화가 나타나지 않습니다. 이는 작성된 와이어프레임 객체가 중복되어 있기 때문입니다.

> (Tip) 모서리 추출이 가능한 객체는 메쉬, 솔리드, 곡면, 영역 객체입니다.

---

02 '이동(MOVE)' 명령으로 솔리드 객체를 이동합니다. 주의할 점은 모든 객체를 이동하면 동일한 결과가 되므로 솔리드 객체만 선택하여 이동합니다. 솔리드 객체를 이동하면 다음과 같이 솔리드 모서리가 추출되었다는 것을 확인할 수 있습니다.

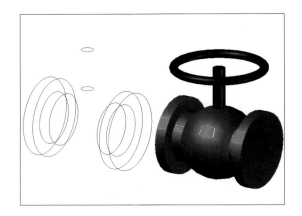

참고<< **특정 모서리만 추출**

솔리드와 곡면의 특정 면의 모서리를 추출하고자 할 때는 추출할 개별 모서리 및 면을 선택합니다. <Ctrl> 키를 누른 상태에서 모서리와 면을 선택하면 특정 모서리만을 추출할 수 있습니다.

05. 모서리 간격띄우기(OFFSETEDGE)

3D 솔리드 또는 표면에서 선택한 편평면의 모서리로부터 지정된 거리만큼 간격띄우기된 닫힌 폴리선 또는 스플라인 객체를 작성합니다.

명령: OFFSETEDGE   아이콘: ▢

01 밸브 모델을 이용하여 실습하겠습니다. 명령어 'OFFSETEDGE'를 입력하거나 '솔리드' 탭의 '솔리드 편집' 패널에서 ▢을 클릭합니다.
{면 선택:}에서 솔리드 면에 마우스를 가져가면 앞면이 하이라이트됩니다. 이때 클릭합니다.

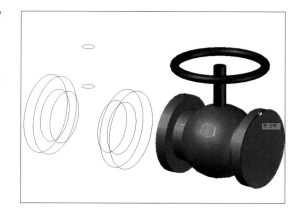

02 {통과점 지정 또는 [거리(D)/구석(C)]:}에서 '거리' 옵션 'D'를 입력합니다.
{거리 지정 <0.0000>:}에서 거리 값 '20'을 입력합니다.
{간격띄우기할 면의 점 지정:}에서 면의 안쪽을 지정합니다.
{면 선택:}에서 <Enter> 키 또는 <Space bar>를 눌러 종료합니다.
다음과 같이 면의 모서리가 추출되어 거리 '20'만큼 안쪽으로 간격띄우기가 됩니다.

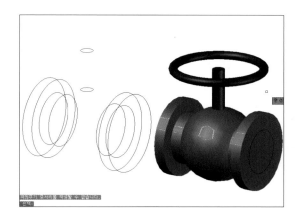

06. 모서리 모깎기(FILLETEDGE)

솔리드 객체의 모서리를 둥글게 처리합니다.

명령: FILLETEDGE   아이콘: ⬠

밸브 모델을 이용하여 실습하겠습니다.

명령어 'FILLETEDGE'를 입력하거나 '솔리드' 탭의 '솔리드 편집' 패널 또는 '솔리드 편집' 도구 막대에서 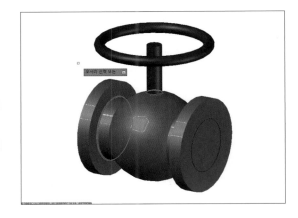 을 클릭합니다.

{반지름 = 1.0000}

{모서리 선택 또는 [체인(C)/루프(L)/반지름(R)]:}에 서 모깎기할 모서리를 선택합니다.

{모서리 선택 또는 [체인(C)/루프(L)/반지름(R)]:}에 서 모깎기할 모서리를 선택합니다.

선택한 모서리가 하이라이트됩니다.

{모서리 선택 또는 [체인(C)/루프(L)/반지름(R)]:}에 서 반지름 'R'을 입력합니다.

{모깎기 반지름 입력 또는 [표현식(E)] <1.0000>:} 에서 반지름 값 '3'을 입력합니다.

다음과 같이 반지름이 '3'인 모깎기 형상이 표시됩니다.

{모서리 선택 또는 [체인(C)/루프(L)/반지름(R)]:}에 서 <Enter> 키를 누릅니다.

{2개의 모서리(들)이(가) 모깎기를 위해 선택됨.}

{모깎기를 수락하려면 Enter 누름 또는 [반지름(R)]:} 에서 <Enter> 키를 눌러 수락합니다. 다음과 같이 모서리가 모깎기됩니다.

옵션 설명

{모서리 선택 또는 [체인(C)/루프(L)/반지름(R)]:}

① 체인(C): 모서리가 서로 접하는 경우 둘 이상의 모서리를 지정합니다.

② 루프(L): 솔리드 면에 모서리 루프를 지정합니다. 모서리에는 두 개의 루프가 있을 수 있습니다. 루프 모서리를 선택하고 나면 수락할지를 묻습니다.

③ 반지름(R): 모깎기할 반지름을 지정합니다.

{옵션 입력 [수락(A)/다음(N)] <수락>:}

① 수락(A): 현재 상태를 수락합니다.

② 다음(N): 지정한 모서리에서 루프 탐색을 다음 면(다른 모서리)으로 넘어갑니다.

07. 모서리 모따기(CHAMFEREDGE)

솔리드 객체의 모서리를 각진 모따기 처리합니다.

명령: CHAMFEREDGE	아이콘:

조작 방법은 모서리 모깎기(FILLETEDGE)와 유사하며 2차원 모따기와 같이 모서리를 양쪽 거리로 모따기합니다.

모깎기와 중복된 옵션의 설명은 생략하겠습니다.

{모서리 선택 또는 [루프(L)/거리(D)]:}}

① 루프(L): 솔리드 면에 모서리 루프를 지정합니다. 모서리에는 두 개의 루프가 있을 수 있습니다. 루프 모서리를 선택하고 나면 수락할지를 묻습니다.

② 거리(D): 모따기할 양쪽의 거리를 지정합니다.

08. 솔리드 편집

작성된 솔리드의 면이나 모서리를 다양하게 편집할 수 있습니다.

참고<< **솔리드 편집 명령의 흐름**

명령어는 'SOLIDEDIT'입니다.

{명령:}에서 'SOLIDEDIT'를 입력하면 다음과 같은 옵션이 있습니다.

{솔리드 편집 옵션 [면(F)/모서리(E)/본체(B)/명령 취소(U)/나가기(X)] <나가기>:}

여기에서 옵션을 선택하면 다시 동작 옵션을 선택하는 메시지가 나타납니다.

① 면을 선택한 경우

{면 편집 옵션 입력 [돌출(E)/이동(M)/회전(R)/간격띄우기(O)/테이퍼(T)/삭제(D)/복사(C)/색상(L)/재료(A)/명령 취소(U)/나가기(X)] <나가기(X)>:}

② 모서리를 선택한 경우

{모서리 편집 옵션 [복사(C)/색상(L)/명령 취소(U)/나가기(X)] <나가기>:}

이때, 옵션을 선택하여 솔리드를 편집합니다.

그러나 이런 복잡한 과정을 거치지 않고 솔리드를 편집하려면 리본 메뉴나 '솔리드 편집' 도구 막대의 아이콘을 클릭하면 옵션을 선택하는 두 단계를 생략할 수 있어 편리합니다.

'솔리드' 탭의 '솔리드 편집' 패널에서 편집하고자 하는 명령 컨트롤을 클릭합니다.

---

(1) 면 테이퍼(Taper Faces)

면에 일정한 각도로 깎아냅니다. 테이퍼 각도의 회전은 선택한 벡터를 따라 기준점과 두 번째 점을 선택한 순서에 의해 결정됩니다.

명령: SOLIDEDIT	아이콘:

다음은 앞쪽 면을 15도 각도로 테이핑한 형상입니다.

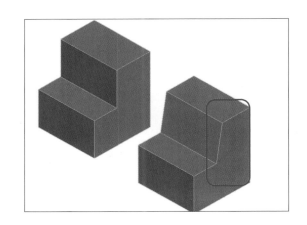

(2) 면 돌출(Extrude Faces)

3D 솔리드 객체의 선택된 평면형 면을 지정한 높이로 또는 경로를 따라서 돌출시킵니다. 한 번에 여러 개의 면을 선택할 수 있습니다.

명령: SOLIDEDIT	아이콘:

다음은 아래쪽 앞면을 '150'만큼 돌출한 형상입니다.

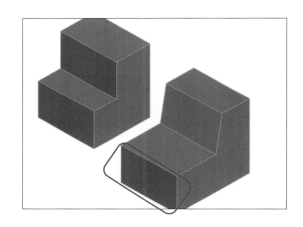

(3) 면 간격띄우기(Offset Faces)

면을 지정한 거리만큼 또는 지정한 점을 통해 동일하게 간격띄우기를 합니다. 양의 값을 지정하면 솔리드의 크기 또는 체적이 확대되고 음의 값을 지정하면 솔리드의 크기 또는 체적이 축소됩니다.

명령: SOLIDEDIT	아이콘:

왼쪽은 원본 객체이고 오른쪽은 면 전체를 '50'만큼 간격을 띄운 형상입니다.

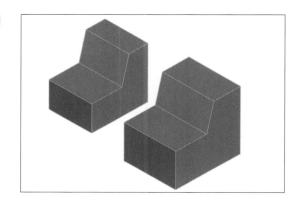

(4) 쉘(Shell)

쉘은 지정한 두께를 가진 속이 비고 얇은 벽을 작성합니다. 모든 면에 대해 일정한 벽 두께를 지정할 수 있습니다. 특정 면을 선택해 쉘에서 제외할 수도 있습니다.

명령: SOLIDEDIT   아이콘:

솔리드 객체의 비주얼 스타일을 'X레이'로 설정합니다.

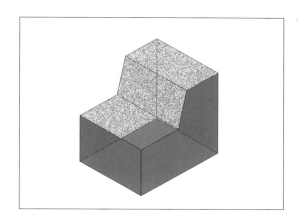

쉘(Shell) 명령을 실행합니다.
{3D 솔리드 선택:}에서 솔리드 객체를 선택합니다.
{면 제거 또는 [명령 취소(U)/추가(A)/전체(ALL)]:}에서
<Enter> 키를 누릅니다.
{쉘 간격띄우기 거리 입력:}에서 간격 '50'을 입력합니다.
{솔리드 확인이 시작됨.} {솔리드 확인이 완료됨.}
{본체 편집 옵션 입력 [각인(I)/솔리드 분리(P)/쉘(S)/비우기(L)/점검(C)/명령 취소(U)/종료(X)] <종료>:}에서 <Enter>
키를 누릅니다.
{솔리드 편집 자동 점검: SOLIDCHECK = 1}
{솔리드 편집 옵션 [면(F)/모서리(E)/본체(B)/명령 취소

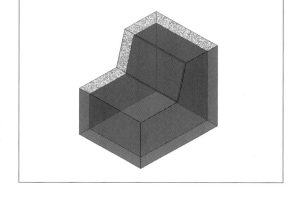

(U)/종료(X)] <종료>:}에서 <Enter> 키를 누릅니다. 다음과 같이 50만큼 안쪽으로 쉘을 생성합니다.

> {쉘 간격띄우기 거리 입력:}에서 음수 값을 지정하면 바깥쪽에 벽을 생성합니다.

(5) 점검(Check)

선택한 3D 솔리드 객체가 적합한 ShapeManager 솔리드인지 점검합니다.

명령: SOLIDEDIT   아이콘: 🗀

점검 명령을 실행합니다.

{솔리드 편집 자동 점검: SOLIDCHECK = 1}

{솔리드 편집 옵션 [면(F)/모서리(E)/본체(B)/명령 취소(U)/나가기(X)] <나가기>:_body}

{본체 편집 옵션 입력 [각인(I)/솔리드 분리(P)/쉘(S)/비우기(L)/점검(C)/명령 취소(U)/나가기(X)] <나가기>: _check}

{3D 솔리드 선택:}에서 점검하고자 하는 솔리드 객체를 선택합니다.

{이 객체는 유효한 ShapeManager 솔리드입니다.}라는 메시지로 솔리드 객체임을 확인시켜 줍니다.

{본체 편집 옵션 입력 [각인(I)/솔리드 분리(P)/쉘(S)/비우기(L)/점검(C)/명령 취소(U)/나가기(X)] <나가기>:}에서 'X'를 입력합니다.

{솔리드 편집 자동 점검: SOLIDCHECK = 1}

{솔리드 편집 옵션 [면(F)/모서리(E)/본체(B)/명령 취소(U)/나가기(X)] <나가기>:}에서 'X'를 입력하여 종료합니다.

 솔리드 객체가 아닌 곡면이나 일반 2차원 객체를 선택하면 {3D 솔리드를 선택해야 함.}이라는 메시지를 표시합니다.

---

(6) 분리(Separate)

분해된 체적이 있는 3D 솔리드 객체를 개별 3D 솔리드 객체로 분리합니다. 객체가 떨어져 있어도 '합집합(UNION)'으로 하나의 객체로 작성된 객체를 분리합니다.

명령: SOLIDEDIT	아이콘:

01 다음과 같이 솔리드 객체를 두 개 작성한 후 합집합을 실행합니다. '합집합(UNION) ' 명령으로 하나의 객체로 결합합니다.

{객체 선택:}에서 상자와 원통을 모두 선택합니다. {4개를 찾음}

{객체 선택:}에서 <Enter> 키 또는 <Space bar>를 눌러 종료합니다. 합집합된 객체에 마우스를 가져가면 다음과 같이 공간상으로는 떨어져 있지만 하나의 객체임(하나의 객체에 마우스를 가져가도 두 개 모두 점선으로 바뀜)을 알 수 있습니다.

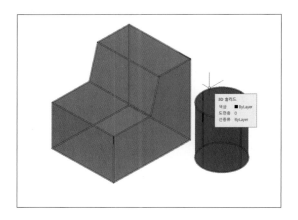

02 분리 명령을 실행합니다.

{3D 솔리드 선택:}에서 합집합 한 솔리드 객체를 선택합니다.

{면 편집 옵션 입력 [돌출(E)/이동(M)/회전(R)/간격 띄우기(O)/테이퍼(T)/삭제(D)/복사(C)/색상(L)/재료(A)/명령 취소(U)/나가기(X)] <나가기(X)>:}에서 'X'를 입력합니다.

{솔리드 편집 자동 점검: SOLIDCHECK = 1}

{솔리드 편집 옵션 [면(F)/모서리(E)/본체(B)/명령 취소(U)/나가기(X)] <나가기>:}에서 'X'를 눌러 종료합니다. 선택된 객체가 분리됩니다. 다음과 같이 원통이 분리됩니다.

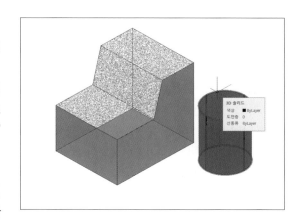

> '합집합(UNION)'에 의해 하나의 체적으로 이루어진 객체를 선택하면 {선택된 솔리드는 다중 조각을 가지지 않습니다.}라는 메시지를 표시하며 분리되지 않습니다.

5. 단면의 작성(SECTION)

단면은 어느 특정 위치로부터 객체를 잘라서 보는 것을 말합니다. 이렇게 단면을 표현함으로써 객체 안쪽의 구조나 상황을 파악하기 쉽습니다. 단면을 볼 수 있다는 것은 3차원 모델 작업의 장점 중 하나입니다.

01. 단면 평면(SECTIONPLANE)

3D 객체(솔리드, 표면, 메쉬)에서 절단 평면 기능을 하는 단면 객체를 작성합니다. 단면 평면 객체와 라이브 단면 기능을 사용하여 모형을 분석하고, 단면을 블록으로 저장한 다음 배치에 사용할 수 있습니다.

명령: SECTIONPLANE	아이콘:

01 3D 솔리드 모델을 준비합니다. 앞에서 작성한 밸브 모델이 있다고 가정하겠습니다.

02 명령어 'SECTIONPLANE'를 입력하거나 '메쉬' 또는 '솔리드' 탭의 '단면' 패널에서 '단면 평면 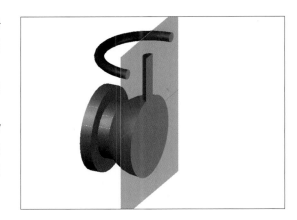'을 클릭합니다.

{단면 선을 배치할 면 또는 점 선택 또는 [단면 그리기(D)/직교(O)]:}에서 '직교' 옵션 'O'를 입력합니다.

{단면 정렬 대상: [정면도(F)/배면도(A)/평면도(T)/저면도(B)/좌측면도(L)/우측면도(R)] <평면도>:}에서 평면도 'R'을 입력합니다. 다음과 같이 평면 단면의 경계가 작성됩니다.

03 <Enter> 키 또는 <Space bar>를 눌러 '단면 평면' 명령을 재실행합니다.

{단면 선을 배치할 면 또는 점 선택 또는 [단면 그리기(D)/직교(O)]:}에서 '직교' 옵션 'O'를 입력합니다.

{단면 정렬 대상: [정면도(F)/배면도(A)/평면도(T)/저면도(B)/좌측면도(L)/우측면도(R)] <평면도>:}에서 평면도 'T'를 입력합니다. 다음과 같이 평면 단면의 경계가 작성됩니다.

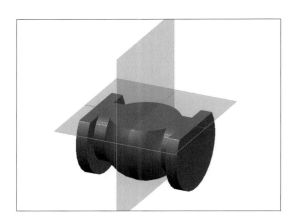

04 단면의 경계를 이동해 보겠습니다. 우측면 단면 객체를 선택한 후 가운데 위치한 그립(파란색 사각형)을 선택합니다. 선택이 되면 빨간색으로 변합니다. 이때 마우스를 끌고 뒤쪽으로 이동합니다. 다음과 같이 단면이 뒤쪽으로 이동합니다.

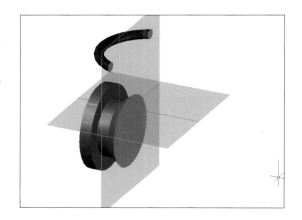

{단면 선을 배치할 면 또는 점 선택 또는 [단면 그리기(D)/직교(O)/유형(T)]:}

① 단면 그리기(D): 사용자가 직접 점을 지정하여 단면 경계를 정의하여 꺾기가 있는 단면 선을 작성합니다. 이 옵션은 라이브 단면을 끈 상태에서 단면 경계 상태인 단면 객체를 작성합니다.

② 직교(O): 단면 객체를 UCS에 상대적인 직교 방향으로 정렬합니다. 이 옵션을 선택하면 다음과 같은 정렬 대상 메시지가 표시됩니다. 정렬하고자 하는 단면을 선택합니다.

{단면 정렬 대상: [정면도(F)/배면도(A)/평면도(T)/저면도(B)/좌측면도(L)/우측면도(R)] <평면도>:}

③ 유형(T): 단면의 유형인 평면, 슬라이스, 경계, 체적 중 선택합니다.

· 평면: 3D 솔리드, 표면, 메쉬 또는 점 구름의 평면 세그먼트를 지정하고 단면 평면을 배치할 수 있습니다.

· 슬라이스: 3D 솔리드, 표면, 메쉬 또는 점 구름의 깊이로 평면 세그먼트를 선택하여 단면 평면을 배치할 수 있습니다. 슬라이스에는 꺾기가 포함될 수 없으며 그리기 선택 옵션이 비활성화됩니다.

· 경계: 3D 솔리드, 표면, 메쉬 또는 점 구름의 경계를 선택하고 단면 평면을 배치할 수 있습니다.

· 체적: 경계가 있는 체적 단면 평면을 작성할 수 있습니다

02. 라이브 단면(LIVESECTION)

라이브 단면이란 3D 솔리드, 표면 또는 영역에서 절단 형상을 보여 주는 분석 도구입니다. 선택한 단면 객체에 대한 활성 단면을 켭니다. 단면 객체에 의해 교차된 3D 객체의 횡단면이 표시됩니다. '단면 평면(SECTIONPLANE)' 명령으로 작성된 단면 객체가 있을 때 동작합니다.

명령: LIVESECTION	아이콘:

01 명령어 'LIVESECTION'을 입력하거나 '솔리드' 또는 '메쉬' 탭의 '단면' 패널에서 '라이브 단면 '을 클릭합니다.

{단면 객체 선택:}에서 수직 방향의 단면 객체를 선택합니다. 다음과 같이 수직 방향의 단면의 범위만 나타나고 나머지는 사라집니다.

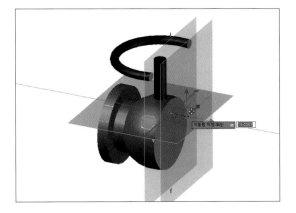

 '라이브 단면(LIVESECTION)' 명령을 실행하지 않고 단면 객체를 먼저 선택한 경우는 상단의 리본 메뉴 최우측에 '라이브 단면' 메뉴가 나타납니다. 이때 '라이브 단면'을 클릭하면 동일한 결과가 됩니다.

02 <Enter> 키 또는 <Space bar>를 눌러 '라이브 단면' 명령을 재실행합니다.

{단면 객체 선택:}에서 수평(평면) 단면 객체를 선택합니다. 다음과 같이 평면 단면을 조정할 수 있습니다.

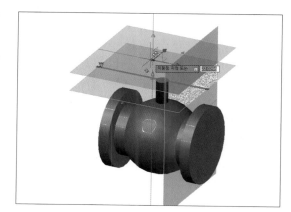

03. 단면 꺾기 추가(SECTIONPLANEJOG)

단면 객체에 꺾기를 추가합니다. 단면 객체를 작성하는 동안 꺾기 또는 각도를 삽입할 수 있습니다. 꺾기는 단면 선에 작성됩니다. 꺾인 세그먼트는 단면 선에 대해 90도 각도로 작성됩니다.

명령: SECTIONPLANEJOG	아이콘: ◨

01 명령어 'SECTIONPLANEJOG'을 입력하거나 '메쉬' 또는 '솔리드' 탭의 '단면' 패널에서 '단면 꺾기 추가 ◨' 를 클릭합니다.

{단면 객체 선택:}에서 평면 단면 객체를 선택합니다.
{단면 선에서 하나의 점 지정하여 꺾기 추가:}에서 객체스냅 '중간점 ◨'을 이용하여 단면의 중간점을 지정합니다.

다음과 같이 단면 객체가 중간점을 중심으로 꺾어집니다.

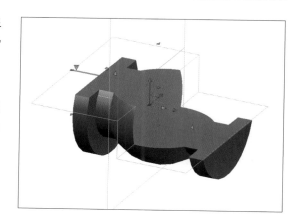

02 꺾어진 면을 클릭하여 면에 있는 그립(삼각형)을 클릭합니다.

{점 위치 지정 또는 [기준점(B)/명령 취소(U)/종료 (X)]:}에서 위쪽으로 이동합니다. 단면 절단면이 위쪽 으로 이동하면서 단면이 나타납니다.

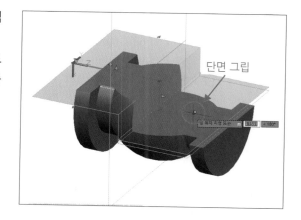

단면 그립

단면 객체를 클릭하면 다음과 같은 그립이 나타납니다. 단면 객체 그립을 이용하여 다음과 같은 조작을 할 수 있습니다.

① 기준 그립: 단면 객체를 이동, 축척 및 회전하는 기준 점 역할을 합니다. 단면 객체는 항상 메뉴 그립과 인접해 있습니다.

② 보조 그립: 단면 객체를 기준 그립 주위에서 회전합니다.

③ 메뉴 그립: 절단 평면에 대해 표시되는 시각적 정보를 조정할 수 있는 단면 객체 상태의 메뉴가 나타납니다.

④ 방향 그립: 2D 단면의 뷰 방향을 조정합니다. 단면 평면의 뷰 방향을 반대로 하려면 방향 그립을 클릭합니다.

⑤ 화살표 그립: (단면 경계 및 체적 상태만 해당됩니다)단면 평면의 모양과 위치를 수정하여 단면 객체를 수정합니다. 화살표 방향으로 직교하는 이동만 가능합니다.

⑥ 세그먼트 끝 그립: (단면 경계 및 체적 상태만 해당됩니다)단면 평면의 정점을 신축합니다. 세그먼트의 끝 그립을 움직여 세그먼트가 교차하게 할 수 없습니다. 세그먼트 끝 그립은 꺾어진 세그먼트의 끝점에 표시됩니다.

04. 단면 생성(SECTIONPLANETOBLOCK)

2D 및 3D 단면을 블록으로 저장합니다.

명령: SECTIONPLANETOBLOCK   아이콘:

01 '명령어 'SECTIONPLANETOBLOCK'을 입력하거나 '메쉬' 또는 '솔리드' 탭의 '단면' 패널에서 '단면 생성 '을 클릭합니다.
다음과 같은 대화 상자가 나타납니다.

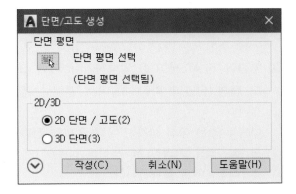

02 대화 상자에서 ' 단면 평면 선택'을 클릭합니다.

{단면 객체 선택:}에서 꺾어진 평면도 단면 객체를 선택합니다. 선택된 단면 객체에 그립이 나타납니다. '2D/3D'에서 '2D 단면 / 고도(2)'를 지정합니다. [작성(C)]버튼을 클릭합니다.

{단위: 밀리미터   변환: 1.0000}

{삽입점 지정 또는 [기준점(B)/축척(S)/X/Y/Z/회전 (R)]:}에서 단면의 삽입점을 지정합니다.

{X축척 비율 입력, 반대구석 지정, 또는 [구석(C)/XYZ(XYZ)] <1>:}에서 <Enter> 키를 누릅니다.

{Y축척 비율 입력 <X축척 비율 사용>:}에서 <Enter> 키를 누릅니다.

{회전 각도 지정 <0>:}에서 <Enter> 키를 누릅니다.

다음과 같이 작성된 단면 평면이 지정한 삽입 위치에 배치됩니다.

삽입점

(Tip) 단면 작성에서 도면에 삽입하는 조작은 '삽입(INSERT)' 명령과 동일합니다.

---

05. 플랫 샷(FLATSHOT)

현재 뷰를 기준으로 3D 객체를 2D 표현으로 작성합니다. 모든 3D 솔리드, 표면 및 메쉬의 모서리는 뷰 평면과 평행한 평면에 일직선으로 투영됩니다. 이러한 모서리의 2D 표현이 UCS의 XY 평면에 블록으로 삽입됩니다. 이 블록을 분해하여 추가로 변경할 수 있습니다.

명령: FLATSHOT   아이콘: 🔲

01 명령어 'FLATSHOT'을 입력하거나 '메쉬' 또는 '솔리드' 탭의 '단면'의 확장 패널에서 '플랫 샷 🔲'을 클릭합니다.

다음과 같은 대화 상자가 나타납니다. '전경 선' 색상을 '빨간색', '가려진 선' 색상을 '파란색'으로 설정한 후 [작성(C)]을 클릭합니다.

02 {단위: 밀리미터   변환: 1.0000}

{삽입점 지정 또는 [기준점(B)/축척(S)/X/Y/Z/회전(R)]:}
에서 삽입점을 지정합니다.

{X축척 비율 입력, 반대구석 지정, 또는 [구석(C)/XYZ(XYZ)]
<1>:}에서 <Enter> 키를 누릅니다.

{Y축척 비율 입력 <X축척 비율 사용>:}에서 <Enter>
키를 누릅니다.

{회전 각도 지정 <0>:}에서 <Enter> 키를 누릅니다.

뷰를 평면 뷰로 조정합니다. 다음과 같이 플랫 샷이 표시됩니다.

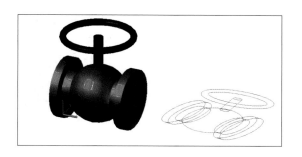

6. 모델의 정렬, 대칭

3차원 모델을 정렬하고 대칭 복사하는 방법에 대해 알아보겠습니다.

01. 기준 객체와 정렬하는 3D 정렬(3DALIGN)

객체를 2D 및 3D에서 다른 객체와 정렬합니다.

명령: 3DALIGN	아이콘:

01 다음과 같은 솔리드 모델이 있다고 가정하겠습니다.
한 변의 길이가 '200'인 육면체와 '300x200x200'인
쐐기입니다.

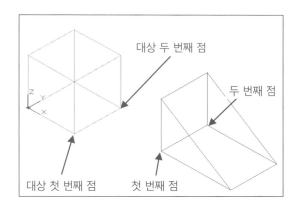

02 명령어 '3DALIGN'을 입력하거나 '홈' 탭의 '수정' 패
널에서 아이콘 을 클릭합니다.

{객체 선택:}에서 정렬할 객체(오른쪽 쐐기)를 선택합
니다. {1개를 찾음}

{객체 선택:}에서 <Enter> 키 또는 <Space bar>를
눌러 선택을 종료합니다.

{원본 평면 및 방향 지정…}

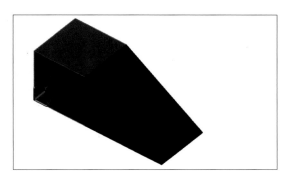

{기준점 지정 또는 [복사(C)]:}에서 쐐기의 앞쪽 끝점(첫 번째 점)을 지정합니다.

{두 번째 점 지정 또는 [계속(C)] <C>:}에서 쐐기의 뒤쪽 끝점(두 번째 점)을 지정합니다.

{세 번째 점 지정 또는 [계속(C)] <C>:}에서 <Enter> 키 또는 <Space bar>를 누릅니다.

{대상 평면 및 방향 지정…}

{첫 번째 목표점 지정:}에서 상자의 앞쪽 끝점(대상 첫 번째 점)을 지정합니다.

{두 번째 목표점 지정 또는 [나가기(X)] <X>:}에서 상자의 뒤쪽 끝점(대상 두 번째 점)을 지정합니다.

{세 번째 목표점 지정 또는 [나가기(X)] <X>:}에서 <Enter> 키 또는 <Space bar>를 누릅니다.

다음 그림과 같이 지정한 좌표가 대상 객체의 지정한 좌표면에 정렬됩니다.

02. 대칭 이미지를 작성하는 3D 대칭(MIRROR3D)

평면을 중심으로 객체의 대칭 이미지를 작성합니다.

명령: MIRROR3D(3DMIRROR)   아이콘:

01 앞의 실습에 이어서 실습하겠습니다.

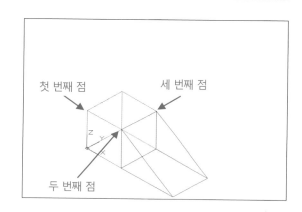

02 3D 대칭 명령을 실행합니다. 명령어 'MIRROR3D'를 입력하거나 '홈' 탭의 '수정' 패널에서 아이콘 을 클릭합니다.

{객체 선택:}에서 범위를 지정하여 대칭 복사할 객체를 선택합니다.

{2개를 찾음}

{객체 선택:}에서 <Enter> 키 또는 <Space bar>를 눌러 선택을 종료합니다.

{대칭 평면 (3점)의 첫 번째 점 지정 또는 [객체(O)/최종(L)/Z축(Z)/뷰(V)/XY/YZ/ZX/3점(3)] <3점>:}에서 상자의 모서리 점을 지정합니다.

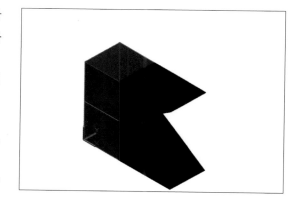

{대칭 평면 위의 두 번째 점 지정:}에서 상자의 두 번째 모서리 점을 지정합니다.

{대칭 평면 위의 세 번째 점 지정:}에서 상자의 세 번째 모서리 점을 지정합니다.

{원본 객체를 삭제합니까? [예(Y)/아니오(N)] <N>:}에서 'N'을 입력합니다.
다음 그림과 같이 대칭 이미지가 작성됩니다.

{대칭 평면 (3점)의 첫 번째 점 지정 또는 [객체(O)/최종(L)/Z축(Z)/뷰(V)/XY/YZ/ZX/3점(3)] <3점>:}
① 객체(O): 평면형 객체를 선택하여 대칭면을 지정합니다.
② 최종(L): 마지막으로 정의한 대칭 평면을 기준으로 대칭 복사합니다.
③ Z 축(Z): Z축 즉, 평면 위의 점과 그 평면에 수직인 점을 지정하여 대칭 평면을 정의합니다.
④ 뷰(V): 대칭 평면을 한 점을 통해 현재 뷰포트의 뷰 평면에 정렬합니다.
⑤ XY/YZ/ZX/: 대칭 평면을 지정한 점을 통해 표준 평면(XY, YZ, ZX) 중 하나에 정렬합니다.

7. 장치(GIZUMO)의 조작

3D 장치(편집 장치)를 사용하여 선택한 객체를 3D 축이나 평면을 따라 이동, 회전 또는 크기(축척)을 조정할 수 있습니다.

01. 편집 장치(기즈모)의 선택

장치를 실행하기 위해서는 먼저 사용할 장치를 선택해야 합니다. 편집 장치는 '메쉬' 또는 '솔리드' 탭의 '선택' 패널에서 사용하고자 하는 편집 장치를 선택합니다.

시스템 변수 'DEFAULTGIZMO' 모드에 의해 편집 장치를 지정할 수 있습니다. 편집 장치를 지정하는 모드는 다음과 같습니다.
0: 3D 작업 공간에서 객체를 선택하면 3D 이동 장치가 기본적으로 표시됩니다.
1: 3D 작업 공간에서 객체를 선택하면 3D 회전 장치가 기본적으로 표시됩니다.
2: 3D 작업 공간에서 객체를 선택하면 3D 축척 장치가 기본적으로 표시됩니다.
3: 3D 작업 공간에서 객체를 선택할 때 기본적으로 아무 장치도 표시되지 않습니다.

이 장치는 객체를 선택한 후 지정할 수도 있고, 명령을 먼저 실행하고 난 후 지정할 수도 있습니다. 또, 객체가 선택된 상태에서 기존 지정된 장치에서 다른 장치로 쉽게 바꿀 수 있습니다. 예를 들어, A라는 객체에 이동 장치가 나타나 있는 상태에서 회전 장치로 바꾸고자 할 때는 그 상태에서 바로 회전 장치로 바꾸면 됩니다. 편집 장치를 지정하고 객체를 선택하면 다음과 같은 장치 아이콘이 나타납니다. 이 장치는 3차원 뷰에서만 사용할 수 있습니다. 앞에서부터 차례로 '이동', '회전', '축척' 아이콘입니다. 이 아이콘은 처음 지정한 선택 세트(정점, 모서리, 면)의 중심 위치에 나타나지만 사용자가 위치를 지정할 수 있습니다.

장치의 가운데 상자(또는 기준 그립)는 수정을 위한 기준점을 설정합니다. 장치에 있는 축 핸들이 이동이나 회전을 축이나 평면으로만 제한합니다. 장치의 축을 지정하면 해당 축에 제한하여 편집할 수 있습니다.

02. 회전 장치의 조작

직접 실습을 통해 이해하도록 하겠습니다. 회전 장치를 조작해 보겠습니다.

01 밸브 객체를 이용해 실습하겠습니다. '솔리드' 또는 '메쉬' 탭의 '선택' 패널에서 편집 장치를 '회전 장치'로 지정합니다.

02 밸브 객체를 선택하면 회전 장치가 표시됩니다. 이때 회전하고자 하는 축을 지정합니다. 지정한 축은 금색으로 바뀝니다.

회전축

03 {** 회전 **}
{회전 각도 지정 또는 [기준점(B)/명령 취소(U)/참조(R)/종료(X)]:}에서 회전 각도 '90'를 입력합니다. 다음과 같이 선택한 모서리가 지정한 각도(90도)만큼 회전합니다.

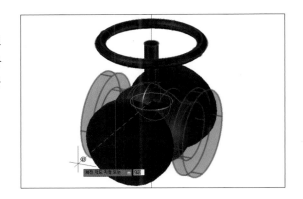

참고<< **맞물림 회전 도구**

맞물림 회전 도구를 사용하면 객체 및 하위 객체를 자유롭게 이동하거나 축의 회전을 제한할 수 있습니다. 맞물림 도구의 가운데 상자(또는 기본 맞물림)에서 지정된 이 위치는 이동의 기준점을 설정하며, 선택한 객체가 회전할 동안 UCS의 위치를 임시로 변경합니다.

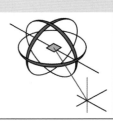

03. 축척 장치의 조작

04 이번에는 축척 장치를 알아보겠습니다. '솔리드' 또는 '메쉬' 탭의 편집 장치를 '축척 장치'로 지정합니다.

05 밸브를 선택합니다. 축척 장치 아이콘이 나타나면 마우스로 축척 비율을 조정합니다.
{** 신축 **}
{신축점 지정 또는 [기준점(B)/명령 취소(U)/종료 (X)]:}에서 마우스를 움직여 신축 길이를 지정합니다. 마우스의 움직임에 따라 모양이 바뀌는 것을 알 수 있습니다.

{** 축척 **}
{축척 비율 지정 또는 [기준점(B)/복사(C)/명령 취소 (U)/참조(R)/종료(X)]:}에서 '1.5'를 입력합니다. 다음과 같이 밸브 모델이 1.5배 커집니다.

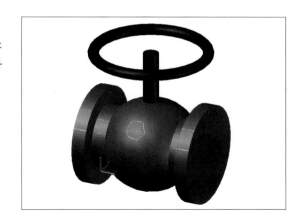

 메쉬 객체에서 편집 장치를 이용할 때는 특정 면이나 모서리를 선택하여 장치(이동, 회전, 축척)를 이용하여 편집할 수 있습니다.

앞에서 작성한 플랜지의 2차원 도면을 3차원으로 모델링하겠습니다. 2차원으로 작성된 도면을 이용하여 3차원으로 변환합니다.

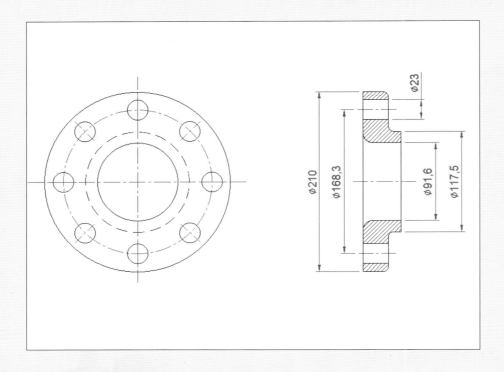

01 먼저 모델링에 불필요한 해치와 치수를 지우거나 레이어(도면층)을 숨깁니다.

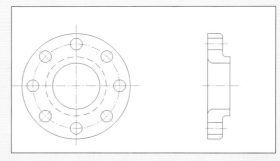

02 회전체를 만들기 위해 '자르기(TRIM)' 기능으로 다음과 같이 자릅니다.

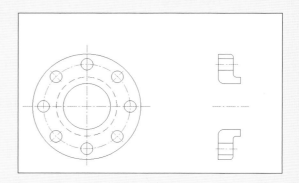

03 '영역(REGION)' 기능을 이용하여 회전체의 윤곽을 영
역 객체로 만듭니다.

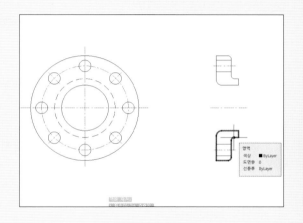

04 반대편의 객체를 지우고 뷰 포인트를 '남동 등각투영'
으로 변환합니다.

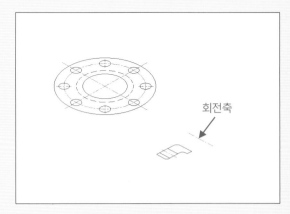

05 '회전(REVALVE)' 명령으로 영역으로 만든 객체를 360
도 회전합니다. 회전축은 도형의 중심선입니다. 다음
과 같은 회전체가 작성됩니다

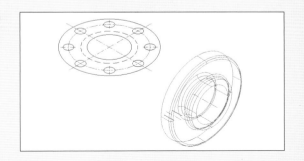

06 비주얼 스타일을 '실제'로 바꾸면 다음과 같이 표시됩
니다.

07 뷰 포인트를 '남서 등각투영'으로 바꾼 후 UCS를 플랜지의 바닥면에 맞춥니다.

{현재 UCS 이름: *이름 없음*}

{UCS의 원점 지정 또는 [면(F)/이름(NA)/객체(OB)/이전(P)/뷰(V)/표준(W)/X(X)/Y(Y)/Z(Z)/Z축(ZA)]

<표준>:}에서 'F'를 지정

{솔리드, 표면 또는 메쉬의 면 선택:}에서 플랜지 바닥면 지정

{옵션 입력 [다음(N)/X반전(X)/Y반전(Y)] <승인>:}에서 <Enter>

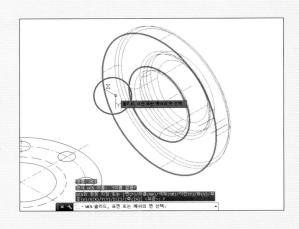

08 '원(CIRCLE)' 기능으로 다음과 같이 원(직경: 23)을 작도합니다.

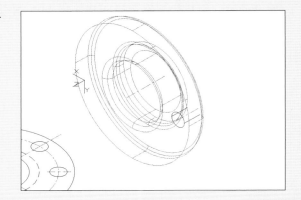

09 '돌출(EXTRUDE)' 기능으로 원을 돌출합니다. 돌출 길이는 '29' 이상이면 됩니다. 차집합을 하기 위함입니다.

 '눌러 당기기(PRESSPULL)' 기능으로 구멍을 뚫을 수도 있습니다.

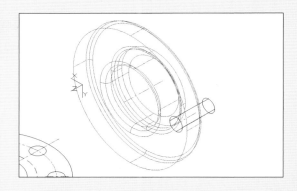

10 '원형 배열(POLARARRAY)' 기능으로 돌출한 원통을 회전축을 중심으로 8개 배열합니다. 이때 '연관'을 끈 후 배열합니다.

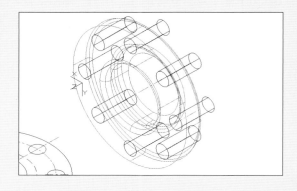

11 '차집합(SUBTRACT)' 기능으로 구멍을 뚫습니다. 이때
배열된 객체가 연관되어 있으면 차집합 기능이 수행되
지 않으므로 '분해(EXPLODE)'한 후 수행합니다.

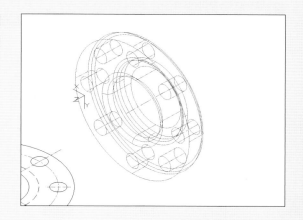

12 비주얼 스타일을 '실제'로 바꾸면 다음과 같이 플랜지
가 완성된 것을 확인할 수 있습니다.

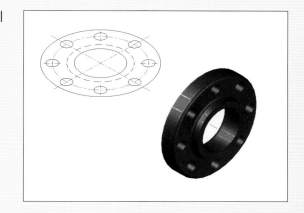

다음과 같이 플랜지 3D 모델이 완성됩니다.

다음의 도면을 3차원으로 모델링합니다.

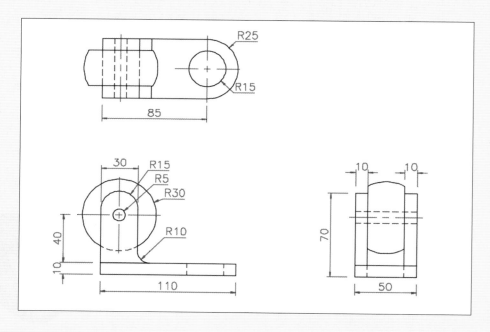

01 바닥 면과 세로 방향의 면의 윤곽을 작도합니다.

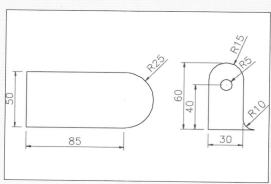

02 바닥 면을 돌출(EXTRUDE) 명령으로 돌출합니다.

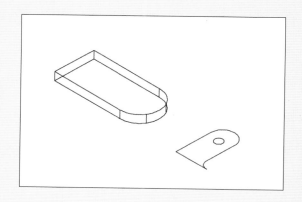

03 세로 방향으로 돌출시키기 위해 ROTATE3D 명령으로
오른쪽 도형을 직각으로 세웁니다.
{객체 선택:}에서 도형을 선택합니다.
{축 위에 첫 번째 점을 지정하거나 다음을 사용하여 축을
정의 [객체(O)/최종(L)/뷰(V)/X축(X)/Y축(Y)/Z축(Z)/2점
(2)]:}에서 두 점을 지정합니다.
{회전 각도 지정 또는 [참조(R)]:}에서 각도 '90'을 입
력합니다.

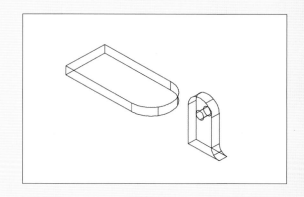

04 세운 면을 돌출(EXTRUDE) 명령으로 돌출합니다.

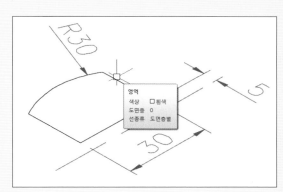

05 원형 모델을 작성하기 위해 윤곽을 작도합니다.

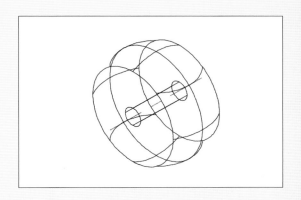

06 회전(REVOLVE) 명령으로 회전체를 모델링합니다.

07 이동(MOVE) 명령으로 각 위치로 이동합니다. 다음과
같이 모델이 완성됩니다.

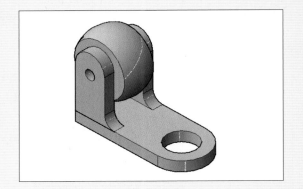

다음의 소파를 모델링합니다.

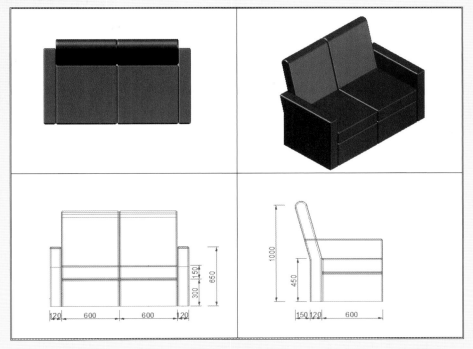

01 솔리드 기본 객체 '상자(BOX)' 명령을 이용하여 '600x600 x300' 크기의 상자를 모델링합니다. 복사(COPY) 기능으로 하나를 복사하여 겹칩니다.

02 비주얼 스타일을 '개념'으로 설정한 후, 선택을 '면', 장치를 '이동'으로 설정합니다. 상자의 윗면을 클릭한 후 이동 장치를 이용하여 아래쪽으로 '150'만큼 내립니다.

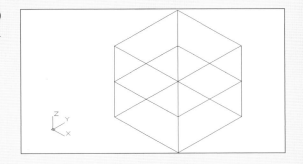

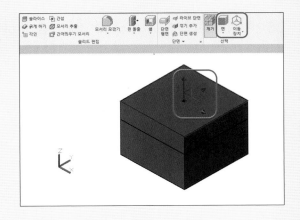

03 UCS의 '면(F)' 옵션을 이용하여 UCS를 상자의 옆면에 맞춥니다.

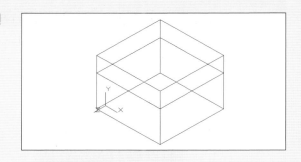

04 폴리선(PLINE) 기능으로 상자 아래쪽에서부터 '450'과 '550' 길이의 수직선을 긋습니다.

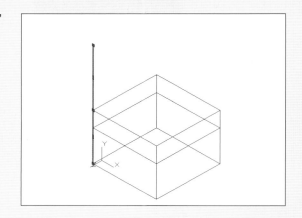

05 직전에 작성한 폴리선 끝점 그립을 클릭한 후 뒤쪽으로 '150'만큼 이동합니다. 이때 상대 극좌표(@150<180)를 사용하면 편리합니다.

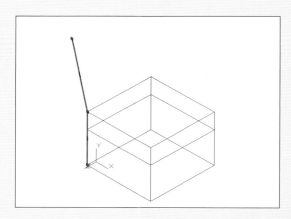

06 간격띄우기(OFFSET) 기능으로 '120'만큼 띄웁니다.

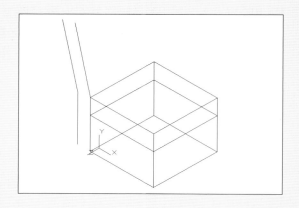

07 폴리선(PLINE)의 호(A) 옵션을 이용하여 등받이의 상단의 호를 작도합니다. 하단의 선도 폴리선(PLINE) 기능으로 작도합니다. 결합(JOIN) 명령을 이용하여 폴리선을 하나의 선으로 결합합니다.

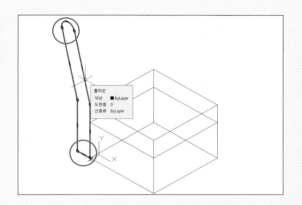

08 돌출(EXTRUDE) 명령으로 등받이를 모델링합니다.

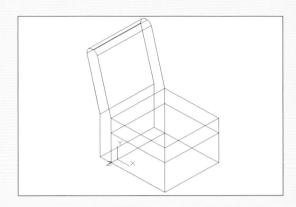

09 팔걸이를 모델링하기 위해 프로파일 폴리선(PLINE)을 긋습니다. 위쪽 상자의 상단에 선을 그은 후 이동(MOVE) 명령을 이용하여 '200'만큼 위쪽으로 이동합니다.

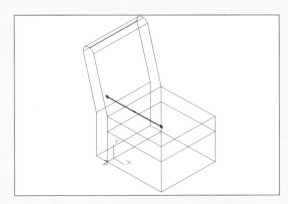

10 연장(EXTEND) 명령으로 등받이 선까지 연장합니다.

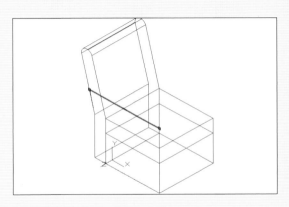

11 폴리선(PLINE) 명령으로 윤곽선을 그은 후 결합(JOIN) 명령으로 결합합니다.

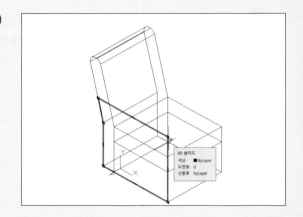

12 돌출(EXTRUDE) 명령으로 '120'만큼 돌출합니다.

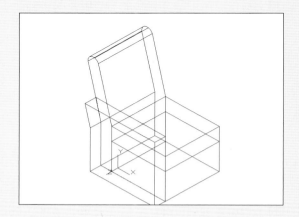

13 각 객체의 모서리를 반지름 '15'로 모깎기(FILLET)합니다. 이때 분리 기능으로 모깎기하고자 하는 객체만 남겨서 모깎기하는 것이 효율적입니다.

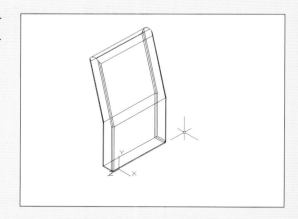

14 다른 객체의 모서리도 모깎기합니다.

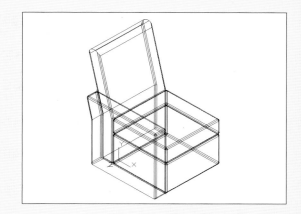

15 객체 특성 명령으로 색상을 바꿉니다.

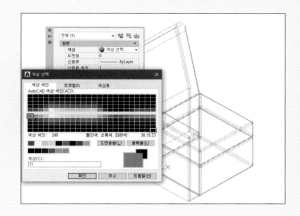

16 UCS를 WCS로 변환합니다. 복사(COPY) 명령으로 복
사합니다.

17 팔걸이도 반대편으로 복사(COPY)합니다.

다음과 같은 동관 제작도를 모델링합니다.

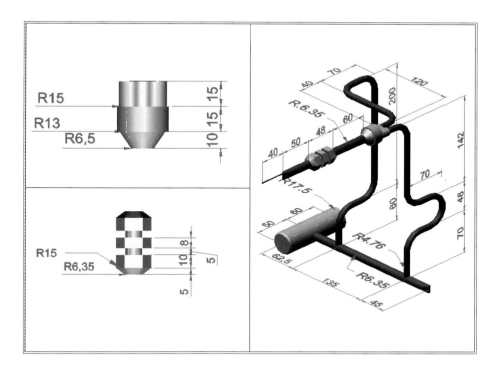

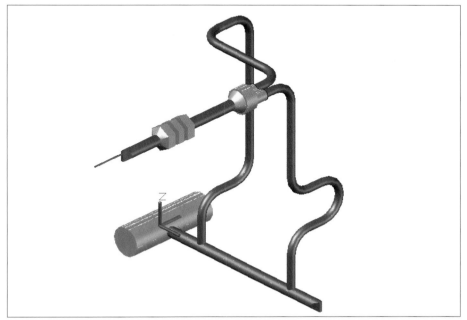

2 메쉬(MESH) 모델

메쉬(Mesh)는 다각형 표현(삼각형 및 사각형 포함)을 사용하여 3D 모양을 정의하는 정점, 모서리 및 면으로 구성됩니다. 메쉬를 이용하면 비선형 객체를 쉽게 모델링할 수 있습니다.

1. 메쉬(Mesh) 기본체

메쉬의 기본 객체(상자, 원추, 원통, 피라미드, 구, 쐐기, 토러스)를 작성하는 기능입니다.

01. 메쉬 기본체 옵션

메쉬 기본체를 모델링하기 전에 다듬기 정도(그물의 촘촘함의 정도)를 설정해야 합니다.

명령어 'MESHPRIMITIVEOPTIONS'를 입력하거나 '메쉬' 탭의 '기본체' 패널의 비스듬한 화살표(⬎)를 클릭합니다. 다음과 같은 메쉬 기본체 옵션 대화 상자가 나타납니다. 설정하고자 하는 각 기본체(상자, 원추, 원통, 피라미드, 구, 쐐기, 토러스)를 선택하여 분할 수를 설정합니다.

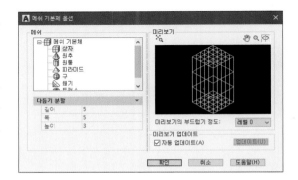

여기에서 분할 수(길이, 폭, 높이)를 지정하고 미리보기로 부드럽기 정도를 지정할 수 있습니다.

(1) 메쉬: 상자, 원추, 원통, 피라미드, 구, 쐐기, 토러스 등 각 기본체를 선택할 수 있습니다.
(2) 다듬기 분할: 각 기본체의 분할 수를 설정합니다. 기본체의 특성에 따라 항목의 수 및 명칭이 나타납니다.
(3) 미리보기: 기본체의 미리보기 환경을 설정합니다.
   ① 줌 도구: 초점 이동, 줌, 궤도 아이콘을 이용하여 미리보기를 제어합니다.
   ② 미리보기 창: 설정한 객체를 미리 보여 줍니다.
   ③ 미리보기의 부드럽기 정도: 지정한 부드럽기 정도를 반영하여 미리보기 이미지를 변경합니다. 이 값을 변경한다고 해도 기본체 메쉬의 기본 부드럽기 정도에는 영향을 주지 않습니다. 즉, 미리보기에만 한정됩니다.
(4) 미리보기 업데이트: 미리보기 이미지의 업데이트 빈도를 설정합니다.

02. 메쉬 기본체

메쉬 기본체(상자, 원추, 원통, 피라미드, 구, 쐐기, 토러스)를 작성합니다.

명령: MESH   아이콘: 🔲 🔺 🔳 🔺 🌐 🔻 ⊛

{옵션 입력 [상자(B)/원추(C)/원통(CY)/피라미드(P)/구(S)/쐐기(W)/토러스(T)/설정(SE)] <상자>:}에서 작도하고자 하는 객체를 선택합니다.

3D 메쉬 상자의 작성을 예로 들어 설명합니다.
명령어 'MESH'를 입력합니다.

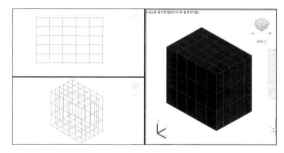

{옵션 입력 [상자(B)/원추(C)/접시(DI)/돔(DO)/메쉬(M)/피라미드(P)/구(S)/토러스(T)/쐐기(W)]:}에서 상자 옵션 'B'를 입력합니다.

또는 '메쉬' 탭의 '기본체' 패널 또는 '부드러운 메쉬' 도구 막대에서 ██을 클릭합니다.

{첫 번째 구석 지정 또는 [중심(C)]:}에서 작도하고자 하는 위치의 첫 번째 점 '50,50'을 입력합니다.

{반대 구석 지정 또는 [정육면체(C)/길이(L)]:}에서 반대 구석의 상대 좌표 '@100,70'을 입력합니다.

{높이 지정 또는 [2점(2P)] <0.0001>:}에서 상자의 높이 '100'을 입력합니다. 다음과 같이 메쉬 상자가 작도됩니다.

옵션 설명

{반대 구석 지정 또는 [정육면체(C)/길이(L)]:}
① 정육면체(C): 같은 길이의 면으로 상자를 작성합니다.
② 길이(L): 길이, 폭, 높이를 차례로 지정하여 상자를 작성합니다.
　{높이 지정 또는 [2점(2P)] <0.000>:}

이와 같은 방법으로 다음과 같은 다양한 메쉬 기본체를 작도할 수 있습니다.

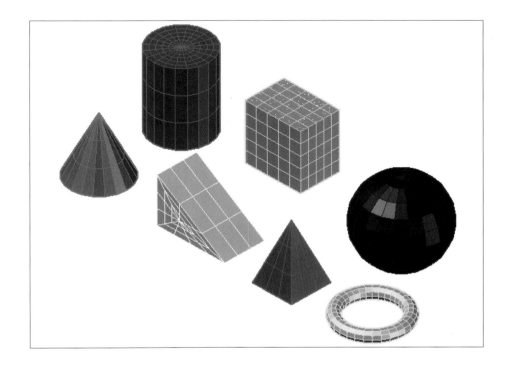

03. 회전체를 만드는 회전 곡면(REVSURF)

선택된 축을 중심으로 회전체의 메쉬를 작성합니다.

명령: REVSURF　　　　　　　아이콘: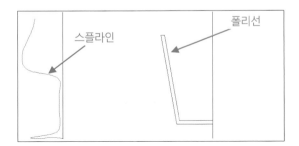

01 선, 폴리선 명령 및 스플라인 명령으로 다음과 같이 작
도합니다. 축은 선(LINE) 명령으로 작도하고, 왼쪽 그
림(와인 잔) 윤곽은 스플라인(SPLINE) 명령으로, 오른
쪽 그림(컵)의 윤곽은 폴리선(PLINE) 명령으로 작도합
니다. 크기는 임의로 지정합니다.

02 회전 곡면을 매끄럽게 표현하기 위해 밀도를 조정합니다.

시스템 변수 'SURFTAB1'을 입력합니다.

{SURFTAB1에 대한 새 값 입력 <6>:}에서 '30'을 입력합니다.

시스템 변수 'SURFTAB2'를 입력합니다.

{SURFTAB2에 대한 새 값 입력 <6>:}에서 '30'을 입력합니다.

> **참고<<**　회전 곡면의 와이어프레임 밀도를 조정하는 시스템 변수
>
> 시스템 변수 SURFTAB1과 SURFTAB2는 회전 곡면의 와이어프레임 밀도를 조정합니다.
> {명령:}에서 'SURFTAB1' 또는 'SURFTAB2'을 입력합니다.
> {SURFTAB1에 대한 새 값 입력 <6>:}에서 밀도 값을 지정합니다.
> 또는 '옵션' 대화 상자의 '3D 모델링' 탭에서 표면의 등각선 값을 설정합니다.

03 회전 곡면 명령을 실행합니다. 명령어 'REVSURF'를 입
력하거나 '메쉬' 탭의 '기본체' 패널에서 을 클릭합니다.

{현재 와이어프레임 밀도: SURFTAB1 = 30 SURFTAB2 = 30}

{회전할 객체 선택:}에서 회전할 객체인 스플라인을
선택합니다.

{회전축을 정의하는 객체 선택:}에서 가운데 축(선)
을 선택합니다.

{시작 각도 지정 <0>:}에서 <Enter> 키를 누릅니다.

{사이각 지정 (+ = 시계 반대 방향, − = 시계 방향)
<360>:}에서 '360'을 입력합니다.

다음과 같이 와인 잔 모양으로 회전 곡면 객체가 작성됩니다.

04 <Enter> 키 또는 <Space bar>를 눌러 회전 곡면 명령을 재실행합니다.

{현재 와이어프레임 밀도: SURFTAB1 = 30 SURFTAB2 = 30}

{회전할 객체 선택:}에서 회전할 객체인 오른쪽 폴리선을 선택합니다.

{회전축을 정의하는 객체 선택:}에서 가운데 축(선)을 선택합니다.

{시작 각도 지정 <0>:}에서 <Enter> 키를 누릅니다.

{사이각 지정 (+ = 시계 반대 방향, − = 시계 방향) <360>:}에서 '360'을 입력합니다.

다음과 같이 컵 모양으로 회전 곡면 객체가 작성됩니다.

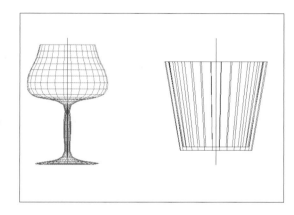

05 비주얼 스타일을 '실제'로 설정하면 다음과 같이 회전체인 와인 잔과 컵이 표현됩니다.

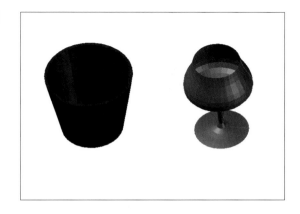

참고<< **회전각도에 따른 형상**

회전체를 작도할 때는 사이 각도에 따라 형상이 달라집니다.

{시작 각도 지정 <0>:}에서 '0'을 입력합니다.

{사이각 지정 (+ = 시계 반대 방향, − = 시계 방향) <360>:}에서 '180'을 입력한 경우는 다음과 같이 반쪽의 회전체가 작도됩니다.

04. 방향 벡터를 따라 메쉬를 작성하는 방향 벡터 곡면(TABSURF)

직선 경로를 따라 스윕된 선 또는 곡선으로부터 메쉬를 작성합니다. 직선 경로 객체는 스윕할 선, 호, 원, 타원 또는 폴리선이 있습니다.

명령: TABSURF	아이콘: 〰

01 방향 벡터 곡면을 작성하기 위해 스플라인(SPLINE) 명령으로 다음과 같은 곡선을 작도하고 선(LINE) 명령으로 직선 경로 객체를 작도합니다.

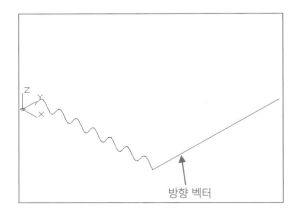

방향 벡터

02 곡면의 밀도를 조정하기 위해 시스템 변수 'SURFTAB1'을 조정합니다. 시스템 변수 'SURFTAB1'을 입력합니다. {SURFTAB1에 대한 새 값 입력 <30>:}에서 새로운 값 '32'를 입력합니다.

> **참고 << 방향 벡터 곡면의 와이어프레임 밀도를 조정하는 시스템 변수**
>
> 시스템 변수 'SURFTAB1'은 방향 벡터 곡면의 와이어프레임 밀도를 조정합니다.
> {명령:}에서 'SURFTAB1'을 입력합니다.
> {SURFTAB1에 대한 새 값 입력 <6>:}에서 밀도 값을 지정합니다.

03 방향 벡터 곡면 명령을 실행합니다. 명령어 'TABSURF'를 입력하거나 '메쉬' 탭의 '기본체' 패널에서 〰을 클릭합니다.
{현재 와이어프레임 밀도: SURFTAB1 = 30}
{경로 곡선에 대한 객체 선택:}에서 경로 객체(스플라인)를 선택합니다.
{방향 벡터에 대한 객체 선택:}에서 선을 선택합니다. 선을 선택할 때는 스플라인에 가까운 쪽을 선택합니다. 다음과 같이 선택한 객체가 방향 벡터 객체를 따라 곡면이 작도됩니다.

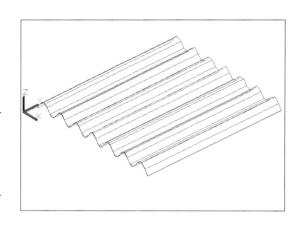

04 이번에는 방향 벡터에 대한 객체를 선택할 때 선택하는 위치를 반대쪽을 지정해 보도록 하겠습니다. 명령어 'TABSURF'를 입력하거나 '메쉬' 탭의 '기본체' 패널에서 을 클릭합니다.

{현재 와이어프레임 밀도: SURFTAB1 = 30}

{경로 곡선에 대한 객체 선택:}에서 경로 객체(스플라인)를 선택합니다.

{방향 벡터에 대한 객체 선택:}에서 선을 선택합니다. 방향 벡터인 선을 선택할 때 스플라인과 멀리 떨어진 쪽을 선택합니다. 다음과 같이 앞에서 실습했던 방향과는 반대 방향으로 곡면이 작도됩니다.

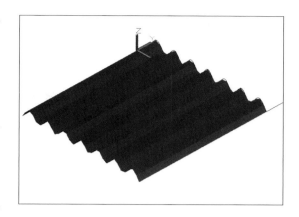

> 동일한 방향 벡터 객체를 선택하더라도 지정하는 위치에 따라 벡터의 방향이 달라집니다. 따라서 방향 벡터 곡면을 작도할 때는 방향 벡터의 방향을 고려하여 방향 벡터 객체를 선택해야 합니다.

05. 두 객체 사이에 메쉬를 작성하는 직선보간 곡면(RULESURF)

두 객체(선, 호, 원, 폴리선)를 선택하여 두 객체 사이에 직선 보간 메쉬를 작성합니다.

명령: RULESURF   아이콘:

01 직선 보간 곡면 작성을 위해 호(ARC) 명령으로 다음과 같이 작도합니다. 두 호의 Z값이 차이가 나도록 작도합니다.

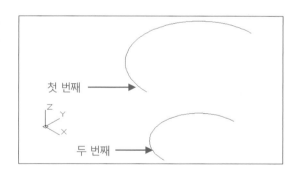

첫 번째 ──→

두 번째 ──→

02 직선 보간 곡면 명령을 실행합니다. 명령어 'RULESURF'를 입력하거나 '메쉬' 탭의 '기본체' 패널에서 을 클릭합니다.

{현재 와이어프레임 밀도: SURFTAB1 = 32}

{첫 번째 정의 곡선 선택:}에서 위쪽의 객체(큰 호)를 선택합니다.

{두 번째 정의 곡선 선택:}에서 아래쪽의 객체(작은 호)를 선택합니다.

다음과 같이 보간 곡면이 평행하게 작도됩니다.

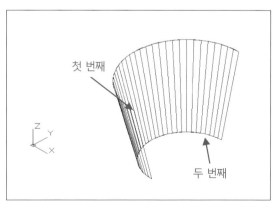

첫 번째

두 번째

03 실행을 취소(UNDO)하고 다시 직선보간 곡면(RULESURF) 명령을 실행합니다.

{현재 와이어프레임 밀도: SURFTAB1 = 32}

{첫 번째 정의 곡선 선택:}에서 위쪽 호의 앞쪽을 선택합니다.

{두 번째 정의 곡선 선택:}에서 아래쪽 호의 반대편 끝부분을 선택합니다.

다음과 같이 보간 선이 교차하는 보간 곡면이 작도됩니다. 이렇게 곡선의 선택 위치에 따라 직선 보간 곡면의 모양이 달라집니다.

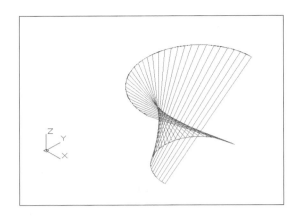

참고≪ **직선 보간 곡면의 와이어프레임 밀도를 조정하는 시스템 변수**

시스템 변수 'SURFTAB1'은 직선 보간 곡면의 와이어프레임 밀도를 조정합니다.

{명령:}에서 'SURFTAB1'을 입력합니다.

{SURFTAB1에 대한 새 값 입력 <6>:}에서 밀도 값을 지정합니다.

---

06. 4개의 객체로 만드는 모서리 곡면(EDGESURF)

인접한 4개의 모서리(선, 폴리선, 스플라인, 호, 타원 호)를 선택하여 다각형 메쉬를 작성합니다.

| 명령: EDGESURF | 아이콘: 🍴 |

01 모서리 곡면 실습을 위해 선, 원, 호, 스플라인, 타원 호 등의 명령으로 다음과 같이 작도합니다. 부여된 번호는 설명을 위한 것이므로 작성하지 않습니다. 끝점이 서로 연결되어 있어야 합니다.

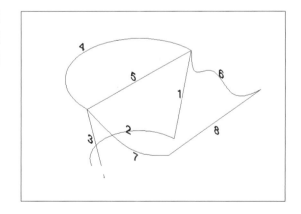

 선, 호, 스플라인 또는 열린 2D 또는 3D 폴리선을 모서리로 사용할 수 있습니다. 모서리 곡면을 작성하기 위해서는 각 객체는 4개의 모서리로 이루어진 폐쇄 공간이어야 합니다. 즉, 각 모서리의 끝이 연결되어 있어야 합니다.

02 모서리 곡면 명령을 실행합니다. 명령어 'EDGESURF'를 입력하거나 '메쉬' 탭의 '기본체' 패널에서 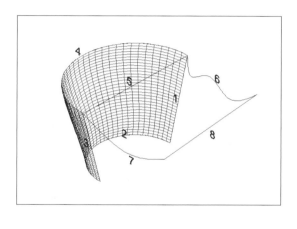을 클릭합니다.

{현재 와이어프레임 밀도: SURFTAB1 = 30 SURFTAB2 = 30}

{곡면 모서리에 대한 1 객체 선택:}에서 첫 번째 객체 (1번)를 선택합니다.

{곡면 모서리에 대한 2 객체 선택:}에서 두 번째 객체 (2번)를 선택합니다.

{곡면 모서리에 대한 3 객체 선택:}에서 세 번째 객체 (3번)를 선택합니다.

{곡면 모서리에 대한 4 객체 선택:}에서 네 번째 객체(4번)를 선택합니다.

다음과 같이 모서리 곡면이 작도됩니다.

03 모서리 곡면 명령을 실행합니다. 명령어 'EDGESURF'를 입력하거나 '메쉬' 탭의 '기본체' 패널에서 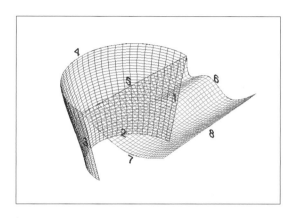을 클릭합니다.

{현재 와이어프레임 밀도: SURFTAB1 = 12 SURFTAB2 = 6}

{곡면 모서리에 대한 1 객체 선택:}에서 첫 번째 객체 (5번)를 선택합니다.

{곡면 모서리에 대한 2 객체 선택:}에서 두 번째 객체 (6번)를 선택합니다.

{곡면 모서리에 대한 3 객체 선택:}에서 세 번째 객체 (7번)를 선택합니다.

{곡면 모서리에 대한 4 객체 선택:}에서 네 번째 객체 (8번)를 선택합니다.

다음과 같이 모서리 곡면이 작도됩니다.

2. 부드러운 메쉬 만들기(SMOOTH)

3차원 객체를 부드럽게 변환하거나 정렬합니다. 솔리드, 표면 객체는 메쉬 객체로 변환합니다.

01. 부드러운 메쉬(MESHSMOOTH)

3D 객체(다각형 메쉬, 표면, 솔리드)를 부드러운 메쉬 객체로 변환합니다. 3D 솔리드 및 표면과 같은 객체를 메쉬로 변환하여 3D 메쉬의 상세한 모델링 기능을 활용할 수 있습니다.

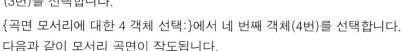

명령: MESHSMOOTH   아이콘: ⊕

01 다음과 같이 메쉬(빨간색), 솔리드(파란색) 객체를 모
델링합니다.

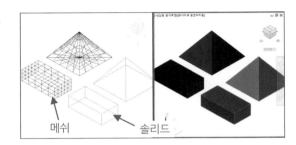

메쉬   솔리드

02 '부드러운 객체' 명령을 실행합니다. 명령어
'MESHSMOOTH'를 입력하거나 '메쉬' 탭의 '메쉬' 패널
또는 '부드러운 메쉬' 도구 막대에서 🌐을 클릭합니다.
{변환할 객체 선택:}에서 솔리드 상자 객체를 선택합
니다. {1개를 찾음}
{변환할 객체 선택:}에서 솔리드 피라미드 객체를 선
택합니다. {1개를 찾음, 총 2개}

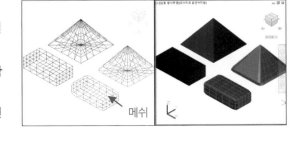

메쉬

{변환할 객체 선택:}에서 <Enter> 키 또는 <Space bar>를 눌러 선택을 종료합니다.
다음과 같이 솔리드 객체가 메쉬 객체로 변환되면서 부드럽게 바뀝니다.

참고<<   표면 객체의 변환

표면 객체를 선택하면 다음과 같이 메쉬로 변환할 것인지 묻
는 대화 상자가 나타납니다.

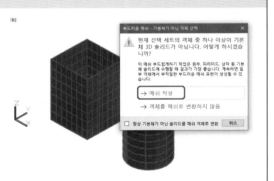

'메쉬 작성'을 클릭하면 표면 객체가 메쉬 객체로 바뀝니다. 비주얼
스타일을 '실제'로 설정한 상태입니다.

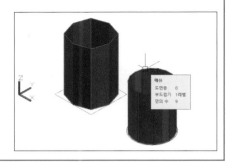

---

03 <Enter> 키 또는 <Space bar>를 눌러 부드러운 객체 명령을 재실행합니다.

{변환할 객체 선택:}에서 메쉬 피라미드 객체(선홍색)를 선택합니다.
{1개를 찾음}

{변환할 객체 선택:}에서 메쉬 상자 객체(선홍색)를 선택합니다. {1개를 찾음, 총 2개}

{변환할 객체 선택:}에서 <Enter> 키 또는 <Space bar>를 눌러 선택을 종료합니다.

다음과 같은 경고 메시지 대화 상자가 나타납니다. 메쉬는 변환되지 않습니다.

변환 대상이 되는 객체는 3D 솔리드, 3D 표면, 다각형 메쉬, 폴리면 메쉬, 영역 및 닫힌 폴리선이어야 합니다.

02. 더 부드럽게 하기(MESHSMOOTHMORE)

메쉬 객체의 부드럽기 정도를 한 단계 높입니다. 즉, 더 부드러운 메쉬로 만듭니다.

명령: MESHSMOOTHMORE	아이콘:

01 앞의 실습에 이어서 실습하겠습니다.

명령어 'MESHSMOOTHMORE'를 입력하거나 '메쉬' 탭의 '메쉬' 패널 또는 '부드러운 메쉬' 도구 막대에서 을 클릭합니다.

{부드럽기 정도를 높일 메쉬 객체 선택:}에서 범위를 감싸 네 개의 객체를 모두 선택합니다. {4개를 찾음}

{부드럽기 정도를 높일 메쉬 객체 선택:}에서 <Enter> 키 또는 <Space bar>를 눌러 선택을 종료합니다.

다음과 같이 선택한 객체가 매끄럽게 바뀝니다.

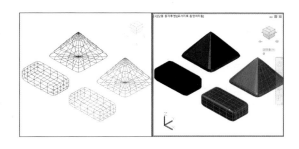

02 <Enter> 키 또는 <Space bar>를 눌러 '더 부드럽게 하기' 명령을 재실행합니다.

{부드럽기 정도를 높일 메쉬 객체 선택:}에서 범위를 감싸 네 개의 객체를 모두 선택합니다. {4개를 찾음}

{부드럽기 정도를 높일 메쉬 객체 선택:}에서 <Enter> 키 또는 <Space bar>를 눌러 선택을 종료합니다. 다음과 같이 객체가 매끄럽게 바뀝니다. 누르기를 반복할 때마다 더 부드러운 객체가 됩니다.

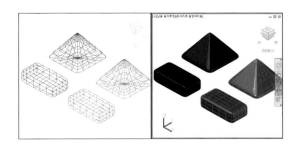

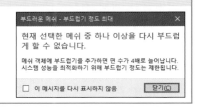
03. 덜 부드럽게 하기(MESHSMOOTHLESS)

메쉬 객체의 부드럽기 정도를 한 단계 낮춥니다. 즉, 덜 부드러운 메쉬로 만듭니다. 부드럽기 정도가 '1' 이상인 객체만 부드럽기 정도를 낮출 수 있습니다.

명령: MESHSMOOTHLESS   아이콘:

앞의 실습에 이어서 조작하겠습니다.

명령어 'MESHSMOOTHLESS'를 입력하거나 '메쉬' 탭의 '메쉬' 패널 또는 '부드러운 메쉬' 도구 막대에서 를 클릭합니다.

{부드럽기 정도를 낮출 메쉬 객체 선택:}에서 범위를 감싸 네 개의 객체를 모두 선택합니다. {4개를 찾음}

{부드럽기 정도를 낮출 메쉬 객체 선택:}에서 <Enter>

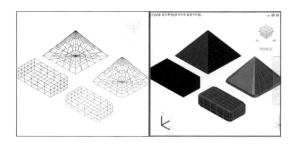

키 또는 <Space bar>를 눌러 종료합니다. 다음과 같이 선택한 객체의 부드럽기가 이전 단계(모서리가 각이 진 상태)로 돌아갑니다.

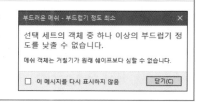
04. 메쉬 정련(MESHREFINE)

선택한 메쉬 객체 또는 면의 면 수를 곱합니다. 메쉬 객체를 정련하면 편집 가능한 면 수가 늘어나 사소한 모델링 상세 정보를 보다 잘 조정할 수 있게 됩니다. 특정 면만 정련할 수도 있습니다.

'정련(REFINE)'은 선택한 메쉬 객체 또는 선택한 하위 객체(예: 면)에서 재분할 수를 4배로 증가시킵니다. 정련은 현재 부드럽기 정도를 '0'으로 재설정하므로 객체가 해당 레벨 이상으로 더 이상 선명해질 수 없습니다. 정련은 메쉬의 밀도를 크게 증가시키므로 이 옵션을 미세 수정이 필요한 영역으로만 제한하고자 할 수도 있습니다. 정련을 사용하면 모형의 전체 모양에 거의 영향을 미치지 않으면서 작은 부분을 몰딩할 수 있습니다.

메쉬 정련을 실행하기 전에 반드시 한 번 이상 '부드럽게 하기'를 실행한 후 '메쉬 정련(MESHREFINE)'을 실행합니다.

 명령: MESHSREFINE   아이콘:

01 앞의 실습에 이어서 조작하겠습니다. '메쉬 정련' 명령을 실행합니다. 명령어 'MESHSREFINE'을 입력하거나 '메쉬' 탭의 '메쉬' 패널 또는 '부드러운 메쉬' 도구 막대에서 ∅을 클릭합니다.

{정련할 메쉬 객체 또는 면 하위 객체 선택:}에서 범위를 감싸 네 개의 객체를 선택합니다. {4개를 찾음}

{정련할 메쉬 객체 또는 면 하위 객체 선택:}에서 <Enter> 키 또는 <Space bar>를 눌러 종료합니다. 다음과 같이 선택한 객체가 정련되어 세밀하게 표현됩니다.

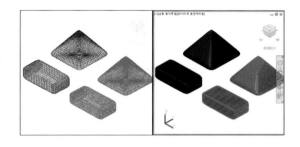

객체를 정련하면 객체에 지정된 부드럽기 정도가 '0'으로 재설정되어 '덜 부드럽게 하기' 명령을 사용할 수 없습니다.

02 <Enter> 키 또는 <Space bar>를 눌러 '메쉬 정련' 명령을 재실행합니다. {정련할 메쉬 객체 또는 면 하위 객체 선택:}에서 범위를 감싸 여섯 개 객체를 선택합니다. {6개를 찾음}

{정련할 메쉬 객체 또는 면 하위 객체 선택:}에서 <Enter> 키 또는 <Space bar>를 눌러 종료합니다. 다음과 같이 부드럽기 정도가 '1' 이하인 경우는 정련할 수 없다는 메시지가 표시됩니다.

3. 각진 부분의 추가 및 제거(CREASE)

선택한 메쉬 하위 객체의 모서리를 날카롭게 하거나 부드럽게 합니다. 매끄러운 객체의 일부를 각이 지도록 처리하거나 각이 진 부분을 매끄럽게 합니다.

01. 각진 부분 추가(MESHCREASE)

선택한 메쉬 하위 객체의 모서리를 각을 추가하여 날카롭게 각진 부분을 추가합니다.

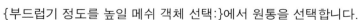

명령: MESHCREASE 아이콘:

01 다음과 같이 메쉬 기본체인 원통을 모델링합니다. 크기는 임의의 크기로 모델링합니다.

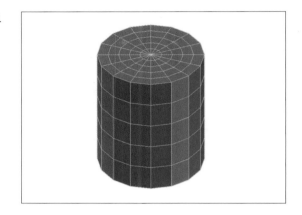

02 '더 부드럽게 하기' 명령을 실행하여 메쉬 객체를 부드럽게 합니다. 명령어 'MESHSMOOTHMORE'를 입력하거나 '메쉬' 탭의 '메쉬' 패널 또는 '부드러운 메쉬' 도구 막대에서 ⬚을 클릭합니다.
{부드럽기 정도를 높일 메쉬 객체 선택:}에서 원통을 선택합니다.
{부드럽기 정도를 높일 메쉬 객체 선택:}에서 <Enter> 키 또는 <Space bar>를 눌러 선택을 종료합니다.
<Enter> 키 또는 <Space bar>를 눌러 '더 부드럽게 하기'를 재실행합니다.

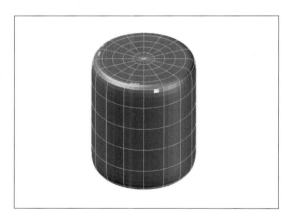

{부드럽기 정도를 높일 메쉬 객체 선택:}에서 원통을 선택합니다.
{부드럽기 정도를 높일 메쉬 객체 선택:}에서 <Enter> 키 또는 <Space bar>를 눌러 선택을 종료합니다.
두 번의 부드럽게 하기를 통해 다음과 같이 매끄러운 원통이 됩니다.

03 '각진 부분 추가' 명령을 실행합니다. 명령어 'MESHCREASE'
를 입력하거나 '메쉬' 탭의 '메쉬' 패널 또는 '부드러운
메쉬' 도구 막대에서 ◉을 클릭합니다.
{각지게 할 메쉬 하위 객체 선택:}에서 차례로 면 또
는 모서리를 선택합니다. 선택된 면이나 모서리가 하
이라이트됩니다.

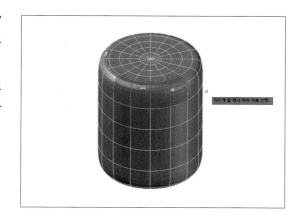

04 {각지게 할 메쉬 하위 객체 선택:}에서 <Enter> 키를
누릅니다.
{각지게 할 메쉬 하위 객체 선택:}에서 <Enter> 키 또
는 <Space bar>를 눌러 선택을 종료합니다. {각진
부분 값 지정 [항상(A)] <항상>:}에서 <Enter> 키를
누릅니다.
다음과 같이 선택한 면에 각진 부분이 추가됩니다.

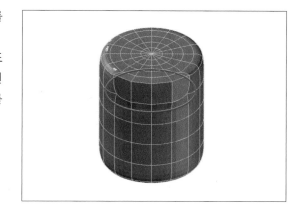

옵션 설명

{각진 부분 값 지정 [항상(A)] <항상>:}
① 각진 부분 값: 각진 부분을 유지할 최고 부드럽기 정도를 설정합니다. 부드럽기 정도가 이 값을 초과하면 각진 부분
까지 부드럽게 합니다. 기존의 각진 부분을 제거하려면 값 '0'을 입력합니다.
② 항상: 객체 또는 하위 객체를 부드럽게 하거나 정렬하더라도 각진 부분은 항상 유지되도록 지정합니다. 각진 부분
값 '-1'은 '항상'을 의미합니다.

---

05 이번에는 모서리를 선택해 보겠습니다. <Enter> 키
또는 <Space bar>를 눌러 '각진 부분 추가' 명령을
재실행합니다.
{각지게 할 메쉬 하위 객체 선택:}에서 차례로 모서
리를 선택합니다. 선택된 선이 다음과 같이 하이라이
트됩니다. 선을 구분하기 쉽게 하기 위해 비주얼 스
타일을 '2D 와이어프레임'으로 설정했습니다.

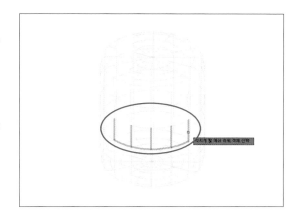

06 {각지게 할 메쉬 하위 객체 선택:}에서 <Enter> 키 또는 <Space bar>를 눌러 선택을 종료합니다. {각진 부분 값 지정 [항상(A)] <항상>:}에서 <Enter> 키를 누릅니다. 다음과 같이 각진 부분이 추가됩니다.

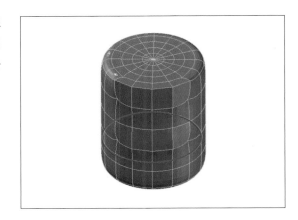

02. 각진 부분 제거(MESHUNCREASE)

선택한 메쉬의 면, 모서리 또는 정점에서 각진 부분을 제거합니다. 각진 모서리의 부드럽기 정도를 복원합니다.

명령: MESHUNCREASE	아이콘:

01 앞에서 실습했던 모델을 이용하여 실습하겠습니다. '각진 부분 제거' 명령을 실행합니다. 명령어 'MESHUNCREASE'를 입력하거나 '메쉬' 탭의 '메쉬' 패널 또는 '부드러운 메쉬' 도구 막대에서 을 클릭합니다.
{제거할 각진 부분 선택:}에서 제거할 면을 선택합니다. {1개를 찾음}
{제거할 각진 부분 선택:}에서 차례로 제거할 면을 선택합니다.

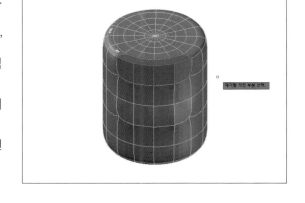

02 선택이 끝나면 {제거할 각진 부분 선택:}에서 <Enter> 키 또는 <Space bar>를 눌러 선택을 종료합니다. 다음과 같이 각진 부분이 제거되면서 부드럽게 처리됩니다.

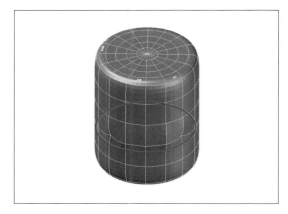

4. 메쉬의 편집

작성된 메쉬 객체를 편집하는 방법에 대해 알아보겠습니다.

01. 메쉬 면 돌출(MESHEXTRUDE)

2D 객체 또는 3D 면의 치수를 3D 공간으로 연장합니다.

명령: MESHEXTRUDE   아이콘:

01 다음과 같은 메쉬 객체가 있다고 가정하겠습니다.

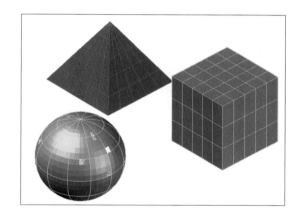

02 '면 돌출' 명령을 실행합니다.
명령어 'MESHEXTRUDE'를 입력하거나 '메쉬' 탭의
'메쉬 편집' 패널에서 █을 클릭합니다.
{돌출할 객체 선택:}에서 돌출하고자 피라미드와 상
자의 면을 선택합니다. 여기에서는 4개의 면을 선택
했다고 가정하겠습니다.
          :
{돌출할 객체 선택:}에서 <Enter> 키 또는 <Space bar>를
눌러 선택을 종료합니다.

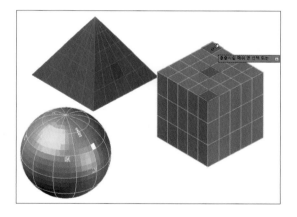

03 {돌출의 높이 지정 또는 [방향(D)/경로(P)/테이퍼 각도(T)] <0.0000>:}에서 '200'을 입력합니다. 다음과 같이 선택한 면이 '200'만큼 돌출됩니다.

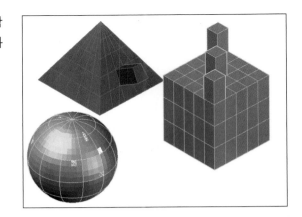

04 <Enter> 키 또는 <Space bar>를 눌러 '면 돌출' 명령을 재실행합니다.
{돌출할 객체 선택:}에서 돌출하고자 하는 구의 면을 선택합니다.
{돌출할 객체 선택:}에서 <Enter> 키 또는 <Space bar>를 눌러 선택을 종료합니다.
{돌출의 높이 지정 또는 [방향(D)/경로(P)/테이퍼 각도(T)] <200.0000>:}에서 '-200'을 입력합니다. 다음과 같이 구의 선택한 표면이 안쪽으로 들어갑니다.

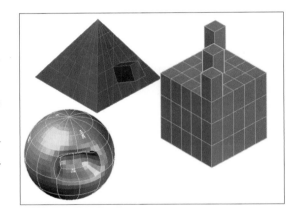

옵션 설명

{돌출의 높이 지정 또는 [방향(D)/경로(P)/테이퍼 각도(T)] <200.0000>:}
① 방향(D): 두 점을 지정하여 돌출의 길이 및 방향을 지정합니다.
② 경로(P): 경로가 되는 객체를 선택하여 돌출시킵니다.
③ 테이퍼 각도(T): 돌출 시 테이퍼 각도를 지정하여 지정한 각도만큼 돌출합니다.

02. 면 분할(MESHSPLIT)

선택한 메쉬 면을 두 개로 분할합니다. 면을 분할하여 면 영역을 추가합니다. 분할의 시작점과 끝점을 사용자가 지정하므로 분할 위치를 보다 정교하게 조정할 수 있습니다.

명령: MESHSPLIT	아이콘:

01 '메쉬 면 분할' 명령을 실행합니다.

명령어 'MESHSPLIT'를 입력하거나 '메쉬' 탭의 '메쉬
편집' 패널에서 ◻◿을 클릭합니다.

{분할할 메쉬 면 선택:}에서 분할할 면(구의 한 면)을
선택합니다.

{면 모서리에서 첫 번째 분할점 지정 또는 [정점(V)]:}
에서 구의 면의 한 점을 선택합니다.

{면 모서리에서 두 번째 분할점 지정 또는 [정점(V)]:}
에서 반대편 모서리의 한 점을 선택합니다.

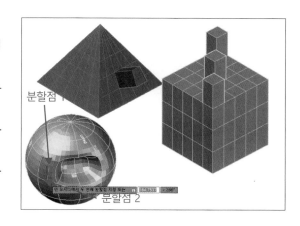

02 다음과 같이 선택한 면이 지정한 두 점으로 분할된 것
을 알 수 있습니다.

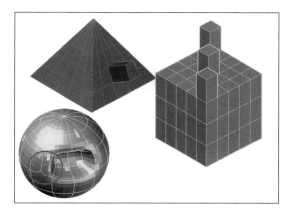

03 확인을 위해 앞에서 학습한 '메쉬 면 돌출
(MESHEXTRUDE)' 명령을 이용하여 분할한 면을 돌
출해 보면 분할되었다는 것을 알 수 있습니다.

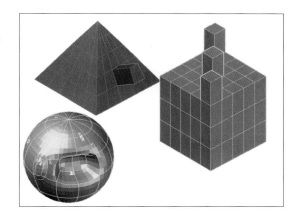

03. 면 병합(MESHMERGE)

인접한 둘 이상의 면을 단일 면으로 합칩니다.

명령: MESHMERGE	아이콘: ▦

01 '메쉬 면 병합' 명령을 실행합니다.

명령어 'MESHMERGE'를 입력하거나 '메쉬' 탭의 '메쉬 편집' 패널에서 🔲을 클릭합니다.

{병합할 인접 메쉬 면 선택:}에서 첫 번째 면을 선택합니다. {1개를 찾음}

{병합할 인접 메쉬 면 선택:}에서 두 번째 면을 선택합니다. {1개를 찾음, 총 2개}

:

{병합할 인접 메쉬 면 선택:}에서 세 번째 면을 선택합니다. {1개를 찾음, 총 5개}

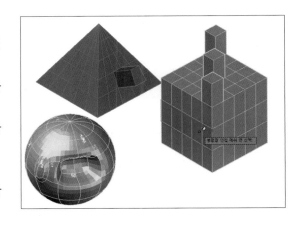

02 {병합할 인접 메쉬 면 선택:}에서 <Enter> 키 또는 <Space bar>를 눌러 선택을 종료합니다.

{5개의 객체를 찾았습니다.} 다음과 같이 다섯 개의 면이 하나로 병합됩니다.

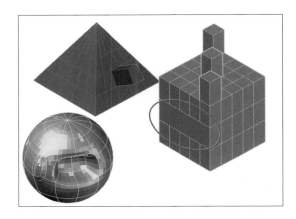

참고<< **선택 필터**

표면, 메쉬 또는 솔리드의 면이나 모서리를 선택할 때 원하는 요소를 선택하기 위해서 필터를 설정을 할 수 있습니다. 각 모델링 탭(표면, 메쉬, 솔리드)에는 '선택' 패널이 있습니다. 두 번째 컨트롤의 드롭 다운 리스트를 펼치면 다음과 같이 필터링 목록이 표시됩니다. 이 목록에서 선택하고자 하는 항목(모서리, 면, 정점 등)을 지정합니다. 면을 선택하고자 하면 '면'을 지정합니다.

04. 구멍 닫기(MESHCAP)

열려 있는 모서리를 선택하여 하나의 면으로 만듭니다.

명령: MESHCCAP　　　　아이콘: 🖳

01 선택 필터에서 '면'을 선택(앞에서 병합한 면)한 후
　　<Delete> 키를 눌러 지웁니다. 비주얼 스타일을 '개
　　념'으로 보면 다음과 같이 표현됩니다.

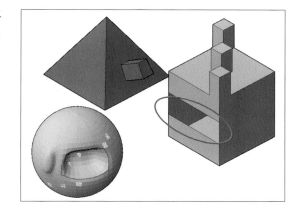

02 '구멍 닫기' 명령을 실행합니다. 명령어 'MESHCAP'를 입력하거나 '메쉬' 탭의 '메쉬 편집' 패널에서 🖳을
　　클릭합니다.

 이 명령을 실행하면 자동으로 선택 필터가 '모서리'로 설정됩니다.

{모서리 선택 또는 [체인(CH)]:}에서 각 모서리를 차
례로 선택합니다. {1개를 찾음, 총 8개}

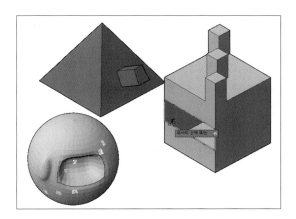

{모서리 선택 또는 [체인(CH)]:}에서 <Enter> 키 또는 <Space bar>를 눌러 선택을 종료합니다.
다음과 같이 선택된 모서리가 하나의 면으로 막아집니다.

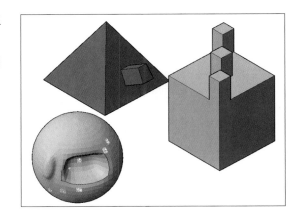

05. 면 또는 모서리 축소(MESHCOLLAPSE)

주변 메쉬 면의 정점이 선택한 모서리나 면의 중심에서 수렴하도록 할 수 있습니다. 하나 이상의 정점이 없어지면 주변 면의 형태가 그에 맞게 변경됩니다.

명령: MESHCOLLAPSE	아이콘:

'면 또는 모서리 축소' 명령을 실행합니다.
명령어 'MESHCOLLAPSE'를 입력하거나 '메쉬' 탭의 '메쉬 편집' 패널에서 🖳을 클릭합니다.
{축소할 메쉬 면 또는 모서리 선택:}에서 축소할 면을 선택합니다. 다음과 같이 선택한 면이 사라지며 축소됩니다.

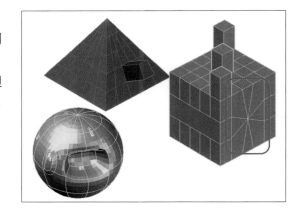

 모서리를 선택하기 위해 선택 필터 조건을 설정합니다. '메쉬' 탭의 '선택' 패널에서 '모서리'를 지정합니다. '면 또는 모서리 축소' 명령을 재실행합니다.

06. 삼각형 면 회전(MESHSPIN)

두 삼각형 메쉬 면을 결합하는 모서리를 회전해 면의 모양을 수정할 수 있습니다. 선택한 면이 공유하는 모서리가 회전하여 각 면의 꼭대기 점을 교차합니다.

명령: MESHSPIN	아이콘:

'삼각형 면 회전' 명령을 실행합니다. 명령어 'MESHSPIN'를 입력하거나 '메쉬' 탭의 '메쉬 편집' 패널에서 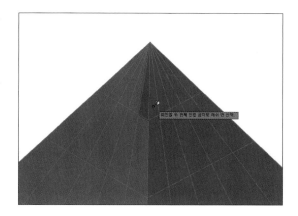을 클릭합니다.

{회전할 첫 번째 삼각형 메쉬 면 선택:}에서 첫 번째 삼각형을 선택합니다.

{회전할 두 번째 인접 삼각형 메쉬 면 선택:}에서 두 번째 삼각형을 선택합니다.

다음과 같이 선택한 두 삼각형이 결합되면서 모양이 바뀝니다.

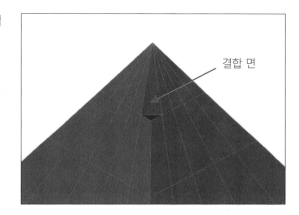

결합 면

5. 다른 모델 유형으로 변환(CONVERT)

메쉬 객체를 솔리드(SOLID) 또는 표면(SURFACE)으로 변환합니다.

01. 솔리드로 변환(CONVERTOSOLID)

3D 메쉬 및 두께가 있는 원과 폴리선을 3D 솔리드(Solid)로 변환합니다. 메쉬를 변환할 때 변환된 객체의 부드럽게 하기 또는 깎인 면을 지정할 수 있으며 면의 병합 여부도 지정할 수 있습니다.

명령: CONVERTOSOLID	아이콘:

01 다음과 같은 메쉬 모델(앞에서 조작한 모델)이 있다고
가정하겠습니다.

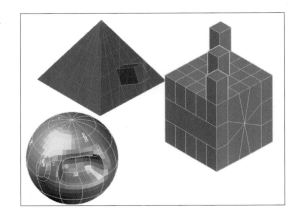

참고<< **3D 솔리드로 변환할 수 있는 객체**

① 메쉬: 모서리 간격이 없이 체적을 둘러싼 메쉬(수밀)
② 폴리선: 균일한 폭과 두께를 가진 폴리선으로 닫혀 있어야 함
③ 표면: 모서리 간격 없이 체적을 둘러쌉니다(예: 양 끝이 막힌 회전된 표면 또는 표면으로 변환된 닫힌 메쉬 객체). 표면이 수밀 영역을 둘러싸는 경우에는 '표면 조각(SURFSCULPT)' 명령을 사용해 솔리드로 변환할 수도 있습니다.

---

02 '솔리드로 변환' 명령을 실행합니다.
명령어 'CONVERTOSOLID'를 입력하거나 '메쉬' 탭의 '메쉬 변환' 패널에서 🗒️을 클릭합니다.
{객체 선택:}에서 원통 메쉬 객체를 선택합니다. {1개를 찾음}
{객체 선택:}에서 <Enter> 키 또는 <Space bar>를 눌러 종료합니다.
다음과 같이 메쉬 객체가 솔리드 객체로 변환됩니다.

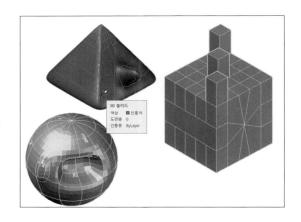

참고<< **변환 시 거칠기 지정**

시스템 변수 'SMOOTHMESHCONVERT'에 의해 3D 솔리드 또는 표면으로 변환한 메쉬 객체에 부드럽게 하기 또는 깎인 면을 적용할지 및 면을 병합할지 여부를 설정합니다.
시스템 변수 값과 설정 내용은 다음과 같습니다.
0: 부드러운 모형을 작성합니다. 동일평면상의 면이 최적화 또는 병합됩니다.
1: 부드러운 모형을 작성합니다. 변환된 객체에서 원래 메쉬 면이 유지됩니다.
2: 평평한 면이 있는 모형을 작성합니다. 동일평면상의 면이 최적화 또는 병합됩니다.
3: 평평한 면이 있는 모형을 작성합니다. 변환된 객체에서 원래 메쉬 면이 유지됩니다.

리본 메뉴에서는 '메쉬' 탭의 '메쉬 변환' 패널에서 다음과 같은 메뉴로 지정합니다.

다음 그림은 '깎인 면, 최적화 안 함(SMOOTHMESHCONVERT = 3)'으로 설정한 상태에서 표면으로 변환한 예입니다.
거칠기를 '깎인 면 최적화'를 선택한 후 실행하면 다음과 같이 변환됩니다.

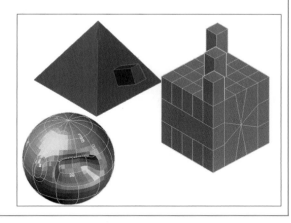

02. 표면으로 변환(CONVERTOSURFACE)

선택한 객체를 3D 표면(Surface)으로 변환합니다.

명령: CONVERTOSURFACE   아이콘: ▯

참고<<   3D 표면(Surface)로 변환할 수 있는 객체

① 2D, 3D 솔리드
② 영역
③ 두께가 있지만 폭이 0인 열려 있는 폴리선
④ 두께가 있는 선이나 호
⑤ 메쉬
⑥ 평면형 3D면

01 '표면으로 변환' 명령을 실행합니다.

명령어 'CONVERTOSURFACE'를 입력하거나 '메쉬' 탭의 '메쉬 변환' 패널에서 을 클릭합니다.

{객체 선택:}에서 오른쪽 객체를 선택합니다. {1개를 찾음}

{객체 선택:}에서 <Enter> 키 또는 <Space bar>를 눌러 종료합니다. 선택한 객체가 표면 객체로 변환됩니다.

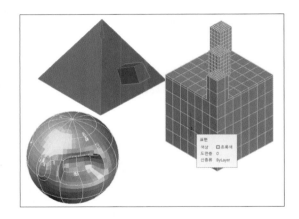

02 '꺾인면 최적화' 설정을 '부드러움, 최적화'로 설정하면 다음과 같이 부드러운 표면으로 변환됩니다.

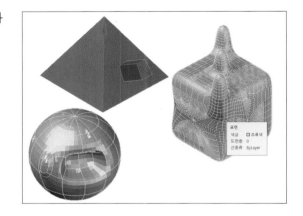

03 트여 있는 메쉬를 표면으로 변환하면 다음과 같습니다. 왼쪽은 메쉬 객체이고 오른쪽은 표면 객체로 변환한 것입니다.

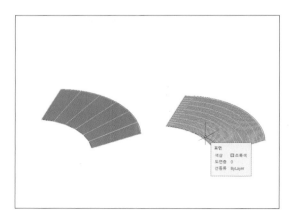

다음과 같은 등받이 쿠션을 모델링하겠습니다.

01 뷰를 '남동 등각투영 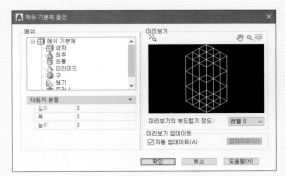'으로 설정합니다. 메쉬 기본
체 옵션 명령을 실행합니다.
명령어 'MESHPRIMITIVEOPTIONS'를 입력하거나 '메
쉬' 탭의 '기본체' 패널에서 오른쪽 하단의 비스듬한
화살표( )를 클릭합니다.
다음 그림과 같은 대화 상자가 나타납니다. 대화 상자
에서 '다듬기 분할'의 '길이'를 '3', '폭'을 '3', '높이'를
'3'으로 설정합니다.

02 메쉬 상자를 작도합니다. '메쉬' 탭의 '기본체' 패널에
서 ▦ 을 클릭합니다.
{첫 번째 구석 지정 또는 [중심(C)]:}에서 작도하고자
하는 위치를 지정합니다.
{반대 구석 지정 또는 [정육면체(C)/길이(L)]:}에서
반대 구석의 상대 좌표 '@500,300'을 입력합니다.
{높이 지정 또는 [2점(2P)] <0.0001>:}에서 상자의
높이 '200'을 입력합니다. 다음 그림과 같이 메쉬 상
자가 작도됩니다.

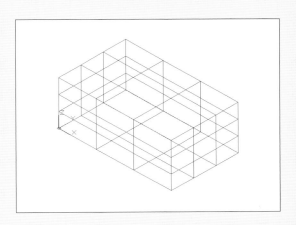

03 작업의 편의를 위해 뷰포트를 나누겠습니다. 뷰포트(VPORTS) 기능으로 다음과 같이 네 개의 창으로 나눕니다. 평면도, 좌측면도, 정면도, 남동 등각투영으로 설정합니다.

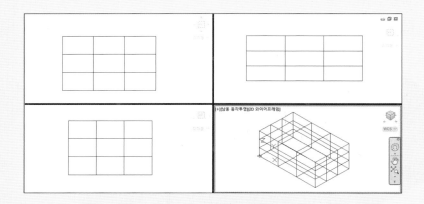

04 선택 요소를 정점으로 설정합니다. '메쉬' 탭의 '선택' 패널에서 선택 필터의 드롭 다운 리스트(▼)를 클릭하여 '정점'을 선택합니다.

좌측면도에서 범위를 지정하여 다음과 같이 오른쪽의 정점 두 개를 선택합니다.

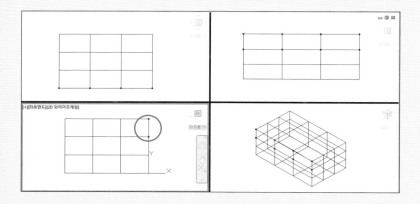

05 이동(MOVE) 명령으로 두 점을 아래쪽으로 이동합니다. 정확한 값은 아니어도 됩니다.

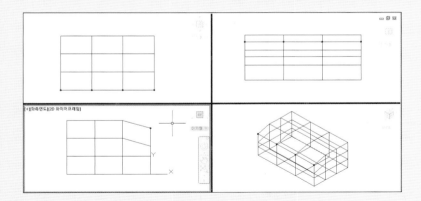

06 다시 오른쪽 상단의 점을 선택한 후 이동(MOVE) 명령으로 아래로 이동합니다.

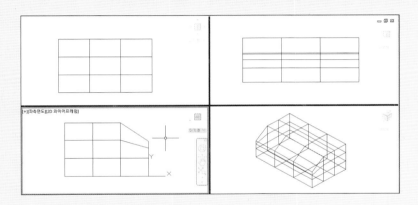

07 이와 같은 방법으로 좌측면도의 아래쪽 정점을 위쪽으로 이동합니다.

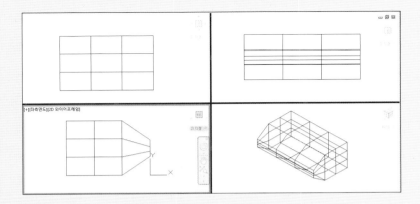

08 좌측면도의 왼쪽의 정점도 오른쪽 정점과 같이 가운데 방향으로 이동합니다. 다음은 색상을 바꾸고 남동 등각투영 뷰의 비주얼 스타일을 '모서리로 음영 처리됨'으로 설정한 경우입니다.

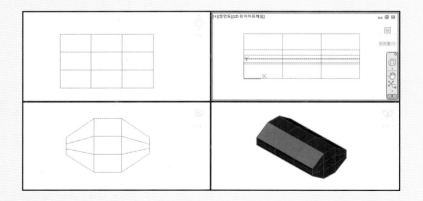

09 정면도 뷰에 가서 앞의 조작과 동일한 방법으로 왼쪽 정점을 가운데 쪽으로 이동합니다.

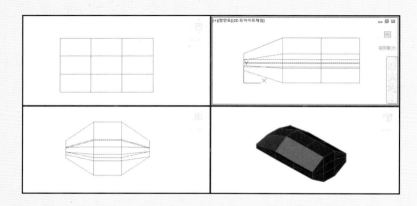

10 정면도 뷰의 오른쪽 정점을 선택하여 가운데 쪽으로 이동합니다.

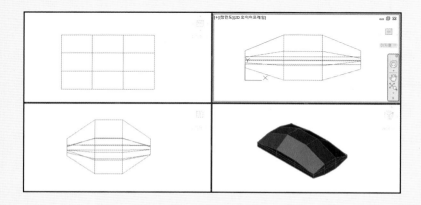

11 이번에는 평면 뷰로 이동하여 다음과 같이 가운데 두 개의 정점을 선택하여 안쪽으로 이동합니다. 양쪽 모두 이동합니다.

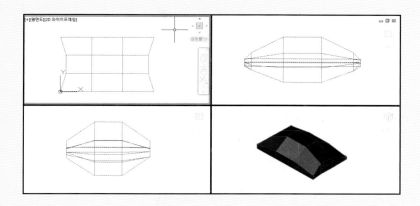

12 이번에는 위쪽과 아래쪽의 가운데 두 개의 정점을 선택하여 안쪽으로 이동합니다.

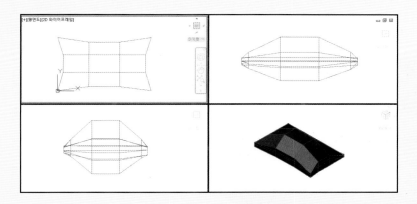

13 다시 좌측면도에 초점을 맞춰서 위쪽 두 개의 정점을 아래쪽으로 내립니다. 아래쪽의 두 개의 정점도 위쪽으로 올립니다. 전체적인 균형을 봐가면서 정점을 조정합니다.

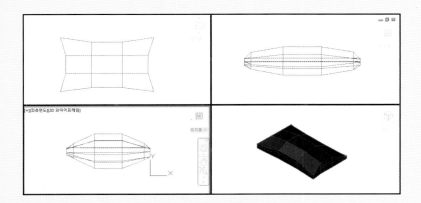

14 남동 등각투영 뷰로 이동하여 '더 부드럽게 하기(MESHSMOOTHMORE)' 명령으로 쿠션 객체를 선택하여 부드럽게 만듭니다. 두 번 수행합니다.

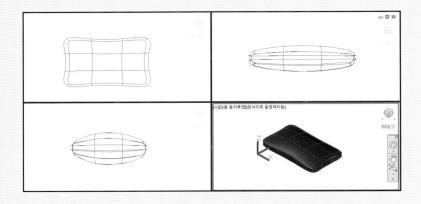

다음과 같이 쿠션이 완성되었습니다.

다음과 같은 쿠션의자를 모델링하겠습니다. 구의 반지름은 '500'입니다.

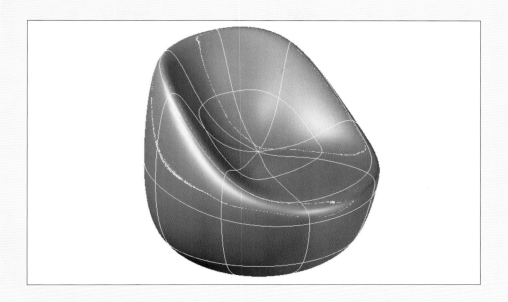

01 뷰를 '남동 등각투영 '으로 설정합니다. 메쉬 기본체 옵션 명령을 실행합니다.
명령어 'MESHPRIMITIVEOPTIONS'를 입력하거나 '메쉬' 탭의 '기본체' 패널에서 오른쪽 하단의 비스듬한 화살표(┐)를 클릭합니다. '메쉬'에서 '구'를 선택하고 축을 '8', 높이를 '6'으로 설정합니다.

02 메쉬의 구 명령으로 반지름이 '500'인 구를 모델링합니다.

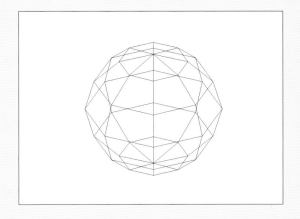

03 비주얼 스타일을 '개념'으로 설정합니다. 모서리의 유형을 등각선으로 표시하기 위해 'VSEDGES' 값을 '1'로 설정합니다.

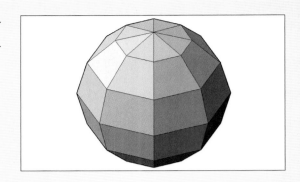

04 '선택' 패널에서 필터를 '면'으로 설정하고 장치를 '이동'으로 설정한 후 상단의 8개의 면을 선택합니다.

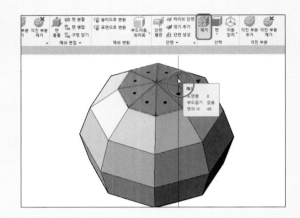

05 이동 장치의 축을 아래로 맞춘 후 '200'을 입력하여 면을 아래로 이동합니다.

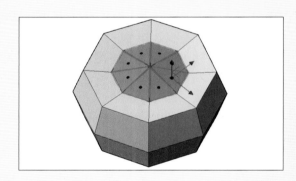

06 아래쪽 면도 동일한 방법으로 '200'만큼 위쪽으로 올립니다.

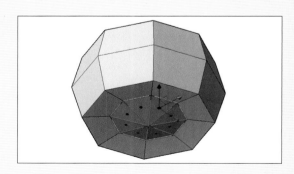

07 '선택' 패널에서 필터를 '정점'으로 설정하고 장치를 '이동'으로 설정한 후 상단의 꼭짓점을 선택한 후 아래쪽으로 '100'만큼 내립니다.

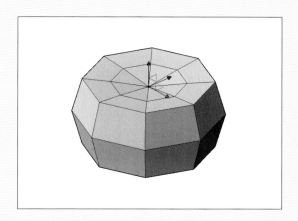

08 '선택' 패널에서 필터를 '모서리'로 설정하고 장치를 '이동'으로 설정한 후 상단의 모서리 세 개를 선택한 후 위쪽으로 '200'만큼 올립니다.

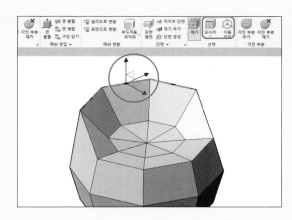

09 '선택' 패널에서 필터를 '면'으로 설정하고 장치를 '축척'으로 설정한 후 가운데 면을 선택한 후 마우스 오른쪽 버튼을 클릭하여 '구속 조건 설정'에서 'XY'를 설정합니다.

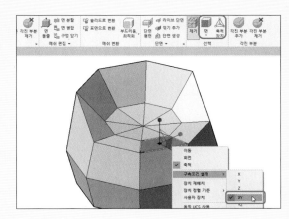

10 축척 비율은 '1.75'로 지정하여 1.75배 늘립니다.

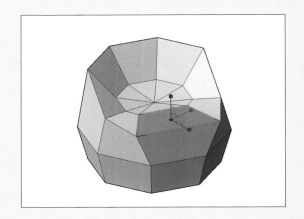

11 '선택' 패널에서 필터를 '모서리'로 설정하고 장치를 '이동'으로 설정한 후 '100'만큼 아래쪽으로 내립니다.

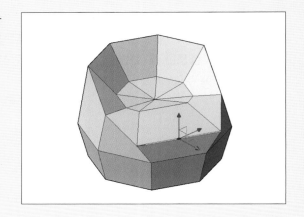

12 '선택' 패널에서 필터를 '필터 없음'으로 설정하고 장치를 '장치 없음'으로 설정한 후 객체를 선택한 후 특성 (PR) 명령을 실행합니다. '부드럽기' 값을 '레벨4'로 설정합니다.

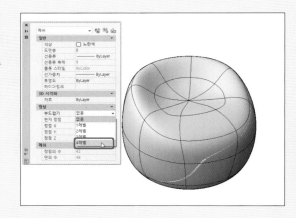

13 '선택' 패널에서 필터를 '모서리'로 설정하고 장치를 '이동'으로 설정한 후 뒤쪽의 모서리 세 개를 선택한 후 '200'만큼 올립니다.

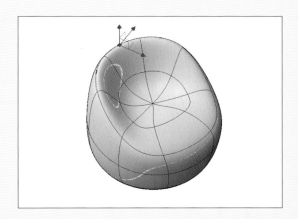

14 '선택' 패널에서 필터를 '면'으로 설정하고 장치를 '이동'으로 설정한 후 바닥면을 선택한 후 아래쪽 방향으로 내립니다.

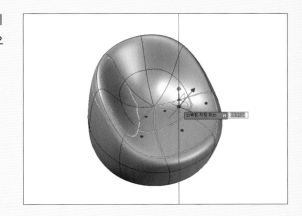

15 이와 같이 정점, 모서리, 면 등을 선택해서 이동, 축척 등의 장치를 이용하여 원하는 모양을 만들어갑니다. 다음과 같이 쿠션 의자가 완성됩니다.

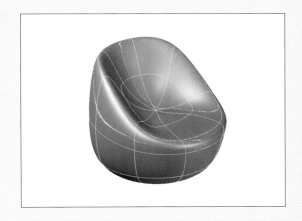

3 배치 및 뷰 작성

3차원 모델은 조명과 카메라의 위치에 따라 다양하게 표현됩니다. 3차원 모델은 비주얼 스타일의 설정, 렌더링, 동영상 등 다양한 형태로 표현할 수 있습니다. 3차원 모델의 표현에 대해 알아보겠습니다.

1. 배치(LAYOUT)의 작성

일반적으로 3차원 객체는 모형 공간에서 작성하고 출력하기 위해서는 배치 공간에서 실시합니다. 3차원 객체를 다양하게 표현하기 위한 배치(LAYOUT)를 작성하겠습니다.

01 앞의 실습에서 작성한 소파 모델을 이용하여 실습하겠습니다.

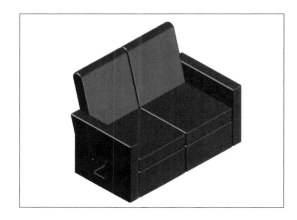

02 새로운 배치를 작성할 수도 있고 기본적으로 제공하는 배치에 배치할 수도 있습니다. 기본으로 제공하는 '배치1'의 이름을 바꿔 배치하겠습니다. 작도 영역 하단의 배치 탭에 커서를 맞춘 후 마우스 오른쪽 버튼을 누릅니다. 다음과 같은 바로가기 메뉴에서 '이름 바꾸기(R)'을 클릭합니다. 탭 이름을 '3차원 모델'로 바꿉니다.

03 다음과 같이 '3차원 모델'이라는 이름의 배치가 되었습니다.

04 '3차원 모델' 탭을 눌러 배치 공간으로 이동합니다. 파란색 테두리를 클릭하여 <Delete> 키를 눌러 지웁니다.

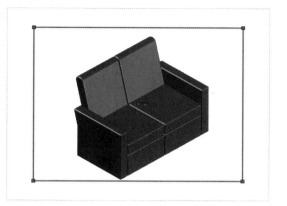

다음과 같이 '3차원 모델' 배치 공간이 백지 상태가 됩니다. 점선의 테두리가 나타납니다.

2. 기준 뷰 작성(VIEWBASE)

모형 공간 또는 Autodesk Inventor 모형으로부터 기준 뷰를 작성합니다. 기준 뷰는 도면에서 첫 번째로 작성된 뷰입니다. 다른 모든 뷰는 기준 뷰에서 파생됩니다. 기준 뷰에는 모형 공간 내에서 표시된 솔리드 및 표면이 포함됩니다. 모형 공간에 표시되는 솔리드 또는 표면이 없는 경우에는 Autodesk Inventor 모형을 선택할 수 있도록 파일 선택 대화 상자가 표시됩니다.

명령어: VIEWBASE	아이콘:

01 기준 뷰를 작성합니다. 명령어 'VIEWBASE'를 입력하거나 '배치' 탭의 '뷰 작성' 패널에서 '기준 을 클릭하여 '모형 공간에서'를 클릭합니다.

{유형 = 기준 뷰와 투영된 뷰 은선 = 보이는 선 및 은선 축척 = 1:5}

{기준 뷰의 위치 지정 또는 [유형(T)/선택(E)/방향(O)/은선(H)/축척(S)/가시성(V)] <유형>:}에서 배치하고자 하는 기준점을 지정합니다. 다음과 같이 뷰가 배치됩니다.

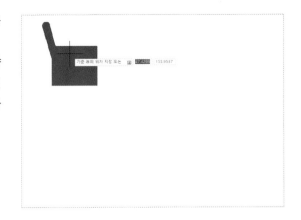

02 {옵션 선택 [선택(E)/방향(O)/은선(H)/축척(S)/가시성(V)/이동(M)/종료(X)] <종료>:}에서 '종료(X)' 옵션을 지정합니다. 다음과 같이 배치됩니다.

{투영된 뷰의 위치 지정 또는 <종료(X)>:}에서 다음과 같이 아래쪽을 지정합니다. 평면 뷰가 작성됩니다.

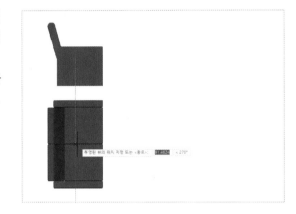

{투영된 뷰의 위치 지정 또는 [명령 취소(U)/종료(X)] <종료>:}에서 오른쪽 위치를 지정합니다.

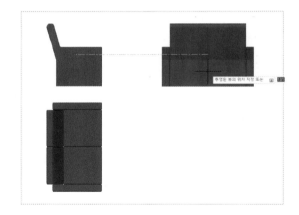

{투영된 뷰의 위치 지정 또는 [명령 취소(U)/종료(X)]
<종료>:}에서 종료 'X'를 선택합니다. {기준 뷰 및 1
개의 투영된 뷰가 작성되었습니다.}라는 메시지와 함
께 뷰가 작성됩니다. 다음과 같이 세 개의 뷰가 작성
됩니다.

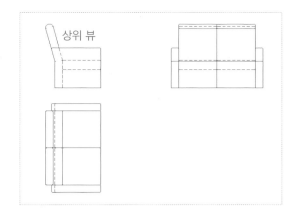

반복해서 뷰의 위치와 뷰의 방향을 지정하여 여러 개의 뷰를 작성할 수 있습니다.

3. 투영 뷰 작성(VIEWPROJ)

기존 도면 뷰에서 직교 및 등각투영된 뷰를 작성합니다. 투영된 뷰는 상위 뷰의 축척, 표시 설정 및 정렬을
상속합니다.

명령어: VIEWPROJ	아이콘:

03 앞의 실습에 이어서 실습하겠습니다. 명령어
'VIEWPROJ'를 입력하거나 '배치' 탭의 '뷰 작성' 패널
에서 을 클릭합니다.
{상위 뷰 선택:}에서 위쪽의 정면도 뷰를 선택합니다.
{투영된 뷰의 위치 지정 또는 <종료>:}에서 마우스를
오른쪽 아래로 끌고 갑니다. 다음과 같이 하위 뷰인
등각투영도가 나타납니다.

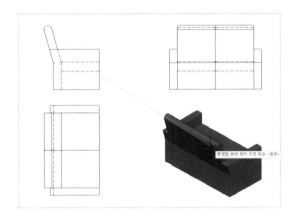

 기존 뷰가 오래되었거나 해석되지 않은 뷰인 경우는 투영 뷰가 작성되지 않습니다. 투영된 뷰는 해당 뷰가 생
성된 뷰와의 상-하 관계를 유지합니다. 상위 뷰를 지워도 해당 하위 뷰는 지워지지 않습니다. 하위 뷰가 상위
뷰의 역할을 자동으로 수행하게 됩니다. 하위 뷰는 상위 뷰가 되어도 기준 뷰가 되지는 않습니다.

{투영된 뷰의 위치 지정 또는 [명령 취소(U)/종료(X)] <종료>:}에서 <Enter> 키를 누릅니다.
{1개의 투영된 뷰가 작성되었습니다.}라는 메시지와 함께 다음과 같은 뷰가 작성됩니다.

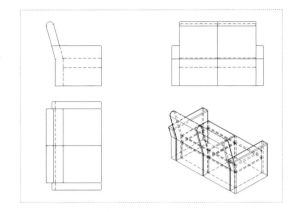

04 하위 뷰인 밑면도를 이용하여 투영 뷰를 작성하겠습니다. 아래의 오른쪽 등각투영 뷰를 선택한 후 마우스 오른쪽 버튼을 눌러 바로가기 메뉴를 펼칩니다. 바로가기 메뉴에서 '뷰 작성'을 클릭한 후 '투영된 뷰'를 선택합니다.

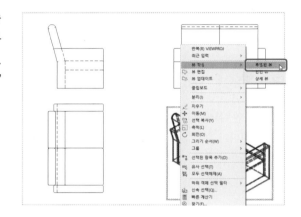

{투영된 뷰의 위치 지정 또는 <종료(X)>:}에서 마우스 커서를 이동합니다. 뷰가 나타나면 클릭합니다. 다음과 같이 뷰가 나타납니다.

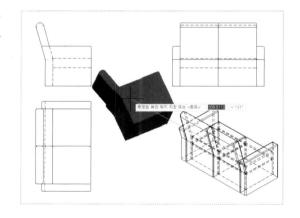

{투영된 뷰의 위치 지정 또는 [명령 취소(U)/종료(X)]
<종료>:}에서 <Enter> 키를 눌러 종료합니다.
{1개의 투영된 뷰가 작성되었습니다.}라는 메시지와
함께 뷰가 작성됩니다.

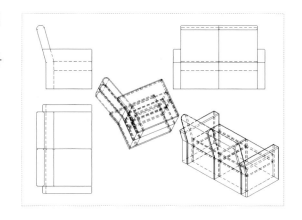

4. 단면 뷰 작성(VIEWSECTION)

기존 도면 뷰에서 단면 뷰를 작성합니다. 투영된 뷰는 상위 뷰의 축척, 표시 설정 및 정렬을 상속합니다. 단면 선의 끝점이 지정되면 단면 미리보기가 알파벳순 단면 레이블 식별자와 함께 커서에 부착됩니다.

명령어: VIEWSECTIO	아이콘: 🗗 🗗 🗗 🗗

01. 단면 전체 뷰 작성

지정한 범위의 전체 단면 뷰를 작성합니다.

02 단면 뷰 작성 명령을 실행합니다. '배치' 탭의 '뷰 작성'
패널에서 🗗을 클릭하거나 명령어 'VIEWSECTION'를
입력합니다.
{유형 선택 [전체(F)/절반(H)/간격띄우기(OF)/정렬
(A)/객체(OB)/종료(X)] <종료>: _f}
{상위 뷰 선택:}에서 왼쪽 상단의 뷰를 선택합니다.
{1개를 찾음}
{은선 = 보이는 선   축척 = 1:5 (상위 항목에서)}
{시작점 지정 또는 [유형(T)/은선(H)/축척(S)/가시성
(V)/주석(A)/해치(C)] <유형>:}에서 자르고자 하는
단면의 시작점을 지정합니다.

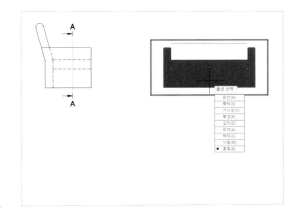

{다음 점 지정 또는 [명령 취소(U)]:}에서 자르고자 하는 단면의 끝점을 지정합니다.
{다음 점 지정 또는 [명령 취소(U)/종료(D)] <종료>:}에서 <Enter> 키를 누릅니다. 다음과 같이 단면 범위가 지정됩니다.

{단면 뷰의 위치 지정 또는 옵션 선택 [은선(H)/축척 (S)/가시성(V)/투영(P)/깊이(D)/주석(A)/해치(C)/이 동(M)/종료(X)] <종료>:}에서 단면 뷰의 위치를 지정 합니다.

{단면 뷰를 성공적으로 작성했습니다.}라는 메시지와 함께 단면 뷰가 작성됩니다.

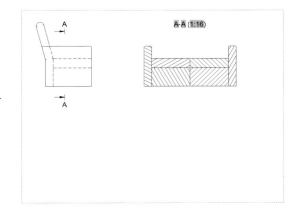

참고<< 단면 레이블

단면을 지정하면 기본적으로 단면 레이블은 사용 가능한 레이블로 자동으로 설정됩니다. 레이블 I, O, Q, S, X, Z 는 기본적으로 제외되지만 이러한 레이블을 수동으로 덮어쓸 수 있습니다. '단면 뷰 스타일 관리자' 대화 상자에서 제외할 영문자를 지정할 수 있습니다.

옵션 설명

{옵션 선택 [은선(H)/축척(S)/가시성(V)/투영(P)/깊이(D)/주석(A)/해치(C)/이동(M)/종료(X)] <종료>:}

① 은선(H): 선의 표현 옵션을 다음에서 선택합니다.
- 보이는 선(V): 보이는 선만 표시한 상태로 와이어프레임에 단면 뷰를 표시합니다.
- 보이는 선 및 은선(I): 보이는 선과 은선을 표시한 상태로 와이어프레임에 단면 뷰를 표시합니다.
- 보이는 선이 있는 상태로 음영 처리됨(S): 보이는 선만 표시된 상태로 단면 뷰를 음영 처리하여 표시합니다.
- 보이는 선 및 은선이 있는 상태로 음영 처리됨(H): 보이는 선과 은선이 표시된 상태로 단면 뷰를 음영 처리하여 표시합니다.
- 상위 항목에서(F): 상위 기준 또는 투영된 뷰에서 상속된 특성으로 단면 뷰를 표시합니다.

② 축척(S): 기본적으로 상위 뷰의 축척이 상속되지만 축척을 추가로 지정하고자 할 때 선택합니다.

③ 가시성(V): 단면 뷰에 대해 설정할 가시성 옵션을 지정합니다. 객체 가시성 옵션은 모형마다 다르며, 일부 옵션은 선 택한 모형에서 사용하지 못할 수도 있습니다.

④ 투영(P): 단면 뷰를 작성하는데 사용되는 투영 유형을 법선과 직교 중 선택합니다.

⑤ 깊이(D): 단면 뷰의 깊이를 지정합니다.

⑥ 주석(A): 레이블의 조건을 지정합니다.
- 식별자: 단면 선과 생성되는 단면 뷰의 레이블을 지정합니다.
- 레이블: 단면 뷰 레이블 문자의 표시 여부를 지정합니다.

⑦ 해치(C): 단면 뷰에 해치 여부를 지정합니다.

⑧ 이동(M): 단면 뷰를 도면 영역에 배치한 후 이동합니다. 명령이 강제 종료되지 않습니다.

⑨ 종료(X): 명령을 종료합니다.

02. 절반 단면 뷰 작성

뷰의 절반 단면 뷰를 작성합니다. 단면 선의 끝점이 지정되면 단면 미리보기가 알파벳순 단면 레이블 식별자와 함께 커서에 부착됩니다.

03 '배치' 탭의 '뷰 작성' 패널에서 █을 클릭하거나 명령어 'VIEWSECTION'를 입력합니다.

{상위 뷰 선택:}에서 자르고자 하는 원본 뷰(A-A)를 선택합니다. {1개를 찾음}

{은선 = 보이는 선   축척 = 1:5 (상위 항목에서)}

{시작점 지정 또는 [유형(T)/은선(H)/축척(S)/가시성(V)/잘라내기(U)/주석(A)/해치(C)] <유형>:}에서 단면의 시작점을 지정합니다.

{다음 점 지정 또는 [명령 취소(U)]:}에서 단면 뷰를 작성할 점을 지정합니다.

{끝점 지정 또는 [명령 취소(U)]:}에서 끝점을 지정합니다.

이 끝점에 의해 단면 뷰의 범위가 정해집니다.

{단면 뷰의 위치 지정:}에서 단면 뷰를 배치할 위치를 지정합니다.

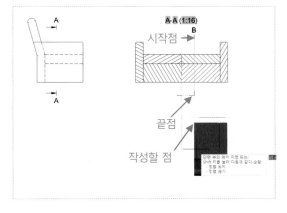

{또는 옵션 선택 [은선(H)/축척(S)/가시성(V)/투영(P)/깊이(D)/주석(A)/해치(C)/이동(M)/종료(X)] <종료>:}에서 }에서 <Enter> 키를 눌러 종료합니다.

{단면 뷰를 성공적으로 작성했습니다.}라는 메시지와 함께 절반 단면 뷰가 작성됩니다. 끝점의 위치까지 단면이 작성됩니다.

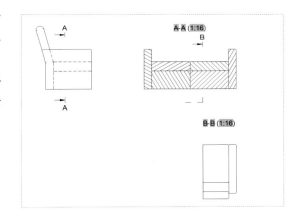

03. 간격띄우기 단면 뷰 작성

단면에서 지정한 간격띄우기가 모형을 자르는데 사용되도록 지정합니다. 종료를 선택할 때까지 다음 점에 대한 메시지가 나타납니다. 종료를 선택하고 나면 단면 뷰 미리보기가 알파벳순 단면 레이블 식별자와 함께 커서에 부착됩니다.

04 '배치' 탭의 '뷰 작성' 패널에서 🖳을 클릭하거나 명령
  어 'VIEWSECTION'를 입력합니다.

  {상위 뷰 선택:}에서 자르고자 하는 원본 뷰(왼쪽 상
  단)를 선택합니다. {1개를 찾음}

  {은선 = 보이는 선 축척 = 1:5 (상위 항목에서)}

  {시작점 지정 또는 [유형(T)/은선(H)/축척(S)/가시성
  (V)/주석(A)/해치(C)] <유형>:}

  {시작점 지정:}에서 단면의 시작점을 지정합니다.

  {다음 점 지정 또는 [명령 취소(U)]:}에서 자르고자
  하는 위치를 지정합니다.

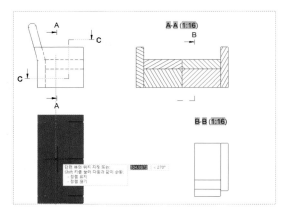

  {다음 점 지정 또는 [명령 취소(U)]:}에서 자르고자 하는 위치를 지정합니다.

  {다음 점 지정 또는 [명령 취소(U)]:}에서 자르고자 하는 위치를 지정합니다.

  {다음 점 지정 또는 [명령 취소(U)/종료(D)] <종료>:}에서 다음 점을 지정합니다.

  다음과 같이 절단 면을 지정합니다.

  {다음 점 지정 또는 [명령 취소(U)/종료(D)] <종료>:}
  에서 <Enter> 키를 눌러 점 지정을 종료합니다.

  {단면 뷰의 위치 지정 또는:}에서 단면 뷰를 배치할
  위치를 지정합니다.

  {옵션 선택 [은선(H)/축척(S)/가시성(V)/잘라내기(U)/
  투영(P)/깊이(D)/주석(A)/해치(C)/이동(M)/종료(X)]
  <종료>:}에서 <Enter> 키를 눌러 종료합니다.

  다음과 같이 지정한 단면선을 토대로 단면 뷰가 작성
  됩니다.

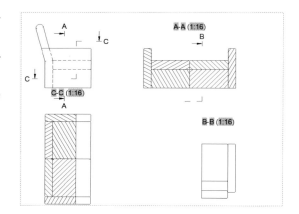

05. 단면 뷰의 수정

작성된 단면 뷰의 수정에 대해 학습하겠습니다.

05 단면 선을 수정해 보겠습니다. 다음과 같이 단면선 'A-A'를 선택한 후 그립을 끌어 왼쪽으로 이동합니다.

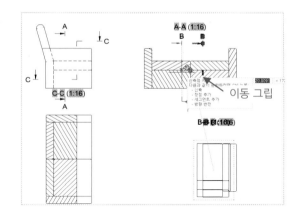

원하는 위치로 끌고 가서 클릭한 후 <ESC> 키를 누릅니다. 다음과 같이 수정한 단면 선을 따라 단면 뷰 (B-B)가 갱신됩니다.

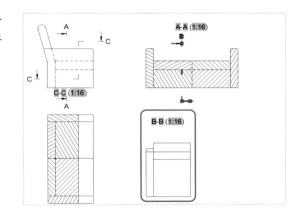

06 이번에는 원본 모델을 수정하겠습니다. 하단의 '모형' 탭을 눌러 모형 공간으로 이동합니다. 다음과 같이 소파 모델이 나타납니다.

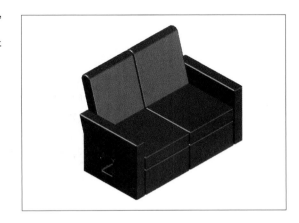

07 필터를 '면'으로 설정하고 '이동 장치'를 이용하여 다음과 같이 소파 모델을 수정합니다.

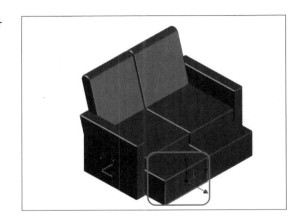

08 다시 배치 공간으로 이동합니다. 하단의 '3차원 모델' 배치 탭을 클릭합니다. 다음과 같이 각 단면 뷰가 수정되었음을 알 수 있습니다. 이와 같이 원본 모델의 수정에 따라 단면 뷰도 동시에 수정됨을 알 수 있습니다.

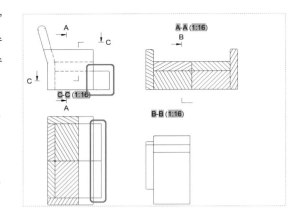

 뷰가 자동으로 업데이트되려면 '배치' 탭의 '업데이트' 패널의 '자동 업데이트'가 켜져(ON) 있어야 합니다.

참고<< **단면 뷰 리본 메뉴**

단면 뷰를 작성할 때 다음과 같은 리본 메뉴가 나타납니다.

① 모양: 은선의 표현 방법, 축척, 모서리 가시성 등 단면 뷰의 표현과 관련된 환경을 지정합니다.
② 메서드: 단면 뷰의 종류(전체, 정렬, 간격띄우기 등), 직교 또는 법선 등 뷰의 작성 방법 환경을 지정합니다.
③ 주석: 뷰 레이블의 표시 여부, 식별자의 명칭을 지정합니다.
④ 해치: 해치 표시 여부를 지정합니다.
⑤ 수정: 단면 뷰의 위치 이동 여부를 지정합니다.
⑥ 작성: 승인 여부를 지정합니다.

5. 상세 뷰 작성(VIEWDETAIL)

기존 도면 뷰의 일부분을 지정하여 상세 뷰를 작성합니다. 이 명령은 배치(LAYOUT) 환경에서만 지원되며 하나 이상의 도면 뷰가 있어야 합니다. 원형 또는 직사각형 상세 뷰를 작성할 수 있습니다.

명령어: VIEWDETAIL	아이콘:

01. 원형 상세 뷰 작성

범위를 원형으로 지정하여 상세 뷰를 작성합니다.

01 앞의 단면 뷰 실습 도면에 이어서 실습하겠습니다. 하단의 두 개의 단면 뷰를 지워 다음과 같이 만듭니다.

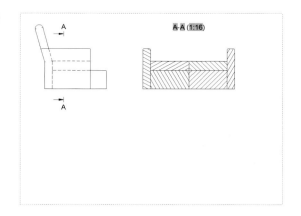

02 원형 상세 뷰 명령을 실행합니다. '배치' 탭의 '뷰 작성' 패널에서 을 클릭하거나 명령어 'VIEWDETAIL'를 입력합니다.

{상위 뷰 선택:}에서 '단면 A-A' 뷰를 선택합니다. {1 개를 찾음}

{경계 = 원형 모형 모서리 = 부드러움 축척 = 1:4}

{중심점 지정 또는 [은선(H)/축척(S)/가시성(V)/경계(B)/모형 모서리(E)/주석(A)] <경계>:}에서 상세도를 작성하고자 하는 위치의 중심점을 지정합니다.

{경계 크기 지정 또는 [직사각형(R)/명령 취소(U)]:} 에서 상세도의 범위를 지정합니다.

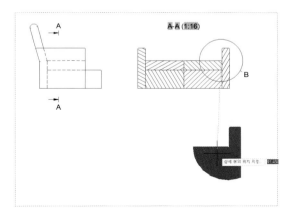

{상세 뷰의 위치 지정:}에서 상세도를 배치할 위치를 지정합니다.

{옵션 선택 [은선(H)/축척(S)/가시성(V)/경계(B)/모형 모서리(E)/주석(A)/이동(M)/종료(X)] <종료>:}에서 <Enter> 키 또는 'X'를 입력하여 종료합니다.

{상세 뷰를 성공적으로 작성했습니다.}라는 메시지와 함께 다음과 같은 상세 뷰가 작성됩니다.

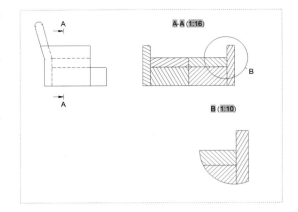

옵션 설명

옵션 선택 [은선(H)/축척(S)/가시성(V)/경계(B)/모형 모서리(E)/주석(A)/이동(M)/종료(X)]

① 은선(H): 선의 표현 옵션을 다음에서 선택합니다.

　・보이는 선(V): 보이는 선만 표시한 상태로 와이어프레임에 상세 뷰를 표시합니다.

　・보이는 선 및 은선(I): 보이는 선과 은선을 표시한 상태로 와이어프레임에 상세 뷰를 표시합니다.

　・보이는 선이 있는 상태로 음영 처리됨(S): 보이는 선만 표시된 상태로 상세 뷰를 음영 처리하여 표시합니다.

　・보이는 선 및 은선이 있는 상태로 음영 처리됨(H): 보이는 선과 은선이 표시된 상태로 상세 뷰를 음영 처리하여 표시합니다.

　・상위 항목에서(F): 상위 기준 또는 투영된 뷰에서 상속된 특성으로 상세 뷰를 표시합니다.

② 축척(S): 기본적으로 상위 뷰의 축척이 상속되지만 축척을 추가로 지정하고자 할 때 선택합니다.

③ 가시성(V): 상세 뷰에 대해 설정할 가시성 옵션을 지정합니다. 객체 가시성 옵션은 모형마다 다르며, 일부 옵션은 선택한 모형에서 사용하지 못할 수도 있습니다.

④ 경계(B): 상세 뷰의 경계를 원, 직사각형 중에서 선택합니다.

⑤ 모형 모서리(E): 모서리의 표현 방법을 선택합니다.

⑥ 주석(A): 레이블의 조건을 지정합니다.

　・식별자: 단면 선과 생성되는 단면 뷰의 레이블을 지정합니다.

　・레이블: 단면 뷰 레이블 문자의 표시 여부를 지정합니다.

⑦ 이동(M): 단면 뷰를 도면 영역에 배치한 후 이동합니다. 명령이 강제 종료되지 않습니다.

⑧ 종료(X): 명령을 종료합니다.

02. 직사각형 상세 뷰 작성

범위를 사각형으로 지정하여 상세 뷰를 작성합니다.

03 원형 상세 뷰 명령을 실행합니다. '배치' 탭의 '뷰 작성' 패널에서 ⬜을 클릭하거나 명령어 'VIEWDETAIL'를 입력합니다.

{상위 뷰 선택:}에서 왼쪽 상단의 원본 뷰를 선택합니다. {1개를 찾음}

{경계 = 원형 모형 모서리 = 부드러움 축척 = 1:4}

{중심점 지정 또는 [은선(H)/축척(S)/가시성(V)/경계(B)/모형 모서리(E)/주석(A)] <경계>:}에서 상세도를 작성하고자 하는 위치의 중심점을 지정합니다.

{경계 크기 지정 또는 [원형(C)/명령 취소(U)]:}에서 다음과 같이 사각형의 범위를 지정합니다.

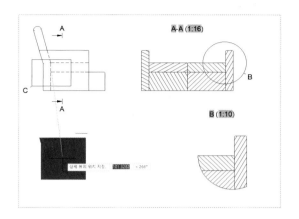

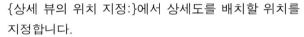

{상세 뷰의 위치 지정:}에서 상세도를 배치할 위치를 지정합니다.

{옵션 선택 [은선(H)/축척(S)/가시성(V)/경계(B)/모형 모서리(E)/주석(A)/이동(M)/종료(X)]   <종료>:}에서 <Enter> 키 또는 'X'를 입력하여 종료합니다.

{상세 뷰를 성공적으로 작성했습니다.}라는 메시지와 함께 다음과 같이 상세도가 작성됩니다.

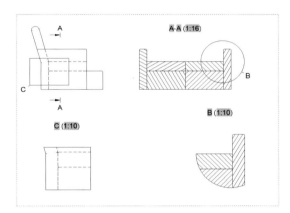

참고<< 상세 뷰 리본 메뉴

단면 뷰를 작성할 때 다음과 같은 리본 메뉴가 나타납니다.

① 모양: 은선의 표현 방법, 축척, 모서리 가시성 등 상세 뷰의 표현과 관련된 환경을 지정합니다.

② 경계: 상세 뷰를 지정할 때 경계를 원, 직사각형 중에서 선택하여 지정합니다.

③ 모형 모서리: 모서리의 처리를 어떤 유형으로 할 것인지 지정합니다.

④ 주석: 뷰 레이블의 표시 여부, 식별자의 명칭을 지정합니다.

⑤ 수정: 상세 뷰의 위치 이동 여부를 지정합니다.

⑥ 작성: 승인 여부를 지정합니다.

6. 뷰 환경 설정

단면 또는 상세 뷰 스타일의 환경을 설정합니다. 앞에서의 실습은 기본(디폴트)값으로 실행했습니다. 단면 및 상세 뷰의 표현 방법, 색상, 크기 등을 다양하게 설정할 수 있습니다. 이 기능을 이용하여 사용자의 기호 및 정해진 양식에 맞춰 설정합니다.

01. 단면 뷰 스타일(VIEWSECTIONSTYLE)

단면 뷰의 작성을 위한 스타일(환경)을 설정합니다. 각 화면의 주요 항목만 설명하겠습니다.

> 명령어: VIEWSECTIONSTYLE   아이콘: 🗐

(1) 단면 뷰 스타일 명령을 실행합니다.

명령어 'VIEWSECTIONSTYLE'을 입력하거나 '배치' 탭의 '스타일 및 표준' 패널에서 🗐을 클릭합니다. 다음과 같은 대화 상자가 나타납니다. [새로 만들기(N)]을 클릭합니다.

① 현재로 설정(U): 지정한 스타일을 현재 사용 스타일로 지정합니다.

② 새로 만들기(N): 새로운 스타일을 작성합니다.

③ 수정(M): 기존 스타일을 수정합니다.

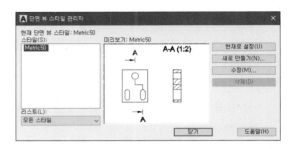

(2) '새 스타일 이름(N)'을 입력한 후 [계속(O)]를 클릭합니다.

(3) '식별자 및 화살표' 탭: 식별자 및 화살표의 환경을 설정합니다.

① 식별자: 레이블의 스타일, 색상, 문자 높이, 문자를 설정합니다.

② 방향 화살표: 화살표의 모양과 색상, 크기 등을 설정합니다.

③ 정렬: 식별자의 위치, 간격띄우기, 화살표 방향을 설정합니다.

(4) '절단 평면' 탭: 끝 및 절곡부 선과 절단 평면선의 환경을 설정합니다.

① 끝 및 절곡부 선: 끝 부분과 절곡부에 선의 표시 여부와 표시하는 경우 선 색상, 종류, 가중치 및 끝 선 길이, 초과 길이, 절곡부 선 길이를 설정합니다.

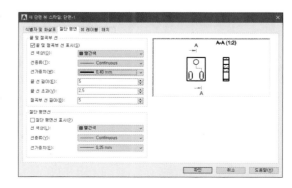

② 절단 평면선: 절단 평면선의 표시 여부와 표시하는 경우 선 색상, 종류, 가중치를 설정합니다.

(5) '뷰 레이블' 탭: 뷰 레이블과 관련된 환경을 설정합니다.
  ① 레이블: 뷰 레이블의 표시 여부와 레이블의 표시를 지정한 경우는 문자 스타일, 색상, 높이, 위치, 위치 등을 지정합니다.
  ② 레이블 콘텐츠: 뷰 레이블의 기본값의 내용을 지정합니다. '필드' 기능을 이용하여 지정할 수 있습니다.

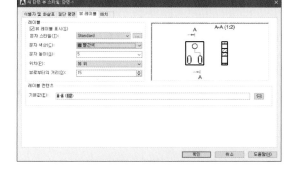

(6) '해치' 탭: 해치와 관련된 환경을 설정합니다.
  ① 해치: 해치 표시 여부를 지정합니다. 해치 표시를 지정한 경우는 패턴, 색상, 축척, 투명도를 설정합니다.
  ② 해치 각도: 해치 각도를 설정합니다. 나열된 항목에 없을 경우에는 [새로 만들기(N)]를 눌러 새로운 각도를 설정할 수 있습니다.

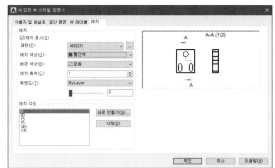

02. 상세 뷰 스타일(VIEWDETAILSTYLE)

상세 뷰의 작성을 위한 스타일(환경)을 설정합니다. 각 항목의 기능 및 사용 방법은 '단면 뷰 스타일(VIEWSECTIONSTYLE)'과 유사하므로 중복된 내용은 생략합니다.

| 명령어: VIEWDETAILSTYLE | 아이콘: |

(1) 상세 뷰 스타일 명령을 실행합니다.
  명령어 'VIEWDETAILSTYLE'을 입력하거나 '배치' 탭의 '스타일 및 표준' 패널에서 ⬚을 클릭합니다. 다음과 같은 대화 상자가 나타납니다. 자세한 내용은 '단면 뷰 스타일'을 참조합니다.

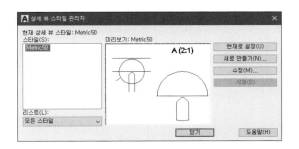

(2) '식별자' 탭: 식별자에 대한 환경을 설정합니다.
　① 식별자: 식별자의 문자 스타일, 색상, 높이를 지정
　　합니다.
　② 정렬: 범위를 지정했을 때 기호의 모양과 색상, 크
　　기를 지정합니다.

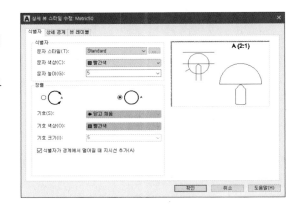

(3) '상세 경계' 탭: 경계선과 모서리 처리, 연결선의 환경
　을 설정합니다.
　① 경계선: 경계선의 색상, 종류, 가중치를 지정합니다.
　② 모형 모서리: 모서리의 모양과 색상, 종류, 가중치
　　를 지정합니다.
　③ 연결선: 연결선의 색상, 종류, 가중치를 지정합니
　　다. 대화 상자 내 미리보기 그림을 참조합니다.

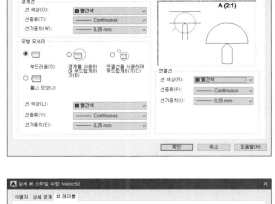

(4) '뷰 레이블' 탭: 뷰 레이블에 대한 환경을 설정합니다.
　자세한 내용은 '단면 뷰 스타일'을 참조합니다.

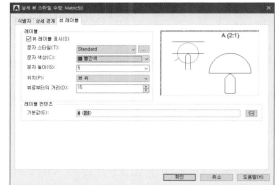

7. 뷰 편집(VIEWEDIT)

선택한 뷰를 편집합니다.

명령어: VIEWEDIT	아이콘:

또는 수정하고자 하는 뷰를 더블클릭하거나 바로가기 메뉴를 펼쳐 '뷰 편집'을 클릭합니다.

01 뷰 편집 명령을 실행합니다. 명령어 'VIEWEDIT'를 입력하거나 '배치' 탭의 '뷰 수정' 패널에서 '뷰 편집 '을 클릭합니다.
{뷰 선택:}에서 다음과 같이 '단면 A-A'를 선택합니다.
{옵션 선택 [은선(H)/축척(S)/가시성(V)/투영(P)/깊이(D)/주석(A)/해치(C)/종료(X)] <종료>:}라는 메시지와 함께 '단면 뷰 편집기' 탭 메뉴가 나타납니다.

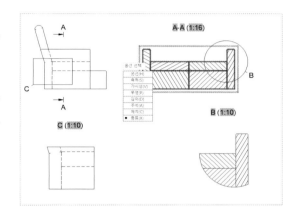

02 탭 메뉴에서 '주석' 탭의 '해치' 패널의 '해치 표시'를 끕니다.

(Tip) 탭 메뉴를 사용하지 않고 메시지의 옵션을 선택하여 수정할 수도 있습니다만 탭 메뉴를 사용하는 것이 효율적입니다.

---

03 '확인'을 클릭하면 다음과 같이 수정한 내용이 반영됩니다.

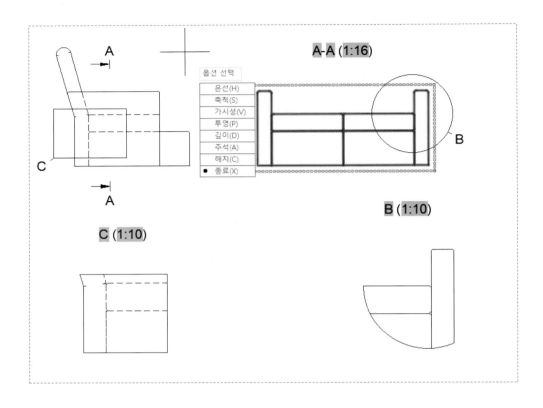

8. 뷰 업데이트(VIEWUPDATE)

뷰의 업데이트(갱신)을 설정하거나 관리합니다.

01. 자동 업데이트 설정(VIEWUPDATEAUTO)

원본 모델이 수정되면 도면 뷰를 자동으로 업데이트할지 여부를 설정합니다.

명령어: VIEWUPDATEAUTO

{VIEWUPDATEAUTO에 대한 새 값 입력 <1>:}에서 '0'을 입력합니다.
또는 '배치' 탭의 '업데이트' 패널에서 '자동 업데이트' 컨트롤을 끕니다.

> **참고<< 시스템 변수 'VIEWUPDATEAUTO'**
>
> 시스템 변수 'VIEWUPDATEAUTO'은 자동 업데이트 여부를 설정합니다.
> 0: 원본 모델이 수정되어도 자동 업데이트를 하지 않습니다.
> 1: 원본 모델이 수정되면 자동으로 업데이트를 수행합니다.

다음과 같이 '자동 업데이트' 항목이 꺼져 있는 것을 확인합니다.

 일반적으로 '자동 업데이트(VIEWUPDATEAUTO)'는 켜놓는 것(ON)이 좋습니다. 즉, 원본 객체가 수정되면 뷰도 자동으로 수정되도록 설정해 놓는 것이 바람직합니다.

02. 뷰 업데이트(VIEWUPDATE)

도면 뷰를 원본 모델과 일치되도록 업데이트(갱신)합니다.
'자동 업데이트(VIEWUPDATEAUTO)'가 꺼져 있을 경우, 원본이 수정되더라도 업데이트가 되지 않기 때문에 이 기능을 이용하여 업데이트합니다.

명령어: VIEWUPDATE   아이콘: ⬚⬚

 '모든 뷰 업데이트 ⬚'는 모든 뷰를 동시에 업데이트(갱신)하고, '뷰 업데이트 ⬚'는 {업데이트할 시트 선택:}라는 메시지와 함께 업데이트할 시트를 선택하여 뷰를 업데이트합니다.

4 모델의 표현과 관측

3차원 작업에서는 모델을 작성하는 것도 중요하지만 이를 어떤 재료와 조명 효과로 표현하고 어느 시점과 환경에서 관측하느냐에 따라 도면의 질이 달라집니다. 이번에는 작성된 객체에 재료를 입히고 광원 및 카메라를 설정하여 동적으로 관측하는 방법에 대해 학습하겠습니다.

1. 재료의 정의와 적용

재료는 모델의 질감을 표현하기 위한 수단입니다. 재료가 정의되어 있어야 질감을 표현할 수 있고 광원을 더해 현실감을 표현할 수 있습니다. AutoCAD는 기본적으로 제공하는 표준 재료가 있으며 설계자의 의도에 따라 그래픽 효과를 내기 위해 신규로 재료를 정의할 수도 있습니다.

01. 재료의 작성

재료 검색기를 통해 사용자 재료를 작성하는 방법에 대해 학습하겠습니다.

01 앞에서 모델링한 소파를 이용하여 실습하겠습니다.

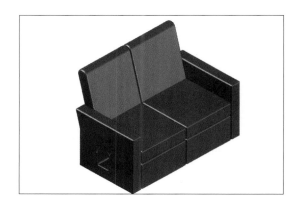

02 재료 검색기 팔레트를 펼칩니다.
명령어 'MATERIALS' 또는 'RMAT'를 입력하거나 '시각화' 탭의 '재료' 패널에서 '재료 검색기 ⬛'를 클릭합니다. 다음과 같은 '재료 검색기' 팔레트가 나타납니다.

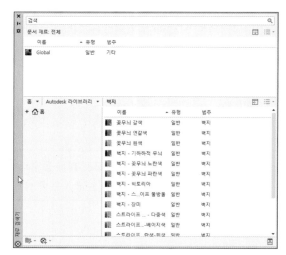

재료를 작성, 편집 및 검색하고 관리합니다.

① 문서 재료: 현재 도면에 정의되어 있는 재료 목록을 표시하고 편집하거나 적용합니다.

재료 작성: 재료를 작성합니다. 다음과 같은 기본 재료 목록을 토대로 새로운 재료를 작성할 수 있습니다.

② Autodesk 라이브러리: Autodesk에서 제공하는 라이브러리 목록을 표시합니다.

제목 표시줄에 있는 드롭 다운 리스트를 펼치면 다음과 같은 목록이 나타납니다. 이 메뉴는 표시하는 목록의 표시 및 정렬 방법을 지정할 수 있습니다.

③ 사용자 라이브러리 작성 및 편집: 사용자가 라이브러리를 작성하고 편집합니다.
사용자 라이브러리 파일은 '*.adsklib'에 저장됩니다.

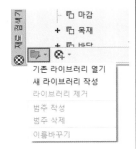

④ 새 재료 작성: 새로운 재료를 작성합니다. 클릭하면 다음과 같은 새로운 재료의 타입(유형)을 선택할 수 있는 목록이 나타납니다. 목록에서 하나의 타입을 선택하여 새로운 재료를 작성합니다.

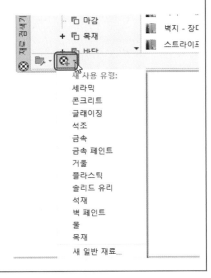

03 실제 재료를 정의해 보겠습니다.

여기에서는 Autodesk 라이브러리를 이용하여 정의합니다. 다음과 같은 재료 편집기가 나타납니다. 검색창에서 '가죽'을 입력하여 검색되면 '이름'에서 '연갈색'의 편집 아이콘을 클릭합니다. '재료 편집기' 팔레트가 나타나면 재료 명칭 '등받이 연갈색'을 입력합니다.

편집 아이콘

다음과 같이 '등받이 연갈색'이라는 재료가 만들어졌습니다.

이와 같은 방법으로 새 재료 '받침대 황갈색'을 작성합니다. 여러분이 적용하고자 하는 적합한 재료를 작성합니다.

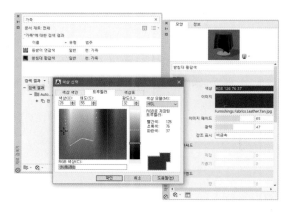

02. 재료의 적용

객체에 재료를 적용하는 방법에 대해 학습하겠습니다. 재료를 적용하고자 할 때는 비주얼 스타일을 '실제'로 지정해야 합니다.

04 실행하기 전에 비주얼 스타일을 '실제'로 지정합니다. '홈' 탭의 '뷰' 패널에서 비주얼 스타일을 '실제'로 선택합니다.

새로 작성한 재료 '등받이 연갈색'을 적용하겠습니다. 재료 검색기에서 '등받이 연갈색'에 마우스 왼쪽 버튼을 누른 채로 끌고 가서 등받이로 가져가 놓습니다. (드래그 앤 드롭)

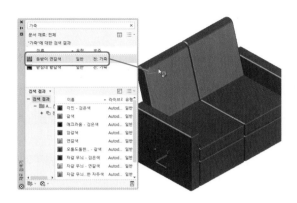

다음과 같이 등받이에 재료(등받이 연갈색)가 적용되어 표현됩니다.

동일한 방법으로 다른 등받이와 아래쪽 시트에 재료를 부여합니다.

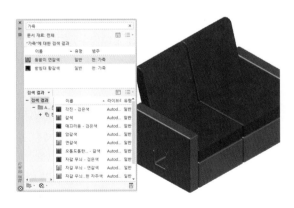

05 이번에는 특성 팔레트를 이용하여 재료를 적용해 보겠습니다. 명령어 'PR'을 입력합니다. 소파의 팔걸이를 선택한 후, 특성 팔레트에서 '3D 시각화' 카테고리의 '재료' 드롭 다운 리스트를 클릭하여 재료 '받침대 황갈색'을 선택합니다. 재료를 선택함과 동시에 팔걸이의 재료가 바뀝니다.

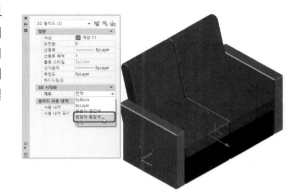

06 이번에는 AutoCAD에서 제공하는 재료 라이브러리 목록에서 직접 적용해 보겠습니다. 재료 검색기(RMAT)를 실행합니다. 재료 검색기 팔레트의 '범주'에서 '가죽'을 검색합니다. 그 중에서 '자갈무늬-연갈색'을 드래그앤드롭으로 양쪽 팔걸이로 끌고 갑니다. 다음과 같이 재료가 적용됩니다.

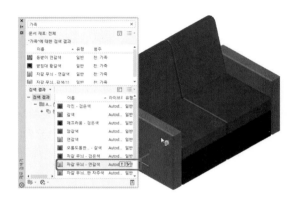

다음과 같이 재료가 적용되어 완성됩니다.

참고<< **표준 재료 이미지 'Texture'의 위치**

실제 표면의 현실감을 더하기 위해 실제 재질 표면의 이미지 데이터를 필요로 하는데 표준으로 재질용 표면 데이터를 제공하고 있습니다. 사용자의 시스템의 환경에 따라 위치가 다를 수 있는데 이 위치를 찾는 방법은 다음과 같습니다.

명령어 영역에서 'OPTIONS' 또는 'OP'를 입력하거나 [응용 프로그램 메뉴 ![A]] 최하단의 [옵션] 또는 바탕 화면에서 오른쪽 버튼을 눌러 바로가기 메뉴에서 '옵션'을 클릭합니다. 옵션 대화 상자의 '파일' 탭에서 '텍스처 맵 검색 경로'를 클릭합니다. 다음과 같이 텍스처 맵이 저장된 경로가 표시됩니다.
사용자가 디지털 카메라로 찍은 이미지 데이터를 지정한 폴더에 저장해 적용할 수 있습니다.

---

03. 재료 및 텍스처의 켜기와 끄기

현재 뷰포트의 재료 표시를 조정하는 기능으로 객체의 장식과 관계없는 작업을 하는 동안은 재료와 텍스처의 화면 표시를 꺼서 성능을 극대화하고 필요하면 다시 켤 수 있습니다.

 리본 메뉴에 의해 조작도 가능하지만 시스템 변수 'VSMATERIALMODE' 값의 설정에 의해 값을 지정할 수도 있습니다.

0: 재료가 표시되지 않습니다.

1: 재료는 표시되고 텍스처는 표시되지 않습니다.

2: 재료와 텍스처 모두 표시됩니다.

---

07 '시각화' 탭의 '재료' 패널에서 '재료/텍스처 켜기' 드롭 다운 리스트를 펼쳐 '재료/텍스처 끄기'를 클릭합니다.(VSMATERIALMODE = 0) 다음과 같이 재료와 텍스처가 꺼집니다.

08 이번에는 '시각화' 탭의 '재료' 패널에서 '재료/텍스처 켜기' 드롭 다운 리스트를 펼쳐 '재료 켜기/텍스처 끄기'를 클릭합니다(VSMATERIALMODE = 2). 다음과 같이 재료는 켜지고 텍스처가 꺼집니다.

참고<<   **재료의 제거**

재료를 정의한 객체(모델)로부터 재료를 제거하려면 '시각화' 탭의 '재료' 패널에서 '재료 제거'를 클릭하여 해당 객체(등받이, 시트)를 선택합니다. 다음과 같이 선택한 객체의 재료가 제거됩니다.

재료 매핑 장치를 이용하여 면 또는 객체의 매핑을 조정합니다. 이전에 매핑 장치를 사용하여 조정한 맵 방향 및 위치 조정 효과를 모두 되돌리려면 이 기능을 사용합니다.

명령: MATERIALMAP	아이콘: ◁|/ 🔲 🔲 ◈

09 소파의 재료가 적용된 상태로 되돌립니다.

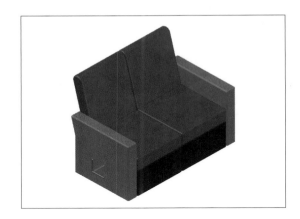

10 '시각화' 탭의 '재료' 패널에서 '재료 매핑' 드롭 다운 리스트를 펼쳐 '원통형 🔲'을 선택합니다.
{옵션 선택 [상자(B)/평면(P)/구형(S)/원통형(C)/매핑 복사(Y)/매핑 재설정(R)]<상자>: _C}
{면 또는 객체 선택:}에서 범위를 지정하여 소파를 선택합니다. {8개를 찾음}
{면 또는 객체 선택:}에서 <Enter> 키 또는 <Space bar>를 눌러 선택을 종료합니다.
두 객체를 중심으로 원통 형상이 나타납니다.

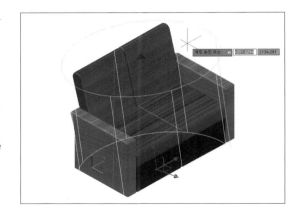

{매핑 승인 또는 [이동(M)/회전(R)/재설정(T)/매핑 모드 전환(W)]:}에서 <Enter> 키를 눌러 승인합니다. 다음과 같이 매핑됩니다.

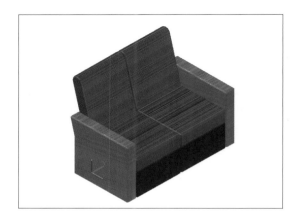

11 '시각화' 탭의 '재료' 패널에서 '재료 매핑' 드롭 다운 리스트를 펼쳐 '평면형 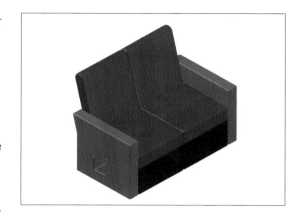'을 선택합니다.

{옵션 선택 [상자(B)/평면(P)/구형(S)/원통형(C)/매핑 복사(Y)/매핑 재설정(R)]<상자>: _C}

{면 또는 객체 선택:}에서 범위를 지정하여 소파를 선택합니다. {8개를 찾음}

{면 또는 객체 선택:}에서 <Enter> 키 또는 <Space bar>를 눌러 선택을 종료합니다.

두 객체를 중심으로 평면 형상이 나타납니다.

{매핑 승인 또는 [이동(M)/회전(R)/재설정(T)/매핑 모드 전환(W)]:}에서 <Enter> 키를 눌러 승인합니다. 다음과 같이 매핑됩니다.

객체를 레이어별로 나누어 각 레이어에 재료를 정의하는 방법이 있습니다. 이를 통해 레이어의 재료를 변경함으로써 동시에 같은 레이어를 가진 객체의 재료를 변경할 수 있습니다.

① 다음과 같이 세 개의 상자를 모델링하고 각각 레이어(도면층1, 도면층2, 도면층3)를 지정합니다. 재료 검색기의 문서 재료에 서로 다른 재료(예: 가문비, 고동색, 빨간색 자작나무)를 정의합니다.

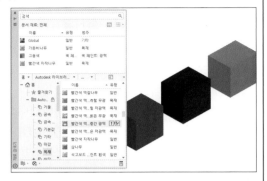

② 재료 부착(MATERIALATTACH) 명령을 실행합니다. 다음과 같은 재료 부착 옵션 대화 상자가 나타납니다.

③ 드래그&드롭 기능으로 재료를 각 부착하고자 하는 레이어(도면층)로 끌고 갑니다.

다음과 같이 각 레이어(도면층)에 재료가 할당되어 객체에 재료가 표현됩니다.

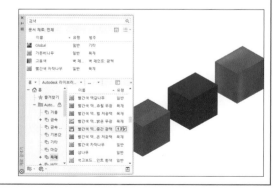

2. 광원의 설정

렌더링으로 얻을 수 있는 이미지는 재질의 상태와 빛에 의해 광학적으로 계산된 결과입니다. 재질을 설정한다고 해도 효과적인 조명을 설정하지 않고는 사실적인 표현은 어렵습니다. 조명의 배치 패턴을 테스트해 보면서 표현 의도에 맞는 조명을 설정합니다.

01. 점 조명(POINTLIGHT)

하나의 조명 위치를 기준으로 조명(광원)을 정의합니다. 포인트 라이트는 라이트의 위치로부터 모든 방향으로 빛을 방출합니다. 포인트 라이트는 객체를 대상으로 삼지 않습니다. 일반적인 라이트 효과를 내려면 포인트 라이트를 사용합니다.

> 명령: POINTLIGHT   아이콘: 💡

01 모델링된 3차원 모델을 엽니다. 다음과 같은 주방 도면으로 실습하겠습니다. 비주얼 스타일을 '실제'로 설정합니다.

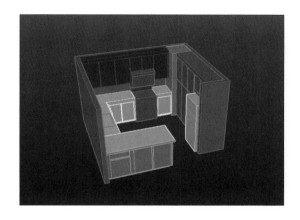

02 '시각화' 탭의 '라이트' 패널에서 '라이트 작성' 드롭다운 리스트를 펼쳐 '점 💡' 을 클릭합니다. 다음과 같은 '뷰포트 조명 모드' 대화 상자가 나타납니다. 대화 상자에서 '기본 조명 끄기(권장됨)'을 클릭합니다.

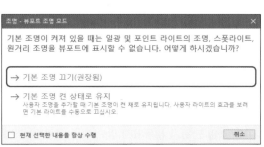

03 {원본 위치 지정 <0,0,0>:}에서 조명의 위치를 지정
합니다.
{변경할 옵션 입력 [이름(N)/광도(I)/상태(S)/그림자
(W)/감쇠(A)/색상(C)/종료(X)] <종료>:}에서 이름 옵
션 'N'을 입력합니다.
{조명 이름 입력 <포인트 라이트1>:}에서 조명의 이
름 'P01'을 입력합니다.
{변경할 옵션 입력 [이름(N)/광도(I)/상태(S)/그림자
(W)/감쇠(A)/색상(C)/종료(X)] <종료>:}에서 광도 'I'
를 입력합니다.

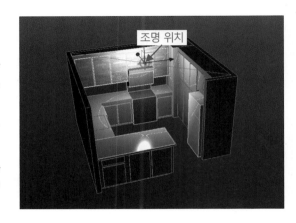

{광도(0.00~최대 부동) 입력 <1.00>:}에서 광도 '10'을 입력합니다.

{변경할 옵션 입력 [이름(N)/광도(I)/상태(S)/그림자(W)/감쇠(A)/색상(C)/종료(X)] <종료>:}에서 <Enter> 키
또는 <Space bar>를 눌러 종료합니다. 다음과 같이 조명 위치가 표시되고 조명이 미치는 범위가 밝게 빛
납니다.

옵션 설명

{변경할 옵션 입력 [이름(N)/광도(I)/상태(S)/그림자(W)/감쇠(A)/색상(C)/종료(X)] <종료>:}

① 이름(N): 조명의 이름을 입력합니다.
② 광도(I): 조명의 광도를 설정합니다. 범위는 0.00부터 시스템에서 지원되는 최대 값까지입니다.
③ 상태(S): 조명을 켜거나 끕니다. 도면에서 조명이 작동 가능하지 않은 경우 이 설정은 효과가 없습니다.
④ 그림자(W): 조명에 대한 그림자를 설정합니다.
⑤ 감쇠(A): 거리가 멀어짐에 따라 조명이 감소하는 정도를 설정합니다.
⑥ 필터 색상(C): 색상에 대한 조건을 설정합니다.
⑦ 종료(X): 명령을 종료합니다.

참고<< 조명 단위

조명 단위를 지정합니다. '시각화' 탭의 '라이트' 패널을 펼쳐 조명 단위 목록에서 '국제
적인 조명 단위입니다.'를 클릭합니다.

조명 단위는 시스템 변수 'LIGHTINGUNITS'에 의해 제어됩니다.

0: 조명 단위가 사용되지 않으며 표준(일반) 조명이 활성화됩니다.

1: 미국 조명 단위가 사용되며 광도 조명이 활성화됩니다.

2: 국제 조명 단위가 사용되며 광도 조명이 활성화됩니다.

04 '특성' 팔레트를 이용하여 조명의 광도를 바꿔 보겠습니다. '특성' 팔레트를 펼친 후 점 조명 객체를 선택하거나 점 조명 객체를 클릭한 후 'PR'을 입력합니다.
특성 팔레트의 '광도 특성' 카테고리에서 '램프 광도'에 '2000'을 입력합니다. 다음과 같이 조명의 밝아집니다.

 참고<< **기본 조명(라이트)의 켜고/끄기**

기본 조명(라이트)이 켜지면 다음과 같이 점 조명(P01)이 표현되지 않습니다. 기본 조명의 제어는 '시각화' 탭의 '라이트' 패널에서 '기본 조명' 아이콘을 클릭합니다. 한 번 클릭하면 켜지고 다시 한 번 클릭하면 꺼집니다.

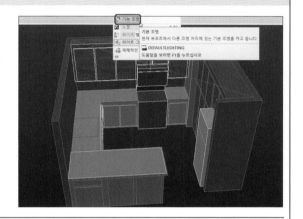

Tip 기본 조명은 시스템 변수 'DEFAULTLIGHTING'에 의해 제어됩니다. '0'이면 꺼진 상태고 '1'이면 켜진 상태입니다.
{DEFAULTLIGHTING에 대한 새 값 입력 <0>:}에서 값을 입력합니다.

02. 스폿라이트(SPOTLIGHT)

특정 방향으로 원추형 빛을 방사하는 스폿라이트를 작성합니다.

명령: SPOTLIGHT	아이콘:

05 앞의 실습 도면에서 작성한 점 조명을 '특성' 팔레트의 '켜기/끄기 상태' 항목에서 '끄기'를 지정합니다. 그러면 점 조명이 꺼집니다.

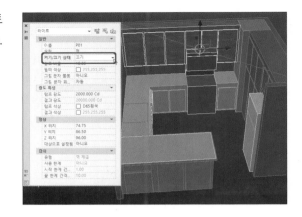

06 스폿라이트 명령을 실행합니다. '시각화' 탭의 '라이트' 패널에서 '조명 작성' 드롭 다운 리스트를 펼쳐 스폿라이트 ❧를 클릭합니다.

{원본 위치 지정 <0,0,0>:}에서 라이트의 원본 위치를 지정합니다. 지정한 위치에 스폿라이트 아이콘이 나타납니다.

{대상 위치 지정 <0,0,10>:}에서 빛을 비출 위치를 지정합니다.

{변경할 옵션 입력 [이름(N)/광도 비율(I)/상태(S)/광도 측정(P)/핫스폿(H)/폴오프(F)/그림자(W)/감쇠(A)/필터 색상(C)/종료(X)] <종료>:}에서 이름 옵션 'N'을 입력합니다.

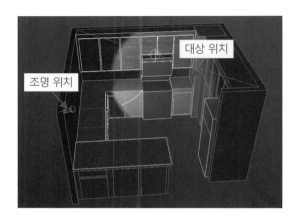

{조명 이름 입력 <스폿 조명1>:}에서 'S01'를 입력합니다.

{변경할 옵션 입력 [이름(N)/광도 비율(I)/상태(S)/광도 측정(P)/핫스폿(H)/폴오프(F)/그림자(W)/감쇠(A)/필터 색상(C)/종료(X)] <종료>:}에서 광도 측정법 'I'를 입력합니다.

{광도(0.00~최대 부동) 입력 <1.00>:}에서 광도 값 '30'을 입력합니다.{변경할 옵션 입력 [이름(N)/광도 비율(I)/상태(S)/광도 측정(P)/핫스폿(H)/폴오프(F)/그림자(W)/감쇠(A)/필터 색상(C)/종료(X)] <종료>:}에서 <Enter> 키 또는 <Space bar>를 눌러 종료합니다.

다음과 같이 스폿라이트가 작성됩니다.

밝기를 조정하려면 '특성' 기능을 이용하여 광도를 바꿉니다.

03. 웹 라이트(WEBLIGHT)

웹 라이트를 작성합니다. 웹 라이트는 사용자화된 실제의 조명 분포가 적용된 포토메트릭 웹 라이트를 적용합니다.

> **참고<< 웹 라이트란?**
>
> 웹 라이트(웹)은 광원의 광도 분포를 3D로 표현한 것입니다. 방향 라이트 분포 정보는 포토메트릭 데이터에 대해 IES LM-63-1991 표준 파일 형식을 사용하여 *.IES 형식으로 포토메트릭 데이터 파일에 저장되어 있습니다. 웹 라이트는 실제 라이트(조명) 제조업체가 제공하는데이터로부터 파생된 이방성(비균일) 라이트 분포를 표현하는데 사용됩니다. 이것은 스폿라이트나 포인트 라이트가 할 수 있는 것보다 훨씬 더 정밀하게 렌더링된 빛을 표현합니다. 라이트에 대한 특성 팔레트의 포토메트릭 웹 패널에 있는 여러 제조업체에서 제공하는 포토메트릭 데이터 파일을 로드할 수 있습니다. 라이트 아이콘은 사용자가 선택한 포토메트릭 웹을 나타냅니다.

명령: WEBLIGHT   아이콘:

07 앞에서 작성한 스폿라이트 조명을 끕니다. 웹 라이트 명령을 실행합니다. '시각화' 탭의 '라이트' 패널에서 '라이트 작성' 드롭 다운 리스트를 펼쳐 '웹 라이트 '를 클릭합니다.

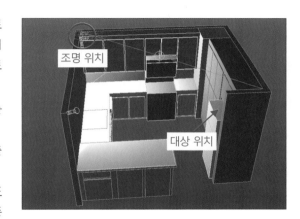

{원본 위치 지정 <0,0,0>:}에서 웹 라이트의 위치를 지정합니다.

{대상 위치 지정 <0,0,-10>:}에서 웹 라이트가 비출 방향을 지정합니다.

{변경할 옵션 입력 [이름(N)/광도 비율(I)/상태(S)/광도 측정(P)/웹(B)/그림자(W)/필터 색상(C)/종료(X)] <종료>:}에서 '이름' 옵션 'N'을 입력합니다.

{조명 이름 입력 <웹 라이트2>:}에서 'W01'를 입력합니다.

{변경할 옵션 입력 [이름(N)/광도 비율(I)/상태(S)/광도 측정(P)/웹(B)/그림자(W)/필터 색상(C)/종료(X)] <종료>:}에서 광도 비율 'I'를 입력합니다.

{광도(0.00~최대 부동) 입력 <1.00>:}에서 '50'을 입력합니다.

{변경할 옵션 입력 [이름(N)/광도 비율(I)/상태(S)/광도 측정(P)/웹(B)/그림자(W)/필터 색상(C)/종료(X)] <종료>:}에서 <Enter> 키를 입력하여 종료합니다.

다음과 같이 웹 라이트가 작성됩니다.

🍴 웹 분포는 렌더 이미지에만 사용됩니다. 웹 라이트는 뷰포트의 포인트 라이트와 유사합니다.

---

08 IES 파일을 적용해 보겠습니다. 먼저 웹 라이트 객체를 클릭하여 '특성' 팔레트를 펼칩니다. 특성 팔레트에서 '포토메트릭 웹' 카테고리의 '웹 파일' 항목의 [ ]을 클릭합니다. '웹 파일 선택' 대화 상자가 나타나면 Autodesk에서 제공하는 IES 파일(C:₩ProgramData₩Autodesk₩ AutoCAD 2021₩R24.0₩kor₩WebFiles) 중 'sconce.ies' 를 선택한 후 [열기(O)]를 클릭합니다.

다음과 같이 조명 웹 파일이 적용됩니다. '램프 광도' 의 값을 조정합니다. 높은 값을 입력할수록 밝게 빛납니다.

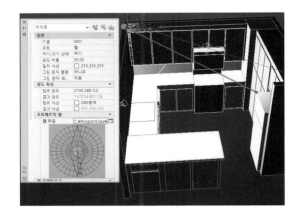

시점을 바꿔 보면 다음과 같이 표현됩니다.

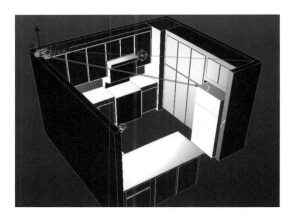

04. 원거리 라이트(DISTANCELIGHT)

원거리 조명(라이트)을 작성합니다. 원거리 라이트는 객체에 대한 조명이나 배경으로 유용한 조명으로 균일한 평행 광선을 한 방향으로만 방사합니다. 라이트의 방향을 정의하는 뷰포트의 어디서든 시작점과 끝점을 지정합니다. 원거리 라이트는 별도로 정해진 위치가 없고 장면 전체에 영향을 주기 때문에 도면에 아이콘으로 표시되지 않습니다.

| 명령: DISTANCELIGHT | 아이콘: |

09 '특성' 팔레트를 이용하여 앞의 실습에서 작성한 웹
라이트 조명을 끕니다.

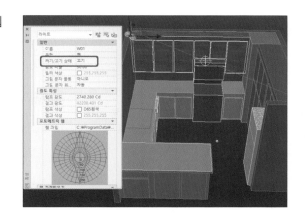

10 원거리 라이트를 실행합니다. '시각화' 탭의 '라이트'
패널에서 '라이트 작성' 드롭 다운 리스트를 펼쳐 '원
거리 라이트 🔦'를 클릭합니다. '조명 – 광도 원거리
조명' 대화 상자에서 '원거리 라이트 허용'을 클릭합니
다.

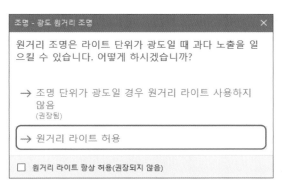

11 {라이트 시작 방향 지정 <0,0,0> 또는 [벡터(V)]:}에
서 광원 시작점을 지정합니다.
{라이트 대상 방향 지정 <1,1,1>:}에서 대상 방향을
지정합니다.
{변경할 옵션 입력 [이름(N)/광도 비율(I)/상태(S)/광도
측정(P)/그림자(W)/필터 색상(C)/종료(X)] <종료>:}
에서 이름 옵션 'N'을 입력합니다.
{조명 이름 입력 <거리 조명1>:}에서 조명의 이름
'D01'을 입력합니다.
{변경할 옵션 입력 [이름(N)/광도 비율(I)/상태(S)/광도
측정(P)/그림자(W)/필터 색상(C)/종료(X)] <종료>:}
에서 광도 측정 'I'를 입력합니다.

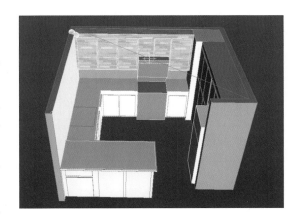

{광도(0.00~최대 부동) 입력 <1.00>:}에서 '5'를 입력합니다.
{변경할 옵션 입력 [이름(N)/광도 비율(I)/상태(S)/광도 측정(P)/그림자(W)/필터 색상(C)/종료(X)] <종
료>:}에서 <Enter> 키 또는 'X'를 입력하여 종료합니다. 다음과 같이 밝기가 조정됩니다.

도면에 조명을 정의하면 각 위치에 조명 아이콘이 표시됩니다. 이때 조명 아이콘을 도면에서 표시하지 않으려면 '시각화' 탭의 '라이트' 패널의 드롭 다운 리스트를 펼쳐 '라이트 그림 문자 화면 표시'를 클릭하여 끕니다. 다음과 같이 조명 아이콘(그림 문자)가 사라집니다.

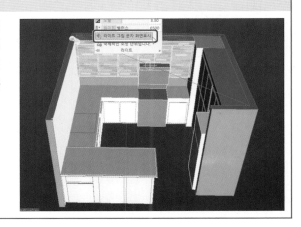

05. 조명 관리자(LIGHTLIST)

현재 도면에 정의된 조명(라이트) 목록을 표시하고 관리합니다.

명령: LIGHTLIST　　　　　　　아이콘: 🖼️

12 앞에서 실습한 도면을 이용해 실습하겠습니다. 조명 관리자 명령을 실행합니다. 명령어 'LIGHTLIST'를 입력하거나 '시각화' 탭의 '라이트' 패널의 끝부분에 있는 비스듬한 화살표(↘)를 클릭합니다. 또는 '뷰' 탭의 '팔레트' 패널에서 '모형의 조명 팔레트' 🖼️을 클릭합니다. 다음과 같은 '모형의 라이트' 팔레트가 나타납니다. 목록에는 현재 도면에서 정의된 4개의 라이트 목록(점, 스폿, 원거리, 웹)이 표시됩니다.

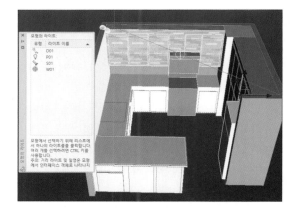

13 목록에서 스폿라이트 조명인 'S01'을 클릭한 후 오른 쪽 버튼을 누릅니다. 바로가기 메뉴에서 '특성(S)'를 클릭합니다. '특성' 팔레트가 나타나면 '켜기/끄기' 항 목에서 '켜기'를 선택합니다. 다음과 같이 스폿라이트 조명인 'S01'이 켜집니다.

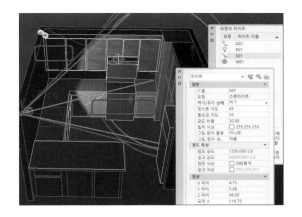

14 이번에는 'P01'(포인트 라이트)를 선택한 후 마우스 오른쪽 버튼을 눌러 바로가기 메뉴를 표시에서 '특성 (S)'를 클릭합니다. '특성' 팔레트의 '켜기/끄기'에서 '켜기'를 선택합니다. 다음과 같이 스폿라이트 조명인 'S01'과 점 조명인 'P01'이 켜집니다.

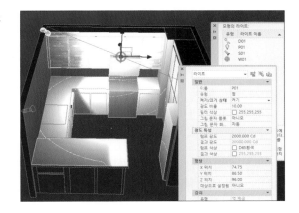

참고<<	조명(라이트) 팔레트에서 바로가기 메뉴

① 라이트 삭제(D): 선택한 조명을 도면에서 제거합니다.

② 특성(S): 특성 도구 팔레트를 기동하여 조명의 특성을 표시하고 편집할 수 있습니다.

③ 그림 문자 화면 표시: 조명의 위치 및 반사 범위를 나타내는 가상의 점선의 표시 여부를 제어합니다.

06. 그림자 표시

그림자 표시 여부를 조정합니다.

15 조명 리스트에서 모든 조명을 끄고 웹 라이트인 'W01'
을 켜고 '램프 광도'를 '2000'으로 설정합니다.

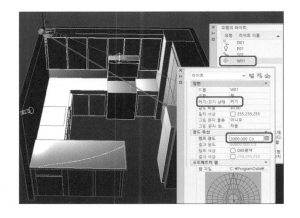

16 '시각화' 탭의 '라이트' 패널에서 그림자 컨트롤 목록
에서 '전체 그림자'를 클릭합니다. 다음과 같이 가려
진 부분(캐비닛 아래쪽)은 그림자가 나타납니다.

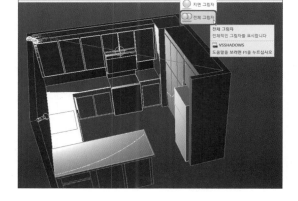

 그림자의 설정여부는 시스템 변수 'VSSHADOWS'
에 의해 제어됩니다.

0: 그림자가 표시되지 않습니다.

1: 지면(그라운드) 그림자만 표시됩니다.

2: 전체 그림자가 표시됩니다.

{VSSHADOWS에 대한 새 값 입력 <0>:}에서 설정
값을 지정합니다.

17 '그림자 없음'을 클릭합니다. 다음과 같이 그림자가 사
라집니다.

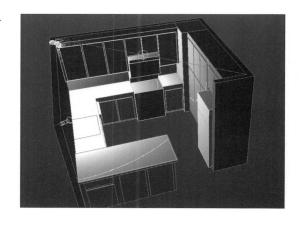

3. 지리적 위치 및 일영

지리적 위치 및 시간대에 따라 빛의 특성이 달라집니다. 대상 객체를 표현할 때는 이 빛의 특성의 차이에 의해 정도가 달라집니다. 이번에는 지리적 특성과 위치에 따른 설정 방법에 대해 알아보겠습니다.

01. 지리적 위치 지정

지리적 위치를 지정하면 태양의 궤도를 계산하는 기능이 포함되어 있습니다. 모델의 위치를 지도에서 선택하거나 수치 입력으로 방위를 지정하면 태양의 궤도 및 고도가 자동으로 계산됩니다.

01 다음과 같이 건물이라고 가정하고 솔리드(SOILD) 또는 메쉬(MESH)의 상자를 모델링합니다.

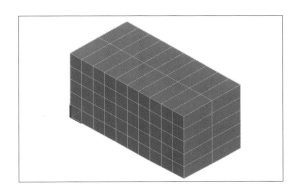

02 지리적 위치를 지정합니다. 직접 위치를 지정할 수도 있고, 구글 어스(Google Earth)에서 현재 위치를 가져올 수 있으며, 위치 정보를 가지고 있는 *. kml 또는 *.kmz 파일로부터 정보를 얻을 수 있습니다.

> 명령: GEOGRAPHICLOCATION   아이콘:

'위치 지정' 명령을 실행합니다. '시각화' 탭의 '일영 및 위치' 패널에서 '위치 지정-맵에서 🌐'을 클릭합니다. [예(Y)]를 클릭합니다.

03 다음과 같이 '지리적 위치' 지도가 나타납니다. 지정하고자 하는 주소(예: 서울시 송파구)를 입력한 후 원하는 위치에 표식기를 지정합니다. [다음(N)]을 클릭합니다.

04 다음과 같이 좌표계 설정 대화 상자가 나타나면 'KOREA TOKYO-M Meter'를 선택한 후 [다음(N)]을 클릭합니다.

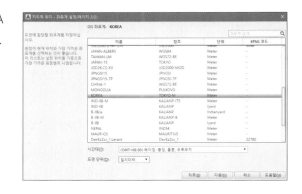

05 다음과 같이 작도 영역(모델 공간)으로 돌아옵니다.
{위치의 점 선택 <0, 0, 0>:}에서 지정하고자 하는 위치를 지정합니다.
{북쪽 방향 각도 지정 또는 [첫 번째 점(F)] <90>:}에서 방향 점을 지정합니다. 다음과 같이 모델링된 객체에 지도가 백그라운드로 삽입됩니다.

> **Tip** 바탕이 흐릿한 이미지는 맵에서 가져온 이미지가 확대되어 나타나는 현상입니다. 줌(ZOOM)을 축소해서 멀리에서 보면 다음과 같은 이미지가 됩니다.
> 작은 모델의 경우 배경 이미지가 찌그러지는 현상이 발생하므로 이럴 때는 맵을 끄는 것이 깨끗한 배경을 만들 수 있습니다. '지리 위치' 탭의 '온라인 맵' 패널에서 '맵 끄기'를 클릭합니다.

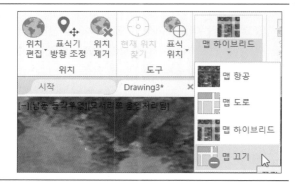

다음과 같이 지도 위에 3차원 모델을 얹어 미리 시뮬레이션 해 볼 수 있습니다.

02. 일영 상태

일영 효과를 켜거나 끕니다.

06 '시각화' 패널의 '일영 및 위치' 패널에서 '일영 상태'를 켭니다. '노출 설정을 조정합니다(권장)'을 클릭합니다.

참고<<　일영 상태

시스템 변수 'SUNSTATUS'는 일영 효과를 켜거나 끕니다.

0: 일영 효과를 끕니다.

1: 일영 효과를 켭니다.

시간 설정에 따라 색상이 바뀌지 않을 수도 있습니다. 즉, 시간대가 한밤으로 설정되어 있으면 색상의 변화가 없을 수 있습니다.

다음과 같이 모델의 그림자가 표시되고 렌더 환경 및 노출 팔레트가 나타난다.

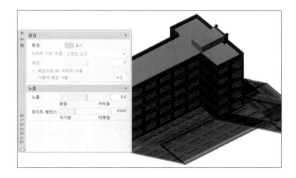

 그림자가 나타나지 않을 때에는 '시각화' 탭의 '라이트' 패널에서 '그라운드 그림자'를 켭니다.

---

07 '환경'을 켭니다. [배경]을 클릭하여 '유형'을 '솔리드'로 설정합니다. 다음과 같이 배경이 바뀝니다.

08 '이미지 기본 조명', '노출', '화이트 밸런스' 등의 값을
조정하면서 환경을 설정합니다.

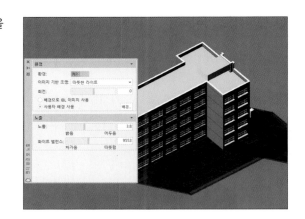

03. 일영 특성

일영 특성은 일영(태양광)에 관련된 조건을 표시하고 수정할 수 있습니다.

명령: SUNPROPERTIES	아이콘:

09 '시각화' 탭의 '일영 및 위치' 패널에서 '일영 상태'를
클릭하여 켭니다. 다음과 같이 그림자가 나타납니다.
일영 특성 명령을 실행합니다. '시각화' 탭의 '일영 및
위치' 패널의 오른쪽의 비스듬한 화살표( )를 클릭
합니다. 다음과 같이 일영 특성 팔레트가 나타납니다.
일영 특성 팔레트에서 '일반' 카테고리의 '상태'를 '켜
기'로 지정합니다.

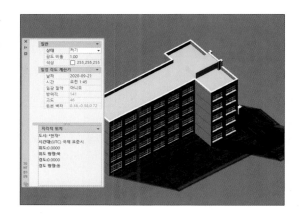

일영의 특성을 설정하거나 수정합니다.

① 일반: 일영의 일반적인 상태인 켜기/끄기, 광도 비율, 색상을 지정합니다.

② 일영 각도 계산기: 일영의 각도를 계산하기 위한 날짜, 시간, 고도 등 일영의 각도
를 설정합니다.

③ 지리적 위치: 현재 지정된 지리적 위치 설정값을 표시합니다. 이 정보는 읽기 전용
입니다.

04. 일영 시뮬레이션

일영 시뮬레이션이란 태양의 이동에 따라 지리적, 시간적 특성을 고려한 그림자를 시뮬레이션합니다.

명령: SUNDATE, SUNTIME   아이콘:

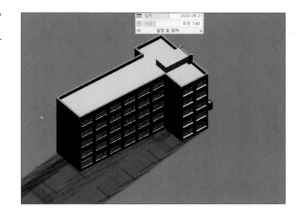

10 '시각화' 탭의 '일영 및 위치' 패널에서 '날짜'와 '시간' 슬라이드 바를 움직여 날짜와 시간을 조정합니다. 다음은 날짜를 '2020-09-21'로 설정하고 시간을 '오전 7:40'으로 설정한 상태입니다.

11 날짜를 '2021-09-27', 시간을 '오후 8:00'로 설정한 경우 다음과 같이 표현됩니다.

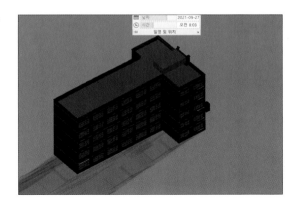

참고<< **날짜와 시간을 정확히 설정하는 방법**

'시각화' 탭의 '일영 및 위치' 패널의 날짜 및 시간 슬라이드 바를 이용해 정확한 날짜 및 시간을 설정하기는 쉽지 않습니다. 이때는 일영 특성 팔레트에서 설정합니다. '일영 각도 계산기' 카테고리에서 '날짜' 항목의 ⬇️을 클릭합니다. 다음과 같은 달력이 나타납니다. 이때, 지정하고자 하는 날짜를 더블클릭하여 지정합니다.

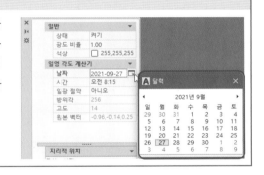

광원 및 일영의 색상의 밝기와 대비를 조정하려면 다음과 같이 설정합니다.
'시각화' 탭의 '라이트' 패널에서 '노출' 및 '화이트 밸런스' 슬라이드 바를 조정합니다.

4. 카메라 설정

카메라 위치 및 대상 위치를 설정하여 객체의 3D 투시도를 작성하고 저장합니다. 렌더링 이미지를 작성할 때 카메라의 앵글도 중요한 요소가 됩니다.

01. 카메라 작성

카메라 및 대상 위치를 설정하여 객체의 3D 투시도를 작성하고 저장합니다.

| 명령: CAMERA | 아이콘: 📷 |

01 다음과 같은 건물 모델을 이용하여 실습하겠습니다.
건물 모델이 없는 경우는 솔리드(SOLID) 또는 메쉬
(MESH) 기능을 이용하여 모델링합니다.

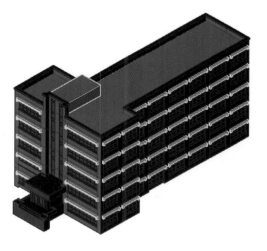

02 카메라를 작성합니다. 명령어 'CARMERA'를 입력하
거나 '시각화' 탭의 '카메라' 패널에서 '카메라 작성
📷'을 클릭합니다.

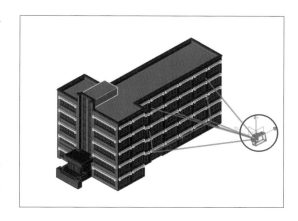

{현재 카메라 설정: 높이 = 0 렌즈 길이 = 50 mm}

{카메라 위치 지정:}에서 카메라의 위치를 지정합니다.

{대상 위치 지정:}에서 카메라의 초점이 맞춰질 위치
를 지정합니다.

{옵션 입력 [?(?)/이름(N)/위치(LO)/높이(H)/대상(T)/
렌즈(LE)/자르기(C)/뷰(V)/나가기(X)]<나가기(X)>:}
에서 이름을 작성하기 위해 'N'을 입력합니다.

{새로운 카메라의 이름을 입력 <카메라1>:}에서 '측면카메라'를 입력합니다.

{옵션 입력 [?(?)/이름(N)/위치(LO)/높이(H)/대상(T)/렌즈(LE)/자르기(C)/뷰(V)/나가기(X)]<나가기(X)>:}에서
<Enter> 키 또는 <Space bar>를 눌러 종료합니다. 다음과 같이 카메라가 작성됩니다.

다음과 같이 카메라 미리보기 창이 나타납니다. 비주얼
스타일을 '개념'으로 설정한 예입니다.

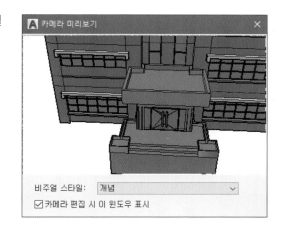

03 이번에는 건물의 정면에 카메라를 작성하겠습니다.
<Enter> 키 또는 <Space bar>를 눌러 카메라 작성
명령을 재실행합니다.

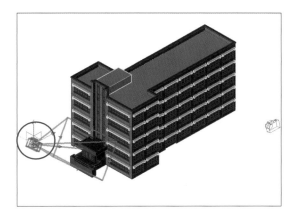

{현재 카메라 설정: 높이 = 0 렌즈 길이 = 50 mm}

{카메라 위치 지정:}에서 카메라의 위치를 지정합니다.

{대상 위치 지정:}에서 카메라의 초점이 맞춰질 위치
를 지정합니다.

{옵션 입력 [?(?)/이름(N)/위치(LO)/높이(H)/대상
(T)/렌즈(LE)/자르기(C)/뷰(V)/나가기(X)]<나가기
(X)>:}에서 이름을 작성하기 위해 'N'을 입력합니다.

{새로운 카메라의 이름을 입력 <카메라1>:}에서 '정면카메라'를 입력합니다.

{옵션 입력 [?(?)/이름(N)/위치(LO)/높이(H)/대상(T)/렌즈(LE)/자르기(C)/뷰(V)/나가기(X)]<나가기(X)>:}
에서 <Enter> 키 또는 <Space bar>를 눌러 종료합니다.

04 카메라의 피사체를 확인해 보겠습니다. <ESC> 키를 눌른 후 '정면카메라'를 클릭합니다. 카메라 아이콘을 클릭하면 카메라가 투영하는 선이 표시되면 '카메라 미리보기' 창이 표시됩니다. '비주얼 스타일'을 '개념'으로 설정합니다. 미리보기 창에는 다음과 같이 현재 카메라 앵글에서의 피사체(객체)가 나타납니다.

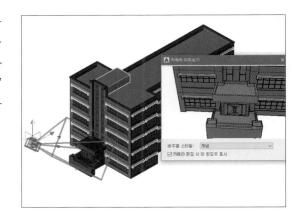

05 다음은 '측면카메라'을 확인하겠습니다. 카메라(측면 카메라) 아이콘을 클릭합니다. '비주얼 스타일'을 '숨김'으로 설정합니다. 다음과 같이 '측면카메라'의 카메라 미리보기 창이 나타납니다.

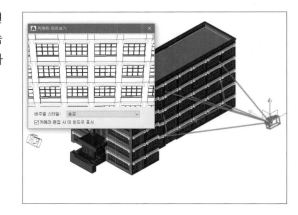

02. 카메라 특성 편집

카메라의 위치, 방향이나 앵글의 범위를 수정합니다.

06 카메라의 위치를 바꿔 보도록 하겠습니다. 장치(GIZUMO) 도구를 이용하여 수정하겠습니다. 먼저 장치를 '이동'으로 설정합니다. '솔리드' 또는 '메쉬' 탭의 '선택' 패널에서 '이동 장치'를 선택합니다.

07 수정하고자 하는 카메라(정면카메라)를 선택하면 장치(이동 장치) 이미지가 나타납니다. 마우스로 위쪽으로 끌고 갑니다. 카메라의 이동에 따라 따라 카메라 미리보기 창에는 실시간으로 뷰가 바뀝니다.

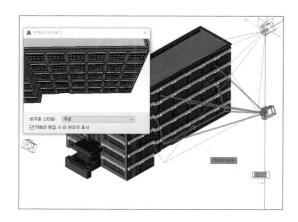

08 특성 팔레트를 이용하여 카메라의 특성 중 뷰 필드를 바꿔 보겠습니다. '측면카메라' 아이콘 객체가 눌러진 상태에서 특성 팔레트 명령 'PR'을 입력합니다. 또는 '시각화' 탭의 '팔레트' 패널에서 '특성'을 클릭합니다. 다음과 같이 카메라 미리보기 대화 상자와 함께 특성 팔레트가 나타납니다.

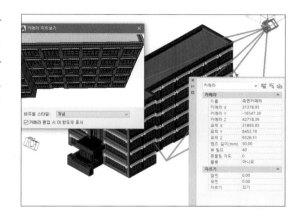

09 특성 팔레트에서 '카메라' 카테고리의 '뷰 필드' 항목 값을 '50'으로 설정합니다. 그러면, 뷰 필드가 확대되면서 카메라 미리보기의 피사체도 다음과 같이 표시됩니다. 이와 같이 카메라의 특성을 조정할 수 있습니다.

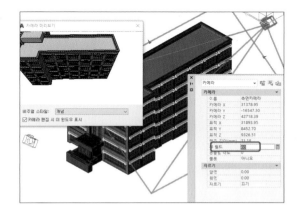

 카메라 아이콘 객체의 표시 여부는 다음과 같이 조정합니다. '시각화' 탭의 '카메라' 패널에서 '카메라 표시'를 클릭합니다. 클릭을 할 때마다 카메라 아이콘의 표시가 켜지고 꺼집니다. 카메라 아이콘 표시 여부는 시스템 변수 'CAMERADISPLAY'에 의해 제어됩니다.

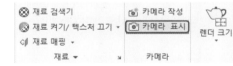

0: 카메라 아이콘의 표시를 숨깁니다.
1: 카메라 아이콘을 표시합니다.

03. 카메라 뷰의 선택

작성된 카메라를 선택하여 해당 뷰를 표현합니다.

10 '시각화' 탭의 '명명된 뷰' 패널의 뷰 목록에서 표시하고자 하는 카메라를 선택하면 해당 카메라의 뷰가 표시됩니다.

'정면카메라'를 클릭합니다. 다음과 같이 '정면카메라'의 뷰가 나타납니다.

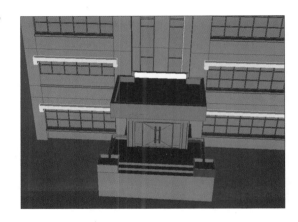

11 이번에는 뷰 목록에서 '측면카메라'를 클릭합니다. 다음과 같이 '측면카메라'가 투시하는 뷰가 나타납니다.

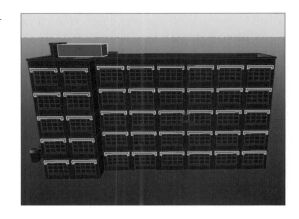

12 '시각화' 탭의 '일영 및 위치' 패널에서 '천공 배경 및 조명'을 켠 상태에서의 '측면카메라'의 뷰입니다.

5. 보행 시선(3DWALK) 및 조감뷰(3DFLY)

3차원 모형을 보행자의 시선이나 공중에서의 조감도 뷰로 관측할 수 있습니다. 이번에는 3차원 모형의 보행 시선과 조감뷰에 대해 알아보겠습니다.

01. 보행 시선(3DWALK)

보행 시선은 도면의 3D 뷰를 대화식으로 변경하여 모형을 통과하여 걷는 모양을 작성합니다.

명령어: 3DWALK	아이콘: 👣

01 앞의 실습에 이어서 실습하겠습니다.

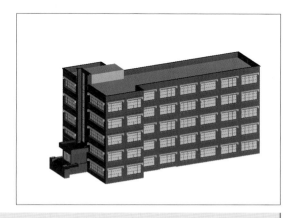

> **참고<<** **'애니메이션' 패널의 표시**
>
> 리본 메뉴에서 숨겨진 '애니메이션' 패널을 표시하고자 할 때는 다음과 같이 실행합니다.
> 탭 메뉴의 오른쪽 빈 공간에 마우스를 대고 오른쪽 버튼을 클릭합니다. 바로가기 메뉴에서 '패널 표시'를 클릭하면 패널 목록이 나타납니다. 이때, '애니메이션'을 클릭합니다.
>
>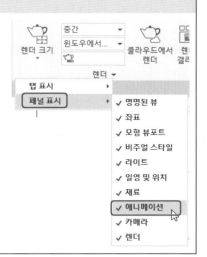

02 보행 시선을 실행합니다. 명령어 '3DWALK' 또는 '3DW'를 입
력하거나 '시각화' 탭의 '애니메이션' 패널에서 아이콘 👣을
클릭합니다. 투시도 뷰로 변경할 것인지 묻습니다. [변경]을
클릭합니다.

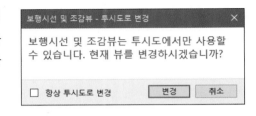

03 다음과 같이 '위치 지시기' 윈도우가 나타납니다. 빨
간색이 현재의 시점이며 초록색 선이 시야를 나타내
는 선입니다(그림 갤러리 참조).

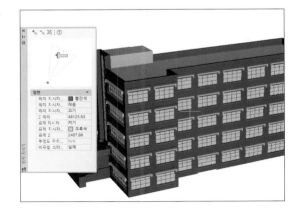

위치 지시기

보행 시선 또는 조감뷰 검색 시에 3D 모형의 평면도 위치를 표시하고 위치를 지정합니다.

① 줌 아이콘: 위치 지시기 상단의 줌 아이콘으로 '확대', '축소', '범위'를 설정합니다.

② 미리보기: 모형에서 현재 위치를 표시합니다. 위치 지시자를 끌어서 위치를 변경할
수 있습니다. 또한 표적 지시자를 끌어서 뷰의 방향을 변경할 수 있습니다.

③ 위치 지시자 색상: 현재 위치를 표시하는 점의 색상을 설정합니다.

④ 위치 지시자 크기: 작음, 중간, 큼으로 지시자의 크기를 설정합니다.

⑤ 위치 지시자 흔들림: 깜박임 효과를 켜거나 끕니다.

⑥ Z 위치: 위치 지시자의 Z 위치를 지정합니다.

⑦ 표적 지시자: 뷰 대상을 표시하는 지시자를 표시 여부를 지정합니다.

⑧ 표적 지시자 색상: 표적 지시자의 색상을 설정합니다.

⑨ 표적 Z: 표적의 Z값을 지정합니다.

⑩ 투영도 미리보기: 미리보기 윈도우의 투명도를 설정합니다. 0부터 95까지의 값을
선택할 수 있습니다.

⑪ 비주얼 스타일 미리보기: 미리보기의 비주얼 스타일을 설정합니다.

04 위치 지시기 윈도우에서 손바닥 마크를 움직여 시점의 위치를 조정합니다. 손바닥으로 위치 지시자(빨간색 점)을 건물의 정면으로 이동합니다. 위치 입력기 윈도우 하단에는 색상, 뷰 스타일 등을 표시하며 설정할 수 있습니다.

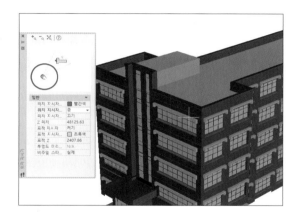

 키보드에서 4개의 화살표 키 W(앞으로), A(왼쪽), S(뒤로) 및 D(오른쪽) 키와 마우스를 사용하여 보행 시선의 방향을 결정합니다. 뷰의 방향을 지정하려면 마우스의 왼쪽 버튼을 누른 채 보려는 방향으로 끌고 갑니다.

05 위치 지시자(빨간색 점)에 손바닥 마크를 맞춘 후 왼쪽 버튼을 누른 채 다음과 같이 반대 방향(뒤쪽)으로 이동합니다. 다음과 같이 위치 지시자의 이동과 함께 뷰가 전환됩니다.

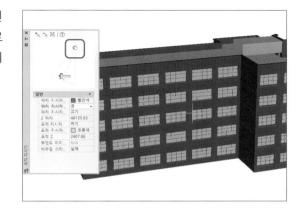

06 표적 지시자인 삼각형의 위치를 거리의 중간에 맞추고 위치 지시자의 'Z 위치'의 값을 '30000'으로 설정합니다. 다음과 같이 위치 지시자의 Z값이 낮아짐에 따라 뷰가 바뀝니다.

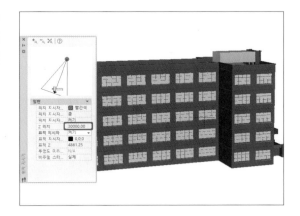

02. 조감뷰(3DFLY)

조감뷰는 도면의 3D 뷰를 대화식으로 변경하여 모형을 통과하여 날아가는 모양을 작성합니다.

명령어: 3DFLY	아이콘:

07 조감뷰를 실행합니다. 명령어 '3DFLY'를 입력하거나 '시각화' 탭의 '애니메이션' 패널에서 아이콘 을 클릭합니다. 다음과 같이 조감뷰 위치 지시기가 나타납니다.

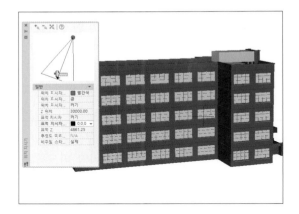

 키보드에서 4개의 화살표 키, W(앞으로), A(왼쪽), S(뒤로) 및 D(오른쪽) 키와 마우스를 사용하여 조감뷰의 방향을 결정합니다. 마우스를 움직여 뷰를 조정합니다.

08 위치 입력기에서 손바닥을 움직여 뷰의 위치를 이동합니다. 다음과 같이 위치 지시기에서의 조작에 따라 실시간으로 화면의 뷰가 바뀝니다.

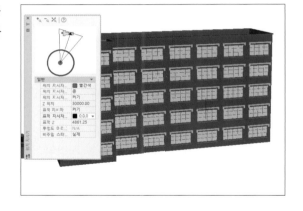

참고<< 보행 시선과 조감뷰

보행 시선의 경우는 모형의 XY 평면을 이동하게 됩니다. 조감뷰의 경우는 모형을 XY 평면에 의해 구속되지 않으므로 모형의 영역 위를 이동하는 것처럼 보입니다.

09 이번에는 작도 영역에서 표적 위치를 이동해 보겠습니다. 작도 영역에 마우스의 위치에 십자 마크(+)가 나타납니다. 마우스의 왼쪽 버튼을 누른 채 이동합니다. 마우스의 이동과 함께 뷰가 자유롭게 이동됩니다.

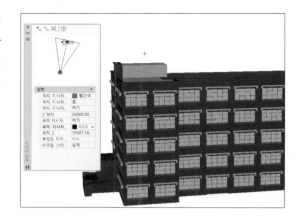

03. 보행 시선 및 조감뷰 설정(WALKFLYSETTINGS)

대화 상자를 통해 보행 시선 및 조감뷰의 환경을 설정합니다.

명령어: WALKFLYSETTINGS   아이콘: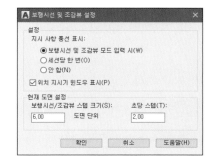

10 보행 시선 및 조감뷰 설정 명령을 실행합니다.

명령어 'WALKFLYSETTINGS'을 입력하거나 '시각화' 탭의 '애니메이션' 패널에서 아이콘 을 클릭합니다. 다음과 같은 설정 대화 상자가 나타나면 풍선 및 지시사항, 도면 단위 및 스텝을 설정합니다.

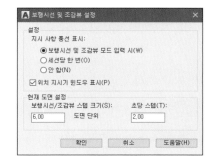

대화 상자

① 설정: 보행 시선 및 조감뷰 탐색 매핑 풍선 및 위치 지시기 윈도우와 관련된 설정을 지정합니다.
  • 보행 시선 및 조감뷰 모드 입력 시(W): 보행 시선 또는 조감뷰 모드를 입력할 때마다 보행 시선 및 조감뷰 검색 매핑 대화 상자가 표시됩니다.
  • 세션당 한 번(O): AutoCAD 세션마다 보행 시선 또는 조감뷰 모드가 처음으로 될 때 보행 시선 및 조감뷰 검색 매핑 대화 상자가 표시되도록 지정합니다.
  • 안 함(N): 보행 시선 및 조감뷰 검색 매핑 대화 상자가 표시되지 않도록 합니다.
  • 위치 지시기 윈도우 표시(P): 체크를 하면 보행 시선 모드에 들어갈 때 위치 입력기 윈도우가 열립니다.
② 현재 도면 설정: 현재 도면 특유의 보행 시선 및 조감뷰 모드 설정값을 지정합니다.
  • 보행 시선/조감뷰 스텝 크기(S): 도면 단위로 각 스텝의 크기를 설정합니다.
  • 초당 스텝(T): 초당 발생 스텝 수를 지정합니다.

6. 애니메이션

이번에는 애니메이션 동영상을 제작하는 방법을 알아보겠습니다. 완성된 객체(피사체)의 구석 구석을 미리 둘러봄으로써 설계가 실물로 구현되었을 때의 형상을 파악할 수 있습니다.

명령어: ANIPATH	아이콘: ▦

01 앞의 실습에 이어서 실습하겠습니다.

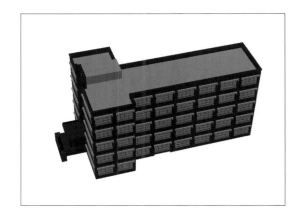

02 폴리선 명령으로 카메라의 동작 경로를 작성합니다. 명령어 'PLINE' 또는 'PL'을 입력하거나 '홈' 탭의 '그리기' 패널 또는 '그리기' 도구 막대에서 ▦을 클릭합니다.
다음과 같이 카메라가 선회할 경로(위쪽 폴리선)와 타깃이 될 경로를 폴리선(아래쪽 폴리선)으로 작도합니다.

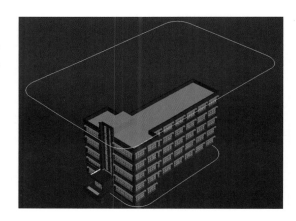

03 애니메이션 경로 명령을 실행합니다. 명령어 'ANIPATH'를 입력하거나 '시각화' 탭의 '애니메이션' 패널에서 ▦을 클릭합니다. 다음과 같이 동작 경로 애니메이션 대화 상자가 표시됩니다.

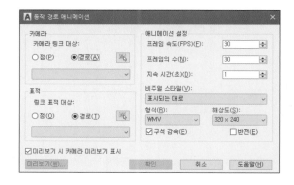

대화 상자에서 '카메라'의 '경로(A)' 옆의 아이콘  을 클릭합니다.

{경로 선택:}에서 폴리선으로 작성한 경로를 선택합니다. 경로를 선택하면 경로 이름 대화 상자가 표시됩니다. '이름(N)'에 '경로1'을 입력한 후 [확인]을 클릭합니다.

04 '표적'의 '링크 표적 대상'에서 '경로(T)'를 클릭한 후 아이콘  을 클릭합니다. {경로 선택:}에서 아래쪽 경로를 선택합니다. 경로 이름 대화 상자에서 '이름(N)'에 '타깃1'을 입력합니다.

05 '애니메이션 설정'의 '지속 시간(초)(D)'을 '10'으로 '비주얼 스타일'을 '실제(V)'로 설정하고 '해상도(S)'를 '640x480', '형식(R)'을 'avi'로 지정합니다.

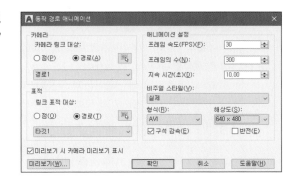

06 [미리보기(W)]를 클릭합니다. 카메라가 경로를 따라 순회를 한 후 다음과 같이 애니메이션 미리보기 대화 상자가 표시되면서 카메라가 경로를 따라 움직이는 뷰를 동적으로 표시합니다.

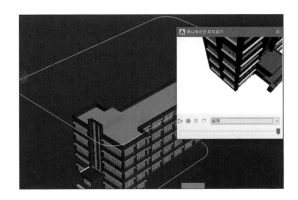

① 카메라: 카메라의 동작을 지정합니다. '점(P)'과 '경로(A)'
중에서 선택합니다. 하단의 목록 상자는 명명한 경로의 명
칭이 표시되고 선택할 수 있습니다. 경로는 선, 호, 타원형
호, 원, 폴리선, 3D 폴리선 또는 스플라인으로 작성할 수
있습니다.

② 표적: 링크 표적의 대상을 '점(O)'과 '경로(T)' 중에서 선택
합니다. 하단의 목록 상자는 명명한 표적 대상의 명칭이 표
시되고 선택할 수 있습니다. 경로는 선, 호, 타원형 호, 원,
폴리선, 3D 폴리선 또는 스플라인으로 작성할 수 있습니다.

 카메라가 점에 링크되는 경우는 해당 표적이 경로에 링크되어야 합니다. 카메라가 경로에 링크되는 경
우는 점 또는 경로에 해당 표적을 링크할 수 있습니다.

③ 애니메이션 설정: 애니메이션 파일의 출력 파일을 작성하기 위한 환경을 설정합니다.
- 프레임 속도(FPS)(F): 애니메이션이 실행되는 속도로서 FPS(초당 프레임)으로 설정합니다. 1부터 60까지의
  값을 지정합니다. 기본값은 30입니다.
- 프레임의 수(N): 애니메이션의 전체 프레임 수를 지정합니다. 프레임 속도와 함께 이 값은 애니메이션의 길
  이를 결정합니다.
- 지속 시간(초)(D): 애니메이션의 섹션에서 지속 시간을 지정합니다. 단위는 '초'입니다.
- 뷰 스타일(V): 뷰 스타일의 목록 및 애니메이션 파일에 적용할 수 있는 렌더 사전 설정을 표시합니다.
- 형식(R): 동영상을 AVI, MPG 또는 WMV 파일 형식 중에서 선택하여 저장합니다.
- 해상도(S): 애니메이션의 너비 및 높이를 화면 표시 단위로 정의합니다. 기본값은 320 x 240입니다.
- 구석 감속(E): 카메라가 구석을 회전할 때 낮은 속도로 이동합니다.
- 반전(E): 애니메이션의 방향을 반전합니다.

④ 미리보기 시 카메라 미리보기 표시: 애니메이션 미리보기 대화 상자를 표시하여 저장하기 전에 애니메이션을
  미리 볼 수 있습니다.
⑤ 미리보기(W): 동작 거리 애니메이션 대화 상자를 통해 카메라의 이동에 따라 미리보기를 표시합니다.

07 미리보기를 통해 원하는 애니메이션이 되었다면 [확인]을 클릭합니다. 다음과 같이 애니메이션을 저장할
파일을 지정하는 대화 상자가 표시됩니다. 폴더 및 파일 이름(학교 둘러보기)을 지정한 후 [저장(S)]을 클
릭합니다.

08 다음과 같이 '비디오 작성 중'이란 진행 바가 표시되면
서 애니메이션 미리보기 창에서 비디오를 작성합니다.

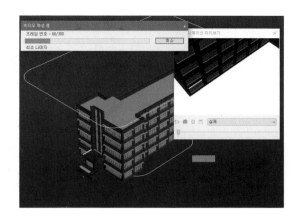

09 작성된 동영상(애니메이션) 파일(＊.avi)을 단독으로
실행 가능합니다. 저장된 폴더를 찾아 파일(학교 둘
러보기.avi)을 더블클릭합니다. 미디어 플레이어가
기동되면서 작성된 동영상이 실행됩니다.

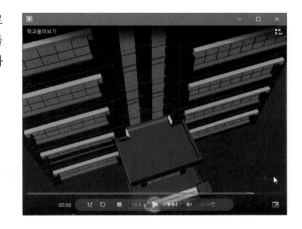

7. 렌더링

렌더링은 3차원 와이어프레임이나 솔리드 모형의 포토리얼리스틱 또는 사실적으로 음영 처리된 이미지를 작
성합니다. 그림자나 색상과 농도의 변화 등과 같은 3차원 질감을 보다 현실감 있게 표현합니다. 이번에는 렌
더링에 대해 알아보겠습니다.

01. 렌더

3D 솔리드 또는 표면 모형의 사실적 이미지 또는 사실적으로 음영 처리된 이미지를 작성합니다.

명령: RENDER	아이콘: 🫖

01 렌더 처리할 3차원 모델을 준비합니다. 앞에서 모델링
한 소파를 이용하여 실습하겠습니다.

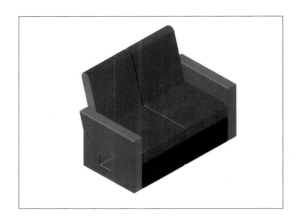

02 '시각화' 탭의 '렌더' 패널에서 '렌더 크기' 드롭 다운 리스트를 펼쳐 '1280x1024
픽셀'을 선택합니다.

렌더 명령을 실행합니다. 명령어 'RENDER'를 입력하
거나 '시각화' 탭의 '렌더' 패널에서 '렌더 윈도우 📷'
를 클릭합니다.

'Medium Images Library를 사용하지 않고 작업(M)'을 클릭합니다. 렌더 창이 나타나면서 렌더링이 진행됩니다. 렌더링이 끝나면 다음과 같이 이미지와 정보가 표시됩니다.

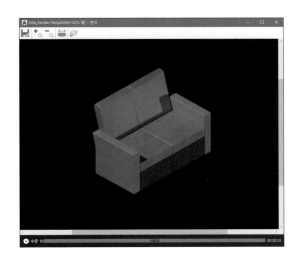

03 렌더 이미지 저장: 렌더링된 이미지를 별도의 파일에 저장할 수 있습니다. 렌더링 윈도우에서 [파일(F)]-[저장(S)]를 클릭합니다. 렌더 출력 파일 대화 상자에서 파일명을 지정합니다. 저장할 수 있는 파일 형식은 BMP, PCX, TGA, TIFF, JPEG, PNG입니다.

04 '*.PNG' 파일의 경우는 다음과 같은 색상 선택 대화 상자가 나타납니다. 높을수록 고화질의 이미지를 작성하지만 그만큼 용량도 증가합니다. 설정 후 [확인]을 클릭하면 렌더 이미지가 저장됩니다.

05 렌더 품질과 이미지의 크기는 '렌더 사전 설정 관리자 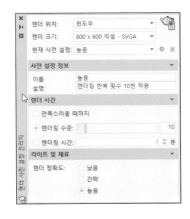'를 통해 설정할 수 있습니다. '렌더' 패널의 오른쪽 끝에 있는 설정 아이콘(⌐)을 클릭합니다.

다음은 렌더링 수준을 '50', 렌더의 이미지 크기를 '1024x768'로 설정한 경우입니다. 이미지가 클수록 품질이 좋을수록 용량이 커지고 시간이 많이 소요됩니다.

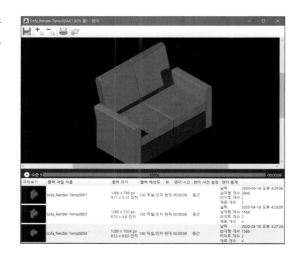

02. 지정 영역의 렌더

특정 영역(잘라낸 윈도우)을 지정하여 렌더링합니다. 빈 공간까지 전체를 렌더하려면 시간이 많이 소요됩니다. 특정 효과를 확인하기 위한 차원의 렌더링의 경우, 그 효과를 내기 위한 부위만 렌더링합니다.

명령: RENDERCROP	아이콘:

06 렌더 영역 명령을 실행합니다.

명령어 'RENDERCROP '를 입력합니다.
{렌더할 오리기 윈도우 선택:}에서 다음과 같이 구역의 첫 번째 점을 지정합니다.
{두 번째 점을 입력하십시오:}에서 다음과 같이 구역(범위)의 반대 구석을 지정합니다.

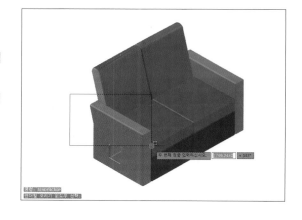

07 다음과 같이 지정한 범위만 렌더링됩니다.

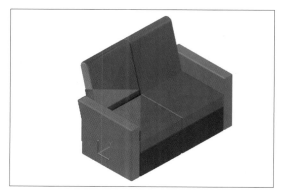

04. 노출 및 안개 효과 설정

모델을 노출 값의 조정 및 안개 효과를 조정하여 렌더링해 보겠습니다.

08 노출 조정 명령을 실행합니다. 명령어 'RENDEREXPOSURE'를 입력하거나 '시각화' 탭의 '렌더' 패널에서 드롭 다운 리스트를 펼쳐 '렌더 환경 및 노출 ◯'을 클릭합니다.

'노출' 값을 '10'으로 지정하면 다음과 같이 어둡게 나타납니다.

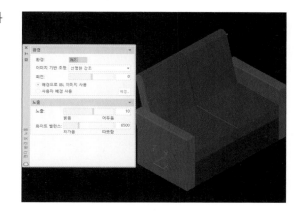

'노출' 값을 '7'로 지정하면 다음과 같이 밝게 나타납니다.

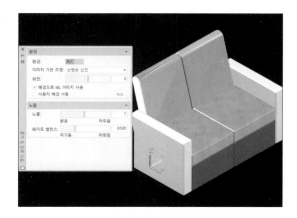

이미지 기반 조명의 사용을 정의하고 렌더링 시 적용할 노출 정도를 설정합니다.

① 환경: 렌더링 시 이미지 기반 조명의 사용 및 설정을 조정합니다.
  · 환경(전환): 이미지 기반 조명을 활성화합니다.
  · 이미지 기반 조명: 적용할 이미지 조명 맵을 지정합니다.
  · 회전: 이미지 조명 맵의 회전 각도를 지정합니다.
  · 배경으로 IBL 이미지 사용: 지정한 이미지 조명 맵이 장면의 밝기 및 배경에 영향을 줍니다.
  · 사용자 배경 사용: 지정한 이미지 조명 맵이 장면의 밝기에만 영향을 줍니다. 장면에 사용자가 임의의 배경
    을 적용할 수 있습니다.
  배경을 클릭하여 이미지 기반 조명 배경 대화 상자를 표시하고 사용자 배경을 지정합니다.

② 노출: 렌더링 시 적용할 사진 노출 설정을 조정합니다.
  · 노출(밝기): 렌더링에 대한 전역 밝기 레벨을 설정합니다. 이 값을 줄이면 밝아지고, 늘리면 어두워집니다.
  · 화이트 밸런스: 렌더링 시 전역 조명의 켈빈 색상 온도 값을 설정합니다.
낮은(차가운 온도) 값은 푸른 색 계통의 라이트로 나타나고 높은(따뜻한 온도) 값은 노란색 또는 붉은색 계통의 라
이트로 나타납니다.

05. 클라우드에서 렌더링

대용량 렌더링은 시간이 소요되고 로컬 컴퓨터(사용자 컴퓨터)의 리소스를 많이 사용할 수 있습니다.
Autodesk 360 계정에서 3D 모형을 온라인으로 렌더링할 수 있습니다. 이를 통해 사용자 컴퓨터의 부하를
줄일 수 있고 결과를 빨리 얻을 수 있습니다. 또, 권한 설정에 의해 다른 사용자와 공유도 가능합니다.

명령: RENDERONLINE   아이콘:

09 '클라우드에서 렌더'를 실행합니다.
명령어 'RENDERONLINE'을 입력하거나 '시각화' 탭
의 '렌더' 패널에서 🐷을 클릭합니다.
로그인을 수행하면 다음과 같은 메시지가 나타납니
다. 여기에서 [확인]을 클릭하여 파일을 저장합니다.

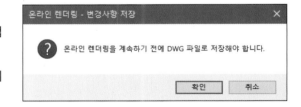

 로그인이 되어 있지 않은 경우에는 Autodesk 계정 로그인 대화 상자가 나타납니다. 아이디와 암호를 입력하여
로그인합니다.

10 다음으로 렌더 대상이 되는 뷰를 선택하는 대화 상자가 나타납니다. 모든 모형 뷰를 렌더링할 것인지, 현재 모형 뷰만을 렌더링할 것인지 지정한 후 [렌더링 시작]을 클릭합니다.

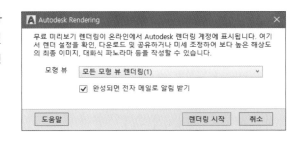

11 [렌더링 시작] 버튼을 누름과 동시에 Autodesk 360에서 렌더링을 수행합니다. 정보 센터에 렌더링 메시지가 표시됩니다.
Autodesk 360에서 렌더링이 끝나면 Autodesk 360 아이디에 렌더 완료 메시지가 나타납니다.

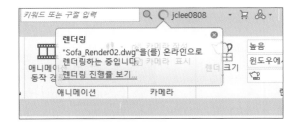

12 렌더 갤러리를 실행합니다.
명령어 'SHAWRENDERGALLERY'를 입력하거나 '시각화' 탭의 '렌더' 패널에서 '랜더 갤러리 🖳'를 클릭합니다. 다음과 같은 렌더 갤러리에 연결됩니다.

13 [로그인] 버튼을 눌러 Autodesk 계정으로 로그인을 하면 '내 갤러리'가 펼쳐집니다. 지금까지 렌더링한 이미지(썸네일)가 나타납니다.

14 렌더 갤러리의 썸네일을 클릭하면 원본 이미지를 확인할 수 있습니다. 이처럼 '클라우드에서 렌더'를 이용하면 사용자 컴퓨터의 부담을 주지 않고 손쉽게 렌더링할 수 있습니다.

상단의 '갤러리'를 클릭하면 다음과 같이 갤러리 사이트로 이동하여 여러 사람들이 렌더링한 썸네일 이미지가 펼쳐집니다. 클릭하면 확대되어 자세히 볼 수 있습니다.

세 번째 이미지를 선택하면 다음과 같이 해당 렌더의 사이트로 이동하여 렌더한 사람의 정보와 기타 클라우드 렌더링 정보를 확인할 수 있습니다.

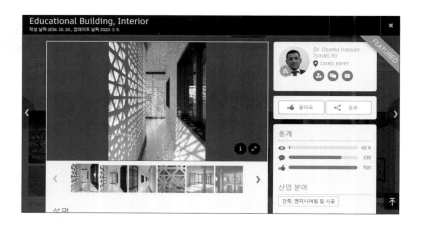